ecu039 peko

„Die Welt ist ein Buch. Wer nie reist,
sieht nur eine Seite davon."
Augustinus Aurelius

Impressum

Wolfgang Falkenberg
REISE KNOW-HOW Ecuador und Galápagos

erschienen im
REISE KNOW-HOW Verlag Peter Rump GmbH
Osnabrücker Str. 79
33649 Bielefeld

© REISE KNOW-HOW Verlag Därr GmbH 1995, 1996, 1998
© Peter Rump 2000, 2002, 2004, 2006, 2008, 2010
**10., neu bearbeitete
und komplett aktualisierte Auflage 2013**

Alle Rechte vorbehalten.

Gestaltung
Umschlag: G. Pawlak, P. Rump (Layout);
M. Luck (Realisierung)
Inhalt: G. Pawlak (Layout); M. Luck (Realisierung)
Fotonachweis: P. Korneffel (peko), J. Vinueza (vinu)
Titelfoto: P. Korneffel (Cotopaxi)
Karten: E. Egginger, Th. Buri, C. Raisin, der Verlag;
world mapping project™
(Atlas und hintere Umschlagklappe)

Lektorat: M. Luck

Druck und Bindung
Wilhelm & Adam, Heusenstamm

ISBN 978-3-8317-2294-5
Printed in Germany

Dieses Buch ist erhältlich in jeder Buchhandlung
Deutschlands, der Schweiz, Österreichs, Belgiens
und der Niederlande.
Bitte informieren Sie Ihren Buchhändler
über folgende Bezugsadressen:

Deutschland
Prolit GmbH, Postfach 9, D-35461 Fernwald (Annerod)
sowie alle Barsortimente
Schweiz
AVA Verlagsauslieferung AG
Postfach 27, CH-8910 Affoltern
Österreich
Mohr Morawa Buchvertrieb GmbH
Sulzengasse 2, A-1230 Wien
Niederlande, Belgien
Willems Adventure, www.willemsadventure.nl

Wer im Buchhandel trotzdem kein Glück hat,
bekommt unsere Bücher auch über unseren
Büchershop im Internet: www.reise-know-how.de

Wir freuen uns über Kritik, Kommentare
und Verbesserungsvorschläge, gern auch
per E-Mail an info@reise-know-how.de.

Alle Informationen in diesem Buch sind vom
Autor mit größter Sorgfalt gesammelt
und vom Lektorat des Verlages gewissenhaft
bearbeitet und überprüft worden.

Da inhaltliche und sachliche Fehler nicht
ausgeschlossen werden können, erklärt der
Verlag, dass alle Angaben im Sinne der
Produkthaftung ohne Garantie erfolgen
und dass Verlag wie Autor keinerlei
Verantwortung und Haftung für inhaltliche
und sachliche Fehler übernehmen.

Die Nennung von Firmen und ihren Produkten und ihre Reihenfolge sind als Beispiel
ohne Wertung gegenüber anderen anzusehen. Qualitäts- und Quantitätsangaben sind
rein subjektive Einschätzungen des Autors
und dienen keinesfalls der Bewerbung von
Firmen oder Produkten.

Wolfgang Falkenberg

ECUADOR UND GALÁPAGOS

Vorwort

Ecuador, das Land am Äquator, vermittelt auf vergleichsweise kleinem Gebiet einen umfassenden Eindruck von der landschaftlichen Vielfalt, dem breiten klimatischen Spektrum und der abwechslungsreichen Flora und Fauna Südamerikas insgesamt.

Die bis zu 6300 Meter hohen Vulkane sind teilweise noch aktiv. Sie bilden die Kronen der andinen Gebirgsketten. Die eindrucksvolle Fahrt vom Hochland ins Küstentiefland ist in Stunden zu bewältigen, an der Küste laden Fischerdörfer und ausgedehnte Strände zur Erholung ein. Östlich der Anden breitet sich das Amazonastiefland aus – eine einzigartige Gelegenheit, die Faszination der Regenwälder zu erleben. Last but not least ist die unvergleichliche Inselwelt des ecuadorianischen Galápagos-Archipels nach einer guten Flugstunde erreicht.

Kulturell zählt Ecuador zu den Ländern Lateinamerikas mit dem höchsten indianischen Bevölkerungsanteil. Von den zahlreichen Ethnien des Landes bilden die Quechuas die mit Abstand größte Sprachgruppe. An der nördlichen Küste und im nördlichen Hochland von Chota haben sich afro-ecuadorianische Traditionen erhalten. In den meisten Städten aber dominieren die Mestizen das Bild, Mischlinge aus Indianern und meist spanischstämmigen Weißen.

Die touristische Infrastruktur erlaubt es, das Land hautnah auf Wanderungen oder Busfahrten kennen zu lernen, oder auch mit dem Flugzeug mittlere Distanzen schnell zu überbrücken.

Der Reiseführer gliedert sich in folgende thematische Schwerpunkte: Am Anfang stehen die Städte, Routen und Sehenswürdigkeiten auf dem Festland mit einem Sonderkapitel zur ecuadorianischen Bergwelt für Andinisten. Im Anschluss werden die Galápagos-Inseln vorgestellt. Dann folgen praktische Informationen und Tipps zur Reise(vorbereitung) und schließlich die Vorstellung von Land und Leuten. Am Ende des Buches findet sich ein Atlas mit Karten im Maßstab 1:650.000.

Das vorliegende Handbuch richtet sich in erster Linie an all diejenigen, die Ecuador in Eigenregie entdecken wollen. Ohne Weiteres dürfen sich aber auch Pauschalreisende angesprochen fühlen.

Preise

Die Preise im ecuadorianischen Tourismus, vor allem in Gastronomie und Hotelgewerbe, wurden lange als Nettopreise ausgewiesen. Laut Verordnung sollten es heute eigentlich überall Endpreise sein, also einschließlich 12 % Mehrwertsteuer „Iva" und 10 % „Servicio"-Abgabe. Ob die Abgaben im Preis enthalten sind, liest man meist unter der Preisangabe: *incluye* (beinhaltet) oder *no incluye* (beinhaltet nicht). Im Reiseführer haben wir ausschließlich Endpreise zum Zeitpunkt der Recherchen (2012) ausgewiesen, meist auf ganze Dollar gerundet.

Dank an unsere Leser

Die Resonanz auf das Buch war und ist großartig. Allen Schreibern und Schreiberinnen an dieser Stelle ein herzliches Dankeschön! Auch ihrer Mitarbeit ist es zu verdanken, dass der vorliegende Reiseführer jedesmal aktualisiert, erweitert und überarbeitet in regelmäßigem Turnus erscheinen kann – das Reisehandbuch als interaktives Medium, so soll es sein!

Allen Ecuador-Besuchern einen schönen Aufenthalt und bleibende Erinnerungen an ein liebenswertes Land!

Leserstimmen zur 9. Auflage 2011/2012: „Besten Dank für euren kompetenten Ecuador-Reiseführer" *(Anna H.)*. „Wie immer ist das REISE-KNOW-HOW-Handbuch eine unglaublich wertvolle Hilfe" *(Leonore A.)*. „Wirklich ein schönes Buch und ein guter Reiseführer" *(René M.)*. „Durch Ihr Buch wurde meine Reise sehr beeindruckend und unvergesslich" *(Marius J.)*. „Auch in Ecuador sind wir sehr zufrieden gewesen mit den Infos aus dem REISE KNOW-HOW" *(Dr. Gundula G.)*. „Ich war mit REISE KNOW-HOW im Juni 2012 in Ecuador unterwegs. Super!" *(Cornelia K.)*. „Ihr Buch hat uns in allen Situationen sehr geholfen" *(Robert W. aus Dresden)*. „Ein vorzüglicher Führer!" *(Dr. Jürgen S. aus Buxtehude)*. „Zufällig traf ich den Apotheker *Fausto Yepes* in Ibarra auf der Straße, der auf Seite 96 abgebildet ist. Spontan habe ich die Seite mit seinem Foto rausgerissen und ihm in die Hand gedrückt!" *(Regine D. aus Bamberg)*.

Highlights

Besonders sehenswerte Orte und sonstige Highlights sind mit gelber Hinterlegung im Text gekennzeichnet.

Inhalt

Ecuador

▇ Quito   15

▇ Im Hochland (Sierra)

▇ In Amazonien (Oriente)

▇ An der Küste (Costa)

■ Galápagos-Inseln

■ Bergwandern in Ecuador

Exkurse

Karten

Die Regionen im Überblick

1 Quito – ab S. 15

Die Hauptstadt Quito, mit vollem Namen San Francisco de Quito, darf sich mit dem Titel der höchstgelegenen Hauptstadt der Welt schmücken. Auf rund 2850 Metern Höhe zwängt sich die Millionenmetropole in ein Hochtal. Quito ist nicht nur ein wichtiger Verkehrsknotenpunkt, sondern verfügt auch über eine besonders reizvolle historische Altstadt, die

bereits seit 1978 als UNESCO-Weltkulturerbe ausgezeichnet ist.

2 Im Hochland (Sierra) – ab S. 79

In Ecuador durchziehen die Anden das Land zentral von Norden nach Süden und nehmen dabei ein Viertel der Landesfläche ein. Zu den berühmten Gipfeln zählen der Chimborazo, mit 6267 Metern höchster Berg des Landes, und der Cotopaxi. Spektakuläre Ausblicke und schneebedeckte Vulkane lassen sich zum Beispiel entlang folgender Routen erleben:

■ **Route A 1 | 79:**
Quito – Cayambe – Otavalo – Ibarra – Tulcán
■ **Route A 2 | 109:**
Quito – Sangolquí – Machachi – Lasso – Latacunga – Ambato – Baños de Agua Santa – Riobamba
■ **Route A 3 | 153:**
Riobamba – Alausí – Cañar – Azogues – Cuenca
■ **Route A 4 | 193:**
Cuenca – Saraguro – Loja – Vilcabamba – Zumba

3 In Amazonien (Oriente) – ab S. 211

Der östliche Landesteil Ecuadors, Amazonien, erstreckt sich über rund die Hälfte der Landesfläche, ist aber äußerst dünn besiedelt. Ein unzugänglicher Dschungel ist das Gebiet heute aber nicht mehr: Plantagen und Ölförderung haben einen Ausbau der Infrastruktur nach sich gezogen und zu einer – nicht immer konfliktfreien – Entwicklung der Region geführt. Dennoch gibt es immer noch genügend Raum für Naturbeobachtung und Touren in den Regenwald. In diesem Buch wird das Gebiet entlang folgender Routen erschlossen:

■ **Route B 1 | 211:**
Quito – Papallacta – Baeza – Lago Agrio
■ **Route B 2 | 223:**
Baeza – (Coca) – Tena – (Misahuallí) – Puyo
■ **Route B 3 | 247:**
Puyo – Macas – Sucúa – Zamora

4 An der Küste (Costa) – ab S. 259

Die Küstenregion umfasst zum einen die eigentliche Küste, mit teils noch intakten Fischerdörfern und Möglichkeiten zum Ausspannen am Strand. Zum anderen zählt dazu das Hinterland, abgetrennt durch einen Höhenrücken. Hier wachsen Bananen, Kakao, Kaffee und andere tropische Nutzpflanzen. Für kulturell Interessierte bietet die Küstenregion unter anderem Ausgrabungsstätten sowie die größte Stadt des Landes, Guayaquil. Folgende Routen bieten sich an:

■ **Route C 1 | 259:**
San Lorenzo – Limones – Esmeraldas – Tonsupa – Atacames – Súa – Same – Playa Escondida – Muisne – Mompiche – Pedernales
■ **Route C 2 | 277:**
Quito – Santo Domingo de los Colorados – Bahía de Caráquez
■ **Route C 3 | 291:**
Manta – Montecristi – (Portoviejo) – (Quevedo) – Jipijapa – Puerto López – Montañita – Manglaralto – La Libertad – Salinas – (Playas) – Guayaquil
■ **Route C 4 | 341:**
Guayaquil – Machala – Huaquillas

5 Galápagos-Inseln – ab S. 373

Für Naturfreunde sind sie eines der großen Traumziele: die Galápagos-Inseln, 1000 km westlich des südamerikanischen Kontinents im Pazifik gelegen. Charles Darwin verhalf dem Archipel durch seine Beobachtungen an den hier vorkommenden Finkenarten zu Berühmtheit. Zu den Stars der hiesigen Tierwelt zählen auch die Riesenschildkröten. Doch es gibt zahlreiche weitere einzigartige Arten und Naturphänomene zu erkunden.

ecu 108 peko

Das Land am Äquator ver-mittelt einen umfassenden Eindruck von der landschaftlichen Vielfalt, dem breiten klimatischen Spektrum und der abwechs-lungsreichen Flora und Fauna Südamerikas insgesamt. Die touristische Infrastruktur ist gut genug, um Ecuador in allen seinen Facetten kennenzulernen.

Ecuador

◁ Laguna Cuicocha mit dem Vulkan Imbabura im Hintergrund

HIGHLIGHTS

Die **Highlights** erkennt man im Buch an der gelben Hinterlegung im Kapitel.

⌃ Karfreitagsprozession in Quito

QUITO – ECUADORS HAUPTSTADT

V,C2

ecu110 petko

Quito ist mit **2,3 Millionen Einwohnern** nach Guayaquil die **zweitgrößte Stadt des Landes.** In **2850 m Höhe** gelegen, erstreckt sie sich, eingezwängt in ein schmales Hochtal, vom dicht besiedelten Süden über den kolonialen Stadtkern bis hin in die Geschäftszentren und Stadtteile des Nordens. Die Nord-Süd-Ausdehnung beträgt gut 40 km. Westlich und östlich wird die Stadt von den Ausläufern des Vulkans Pichincha (4794 m) bzw. von kleinen Hügeln begrenzt. Touristisch interessant sind die Altstadt und Teile der Nordstadt.

Überblick

Quito verfügt über eine **gute Verkehrs-Infrastruktur** mit breit angelegten, mehrspurigen Avenidas, die die Altstadt mit der Neustadt verbinden. Der **Internationale Flughafen Mariscal Sucre** liegt bis zur Eröffnung des neuen Airports voraussichtlich im Februar 2013 im Norden der Hauptstadt. Der neue Flughafen befindet sich außerhalb der Stadt bei Yaruquí nordöstlich von Quito. Um das steigende Verkehrsaufkommen besser in den Griff zu bekommen, wurden die **Umgehungsstraßen Avenida Oriental und Avenida Occidental** gebaut. Auf den Nord-Süd-Achsen der Stadt sind in den vergangenen Jahren außerdem drei Bussysteme mit Exklusivspuren eingeführt worden: Der elektrisch betriebene **„Trolebus"** auf der Avenida 10 de Agosto, die **„Ecovia"** auf der Avenida 6 de Diciembre und der **Metrobus** auf der Avenida América.

Die **Altstadt** war einst Sitz der kolonialen „High Society", verkam seit den 1940er Jahren zusehends zum Wohn-, Lager- und Amüsierdistrikt einfacher Bürger und erlebt seit wenigen Jahren eine architektonische Renaissance – das „Centro" ist ganz groß im Kommen!

Die Oberschicht von heute zieht es weiterhin in die modernen Stadtteile des Nordens und in die Nachbartäler, vor allem nach Cumbayá und Tumbaco sowie nach San Rafael im Chillos-Tal. Im Süden leben meist einfache und ärmere Menschen.

Das Klima Quitos wird stark von den Gebirgen beeinflusst und ist mild, weshalb Quito gern als **„Stadt des ewigen Frühlings"** bezeichnet wird. Trotz der extrem variablen Tageszeitenklimate (s.a. im Kapitel „Klima") teilt sich das Hauptstadtklima in zwei Jahreszeiten: den regenreichen Winter *(invierno)* zwischen Dezember und Mai und den trockenen Sommer *(verano)* zwischen Juni und November. Im Winter ist es zwischen 9 und 14 Uhr oft noch trocken, doch danach regnet es, manchmal mit Hagel und Graupelschauern. Im Sommer ziehen zwar oft Wolken auf, aber es regnet sehr viel weniger und der Tag hat viele Sonnenstunden.

Bei klarer Witterung bietet die Stadt des ewigen Frühlings einen herrlichen **Panoramablick** auf die schneebedeckten Gipfel des Cotopaxi (5897 m), Antizana (5704 m) und Cayambe (5790 m).

Da Quito auf fast 3000 Höhenmetern liegt, wird dem Ankömmling anfangs ein wenig die Luft wegbleiben, und er sollte **die ersten Tage langsam anlaufen lassen,** damit sich der Körper an die sauerstoffärmere Luft gewöhnt.

Die Altstadt

Überblick

Die Altstadt litt lange unter den Abgasen des Straßenverkehrs. Die Belastung der Luft mit Schadstoffen hatte ähnliche Dimensionen erreicht wie in Santiago de Chile oder Mexiko-City, als mit dem „Trole" und der „Ecovia" eine Verkehrswende eingeleitet wurde. Zudem ist die **Altstadt seit 2001 am Sonntag autofrei** (8–14 Uhr). Eine beeindruckend voranschreitende Restaurierung, ein neues Beleuchtungskonzept, die „Verlegung" tausender Straßenhändler, eine effektive und hilfreiche Touristenpolizei sowie die Rückkehr der guten Gastronomie markieren eine Wende zurück zu einer attraktiven Altstadt, wie sie noch Ende der 1990er Jahre niemand für möglich hielt. Das „Centro" hat gar mehr Ausstrahlung als 1979, als die UNESCO die Altstadt zum Weltkulturerbe erklärte.

Einst eine bedeutende Stadt im Inka-Reich, wurde Quito am **6. Dezember 1534** von dem spanischen Offizier *Sebastián de Benalcázar* auf den Ruinen der alten Inkastadt **neu gegründet.** Etwa achtzig Häuser und Kirchen der kolonialen Epoche haben sich bis heute erhalten. Die Altstadt von Quito gilt als der Ort mit der **größten Ansammlung bedeutender Kunstschätze Südamerikas.** Die Baudenkmäler Quitos, meist sind es Klöster der katholischen Orden, stammen alle aus der Kolonialzeit und verteilen sich im Altstadtkern. In relativ kurzer Zeit errichtet, wurden sie schließlich in jahrhundertelanger Feinarbeit verziert und ausgeschmückt.

Nach der spanischen Eroberung ist das alte Quito neu konzipiert und nach dem Vorbild eines Schachbrettmusters angelegt worden. Den Mittelpunkt bildet die **Plaza de la Independencia,** auch kurz *Plaza Grande* genannt. An ihren vier Seiten liegen die **Kathedrale,** der **Präsidentenpalast „Carondelet",** der **Erzbischöfliche Palast** und das **Rathaus** von Quito. Quadratische Häuserblocks, die sogenannten *manzanas,* gruppieren sich Straße für Straße um die Plaza Grande herum. In den **Manzanas** finden sich immer wieder kleinere und größere Plätze, teils mit Brunnen, Statuen und anderen Monumenten ausgestattet. Augenfällig sind die zahlreichen Klöster mit ihren Kirchen, Kreuzgängen und teils üppigen Patios. Doch auch immer mehr Stadthäuser und -paläste werden heute von Privatleuten oder von städtischen Restauratoren instand gesetzt.

Ein solches **Herrenhaus** ist meist nur zweigeschossig und zur Straße hin mit Balkonen bestückt. Man betritt es durch ein großes, in Naturstein gerahmtes Portal. In einigen Fällen sieht man über dem Eingang noch das alte Familienwappen. Innen erwartet einen ein mit Naturstein gepflasterter Patio, eingerahmt von meist 14 runden Steinsäulen und einem rechteckigen Wandelgang, von dem die Räume abgehen. Eine Treppe führt ins Obergeschoss, wo sich die Struktur als Dielenrundgang zwischen Holzpfeilern verandaartig wiederholt. Die kolonialen Stadtpaläste hatten oder haben meist mehrere Patios. In einigen finden sich noch Schnitzereien und Metallverzierungen. **Tipp:** Wer sich speziell für Patios interessiert, findet in „Schlaglichter Ecuador" des deutschen Autors Daniel Kempken zahlreiche „Geheimtipps".

Im 19. Jahrhundert wurde das koloniale Stadtbild klassizistisch überprägt, wobei die innere Struktur der meisten Gebäude bis heute erhalten blieb und dem Besucher bei einem Rundgang immer wieder begegnen wird.

Das architektonische Schmuckstück der Hauptstadt, Quitos **Centro Histórico,** hat seit der Jahrtausendwende eine unglaubliche Entwicklung durchgemacht. Das Renovieren der kolonialen und klassizistischen Bausubstanz geht in einem vollends unecuadorianischen Tempo voran, sodass selbst das Nationaltheater „Teatro Sucre", lange Zeit eine Dauerbaustelle, Ende 2003 neu eröffnet wurde. Auch neue Parkhäuser mitten im „Centro" machen Quito für Quiteños wieder attraktiv. Selbst die Hotelbranche entdeckt die Altstadt wieder. Diese Entwicklung geht wohl maßgeblich auf Bürgermeister *Paco Moncayo* zurück. Sie war vor wenigen Jahren noch überhaupt nicht zu erwarten. Heute ist das Centro Histórico von Quito für Hauptstädter und Touristen so attraktiv wie seit Jahrzehnten nicht mehr!

La Ronda

Prunkstück einer Wiederentdeckung der Altstadt ist die **Calle de la Ronda,** mit zweitem Namen auch Calle Morales genannt. Die schmale Kopfsteinpflastergasse war bereits vor der spanischen Eroberung ein wichtiger Handels- und Fluchtweg aus der Siedlung, die heute Quito ist, in das nach Südosten auslaufende Tal. Unter den Spaniern war die Ronda – die Straße der „Wachrunde" – ein entsprechend strategischer Korridor, um die wachsende Stadt nach Süden hin zu kontrollieren bzw. abzuschirmen. Die Moderne vergaß diese Geschichte lange Zeit: Bis etwa 2001 waren die Calle de la Ronda und Umgebung ein schummriges Rotlichtviertel. Nach dem Verbot von Bordellen in der Altstadt durch den Bürgermeister und effizienter Überwachung der alten „zona roja" erlebt dieser Teil der Altstadt einen rasanten Wandel und könnte sich zu einem erstklassigen kulturellen Zentrum Quitos entwickeln. Die Calle de la Ronda mit ihren zahlreichen romantischen Cafés, Bars und Galerien ist schon heute eine der großen Attraktionen Quitos, vor allem in den lauschigen Abendstunden. Das neue Prunkstück der „Revitalisierung" der Altstadt ist der 2011 eröffnete **Boulevard 24 de Mayo,** ein länglicher Platz zum Flanieren mit wachsender Gastronomie, Open-Air-Bühne und immer mehr beeindruckend restaurierten Herrenhäusern.

◼ An jedem Sonntag werden die Altstadt und zahlreiche Straßen Quitos auf 30 km Länge exklusiv für Radfahrer abgesperrt. Dieses Konzept des „Ciclo-Paseo" orientiert sich an dem Erfolg der sonntäglichen „ciclovia" in der kolumbianischen Hauptstadt Bogotá. Die Sperrung gilt von 8–14 Uhr – auch eine hervorragende Gelegenheit für vollends abgasfreie und ruhige Rundgänge (Infos: www.ciclopaseo.ec, www.biciaccion.org).

Zur Sicherheit

Die Sicherheitslage in der Altstadt hat sich in den letzten Jahren verbessert. **Allgemeine Vorsicht** ist natürlich geboten. Am sichersten bewegen Sie sich im Kern der Altstadt in dem Viereck der Straßen Cuenca, Olmedo, Guayaquil und Loja/Boulevard 24 de Mayo. Vorsicht vor Taschendieben im Trolebus und an seinen Stationen sowie in Straßencafés! Gerne werden von Dieben Gedränge provoziert oder die Kleidung beschmutzt, um so abzulenken und zu stehlen.

Rundgang durch die Altstadt

Die Exkursion beginnt an der Plaza del Teatro (leicht mit dem Trolebus zu erreichen) **und endet an der Plaza Santo Domingo.** Für den Rundgang sollte ein Tag veranschlagt werden.

An der schön angelegten Plaza del Teatro mit zentralem Brunnen befindet sich das **Teatro Sucre,** das 1878 erbaut und nach Jahren der Restaurierung im Jahr 2003 wiedereröffnet wurde.

Gehen Sie die Calle Guayaquil drei Blocks weiter hinauf, treffen Sie links in der Calle Chile auf den Convento San Agustín.

Convento San Agustín

Der Architekt *Francisco de Becerra*, der sich von 1580 bis 1583 in Quito aufhielt, plante Kirche und Kloster. 1605 vollendete der Architekt *Juán del Corral* den Bau, von dem der gotische Grundriss mit den drei Schiffen und einige Teile der Vorhalle (Narthex) erhalten geblieben sind. Die Kirche wurde 1868 durch ein Erdbeben stark zerstört. Der an-

▷ Im Klostergarten des Convento San Agustín

schließend restaurierte Bau besteht aus zwei Teilen: Im oberen Teil befinden sich ionische Säulen, gestützt auf geschmückte Basen, die in der Giebelregion oberhalb des großen Fensters mit der steinernen Skulptur des heiligen Augustinus abschließen, den unteren Teil bildet eine links und rechts von toskanischen Säulen umgebene Bogentür.

Kommt man in die Kirche hinein, richtet sich der Blick sofort auf den Narthex. Das Kreuzgratgewölbe des Mittelschiffs besteht aus Bambus, und an den Mittelschiffbögen befinden sich große Gemälde des Künstlers *Miguel de Santiago*. Das Kloster betritt man über einen großen Innenhof mit zentralem Brunnen, der von Säulengängen mit einer Gemäldegalerie desselben Künstlers umgeben ist. Alle Gemälde haben einen vergoldeten Rahmen und wurden 1950 restauriert. An der Ostseite des Klosters befindet sich die historische Sala Capitula, in der am 16. August 1809 die später rückgängig gemachte Unabhängigkeitserklärung von der spanischen Krone unterschrieben wurde. Im Kellergewölbe unterhalb des Saals, der von 1741 bis 1761 gebaut wurde, ist die Grabstätte der militanten Patrioten der damaligen Zeit. Die rechte Seite des Saals nimmt ein Altaraufsatz mit der Christusfigur, Maria und dem heiligen Johannes ein. Die linke Seite schmückt eine Empore mit einer von Blattgold überzogenen Muschel. Die im kreolischen Stil (weder vergoldet noch mit Stuck versehen) gefertigten Stühle im Saal bestehen aus Zedernholz. Die Kassettendecke mit Gemälden von *Antonio España* zählt zu den schönsten in Quito. Die Gemälde an den Wänden stammen wieder von *Miguel de Santiago*.

ecu001 perko

Quito Zentrum

Ausschnitt Altstadt

★ El Panecillo

San Francisco

La Compañia

ALTSTADT

★ Plaza Grande

Museo Camilo Egas Ⓜ

Santa Domingo

Juan J.

San Agustín

ii Basílica

Ⓑ Ecovia-Terminal La Marin

Parque Alameda

Obervatorio Astronomico ★

Casa de la Cultura, Museo Benjamin Carrión ★

Parque El Ejido

IGM und Planetarium ★

■ **Übernachtung**
2 Hostal San Blas
3 Hostal L'Auberge Inn
4 Casa Bambú
7 Casa Paxee
9 Hotel Quito

■ **Essen und Trinken**
1   Pim's
10 Café chiQUITO

■ **Einkaufen/Sonstiges**
5 Mercado Artesanal „La Mariscal"
6 Santa Clara (Markt)
8 Einkaufszentrum El Jardin

Quito Altstadt

0 ——— 100 m © Reise Know-How 2013

Kapelle El Robo
Santa Clara
Museo Casa del Alabado
San Francisco
Museo de Arte Colonial
La Merced
Av. 24 de Mayo
Calle Cuenca
Cuenca
Plaza Santa Clara
Plaza San Francisco
1
Chile
Mejía
Sebastián de Benalcázar
Palacio de Carondelet (Präsidentenpalast)
Convento de la Concepción
El Carmen Alto
La Compañía
Museo Numismático
Mena Caamaño
Centro Cultural Metropolitano
2
García Moreno
3
4
El Sagrario
Kathedrale
Plaza Grande
17
18
19
Boulevard 24 de Mayo
De la Ciudad
Kapelle San Juán de Dios
Casa de Sucre
Simón Bolívar
Municipio
Palacio Arzobispal
15
16
Calle Loja
La Ronda (Morales)
Rocafuerte
Venezuela
Espejo
Sucre
8
5
6
7
Teatro Bolívar
14
Guayaquil
Espejo
Chile
Calle Chile
San Agustín
Plaza Santo Domingo
Juan José Flores
12
Av. 24 de Mayo
9
Santo Domingo
13
Trolebus
Montúfar
Trole „Cumandá"
10
Paredes
De los Milagros
Junín
Jiménez
11
Pontón
A. Almeida
Av. 24 de Mayo
Pedro Fermín

Geöffnet ist der Konvent Mo bis Fr 9–12.30 und 14.30–17 Uhr, Sa 9–13 Uhr, der Eintritt beträgt 2 $, Tel. 2955525.

Folgen Sie jetzt der Calle Chile bis hinauf zur Calle Venezuela, stehen Sie direkt an der Plaza de la Independencia.

Plaza de la Independencia

Der Unabhängigkeitsplatz ist der **Mittelpunkt des historischen Zentrums von Quito.** In der Mitte des schönen, park-ähnlichen, sehr belebten Platzes steht die Figur der Unabhängigkeitsjungfrau.

Der Platz ist umgeben von der Kathedrale im Süden, dem modernen **Palacio Municipal** (Rathaus) im Osten, dem **Palacio Arzobispal** (Bischofspalast) im Norden und dem **Palacio de Carondelet** (Präsidentenpalast) im Westen. Auf diesen Palast schauen Sie direkt, wenn Sie die Plaza betreten. Zwei Wachsoldaten in historischer Uniform bewachen das Eingangsportal des weißen Gebäudes, über dem die Nationalflagge weht. Der beeindruckende **Wachwechsel der Pa-**

Übernachtung
2 Casa Gangotena
6 San Francisco de Quito
7 Real Audiencia
9 Casona de la Ronda
10 Hostal Principal
11 Grand Hotel
13 Viena Internacional
20 Patio Andaluz
24 Hostal Secret Garden

Essen und Trinken
1 Tianguez
2 Casa Gangotena
3 Restaurant San Ignacio
4 Café Modelo
5 Quiteño Libre
8 Café-Restaurant La Negra Mala
12 Fruteria Monserrate
14 Café San Augustin
15 Restaurant Querubin
16 Hasta la Vuelta Señor
17 Mea Culpa
18 Café del Fraile
19 Vista Hermosa
21 La Fuente del Conquistador
22 Theatrum
23 Café del Teatro

Der **Erzbischöfliche Palast** ist in großen Teilen eine Oase mit Boutiquen, Bars und Restaurants, die zu unterschiedlichen Zeiten geöffnet sind (Mo bis So zwischen 9 und 20 Uhr). In einem etwas versteckten Patio mit separatem Zugang von der Plaza liegt das Diözesanbüro des Erzbischofs. Der Patio ist zu allgemeinen Bürozeiten begehbar.

Auf der Südseite der Plaza de la Independencia liegt die Kathedrale.

Die Kathedrale

Sie war ursprünglich ein Lehmbau, der ein Strohdach trug. Die heutige Kirche wurde von *Alfonso de la Peña y Montenegro* gebaut und diesem Herrn zu Ehren im Jahr 1667 geweiht. Durch ein Erdbeben im Jahr 1755 wurde sie schwer beschädigt und von *Baron de Carondelet,* dem Präsidenten der Audiencia, wiederaufgebaut. Der Schnitzer *Caspicara* sorgte für die Neugestaltung des Kircheninneren, das nach den Vorstellungen von *Carondelet* vollständig aus Holz bestehen sollte. An den Außenmauern der Kathedrale sind Tafeln eingelassen, die an die Stadtgründung erinnern und an den General *Sucre,* der in der Kirche begraben liegt. Der Haupteingang der Kathedrale befindet sich auf der Calle García Moreno. Den Hauptbogen des Portals schmücken Engelsköpfe, die Blumenmotive voneinander trennen. Der interessantere Nebeneingang an der Platzseite weist ein Muster aus Totenköpfen auf.

Die Kathedrale besteht in ihrem **Grundriss** aus drei gotischen Schiffen, einem hohen Mittel- und zwei niedrigeren Seitenschiffen. Im rechten Schiff be-

lastgarden findet montags um 10 Uhr statt. Wer hineingehen will, muss seinen Pass bei der Einlasskontrolle hinterlassen und darf sich an der Seite eines Führers im Palast bewegen. Interessant ist ein Wandgemälde, das die Fahrt von *Francisco de Orellana* auf dem Río Amazonas zeigt. Angemeldete Gruppen werden auch in die oberen Konferenzsäle geführt, denn Präsident *Correa* hat verfügt: „Der Palast gehört jetzt allen!"
Geöffnet Di bis So 9–16 Uhr, Anfragen unter Tel. 3827118, www.presidencia.gob.ec.

finden sich vier Kapellen, im linken vier Retabeln (Altaraufsätze). Das Mittelschiff besitzt ein sehenswertes Satteldach im Mudéjar-Stil.

In der ersten Kapelle ist das Grab aus Pichincha-Gestein von General Sucre untergebracht. Daneben ruht *Juán José Flores*, der erste Präsident von Ecuador. Eine Statue desselben befindet sich links neben dem Hochaltar. Hinter dem Altar ist eine Tafel angebracht, die die Stelle anzeigt, an der der Präsident *García Moreno* am 6. August 1875 starb, nachdem er im Präsidentenpalast von tödlichen Schüssen getroffen und hierher gebracht worden war.

Die Kathedrale ist, gemessen an den Kirchenbauten der Franziskaner, Dominikaner und Augustiner, eher spartanisch ausgestattet.

Geöffnet ist die Kathedrale Mo bis Sa 10–16 Uhr, Eintritt 1,50 $.

Gehen Sie am Regierungspalast vorbei die Calle Moreno zurück zur Calle Chile, dann sehen Sie direkt gegenüber des Regierungspalastes das Kloster La Concepción.

Kloster La Concepción

Das Kloster, 1636 fertiggestellt, galt als die am reichsten ausgestattete Kirche der Kolonialzeit, doch bei einem **Brand im Jahre 1878** sind alle Kunstschätze vernichtet worden. Eine Figur der Virgen de Quito schmückt heute den Aufsatz des Hauptaltars, ferner enthält das Kloster noch wertvolle Skulpturen, darunter die

ecu002 peko

Nuestra Señora de la Visitación von Diego de Robles.

Geöffnet ist das Kloster Mo bis Sa 9–11.30 Uhr, die Kirche 8–11.30 und 15–17 Uhr, Tel. 2959632.

Gehen Sie weiter die Calle Chile hinauf bis zur Calle Benalcázar. Biegen Sie nach rechts ab, kommen Sie an der Zentrale von ANDINATEL vorbei, passieren die Calle Mejía und treffen schließlich auf die Calle Olmedo. Gehen Sie diese nach rechts hinunter, befindet sich keine 20 m weiter auf der linken Seite die Casa de Benalcázar.

Casa de Benalcázar

Das Haus in der Calle Olmedo 968 y Benalcázar wurde 1967 komplett renoviert und beherbergt eine Sammlung kolonialzeitlicher Skulpturen, die durch ein Gitter betrachtet werden können. Daneben findet sich eine kleine **Bibliothek.** Der kleine Patio bildet eine Bühne, auf der gelegentlich klassische Klavierkonzerte stattfinden.

Das Haus war 2012 längerfristig geschlossen. Momentan gibt es keine Informationen über den Zeitpunkt der Wiedereröffnung.

Spazieren Sie die Calle Olmedo hinauf bis zur Marktstraße Calle Cuenca und gehen Sie diese nach links. An der Ecke Cuenca und Mejía befindet sich das Museo Nacional de Arte Colonial.

Museo Nacional de Arte Colonial

Das Museum hat einen kolonialen Innenhof, lange Korridore und große Ausstellungsräume. Die Sammlung enthält neben Gemälden und Skulpturen Mobiliar aus dem 16., 17. und 18. Jahrhundert. Wichtige Namen sind (einmal mehr) *Miguel de Santiago* und *Caspicara*.

Geöffnet: Di bis Sa 9.30–16.30 Uhr, Tel. 2282297, Eintritt 2 $.

Folgen Sie der Calle Cuenca bis zur Calle Chile. Rechter Hand liegt der Innenhof des Convento La Merced.

Convento La Merced

Der 30 m lange Innenhof ist mit Ziegelsteinen ausgelegt und wird von einer Backsteinmauer umgeben. In der Mitte befindet sich ein Brunnen, über dem Neptun, der Gott der Meere, thront. 1654 wurde das Noviziat gebaut, 1672 folgte der Bau eines zweiten Klosters. Der Architekt *José Jaime Ortiz* schließlich begann 1700 mit dem Bau der Kirche, die im Grundriss nach der Konzeption der Kirche La Compañía entworfen wurde: ein Mittelschiff mit Tonnengewölbe und Seitenkapellen, die mit Stuck verziert sind und kleine Kuppeln tragen. 1712 stand die Kirche im Rohbau, 1734 war sie fertig gestellt und 1754 begann der Schnitzer *Bernardo de Legardas* mit der Gestaltung des Hochaltaraufsatzes. Heute steht am Hauptaltar die älteste religiöse Statue Quitos, die Virgen de la Merced aus dem Jahre 1575.

La Merced ist die letzte Kirche, die in der Kolonialzeit gebaut worden ist. Neben einem Gemälde des Malers *Manuel*

◁ Buße bei der Karfreitagsprozession

Quito – Ecuadors Hauptstadt

Samaniego fallen im barocken Kirchen-inneren die vergoldeten Holzschnitzar-beiten der verkleideten Wände und die reich geschmückten Altäre ins Auge. Der Kirchturm ist mit 47 m der höchste im kolonialen Quito, die Kirchenglo-cken sind ebenfalls die größten der Alt-stadt Quitos.

Geöffnet ist die Kirche täglich 8–11.30 und 15–17 Uhr.

Folgen Sie der Calle Cuenca bis sie sich verengt. Auf der Plaza San Francisco steht die gleichnamige Kirche.

Iglesia San Francisco

Von der Plaza San Francisco gelangt man über eine breit angelegte Treppe zum Portal der Franziskanerkirche. Links vom Eingang liegen die Kapellen von Cantuña und San Buenaventura. Rechts liegt der Eingang zu Museum, Klostergarten und der Empore der Kir-che mit der Orgel. Der Gründer von San Francisco ist der Flame *Fray Jodoco Rike,* der in der zweiten Hälfte des 16. Jahr-hunderts das architektonische Wunder-werk errichtete. San Francisco gilt als die **größte und älteste Kirche der kolo-nialen Epoche Quitos.** Die vollständige Verkleidung der Wände, Säulen und Decken in der Kirche diente der späteren Architektur in Quito und auf dem ge-samten Kontinent als Vorbild. Das Atri-um der Kirche weist sowohl Elemente des Barock als auch der Renaissance auf. Damit wird schon die Besonderheit der Kirche deutlich, in deren Innerem ver-schiedene Stile aus verschiedenen Län-dern und Epochen zusammenfließen. Über zwei große Fenster fällt Tageslicht

in die beiden Seitenschiffe. Ein weiteres großes Fenster sorgt für Helligkeit in der Empore des Oberbaus. Das Mittelschiff hat eine Mudéjar-Holzdecke im mau-risch-spanischen Stil, die durch das Erd-beben von 1755 stark in Mitleidenschaft gezogen wurde und umgestaltet worden ist. Das Mittelschiff wurde später mit vergoldeten Holzschnitzereien und rei-chen Stuckarbeiten verziert. Die Spitz-bögen des Gewölbes enthalten spätgoti-sche Elemente, der Hauptaltar ist ba-rock, weitere Altäre in Form von chine-sischen Pagoden verdeutlichen den fern-östlichen Einfluss. Wichtige Skulpturen stammen von *Bernardo de Legardas* (Virgen de Quito), *Diego de Robles* und *Caspicara* (die zwölf Apostel des Altar-raums).

Geöffnet ist die Kirche Mo bis Do 7–11 und 17–18 Uhr, Fr und Sa 12–18 Uhr, So 7–14 und 17–18 Uhr, Tel. 2811128.

Das **Kloster** im rechten Gebäudeteil betritt man über einen Haupthof, den dorische Säulen begrenzen. In der Mitte des Hofes befindet sich ein Brunnen, dessen Wasser aus den Quellen des Pi-chincha gespeist wird. Die Wände schmücken große Ölgemälde, die das Leben des heiligen Franziskus illustrie-ren. An den vier Ecken des Hofes glänzt jeweils ein Altar mit vergoldeten Auf-bauten. Das Kloster beherbergt ein **Mu-seum,** das das Leben im Kloster wäh-rend der Kolonialzeit durch Gemälde von *Miguel de Santiago, Caspacari* und *Bernado Legardas* veranschaulicht.

Führungen in Spanisch und Eng-lisch finden Mo bis Sa 9–17 Uhr statt und kosten 2 $.

Die **Kapelle Cantuña** ist ein Werk quiteñischer Kolonialkunst. Einer Le-gende zufolge wurde der Indianer *Fran-*

cisco *Cantuña* nach dem Brand, der die Inkastadt Quito vernichtete, von einem Spanier gerettet und aufgezogen. Da Cantuña den Ort kannte, wo die Schätze der Stadt versteckt waren, ließ er aus Dank für seine Rettung mit einem Teil des Inkaschatzes die Kapelle errichten.

Geöffnet ist die Kapelle zu Gottesdiensten Di und Do um 7, So um 8 Uhr, Tel. 2281124.

Werfen Sie an der Plaza/Calle Sucre einen Blick in die schönen, hinter den Läden versteckten Innenhöfe!

Verlassen Sie die Plaza San Francisco über die Calle Sucre, und biegen Sie links ein in die Calle Benalcázar. Einen Block weiter geht es rechts über die Plaza Grande und die Calle Espejo hinunter. Nach wenigen Metern findet sich rechts das Centro Cultural Metropolitano.

Centro Cultural Metropolitano mit dem Museo Alberto Mena Caamaño

Das Museum enthält eine Kunstgalerie, die **wechselnde Ausstellungen** zeigt. Daneben findet sich hier das historische **Stadtarchiv** mit der Gründungsurkunde Quitos. In einem Kellergewölbe erinnern lebensgroße Wachsfiguren an die Hinrichtung eingekerkerter Führer der Unabhängigkeitsbewegung durch die Spanier. Es finden Veranstaltungen statt, ein Café lädt zum Verweilen ein.

Geöffnet ist das Museum Di bis Fr 9– 17.30 Uhr, Sa 9–17, So 9–13 Uhr, Tel. 2950272, 2584363, Eintritt 1,50 $.

Schlendern Sie die Calle Espejo hinunter zum Unabhängigkeitsplatz. Wenn Sie in der Calle Moreno nach rechts abzwei-

gen, erreichen Sie neben dem Haupteingang der Kathedrale die Kirche El Sagrario.

Iglesia El Sagrario

Ursprünglich war El Sagrario die Hauptkapelle der Kathedrale, weshalb sie eine bauliche Einheit mit ihr darstellt. Sie

Quito – Ecuadors Hauptstadt

„Die **Cantuña-Kapelle** neben der Kirche hat ihren legendären Erbauer übrigens in arge Gewissensnöte gebracht, wie die Quiteños gern erzählen: Der Indianer Cantuña hatte versprochen, die Kapelle innerhalb kürzester Zeit zu errichten. Da es mit dem Bau aber nicht so richtig voranging, bat er schließlich verzweifelt den Teufel um Hilfe. Cantuña versprach seine Seele, wenn der **diabolische Baumeister** das Werk fristgerecht zu Ende führte. Darauf ging der Teufel gern ein und machte sich gleich tatkräftig ans Werk – die Kapelle nahm Form an und Cantuña begann, um sein Seelenheil zu fürchten. In seiner Not wandte er sich an die **Jungfrau von Quito.** Die Schutzheilige hatte Erbarmen und **bewirkte ein Wunder:** In der Nacht, in der die Frist ablief, krähte der Hahn eine Stunde früher, und der Teufel kam nicht mehr dazu, den letzten Stein einzusetzen. Die Kapelle blieb somit **unvollendet** und Cantuña hatte seine Seele in letzter Minute gerettet.

Wo aber fehlt der ominöse Stein? An der rechten Seite der Mauer zum Platz sind sieben steinerne Wasserabflüsse eingelassen, an der linken Seite nur sechs. Streng genommen gehört diese Mauer gar nicht zur Cantuña-Kapelle, aber zu jener Zeit war der Teufel wohl noch ein Ehrenmann …"

(erzählt von Leserin *Karin Offer*)

wurde 1660 von *Antonio Rodríguez* erbaut. Das barocke Eingangstor ist holzgeschnitzt und mit Blattgold überzogen. Die inneren Räumlichkeiten setzen sich zusammen aus einem hohen Mittelschiff mit Tonnengewölbe und zwei niedrigeren Seitenschiffen, die von kleinen Kuppeln abgedeckt werden. Am Eingang befindet sich die imposante *mampara* im Barock-Stil, die von *Bernardo de Legardas* im Jahr 1747 fertig gestellt wurde. Auffällig sind die überreich geschmückten Altäre.

Geöffnet ist die Kirche von Mo bis Fr 8–17.30 und Sa 8–13 und 17–18 Uhr. Achtung: Während der (insbesondere an Wochenenden) häufigen Gottesdienste ist eine Besichtigung nicht gestattet!

Der Calle Moreno weiter südwärts folgend, gelangen Sie an der Ecke Sucre zum „Goldstück" Quitos, der Jesuitenkirche.

Iglesia La Compañía de Jesús

Die **Jesuiten** waren die letzte Ordensgemeinschaft, die sich im heutigen Staatsgebiet Ecuadors ansiedelte. Der Bau aus Andesit (vulkanisches Gestein) zählt für Fachleute, Liebhaber und Gläubige **zu den schönsten Kirchen der spanisch-portugiesischen Baukunst.** Er bildet einen rechteckigen Grundriss mit der Form eines lateinischen Kreuzes. Die Außenfassade der Kirche ist das Werk des Bamberger Jesuitenpaters *Leonhard Deubler.* Das Portal ist zu beiden Seiten von je drei fünf Meter hohen Säulen umgeben, die auf verzierten Stylobaten (Säulengrundfläche) sitzen. Der Fries ist verziert mit Blättern und Sternen. In der Mitte endet er in einem Bogen, unter dem, in eine Nische eingelassen, eine Skulptur der Virgen Inmaculada steht. Im oberen Teil des mittleren Fassadenabschnitts ist in den Bau ein großes Fenster eingelassen, über dem die Kirchenwidmung *Divo Parenti Ignatio Sacrum* zu lesen ist. Auf dem Giebel thront das Rundtympanon (Giebelfeld) mit bronzenem Jesuitenkreuz. Über den Seitentüren zeigen komplizierte Arbeiten die beiden Herzen von Maria und Jesus. Die Giebelbögen der Seitentüren krönen jeweils zwei Engel.

Das **Kircheninnere** besteht aus drei Schiffen und einer Vierung. Das hohe Mittelschiff mit Tonnengewölbe wird von Rundbögen gestützt, die auf quadratischen Pfeilern stehen. Die niedrigeren Seitenschiffe mit kleinen Kuppeln sind mit quadratischen Laternen bestückt, die für das nötige Licht der sechs Seitenschiffkapellen sorgen. Anders als die römischen Kirchen besitzt La Compañía zwei Kuppeln: eine hohe über dem Vierungsraum und eine niedrigere über dem Altarraum. Wände und Säulen bestehen aus Naturstein, Bögen und Kuppeln dagegen aus Ziegelstein. Der Innenraum misst 58,5 m x 26 m x 16 m und stellt damit ein gigantisches Gotteshaus dar. Der Bau erfolgte in vier Phasen: 1605 entstanden das Fundament, die Mauern des Rundbogenwerks und die Sakristei. 1663 bekamen die Decken einen Überbau aus Kuppeln und Gewölben. Zu Beginn des 18. Jahrhunderts setzten die Stuckarbeiten an den Wänden ein, bis 1766 wurde das Hauptportal errichtet, und es kam zur Vollendung der Seitenkapellen und des dreiteiligen Hauptaltars. Diesen umgeben 14 mit Gemälden geschmückte Wände, die

Quito – Ecuadors Hauptstadt

überreich mit vergoldeten Holzverzierungen verkleidet sind.

Die **Kanzel,** wie ein Kelch mit kleinem Fuß an eine der vorderen Säulen gelehnt, schmückt eine Vielzahl geschnitzter Cheruben-Köpfe, ein Glanzstück der Jesuitenkirche. Die im Renaissance-Stil angefertigten Altaraufsätze der Seitenkapellen im Vierungsraum sind ebenfalls eine einzige Augenweide. An den Seitenschiffwänden fallen die Emporen mit schön geschnitztem Holzgitterwerk auf, die natürlich auch mit Blattgold überzogen sind. Die Altaraufsätze der acht Seitenschiffkapellen sind im chiriguereco-Stil angefertigt und … vergoldet.

Die beiden letzten Kapellen werden von großen, kopierten Ölgemälden geschmückt, die links die Hölle und rechts das Jüngste Gericht thematisieren. Am Kircheneingang befinden sich die *mamparas,* die frei stehenden „Spanischen Wände". Ihre Tür ist mit rechteckigen Ornamenten versehen. Die Empore ist mit schön geschnitzten Holzrosetten versehen, die von Skulpturen voneinander getrennt sind – alles (natürlich) vergoldet. Der gesamte Kircheninnenraum ist mit Ausnahme der steinernen Säulenverzierungen reich an Stuckarbeiten und – für meinen Geschmack – überladen mit Goldblatt. Alles in allem sollen für die Innenraumdekorationen **sieben Tonnen Gold** verwendet worden sein.

Geöffnet ist die Kirche Mo bis Fr 9.30–17 Uhr, Sa 9.30–16 Uhr, So 13–16 Uhr, Erwachsene zahlen 3 $, Studenten 1 $, Tel. 2584175, www.fundacioniglesia-delacompania.org.ec.

Folgen Sie der Calle Sucre weiter hinunter, so treffen Sie an der Ecke Venezuela rechts auf die Casa de Sucre.

Casa de Sucre

Das Haus des Nationalhelden General *Antonio José de Sucre* wurde originalgetreu wiederhergestellt. Das Mobiliar stammt aus seiner Zeit (Beginn des 19. Jahrhunderts). Daneben gibt es eine kleine Ahnengalerie sowie einen kleinen Museumsbereich, in dem persönliche Wertgegenstände des Generals ausgestellt sind.

Geöffnet ist das Haus Di bis Fr von 9–17 Uhr, Tel. 2952860, Calle Venezuela y Calle Sucre, Eintritt 1 $.

⬆ Blick auf den Vulkan Antisana

Laufen Sie jetzt die Calle Sucre weiter nach unten. Sie passieren die Calle Guayaquil, und wenn Sie auf die Calle Flores treffen, biegen Sie nach rechts ab zur Plaza de Santo Domingo mit der gleichnamigen Kirche.

Iglesia de Santo Domingo

Auf der Plaza steht eine Statue zu Ehren des Generals *Sucre,* die in Richtung Pichincha weist, wo im Jahre 1822 die entscheidende Schlacht um die Unabhängigkeit geschlagen wurde.

Die Kirche hat eine Besonderheit: Neben dem Kloster wurde über einem Torbogen die Rosenkranz-Kapelle Camerino de la Virgen del Rosario errichtet. Der Torbogen bildet eine Brücke, die von den zwei Kuppeln der Kapelle überragt wird. Das Kircheninnere wurde von dem Architekten *Francisco de Beccera* geplant. Von dem ursprünglichen Glanz mit schönen, barocken Stil-Elementen ist nicht mehr viel geblieben. Die Barockvertäfelungen mussten neugotischen Elementen weichen. Lediglich die Mudejár-Holzdecke im Mittelschiff ist erhalten geblieben.

Anders in der **Rosenkranz-Kapelle:** Die barocke Kirche besteht aus drei rechteckigen Räumen: der eigentlichen Kirche, dem Altarraum und der Sakristei, in der hochwertige Kultgegenstände gehütet werden. Die Wandverkleidung ist aus rot und gold bemaltem Eichenholz gefertigt. Augenfang der Kirche ist der reich geschmückte Altaraufbau mit der Muttergottesstatue, ein Geschenk des spanischen Königs *Karl V.*

Geöffnet ist die Kirche 7–13 und 17–18.45 Uhr, Eintritt 2 $.

Wer weitere Kirchen in der Altstadt sehen und besichtigen will, der spaziere von der Plaza Santo Domingo die Calle Rocafuerte hinauf: Dort findet er die Kirchen **San Juán de Dios** und **El Carmen Alto,** die durch den Arco de la Reina miteinander verbunden sind. Die **Iglesia El Carmen Alto** öffnet nur zu den Gottesdiensten. Das Kloster von El Carmen Alto ist nach tel. Rücksprache, Tel. 2581739, zu besichtigen. Hinter dem Bogen liegt auch der Eingang zu dem architektonisch und wegen der Ausstellungen unbedingt sehenswerten Stadtmuseum **Museo de la Ciudad,** errichtet in dem alten Hospital der Stadt aus dem 16. Jahrhundert (geöffnet Di bis So 9.30–16.30 Uhr, Eintritt 3 $).

Kultur in der Altstadt

Neben den zahlreichen Museen und architektonischen wie kirchlichen Juwelen wächst die zeitgenössische Kulturszene im Centro. Das **Nationaltheater Sucre** (www.teatrosucre.org) und das ebenfalls an der Plaza de Teatro liegende **Teatro de Variedades** zeigen ein großartiges Programm mit Theater, Tanz, Sinfonieorchester, Jazz und anderen Musikveranstaltungen sowie mit regelmäßigen Konzerten und Events auf der Plaza selbst. Das nach schwerem Brand wiedereröffnete **Teatro Bolívar** (www.teatrobolivar. org, Calle Espejo 847 y Guayaquil) schließt sich der Agenda an und kann nach Terminabsprache (Tel. 2583788) besichtigt werden.

Das **Centro Cultural Metropolitano** (www.centrocultural-quito.com) ist ein republikanisches Schmuckstück mit modernen Bauelementen und bietet exzellente Ausstellungen von Kunst, Grafik und Fotografie. Es beherbergt ferner das Wachsfigurenkabinett **Museo Alberto Mena Caamaño.** Das Kulturzentrum **Mama Cuchara** am Ostende der traditionellen Wohnstraße Calle Rocafuerte bietet einmal wöchentlich Filmprogramm und andere Events. Häufige Konzerte und Ausstellungen erleben Sie in der **Calle de la Ronda,** etwa in **La Casa de Juan** mit ihrem Café Sibarí, Calle de la Ronda 707, Di bis Do 11–24 Uhr, Fr/Sa 11–2 Uhr, So 14–24 Uhr, www.cafesibari.com.

Sakrale Musik und Kirchenkultur zelebriert Quito in der gesamten Altstadt vor und während der **Karwoche.** Das komplette Programm mit allen Adressen und ständigen Veranstaltungen finden Sie in der guten Touristeninformation an der Plaza de la Independencía.

Folgt man der Calle Rocafuerte bis zur Calle Cuenca und biegt links ab, erblickt man auf der rechten Seite die **Kirche Santa Clara.** Die Calle Cuenca weiter und rechts in die Calle 24 de Mayo kommt man zur **Kapelle El Robo.** An

Quito – Ecuadors Hauptstadt

Die geheimnisvollen Patios

„Machen Sie einen Streifzug durch das historische Zentrum, und suchen Sie abseits der großen Klöster und Kirchen nach außergewöhnlichen Details. Es gibt unzählige, **sehenswerte Patios.** Hier sind prächtige, gepflegte Anlagen mit bunten Blumen, blank polierte Säulen, mit schweren Gemälden vollgehängte Galerien und vielfach verzierte, steinerne Brunnen. Dort gibt es halb zerfallene schmuddelige Hinterhöfe, aus denen zwischen Wäscheleinen und Eisenschrott das Flair längst vergangener, glanzvoller Zeiten atmet; verwitterte Holzbalustraden, ein Festschmaus für Termiten. Ein paar **Entdeckeradressen** für alle die, die wenig Zeit für ihren Streifzug haben und schnell fündig werden wollen: Calle Venezuela 1129 und 1415, Calle Benalcázar 934, Calle García Moreno 784 und 884, Calle Mejía 774 und 680. Oder der In-

nenhof des empfehlenswerten Hotels *San Francisco,* Calle Sucre, Ecke Guayaquil, sogar mit Cafetería. Ganz besonders fotogen das Haus mit den 7 Patios im Häuserblock von Calle Rocafuerte und Calle Imbabura; mit ein bisschen Glück ist gerade eine **bunt gekleidete Indígena** Frau an einem steinernen Waschtrog zu Gange oder ein gebeugter Greis schlurft zwischen den Säulen längst vergangener Epochen dem Rest des einförmigen Lebens entgegen. Steigerung gefällig: das ehemalige *Museum Bonilla Cortés* auf der García Moreno 1334. Schon die Fassade und der Blick in den Innenhof sind beeindruckend, und mit ganz viel Glück zeigt der stolze Besitzer Ihnen einen Teil seiner Schätze."

Daniel A. Kempken ist Entwicklungshelfer und Schriftsteller. Er leitete viele Jahre das Büro des Deutschen Entwicklungsdienstes in Quito. Auszug aus seinem Buch: „Schlaglichter Ecuador 2010. Highlights und Kuriositäten, Tipps und Geheimtipps". Tipp!

der Plaza 24 de Mayo beginnt auch die prächtige historische **Calle de la Ronda** (Beschreibung siehe weiter oben).

Sonstige Sehenswürdigkeiten in der Altstadt

El Panecillo

Auf dem Vulkankegel in der Altstadt erhebt sich eine überdimensionale **Statue der Virgen de Quito**, des Wahrzeichens von Quito. Hinauf geht es zwar über eine Treppe, wegen der Gefahr, Opfer eines Überfalls zu werden, sollte man aber **unbedingt mit einem Taxi** hinauffahren und das Taxi dort auch warten lassen (ca. 5–6 $, inkl. einer 15-minütigen Wartezeit). Vom Vulkankegel und der Aussichtsplattform in der Statue bietet sich ein herrlicher Blick über Quito. Bei guter Sicht kann man die schneebedeckten Gipfel von Cayambe und Cotopaxi sehen. Am besten fährt man am frühen Vormittag hinauf, dann ist die Sicht am besten.

An **Infrastruktur** gibt es an der Statue einen Souvenirladen und mehrere Souvenirstände, Snacks, Toiletten, ein Telefon und das **Panorama-Restaurant Pim's,** Tel. 3170878, geöffnet ab 12 Uhr, wo man nicht nur speisen, sondern bei gutem Wetter auch herrlich über der Stadt einen Kaffee trinken kann. Der hohe Sockel der Statue kann gegen 1 $ Eintritt bis zum Fuße der Jungfrau bestiegen werden.

Basílica del Voto Nacional

An der Av. Venezuela y Carchi erhebt sich diese Kirche; sie ist nicht zu übersehen dank ihrer beiden hoch aufragenden neogotischen Türme. Sie ist **eines der monumentalsten Gebäude der Stadt:** 115 m hoch ragen die beiden Türme auf. Der Bau ist 140 m lang und 35 m breit. Von 1892 an wurde an der Kirche gebaut, die Vollendung dauerte fast 100 Jahre: Erst am 30. Januar 1985 erfolgte die Weihe durch Papst *Johannes Paul II.* Auf die Türme führt ein Aufzug (geöffnet Mo bis So 9–17 Uhr, 2 $, Ticket seitlich in einem Geschäft zu erstehen), von oben hat man einen wunderbaren Blick über die Altstadt bis zur Figur der Jungfrau auf dem Panecillo. Turmbesucher können auch die kleine Cafeteria mit Panoramablick nutzen. Wer schwindelfrei ist, kann auf einem Holzsteg das Gewölbe überqueren und auf einer Außenleiter zum Vierungsturm hochklettern.

Museen

Museo Camilo Egas

Das Museum in der Calle Venezuela 1302 y Esmeraldas wurde von der Banco Central subventioniert und restauriert. Das eindrucksvolle Wohnhaus, erbaut im kolonialen Stil, zeigt mehr als dreißig Bilder des modernen Malers *Camilo Egas* (1889–1962), der einen Großteil seines Lebens in den USA verbrachte und erst nach seinem Tod wiederentdeckt wurde.

Geöffnet: Di bis Fr 9–13 Uhr, Eintritt frei, Tel. 2572012, 2572811, Fax 2570391.

Museo de San Diego

Museum und Konvent befinden sich in einem alten Gebäude, das vor 400 Jahren eine Hacienda war, bevor es zur Kirche wurde. Bis 1901 war es von Franziskaner-Mönchen bewohnt, ehe diese zur Kirche San Francisco umzogen. Die Deckenfenster der Kirche wurden von Indígenas hergestellt. Hinter dem Altar führt eine 1000 kg schwere Steintür zum Friedhof. Die Sakristei enthält eine **Jesus-Statue,** die mit dem Betrachtungswinkel ihren Ausdruck ändert: Von vorn besehen lächelt Jesus, von rechts scheint er tot, und von links macht er einen leidenden Eindruck.

Das Museo de San Diego stellt Kolonialkunst aus. Im Esszimmer hängt ein Gemälde, das das Abendmahl zeigt. Im ersten Stock können Sie die Original-Wandbemalungen bewundern, die nur teilweise restauriert wurden. Daneben werden zwei Glocken aus den Jahren 1902 und 1926 regelmäßig von einer Nonne geläutet.

Geöffnet ist das Museum in der Carlicuchima 117 y Farfan (Friedhof) Di bis So 9.30–12.30 und 14.30–17 Uhr, 2 $ Eintritt, Tel. 3173185.

Museo de la Ciudad

In dem architektonisch wie inhaltlich hoch interessanten „Stadtmuseum" mit Café in der García Moreno y Rocafuerte sind wechselnde Ausstellungen und Veranstaltungen zu sehen. Es lohnen aber auch die ständigen Ausstellungen zur Stadtgeschichte mit einer Spezialabteilung über die ehemalige Funktion des Gebäudes als Stadthospital.

Geöffnet: Di bis So 9.30–16.30 Uhr, Eintritt 3 $, Tel. 2953643 ext. 108, www.museociudadquito.gob.ec.

Museo Casa del Alabado

Museum mit **präkolumbischer Kunst** mit Ausstellungen zu den präkolumbischen Kulturen Ecuadors. Das Museum befindet sich in der Calle Cuenca N1-41 zwischen der Plaza San Francisco und Santa Clara.

Geöffnet: Di bis Sa 9.30–15.30 Uhr, So und Feiertags 10–16 Uhr, Eintritt 4 $, Tel. 22880772, http://alabado.org.

Museo Numismático

Münzmuseum der Banco Central in der Calle García Moreno Ecke Sucre.

Geöffnet: Di bis Fr 9–17 Uhr, Sa/So/Feiertage 10–16 Uhr, Tel. 2280940, Eintritt 1 $.

Museo del Tren

Südöstlich des Panecillo befindet sich in der Estación de Trenes Chimbacalle dieses Museum, in dem alles rund um den **Schienenverkehr** ausgestellt wird.

Geöffnet: Mi bis So 9–13 und 14–16.30 Uhr, www.ferrocarrilesdelecuador.gob.ec.

Quito Mariscal

0 ▬▬▬ 200 m

Versales

Metrobus

Juan Murillo

Av. 10 de Agosto

Trolebus

Extranjería

Av. 10 de Agosto

11

Roca

Ulpiano Páez

Robles

8

9 de Octubre

9

C. Murillo

12

13

14

Washington

7

15

Carrión

Av. Amazonas

1

Juan León Mera

2

16

5

Polizei

19 **17**

6

18

Reina Victoria

20

21

Banco del
Pichincha

3

22 **24**

Robles

4

23

25

Leonidas Plaza

35

Plaza
Foch

26

Roca

36

34

27

José Luis Tamayo

37

33 **32** **29** **28**

Av. Cristóbal Colón

Santa María

La Pinta

La Niña

45

39

Ventimilla

31 **30**

Luis Cordero

40

43

44

⊠

Banco
de Guayaquil

47

46

41

Wilson

Av. 6 de Diciembre

Diego de Almagro

48

Reina Victoria

Carrión

42

49

Ⓜ

Mindalae
Museum

52

51

Mariscal Foch

50

Av. 12 de Octubre

53

Lizardo García

54

Ⓜ Museo Jijón
y Caamaño

Baquerizo Moreno

Yánez Pinzón

Isabel la Católica

Madrid

55

Ecovia

56

57

58

59

60

61

P. Caamaño

Toledo

63

62

Luis Cordero

Coruña

■ **Einkaufen/Sonstiges**
2 Kunsthandwerkmarkt
   La Mariscal
3 South American
   Explorers Club
9 Apotheke
18 Libri Mundi
54 Apotheke
55 Supermaxi

Die Neustadt

Quito – Ecuadors Hauptstadt

In der Neustadt befinden sich neben dem (alten) internationalen **Flughafen** und den Villen der Reichen die meisten großen **Einkaufszentren** (*Centros Comerciales*), **Botschaften** und **Büros der Fluggesellschaften,** exklusive **Hotels,** etliche **Pensionen, Restaurants, Banken** und das berüchtigte Vergnügungsviertel und touristische Zentrum Quitos, die **Mariscal.**

Die **Avenida Amazonas,** in der „Mittelstadt" gelegen, reicht als eine der längsten Straßen Quitos vom Parque Ejido bis zum Flughafen. Das Teilstück zwischen der Avenida Patria (am Parque Ejido) und dem Parque Carolina ist mit Restaurants, Reiseagenturen und Souvenirläden eine wichtige touristische Adresse. Zwischen dem Parque El Alameda im Süden und der Avenida Naciones Unidas (Parque Carolina) im Norden verteilen sich die Sehenswürdigkeiten der Neustadt.

Museen

In Quitos Neustadt gibt es zahlreiche Museen. Besonders interessant sind:

Museo Casa de la Cultura Benjamin Carrión

Das **Nationalmuseum** (auch: Museo Nacional del Banco Central del Ecuador) in der Calle 6 de Diciembre y Patria ist nicht zu übersehen. Es ist in einem riesigen, runden Glasbau untergebracht. Wer kein großer Museumsfan ist, sollte zumindest diesem einen Besuch abstatten. Das Gebäude enthält drei verschiedene Ausstellungsräume mit wissenschaftlichen, ethnologischen und kolonialen Stücken sowie eine Kunstgalerie mit Gemälden aus dem 17. bis 20. Jahrhundert, ferner eine Ausstellung ecuadorianischer Musikinstrumente und auch moderne Kunst. Die beste archäologische Sammlung der Banco Central ist ebenfalls hier untergebracht.

Geöffnet: Mo bis Fr 9–17 Uhr sowie Sa 9–14 Uhr, Eintritt frei, Tel. 2223392, www.cce.org.ec.

Museo Guayasamín

Das Museum in der Calle José Bosmediano 543 im Barrio Bellavista el Batán enthält eine Bildgalerie des bekanntesten Malers Ecuadors, **Oswaldo Guayasamín** (1919–1999), sowie kunsthandwerkliche Exponate, Gold- und Silberarbeiten, eine Privatsammlung archäologischer Funde und Werke aus der Kolonialzeit. An das Museum angeschlossen ist die **Capilla del Hombre** mit letzten Exponaten des vor wenigen Jahren verstorbenen Malers (Calle Lorenzo Chavez EA 18-143 y Mariano Calvache, Tel. 2448492, guayasamin@uio.satnet.net).

Geöffnet: Di bis So 10–17 Uhr, Eintritt 4 $, So frei, Tel. 2446455, 2446277, www.guayasamin.org.

Museo Jijón y Caamaño

Das Museum befindet sich im 3. Stock der Universidad Católica, Calle 12 de Octubre. Es beherbergt ein größere archäologische Privatsammlung, darunter Funde der Sierra-Kulturen, Keramiken aus dem 18. Jh., indianische Werkzeuge, Gemälde und historische Dokumente.

Geöffnet: Mo bis Fr 8.30–16 Uhr, Eintritt 1,50 $, Tel. 2991700 ext. 1242, www.puce.edu.ec.

Vivarium

Av. Amazonas 30-08 y Rumipamba, im Parque La Carolina, Tel. 2271820, kgarzon@vivarium.org.ec, Di bis So 9.30–17.30 Uhr, Eintritt 3 $. Zu sehen sind 45 Arten von Reptilien und Amphibien, darunter eine *Boa Constrictor,* mit der man sich ablichten lassen kann.

Parque Alameda

Am südlichen Ende des Parque Alameda steht die **Statue von Simon Bolívar** und rechts davon eine schöne Reliefkarte Ecuadors.

Wer will, kann an den kleinen Seen am nördlichen Ende des Parks ein Ruderboot ausleihen.

Sternwarte

In der Mitte des Parks finden Sie die Sternwarte. 1864 eröffnet, gehört sie zu den ältesten Südamerikas.

Geöffnet ist sie Di bis So 10–13 und 14–17 Uhr, Do/Fr bei klarem Himmel zudem Sternbeobachtung abends, Eintritt 2 $, Tel. 2570765, oaq.epn.edu.ec.

Praktische Infos A–Z

■ **Tel. Vorwahl: 02**

Ausländerbehörden

■ Für den Ecuador-Besucher sind zwei Behörden wichtig: die *Migración* und die *Extranjería*. Eine **Aufenthaltsverlängerung** als Tourist erteilt die **Dirección Nacional de Migración,** Av. Amazonas 3149 y Av. República, Tel. 2451222, 2247510, 2450578, geöffnet Mo bis Fr 8–12 und 14.30–18 Uhr (siehe weitere Hinweise im Kapitel „Dokumente für Ecuador"). Es besteht keinerlei Möglichkeit der Verlängerung von Touristen-Visa über 90 Kalendertage binnen 12 Monaten hinaus. Aufenthaltstage in Ecuador werden landesweit elektronisch erfasst.

■ In anderen **Visa-Fragen** wende man sich an die **Extranjería** in der Av. 6 de Diciembre N26-05 zw. Colón und La Niña, Tel. 3828810, www.ministeriodelinterior.gob.ec, geöffnet Mo bis Fr 9–12 Uhr.

Ausrüstungsläden

■ **Alta Montaña**
Siehe im Kapitel „Bergwandern in Ecuador".

■ **Tatoo Adventute Gear**
Calle J. L. Mera N23-54 y Wilson, Tel. 2904533, 2903983, www.ec.tatoo.ws, mariscal@tatoo.ws. Guter Laden für Outdoor-Kleidung und -Ausrüstung. Mo bis Fr 9–19.30 Uhr, Sa 10–19 Uhr, So 11–18 Uhr.

■ **Adventure Travel**
J. L. Mera y Veintimilla, Trekking-Ausrüstung, auch Camping-Gas-Kartuschen.

■ **South American Explorers Club**
Jorge Washington 311 y Leonidas Plaza, Tel. 2225228, quitoclub@saexplorers.org, www.saexplorers.org,

Postadresse: Casilla 17-21-431, Quito, Ecuador; Mo bis Fr 9.30–17 Uhr; als Adresse für Infos über Bergtouren und Reiserouten in Ecuador absolut empfehlenswert; einmalig freier Eintritt. Für weitere Nutzung der Informationsstelle und Zugang zu den Reiseberichtarchiven ist eine Mitgliedschaft erforderlich, Kosten ab 60 $ pro Jahr mit lateinamerikaweiter Gültigkeit.

■ **Ciclópolis**
Mariano Aguilera E7-198 y Diego de Almagro, Tel. 3226502, www.ciclopolis.ec, Fahrradverleih auch für den sonntäglichen „Ciclopaseo".

⌂ Garde am Präsidentenpalast

Autoverleih

■Avis
Av. Amazonas N49-139 y Río Curaray, gegenüber dem Flughafen, Tel. 2255890, Fax 2255895; www.avisecuador.com; Stadtbüro: Av. de los Granados y Seis de Diciembre, Tel. 2259333. Beide Büros Mo bis Fr 7–21 Uhr, Sa nur am Flughafen 8–19 Uhr, So dort 10–20 Uhr. Preise zwischen 36 (Kleinwagen) und 170 $ (großer Jeep) pro Tag.

■Budget
Av. Colón E4-387 y Amazonas, Tel. 2237026 und 2221814, Fax 2562705, www.budget-ec.com, Mo bis Fr 8–19 Uhr, Sa 8–13 Uhr, So 10–15 Uhr; Flughafen-Büro: Mo bis Fr 7–21 Uhr, Sa 8–18 Uhr, So 8–20 Uhr, Tel. 3300979, 3301726.

■Hertz
Av. Amazonas, am Flughafen, Tel. 2254257 und 2254258, www.hertz.com, Mo bis So 7–22 Uhr, Autos ab 33 $ pro Tag, Jeeps 100 $ pro Tag.

Hinweis zu Hausnummern

Adressen werden in Ecuadors Städten normalerweise **mit zwei Straßennamen angegeben:** Dabei steht zuerst die Straße (mit Hausnummer), in der sich ein Hotel, Restaurant etc. befindet, und danach, mit dem Wort „und" (y) verbunden, die nächstgelegene Seitenstraße.

Die Verwaltung der Hauptstadt hat bei den Hausnummern ein flächendeckendes **Chaos** angerichtet. Früher stand z.B. Nr. 5-14 für „5. Querstraße, Nr. 14". Dann hat man die Straßen neu nummeriert und mit einem Buchstaben für die Himmelsrichtung versehen: z.B. „N-17-356". Mittlerweile gehen viele Hausbesitzer wieder zum alten System zurück. Das Durcheinander ist wirklich beeindruckend, zumal nicht alle Häuser überhaupt eine Hausnummer haben.

Bars und Cafés

In der Altstadt

Immer mehr Cafés und Bars finden sich in der Calle de la Ronda und auf dem Boulevard 24 de Mayo. Weitere Empfehlungen:

■Bar Vista Hermosa
Calle Mejía 453 y García Moreno, Tel. 2951401, Mo bis Sa 13–24 Uhr, So 11–20 Uhr. Großes Panoramalokal über den Dächern der Altstadt mit Pizzas und ecuadorianischen Gerichten sowie Live-Musik am Wochenende, bei Regen auch mit Innenbereich und Bar, allerdings dann ohne besondere Aussicht.

■Casa de la Peña
Calle Galápagos y García Moreno, gemütliche Bar mit Kamin und Außenterrasse in einem 400 Jahre alten Gebäude, Do bis Sa abends.

■San Agustín
Calle Guayaquil N5-59 y Mejía, Tel. 2285082, Mo bis Fr 9–17.30 Uhr, Sa 10–16 Uhr, So 10.30–16 Uhr. Traditionelles Eiscafé seit 150 Jahren, Mittagessen à la carte 5 $, hübsche kleine Balkone im 2. Stock.

■Café del Teatro
Plaza del Teatro, Tel. 2289079, Mo bis Sa 10–24 Uhr (schließt manchmal schon gegen 22 Uhr). Schönes Platzcafé mit Außenterrasse und Balkonen gegenüber dem Nationaltheater, Restaurantservice.

■Tianguez
Plaza San Francisco, Tel. 2570233, www.tianguez.org, So bis Do 9.30–19 Uhr, Fr/Sa 9.30–21 Uhr, mit Live-Musik, schönes Platzcafé in den Gewölben der Kirche mit Tischen auf der Plaza, Bücher und Kunsthandwerk einer Amazonasstiftung.

■Café del Fraile
Chile y Venezuela, Cafeteria unten im Palacio Arzobispal.

■Café Modelo
Calle Sucre 391 y García Moreno, Quitos traditionsreiche Eisdiele.

Quito – Ecuadors Hauptstadt

In der Neustadt

■ Karukera

Calle Calama E6-19 y Reina Victoria, Tel. 2556234, tgl. ca. 18–1 Uhr. Sympathische Musik-Bar mit kleiner Terrasse, Speisen und gutem Service.

■ Cats

Calle Lizardo García 537 y Diego de Almagro, Tel. 2441930, catsbar@uio.satnet.net, Di bis Sa 19–2 Uhr, langjährige Rockkneipe, authentisch, aber recht verqualmt.

■ El Cafecito

Cordero y Reina Victoria, Tel. 2234862, www.cafecito.net, Mo bis So 8–23 Uhr, Frühstück, leckerer Kuchen, vegetarische Karte, Bar, Happy Hour 17–19 Uhr, Kamin, Gartencafé, Hostalbetrieb. Seit Jahren beliebter und gemütlicher Treff bei Quiteños wie bei Travellern.

■ Cafélibro

Calle Plaza N23-56 zw. Wilson und Veintimilla, Tel. 2526754, www.cafelibro.com, Mo bis Fr 12.30–14.30 *(almuerzos)* und 17–2 Uhr, Sa 18–2 Uhr. Do bis Fr Live-Musik, Mi/Sa Tango 21–24 Uhr. Engagiertes Kulturcafé mit vielen Veranstaltungen.

■ Este Café

J. L. Mera N23-94 y Wilson, Tel. 2542488, sehr nettes, luftiges Café im 1. Stock, Mo bis Sa 8–24 Uhr.

■ Café Corfu

Av. Portugal 959 y Av. de los Shyris, Tel. 224 3507, mfreire@cyrano.com.ec, Eisdiele mit vielen köstlichen Eissorten. Geöffnet: Mo bis So 7–20 Uhr. Daneben befindet sich die **Bäckerei Cyrano** (Tel. 2241667) mit großer Brotauswahl, darunter auch Vollkornbrot!

■ Bar El Pobre Diablo

Isabel la Catolica E12-06 y Galavis esq., Tel 2235194, www.elpobrediablo.com, Konzerte, Ausstellungen und tolle Atmosphäre in einer alten Kaffeerösterei, Mo bis Sa 18–2 Uhr.

■ Zócalo

Calle J. L. Mera E5-10 y Calama, Tel. 2233929, schöne Terrasse, am Wochenende Tanz.

■ Ghoz

La Niña 425 y Reina Victoria, Billardbar, Fußballübertragungen, schweizerische Küche.

■ Varadero

Reina Victoria 1721 y La Pinta, Tel. 2542575, kubanische Bar, Live-Konzerte von Mi bis Sa, kubanisches Restaurant nebenan: La Bodeguita Cuba.

■ Havanna Cuba

Av. Portugal y 6 de Diciembre, Kellerlokal, am Wochenende kubanische Live-Musik, gutes Essen.

■ Kallari

Calle Wilson und J. L. Mera, Mariscal, empfehlenswertes gemütliches Café von Quechua-Indianern, die auch Schmuck, Schokolade und Seife aus dem Amazonasgebiet vertreiben. Außerdem bieten sie Sprachkurse in Quechua an. Bei gutem Wetter auch zum Draußensitzen. Mo bis Fr 8.30–18 Uhr, Sa/So nach Bedarf, www.kallari.com. Wechselnde Preise.

■ Café chiQUITO

Camino de Orellana N27-630, Guápulo, Tel. 3237630, eguidon@yahoo.com, Mi bis So 14–22 Uhr, Kaffee und Kuchen. Das Café wirbt mit „Best sandwiches in town und feinsten hausgemachten Nusstorten!"

■ La Naranjilla Mecanica

Tamayo N22-43 y Veintimilla, Tel. 2526468, www.lanaranjillamecanica.com, Mo bis Fr 10–2 Uhr, Sa 18–2 Uhr, Bar-Restaurant, Modern Lounge, ecuadorianische und internationale Küche, gute Musik. Empfehlenswert!

■ Xocoa

Foch y Reina Victoria, Plaza Quinde, Tel. 2553027, Café, Chocolaterie und Modern Lounge, nette Atmosphäre. Empfehlenswert!

■ The Turtle's Head

La Niña E4-451 y J. L. Mera, Tel. 2565544, Irish Pub, Gutes Bier und Musik. Empfehlenswert!

Peñas

Peñas sind Bars, in denen **Folklore-Musik** gespielt wird und **Tanzdarbietungen** stattfinden. In Quito gibt es etliche solcher Bars, auf saubere Kleidung wird Wert gelegt. Peñas sind kaum vor 21 Uhr geöffnet, das Programm beginnt meist erst um 22.30 Uhr.

▪ Ñucanchi Peña

Av. Universitaria 496 y Armero, Tel. 2540967, Do bis Sa ab 20 Uhr, artistische Shows, Eintritt 10–15 $.

Live-Musik

▪ Konzerte finden regelmäßig an folgenden Orten statt: **Bar El Pobre Diablo** (Jazz, Ethno u.a.), im **Teatro Variedades** (Jazz, Klassik u.a.), **Bar Vista Hermosa** (ecuadorianische Musik und Gitarrenmusik, am Wochenende abends), **Plaza de Teatro** (Rock, Open Air u.a.), **Casa de la Música** (Philhar-

monie, Klassik, Brass u.a.), **Plaza Quinde** (Diverses, Open Air).

▪ Nicht zu vergessen das jährliche **internationale Kirchenmusikfestival Música Sacra** um die Karwoche herum an zahlreichen Orten der Altstadt.

Botschaften und Konsulate

▪ Deutschland

Embajada de Alemania: Av. Naciones Unidas y República de El Salvador, Edificio Cityplaza, 12. Stock, Tel. 2970820, Fax 2970815, nur in Notfällen nach Dienstschluss: 099-9497967, www.quito.diplo.de. Geöffnet Mo bis Fr 8–11 Uhr.

▪ Österreich

Konsulat in Quito: Av. Gaspar de Villaroel E9-53 zw. Av. de los Shyris und 6 de Diciembre, Tel. 2469700, Fax 2443276. Geöffnet Mo bis Fr 10–12 Uhr.

▪ Schweiz

Embajada de Suiza: Av. Amazonas N35-17 y Juán Pablo Sáenz, Edif. Xerox, Tel. 2434113, 2434949,

▭ Blick über die Altstadt von der Dachterrasse der Bar Vista Hermosa

ecu005 peko

www.eda.admin.ch/quito, vertretung@qui.rep. admin.ch. Geöffnet Mo bis Fr 9–12 Uhr.

■ Niederlande

Av. 12 de Octubre 1942 y Cordero, Ed. World Trade Center, Torre 1, 1. Stock, Tel. 2229229, 2229230, Fax 2567917, Holgui@ibm.net, Botschafter *Kornelis Spaans*. Geöffnet Mo bis Fr 9–13 Uhr.

■ Kolumbien

Av. Colón 1133 y Amazonas, Ed. Arista, 7. Stock, Tel. 2228926 und 2222486, Fax 2567766, Botschafter: *Dr. Carlos Holguin*. Geöffnet Mo bis Fr 9–13 und 14–17 Uhr.

■ Peru

Av. República de El Salvador N34-361 e Irlanda, Tel. 2468410, 2468389, Fax 2252560, www.embajadelperu.org, Botschafter: *Vicente Rojas*. Geöffnet Mo bis Fr 9–13 und 15–18 Uhr.

■ USA

Avenida Avigiras E12-170 y Eloy Alfaro, Tel. 3985000, -01, Botschafterin: *Linda Jewell*. Geöffnet Mo bis Fr 8–12 und 13.30–17 Uhr.

Buchhandlungen

■ Libri Mundi

J. L. Mera N23-83 y Wilson, Tel. 2234791, 2529587, www.librimundi.com, sehr gute Buchhandlung in Quito, spanischsprachige Literatur, aber auch viele englische, französische und deutsche Romane; Reiseführer; Mo bis Fr 8.30–19.30 Uhr, Sa 9–14 und 15–18 Uhr; Filiale im Quicentro, Pasaje de Lujo, Av. Naciones Unidas y Shyris, Mo bis Do 9.30–21 Uhr, Fr/Sa 9.30–21.30 Uhr, So 10–20 Uhr.

■ Libroexpres

Av. Amazonas 816 y Veintimilla; kleine Buchhandlung mit Reiseliteratur und Fotobänden, internationalen Zeitschriften und Magazinen; täglich der Miami Herald.

■ Librería Española

Filialen u.a.: Av. Colón y J. L. Mera, Buchhandlungen mit wissenschaftlichem Schwerpunkt, Mo bis Sa 9–17 Uhr.

■ Centro Cultural Abya Yala

Av. 12 de Oct. N23-116 y Wilson, www.abyayala. org, ethnologischer Schwerpunkt und historische Reiseberichte, empfehlenswert. Kleines interessantes Museum (*Museo Amazónico;* nur nachmittags geöffnet), Buchhandlung, Verkaufskooperative, Bio-Laden und Cafeteria im Haus. Mo bis Fr 8.30–19 Uhr, Sa 9–15 Uhr.

■ Mr. Books

Sehr gut sortierte Buchhandlung im Centro Comercial El Jardín, Tel. 2980281, www.mrbooks.com. Mo bis Sa 10–20 Uhr, Do 9–19.30 Uhr.

■ Confederate Books

Calle Calama 410 y J. L. Mera (Mariscal), Tel. 2527890, billgrok@hotmail.com, große Gebrauchtbuchhandlung mit vornehmlich englischsprachiger Literatur.

Diskotheken

Zahlreiche Treffs, Bars (s.o.) und Discos liegen östlich der Av. Amazonas zwischen Calle Veintimilla und Av. Orellana; die „angesagten" Treffs wechseln jedoch schnell. Sonntags und montags sind einige Bars, auch wenn die Ankündigungen anders lauten, geschlossen. (Fast) alle Diskotheken sind am Wochenende gut besucht.

■ Seseribó

Veintimilla y 12 de Octubre im Souterrain, Quitos schönste und musikalisch beste Salsoteca, Do bis Sa ab 22 Uhr, Eintritt 4 $.

■ No Bar

Calama y J. L. Mera, bei Touristen und Ecuadorianern gleichermaßen beliebter Club mit wechselnder Musik, am Wochenende meist voll, moderate Preise.

■ Mayo 68

Lizardo García y J. L. Mera, nette kleine Salsa-Tanzbar, empfehlenswert.

■ Stage

Veintimilla y 12 de Octubre, Disco, Blues und Rock, direkt neben dem Seseribó.

■ **Route 66**
Calle Santa María y J. L. Mera.
■ **Salsoteca Lavoe**
Calle Iñaquito y Naciones Unidas (hinter der Primax-Tankstelle), 1. Stock, freier Eintritt und moderate Preise.

Einkaufen

■ **Tiendas,** die weit verbreiteten kleinen Lebensmittelläden, führen das Nötigste für den „Zwischendurch-Einkauf".
■ Die **Supermarktketten SUPERMAXI** (z.B. in der Av. 12 de Octubre y Madrid) und **Mí Comisariato** führen ein reiches Lebensmittel- und Warensortiment einschließlich Importwaren.
■ **Cyrano**
Av. Portugal E9-59 und Los Shyris (Parque Carolina); Tel. 2460690, Bäckerei mit großer Brotauswahl (auch Vollkorn).
■ Gute Brotwaren führen auch die Filialen von **Arenas** (u.a. an der Kreuzung Av. Coruña y Orellana) sowie die Bäckerei im **Hotel Hilton Colón.**
■ **Quesería Bolívar**
Calle Marchena y Versalles, beste Auswahl an Käse, Schinken, Marmeladen, Getreide und Bio-Produkten, gutes Brot; geöffnet meist bis ca. 17 Uhr.
■ **Camari FEPP**
Calle Marchena OE2-38 y Versalles, Tel. 2523613, www.camari.org, Mo bis Fr 8.30–18.30 Uhr, Sa 8.30–16 Uhr. Bio-Lebensmittel, Fair-Trade-Waren u.a. aus der Genossenschaft nahe dem Santa-Clara-Markt.
■ **Markt von Ipiales**
In der westlichen Altstadt liegt ein populäres und nicht herausgeputztes Einkaufszentrum mit unzähligen kleinen Läden und Ständen. Hier findet man Haushaltswaren, Tabakwaren, Textilien, Kram und Kurioses. Calle Chile y Imbabura, tgl. 9–18 Uhr.
■ **Café Aguila de Oro**
Traditionsrösterei mit Hausröstung hinter dem Regierungspalast. Exzellenter Arábica-Kaffee, aber scharf geröstet, daher empfiehlt sich die milde Sorte. Calle Benalcázar N3-123 y Espejo, Tel. 2280523, www.cafeaguiladeoro.com.

Märkte

■ **Mercado Santa Clara**
Versailles y Dávalos, empfehlenswert.
■ **Mercado Central**
Av. Pichincha y Olmedo im Stadtteil Cotocollao, großer Markt.

Kunsthandwerk

■ **Mercado Artesanal „La Mariscal"**
Reina Victoria y Washington, tgl. 9–19 Uhr, außerdem großer mobiler Markt, Sa und So im Parque El Ejido.
■ **Kunstgalerie Ileana Viteri**
Av. Gonzales Suarez N31-150, Edif. Atrium, Tel. 3817610, ileanaviteri@uio.satnet.net, Mo bis Sa 10–17 Uhr. Die beste Auswahl an Kunstwerken in Quito! Malerei und Bildhauerei.

Einkaufszentren

Die **Centros Comerciales** mit Restaurants, Boutiquen, Plattenläden, Buchläden, Sportartikeln, Supermärkten, Geldwechsel und allen möglichen Geschäften verteilen sich über das gesamte Stadtgebiet. Sie haben auch sonntags geöffnet. Die wichtigsten sind:

■ **Centro Comercial Iñaquito (CCI)**
Av. Amazonas y Naciones Unidas (mit Kino).
■ **Centro Comercial El Bosque**
Stadtteil El Bosque, weit im Nordwesten, Tel. 2456333.
■ **Centro Comercial Quicentro**
Av. Naciones Unidas y 6 de Diciembre, Tel. 2464526.

■ **Centro Comercial El Jardín**
Av. Amazonas y Eloy Alfaro, Tel. 2980298.
■ **Centro Comercial El Recreo**
Direkt an der südlichen gleichnamigen Station des Trolebusses (mit Kino), Tel. 266500.

Geldwechsel

Die einfachste Art, Dollars zu beziehen, ist der **Geldautomat,** an dem es je nach Bank zwischen 100 und 600 $ pro Abhebung gibt. Die Gebühren der Heimatbank variieren. Für große Beträge empfehlen wir u. a. den Geldautomat am „Supermaxi" der Av. 12 de Octubre y Madrid. Geld wird in den **Banken, Wechselstuben (Casas de Cambio)** und in größeren **Hotels** gewechselt. Die meisten Banken befinden sich entlang der Av. Amazonas nördlich der Av. Patria und an der Av. Naciones Unidas; Kernöffnungszeiten: 9–16 Uhr. Nicht in allen Banken werden **Reiseschecks** eingelöst. Wechselstuben tauschen Bargeld und Reiseschecks zu ähnlichen Konditionen wie die Banken. Im Folgenden eine kleine Auswahl:

■ **Produbanco**
Av. Amazonas N35-211 y Japón, Mo bis Fr 8–16 Uhr, Tel. 2996200; am Flughafen, Mo bis So 7–20 Uhr.
■ **VAZ Corp.**
Amazonas y Roca, Tel. 2529169 und 2529212, Mo bis Fr 8.30–17.30 Uhr, Sa 9–13 Uhr.

Mit einer **Kreditkarte** gibt es Geld bei fast allen Geldautomaten und den nachfolgend genannten Banken und Instituten:

■ **VISA**
Banco de Guayaquil, Av. Colón y Reina Victoria, Tel. 2566800.
■ **MasterCard**
Banco del Pacífico, Avenida Naciones Unidas 680 (E7-95) y de los Shyris, Tel. 2982000, oder Amazonas 720 y Veintimilla, Tel. 2521586.

■ **American Express**
„Card Member Service", Av. Amazonas 329 y Washington, Tel. 2560488.

Informationen

■ **Hauptbüro der Touristeninformation im Palacio Municipal**
Calle Espejo y Venezuela (esquina), Plaza de la Independencia, Tel. 2572445, Mo bis Fr 9–18 Uhr, Sa 9–20 Uhr, So 10–17 Uhr. Das freundliche städtische Tourismusbüro hat Tipps auf Lager, verkauft Bildbände und Souvenirs und bietet eine Gepäckaufbewahrung. Im Büro stehen ständig Ansprechpartner der Tourismuspolizei bereit.
■ **Weitere Büros der Touristeninformation**
Stadtteil Mariscal, Calle Reina Victoria N24-263 y Lizardo García, Tel. 2551566, Mo bis Fr 9–18 Uhr, Sa/So 11–19 Uhr; Flughafen-Büro, Internationale Ankunft (alter Flughafen), Tel. 3300163, Mo bis So 8–24 Uhr; Büro im Busterminal Quitumbe, Condor Ñan y Mariscal Sucre, Tel. 3824815, Mo bis So 8–19 Uhr; Büro im Bahnhof Chimbacalle, Maldonado y Sincholagua, Mo bis Fr 8.30–16.30 Uhr, am Wochenende und feiertags 7–9 Uhr.
■ **Verwaltungszentrale der Tourismusbehörde**
Calle García Moreno y Chile, Tel. 2955785, nbock@ quito-turismo.com, Homepage der Stadt: www. quito.com.ec.
■ **Casa de la Cultura Ecuatoriana**
Av. 6 de Diciembre N16-224 y Patria, Ministerio de Cultura del Ecuador, Tel. 2902272, Di bis Fr 9–16 Uhr, Sa/So 10–15 Uhr, www.cce.org.ec. Karten, Broschüren und einfache Beratung, Eintritt 3 $. Auch zahlreiche Veranstaltungssäle und Kino.
■ **Museo Mindalae**
Calle Reina Victoria y La Niña (esquina), im Museum, Tel. 2230609, 2227885, Mo bis Sa 10–17 Uhr. Karten, Broschüren, Souvenirladen, Beratung, Eintritt 3 $, www.sinchisacha.org.

Quito – Ecuadors Hauptstadt

■ **Teleférico**

Im Geschäftszentrum der Talstation der Seilbahn. Tel. 2222971, Mo bis So 8–20 Uhr, Av. Occidental y Fulgencio Araujo (Sector Santa Clara de San Millan).

■ **Quito Tour Bus**

Haupthaltestelle am Boulevard Naciones Unidas, Stadtrundfahrt 12 $, täglich 9–16 Uhr, www.quito.com.ec.

■ Das **Militärgeografische Institut IGM** (*Instituto Geográfico Militar*) (Tel. 2229075, 2229074, 2229076) auf dem Berg der Av. T. Paz y Mino (zu erkennen an einem weißen Kuppelbau) verfügt über topografische Karten in verschiedenen Maßstäben, allerdings teils in schlechter Qualität: Einige Gebiete des Oriente z.B. sind schlecht oder gar nicht kartiert (s.a. „Karten" im Anhang).

■ Im **South American Explorers Club** (SAEC) in der Calle Jorge Washington 311 y Leonidas Plaza (www.saexplorers.org) tauschen Globetrotter ihre Reiseerfahrungen aus, sodass der Club in der Lage ist, neueste Infos über Land und Leute zu vermitteln (Mo bis Fr 9.30–17 Uhr); Schnupperbesuch möglich, besserer Service jedoch nur für Mitglieder (Jahresbeitrag 60 $).

■ Im **Club de Andinismo** der Katholischen Universität (Universidad Católica) bekommt der spanischsprechende Bergsteiger hilfreiche Hinweise (s.a. im Kapitel „Bergwandern in Ecuador"). Das dazugehörige Büro ist werktags 10–16 Uhr geöffnet.

■ Über **aktuelle Veranstaltungen** in der Stadt informiert neben den Tageszeitungen *El Comercio* und *Hoy* auch das Anzeigenblatt *El Explorador*. Es liegt kostenlos in Bars und Restaurants aus.

■ Der beste **Kulturkalender** der Stadt ist *Quito Cultura*, u.a. bei der Tourismusinformation kostenlos zu erhalten. Exzellent ist auch die weit gestreut ausliegende **Zeitschrift des Programmkinos** *Ocho y medio*. Das Nationaltheater und angeschlossene Bühnen geben das **Monatsprogramm** *Desde el teatro* heraus.

Internetadressen

■ **Stadt Quito:**
www.quito.com.ec

■ **Tourismusministerium:**
www.turismo.gob.ec

■ **Städtisches Nachrichten-Portal:**
www.noticiasquito.gob.ec

■ **Programmkino:**
www.ochoymedio.net

■ **Fahrradfahrer-Organisation:**
www.biciaccion.org

■ **Hotel-Portal für Quito:**
www.hotelesquito.com.ec

■ **Tageszeitung El Comercio:**
www.elcomercio.com

■ **Tageszeitung Hoy:**
www.hoy.com.ec

■ **South American Explorers Club:**
www.saexplorers.org

ecu006 peko

◁ Skulptur im Stadtmuseum

Internet-Cafés

Quito zählt Hunderte von Internet-Cafés, vielleicht schon Tausend! **Alle kosten etwa 1 $ pro Std.** und sind mal schneller, mal langsamer. Einige bieten Net-to-Phone-Service. In der Mariscal empfehlen wir **Monkeys,** Calle J. L. Mera N24-200 y Calama, ansonsten in der Altstadt die Internet-Cafés im Erzbischöflichen Palast an der Plaza Grande.

Hinweis: Lassen Sie auch bei der herzzerreißendsten E-Mail-Korrespondenz Ihre Wertsachen nicht aus den Augen. Mögliche Taschendiebe tun das nämlich auch nicht.

Kinos

Quito verfügt über **hervorragende Kino-Center europäischen Standards** mit internationalem und relativ aktuellem Filmangebot, allerdings sehr Hollywood-lastig. Von den weiteren Kinosälen der Stadt seien hier nur die erwähnt, die Filme jenseits von Pornografie und Schund präsentieren. Die meisten Spielfilme laufen **im Original mit spanischen Untertiteln.** Die Eintrittspreise variieren zwischen 2 und 4 $. Jedes Kinocenter hat einen Kinotag mit 50 % Ermäßigung und andere Angebote. Entnehmen Sie aktuelle Hinweise zu Programm und Preisen den ausführlichen Ankündigungen in den Tageszeitungen *El Comercio* und *Hoy.*

■ **Programmkino Ocho y medio**
Calle Valladolid N24 y Vizcaya (Stadtteil Floresta), Tel. 2904720, www.ochoymedio.net. Ausgezeichnetes Programmkino – „cine arte" – mit mehreren Sälen und einer gemütlichen Cafeteria. Internationale Filmreihen, Sonderveranstaltungen und ecuadorianischer Film. Das Kino gibt gleichzeitig die gleichnamige, außergewöhnlich gute Programmzeitschrift heraus, die vielerorts kostenlos ausliegt. Dankenswert, dass die Kinosäle im Gegensatz zu den großen Kinocentern eine Popcorn- und Fastfood-freie Zone sind. Tipp!

■ **Cinemark 7**
Plaza de las Americas, Av. Naciones Unidas y América, 9 Säle, Bandauskunft unter Tel. 2260301, Reservierung nur für Besitzer einer MasterCard: Tel. 2262026, www.cinemark.com.ec.

■ **Multicines CCI**
Centro Comercial Iñaquito, Av. Amazonas 3918 y Naciones Unidas, 8 Säle, Reservierung: Tel. 2259677, www.multicines.com.ec.

■ **Multicines El Recreo**
Centro Comercial El Recreo, Trole-Terminal Süd „El Recreo", 10 Säle, Reservierung: Tel. 2643633, www.multicines.com.ec

■ **Cine Casa de la Cultura**
In der Casa de la Cultura (siehe „Informationen"), regelmäßig Festivals, Sonderprogramme.

■ Beachten Sie in der Presse auch das oft attraktive, aber unregelmäßige **Filmprogramm anderer Kultureinrichtungen,** u.a. mit internationalen Retrospektiven: Casa Humboldt, British Council, Alianza Francesa u.a.

Medizinische Versorgung

Apotheken

„**Farmacias"** gibt es etliche in der ganzen Stadt. Das größte Angebot an Medikamenten haben die Filialen der Apothekenkette FYBECA. Da **Abend- und Nachtdienste** häufiger wechseln, fragen Sie am besten abends im Hotel oder auch Taxifahrer nach einer gerade geöffneten Apotheke *(farmacia de turno).*

Ärzte

Allgemeinärzte
■ **Dr. Wilson Pancho**
Av. República de El Salvador E9-10 y Av. de los Shyris, Edificio ONIX, 4. Stock, Tel. 2463139, 2469546, im Notfall: 09-7943018, wrpancho@hotmail.com;

Allgemeinmediziner/Internist, spricht deutsch und englisch und war jahrelang in Deutschland tätig. Behandelt Privatpatienten auch in Kliniken wie dem *Hospital Metropolitano*, s.u.

■ **Dr. Martin Domski**
Av. República 574 y Eloy Alfaro, Edificio Complejo Médico La Salud, 1. Stock, Oficina 102, Tel. 2553206, privat: Tel. 2332729. Allgemeinmediziner/Internist, deutsch- und englischsprachig, sehr hilfsbereit.

Augenärztin
■ **Doctora Andrea Molinari Szewald**
Avenida Mariana de Jesus y Occidental s/n, Centro Médico Meditropoli, oficina 211, Tel. 2268173 und 2268174, amolinari1234@gmail.com.

Gynäkologie
■ **Dr. med. Juan Molina Zeas**
Mariana de Jesús y Av. Occidental Edificio Meditropoli, 2. Stock, Praxis Nr. 215, gegenüber dem Hospital Metropolitano, Tel. 2432171, 2561690 (Praxis), deutschsprachig.

■ **Clinica de la Mujer**
Av. Amazonas N39-216 y Gaspar de Villaroel, Tel. 2458000, Fax 2469932.

Kinderarzt
■ **Dr. Michael Broz**
Av. Republica El Salvador 34-0 y Shyris, Edificio Onix, 4. Stock, Praxis 4-C, Tel. 2463215.

Orthopäden
■ **Dr. Reza Shapourifar**
Gaspar de Villaroel E10-121 y Seis de Diciembre, Tel. 2274195, 098-7293793, Orthopäde und Chiropraktiker, englischsprachig.

■ **Dr. José Reinhart**
Av. Mariana de Jesús y Occidental, Torres Médicas del Hospital Metropolitano, Torre 1, planta baja, consultorio 3, Tel. 099-9565599, josemiliorey@hotmail.com, Orthopäde und Sportmediziner, deutschsprachig.

Zahnarzt
■ **Dr. Roberto Mena**
Av. La Coruña E 24-865 e Isabel La Católica, Tel. 2569149, Tel. privat: 2559923. Deutschsprachig, behutsam, Behandlungen und Prophylaxe.

Krankenhäuser (mit Notfallambulanz)

■ **Zentraler Notruf in Quito: Tel. 911**
■ **Hospital Metropolitano**
Av. Mariana de Jesús y Av. Occidental, Tel. 3998000, www.hospitalmetropolitano.org. Quitos bestausgestattete Privatklinik, in der auch der deutschsprachige *Dr. Pancho* Privatpatienten stationär betreut (siehe oben).

■ **Hospital Voz Andes**
Villalengua 267 y Av. 10 de Agosto, Tel. 2262142, Fax 2269234.

■ **Clinica Internacional**
Av. América 3520 y Atahualpa, Tel. 2521140 und 2540050, Fax 2561799.

■ **Hospital de Clinicas Pichincha**
Calle Veintimilla, Calle Páez 738, Tel. 2561643, zentrale Notfallaufnahme im Stadtteil Mariscal.

■ **Centro de Salud**
Rocafuerte entre Venezuela y García Moreno, u.a. für preiswerte Gelbfieberimpfung *(fiebre amarillo)*.

Polizei

■ Einen Diebstahl meldet man der **Policía Judicial** in der Calle Roca und J.L. Mera oder in der Calle Cuenca y Mideros (Altstadt, nahe Plaza San Francisco) oder auf anderen Polizeidienststellen. Öffnungszeiten: Mo bis Fr ca. 9–16 Uhr (Reisepass nicht vergessen!).

■ Die **Policía de Turismo** befindet sich in der Reina Victoria y Roca, auch abends geöffnet.

Post

■ Quitos **Hauptpostamt** liegt in der Japón N36-153 y Av. Naciones Unidas. Nebenstellen befinden sich in der Av. Colón y Reina Victoria (Neustadt) sowie in der Calle Guayaquil y Espejo (Altstadt). Weitere Postämter gibt es am Flughafen und im Centro Comercial Parque Alameda (Av. Colombia y Espinoza). Öffnungszeiten: Mo bis Fr 7–18 Uhr, Sa 7–13 Uhr.

■ Alternativ dazu gibt es den **DHL (internationaler Paket- und Briefdienst)** in der Av. República 395 y Diego de Almagro, Tel. 2565059, 2508085, Fax 2564026.

Reiseagenturen

In Quito haben sich zahllose Reiseagenturen niedergelassen. Die Preise für Touren zu den Galápagos-Inseln, in die Berge und in den Dschungel variieren je nach Ziel und Leistung deutlich, in der Nebensaison (Januar bis Mai) werden die Preise gesenkt.

Für Galápagos-Reisen empfiehlt es sich, bei einer Reiseagentur zu buchen, die auch Touroperator ist, d.h. mit eigenen Booten fährt. So geht man sicher, nicht noch eine zusätzliche Provision zahlen zu müssen, und auch Qualität und Ausstattung der Schiffe und die Schulung der Mannschaften sind eher garantiert. Im Falle von Dschungeltouren unterhalten viele Agenturen Urwaldlodges, die als Ausgangspunkt der Unternehmungen dienen.

Weitere (spezialisierte) Agenturen finden sich im Kapitel „Bergwandern in Ecuador".

■ Agencia de Viajes Olé Expedtions

Calle La Ronda (Morales) Oe 3-39, Inhaberin: *Mercedes Arroyo Rosales,* Tel. 2572135, 099-9442410, ole-turismo@hotmail.com. Engagierte ecuadorianisch-argentinische Agentur, eine der wenigen in der Altstadt überhaupt. Breites Tourprogramm; von Lesern empfohlen.

■ Absolut Joy Expeditions

Av. Amazonas N23-71 y Wilson, Tel. 2548450, Fax 2549107, www.absolutjoyecuador.com, Mo bis Sa 9–18 Uhr, empfohlene Galápagos-Touren.

■ Advantage Travel

Av. Gaspar de Villarroel 1100 y 6 de Diciembre, Edificio Ritz Plaza, www.advantageecuador.com; zahlreiche Programme, u.a. Tauch-Operator vor Puerto López.

■ Agentur Dracaena Cuyabeno Urwald Lodge

Calle Pinto E4-353 y Amazonas, Tel. 2906643, www.amazondracaena.com, Mo bis Fr 9–18.30 Uhr, Sa 9–14 Uhr; gute Unterkünfte, Ausrüstung, teils regionaltypisches Essen und Guides *(Pablo)* – Leserempfehlung.

■ Biking Dutchman

(Früher als „Flying Dutchman" bekannt) Foch 748 y J. L. Mera, Tel. 2568323, Fax 2567008, www.bikingdutchman.com; ein- und mehrtägige geführte Radtouren und Wanderungen.

■ Café Refugio Montaña

Cordero E12-141 y Toledo, Tel. 2238954; bietet neben Unterkunft und Essen auch die Organisation von Touren an. Hier kann man sein Gepäck während eines Ausflugs für einige Tage deponieren!

■ Campus Trekking

Joaquina Vargas 99 y Abdon Calderon, Conocoto – Quito, Tel. 2340601, info@campus-trekking.com, www.campus-trekking.com; Trekking- und Bergsteigerspezialist mit deutschsprachigen Guides, von Lesern empfohlen.

■ Condor Trekk

Calle Reina Victoria N24-295 y Cordero, Tel. 032-968412 und 098-311282, ecuadoreoadventure@gmail.com. *Luis Moreno* und seine Frau sind sehr nett und hilfsbereit. Gutes Preis-Leistungsverhältnis. Cotopaxi-Tour von Lesern empfohlen.

■ Enchanted Expeditions

De las Alondras N45-102 y De los Lirios, Stadtteil Monteserrín, Casilla (Postfach) 17-1200599, Tel. 3340525, Fax 3340123, www.enchantedexpeditions.com. Eine der besten Galápagos-Agenturen in der preislichen Mittelklasse. Gelegentlich lohnende

Quito – Ecuadors Hauptstadt

Last-Minute-Tarife. Mehrere eigene Boote, u.a. Motorsegler „Cachalote" für 16 Pers., 2er-Kabinen, sehr gute Verpflegung an Bord, englischsprachiger Führer – sehr zu empfehlen!

■ Enduro Adventure Ecuador

Thomas Fischer, Tel. 099-9597749, www.enduro-ecuador.com, enduro@access.net.ec. Geführte Motorradtouren von drei Tagen bis zwei Wochen mit Geländemotorrädern (Honda XR600). Individuelle Tourgestaltung, deutschsprachige Reisebegleitung, Motorrad, Ausrüstung, Benzin, Übernachtung und Frühstück ca. 160 $ pro Tag. Frühzeitige Kontaktaufnahme empfehlenswert.

■ Explorer Tours

Las casas 470 y Ulloa, Tel. 2508871, 099-463647, www.explorertour-ec.com, sales@explortour-ec.com; Regenwald/Misahuallí, La Casa del Suizo/Ahuano, Galápagos.

■ Galasam

Av. Amazonas y Cordero N24-214, Tel. 250 7080, Fax 2567662; www.galasam.com, Mo bis Fr 9–16.30 Uhr, Galápagos-Kreuzfahrten; arbeitet mit Kultur- und Trekking Reisen.

■ Galextur

Werner Silberstein, Calle Portugal E10-271 y 6 de Diciembre, Tel. 2250553, 2269626, www.galextur.com, info@galextur.com; Mo bis Fr 9–18 Uhr, Galápagos-Reisen u.a., betreibt auch das Hotel Silberstein in Puerto Ayora, Galápagos; Tauchreisen.

■ Metropolitan Touring

Hauptstelle Av. Las Palmeras N45-74 y Orquideas esq., Tel. 2988200; in der Altstadt Calle Olmedo OE5-48 y García Moreno, Tel. 2951640; Av. Amazonas 239 y 18 de Septiembre, Tel. 2506651, Fax 2560807; www.metropolitantouring.com; einer der feinsten und teuersten Veranstalter, besitzt u.a. die Luxus-Schiffe *Isabela II* und *La Pinta*.

■ Neotropic Turis

Calle Pinto E4-360 y Av. Amazonas, Tel. 2521212, Fax 2554902, www.neotropicturis.com; Neotropic ist Betreiber der oft gelobten Cuyabeno Lodge an den Lagunen von Cuyabeno, Sucumbíos. Leser haben 5 Tage bei „höchstmöglichem Urwaldkomfort"

biologisch orientierte Ferien direkt an der Lagune verbracht – Empfehlung!

■ Nomadtrek S.A.

Juan León Mera N24-04 y Wilson, Tel. 2902670, Fax 2901500, www.nomadtrek.com, info@nomadtrek.com; Regenwald und Trekking, deutschsprachig.

■ EcoAndes Travels & Adventures

Calle Baquedano E5-27 y J. L. Mera, Tel. 2220892, Fax 2547576, www.ecoandestravel.com; *Hugo Torres,* ein erfahrener Bergführer, bietet ein vielfältiges Programm.

■ Positiv-Turismo

Calle Jorge Juan N33-38 entre Atahualpa y Mariana de Jesús, Tel. 600940-1/-2/-3, www.positivturismo.com; engagierte schweizerische Agentur mit langjähriger Landeskenntnis; berät zudem Auslandsstudenten.

■ Rainforestur

Amazonas 21-108 y Robles, Tel. 2239822, 098-4469884, www.rainforestur.com; gute Dschungeltouren mit erfahrenen und gut ausgebildeten Guides, „köstliche Verpflegung", so eine Leserin, Deutsch, Englisch, Französisch.

■ Rolf Wittmer

Calle Foch E7-81 y Diego de Almagro, Tel. 2526938, 2563096, Fax 2228520, www.rwittmer.com; Galápagos-Touren auf den soliden „Tip-Top"-Yachten.

■ Safari Tours

Av. Colóny Reina Victoria N25-33, Tel. 2552505, Fax 2220426, www.safari.com.ec, oft empfohlen, selten geschmäht, Englisch und Französisch.

■ Sierra Nevada Expeditions

Pinto E4-150 y Cordero, Tel. 2553658, Fax 2554936, www.sierranevada.ec, info@sierranevada.ec, Mo bis Sa 9–14 Uhr, Rafting, Trekking, Galápagos, Bergsteigen usw. Deutsch, Französisch, Englisch.

▷ „Walking act" mit Sammelbüchse

EDUCACIÓN CULTURA Y ARTE
GRUPO DE TEATRO
APOYA AL ARTE
Y NO A LAS DROGAS
NI A LA DELINCUENCIA
EL QUE ES CRITICO Y MOLESTA
NO SABE DE ARTE Y CULTURA
GRACIAS POR SU COLABORACION
CONTRATOS TELF: 09

■**Surtrek**

Av. Amazonas 897 y Wilson, Tel. 2500134, www. surtrek.com, Zusammenarbeit mit Hauser Reisen in München; deutschsprachig, im Angebot Trekking, Bergsteigen, Galápagos und Urwald-Touren.

■**Terranova Trek**

Villalengua OE4-177 y Barón de Carondelet, Tel. 2444213. Vielseitiges Outdoor- und Sportangebot. Der belgische Agenturchef *Henri Leduc* ist Spezialist und Ausbilder für Gleitschirmfliegen in den Anden.

■**Yuturi Jungle Adventure**

Av. Amazonas N24-240 y Colón, Tel. 2504037, www. yuturilodge.com; Galápagos, Bergsteigen, Trekking, Regenwald-Lodge u.v.m. (s.a. bei „Coca: Ausflüge").

■**Ruta Cero**

Antonio Navarro N32-247 y Pablo Arturo Suárez, Tel. 2549559, www.rutacero.com.ec, Mo bis Fr 9–19 Uhr, Sa 10–17 Uhr, Trekking, Bergradfahren, Klettern, Bergsteigen – empfehlenswert!

■**Zenith Travel**

Calle J. L. Mera N24-264 y Luis Cordero, Tel. 2529993, 099-9555951, www.zenithecuador.com. Leserempfehlung.

Restaurants

In Quito gibt es eine große Auswahl an nationalen und internationalen Restaurants. Und zur Verblüffung der von wahren Reisbomben des klassischen „**almuerzo**" zunehmend gelangweilten Esser kehrt gute Küche in Quito ein. Vor allem in der Altstadt etablieren sich einige First-Class-Restaurants. Ein wahres **Schlemmer-Mekka** entwickelte sich an der Avenida Eloy Alfaro, wenige hundert Meter oberhalb der Av. 6 de Diciembre. Gourmet-Restaurants gibt es mittlerweile reichlich in der Altstadt von Quito. Das alles hat allerdings seinen – dollarisierten – Preis. Im preislichen Mittelfeld finden sich vor allem in der Mariscal ein paar ganz passable bis gute Restaurants. Die einfachen Almuerzo-Restaurants mit einem Mittagessen zwischen 2,50 und 4,50 $ verteilen sich auf die ganze Stadt.

In der Altstadt

■**Restaurant Quiteño Libre**

Calle Sucre OE3-17 y Guayaquil, Centro Comercial Espejo, Tel. 2288403, Mo bis Sa 12–16 Uhr. Almuerzo-Restaurant (3 $, Vorkasse) in etwas schummrigen Gewölben, aber mit einigen Tischen im schönen Patio.

■**Restaurant Catedral**

Calle Mejía OE6-34 y Benalcazar, Tel. 2954191, tgl. 8–21.30 Uhr. Einfaches, nettes Restaurant an einem kleinen Patio, mittags mit *almuerzos* (2 $), Fleisch und Meeresfrüchte.

■**Vista Hermosa**

Calle Mejía 453 y García Moreno, Tel. 2951401, 2288119, Mo bis Sa 13–24 Uhr, So bis 20 Uhr. Beheiztes Open-Air-Panorama-Restaurant über den Dächern der Stadt mit ecuadorianischer Küche und Pizza, bei Schlechtwetter mit Innenbereich. Am Wochenende Live-Musik auf dem Dach.

■**Café-Restaurante La Negra Mala**

Casa del Murciélago, Calle de la Ronda (Morales) OE3-111 y Venezuela, Tel. 2510721, 099-9628796, cafeterialanegramala@telynet.net. Sympathisches, familiengeführtes Restaurant mit preiswerter lokaler Küche und Balkonen zur Ronda. Am Wochenende häufig Live-Musik, Hauptgericht ca. 8 $, geöffnet tgl. ab 12.30 Uhr.

■**La Fuente del Conquistador**

Calle Benalcazar N7-44 y Olmedo, Tel. 2959712, 099-9025912, washington-s@hotmail.com, Mo bis Sa 8–16 Uhr. Patio-Restaurant mit historischen und Stierkampf-Fotografien, Frühstück, creolische Küche à la carte 6–9 $, *almuerzos*, Grillplatte.

■**Querubin**

Palacio Arzobispal, Plaza Grande, Local 6, Tel. 2953470. Freundliche, gemütliche und preiswerte Frühstücks-, Pizza- und Snackbar mit hausgemachtem *Mousse de Maracujá*, tgl. 8–22 Uhr, So nur bis 20 Uhr.

■**San Ignacio**

Calle García Moreno N2-60 y Sucre (in der Casa Museo Urrutia), Tel. 2584173, 098-3961158, sanignaciorestaurant@hotmail.com. Gute Empfehlung in der Altstadt für Frühstück und Mittagessen, ecuadorianische Küche. Menü 3,50 $, am Wochenende 4–6 $, Mo bis Sa 8–20 Uhr, So 8–16 Uhr.

▪ Theatrum

Plaza del Teatro, Calle Manabí y Guayaquil, 1. Stock des Nationaltheaters, Tel. 2571011 und 2289669, www.theatrum.com.ec. Exzellentes Restaurant mit Top-Service und Weinbar an der Plaza, Hauptgerichte um die 15 $, tgl. 19–23 Uhr, Mo bis Fr auch 12.30–15 Uhr.

▪ Mea Culpa

Palacio Arzobispal, 2. Stock, Chile y Venezuela, Tel. 2951190, Fax 2573445, www.meaculpa.com.ec, ein weiteres Top-Restaurant Quitos in exzellenter Lage und mit hervorragender Küche, bestem Service, stattlichen Preisen und der Bitte um angemessene Garderobe; geöffnet Mo bis Fr 12.15–15.30 und 19–23 Uhr, Sa 19–23 Uhr, So geschlossen.

▪ Las Cuevas de Luis Candelas

Calle Chile N4-65 y Benalcázar, Tel. 2287710, lascuevasdeluiscandelas@hotmail.com, stilvoll im Souterrain gelegen, Mo bis Sa 11–21 Uhr.

▪ Pim's

Am Panecillo unterhalb der Virgin gelegen, Tel. 3170878, reservacionespanecillo@grupopims.com, www.grupopims.com, Mo bis Sa 12–24 Uhr, So 12–18 Uhr. Ecuadorianisches und internationales Restaurant mit super Blick über die Altstadt. Eine fast noch bessere Aussicht hat die Zweigstelle am Kulturzentrum Itchimbia, Tel. 3228410, 3228411.

▪ Hasta la Vuelta Señor

Calle Chile y Venezuela, Plaza Grande, Tel. 2580887, www.hastalavuelta.com, Mo bis Sa 11–23 Uhr, So 11–16 Uhr. Ecuadorianische Speisen werden im Innenhof des erzbischöflichen Palastes serviert.

▪ Fruteria Monserrate

Espejo und Flores, tgl. 8–20 Uhr. Mittagstisch, gute Fruchtsäfte und Salate.

In der Neustadt

▪ Café Mosáico

Calle Manuel Samaniego N8-95 y Antepara, unterhalb des Kulturzentrums Itchimbía, Tel. 2542871, tgl. 11–23 Uhr. Das Café-Restaurant mit seiner Außenterrasse hat eine spektakuläre Sicht auf die Stadt, auf den Pichincha und auf den Panecillo. Service und Essen sind sehr gut, die Preise relativ hoch.

▪ Restaurante Barlovento

Av. 12 de Octubre 1911 y Francisco de Orellana, Tel. 2224683, 2223751, Mo bis Sa 11–23 Uhr, So 11–17 Uhr, höhere Preise, aber „fantastische ecuadorianische Küche". Lesertipp.

▪ La Choza

12 de Octubre N24-551 y Cordero, Tel. 2230839, www.lachozaec.com, nationale und internationale Küche, Mo bis Sa 12–16 und 18–21.30 Uhr, So 12–16 Uhr.

▪ Mama Clorinda

Reina Victoria 1144 y Calama, Tel. 2544362, www.mamaclorinda.com, traditionelles ecuadorianisches Restaurant, das jedoch ob seiner Top-Lage zu sehr an der Preisschraube gedreht hat. Mo bis So 11.30–23 Uhr, traditionelle ecuadorianische Küche.

▪ Ethnic Coffee

Av. Amazonas N2157 y Robles, Tel. 2500155, gemütliches Lokal mit exzellentem Kaffee, Kuchen und Speisen aus organischem Anbau. Lesertipp!

▪ Restaurante BOGA

Calle Calama 217 y Diego de Almagro, preiswerter Mittagstisch, z.T. vegetarisch, Mo bis So 10–21 Uhr.

▪ Mare Nostrum

Mariscal Foch E10-05 y Tamayo, Tel. 2528686, www.marenostrumquito.com, geöffnet tgl. 12–16 und 19–22 Uhr, feine Küche, Hauptgerichte 10–30 $.

Internationale Küche

▪ Siam

Calama E5-10 y J. L. Mera, Tel. 098-7465036, sushitaisiam@hotmail.com, Thai-Küche, sehr empfehlenswert, aufmerksame Bedienung, gelegentlich thailändischer Tanz, Mo bis Sa 11–23 Uhr.

■ **Café Aladdin**

Calle Diego de Amagro y Cordero, arabische Küche, Wasserpfeifen, Tee und mehr.

■ **El Árabe**

Reina Victoria y Carrión, Tel. 2549414, arabische Küche, Bauchtanz auf Video; Mo bis Sa 11–24 Uhr, So 11–18 Uhr.

■ **Hacienda Los Arrieros**

Av. 6 de Diciembre N22-33 y Veintimilla, Tel. 2227554, kolumbianisches Restaurant und Bar, preiswert, stattliche Portionen.

■ **Adam's Rib**

Calle Calama E6-16 y Reina Victoria, adams_rib@ excite.com. Amerikanisches Steakhouse seit 1986 mit exzellentem Fleisch, guten Beilagen und moderaten Preisen, Mo bis Fr geöffnet.

■ **Mongo's**

Calama E5-10 y J.L. Mera, Tel. 2556159, mongolisches Restaurant, Fleisch, Fisch, Gemüsebuffet, auch All-you-can-eat-Service, 10 $ p.P; Mo bis Sa 11–24 Uhr.

■ **La Terraza del Tartaro**

Calle Veintimilia 1106 y Amazonas, Tel. 2527987, Di bis So, ecuadorianische und internationale Küche im obersten Stock eines Hochhauses.

■ **La Boca del Lobo**

Calama 284 y Reina Victoria, Tel. 2238123, www.labocadellobo.com.ec, tgl. 17–24 Uhr, Hauptgericht ab 10 $, Café-Bar, blaues, liebevoll gestaltetes Haus, nur abends geöffnet, sehr gute Snacks, sehr gemütlich, aber teuer.

■ **Mirador de Guápulo**

Rafael León Larrea y Pasaje Stubel (unterhalb Hotel Quito), Tel. 2908271, www.miradordeguapulo.com, Café, Snacks, Kunsthandwerksladen mit prächtiger Terrasse und Aussicht über das Tal von Tumbaco, Di bis Do 12.30–22 Uhr, Fr/Sa 12.30–24 Uhr.

Brasilianisch

■ **Churrasquería Tropeiro**

Veintimilla E8-153 y Av. 6 de Diciembre, Tel. 2548012, das Fußball-Stammlokal der Brasilianer in Quito mit entsprechender Stimmung, wenn die *Seleçao* stürmt, u.a. brasilianische Fleischgerichte, Feijoadas und Caipirinhas, Mo bis Sa 12–21 Uhr, So 12–18 Uhr.

Italienisch

■ **Le Arcate**

Baquedano 358 y J. L. Mera, Tel. 2237659, www.learcate.com, leckere Pizza aus dem Steinofen, sehr guter Service, Kamin, Di bis Sa 11–16 und 18–23 Uhr, So 11–16 Uhr.

■ **Il Risotto**

Av. Eloy Alfaro N34-447 y Portugal, 300 m oberhalb der Av. 6 de Diciembre, Tel. 2246850, ilrissotto1@ puntonet.ec, sehr gute Küche, gemütlich, So bis Fr 12–15.30 und 18.30–23 Uhr, Sa Ruhetag.

■ **La Briciola**

Calle Toledo 1255 y Cordero, Tel. 2545157, labriciolaquito@hotmail.com, Mo bis So 12–23 Uhr, feine Küche, gelegentlich Folklore und Live-Musik.

Spanisch

■ **La Viña**

Isabel la Católica 545 y Cordero, Tel. 2566033, lavinarestaurante@puntonet.ec, Mo bis Fr 12.30–15.30 und 19–23.30 Uhr, So 12.30–15 Uhr.

■ **Costa Vasca**

Calle 18 de Septiembre y Páez, Restaurant mit ansprechendem Ambiente und ausgezeichneter *Paella de Mariscos*.

■ **Latitud. Tapas y Vinos**

Reina Victoria y Foch, Tel. 2528919, große Auswahl an Weinen, die Tapas gehen dabei auf Kosten des Hauses!

Französisch

◼ Rincón de Francia
Roca 779 y 9 de Octubre, Tel. 2225053, Mo bis Fr 12.30–15 und 19.30–23 Uhr, Sa 19–23 Uhr.

Chinesisch

◼ Restaurante Casa Hong Kong
Wilson 246 y Luis Tamayo, Tel. 2222515, 2527717, Mo bis Sa 11–22.30 Uhr, So 11–19 Uhr.
◼ Restaurant Chifa China
Calle Carrion OE2-82 y Versalles, Mo bis Fr 11–23 Uhr, Sa 11–22 Uhr, So 11–18 Uhr. Großes China-Restaurant mit riesigen Portionen nahe dem Santa-Clara-Markt. Hauptgerichte ca. 4 $, üppiges Mittagsmenü 5 $.
◼ Casa Guang Zhou
Veintimilla E8-138 y 6 de Diciembre, Mo bis Sa 11.30–21.30 Uhr, So 11.30–20 Uhr, Tel. 1-800-888666, Lieferservice.

Vegetarisch

◼ El Maple
Joaquin Pinto E7 y Diego de Almargo, Tel. 290000, www.elmaple.com, Mo bis Di 8–21 Uhr, Mi bis Sa 8–23 Uhr, So und Feiertage 8–18 Uhr.

Sprachschulen

Die vielen Sprachschulen Quitos bieten Anfänger- und Fortgeschrittenenkurse in Einzel- und Gruppenunterricht. Nach mehrwöchigen Kursen wird auf Wunsch des Schülers ein Zertifikat ausgehändigt.

Die **Unterrichtspreise** bewegen sich zwischen 4 und 12 $ pro Stunde, auch im „one-to-one"-Unterricht, wobei es noch preisgünstigere Wochen- und Monatstarife gibt, die teils auch Stadt- und Umlandexkursionen beinhalten.

Einige Schulen flankieren den Unterricht mit **Freizeitaktivitäten** wie Ausflügen, Kochen und Tanzveranstaltungen. Oft bieten sie in der Schule zusätzliche Service-Leistungen wie Cafeteria, WiFi, Reiseberatung oder Gepäckaufbewahrung.

Immer mehr Schulen bieten auch **Online- und Skype-Kurse** an.

Daneben sorgen viele Schulen bei Bedarf für die **Unterbringung in einer ecuadorianischen Gastfamilie,** was die Gelegenheit bietet, das gelernte Spanisch im Alltag anzuwenden. Im Arrangement inbegriffen sind in der Regel drei Mahlzeiten und Wäscheservice.

◼ Colonial Spanish School
Av. Colón OE2-56 y Versalles, Tel. 2506508, 099-8784872, www.colonialspanishschool.com, Unterrichtszeiten 9–18 Uhr, Einzelunterricht 7 $ pro Stunde – sehr empfehlenswert! Wochenendkurse auf Anfrage. Vermittlung von Tagen mit ecuadorianischen Familien.
◼ Banana Spanish School
José Tamayo 935-A y Foch, Tel. 256 7014, info@bananaspanish.com.
◼ Quito Antiguo
Calle Venzuela N7-31 y Olmedo, Tel. 2288454, www.quitoantiguospanish.com, quitoantiguo@yahoo.es. Kleine Sprachschule in der Altstadt mit individuellem Service und Ausflugsprogrammen. 6 $ Einzel-, 4 $ Gruppenunterricht, jeweils pro Stunde.
◼ APF-Languages
Calle Mercurio 345 y La Razón, Nordstadt, Tel. 2448204, oder in der Schweiz: 0041-788230253, www.apf-languages.com, ab 160 $ pro Woche inkl. Internet, Salsakursen, Ausflügen, Flughafenabholung, Vermittlung von Gastfamilien. APF vermittelt auch Freiwillige an soziale Einrichtungen.
◼ Instituto Superior de Español
Darquea Terán 1650 y 10 de Agosto, Tel. 2223242, Fax 2221628, www.instituto-superior.net, Unterrichtszeiten Mo bis Fr 8.30–19 Uhr, ab 149 $ pro Woche (20 % Nachlass gibt es bei Vorlage des Internationalen Studentenausweises), Unterbringung in

einer Familie; sehr empfehlenswert ist *Familia Andrade Rovayo* in der Asunción 1031 y Canadá (Tel. 2238531, Fax 2224933), freundliche Atmosphäre, schöne Zimmer, gute Verpflegung.

Academía de Español Quito
Marchena Oe1-30 y 10 de Agosto, Tel. 2553647, 2554811, Fax 2506474, 2504330, www.academia-quito.edu.ec, academiaquito@gmail.com. Einzelunterricht für 9 $, Gruppenunterricht 7 $, jeweils pro Stunde. Wochentarife sind billiger und enthalten Exkursionen. Prüfungen mit internationalem Zertifikat. Bei Bedarf Unterbringung in einer Familie.

Sintaxis
Av. 10 de Agosto N20-53 y Bolivia, Edificio Andrade, 5. Stock, Tel. 2520006, 2547531, www.sintaxis.net (auch deutsch). Spanisch-Grundkurs mit 25 Einzelstunden in einer Woche für 351 $. Vermittlung von liebevollen Gastfamilien und Durchführung von privaten Touren durchs Land. Mehrfach empfohlen!

Galápagos Spanish School
Av. Amazonas 884 y Wilson, 1. Stock, Tel. 2565213, 2507315, www.galapagos.edu.ec; alteingesessene Sprachschule mit solidem Ausbildungsprogramm nach einem eigenen 10-Stufenplan, 8 $ pro Stunde.

Amazonas Spanish School
Washington E4-59 y Amazonas, Ed. Rocafuerte, 3. Stock, Tel. 2548223, Fax 2504654, www.eduamazonas.com, Unterrichtszeiten: Mo bis Fr 8.30–17.30 Uhr. Einzelunterricht 12 $, Gruppenunterricht 8 $, jeweils pro Stunde. Unterricht auch auf Urwald- und Galápagos-Reisen.

Experimiento de Convivencia Internacional
Hernando de la Cruz N31-37 y Mariana de Jesús, Tel. 2233528 und 2233529, www.eilecuador.org, Spanisch-, Englisch- und Quechua-Unterricht, 8 $ pro Stunde, Unterrichtszeiten Mo bis Fr 8–13 Uhr.

Bipo & Toni's Academia
Jerónimo Carrión E8-183 y Leonidas Plaza, Tel. 2547090, in der Schweiz: Hummelbergstraße 135, CH-8645 Jona, Tel. 055-2161151, www.academia.bipo.net, academia@bipo.net, Unterrichtszeiten Mo bis Fr 8–17 Uhr, 8 $ Einzelunterricht, 5 $ Gruppenunterricht pro Stunde, gute Atmosphäre, Ausflugsangebote und Salsa-Stunden.

Universidad Católica
Kurse für Ausländer an einer der besten (wenn auch teuren) Privathochschulen Ecuadors; Unterricht in Kleingruppen in sieben verschiedenen Stufen. Un-

terrichtszeiten Mo bis Do 9–12 Uhr, 8 Wochen à 3 Stunden täglich kosten 625 $. *Pontificia Universidad Católica del Ecuador (PUCE),* Av. 12 de Octubre y Patria, Tel. 2565627, mejaramillo@puce.edu.ec.

■ **La Lengua**
Av. Colón E6-12 y J. L. Mera, Edificio Ave María, Tel. 2543521, www.la-lengua.com, info@la-lengua.com; Unterrichtsstunden Mo bis Fr 8.30–17.30 Uhr, 7.50 $ Einzelunterricht, 6.50 $ in Gruppen, jeweils pro Stunde; stellen das DELE-Diplom aus (Diplom für Spanisch als Fremdsprache). Helfen bei Studentenvisa. Unterrichten auch im Urwald und an der Küste.

■ **Escuela Español Atahualpa**
Calle Godin N20-29 y Condamine, Tel. 2551229 und 2235857, www.atahualpa.com, Schweiz: Tel. 0041-41-6601530; Einzelunterricht 7,50 $, attraktive Pakete: 1 Woche mit 20 Std. Einzelunterricht bei Unterbringung in einer Gastfamilie mit VP 276 $, im Selbstversorger-Apartment 220 $.

■ **Centro de Español Vida Verde**
Leonidas Plaza N23-100 y Wilson, Tel. 2226635, www.vidaverde.com, Einzelunterricht 7,50 $, in der Gruppe 5,50 $, jeweils pro Stunde.

Familien, die Spanisch-Studenten beherbergen:
■ **Maruja Jeria de Narváez**
Calle Sevilla N24-399 y Vizcaya (La Floresta), Tel. 2551236, pablin_8@hotmail.com, nette Familie, sauberes, schön eingerichtetes Haus; *Maruja* kocht auch ausgezeichnet, Frühstück und zwei Mahlzeiten, Wäschereiservice, 20 $ pro Tag. Empfohlen!

■ **Jenny Chavez (la Casa Amarilla)**
Selva Alegre Oe 5-70, Tel. 2225620, www.lacasaamarilla.com Wäscheservice, Telefon, Fax und Internet, sauber und sehr hilfsbereit, 86 $ pro Woche mit Frühstück.

Tanzschulen

■ **Humanizarte**
Calle La Ronda 707 y Guayaquil, Centro Histórico, Tel. 2573486, 099-8036470, Büro in der Calle Veintimilla 1106 y Amazonas, Ed. Amazonas, Of. 102, Mariscal, Tel. 2226116, www.humanizarte.org.ec, fundacion_humanizarte@hotmail.com. Kurse in andinischen Tänzen Di bis Fr jeweils 15–16 Uhr, Preis pro Monat 20 $ oder intensiv samstags 10–13 Uhr für 5 $ pro Tag. Fr/Sa um 21 Uhr Live-Auftritte im Folklore-Tanz, Eintritt 5 $.

■ **Dance Academy**
Av. Amazonas N24-155 y Calama, Tel. 2557094, www.ritmotropicalsalsa.com, ritmotropical5@hotmail.com, Kontakt: *Araceli Beltrán,* „Ritmo Tropical" (Salsa, Cumbia, Merengue, Vallenato, Rueda de casino, Capoeira) Unterrichtszeiten Mo bis Fr 9–20 Uhr, 90 $ pro Kurs. Mehrfach empfohlen.

■ **Son Latino**
Av. 12 de Octubre y Roca, Ed. Mariana de Jesús, 6. Stock, Büro 604-B, Tel. 2908635, www.galapagos.edu.ec, latinoson@yahoo.com, Salsa, Mo bis Fr 10–20 Uhr, Bachata, Merengue, Cumbia, Vallenato, Einzelstunde 10 $.

■ **Universal Salsa**
Calle Lizardo García E545 y J. L. Mera, Tel. 099-8317757, universalsalsa@hotmail.com, Mo bis Fr 10–21 Uhr, Fr und Sa Party ab 20.30 Uhr, Salsa, Capoeira, Zamba, Marimba, 6 $ pro Stunde, 50 $ für 10 Stunden, 80 $ pro Monat. Besondere Empfehlung einer Salsatänzerin aus der Schweiz.

Telefonieren

■ **Ferngespräche** von einem ecuadorianischen Handy kosten etwa 55 Cent/Minute. Zahlreiche Telefonkabinen *(cabinas)* bieten Ähnliches an. Internet-Cafés sind oft noch günstiger, über Skype oder automatische Einwahlnummern. Die Verbindungsqualität variiert, ist aber meist akzeptabel. Die führenden Mobilfunkanbieter Claro und Movistar be-

◁ Kulturzentrum Itchimbía

treiben zudem ein Netz von Telefonzellen. Auch hier kann man für etwa 50 Cent/Minute ins Ausland telefonieren, nach vorherigem Kauf einer Telefonkarte *(tarjeta para la cabina)*. Hotels hingegen nehmen teils hohe Preise fürs internationale Telefonieren. An all diesen Stellen kann man natürlich auch national telefonieren.

Theater und Konzertsäle

■ Teatro Nacional Sucre
Calle Manabí N 8-131 y Guayaquil, Plaza de Teatro, Altstadt mit Trolebus-Haltestelle, Tel. 2570299, 2570109, 08-7216091, www.teatrosucre.com. Karten-Tel. 2570299 ext. 112 sowie im Einkaufszentrum El Jardín, Av. Amazonas N6-114 y República, local 157, 1. Stock. Das 1886 eröffnete Nationaltheater Ecuadors wurde vor einigen Jahren komplett restauriert und zudem mit feiner Gastronomie ausgestattet („Theatrum"). Im Stile eines kleinen europäischen Opernhauses trägt es den Namen des Befreiers und Helden von Quito, Marschall *Antonio José de Sucre.*

■ Teatro Variedades Ernesto Albán
Manabí N8-131 zwischen Guayaquil und Flores, Tel. 2951661, www.teatrosucre.org/teatro-variedades, Eintrittspreise ab 8 $.

■ Teatro de Malayerba
Plazoleta de Belén y Calle Sodiro 345, am Parque Alamenda, Tel. 2235463, teatromalayerba@gmail.com, sehr gutes Ensembletheater, Do bis So 18 Uhr, 7 $ p.P.

■ Casa de la Cultura Ecuatoriana
Siehe „Informationen".

■ Patio de Comedias
Calle 18 de Septiembre y Av. Amazonas, Tel. 2561902, www.patiodecomedias.org, Do bis So 20 Uhr, nettes Hinterhoftheater mit gutem Comedy-Programm und einer urigen Cafeteria nebenan.

■ Casa de la Música
Calle Valderama s/n y Av. Mariana de Jesús, Tel. 2267093, 2261965, www.casadelamusica.ec. Konzertsaal für klassische Musik, Spielstätte des ecuadorianischen Philharmonieorchesters.

■ Folklore-Ballett Jacchigua
Casa de la Cultura Teatro Demetrio Aguilera, Av. 6 de Diciembre y Patria, Tel. 2952025, 099-9010624, www.jacchiguaesecuador.com, jeden Mi 19.30 Uhr, Eintritt 30 $.

■ El Teatro
Centro Comercial Iñaquito, Av. Amazonas y Naciones Unidas, www.elteatro.com.ec.

Unterkunft

Hinweis: Suchen Sie bei Dunkelheit besonders in der Altstadt und in der „Mariscal" niemals zu Fuß eine Unterkunft, erst recht nicht mit Gepäck! Es kam dabei in der Vergangenheit wiederholt zu Überfällen!

Einfache Hotels in der Altstadt

■ Hostal Principal
Av. Maldonado 3063 y La Ronda, Tel. 2582782, www.hotel-principal.com, principal@hotel-principal.com, EZ/DZ 12/20 $ mit Frühstück, einfaches, preiswertes, aber gepflegtes Hostal nur wenige Schritte von der Ronda und der Trolestation Cumandá entfernt. Zimmer mit TV.

■ Grand Hotel
Rocafuerte E2-32 y Pontón, Tel. 2280192, Fax 2955474, Gepäck-Depot, Wäscherei, Kabel-TV, EZ/DZ 11/15 $.

■ Hostal Secret Garden
Calle Antepara E 4-60 y Los Rios, Stadtteil San Blas, Tel. 2956704, www.secretgardenquito.com, gutes Frühstück, Trinkwasser frei, Dachterrasse mit tollem Ausblick. Schlafsaal 10 $ BC, Zimmer 34 $. Schließfächer vorhanden!

■ Hostal San Blas
Caldas E1-38 y P. F. Cevallos, Plaza San Blas (Treppe an der Calle Guayaquil/Hermano Miguel), Tel.

2289480, www.hostalsanblas.com.ec, hostal_san-blas@hotmail.com, EZ/DZ 15/30 $ mit BP, TV, heißes Wasser, Wäscheservice, Internet/WiFi, Schließfächer, Gepäckaufbewahrung, Küchenmitbenutzung.

▉ Hostal Chicago
Calle Los Rios N11-142 y Briceño (San Blas), Tel. 2281695, www.chicagohostalecuador.com, chicagohostel_ecuador@hotmail.com, einfache, saubere Zimmer, EZ/DZ 13/30 $, inkl. Frühstück; Dachterrasse, Büchertausch, Wäscheservice, Küche, Internet, englischsprachig, Jobmöglichkeiten im Haus.

Mittelklasse-Hotels in der Altstadt

▉ Hotel Viena Internacional
Flores 600 y Chile, Tel. 2954860, Fax 2954633, www.hotelvienaint.com, EZ/DZ 24/44 $ mit BP (warme Dusche), Telefon, englischsprachig, gute Ausstattung, Restaurant.

▉ Hotel Real Audiencia
Bolívar Oe-318 y Guayaquil (Plaza Santo Domingo), Tel. 2950590, 2952711, www.realaudiencia.com, hotel@realaudiencia.com, DZ mit BP (warme Dusche), TV, Telefon, Internet, EZ/ DZ 55/77 $ mit Frühstück, Panoramarestaurant 7–21 Uhr, auch sonntags 7.30–10 Uhr geöffnet.

▉ Hotel San Francisco de Quito
Calle Sucre Oe 3–17 y Guayaquil, Tel. 2951241, etwas angestaubt, aber kolonial und charmant, www.sanfranciscodequito.com.ec, EZ/DZ mit BP 32/50 $ inkl. Frühstück, mit WiFi und Sauna.

Gehobene Klasse in der Altstadt

▉ Casona de la Ronda
Calle Morales (La Ronda) Oe1-169, Tel. 2287538, www.lacasonadelaronda.com, EZ ab 130 $, DZ ab 140 $, in der Hochsaison können die Preise deutlich anziehen. Das Hotel verfügt über ein Restaurant, eine Lounge mit Feuerstelle und einen schönen Innenhof sowie WiFi.

▉ Casa Gangotena
Bolivar Oe6-41 y Cuenca, Tel. 4008000, www.casa-gangotena.com, Zimmer ab 460 $ inkl. Frühstück. Die Zimmer sind ausgestattet mit Teppichen und Art-déco-Möbeln, Internet, TV, Room Service (24 Std.). Das Hotel liegt an der Plaza San Francisco.

▉ Hotel Patio Andaluz
García Moreno N-6-52 y Mejía, Tel. 2280830, www.hotelpatioandaluz.com, restauriertes Kolonialhaus, DZ 200–300 $.

Einfache Hotels in der Neustadt

▉ Hostal L'Auberge Inn
Av. Colombia N15-200 y Yaguachi, an der „Grenze" von Alt- und Neustadt, Tel. 22552912, Fax 2225698, www.auberge-inn-hostal.com, auberge@uio.sat-net.net, Sprachkurse, Reisebüro, Restaurant, Sauna, Billard, sauber, 3 warme Etagenduschen, schöner Aufenthaltsraum, Waschgelegenheit, schöner Innenhof, Gepäckdepot. Man spricht deutsch, französisch und englisch, EZ/DZ 15/26 $; viele Individualtouristen.

▉ Casa Bambú
Vicente Solano E5-27 y Av. Gran Colombia, Tel. 2226738, www.hotelbambuecuador.com, zulubernnis@yahoo.com, Schlafsaal 7–10 $, DZ mit BC 20 $, mit BP 30 $, Küche, schöne Stadtaussicht, frühzeitig reservieren.

▉ Hostal La Casona de Mario
Calle Andalucía N24-115 y Galicia, Stadtteil La Floresta, Tel. 2544036, Fax 2230129, www.casonademario.com, lacasona@casonademario.com, u.a. deutschsprachig, Gepäckdepot, schönes Haus, 12 $ p.P., Küchenmitbenutzung, Zimmer mit Gemeinschaftsbad.

▉ Centro del Mundo
Lizardo García E7-22 y Reina Victoria, Tel. 2229050, www.centrodelmundo.net, centrodelmundo@hotmail.com, lautes Hostal mit Café und Restaurant, Kochmöglichkeit, Schlafsaal 6 $ p.P., EZ/DZ 8/16 $ mit BC, 11/20 $ mit BP, mit Frühstück, Küchenmit-

benutzung, WiFi, Gepäckdepot, dreimal pro Woche Cuba Libre frei.

■ **Hostal Marsella**

Los Rios N12-139 y Espinoza, Tel. 2955884, Fax 2580795, hostalmarsella@hotmail.com, EZ mit Bad ab 9 $, schöner Ausblick von der Terrasse; sauber, professionell, Gepäckaufbewahrung und Internet, Frühstück, Safe, WiFi, Wäscherei; nur morgens und abends heißes Wasser zum Duschen.

■ **El Cafécito**

Cordero E6-24 y Reina Victoria, Tel. 2234862, www.cafecito.net, Herberge, Schlafsaal 7 $ BC, EZ/ DZ mit BC 10/15 $, DZ mit BP 25 $, sauber, freundlich, sicher, mit beliebtem Travellercafé, Vorgarten und Kamin im Haus.

■ **Hotel Viena**

Calle Tamayo 879 y Foch, Tel. 2235418, einfach, sauber und ruhig, Restaurant, EZ mit BP 12 $ p.P.

■ **Hostal El Taxo**

Foch 909 y Cordero, Tel. 2225593, hostaleltaxo@ gmail.com, EZ/DZ 12/18 $, Kabel-TV, Internet/WiFi, Küchenmitbenutzung, kostenlose Wertsachen- und Gepäckaufbewahrung, sauber, TV, schöner Aufenthaltsraum mit Kamin.

■ **Hostal Magic Bean**

Foch 681 y J. Leon Mera, Tel. 2566181, Fax 2906105, www.magicbeanquito.com, EZ/DZ 30/40 $, Schlafsaal 12 $ p.P. mit Frühstück.

■ **Hostal Aleida**

Calle Andalucia 559 y Salazar (Stadtteil La Floresta), Tel. 2234570, www.aleidashostal.com.ec, ruhige Lage, sauber, kostenloses Internet, Wäscheservice, Büchertausch und gutes Frühstück, EZ/ DZ 22/36 $.

■ **Residencial Santa Clara**

Gustavo Darquea 1578 y 10 de Agosto, Tel. 2507205, DZ mit BP 14 $ inkl. Frühstück.

■ **Hotel Calima**

Cordero E121 y 10 de Agosto, Tel. 2540891, www. hotelcalima.net, EZ/DZ 20/28 $, Kabel-TV, Parkplatz, Kabel-TV, WiFi, Restaurant-Cafeteria.

■ **Backpackers Inn**

Calle Juan Rodríguez 245, zw. Reina Victoria und Almagro, Tel. 2509669, www.backpackersinn.net,

freundlich, farbig, preiswert, EZ 14 $ ohne Frühstück, MBZ 7,50 $, Küchenmitbenutzung, deutschecuadorianische Leitung.

Mittelklasse-Hotels in der Neustadt

■ **Casa Helbling**

Veintimilla E8-152 y 6 de Diciembre, Tel. 256 5740 und 2226013, www.casahelbling.de, casahelbling @yahoo.de, 16 Zi., Wohnzimmer mit offenem Kamin, Sonnenterrasse, Wintergarten, Gepäckdepot, Safe, deutschsprachig, Küchenbenutzung, Internet, WiFi, Büchertausch, verschiedene gute Frühstücksangebote, EZ/DZ 34/45 $, Vermittlung guter und preiswerter Touren in den Regenwald, Motorradstellplätze. Besonderer Tipp!

■ **Hostal Charles Darwin**

La Colina 304 y Orellana, Tel. 2234323, 2904049 und 2529384, www.ecuadorhotels.com.ec/charlesdarwinquito, EZ/DZ 40/50 $, reichhaltiges Frühstück, sehr sauber, gemütlich, familiär und hilfsbereit, wunderschöner Innenhofgarten.

■ **Hostal Tutamanda**

Av. Colón OE2-56 y Versalles, Tel. 2506508, Fax 2222964, www.tutamandahostel.com, info@tutamandahostel.com, EZ/DZ 28/50 $ inkl. Frühstück, Wochenpreis 95 $, ruhig und sicher, Blick auf den Pichincha, nette Atmosphäre, WiFi, Tel. und TV im Zimmer, Wäscheservice, Galápagos-Tourangebote, kooperiert mit der Sprachschule *Cristobál Colón*, 5 $ pro Stunde.

■ **Tambocajas Guest House**

(früher Hotel Toa) (Tipp!)

Calle Lizarazu N23-209 zw. Zorilla und Av. La Gasca, Tel. 22242421, www.tambocajas.com, familiäres Bed & Breakfast mit vier Zimmern und einer Suite am Westhang der Stadt, nicht weit von der Station des Teleférico. Tolle Unterkunft mit schöner Aussicht. EZ/DZ 35/42 $ mit Frühstück, Suite 360 $ pro Monat, Menü 10 $. Auf der Terrasse gibt es ein Restaurant. Leser ergänzen: „Der Inhaber, *Marcello Puruncajas*, spricht fließend deutsch und ist äußerst

hilfsbereit. Er arbeitet auch als Fremden- und Bergführer."

■ Casa del Sol

Calle Calama 127 y 6 de Diciembre, Tel. 2230798,
2223383, www.lacasasol.com, info@lacasasol.com,
EZ/DZ 44/66 $, Waschgelegenheit, Transfer, Gepäck-
depot, sehr schön, aber kleine, dunkle Zimmer, Internetanschluss.

■ Villa Nancy (1)

Av. 6 de Diciembre N24-398 zw. Baquerizo Moreno
und Cordero, Tel. 2563084, www.villa-nancy.com,
villa_nancy@yahoo.com, sehr sauber, nettes und
hilfsbereites Personal, gutes Frühstück, kostenloser
Flughafentransfer, EZ mit BC (warme Dusche) 25 $,
DZ mit BP (warme Dusche) 35 $ inkl. Frühstück –
empfehlenswert.

■ Villa Nancy (2)

Calle Muros N27-94 y González Suárez, Tel.
2562473, Fax 2562483, www.hotelvillanancy.com,
hostalvillanancy@hotmail.com, gehobenere Klasse,
Sauna, EZ/DZ 45/65 $ HP.

■ Hotel 9 de Octubre

Av. 9 de Octubre N24-171 y Colón, Tel. 2525715,
2903035, mccp68@yahoo.com, DZ mit BP 20 $,
Frühstück im kleinen Hotelcafé, preiswert.

■ Hostal Zentrum

José Murillo E4-18 y Av. 9 de Octubre, Tel. 2526263,
www.hostalzentrum.com, EZ/DZ 30/49 $ inkl. Früh-
stücksbüffet, Suiten 60–90 $, Backpacker-Schlaf-
platz ohne Frühstück 8 $. Der nette *Gerd* aus Ham-
burg hat eine alte Stadtvilla mit Terrasse und kleinem Garten zu einem schönen Hostal ausgebaut.
Sehr große Zimmer, Gepäckaufbewahrung, Safe,
WiFi, Restaurant mit deutschen Speisen à la carte,
Cafeteria, täglich frischer Kuchen, *Gerds* Motto:
„Futtern wie bei Muttern". Abends bewachte Park-
plätze. Unser Tipp: Zimmer 22 mit Kamin! Zur Verfügung stehen auch Wohnmobil-Stellplätze.

■ Hotel Pickett

Wilson 712 y J. L. Mera, Tel. 2551205, Fax 2541453,
ecuapicketthotel@hotmail.com, 13 $ p.P. mit Früh-
stück, gut ausgestattetes Haus, für Rucksacktouristen zu empfehlen.

■ Hostal Alcalá

Calle Luis Cordero 1187 y Reina Victoria, Tel.
2227396, www.alcalahostal.com, TV, WiFi, Gepäckaufbewahrung, Safe, EZ/DZ 24/34 $.

■ Mansión Real (Quito)

Vicente Ramon Roca 518 y Reina Victoria (esquina),
Tel. 2234146, EZ/DZ 30/42 $, großzügige Zimmer
mit TV, sehr freundlich, guter Service, Toplage innerhalb der Mariscal.

■ Hotel Embassy

Presidente Wilson E8-22 y Av. 6 de Diciembre, Tel.
2561990, www.hembassy.com, EZ/DZ 42/48 $, Te-
lefon, Internet und TV, solides Hotel, beliebt bei Ge-
schäftsreisenden.

■ Posada del Maple

Rodríguez E8-49 y 6 de Diciembre, Tel. 2544507, Fax
2907367, www.posadadelmaple.com, admin@po-
sadadelmaple.com, EZ/DZ 25/40 $ mit BP (warme
Dusche), Garage, Internet, inkl. sehr gutem Frühstück, Küchenbenutzung, ruhig und sicher.

■ Hotel Alston Inn

J. L. Mera N23-41 y Veintimilla, Tel. 2508956, al-
ston@uio.satnet.net, EZ/DZ 17/24 $, mit Dusche.

■ Boutique Hotel Café Cultura

Robles 513 y R. Victoria, Tel. 2564956, 2224271,
www.cafecultura.com, EZ/DZ 89/109 $, Bau im Ko-
lonialstil mit Garten, Restaurant, hervorragendes
Frühstück.

■ Hotel Ambassador

9 de Octubre 1052 y Colón, Tel. 2562054, www.ho-
telenquito.com, DZ mit BP, TV, Telefon ab 35 $, TV,
Garage, die Zimmer zur Av. Colón sind recht laut.

■ Sierra Nevada

Pinto E4-150 y Cordero, Tel. 2553658, Fax 2554936,
www.hotelsierranevada.com, info@hotelsierrane-
vada.com, alle Zimmer mit BP und Kabel-TV, WiFi.
Der Besitzer ist Bergführer und leitet auch die Reiseagentur *Sierra Nevada,* www.sierranevadatrek.
com. EZ/DZ 35/52 $ inkl. Frühstück.

■ Hotel Sierra Madre

Veintimilla 464 y Tamayo, Tel. 2505687, www.ho-
telsierramadre.com, EZ/DZ 47/59 $, sauber und sehr
gepflegt.

▪ Posada Real

Plácido Caamaño N26-19 entre Av. Colón y San Ignacio, Tel. 2552809, Fax 2224162, http://hostal-posadareal.com, info@hostalposadareal.com, Zimmer mit BP, Telefon und TV, Café, Wäscheservice, sehr freundlich, EZ 39 $, DZ 53 $.

▪ Hostal Los Alpes

Tamayo N21-39 y Washington, Tel. 2561110, Fax 2561128, www.quitolosalpes.com, alpes@uio.sat-net.net, EZ 62 $, DZ 72 $ mit BP, Telefon und Frühstück.

▪ Hostal Fuente de Piedra

Calle Wilson 211 y Tamayo, Tel. 2525314, www.ecuahotel.com, EZ 38 $, DZ 45 $, mit TV und Telefon, Restaurant.

▪ Hostal Los Quipus

Calle Lérida E14-55 y Lugo, Tel. 2224037, www.losquipus.com, a.quipus@accessinter.net, EZ ab 44 $, DZ ab 55 $.

Luxus-Hotels

▪ Hotel Sebastián

Diego de Almagro N24-416 y Cordero, Tel. 2222400, Fax 2222500, www.hotelsebastian.com, EZ 86 $, DZ 98 $ mit BP, Frühstück für 8 $, TV, Telefon, gutes Restaurant, Internet, Bar, Fitness, Parkplatz.

▪ Hotel Quito

González Suárez N27-42 y 12 de Octubre, Tel. 3964900, www.hotelquito.com, DZ mit BP, TV, K, Telefon 140 $ (EZ 100 $), Traditionshotel mit Garten, tollem Pool und Panoramarestaurant, Diskothek.

▪ Hotel Hilton Colón

Av. Amazonas N1914 y Patria, Tel. 2560666, Fax 2563903, www.hilton.de/quito, EZ/DZ ab 149/179 $ mit BP, Kabel-TV, Bar, Telefon, Garage; Luxushotel nach US-amerikanischem Vorbild, Geldwechsel zu gutem Kurs, internationale Zeitungen, bayerische Brezeln (!) in der Hotelbäckerei, gutes Büfett.

▪ Hotel Swissotel

12 de Octubre 1820 y Cordero, Tel. 2567600, www.swissuio.com, Spitzenhotel mit BP, Kabel-TV, Telefon, DZ ab 180 $; mit Geldautomaten, Restaurants (u.a. japanisch), Sauna, Pool.

Familienunterkunft

▪ Casa Paxee (Martha de Ojeda)

R. Navarro 326 y La Gasca, Tel. 2500441, DZ mit BC (warme Dusche), 6 $ p.P., ein ganzer Monat 130 $ p.P. ohne Frühstück; sehr beliebt, nicht nur unter Studenten; 3 DZ, 1 EZ, fast immer ausgebucht, Voranmeldung daher ratsam.

Apartments

Auch einzelne Apartments für einen Monat sind in Quito zu bekommen. In den Tageszeitungen sind regelmäßig Anzeigen geschaltet. Besonders zu empfehlen sind folgende Apartments:

▪ Apartamientos Los Quipus

Calle Lérida E14-55 y Lugo, Stadtteil Floresta, Tel. 2224037, a.quipus@accessinter.net, Apartments für 2 bis 7 Personen mit Küche, Kamin, TV; Cafeteria, Büroservice (Fax, Internet), Wäschedienst etc.; App. ab 55 $ pro Tag, Langzeitrabatte. Angeschlossen ist auch ein Hostal: EZ 34 $, DZ 42 $, App. ab 45 $ pro Tag (40 % Rabatt bei Monatsmiete!).

Hostal am Flughafen

▪ Hostal Puerto Aereo

Calle La Prensa y Juán Holguín, quasi gegenüber dem nationalen Flughafen-Terminal, Tel. 2457983, EZ/DZ 20/25 $, einfach, aber sauber, nachts ruhig, preiswert.

▷ Der neue Boulevard 24 de Mayo unter dem Panecillo mit der Jungfrau von Quito

Verkehrsmittel

Stadtbusse

Das Nahverkehrssystem der Hauptstadt hat sich in den vergangenen Jahren merklich verbessert. Die drei wichtigsten Verkehrsadern im nördlichen Teil der Stadt sind die **Avenida 10 de Agosto,** die sogenannte „diez", die **Avenida 6 de Diciembre,** die „seis" und die **Av. América.**

■ Auf der „diez" verkehrt der **„Trolebus"** (www. trolebus.gob.ec) auf einer Exklusivspur. Dieser Elektrobus mit 55 Haltestellen fährt bis ca. 22 Uhr im 5-Minuten-Takt (abends weniger häufig) zwischen der „Estación La Y" an der „diez", Höhe Stierkampfarena, und dem **Terminal El Recreo** am gleichnamigen Einkaufszentrum im Süden Quitos.

■ Auf der „seis" verkehrt der **„Ecovia",** ein sehr ähnliches Bussystem mit den gleichen Haltestellentypen wie der Trolebus, nur dass die feuerwehrroten

Ecovia-Busse mit Diesel betrieben werden. Der Ecovia fährt bis ca. 22 Uhr im 4-Minuten-Takt (abends seltener) zwischen dem **Terminal Río Coca** in der Calle Río Coca, gelegen zwischen der „seis" und der Av. Eloy Alfaro und dem **Busterminal La Marín** unterhalb der Altstadt.

■ Die dritte städtische Linie mit Exklusivspur ist der **„Metrobus".** Er fährt von der Universidad Central über die Av. América nach Norden, tangiert nahe der „Estación La Y" die Trolebus-Linie und führt weiter über die Av. La Prensa am Flughafen vorbei bis weit in den Norden der Stadt nach Ofelia.

■ **Umsteigen:** An der Banco Central nahe der Altstadt treffen die beiden Systeme Trole und Ecovia aufeinander. Im Norden verkehrt zudem der Trole-Anschluss-Bus N-60 zwischen den beiden Terminals der Systeme. Jeweils an den Endhaltestellen bieten die Systeme ein kostenloses Umsteigen in Anschlussbusse für ferner gelegene Stadtteile, die sogenannten **„Integrado"-Busse.** Einer der Trole-Integrados fährt auch zum alten Flughafen (s.u.); wie

Quito – Ecuadors Hauptstadt

der neue Flughafen angebunden wird, war Anfang 2013 noch offen.

■**Haltestellen:** Ein brauchbares Verzeichnis aller Haltepunkte im Streckennetz findet sich unter www.getquitoecuador.com/quito-map-center.

■Der **Grundpreis** für Ecovia, Metrobus oder Trole beträgt jeweils 25 Cents.

■Vorsicht: Es gibt in diesen Bussen keine Sitzplatzgarantie. Das haben sich **Taschendiebe** zu Nutze gemacht, die regelmäßig im eng besetzten Bus Gepäck und Kleidung aufschlitzen.

■**Regionale Anschlüsse im Süden:** In La Marín, wo der Ecovia endet, finden Sie die privaten Buskooperativen, die das Valle de los Chillos im Südosten der Stadt bedienen, z.B. Conocoto, Sangolquí, San Rafael, El Tingo, La Merced und Amaguaña. Fahrpreise ab 25 Cents, tagsüber Abfahrten alle 3–5 Minuten.

■**Regionale Anschlüsse im Nordosten:** Direkt neben dem **Terminal Río Coca** (100 m zu Fuß) finden Sie in einem eigenen Terminal die grünen Busse der Kooperativen Richtung „Valle". Gemeint ist das östlich und nordöstlich von Quito gelegene „Tal" mit den Vororten Cumbayá, Tumbaco, Puembo, Pifo, Quinche, Yaruquí u.a. Fahrpreis je nach Entfernung 26–95 Cents, Abfahrten tagsüber im Minutentakt.

■**Regionale Anschlüsse im Norden:** Vom **Terminal La Ofelia** fahren Busse in das subtropische Mindo (Busgesellschaft *Flor de Valle*, Tel. 2527495, verkehrt ca. 8.30–16 Uhr) und in weitere Orte des Nordens wie Cayambe und Mitad del Mundo. La Ofelia lässt sich auch direkt mit dem Metrobus anfahren. Außerdem gibt es von La Ofelia recht zügige Busverbindungen zum überregionalen **Terminal Carcelén,** s.u.

■**Weitere Verbindungen:** Während Trole, Metrobus und Ecovia auf ihren Routen Exklusivrechte haben, vernetzen etliche private Buskooperativen die gesamte Stadt. Die Schilder in den Fenstern der Busse weisen Route und Endziel aus. Die Hauptachsen verlaufen auch bei diesen Bussen in Nord-Süd-Richtung, also auf der Avenida Amazonas, Avenida 12 de Octubre oder auf der Avenida América.

■**Zum alten Flughafen** fahren neben dem Metrobus Busse über die Av. Amazonas sowie der blaue Bus Camal-Aeropuerto über die Av. 12 de Octubre. Auch der Trolebus mit Umstieg in einen „Integrado" im Nordterminal führt zum Flughafen. Achtung: Mit der Verlegung des Flughafens im Februar 2013 ins Tal nahe Yaruquí ändert sich das.

Überlandbusse

Das moderne **Terminal Quitumbe** ist die wichtigste Station für alle Überlandfahrten in ecuadorianische Städte des Südens sowie nach Amazonien und zur Küste. Das Terminal ist mit dem Trolebus zu erreichen. Busse in die Städte des Nordens (Otavalo, Ibarra, Tulcán, Kolumbien-Anbindung) fahren ab dem **Terminal Carcelén** in der gleichnamigen Vorstadt in Quitos Norden ab. Hierhin kann man mit städtischen Bussen gelangen: mit dem Metrobus bis Terminal Ofelia und weiter mit einem Transferbus.

■Die Website für Stadttourismus (**www.quito-turismo.gob.ec**) führt sämtliche **Fahrpläne** beider Terminals Quitumbe und Carcelén als PDF-Datei sowie **alle Buskooperativen** mit ihren Telefonnummern. Zu finden unter „Servicios" und dort unter „Transporte Terrestre".

Alternativ zu einer Anfahrt zu den öffentlichen Busterminals bieten sich je nach Fahrtziel auch **kleine private Terminals** einiger Linien an. Deren Busse zählen in der Regel zu den besten im Land. Folgende Empfehlungen:

■**Panamericana**
Av. Colón 852 y Reina Victoria, Tel. 2557133 und 2559427, panamericana@andinanet.net, landesweit.

■**Transportes Ecuador**
J. L. Mera 330 y Washington, Tel. 2225315, stündlich nach Guayaquil.

■ Transportes Occidentales
18 de Septiembre 0e2-14 y Versalles, Tel. 2502734, www.transportesoccidentales.com, Busse an die Küste nach Salinas, Esmeraldas, Atacames, Súa und Muisne sowie in den tiefen Süden u.a. nach Zaruma, Huaquillas und Machala sowie in verschiedene Urwaldstädte.

■ Trans Esmeraldas
Calle Santa María y 9 de Octubre, Tel. 2505099 und 2572 996, www.transportesesmeraldas.com, Busse nicht nur nach Esmeraldas.

■ Flota Imbabura
Manuel Larrea 1211 y Portoviejo, Tel. 2236940, Busse nach Guayaquil, Ibarra, Cuenca, Manta und Tulcán.

■ Reina del Camino
Calle 18 de Septiembre, Tel. 3216633, Busse an die Küste, u.a. nach Puerto López und Bahía de Caráquez.

Taxis

Alle Taxis der Hauptstadt sind **gelb lackiert** und haben eine deutlich in der Windschutzscheibe sichtbare **grün gerahmte Registriernummer.** Ferner sind der Name der Kooperative und die Fahrzeugnummer derselben auf die Lackierung gesprüht. Im Fahrzeug befindet sich ein „taxímetro", das bei jeder Fahrt tagsüber eingeschaltet sein sollte. Taxis, die nicht über diese Merkmale verfügen, sollten aus Sicherheitsgründen nicht benutzt werden.

Die **Taxameter** beginnen wie in Europa nach einem tariflich festgelegten Grundpreis; Strecke und Zeit werden dann im Takt hinzugerechnet. Bei aufwendigeren Strecken können Sie auch einen Festpreis aushandeln. Abends und nachts ist das ohnehin die Regel.

Kleingeld ist hilfreich, da Taxifahrer oft keine größeren Summen zum Wechseln bei sich führen.

Taxis hält man fast überall am Straßenrand durch Winken an, oder man begibt sich zu den größeren Hotels und einzelnen anderen Taxi-Ständen.

Ferner bietet eine ganze Reihe von Kooperativen einen 24-Stunden-Service per Telefon an. Dort sind die genaue Abholadresse, der Name und die Telefonnummer, von aus man anruft, anzugeben.

Zu den renommiertesten **Taxiruf-Unternehmen** gehören:

■ Taxi Amigo: Tel. 2222222
■ City Taxi: Tel. 2633333
■ American Taxi: Tel. 3988999

Eisenbahn

Das Großprojekt, die Schwellen landesweit auszutauschen, ist immer noch im Gange. Noch wird die traditionelle Strecke Quito – Riobamba – Guayaquil nicht befahren. Geplant ist allerdings, sie Anfang 2013 wieder in Betrieb zu nehmen. Regelmäßigen Bahnverkehr gibt es von Quito nach Süden bis Latacunga (Stand Ende 2012).

■ Der **Bahnhof von Quito** liegt im Stadtteil Chimbacalle (südlich von Panecillo und Altstadt, Av. Sincholagua y Maldonado, Tel. 2582921, tgl. 8–16.30 Uhr, Tickets zu den Bürozeiten sowie vor der Abfahrt. Reservierungen am Bahnhof, der auch einen Trolebus-Anschluss hat, oder telefonisch unter 1800TRENES (1800-873637).
■ Aktuelle Fahrtrouten und Fahrpläne unter **www. trenecuador.com.** Beispiel: Do bis So Quito – Latacunga – Quito, 8 Uhr Abfahrt, zurück um ca. 18 Uhr, Fahrpreis hin und zurück 10 $.
■ Das **Hauptbüro der Bahn** liegt in der Altstadt. Es gibt aktuelle Infos zu allen Streckenabschnitten, verkauft werden auch Fahrkarten für Fahrten ab Quito: Ferrocarriles Ecuatorianos, Calle Bolívar 0e5-43 y García Moreno, Tel. 1800-873637 und 2656142, www.trenecuador.com. Bürozeiten: Mo bis Fr 8–16.30 Uhr.
■ Die **Reiseagentur Metropolitan Touring** unterhält einen eigenen Schienenbus auf der Strecke (siehe oben unter „Reiseagenturen").

Teleférico

Die **wohl höchste Seilbahn Südamerikas** bringt einen von knapp 3000 auf über 4000 Meter Höhe zu den „Antenas" an der Flanke des Hausberges Pichincha. Von der dortigen Bergstation Cruz Loma bietet sich ein **spektakulärer Blick** über die Stadt und die Anden, wenn die Wolken es zulassen.

Die Fahrt in einer der Sechspersonengondeln (Mo bis So 8–19.30 Uhr) dauert ca. 20 Minuten pro Strecke von 2500 Metern Länge, der Fahrschein hin und zurück kostet 8,50 $ pro Person. Die Bodenstation ist am Ende der Avenida La Gasca, westlich der Avenida Colón.

Achtung: Die Bergstation ist nur für Gipfelbesteigungen geeignet, wenn man auf eine Hochgebirgswanderung vorbereitet ist! Die Besteigung des Pichincha ist kein Spaziergang.

Kontakt: Teleférico Quito, Calle Arnulfo Araujo s/n y Av. Occidental, Tel. 2222996, 2224424, info@grupo-status.com.

Wichtig: Unbedingt nach der letzten Talfahrt fragen, da die Fahrzeiten teilweise geändert werden.

Flüge

Der **Internationale Flughafen Aeropuerto Mariscal Sucre** in Quito (Tel. 2944900 und 2944901, www.quiport.com, u.a. mit aktuellen Abflug- und Landezeiten) liegt **10 km nördlich vom Stadtzentrum** und ist mit dem Taxi (je nach Verkehr zwischen 5 und 10 $) gut zu erreichen (Av. Amazonas y Prensa). Auch der Trolebus mit Umstieg in einen „Integrado" im Nordterminal führt zum Flughafen, ferner zahlreiche Busse auf der Av. Amazonas und Busse parallel zur Av. 10 de Agosto mit dem Schild „La Prensa". Reisen Sie jedoch nicht mit Gepäck im Bus oder Trole (Taschendiebe)!

Der Flughafen unterteilt sich in einen **Terminal nacional** und einen **Terminal internacional,** die nebeneinander liegen. Der Flughafen verfügt über Telefonkabinen, Kartentelefone, ein Restaurant (7–

22 Uhr, guter Treffpunkt für Reisende und Wartende) in der internationalen Abflughalle, einen Fast-Food-Laden im nationalen Terminal, Souvenirläden, Post, Gepäckträger, Taxistand (Fahrten jedoch zu höheren Tarifen als außerhalb des Flughafens), eine Touristeninfo und Geldwechselmöglichkeiten. Gepäckwagen (internacional) kosten 1 $ Gebühr.

Der **Check-in** bei internationalen Flügen erfolgt mindestens zwei Stunden vor Abflug.

Neuer Flughafen

Am 20. Februar 2013 soll Quitos neuer internationaler und nationaler Flughafen eröffnet werden, welcher nordwestlich der Hauptstadt bei Tababela/Yaruquí entsteht. Damit werden sich Anreise, Abläufe und zahlreiche Telefonnummern ändern. Aktuelle Infos unter **www.aeropuertoquito.aero** sowie bei den Airlines. Der alte Flughafen Mariscal Sucre wird dann schließen.

Fluggesellschaften in Quito

■ Aerogal/Aerovip

Av. Amazonas 7797 y Juan Holguín, Tel. 3960600, 2942800-899, Gratislinie 1800-AEROGAL (= 2376 425), www.aerogal.com.ec, verbindet Quito, Guayaquil, Cuenca, Manta, Lago Agrio, San Cristobal (Gal.), Baltra (Gal.) sowie international Miami, New York und Bogotá.

■ American Airlines

Av. Los Shyris N35-174 y Suecia, Ed. Renazzo Plaza, Büro 4-03, Tel. 2995000 (im Flughafen 3302240); weiteres Büro: Mall El Jardin, Av. Amazonas y República, Mo bis Sa 10–20.30 Uhr, So 10–19.30 Uhr; www.aa.com; tgl. Verbindungen nach Europa via USA.

■ Avianca

Av La Coruña 143 y Bello Horizonte, Tel. 3978000 (im Flughafen 3302202), www.avianca.com. Tgl. Verbindungen nach Europa via Bogotá.

■ Copa Airlines

Av. República de el Salvador 361 y Moscú, Edificio Aseguradora del Sur, Planta Baja, Mo bis Fr 8–18 Uhr, Sa 9–14 Uhr; Büro in der Mall El Jardin, Av. República y Amazonas, Mo bis Sa 10–20.30 Uhr, So und feiertags 10–17.30 Uhr, 24 Std., Tel. 2273082; www.copaair.com.

■ Iberia
Av. Eloy Alfaro y Amazonas, Ed. Finandes, 6. Stock, Tel. 2229454, 2566009 (im Flughafen 3302248), www.iberia.com; tgl. Verbindungen nach Europa via Madrid.

■ KLM/Air France
Av. 12 de Octubre N26-27 y Lincoln, Ed. Torre 1492, Tel. 3966728, -750 (im Flughafen 3301207), www.klm.com; tgl. Verbindungen nach Europa via Amsterdam.

■ LAN und LAN Ecuador
Av. Orellana 1527 y Av. La Coruña (Ecke). Nebenstelle im Einkaufszentrum Quicentro, Av. Naciones Unidas y 6 de Diciembre, Tel. 2992300, 2992339. Gratisnummer 1800-101075. Tgl. Verbindungen nach Europa via Madrid, sowie in zahlreiche Städte Lateinamerikas. National. Quito, Guayaquil, Cuenca und ab 2010 angekündigt auch Galápagos.

■ Lufthansa
Av. Amazonas y Río Palora (nahe Flughafen), Tel. 3970370, www.lufthansa.com. Tgl. Verbindungen von Deutschland nach Caracas (Venezuela) mit Anschlüssen z.B. über die Partner-Airline Santa Barbara nach Quito.

■ Taca
Av. República de El salvador N36-139, Tel. 2923170, Gratisnummer 1800-008222. www.taca.com. Zahlreiche Amerikaverbindungen, insbesondere nach Zentralamerika.

■ TAME
Av. Amazonas N24-260 y Colón sowie zahlreiche Nebenstellen; Tel. 3966300, tel. Reservierungen unter 3977100, Tel. im Flughafen 3963200, 3301219; www.tame.com.ec. Ecuadors staatliche und größte Airline mit etlichen nationalen und einigen internationalen Flugzielen.

■ United Airlines
Av. 12 de Octubre y Cordero, World Trade Center Quito, Büro 11-08. Nebenstelle: Av. Naciones Unidas y Av 6 de Diciembre, Ed. Citiplaza (gegenüber dem Einkaufszentrum Quicentro) Tel. 2250905 (im Flughafen 3302219), Gratisnummer 1800-222333; tgl. Verbindungen nach Europa via USA.

Inlandsflüge werden von den Fluggesellschaften *TAME, Aerogal, LAN Ecuador* und *Saereo* durchgeführt. Die Preisspanne liegt zwischen 50 und 80 $ pro Oneway-Flug. Die Flüge nach Galápagos kosten zwischen 350 und 500 $, je nach Saison und Abflughafen. Ab Guayaquil ist es meist etwa 50 $ preiswerter.

Wäschereien

■ Lavandería Wash and Go
Reina Victoria 340 y Pinto, chemische Reinigung, kein Self-Service.

■ Super Lavado
Pinto 305 y Reina Victoria; gut und preiswert.

■ Martinizing
Av. Almagro y Pradera.

Ausflüge

Tumbaco

Ganz in der Nähe von Quito liegt das ländlich geprägte Tumbaco. Hier haben sich zahlreiche Künstler und Intellektuelle niedergelassen, denen die Stadt zu hektisch ist. Das alternative Ambiente lädt zu Ausflügen ein!

Unterkunft

■ Ilota Lodge
Tumbaco, Comuna Leopoldo Chavez – Rumihuaico Alto, auf halbem Weg zwischen Quito und dem neu-

Quito – Ecuadors Hauptstadt

en Flughafen von Quito, Tel. 2377098, www.ilatoa.
com, EZ ab 55 $, DZ ab 85 $, jeweils mit Frühstück,
Abendessen für 22 $. Ein Flughafentransfer wird or-
ganisiert.

Essen und Trinken

■ Essen kann man beispielsweise in der **Trattoria
Al Portico** (Calle Orellana 1130 y Eloy Alfaro,
www.alporticoec.com), in der Mi bis So Einheimische und Gäste mit leckerem italienischen Essen erfreut werden.

Papallacta   V, D3

1,5 Stunden von Quito in Richtung Baeza gelegen. Die **Termas de Papallacta**
sind die wohl **schönsten und gepfleg-
testen Heilbäder Ecuadors** mit angeschlossenem Hotel, Spa-Bereich und Na-
turpfad. Sehr gutes Wandergebiet. Der
Eintritt liegt bei 8 $, geöffnet ist täglich
6–21 Uhr, Fr und Sa 6–22 Uhr.

Das **Hotel** verfügt über eigene Becken
innerhalb der Anlage.

Unterkunft

■ **Hostería Termas de Papallacta**
Büro in Quito: Calle Foch E7-38 y Reina Victoria, 4.
Stock, Tel. 2504787, 2568989, www.termaspapal-
lacta.com, DZ ab 139 $.
■ **Hostería Papallacta Termales**
Rechts auf der Zufahrt zu den Termas de Papallacta,
Km 61 vía Interoceánica, Tel. 06-2895014, 099-
3683667, www.papallactatermales.com, papallac-
tatermales@hotmail.com, kleiner, einfacher und
preiswerter als der große Bruder, Zimmer ab 55 $
mit Frühstück und Bädernutzung.

■ **Hostal Choza de Don Wilson**
Im Dorf Papallacta am Camino al Amazonas, Tel. 06-
2895027, chozadedonwilson@hotmail.com, eigene
Bäder (tgl. 7–22 Uhr), Zimmer 15 $ mit BP, Früh-
stück und Bädernutzung.
■ **Hostal Coturpa**
Zwischen der Abfahrt zu den Termas und dem Dorf
Papallacta, gegenüber den Piscinas Santa Catalina
(via Quito – Baeza Km 63), Tel. 2895000, www.hos-
talcoturpa.com, EZ/DZ ab 15/25 $, mit Restaurant,
Wäscherei und WiFi.

Die **Zufahrt** zu den Termas de Papallacta ist aus Quito kommend hinter einer
kleinen Brücke, unübersehbar an der
(beschilderten) Stelle, wo eine mächtige
Wasserleitung die Straße quert. Von dort
sind es noch zwei zunächst steile Kilometer. Die Hauptbäder liegen am Ende
dieser links abgehenden Piste.

Hinweis: Busse halten auf der Umge-
hungsstraße am Ortsrand vom Papallacta. Dort an der Abzweigung Richtung
Baeza/Lago/Coca/Tena aussteigen und
die alte Straße nach links laufen. Bis zu
den Thermen sind es ca. 45 Minuten
Fußweg. An der Abzweigung können
auch Pick-up-Taxis für 1–2 $ gemietet
werden.

Mindo   IV, B2

Kurz hinter Santa Rosa zweigt links gut
beschildert eine Seitenstraße von der
Hauptstraße Mitad del Mundo – Los
Bancos – Esmeraldas in Richtung Mindo
ab (insgesamt ca. 80 km). Nach etwa
7 km kommt man in das Dorf auf ange-
nehmen 1300 Metern Höhe. Es ist umgeben von Nebelwäldern des **Naturschutzgebietes Mindo-Nambillo**. Dieses Reservat ist in den vergangenen Jah-

ren auch in Deutschland bekannt geworden durch die internationalen Proteste von Umweltschützern gegen die Route der neuen Ölpipeline OCP, die genau durch diesen einzigartigen Schutzwald verlegt wurde (mehr Informationen unter www.urgewald.de und www.regenwald.org.).

Das Dorf hat viele Hostales und Restaurants. Es ist ein guter Ausgangspunkt für Vogelbeobachtungen, den Besuch einer Schmetterlingsfarm und Rafting-Touren.

Unterkunft

■ Hostal El Descanso

Tel. 2170213, 099-4829587, www.eldescanso.com, Preis 18 $ BP, 12 $ BC mit Frühstück. Hübsches Blockhaus mit Garten und gutem Frühstück, sehr freundlicher Service. Im Garten sind zahlreiche Kolibris zu beobachten, Zugang für Gäste und Besucher.

■ Bio Hostal

Tel. 02-2232783, biohostalmindo@hotmail.com, das von *Luis Gómez* geführte Hostal ist uns von Lesern frisch empfohlen worden, deutschsprachig.

Quito – Ecuadors Hauptstadt

Umgebung nördlich von Quito   0 ▬▬▬ 8 km   ©Reise Know-How 2013

★ Reserva los Cedros

Otavalo

Tabacundo

Cochasquí ★   Cayambe

Nanegal

Tucanopy

Nanegalito   Calicalí

Reserva Botánica Pululahua

Äquator ★

Reserva Biológica Maquipucuna

San Antonio ★ *Mitad del Mundo (Denkmal) und Solarmuseum*

Sonnenuhr Quitsato

Mindo

Esmeraldas

Nono

Guayllabamba (Zoo)

Calderón

El Quinche

Mariscal Sucre ✈

Rucu Pichincha (4700 m)▲

Nayón

✈ *Neuer Flughafen ab Februar 2013*

Guagua Pichincha (4794 m)▲

Cumbayá

Tumbaco

Quito

Guápulo

Pifo

Lloa

La Merced

Papallacta/Baeza

■ Hostal Rubby

Hinter dem Fußballplatz, zwei Blocks von der Kirche entfernt, Tel. 099-3406321, www.rubbyhostal.com, 10 $ p.P. mit Frühstück. Sehr gute Küche. Nebelwaldtouren ab 35 $ p.P., deutschsprachige oder englische Führung, Ferngläser und Teleskop werden gestellt.

■ Hostal Tío Colón

6 Gehminuten vom Ort, 300 Meter „via al cinto", Tel. 098-7219535. Einfache, kleine und sehr herzliche Pension am Ortsrand. Service von Frühstück und Abendessen. DZ mit BP 14 $.

■ La Posada de Mindo

Calle Vicente Aguirre, 2 Blocks vom Parque Central entfernt, hübsche Zimmer, DZ mit Frühstück 14 $.

■ Caskaffesu

Calle Sixto Durán Ballen y Av. Quito, gegenüber dem Fußballplatz, Tel. 099-3867154, caskaffesu@yahoo. com, nettes Hostal, 18 $ p.P., gutes Restaurant.

■ Mindo Garden Hostería

Via al Mariposario, km 4, Tel. 099-7223260 und 2252077 (in Quito), www.mindogardens.com, EZ/ DZ 55/ 75 $, in der Hochsaison bis zu 20 % höher. Restaurant, Bar, bieten Touren von Quito aus an.

■ Hostería La Roulotte

Cabañas Gitanas, Via al Mariposario, km 2, etwas außerhalb von Mindo, Tel. 099-89764484, www. la.roulotte.ec. Übernachtung in Wohnwagen, 1 Person 35 $, 2 Personen 56 $. Organisierte Touren werden angeboten.

Essen und Trinken

■ Restaurant-Café Fuera de Babilonia

Parque Central, vorzügliche Pastagerichte, Forellen und vegetarische Gerichte zu vernünftigen Preisen. Weitere Restaurants am Parque und an der Haupt-Zufahrtsstraße.

■ El Chef

An der Hauptstraße gelegen, bieten beste Steaks von der Steinplatte an.

■ El Nómada

Hinter dem Hauptplatz gelegen, servieren italienische Speisen und Pizza.

Information/Touren

■ Am Parque Central öffnet am Wochenende das „Centro de Información" seine Türen mit allen nützlichen Adressen vor Ort. Geführte Nebelwaldtouren organisiert der Verband der lokalen Guides, Hauptstraße Nähe Ortseingang: *Miguel Patiño,* Tel. 02-2170180, 099-9476862. Kosten pro Führer und Tag ca. 30 $.

ecu119 peko

▷ Canopy-Fahrt bei Mindo

Der **Wald um Mindo** wird von den „Amigos de la Naturaleza" („Freunde der Natur") geschützt (Kontakt in Quito). Ca. 120 m hinter dem Ortseingang von Mindo befindet sich ein kleines Informationsbüro. Zelten im Wald ist möglich.

Angeboten werden in Mindo inzwischen Canopy, Wasserfallklettern und Tubing (im Lastwagenschlauch raften). Informationen gibt es in allen Hostals und an der Hauptstraße bei verschiedenen Reiseveranstaltern.

Es gibt **zwei Canopyveranstalter** in Mindo: *Mindo Canopy Adventure,* Tel. 09-4530624, 08-5428758, www.mindo canopy.com, 13 Kabel mit einer Gesamtlänge von 3500 m; *Mindo Ropes & Canopy,* Tel. 09-1725874, 2170131, www.mindoropescanopy.com, 12 Kabel mit einer Gesamtlänge von 3650 m.

Ein **Schmetterlingshaus** mit kleinem Café ist ca. 45 Minuten Fußweg entfernt. Ebenfalls in der Gegend von Mindo ist die kleine **Finca Mindo Lindo.** Man biegt von Quito kommend nicht links nach Mindo ab, sondern hinter der Kreuzung führt eine Abzweigung nach rechts (gelbes Schild „Mindo Lindo"). Hier leben *Heike Brieschke* und *Pedro Peñafiel,* ein deutsch-ecuadorianisches Ehepaar, Hauptbetreiber der *Fundación Ecológica para la Protección de los Puntos Verdes del Ecuador.* Sie bieten **natur-**

Quito – Ecuadors Hauptstadt

kundliche Führungen auf ihrer kleinen Finca an, dazu Kurse wie Einführung in die Vogelkunde, ökologischer Gartenbau und Ähnliches.

In der Region konnten mehr als 150 verschiedene Vogelarten nachgewiesen werden, darunter allein 22 unterschiedliche Kolibris.

In der Finca gibt es Unterkunftsmöglichkeiten für fünf Personen.

■ **Informationen** unter: *Finca Mindo Lindo,* Tel. 099-2915840, 099-8075177 (spanisch, deutsch und englisch), www.mindolindo.com, info@mindolindo.com; Zimmervermietung auf der Finca für 25 $ pro Tag.

■ **Resort Séptimo Paraíso**
Straße nach Mindo, 2 km nach Verlassen der Hauptstraße („Y") rechts, www.septimoparaiso.com, Tel. 099-3684417, gediegenes, alpin anmutendes Hotel in einem satten grünen Tal, DZ 61 US$.

■ **Bellavista Cloud Forest**
Büro in Quito: Jorge Washington E7-25 y 6 de Diciembre, Tel. 2903165, 099-9490891, in Bellavista: Tel. 2116232, www.bellavistacloudforest.com, EZ 83 $ mit Vollpension, DZ 142 $ mit Vollpension, biologische Station 10 $ p.P. Sie bieten Mehrtagestouren mit Transport von Quito an. Empfehlenswert, da die Region mit öffentlichen Bussen schwer zu erreichen ist.

■ **Hostal Cecilia**
Tel. 2170243, 099-3345393, von einer Leserin als „Holzhaus inmitten herrlicher Vegetation" empfohlen, sehr einfach und sehr schön. Preise p.P. im Schlafsaal 7 $, Zimmer mit BC 8 $, mit BP 10 $.

Nanegalito   V, C1

Nahe dem Dorf Nanegalito, bei Miraflores, liegt eine weitere **Canopy-Strecke:** Über sechs Stahlseile und insgesamt 2150 Meter geht es mit einem Führer an der Stahlrolle durch Wälder und über Täler.

■ **Kontakt:** Tucanopy, Via Calacalí – La Independencia, km 63,1, Tel. 098-4798986, 099-5311625, tucanopy@yahoo.com.mx.

Mitad del Mundo   V, C1

Etwa eine Fahrstunde nördlich von Quito (22 km) liegt inmitten eines trockenen Tales das berühmte **Äquatordenkmal** „Mitte der Welt". Nahe der Gemeinde **San Antonio de Pichincha** entstand damit ein künstlicher Touristenmagnet von internationalem Rang. Zu sehen gibt es eine Menge, aber wenig Berauschendes (Eintritt zur Anlage 2 $).

Das Denkmal selbst beherbergt unter der krönenden Weltkugel einen Fahrstuhl zu einer Aussichtsplattform (Eintritt 1 $).

Von der Plattform geht man die mehreren Stockwerke eines ethnologischen Museums mit Figuren und Relikten indianischer Kulturen herab. Unten an dem obeliskartigen Gebäude stößt man wieder auf den Platz mit der Linie, die etwa 240 Meter neben dem Äquator liegt – man hatte sich leider etwas vermessen. Im benachbarten Solar-Museum verläuft die tatsächliche Nullgrad-Linie (s.u.) – aber auch nicht genau dort, wo die Linie gezeichnet ist …

Um das Denkmal herum hat sich ein rein **touristisches Dorf** etabliert: Restaurants, Souvenirläden, ein Postamt mit Äquatorstempel, Telefon, Toiletten und Platz für gelegentliche folkloristische Einlagen.

Ferner entdecken Sie auf dem Gelände eine **Skulpturenreihe** wichtiger

Geografen aus dem 18. Jh., die Ecuador erforschten, ein Planetarium und ein beleuchtetes Modell der Stadt Quito (Eintritt 1 $).

Außerhalb des Dorfes, hinter dem großen Parkplatz und nahe des vorgelagerten Kreisverkehrs, finden Sie eine Reihe von ecuadorianischen **Restaurants** in allen Klassen zwischen hübschen Landgasthöfen und einfachen Straßenständen.

Mitad del Mundo ist ein guter Ort, um auch wochentags Meerschweinchen zu essen. Tipp: **Restaurante Cochabamba,** Av. Manuel Córdova Galarza y Av. Equinoccial, Tel. 02-2394128, www.restaurantcochabamba.com. Weitere Restaurants liegen an der angrenzenden Dorfstraße nach San Antonio.

■**Unterkunft** in der **Hostería Alemana** an der Av. Manuel Cordova Galarza, km 12½, Tel. 2394243, www.hosterialemana.com. DZ 30 $ mit (spätem) Frühstück. *Gerd,* der Wirt, ist deutschstämmig, lebt seit dreißig Jahren in Ecuador und hat 20 DZ mit BP, einen schönen tropischen Garten, Pool, Sauna und Dampfbad für seine Gäste zu bieten.

Wesentlich interessanter, weil lehrreicher, hautnah und hervorragend geführt, ist das **Museo del Sitio Inti Ñan,** das eine private anthropologische Stiftung neben dem „offiziellen" Äquatordenkmal errichtet hat. Dieses wunderschöne **Solar-Museum** beherbergt Exponate indianischer Kulturen und traditioneller Lebensweise, darunter ein originales Haus einer Bauernfamilie aus dem 19. Jahrhundert. Zu bewundern sind Heilpflanzen, Lamas und zudem Geräte mit geografischen Messtechniken der indianischen Ureinwohner. Während der Führung wird auch der verblüf-

fende Beleg für die **genaue Position der Äquatorlinie** suggeriert.

Am 21. März und am 23. September ist exakt hier die Tag- und Nachtgleiche und damit mittags der senkrechte Sonneneinfall zu beobachten. Das offizielle Denkmal liegt nicht auf der Linie, weil man sich da an den leicht fehlerhaften magnetischen Messungen der französischen Wissenschaftsexpedition aus dem 18. Jh. orientiert hatte. Die Indianer wussten es genauer, was aber auch nicht verwundert. Der Eingang zum Museum liegt 200 m vom Kreisverkehr Richtung Calacalí entfernt, Tel. 2395122, 099-7309 508, museo_intinan@hotmail.com, tgl. 9.30–17 Uhr, Eintritt mit Führung 4 $ – verspielt, aber empfehlenswert!

Am Kreisverkehr und an der Zufahrt zu San Antonio lässt sich relativ einfach ein Taxi oder eine Camioneta mieten, die einen weiter zum Pululahua-Krater bringt. Das Solar-Museum und der Krater bieten sich in Kombination für eine Tagestour ab Quito an.

Cochasquí   V, D1

Die **Ausgrabungsstätte** (ca. 40 km) **aus der Prä-Inkazeit** mit 15 überwachsenen Pyramiden und über 20 Grabhügeln gibt noch immer viele Rätsel auf. Sicher war es eine Zeremonienstätte, die zudem in direktem geografischen Bezug zu der antiken Äquatormauer auf dem Hügel Catequilla steht. Ein kleines Museum und eine liebevolle Führung bei sensationeller Fernsicht lassen einen eintauchen in die Welt der Quitu-Cara. Eintritt: 3 $, tgl. bis 16 Uhr geöffnet. Anreise über eine staubige Piste, zu empfehlen per Taxi oder Camioneta, z.B. ab Tabacundo.

Pululahua

V, C1

Der Krater des Vulkans Pululahua (ca. 40 km) kann von der Südwest- und von der Südostseite her betreten werden, wobei der steilere Südost-Pfad besser geeignet ist, die Bandbreite der Vegetation und Vogelwelt zu studieren.

Auf der Straße nach Calacalí zweigt ca. 3 km oberhalb des Denkmals Mitad del Mundo rechter Hand ein asphaltierter Weg ab, der nach 1 km direkt am Kraterrand endet. Von hier führt links ein kleiner Saumpfad hinunter zum Kraterboden. Eine andere Möglichkeit bietet die Weiterfahrt Richtung Calicalí bis man nach weiteren 2,5 km rechts auf eine Piste stößt, die erst zum Kraterrand (2,5 km) und dann hinunter zum Kraterboden (6 km) führt.

Die Anfahrt mit der Camioneta kostet etwa 5 $ ab Parkplatz „Mitad del Mundo"; für den Parkeintritt werden noch einmal 5 $ verlangt.

Das **Naturschutzgebiet Reserva Geobotánica Pululahua** in der Provinz Pichincha umfasst ein 3300 ha großes Gebiet. Es liegt in der nördlichen Sierra auf einer Höhe zwischen 1800 und 3356 m. Das Klima ist teils immerfeucht, teils halbtrocken. Die jährliche Niederschlagsmenge liegt zwischen 500 und 3000 mm.

⌃ Lamas in der Ausgrabungsstätte von Cochasquí

ecu125 peko

Río Guayllabamba mündet. Das Wasser in der Umgebung wird als Trinkwasser genutzt.

Neben der erhaltenen Primärvegetation, die den Botaniker begeistert, ist das Naturschutzgebiet ein Paradies für Vogelliebhaber.

■**Tipp: The Green Horse Ranch** der Deutschen *Astrid Müller* ist der nächstgelegene **Reiterhof** bei Quito. Astrid hat sehr gut gepflegte Pferde und mit dem Krater Pululahua und seiner Umgebung zudem ein exzellentes Revier für Exkursionen hoch zu Ross. Ein Ganztagesausflug kostet 75 $. Die Ranch liegt am Kraterrand, bei Bedarf werden auch Unterkünfte vermittelt. Reservierungen über: *Astrid Müller*, Casilla 17-12-602, Quito, Tel. 098-6125433, www.horseranch.de, ranch@accessinter.net.

■**Hostal Pululahua**
Tel. 099-9466636, www.pululahulahostal.com, EZ 20–40 $, DZ 30–50 $. Wunderschön im Krater gelegen, traumhaft, im Jacuzzi zu liegen wenn die Wolken über den Krater ziehen. Pferdetouren, Birdwatching, Mountainbiking und Bergwanderungen werden angeboten. Restaurant und Campingplatz.

■**Restaurante El Crater,** an dem oben genannten asphaltierten Weg Richtung Kraterrand gelegen, Tel. 2398132, www.elcrater.com; schönes Restaurant mit **Hotel** direkt am Krater, DZ 85 $; ecuadorianische, allerdings etwas überteuerte Küche, evtl. besser geeignet als geruhsamer Aussichtsort für einen Kaffee oder eine heiße Schokolade.

Aldea Salamandra   IV, A1

Das 300 Hektar große **private Naturschutzreservat** liegt **bei Puerto Quito,** etwa 140 km nordwestlich von Quito (4 Busstunden). Man wohnt in Bambushütten und Baumhäusern und genießt den Regenwald westlich der Kordilleren, geführte Touren durch Wälder und zu

Größte Attraktion des Naturschutzgebietes ist zweifelsohne die **Caldera des erloschenen Vulkans Pululahua,** die mit 4 km Durchmesser als die größte Festland-Ecuadors gilt. Aus dem flachen Boden erheben sich zwei Parasitärkrater, der **Loma Pondoña** (2975 m) und der **Loma el Chico.** An dessen Flanken und an den steilen Wänden des Kraterinneren hat sich eine Vegetation entwickelt, die unter Naturschutz steht. Der **fruchtbare Kraterboden** liegt auf einer Höhe von 2300 Metern und wird landwirtschaftlich genutzt. Die Region um den Krater Pululahua besteht aus kleinen Gebirgszügen mit bewegtem Relief, das Flusssysteme hervorgebracht hat wie den Río Blanco, der in der Cordillera el Bucal in nördliche Richtung fließt und in den

Wasserfällen. Allerdings fallen die Leserzuschriften sehr unterschiedlich aus, zuletzt eher negativ.

Ein **Tagesprogramm** mit Unterkunft, Vollverpflegung und 3- bis 4-stündiger Exkursion kostet 24 $ p.P. (Anmeldung: Tel. 09-5279608). Busse ab dem Terminal Ofelia, z.B. *Cooperativa Kennedy,* bis 2 km vor Puerto Quito. Der Fahrer hält auf Wunsch an der „Aldea Salamandra", von da sind es 10 Minuten zu Fuß in den Weg links hinein.

Reserva Los Cedros

Das 6400 Hektar große **Bergwaldreservat** liegt 70 km nördlich von Quito in Höhen **zwischen 1000 und 2800 Metern.** Der ausgewiesene Schutzwald liegt in einer Pufferzone zu dem großen Reservat Cotacachi-Cayapas (vgl. Ausflüge von Otavalo).

Anreise per Bus der *Coop. Transminas,* Abfahrt zweimal täglich in der Calle José Antepara y Cevallos, nahe der Kir-

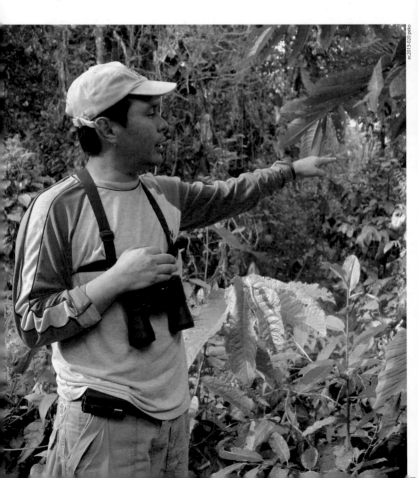

ec2013-020 peko

che von San Blas/östliche Altstadt. Kosten: 25 $ (Studenten 15 $) für Übernachtung, Vollverpflegung und Vor-Ort-Transport.

Unterkunft auch im **Hostal Doña Aurora** im Dorf Sanguangal, von dort aus wartet aber noch ein 5- bis 8-stündiger Marsch ins Reservat.

■Vor dem Besuch ist **Kontakt** aufzunehmen mit der Organisation, und zwar über *José*: jose@reservaloscedros.org, Tel. 2865176 und 099-27788878; www.reservaloscedros.org.

Reserva Biológica Maquipucuna   V, C1

Über San Antonio bzw. das Denkmal Mitad del Mundo geht es bis nach Calicalí (7,5 km) und weiter nach Nanegalito (31 km). Auf einer unbefestigten Straße in Richtung Nanegal erreicht man nach 12 km den Ort **Las Delicias.** Am Departamento Forestal (kleiner Shop) biegt rechts ein Fußweg (1 Std.) zum Parkeingang ab (insgesamt ca. 73 km).

Von Quito ist eine **Anfahrt mit dem Bus** in Richtung Mindo möglich (mit dem Bus nach Nanegalito und weiter bis nach Nanegal/Las Delicias): Fahrzeit 2½–3 Std.

Das Naturschutzgebiet liegt an der Flanke der Westkordillere ca. 30 km nordwestlich der Hauptstadt und umfasst eine 3000 ha große Region am Río Guayllabamba. Beinahe **80 %** des Gebietes besteht aus **Primärvegetation,** der Rest ist Sekundärwald.

Das beeindruckende Nebelwaldgebiet liegt in Höhen zwischen 1300 und 2800 m und wird von der **Fundación Maquipucuna** in Quito verwaltet (Calle Baquerizo E9-153 y Tamayo, Eintritt: 5,60 $, Tel. 2507200 und 2507202, www.maqui.org).

Das Naturschutzgebiet wird von Pflanzen- und Vogelliebhabern geschätzt. Über **2000 Pflanzenarten** und mehr als **250 Vogelarten** wurden in Maquipucuna gezählt.

Eine kleine Forschungsstation wurde eingerichtet mit dem Hauptziel, den noch intakten tropischen Bergwald zu untersuchen. Die Station ist mit Betten, Küche und Bad ausgestattet, sodass interessierten Biologen, die sich selbst verpflegen, gute Voraussetzungen für ihre Arbeit gegeben sind. Einmalige Übernachtungen kosten 10 $ (Studenten mit internationalem Ausweis kommen in den Genuss einer Ermäßigung); Zeltplatz vorhanden.

Daneben laufen Programme für Kinder und Erwachsene, die mögliche Schutzmaßnahmen aufzeigen und sich gegen eine unkontrollierte Nutzung des tropischen Bergwaldes wenden.

◁ Naturführer im Nebelwald

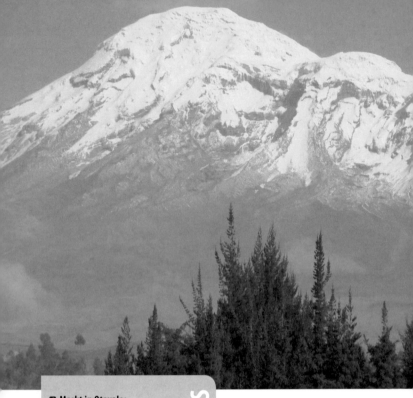

HIGHLIGHTS

Die **Highlights** erkennt man im Buch an der gelben Hinterlegung im Kapitel.

⌃ Der Chimborazo, 6310 m hoch, überragt die Anden Ecuadors

IM HOCHLAND: ROUTE A 1

Die Route 1 geht von Quito nach Norden in die Sierra-Provinzen Pichincha, Imbabura und Carchi. Die Route führt von der Hauptstadt auf der Panamericana ins nördliche Andenhochland; **Streckenverlauf: Quito – Cayambe – Otavalo – Ibarra – Tulcán.** Auf der ehemaligen Inkastraße geht es über **250 km** bis zur kolumbianischen Grenze.

Das Hochland – Überblick

Die **„Straße der Vulkane"** nannte *Alexander von Humboldt* das Stück der Panamericana, das von Tulcán im Norden bis hinunter nach Cuenca im Süden reicht. Die Straße passiert die lange Reihe von Tälern und Ebenen der Anden, eingerahmt von den Hauptketten der West- und Ostkordillere mit ihren imposanten, schneebedeckten Vulkanen. Unterhalb der Schneegrenze sind die Vulkanflanken schachbrettartig von leuchtend grünen Parzellen und gelb schimmernden Maisfeldern der Bauern überzogen, immer wieder unterbrochen von den matt glänzenden Gewächshäusern der Blumenproduzenten.

Durch **Querriegel**, sog. *nudos* (Knoten), wird das innerandine Tal in acht verschiedene **Becken** *(hoyas)* geteilt, die jeweils nach ihrer größten Stadt benannt sind. Durch diese Becken führen die Routen des Hochlands hinein ins Leben der Dörfer und Städte der Sierra, deren Hauptplätze mit Araukarien und Palmen bestanden sind und an Markttagen von den Campesinos aufgesucht werden.

Die Straßen säumen Agaven, an den Flüssen sind Frauen mit Wäsche beschäftigt, an Berghängen, etwas abseits der Hauptverkehrsadern, stehen Zypressen und Eukalyptushaine und alte Haziendas. Viele einfache Bauernhäuser sind auch heute noch aus getrockneten Lehmziegeln gebaut, einzelne in den Zentralanden haben noch grasbedeckte Dächer. Südlich von Cuenca führt die Panamericana in einen noch weitgehend unberührten Teil Ecuadors, wo die Zeit stehen geblieben zu sein scheint.

Die **Route 1** geht von Quito nach Norden in die Sierra-Provinzen Pichincha, Imbabura und Carchi. Die **Routen 2 und 3** starten von Quito in den Süden zu den zentralen Sierraprovinzen Cotopaxi, Tungurahua und Chimborazo. Die letzte **Route 4** erschließt den äußersten Süden der Sierra von Cuenca und führt in die Provinzen Azuay und Loja. Alle Reiserouten können beliebig unterbrochen werden. Abstecher zu nahe gelegenen Ortschaften sind häufig als Tagesausflug möglich.

Route A 1 – Überblick

Die **„Ruta de los Lagos",** wie die Panamericana auf diesem Streckenabschnitt genannt wird, windet sich zwischen der West- und Ostkordillere hindurch, verengt sich stellenweise zu schmalen Passagen, links und rechts umgeben von tiefen Tälern. Flüsse stürzen sich in Wasserfällen die tiefen Schluchten hinab, große Seenlandschaften breiten sich aus, und die Gipfel der schneebedeckten Vulkane verschwinden im Wolkenmeer. Abenteuerlich ist die Fahrt im Überlandbus. Landwirtschaftlich dominieren auf der Strecke **Kartoffel-, Avocado- und Alfalfa-Kulturen,** die großflächig die Berghänge überziehen. An kleinen Verkaufsständen wird entlang der Panamericana die grüne Chirimoya-Frucht angeboten.

Die **Fahrt nach Norden** ermöglicht den Besuch des berühmten Samstagsmarktes in Otavalo und der ruhigen und charmanten Kolonialstadt Ibarra. Abstecher in die umliegenden Seen- und Vulkanlandschaften, die von den Einheimischen als Erholungsgebiete aufgesucht werden, bieten Gelegenheit für abwechslungsreiche Páramo-Wanderungen und Bergbesteigungen.

Verlässt man die Hauptstadt auf der Panamericana Norte, erreicht man nach 10 km das kleine Sierradorf Calderón.

Calderón   V, C2

Das Dorf an sich ist nicht schön. Die Ortschaft ist bekannt für ihre **„Brotbabys"** *(guaguas de pan).* Diese Brotfiguren, die für den Touristen bunt angemalt und in vielen Geschäften entlang der Hauptstraße zum Verkauf angeboten werden, werden den Verstorbenen zu Ehren von den Indios der Ortschaft jedes Jahr am 2. November zum Día de los Difuntos (Allerseelen) auf dem Dorffriedhof geopfert. Früher noch eine ernste Zeremonie, ist der Tag heute für die Herren der Schöpfung eher ein willkommener Anlass für eine Zuckerrohr-schnaps-Feier. Nur ausnahmsweise dürf-te der Besucher, der an den Feierlichkei-ten dieser Totenverehrung teilnimmt, das Wehklagen der Trauernden hören oder gar die Seelen rettenden Worte des *rezador* (Prediger) vorgebetet bekom-men. Vielleicht hat der Besucher das Glück, die sonst oft westlich gekleideten Indígenas an diesem Tag in ihrer tradi-tionellen Tracht zu sehen.

Von Quito fahren **Otavalo-Überland-busse** vom Busbahnhof Carcelén auch durch Calderón. Da es **keinerlei Über-nachtungsmöglichkeiten** in Calderón gibt, muss man nach einem Besuch ent-weder die Rückfahrt nach Quito oder die Weiterfahrt Richtung Otavalo antreten.

Hinter Calderón durchquert die Panamericana eine tiefe Schlucht, und alsbald geht es hinein in das Trockental des Río Guayllabamba. Die Vegetation ist vergleichsweise karg, denn heftige Aufwärtswinde verhindern die Bildung von Wolken, die über dem Tal abregnen könnten. Aus dem Tal des Río Guayllabamba herausfahrend, passiert die Wegstrecke das gleichnamige Dorf **Guayllabamba,** in dem an der Hauptstraße süße Früchte der Umgebung angeboten werden. Der Ort beherbergt den interessanten **Zoo von Quito,** geöffnet: 9–17 Uhr, www.quitozoo.org.

Kurz hinter Guayllabamba teilt sich die Straße, und die Panamericana knickt nach rechts ab. Rechts der Fahrstrecke taucht nun das Massiv des erloschenen Vulkans Cayambe (5790 m) auf, und bei guter Sicht begleitet Sie die ganze Herrlichkeit dieses Berges bis in den Ort Cayambe. Zuvor kommen Sie – kurz hinter dem Dorf **Otón,** nach etwa 23 km – noch an der Stelle vorbei, an der die Straße wiederholt den Äquator überquert, unübersehbar durch den riesigen Zeiger einer Sonnenuhr.

Sonnenuhr von Quitsato   V, D1

Vom Instituto Geográfico Militar mit neuester GPS-Technologie vermessen, liegt die **monumentale Sonnenuhr** „Quitsa To" südwestlich von Cayambe genau auf der Äquatorlinie. Die Schatten des Sonnenzeigers fallen auf ein weites Steinfeld mit den Markierungen für je-weilige Sonnenstände an den bedeutenden Tagen der **antiken Solarkultur der Anden:** die Sonnenwende am 21. Juni und am 21. Dezember sowie die Tagundnachtgleiche am 31. März und am 23. September. Zu diesen Tagen führt das Projekt „Quitsato – Mitte der Welt" Sonderveranstaltungen an der Sonnenuhr durch. Ganzjährig wird das Projekt vor Ort betreut, und Besuchern wird die Solarkultur der präinkaischen Bewohner dieser Andenregion erklärt. Der Eintritt zu der Anlage, deren Besuch in den nördlichen Anden nicht fehlen sollte, liegt bei 2 $. Adresse: Panamericana Norte, Via a Cayambe, Haltepunkt: Bola de Guachalá. Anfahrt mit dem Cayambe-Bus der Kooperative Flor del Valle in Quito vom Terminal Carcelén, tagsüber Verbindungen etwa alle 30 Minuten.

◼ **Kontakt: Proyecto Quitsato,** Tel. 099-99701133 (von *Cristóbal Cobo*), cristocobo@yahoo.com, www.quitsato.org, Eintritt 3 $.

Cayambe   V, D1

Die sympathische Kleinstadt Cayambe ist heute das **Handels- und Logistikzentrum** inmitten der zahllosen Rosenplantagen des Umlandes. Das einstige Viehzuchtzentrum der Region liegt am Fuße des gleichnamigen Vulkans auf 2511 m Höhe und hat 25.000 Einwohner. Sonntags findet der Markt statt, viele kleine Geschäfte bieten einen herzhaften Käse an. Man frage außerdem nach den *biscochos,* Biskuitplätzchen, die nur in dieser Region erhältlich sind.

Cayambe ist Ausgangspunkt für eine schöne Páramowanderung zur Schutzhütte des Vulkans Cayambe und für die Besteigung des dritthöchsten Berges in Ecuador.

Praktische Infos

■ **Tel. Vorwahl: 02**

Unterkunft

■ **Hostería Mitad del Mundo**
Natalia Jarrín S7-74 y Av. Córdova Galarza, Tel. 2360226, elsatanyanamo@hotmail.com, DZ mit BP 17 $, am Wochenende mit Schwimmbad, Sauna, Dampfbad (4 $).

■ **Hacienda La Alegría-Cayambe**
Alonso Torres N4302 y Beck Rollo, Ed. El Roble, Apart. 201, Quito, Tel. 2233213, 099-9802526, www.haciendalaalegria.com, 2 Tage/1 Nacht mit Reitprogramm 360 $ p.P. Der Gutshof ist das Zuhause der *Familie Espinosa*, die seit Generationen Pferde züchtet. Die Hacienda ist voll von schönen antiken Pferdesport-Utensilien.

■ **Hacienda Guachala**
Hotel und Restaurant außerhalb des Ortes mit Blick auf den Vulkan. Adresse: Panamericana Norte km 45, Zufahrt über die Straße nach Cangahua (2 km). Tel. 096-911019, www.guachala.com. Ecuadors älteste Hazienda von 1580, enge Kooperation mit dem Proyecto Quitsato. Überdachter Pool im Blumengarten, gute Küche (Spezialität *Cuy*), Reitmöglichkeiten, Wäscheservice. EZ 59 $, DZ 67 $.

Essen und Trinken

■ **Restaurante Aroma Café**
Calle Bolívar OE0-64 y Ascázubi, Tel. 2361773, Menü ab 4 $, gepflegte Atmosphäre, Gartenterrasse, europäisch-ecuadorianische Küche, großes Tortenangebot, preiswert, durchgehend ab 7 Uhr morgens geöffnet, österreichische Besitzer, die in Landwirtschaftsprojekten mitgearbeitet haben.

■ **Shungu Huasi**
Camino a Granobles, km 1, aus dem Zentrum kommend linke Straßenseite, Tel. 2361847, EZ/DZ 12/23 $, www.shunguhuasi.com, Marcelo@shunguhuasi.com, solides italienisches Restaurant, vermieten auch Cabañas und Pferde für 17 $ pro Stunde.

■ **Restaurant Mi Compadrito**
Calle Vargas zwischen Rocafuerte und Ascazubi, Tel. 2360207, 099-4916935, „bestes Preis-Leistungsverhältnis am Ort" (Lesertipp).

Sonstiges

■ Häufige **Busverbindungen von Quito über Cayambe nach Otavalo** und umgekehrt. Abfahrt der Busse ab dem Terminal in Carcelén.

■ **Bergführer: Luis Gonzalo Aguirre,** Tel. 098-0062875, 2361132, estebanXD_@hotmail.com. Leserempfehlung!

■ **Fiesta de San Pedro:** Das große **Patronatsfest von St. Peter** (29.6.) und das **Sonnenfest** (21.6.) formen den Rahmen für **zwei Festwochen** mit Tanz, Spiel und Essen. Unter den lokalen Festen in Ecuador eines der spektakulärsten und schönsten mit Höhepunkt am St.-Peter-nahen Samstag.

Ausflüge

Die Schutzhütte Nevado Cayambe

Von Cayambe sind es etwa 25 km auf landwirtschaftlichen und Versorgungswegen bis zur bewirteten Schutzhütte Nevado Cayambe auf etwa 4800 Metern. Die wunderbare, technisch einfache, aber konditionell anstrengende **Wanderung** führt durch Felder und Páramo bis zur Schneegrenze.

Anfahrt: Der Weg hinauf zur Schutzhütte ist zwar auch mit Vierradantrieb problemlos zu bewältigen, doch reizvoller ist sicher eine **Hochlandwanderung.** Am südlichen Ortsausgang von Cayambe folgt man der Pflasterstraße nach Osten; wo diese endet, geht ein Weg weiter zur Hütte. Bei klarer Sicht weist der herrliche Gletscher des Cayambe das Ziel (mit leichtem Gepäck und durchschnittlicher Kondition mind. 12 Std. Gehzeit).

■ **Refugio Nevado Cayambe**
Tel. 098-9533189, 099-7510982 *(Fabian)*, 098-6489891 *(Segundo)*. Rustikale Doppelstockbetten, Küche zur Selbstverpflegung. Lebensmittel und ein warmer Schlafsack sind mitzubringen; die Räume sind ziemlich kalt. Übernachtungskosten 25 $.

Der Cayambe liegt im **Naturschutzgebiet Reserva Ecológica Cayambe-Coca (Nationalpark Cayambe-Coca).** Das Naturschutzgebiet hat eine Fläche von 403.103 ha, die sich über die Provinzen Imbabura, Pichincha, Sucumbios und Napo ausdehnt. Es umfasst also Teile des Andenhochlandes und des Oriente. Dementsprechend groß sind die Höhenunterschiede und die Bandbreite der Vegetation.

Topografisch lässt sich das Gebiet in zwei Zonen gliedern: in eine obere Zone *(zona alta)* mit Höhen zwischen 1600 und 5790 m und eine untere Zone *(zona baja)* mit Höhen zwischen 750 und 1600 m. Die Vegetation reicht von den Formationen des Páramo über die tropischen Berg- und Nebelwald bis zu den Tiefland-Regenwäldern Amazoniens.

Im Bereich des Páramo existieren über achtzig Lagunen, von denen sich die meisten um Papallacta und im Einzugsgebiet des Vulkangletschers Cayam-

be ausdehnen. Neben dem erloschenen Vulkan Cayambe liegen im Naturschutzgebiet die Vulkane Puntas (4452 m) und El Reventador (3500 m).

Die Thermalbäder von Oyacachi

Abgelegen, einfach, preiswert und dennoch voller Charme an einem Gebirgsbach liegen die **Termas de Oyacachi** in einer Gemeinde gut eine Stunde von Cayambe entfernt. In dem kleinen Dorf gibt es recht einfache Unterkünfte und Verpflegung sowie Campingmöglichkeiten an den Bädern. Eintritt 2 $.

Anfahrt: Südlich von Cayambe die Hauptstraße nach Quito verlassen Richtung Süden: Hacienda Guachalá – Cangahua – Oyacachi.

***

Weiter in Richtung Otavalo steigt die Panamericana leicht an, bis man die Grenze zwischen den Provinzen Pichincha und Imbabura passiert. Nun bestimmen die Vulkane Cotacachi (4939 m) im Westen und Imbabura (4621 m) im Osten das Landschaftsbild. Am Fuß des Imbabura wird schließlich nach 34 km die Lagune San Pablo sichtbar, wo viele Otavalo-Indianer leben.

▷ Sisal-Weber im Kanton Otavalo

Otavalo   II,B3

Der Ort liegt etwa 95 km nördlich von Quito in einer Höhe von 2530 m und hat 22.000 Einwohner. Berühmt ist der wöchentliche **Samstagsmarkt,** der scharenweise Touristen anlockt. Früher wurde tatsächlich nur samstags ein Markt für Kunsthandwerk abgehalten, inzwischen findet er auf der Plaza del Poncho täglich statt. Aufgrund des starken Touristenandrangs hat der Samstagsmarkt seinen traditionellen Charakter eingebüßt. Trotzdem hat der **größte Kunsthandwerksmarkt Ecuadors** noch seine Reize, etwa die Farbenpracht der Otavaleños und Salasacas in ihrer traditionellen Kleidung. Die Auswahl an Webarbeiten ist immer noch riesig. Auf den Markt bzw. die Webkunst einstimmen kann man sich im **Museo Obraje** (Sucre y Piedrahita; gute Führung für 2 $).

Instituto Otavaleño de Antropología

Das Institut in der Universität von Otavalo (nördlich vom Zentrum an der Panamericana) beherbergt ein anthropologisches **Museum der Otavalo-Kultur.** Hier wird an einem Webstuhl die Webtechnik der Otavaleños vorgeführt. Angegliedert sind eine kleine Bibliothek und eine Buchhandlung.

    Geöffnet: Di bis Sa 8–12 und 14–18 Uhr, Eintritt frei.

Praktische Infos

■ **Tel. Vorwahl: 06**

Informationen/Infrastruktur

■ In der Calle Bolivar 3-38 y Calderón, nahe dem Parque Bolívar, ist neben dem Iberia-Reisebüro eine **Informationsstelle.**

ecu009 peko

Otavalo

0 ▬▬ 200 m © REISE KNOW-HOW 2013

■ Essen und Trinken
6 Red Pub, Fauno
7 Shenandoah Pie Shop
8 Buena Vista
11 Ali Micuy
12 Cafeteria el Salinerito
13 Oraibi
14 Kulturzentrum S.I.S.A.

■ Einkaufen
19 The Book Market

Instituto Otavaleño de Antropología ★

Ibarra (25 km)

1 Ibarra, Peguche

Collahuazo

B Terminal Terreshe Bus

Ordoñez

Quito

9
10

Quiroga

Plaza del Poncho

★ Samstagsmarkt

Salinas

7 **8** ✉ **11**
6

Morales

Taxi Lagos

3

12 ✕

Colón

4   **5**

13
14

15

Plaza Copacabana

Calderón

Ricaute
31 de Octubre
Egas

Tiermarkt

Cotacachi

16

Montalvo

B ✕

Bahnhof

♪

ℹ

S
Banco Pichincha

17
18

Markt

Jaramillo

ℹ Parque Bolívar

G. Moreno

19

Piedrahita

20

Olmedo

Mejía

Roca

Sucre

Rocafuerte

Bolívar

Atahualpa

Estévez Mora

🚻

21
Laguno de Mojanda (15 km)

Panamericana

Quito (90 km), Laguna San Pablo

■ Übernachtung
1 Hostal Aya Huma
2 Hostal Ancona
3 Residencial Rocío
4 Hostal El Geranio
5 María

9 Rincón del Viajero
10 Valle del Amanecer
15 El Indio Inn
16 Doña Esther
17 Otavalo
18 Riviera Sucre

20 Familienunterkunft Alvarado Galindo
21 Hostal La Luna

■ Essen und Trinken
16 Pizzeria de Roma

■ Die **Post** befindet sich in der Calle 9 de Octubre zw. Salinas und Sucre, geöffnet 8.30–16.30 Uhr. Ansonsten kann man die Telefonkabinen von *Porta* nutzen.

■ Die Zentrale der **ANDINATEL-Telefongesell-schaft** ist in der Calle Calderón y Sucre.

■ **Geldwechsel:** *Banco del Pichincha,* Calle Bolívar y Montalvo, Mo bis Fr 9–18 Uhr, Sa 9–12 Uhr; *Banco del Pacífico,* Calle Jaramillo y Montalvo; *Banco de Guayaquil,* Calle Calderón y Bolívar.

■ **Vor allem am Wochenende sind viele Hotels überfüllt,** und die Preise liegen mitunter höher als unter der Woche.

■ Da Otavalo zu den touristischen Highlights Ecuadors zählt, hat leider auch der **Taschendiebstahl** zugenommen.

■ Ein **Schwimmbad mit Sauna** gibt es in der Calle Morales, Südende, nahe der Mariengrotte.

Unterkunft

Einfache Unterkünfte
■ **Hostal Rincón del Viajero**
Calle Roca 11-07 zwischen Quiroga und Quito, Tel. 2921741, rincondelviajero@hotmail.com, Zimmer mit BC 13 $ p.P., mit BP 17 $ p.P.; Lesertipp: „Familienbetrieb, sehr sauber, warmes Wasser 24 Std., gutes Frühstück, Wäscheservice, Kabel-TV, Kaminzimmer und Dachterrasse mit tollem Bergblick."

■ **Residencial Rocío**
Morales 11-70 y Egas, Tel. 2920584, DZ mit BP 5 $ p.P., EZ mit BP 5 $, gutes Frühstück, 4 Min. vom Hotel entfernt liegen die Cabañas de Rocío, DZ mit BP, TV und Frühstück 12 $ p.P.

■ **Hotel Flores**
Calle Sucre 1009 y Colón, Tel. 098-7239204, EZ/DZ 17/26 $ mit BP und TV, Frühstück 2,50 $, Cafeteria. Modern, gepflegt, fairer Preis.

■ **Residencial Riviera Sucre**
Calle García Moreno 380 y Roca, Tel. 2920241 und 2925682, EZ/DZ mit BC 10/18 $, mit BP 16/28 $, Frühstück 3 $; mehrsprachiger Besitzer, Küchenbe-

nutzung, von Lesern sehr empfohlen; organisiert auch Bergtouren und Reitausflüge.

■ **Valle del Amanecer**
Roca y Quiroga, Tel. 2920990, rubenbuitron@yahoo.com, EZ/DZ mit BP und Frühstück 17/34 $, sauber, kleines, gutes Restaurant, preiswert, tolle Atmosphäre, Verleih von Mountainbikes und Enduros.

■ **Hostal El Geranio**
Calle Ricaurte zw. Colón und Morales, Tel. 2920185, hgeranio@hotmail.com, EZ 6–10 $, DZ 16 $, Frühstück 2,50 $. Familiär, hilfsbereit, vermittelt Spanischunterricht, mit Gepäckaufbewahrung.

■ **Hostal María**
Jaramillo y Colón, Tel. 2920672, EZ 8 $, DZ 16 $, schön und sauber.

■ **Hostal Chasqui**
Piedrahita 141 y Guayaquil, Tel. 2923199, sehr guter Service, Gepäckaufbewahrung, Dachterrasse mit tollem Blick, 10 $ p.P.

Familienunterkunft
■ Familie **Marisol und Germán Alvarado Galindo,** Calle Olmedo 421 y Roca, Tel. 2924678, familiaalvarado_galindo@yahoo.com, Leserempfehlung: „sehr freundliche, hilfsbereite Familie, super feines Essen". Übernachtung mit Vollpension und Wäscheservice 20 $! Auch Vermittlung von Volontären für die Kinderbehindertenstiftung *Unión y Solidaridad.*

Mittelklasse-Hotels
■ **Hostal Doña Esther**
J. Montalvo 4-44, Tel. 2920739, 2925381, www.otavalohotel.com, hostalesther@yahoo.com, wunderschöne Zimmer, sehr freundlich, Innenhof im Kolonialstil, EZ/DZ 31/44 $ mit BP, Frühstück 5 $, mit im Haus ist die **Pizzeria de Roma** – empfehlenswert!

■ **Hotel El Indio Inn**
Bolívar 904 y Abdón Calderón, Tel. 2922922, Fax 2920325, www.hotelelindioinn.com, EZ/DZ mit BP, TV und Telefon 36/53 $, sauber und freundlich.

■ **Hotel Otavalo**
(Nicht zu verwechseln mit dem maroden Hostal Otavalo!) Roca 504 y Montalvo, Tel. 2923712, Fax

2920416, www.hotelotavalo.com.ec, EZ/DZ mit BP, TV 22/44 $ mit Frühstück, schöner Innenhof, Parkplatz, Bar, Café und Restaurant.

■ La Posada del Quinde

Quito y Miguel Egas, Tel. 2920750, 099-4887575, www.posadaquinde.com, EZ/DZ 49/74 $ und Frühstück, mit TV; vegetarisches Essen, schöner Garten.

■ Aya Huma

Calle Chasqui y Coraza, im alten Bahnhof von Peguche, Tel. 2690333, www.ayahuma.com, 5 km außerhalb, guter Ausgangspunkt für Touren in die Umgebung wie zum Beispiel zu den Wasserfällen. Guter Treffpunkt, freundlicher Service, die Inhaberin ist Niederländerin, EZ/DZ 16/25 $, Frühstück 4 $.

■ Hotel Las Palmeras Inn

3 km westlich von Otavalo gelegen, Tel. 2922607, www.laspalmerasinn.com, 74 $ p.P. mit Frühstück, sehr schönes Landhaus mit Kamin und Palmen, abgelegen, ruhig und sehr freundlich.

■ Hostal Ancona

Calle Salinas 07-57, zwischen 31 de Octubre y Ricante, Tel. 2926570, www.hotelancona.com, EZ/DZ mit BC 19/25 $, mit BP 26/41 $, Suite 77 $ inkl. Frühstück, 2 Suiten mit schöner Aussicht, Cafeteria. Empfehlenswert!

Haciendas im Umland

■ Hacienda Cusín

San Pablo del Lago, 10 km südöstlich von Otavalo, von Quito auf der Panamericana kommend geht es am südöstlichen Ende der Lagune rechts ab auf eine asphaltierte Straße, der Rest ist ausgeschildert, Tel. 2918013, Fax 2918003, www.haciendacusin.com, EZ/DZ 116/147 $, **ältestes Landgasthaus Ecuadors** (1602 erbaut), großzügige Zimmer, z.T. mit Kaminfeuer, Pferdeverleih.

■ Hacienda Pinsaqui

5 km nördl. von Otavalo, Tel. 2946116, 099-727652, www.haciendapinsaqui.com, EZ/DZ 112/144 $, Pferdetouren und Fahradverleih.

■ Hacienda San Pedro

Von Otavalo Richtung Selva Alegre km 19, Tel. 099-7097852, 099-1894133, www.haciendasanpedro.

com, EZ 37–61 $, DZ 51–92 $, Frühstück 5–8 $, schweizerische Leitung, Pferdetouren und Wanderungen werden angeboten, Restaurant.

Essen und Trinken

■ Oraibi

Sucre 1012 y Colón, Tel. 2921221, eplatter@hotmail.com, Mi bis Sa 8–20 Uhr; Café/Restaurant mit schönem Innenhof und stimmungsvoller Teestube.

■ Cafeteria el Salinerito

Calle Bolivar 10–17 zw. Colón und Morales, Tel. 2927086, Mo bis Sa 8–21.30 Uhr; sehr gute Pizzas, Sandwiches und Säfte, zudem üppiges Frühstück (2 $) und zahlreiche Bioprodukte der landwirtschaftlichen Bergkooperative von Salinas bei Guaranda.

■ Shenandoah Pie Shop

Calle Salinas 5-15, Tel. 2921465, leckerer Kuchen, verschiedene Sorten, auch „torta de maqueño", Mo bis Sa 8–19.30 Uhr.

■ Ali Micuy

Calle Bolívar y Salinas, Tel. 2926397, vegetarische und arabische Spezialitäten, Live-Musik von Indígenas.

■ Peña Bar Amauta

Morales 511 y Modesto Jaramillo, Tel. 2922435, gute und preiswerte Cocktails, am Wochenende Tanz.

■ Kulturzentrum S.I.S.A.

Av. Calderón 409 y Sucre, Tel. 2920154, schönes Restaurant mit guter Küche, etwas teurer, ab und an Live-Musik (Sala de Imagen, Sonido y Arte).

■ Restaurant Buena Vista

Ecke Plaza de Ponchos, 2. Stock, Salinas entre Sucre y Modesto Jaramillo, Tel. 2925166, www.buenavistaotavalo.com, ecuadorianische und internationale Küche.

Die Otavalo-Indianer

Die Otavaleños Ecuadors unterscheiden sich von den anderen indianischen Gruppen der Anden zunächst durch ihre äußere Erscheinung. Die klein gewachsenen Frauen halten ihr langes schwarzes Haar oft mit einem im Nacken zusammengebundenen schwarzen, blauen oder weißen Tuch aus Wolle bedeckt. Über einem weißen Flanellrock tragen sie einen schwarzen oder dunkelblauen, seitlich offenen Überrock, der bis an die Knöchel reicht. Die meist weiße Bluse ist mit Blumenmustern bestickt, und fast immer wird ein schwarzer oder dunkelblauer Flanellumhang über die Schultern geworfen. Um die Taille sind zwei gewebte Gürtel geschnallt, von denen einer breiter als der andere ist. Um den Hals tragen die Frauen Ketten aus roten und gelben Glasperlen, um die Handgelenke rote Korallenketten, die zu einem Armband angeordnet sind. Die Männer haben traditionell schulterlange Zöpfe und tragen blaue Ponchos und weiße Hosen.

Einige Otavaleños sind durch ihr Textilhandwerk, die Webkunst, zu den **reichsten Indígenas Lateinamerikas** geworden. In Otavalo sind sie Besitzer von Hotels, Apartments, Restaurants, Reisebüros usw.

Der Reichtum hat seine Geschichte: Die Inkas, die während ihrer Eroberungen andere Völker versklavten und ihnen die Quechua-Sprache aufzwangen, forderten außerdem Tribute von den unterdrückten Völkern. Im Otavalo-Tal waren das Textilien. Nach den Inkas waren es seit dem 16. Jahrhundert die Spanier, die sich die Fähigkeiten der Indígenas am mitgebrachten europäischen Webstuhl zu Nutze machten. Der Fleiß der „Indios" hatte geradezu erste Massenproduktionen zur Folge. Auch im 18. Jahrhundert, in der Zeit der Leibeigenschaft, waren die Otavaleños weiterhin als **Meisterweber** aktiv.

Mit der Agrarreform und der Abschaffung der Leibeigenschaft 1964 fiel schließlich die Entwicklung des Fremdenverkehrs in Ecuador zusammen, Faktoren, die die Familienbetriebe des indianischen Textilhandwerks florieren ließen. Wolldecken, Wandteppiche, Ponchos, Tücher, Blusen und vieles mehr sind heute beliebte artesanías, die sowohl von Touristen als auch von Einheimischen gekauft werden.

Die Geschäftstüchtigkeit der Otavaleños zeigt sich auch darin, dass sie inzwischen manche Ware billig bei den Salasacas erstehen, um sie für ein Mehrfaches an Touristen zu veräußern. Anders als die übrigen ethnischen Gruppen in Ecuador haben die Otavaleños weniger Berührungsängste mit **Touristen** und sind ihnen **gegenüber aufgeschlossen und freundlich.**

Es gibt heute kaum eine Stadt in Ecuador, in der nicht wenigstens ein kleiner Laden oder ein Verkaufsstand der Otavaleños zu finden sind. Zudem blüht das Geschäft in Übersee, und regelmäßig reisen Geschäftsleute der Otavaleños nach Europa und in die USA, um ihre Ware anzupreisen.

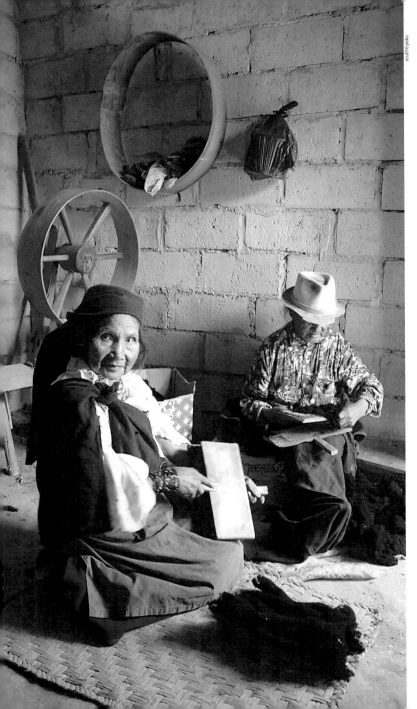

Nachtleben

■ **Red Pub**
Calle Juán de Diós Morales 5-07 y Jaramillo, Di bis
So 16–2 Uhr, Cocktails, Spiele, Darts, Wasserpfeifen
und WiFi. Am Wochenende Live-Musik. Tgl. 19–21
Uhr Happy Hour.

■ **Fauno**
Calle Juán de Diós Morales y Modesto Jaramillo, Di
bis So 17–3 Uhr, chillige Cocktailbar

■ **Boca Chica**
Calle Rocafuerte, junge Cocktail- und Sandwichbar,
Pizzas; auf drei Etagen (Lesertipp).

Taxis

■ Der **Taxistand** befindet sich an der Plaza Copacabana.

■ **Taxi Lagos,** Roca y Colón, Sammeltaxi von Haus
zu Haus nach Quito; unter Tel. 2923202 sollte man
einen Platz reservieren.

Überlandbusse

■ Der **Busbahnhof** liegt im Osten der Stadt in der
Avenida Atahualpa; Verbindungen nach **Quito**
(2½ Std.), **Agato, San Pablo del Lago** (10 Min.)
und **Cotacachi** (20 Min.).

■ Von der Av. Calderón starten Busse nach **Ibarra**
(40 Min.).

■ Von der Ecke Calderón y 31 de Octubre: **Otavalo
– Apuela** (2 Std.).

Von Quito nach Otavalo sind die Busgesellschaften
Transportes Los Lagos und **Transportes Otavalo** vorzuziehen, denn nur diese fahren ins Stadtzentrum. Alle anderen Gesellschaften lassen die Gäste
an der Panamericana aussteigen (noch 1 km ins
Zentrum) und fahren weiter nach Ibarra.

Reiseagenturen

■ **Caballos Turaven**
Calle Morales 511 y Calle Sucre; veranstaltet werden
vier verschiedene Exkursionen: Die fünfstündige
Tour zu den Mineralquellen Tangalí beginnt täglich
außer Sa morgens um 9 Uhr oder nachmittags um
13.30 Uhr. Bei einer Gruppe ab zwei Personen kostet der Ausritt 15 $ p.P. Für 20 $ gibt es eine halbtä-
gige Exkursion zum Cerro Blanco mit Blick auf das
Tal von Otavalo. An einem Tag kann man bis zur Laguna de Cuicocha reiten (Mo bis So, Beginn um
9 Uhr, 30 $). In zwei Tagen gelangt man bis zu dem
Andendorf San José de Minas, wo man beim Pres-
sen des Zuckerrohrs zuschauen kann (Beginn um
9 Uhr, 60 $ mind. zwei Personen).

■ **Ciclo Primaxi**
Calle Atahualpa y Moreno, nahe Bahnhof, empfohlener Mountainbike-Verleih.

■ **Zulaytour**
Sucre 1014 y Colón, Tel. 2922791, www.geocities.
com/zulaytour, zulaytour@hotmail.com; Touren zu
Seen und Dörfern in der Umgebung von Otavalo;
Fernwanderungen und Reittouren; empfehlens-
wert: „Indian Village-Touren" zu Handwerksdörfern;
Tagestour „Indianische Kultur" für 22 $ p.P.

■ **Intipungo**
Calle Sucre y Quito, Tel. 2921999 und 2921771, inti-
pungo.anitav@gglobal.com.ec.

■ **Runa Tupari**
Calle Sucre y Quiroga, Edificio El Sol, 3. Stock, Tel.
2922320, 099-7286756, www.runatupari.com; „na-
tive travel" zu indianischen Gemeinden im Umland
für 25–60 $ p.P., Intiraymi-Fest (2 Tage Programm)
für 107 $ p.P., erfahrener Veranstalter.

◁ Hausspinnerei bei Otavalo

Märkte/Einkaufen

Der **Markt an der Poncho Plaza** beginnt samstags um 6 Uhr, der Platz ist dann schon komplett mit bunter Ware überhäuft. Wandteppiche, Blusen, Lederwaren, Musikinstrumente und andere *artesanías* werden angeboten. Ab 11 Uhr (zu dieser Zeit treffen auch die Touristenbusse ein) füllt sich der Markt allmählich, sodass der, der in Ruhe begutachten und einkaufen möchte, früh auf den Beinen sein sollte. Eine Alternative ist der kleinere Markt an den anderen Wochentagen.

Beim Kauf von Kunsthandwerk müssen Sie handeln: Erstens entspricht es alter Tradition, und zweitens kann eine Ermäßigung herausspringen. Erwirbt man mehrere Kunstgegenstände, ist ein Preisnachlass von 20 % und mehr zu erzielen.

Nicht so bunt aber nicht weniger interessant sind die anderen Märkte, die vorwiegend von Einheimischen aufgesucht werden, so der **Markt an der Plaza 24 de Mayo** (Lebensmittel, „normale" Kleidungsstücke, Haushaltswaren) und der **Markt an der Plaza Copacabana** (Korbwaren in großer Auswahl). Etwas außerhalb der Stadt wird ein kleiner Tiermarkt abgehalten.

La Casa de Intag ist der bemerkenswerte Verkaufsladen der Landkooperative des Valle de Intag und der Umweltschutzorganisation *DECOIN (Defensa y Conservación Ecológica de Intag)*. Hier vermarktet die sympathische Kooperative ihre fair gehandelten Produkte direkt: Lebensmittel wie Kaffee, Honig und Rohrzucker sowie Kunsthandwerk aus Sisal und Taguanüssen. Angeschlossen ist ein Café. Vermittelt werden auch Exkursionen und Aufenthalte im Intag-Tal. Calle Colón 465 y Sucre (gegenüber Agentur Zulaytur), Tel. 2920608, 099-4929861, www.decoin.org, lacasadeintag@gmail.com.

Feste

■ **Fiesta de San Juan,** 24. bis 29. Juni
■ **Fiesta de San Luis Obispo,** 15. bis 22. Aug.

■ **Fiesta de Los Corazas y de Los Pendoneros**
19. August, an der Lagune San Pablo
■ **Fiesta del Yamor**
1. bis 18. Sept.; nicht nur die Otavaleños nehmen am Yamor-Fest teil, sondern die gesamte Provinz feiert fast drei Wochen lang mit Musik, Tanz, viel Alkohol, Prozessionen und Feuerwerk. Krönung des Festes ist die Wahl der Yamor-Königin.

Ausflüge

Laguna de San Pablo (5 km)　　II,B3

Der Ausflug ist eine etwa **vierstündige Wanderung** (als Alternative bietet sich an, in Otavalo ein Fahrrad zu mieten. Der flache See unter dem Bergpanorama des Imbabura wird gerade an Wochenenden von **Wassersportlern** in Anspruch genommen. Am Ostufer gegenüber der Panamericana gibt es einige Hosterías und Ausflugslokale.

■ **Hostería Cabañas de Lago**
Auf der Ostseite des Sees gelegen, Tel. 2918108, www.cabanasdellago.com, EZ oder DZ 86 $, Cabaña für 1–4 Personen 116 $ mit Sat-TV. Gutes Restaurant mit Seesicht, Minigolfplatz, Kreuzfahrt auf dem See, Tretboot- und Jetski-Verleih.
■ **Puerto Lago**
Auf der Westseite des Sees an der Panamericana, Tel. 2635400, 2635401, www.puertolago.com, EZ 74–92 $, DZ 98–110 $, WiFi, TV, Kamin, Billard, Restaurant, Seeblick, Wasserski-, Ruder- und Tretbootverleih, organisieren Reitausflüge.

Zur Laguna geht man in Otavalo zur östlich verlaufenden Bahnlinie und folgt dieser nordwärts. In Peguche liegt der alte Bahnhof von Otavalo, heute das schöne Hostal und Restaurant Aya Huma (siehe dazu „Unterkunft" in Otavalo).

Von Peguche aus biegt man am Río Jatunyacu, wo die Bahnlinie nach Nordwesten abknickt, am Fluss flussaufwärts ab und erreicht so die **Cascada de Peguche** (der Wasserfall wird auch direkt von einem Bus von Otavalo in 15 Min. angefahren).

Südlich des Flusses weitergehend, kommt man nach einer kleinen Klettertour zu einem Weg direkt zur Laguna und durch die Siedlungen der Otavaleños, denen man bei ihrer Arbeit am Webstuhl zusehen kann.

Ein asphaltierter Weg führt um die Lagune herum bis zur Ortschaft **San Pablo del Lago.** Von hier empfiehlt sich die Rückfahrt per Taxi oder Bus oder aber ein Besuch in der wunderschönen **Hacienda Cusín,** die heute ein Hotel ist.

■ **Hacienda Cusín,** San Pablo, Tel. 2918013, www.haciendacusin.com, EZ $116, DZ $147; weitere Infos bei den Unterkünften zu Otavalo.

■ **Karten:** IGM TK 1:50.000 San Pablo del Lago ÑII-F2, 3994-I, IGM TK 1:50.000 Mojanda ÑII-F3, 3994-III; wer auch in der Umgebung wandern will, sollte sich ebenso die angrenzenden Karten Cayambe ÑII-F4, 3994-II, und Otavalo ÑII-F1, 3994-IV anschauen (siehe auch Kapitel „Bergwandern").

Parque Condor

Der Park liegt bei Otavalo, auf dem Bergrücken zwischen der Stadt und der Laguna San Pablo (Anfahrt mit dem Taxi). Sehr gut geführte Auffangstation für verletzte und nicht artgerecht gehaltene Vögel, vor allem **Greifvögel,** unter holländischer Leitung, Flugshow um 11.30 und 16.30 Uhr (Änderungen aufgrund des Wetters möglich).

■ **Parque Condor,** www.parqueconder.org, Tel. 099-84311769, Eintritt 4 $, Kinder 2 $, Di bis So 9.30–17 Uhr.

Lagunas de Mojanda (17 km) II,B3/V,D1

Südlich aus Otavalo heraus führt ein gepflasterter Weg zu den wunderschönen Seen **Laguna Grande de Mojanda** und **Laguna Negra.** Auf der Südseite der Laguna Grande de Mojanda bestehen für den Wanderer Campingmöglichkeiten.

Von der Laguna Grande bietet sich eine Páramo-Wanderung in Richtung Süden zu den beinahe 20 km entfernten, präkolumbischen **Ruinen von Cochasquí** an. Dort steht ein **archäologisches Museum;** Eintritt 3 $, tgl. 8.30–16 Uhr, www.cochasqui.org, Informationen über das Touristenbüro Gobierno de Pinchincha, Tel. 02-2907792, gute Führung.

■ **Hostal La Luna,** Via Mojanda km 4,5, Tel. 09-3156082, 09-829413, www.hostallaluna.com, DZ 36 $, Camping 8 $ p.P. Auf dem Weg zu den Lagunen, nach etwa 4,5 km auf der linken Seite, liegt dieses hübsche und familiäre Berghostal in aller Stille und mit tollem Ausblick. Zimmer und Schlafsaal, kleines Restaurant. Taxi ab Otavalo für 4 $, Camping ist möglich.

■ **Karten:** IGM Straßenkarte (Blatt No. 5, Quito – Tulcán), IGM TK 1:50.000 Mojanda (ÑII-F1, 3994-III).

Cotacachi (16 km) II,B3

16 km im Nordwesten von Otavalo liegt das Dorf Cotacachi, eine kleine koloniale Niederlassung, die sich auf den **Lederwarenhandel** (en gros!) spezialisiert hat.

Entlang der Hauptstraße kann man sich in den vielen Geschäften nach preiswerten, aber auch teuren Ledergürteln, -taschen, -jacken, -stiefeln etc. umsehen.

■ **Hostal Meson de las Flores**

García Moreno 1367 y Sucre, Tel. 06-2916009, 2915828, mesondelasflores@hotmail.com. Schönes, aber mittlerweile teures Hotel. EZ/DZ 49/59 $, Suite 69/100 $ mit Frühstück. Internet, Sauna und Telefon.

■ **Sumac Huasi**

Calle Juan Monulvo 11-09 y Pedro Mancayo, Tel. 2915873, EZ 18 $, DZ 30 $ mit BP und TV. Einfach aber sauber.

■ **Hostería La Mirage**

Am Ortseingang von Cotacachi gelegen, Tel. 2915237, www.mirage.com.ec, EZ/DZ 366/732 $. Speisen und Spa inklusive, Luxus pur mit Pfauen auf der Anlage.

■ **Überlandbusse und busetas** stellen die Verbindung mit Otavalo (Ecke Calderon 31 de Octubre) her, die Strecke wird alle 15 Minuten bedient, die einfache Fahrt kostet ab 0,25 $.

Intag (70 km)

Das abgelegene Dorf Intag in der Nähe von Apuela liegt an einem wunderschönen Nebelwald mit zahlreichen Orchideen bei angenehmem Klima. Eine engagierte Leserin hat es besucht und schreibt über das Dorf und die Umgebung: „Der sehenswerte Canton Cotacachi ist der erste „ökologische“ Südamerikas. Immer mehr Menschen etwa in dem Ort Intag leben vom Tourismus und vom ökologischen Kaffeeanbau. Es gibt Flüsse zum Baden und Raften, Reitpferde und nette Familienunterkünfte. Es lohnen auch die Thermalbäder in Nangulví. Diese Initiativen des schönen Kan-

tons brauchen jetzt noch dringender Öffentlichkeit, seit ein kanadisches Bergbauunternehmen, unterstützt von der Regierung in Quito Pläne hegt, in Cotacachi Kupfer abzubauen.“

Kontakt zu der Kaffee-Kooperative: *Asociacion Agroartesanal de Caficultores Rio Intag, Ramiro Fuertes*, Tel. 2648489, www.camari.com, Calle 20 de Julio s/n, Apuela, Imbabura (siehe auch La Casa de Intag im Kapitel „Otavalo: Märkte/Einkaufen“).

Die **Anreise** ist mehrfach täglich mit dem Bus aus Otavalo möglich (mind. 2 Std.); der letzte Bus zurück nach Otavalo fährt gegen 15 Uhr. Dabei kommt es schon mal zu Fahrplanänderungen.

Laguna Cuicocha (14 km)   II,B2

Mit dem Bus geht es von Otavalo in Richtung Cotacachi. Steigen Sie in Quiroga aus und nicht in Cotacachi: Die Camioneta von Cotacachi ist fast 50 % teurer als die von Quiroga.

Von Quiroga aus kann man eine etwa dreistündige Wanderung zur Laguna Cuicocha unternehmen oder ein Taxi für 5–6 $ chartern. Die Lagune selbst kann dann in etwa 4–5 Stunden auf einem recht gut sichtbaren und ausgewiesenen Pfad komplett umwandert werden. Doch der Weg lässt sich auch durch eine Anfahrt nach **Los Pinos** am Kraterrand und/oder über die Piste Richtung **Las Antenas** auf der anderen Kraterseite verkürzen.

Tipp: Fragen Sie *Ernesto Cevillano* im „Mirador“ (s.u.) bzgl. Zustand des Weges und eines Transports zum Einstieg in die Wanderung bzw. zu einer fachkundigen Führung.

An der unterhalb des Miradors liegenden **Hostería Cuicocha** werden vor allem am Wochenende Fahrten mit dem Motorboot zu den Inseln angeboten (16 $ pro Boot) oder auch Kajaks verliehen (8 $ pro Stunde).

■ **Mirador de Cuicocha**
Direkt am See liegt dieses preiswerte und sehr gute Forellenrestaurant mit Panoramaterrasse, Pension und fünf hübschen und einfachen Cabañas mit Kamin (EZ 15 $, DZ 25 $, Frühstück 2,50 $, Cabañas mit Kamin 17 $ p.P., Tel. 06-2915995, 099-908757, miradordecuicocha@yahoo. com). Es ist der Familienbetrieb des hervorragenden Bergführers und Naturkundlers *Ernesto Cevillano*.

■ **Hostería Cuicocha**
Direkt am Seeufer, nahe dem Parkeingang, Tel. 09-1474145, 09-1474172, www.cuicocha.com, EZ/DZ 50/90 $, Restaurant. Die Zimmer haben einen schönen Seeblick. Es werden Bootsfahrten über den See angeboten.

■ Camper können sich am Parkeingang, mit den nötigen **Infos** versorgen, Eintritt 1 $.

■ **Karte:** IGM TK 1:50.000 Imantag ÑII-D3, 3995-III.

■ Für alle Lagunen gilt: Vor Wanderungen und Zeltlagern unbedingt aktuelle Informationen zur **Sicherheitslage** vor Ort einholen!

Reserva Ecológica Cotacachi-Cayapas   II,A1/2

Die Laguna de Cuicocha liegt im Naturschutzgebiet Reserva Ecológica Cotacachi-Cayapas. Das Naturschutzgebiet erstreckt sich über eine Fläche von **204.420 ha** und reicht von der westlichen Kordillere der Provinz Imbabura bis zum Küstentiefland der Provinz Esmeraldas. Der Sierra-Teil des Naturschutzgebietes beinhaltet interandine

Bereiche wie Páramo und hohe Bergzüge wie den Cotacachi (4939 m) und Yanahurco (4535 m) sowie die hoch gelegenen Seen Donoso Piñán und Cuicocha. Ein Zugang ist nur über die Laguna de Cuicocha möglich.

An der südwestlichen Grenze des Naturparks, etwa 70 km nordwestlich von Quito, befindet sich **The Los Cedros Biological Reserve,** ein Regenwaldreservat von 6000 ha Größe. Das Schutzgebiet ist wegen seiner vielfältigen Flora und Fauna auf jeden Fall einen Besuch wert. In dem landwirtschaftlichen Forschungsgebiet werden auch Führungen durchgeführt. Volontäre sind nach Absprache willkommen, ebenso wie Studenten, die auch Rabatte erhalten. In dem spektakulären Bergnebelwald wird eine Vogelbeobachtungsstation errichtet.

Direkte **Anreise ab Quito:** Mo bis Sa um 6 Uhr startet ein Bus von Transportes Minas ab dem Terminal Carcelén; er fährt bis **Saguangal,** wo man in einem einfachen, sauberen Hotel übernachtet, bevor es am nächsten Tag weitergeht. Von der Hazienda von *José Yanouch* („Gringo Pepe") geht es dann zu Fuß (mit Packtieren) bis zum Reservat.

Warnung: Wer **westlich des Cotacachi** wandern möchte, sollte das **auf keinen Fall ohne Führer** tun. Vor allem in Richtung Laguna Donoso Piñan besteht die Gefahr, sich durch dichte Nebelbildung vollends zu verlaufen.

■ Für nähere **Informationen** und konkrete Arrangements sollte man sich vor dem Aufbruch zu diesem herrlichen Stück unberührter Natur unbedingt in Verbindung setzen mit *Ernesto* am Mirador (siehe oben) oder mit: *Fundación Los Cedros, Centro de Investigación de los Bosques Tropicales,* Quito, Tel. 02-2865176, www.reservaloscedros.org.

25 km hinter Otavalo, auf halber Strecke zwischen Quito und Tulcán, liegt die Stadt **Ibarra.**

Ibarra   III, C2

Die **Hauptstadt der Provinz Imbabura** hat 70.000 Einwohner und liegt auf einer Höhe von 2200 m. Sie wurde an einem kleinen Fluss, dem Río Taguando, im Jahre 1606 von *Cristóbal de Troya* gegründet und war anfangs das Verwaltungszentrum der spanischen Eroberer. 1868 wurde die Stadt durch ein schweres Erdbeben stark beschädigt, aber viele weiß getünchte kleine Häuser – Ibarra wird deshalb auch **„Ciudad Blanca",** die weiße Stadt, genannt – und viele gepflasterte Straßen erinnern immer noch an die koloniale Gründerzeit, als die Otaveleños ihre hochwertigen Weberzeugnisse für die Spanier herstellten.

Die Stadt wurde früher von den Reisenden vornehmlich aufgesucht, um den Ibarra-San Lorenzo-Zug an die Küste zu nehmen. Heute fährt der Schienenbus wieder ein zweistündiges Teilstück (Tipp!). Doch die schöne **Altstadt** ist auch für sich mindestens einen Tagesausflug wert.

Ferner lohnt ein Ausflug nach La Esperanza und vielleicht für die eine oder den anderen ein weiterer nach San Antonio de Ibarra.

Sehenswürdigkeiten

Die Stadt lässt sich in **zwei Bereiche** teilen: den belebten Südosten mit dem Bahnhofsviertel, Markt und preiswerten

Hotels und das (westliche) Zentrum mit Parkanlagen und kolonialen Gebäuden. Touristisch attraktiv ist das Zentrum Ibarras.

Parque La Merced

(Auch bekannt als Parque Victor M. Peñaherrera.) Hier steht die gleichnamige Kirche mit der Virgen de La Merced. In der Mitte des Parks ist dem Juraprofessor *Victor M. Peñaherrera* (1865–1930) ein Denkmal gesetzt worden.

An der Nordseite des Parks befindet sich in der Calle G. Moreno im hinteren Trakt des Restaurants La Estancia ein kleines privates Museum, das **Museo Arqueológico,** das Exponate der Prä-Inkazeit beherbergt. Die Öffnungszeiten schwanken, der Eintritt kostet 1 $.

Kathedrale

Die Kathedrale befindet sich am Parque Pedro Moncayo. *Moncayo* war ein berühmter Journalist und Diplomat. Heute ist der Park der Mittelpunkt der Stadt.

Plazoleta Boyacá

Weiter im Norden an der Ecke Bolívar y Troya ist der kleine Platz mit dem Denkmal von *Simón Bolívar,* der am 17. Juli 1823 die siegreiche Befreiungsschlacht von Ibarra schlug.

◁ Ibarra – Apotheker Fausto Yepes, ein leidenschaftlicher Sammler

Gleich dahinter ist die **Kirche Santo Domingo.** Neben interessanten Gemälden befindet sich in ihr auch ein **Museum für religiöse Kunst.** Geöffnet: Mo bis So 8–12 und 15–18 Uhr, Tel. 06-951355.

Praktische Infos

■ **Tel. Vorwahl: 06**

Informationen/Infrastruktur

■ **Hinweis: Die Straßen in Ibarra sind mit Nummern und Namen versehen.** In Westost-Richtung werden die Straßen als *carreras,* in Nord-süd-Richtung als *calles* bezeichnet.
■ **Touristeninformation: i Tur,** Calle Sucre y Oviedo, Tel. 2608489, www.ibarraturismo.com, geöffnet Mo bis Fr 8–12.30 und 14–17.30 Uhr.
■ In der Calle Oviedo y Bolívar gibt es eine **Wechselstube.**
■ Ein zentrales **Postamt** (No. 3) befindet sich am Parque Moncayo, geöffnet 8.30–17 Uhr.
■ **Telefon:** Die ANDINATEL-Zentrale befindet sich in der Calle Sucre 4-48 y García Moreno. Telefonkabinen von *Claro* und *Movistar* befinden sich am Parque de la Merced und Parque Pedro Moncayo.
■ Täglich ist **Markt,** großer Markttag ist der Samstag. In den Straßen um den Bahnhof gibt es quasi alles zu kaufen.

Unterkunft

Einfache Unterkünfte
■ **Hotel Nueva Colonia**
Olmedo y Grijalva, Tel. 2952918, 9 $ p.P. mit BP, Telefon und TV.
■ **Hotel Nueva Colonia II**
Calle Borrero 673 y Olmedo, Tel. 2640492, 12 $ p.P. mit Benutzung des Pools; Sauna, Dampfbad und Hydromassage kosten 4 $ Aufpreis.

Ibarra

■ Übernachtung
1. Hotel Turismo Internacional
2. Hotel Nueva Colonia II
3. Nueva Colonia
4. Hostal Nueva Estancia
8. El Retorno
9. Hostal El Ejecutivo
12. Majestic
13. Hostal Madrid
14. Hotel Madrid
15. Montecarlo
16. Ajaví
17. Weitere Hotels

■ Essen und Trinken
5. Café Florales
6. El Horno
7. Café Arte
10. El Chagra
11. Suárez

0 ▬▬ 100 m © Reise Know-How 2013

Santo Domingo
Plazoleta Boyacá
Troya
Mejía
Borrero
Grijalva
Garcia Moreno
Parque 9 de Octubre (La Merced)
Parque Pedro Moncayo Kathedrale
Fiores
i Tur
Oviedo
Banco Central
Banco Pacífico
Moncayo
Banco Internacional
Velasco
Bahnhof
Colón
16 (600 m), 17
Guerrero
Markt
Mosquera
Banco Pichincha
Villacís
San Lorenzo
Otavalo (25 km)

Av. Rivadeneira
Flores
Narváez
Borja
Olmedo
Sánchez y Cifuentes
Bolívar
Sucre
Rocafuerte

■ **Hostal El Ejecutivo**
Bolívar 9-69 y Colón, Tel. 2956575, mchaconf@hot-mail.com, 7 $ p.P. mit BP und Kabel-TV.

■ **Hotel Madrid**
Pedro Moncayo 5-41 y Olmedo, Tel. 2601907 und 2950796, 9 $ p.P. mit BP, Telefon und Kabel-TV, Frühstück 3 $, Restaurant.

■ **Hostal El Retorno**
Pedro Moncayo 4-32 y Rocafuerte, Tel. 2957722, 2642743, 10 $ p.P. mit BP.

■ **Hostal Madrid**
Olmedo 8-69 y Pedro Moncayo, Tel. 2644918, 11 $ p.P. mit BP, TV und Telefon.

■ **Residencial Majestic**
Olmedo 7-61 y Oviedo, Tel. 2950052, 4 $ p.P. mit BP.

Mittelklasse-Hotels
■ **Hostal Nueva Estancia**
Calle García Moreno 7-58 y Sánchez y Cifuentes (Parque de la Merced), Tel. 2951444, zentral, kom-fortabel, Restaurant, moderate Preise (Lesertipp), EZ/DZ 20/35 $ mit Frühstück.

■ **Hotel Ajaví**
Av. Mariano Acosta 1638, Tel. 2955555, Fax 2955787, www.hotelajavi.com, EZ/DZ 64/98 $ mit BP, Telefon, Kabel-TV, Frühstück 7 $, Parkplatz, Bar, Pool, Sauna, Disco.

■ **Hotel Turismo Internacional**
J. Hernández y R. Troya, Tel. 2952814, Fax 2956413, www.hotelturismo.com.ec; EZ/DZ 20/35 $ mit BP, TV, Telefon; Sauna, Pool, Whirlpool, Hydromassage, moderner Kasten, sauber.

■ **Hotel Montecarlo**
Av. Jaime Rivadeneira 555 y Oviedo, Tel. 2958182, Fax 2958266, www.hotelmontecarlo.com, EZ/DZ 29/48 $ mit BP, TV, Telefon; Pool, türkische Sauna, sehr sauber, aber mitunter laut wegen benachbar-ter Disco.

■ **Hotel Imperio del Sol**
Panamericana Norte, km 9, Tel. 2959795, 2959796, hotimperiodelsol@andinanet.net; EZ 30 $, DZ 37 $, Restaurant, Diskothek, Garage.

■ **El Conquistador**
Autopista Yaguarcocha, km 9, Tel. 2580285 und 2580780, conquistadorlago@hotmail.com, EZ 20 $, DZ 55 $, Restaurant geöffnet Di bis So 6–24 Uhr, Diskothek, Sportplatz, Café, Parkplatz, Telefon, TV.

Essen und Trinken

■ **Pizzería El Horno**
Rocafuerte 6-38 y Flores, Tel. 2959019, samstags Live-Musik.

■ **El Chagra**
Calle Olmedo 7-48 y Flores, preiswertes ecuadoria-nisches Essen und Fischgerichte.

■ **Eiscafé Suárez**
Oviedo y Olmedo 782, Tel. 2958772, beste hausge-machte Eisspezialitäten, Frühstück.

■ **Café Florales**
Av. Teodoro Gómez 644 y Atahualpa, sehr gutes Frühstück und kleine Speisen, schweizerische Lei-tung, tägl. 8–21 Uhr, So 9–19 Uhr.

■ **Café Arte**
Calle Salinas 5-43 y Oviedo, Tel. 2950806, olmedo-moncayo@yahoo.com, Mo bis Do 12–24 Uhr, Fr/Sa 12–2 Uhr, schönes Ambiente, Live-Musik am Wo-chenende, kleine mexikanische Küche.

■ Die **Chifas** (Chinarestaurants) in der Calle Olme-do sind allesamt recht preiswert.

Taxis

Mit dem Taxi fährt man am bequemsten zur Bushal-testelle, wenn man viel Gepäck bei sich führt. Taxis fahren aber auch umliegende Orte wie San Antonio de Ibarra an.

Überlandbusse

Der übersichtliche **Busbahnhof** von Ibarra befin-det sich in der Avenida Teodoro Gómez y Atahualpa.

Dort finden sich zudem zahlreiche Geschäfte, Snackbars und ein Internetcafé. Verbindungen bestehen nach **Otavalo** (½ Std.), **Tulcán** (2½ Std.), **San Antonio de Ibarra** (15 Min.), **Lita/Boca** (7 Std.) und **Quito** (3 Std.).

■**Nach San Lorenzo** (ca. 5 Std.): mehrmals täglich mit dreiviertelstündigem Zwischenstopp in **Lita.** In dem kleinen Dorf gibt es zwei Restaurants und eine einfache Übernachtungsmöglichkeit.

Eisenbahn

■Südlich des Stadtzentrums von Ibarra liegt der Bahnhof. Die Zugstrecken von Quito und Otavalo nach Ibarra wurden eingestellt, und so fährt heute nur noch der wunderbare **Schienenbus „Tren de la Libertad"** Mi bis So um 10.30 Uhr in das 30 km entfernte Salinas und von dort nach einer Mittagspause zurück; Ankunft in Ibarra gegen 16 Uhr, der Fahrpreis hin und zurück lag zuletzt bei ca. 8 $. Es empfiehlt sich unbedingt, vorher eine Bestätigung einzuholen, ob die Bahn auch wirklich fährt und noch Tickets zu bekommen sind. Bahnhofstelefon: 2955060, 2950390; www.trenecuador.com.

Reiseveranstalter, Bergführer

■**Pukyu Pamba y Expediciones al Imbabura Reiseveranstalter,** Tel. 099-9161095, manuel_guatemal@hotmail.com der ausgebildete Bergführer *Manuel Guatemal* führt z.B. auf den Imbabura. Neben seinen Cabañas, einem idealen Ausgangspunkt für Wanderungen, serviert er auch noch gutes Essen. Tour 30 $ für 2 Personen. Tour mit Unterkunft 25 $ p.P.

■ Als **Bergführer** wurde uns auch *Emerson Obando* empfohlen, Kontakt z.B. über die Agentur *Terra Esperanza,* Tel. 2660228.

Ausflüge

San Antonio de Ibarra (3 km)   II,B2

San Antonio de Ibarra liegt von Ibarra kommend links der Panamericana. Wer nicht mit eigenem Fahrzeug reist, nimmt in Ibarra entweder einen Bus nach Otavalo/Quito oder den San Antonio-Bus, der bis zum Dorfplatz fährt, oder ein Taxi. Wer einen Quito- bzw. Otavalo-Bus wählt, wird vom Fahrer an der Panamericana herausgelassen und muss den Weg bis zum Hauptplatz zu Fuß zurücklegen.

Das kleine Sierradorf ist bekannt für seine **Holzschnitzereien.** An der steilen Straße von der Panamericana hinauf zum Hauptplatz und an diesem selbst befinden sich die Werkstätten der Holzschnitzer. Über die Qualität der Arbeiten kann man geteilter Meinung sein; viele der hier produzierten religiösen Figuren oder Frauenakte sind reiner Kitsch.

La Esperanza (7 km)   II,B3

Ibarra im Süden mit dem Bus oder dem Taxi verlassend, erreicht man nach 7 km die schöne Gemeinde La Esperanza. Sie bietet sich als Ausgangspunkt zur **Besteigung des Vulkans Imbabura** (4609 m) an. Für einen Aufstieg bis zum Gipfel – unbedingt mit einem Führer zu unternehmen – müssen 6–10 Stunden eingeplant werden. Der Ausblick vom Gipfel lohnt die Mühe in jedem Fall!

Schöne Landschaftserlebnisse im Páramo eröffnet auch die **Besteigung des Loma Cubilche** (3836 m). Ebenso können von La Esperanza Páramo-Wanderungen in die Umgebung unternommen werden. Viele Reisende verweilen hier ein paar Tage, um einfach in ruhiger Atmosphäre zu relaxen.

ecu012.peko

◁ Der Schienenbus nach Salinas im Bahnhof von Ibarra

Im Hochland (Sierra): Route A 1

■ **Unterkunft und Essen:** In der **Casa Aida** (Calle Galo Plaza, Tel. 06-2660221, Garten-Cabañas, Restaurant, EZ/DZ ab 7 $) gibt es Mehrbettzimmer (mit BC); Frühstück 4 $, gutes, preisgünstiges Essen und Tipps für Wanderungen und Bergtouren.

Thermalbad Chachimbiro

Etwa 25 Min. von Ibarra, zwischen den Dörfern Salinas und Urcuquí, geöffnet 7–22 Uhr, Eintritt 3,50 $, medizinische Anwendungen 3 $. Busverbindung fast täglich fühmorgens ab Ibarra, ansonsten Busanreise bis Urcuquí und weiter per Camioneta. Ausgezeichnetes Thermalwasser, wunderschöne Umgebung, etwas überbaute Anlage, am Wochende überlaufen – aber ein Reisender aus Günzburg schrieb zufrieden: „Wir haben es am eigenen Leib erfahren, dass Schmerzen in den Gelenken und an der Wirbelsäule einfach weg waren!"

■ **Infos:** www.imbabura.gob.ec/chachimbiro/, Tel. 06-2648063, Reservierungen unter santaaguareservaciones@hotmail.com, ab 50 $ p.P. inkl. Frühstück, die Hostería arbeitet mit der *Fundación Cordillera* zusammen und hat u.a. den Piñan Trek im Angebot.

Das subtropische Mira-Tal

Badeort El Limonal, 1½ Std. ab Ibarra mit Cooperativa Espejo oder Cooperativa Valle del Chota. Der Belgier *Piet Sabbe*, Gründer der Bosque de Paz Lodge (s.u.), ermuntert jeden, seine biologische Früchtefarm zu besuchen; er organisiert auch Trekking- und Reitausflüge, zum Beispiel in das Golondrinas-Nebelwaldreservat.

■ **Hostería El Limonal,** Cra. Via San Lorenzo, Tel. 06-2648688, Pool, gute Sportmöglichkeiten, Parkplatz, Garage, Restaurant, 8 $ p.P., empfohlen.

■ **Bosque de Paz Lodge Bed & Breakfast,** Vía a San Lorenzo, km 42, Gemeinde El Limonal, Tel. 06-2648692, 06-3016606, www.bospas.org, 18 $ p.P. mit Frühstück. Restaurant, Hauptgericht 5,50 $, oberhalb des Mira-Tals, schöner Blick auf den Fluss, auch Campingmöglichkeiten; auf der Früchtefarm des Belgiers *Piet Sabbe* und seiner Frau *Olda Peralta* sind auch Volontäre willkommen.

■ **Hostería Pantavi,** in Tumbabiro-Ibarra, Tel. 06-2934185, Büro in Quito: Tel. 02-2347476, www.hosteriapantavi.com, EZ/DZ mit Frühstück ab 46/54 $, wunderschöne Hacienda mit prachtvollen Gärten, Kunstgalerie, Ruhe und hervorragendes Klima, Pool, Restaurant, Internet, Wandern, Rad fahren. Empfehlenswert!

Lago Yahuarcocha (2 km)   III,C2

Auf der Panamericana nordwärts wird 2 km nach Ibarra der Lago Yahuarcocha sichtbar. Das Wort Yahuarcocha bedeutet in der Inka-Sprache Quechua soviel wie **„Blutsee".** Hier soll der Inka-Herrscher *Huayna Cápac* seine letzte Schlacht gegen die Cara geschlagen haben, und als er die Leichen in den See werfen ließ, färbte sich dieser rot. Heute ist der See bekannt für seine Rennbahn, die um den See führt und alljährlich im September viele Rennsportbegeisterte anlockt.

Valle de Chota (12 km)

10 km sind es vom Lago zum warmen Chota-Tal. Das Landschaftsbild nimmt durch die Zuckerrohrplantagen einen tropischen Charakter an. Die Bevölkerung wird plötzlich bestimmt durch

schwarze Siedler. Sie sind die Nachfahren ehemaliger Sklaven, und man hört sie manchmal noch von ihren Ahnen sprechen, die Mitte des 17. Jahrhunderts als erste schwarze Sklaven ins Chota-Tal gebracht wurden, um auf den Zuckerrohr- und Baumwollplantagen der Jesuiten zu arbeiten. Bis heute leben die **Afro-Ecuadorianer** im Chota-Tal und bilden so einen starken Kontrast zur indianischen Sierrabevölkerung.

Im Chota-Tal liegen auch einige Ferienanlagen, erfrischend sind vor allem die Freibäder im Tal.

Hinter Juncal verlässt die Panamericana das Chota-Tal. Vorbei an dem Ort San Gabriel erreicht man ca. **250 km nördlich von Quito** die Grenzstadt **Tulcán**.

Tulcán   III, D1

Der Ort in 3000 m Höhe wird normalerweise nur angefahren, wenn die Absicht besteht, die **Grenze nach Kolumbien** zu überqueren. Ansonsten besteht auch wirklich kaum ein Grund, sich länger in Tulcán aufzuhalten. In der Grenzstadt leben 35.000 Menschen, die einzige Attraktion des Ortes ist der **Friedhof mit** seinem schönen **botanischen Garten,** in dem Bäume und Sträucher zugeschnitten und zu geometrischen Formen angeordnet sind. Ähnliche „Skulpturen" schmücken auch den zentralen Stadtpark. In der Umgebung können Ausflüge in den Nationalpark El Angel und nach Tufiño am Vulkan Chiles unternommen werden.

Im **Parque Isidro Ayora** findet sich eine weiße Reiterstatue zu Ehren *Abdón Calderóns,* eines jungen Leutnants, der an der Schlacht vom Pichincha am 24. Mai 1822 teilnahm.

Praktische Infos

■ **Tel. Vorwahl: 06**

Informationen/Infrastruktur

■ **Touristeninformation:** Tel. 2983892, Puente Internacional de Rumichaca, geöffnet Mo bis Fr 6–22 Uhr.
■ **Postamt:** Ecke Junín y Ayacucho, geöffnet 8.30–17 Uhr.
■ **ANDINATEL-Telefonzentrale:** Ecke Olmedo y Junín sowie am Busbahnhof.

Unterkunft

■ **Residencial Florida**
Sucre y 10 de Agosto, Tel. 2983849, EZ/DZ 7/14 $ mit BP, TV, Telefon.
■ **Hotel Restaurante Los Alpes**
Av. Veintimilla y Juan Ramón Arellano (nahe dem Terminal Terrestre), Tel. 2982235, EZ/DZ 15/25 $ mit BP und TV.
■ **Residencial Oasis**
10 de Agosto y Sucre, Tel. 2980342, EZ 8 $, DZ mit BP 10 $, Kabel-TV.
■ **Hostal Alejandro**
Sucre y Quito, Tel. 2982878, EZ/DZ 15/25 $ mit BP, Parkplatz, Telefon, TV.
■ **Hotel Frailejón**
Sucre y Rocafuerte, Tel. 2981129, DZ mit BP, TV 8 $ p.P., Parkplatz, Tel., Restaurant, Disco.
■ **Hotel Machado**
Ayacucho 403 y Bolívar, Tel. 2984221, 2984810, 25 $ p.P. inkl. Frühstück, mit BP, Kabel-TV und Telefon.

Tulcán

0 ▬▬▬▬ 200 m   © Reise Know-How 2013

Ambato
Brazil
Calderón
Coral

Friedhof
und
Botanischer
Garten

Boliva

✈ *Flughafen* (1 km),
Grenzübergang (5 km)

Panamá

Parque
Ayora

Venezuela

Sierra

Atahualpa

García Moreno

Chimborazo

✉

Boyacá

Banco del
Austro

Ⓢ

TAME

Junín

❶

❷

Parque de la
Independencia

Ayacucho

10 de Agosto

Arellano

Bolívar

Sucre

Olmedo

Pichincha

Stadion

Ausschnitt

Rocafuerte

9 de Octubre

Quito

❸

Tarqui

Ⓑ

❹

Ausschnitt   0 ▬▬ 50 m

Parque de la
Independencia

❺
❻   Ⓢ

Banco del
Pichincha

❼

❽

◼ Übernachtung

1 Machado
2 Sara Espíndola
3 Alejandro
4 Los Alpes

5 Oasis
6 Florida
7 Sáenz
  Internacional
8 Frailejón

■ Hotel Sara Espíndola
Sucre y Ayacucho, Tel. 2982043, EZ/DZ 23/30 $ ohne Frühstück; Internet, BP, TV sowie Sauna, Dampfbad und Massagen im Haus.

■ Hotel Sáenz Internacional
Sucre y Rocafuerte, Tel. 2981916, DZ mit BP 12 $ p.P., freundlich, schön, Disco.

Busse

■ Vom **Busbahnhof** 3 km südwestlich des Zentrums werden mehrmals täglich **Quito** (6 Std.), **Ibarra** (2½ Std.), **Otavalo** (3 Std.) und **Guayaquil** (12 Std.) bedient.

■ Vom Busbahnhof geht es mit *Cooperativas Norte* stündlich von Tulcán **nach Tufiño** (½ Std.) und nach **Maldonado** (3 Std.).

■ Auch **nach El Angel** (1 Std.) fährt ein Bus.

Flüge

■ Das **TAME-Büro** (Tel. 2980675) befindet sich in der Calle Junin y Ayacucho, Ed. Gómez Jurado. Mo bis Fr bietet TAME vormittags einen Flug um 10 Uhr, So um 16.30 Uhr nach Quito an sowie Mo, Mi und Fr eine Verbindung über Esmeraldas nach Cali in Kolumbien.

■ Der **Flughafen** liegt 2 km vom Zentrum entfernt und ist mit dem Taxi oder (günstiger) mit dem Grenzbus, der am Flughafen hält, bevor er zur Grenze weiterfährt, zu erreichen.

Weiter nach Kolumbien

■ Die Grenzformalitäten werden direkt an der **Grenze** abgewickelt, die **5 km außerhalb von Tulcán** liegt, am **Kontrollpunkt Rumichaca**. Die Ausreise ist problemlos. Man lässt seine ecuadorianische Touristenkarte an der Grenze zurück und bekommt den Ausreisestempel, der in Kolumbien von der *Policía Colombiana (Departamento Administrativo de Seguridad,* DAS) verlangt wird. Die Kolumbianer stempeln dann den Einreisevermerk. Die Grenze ist von 6–20 Uhr offen.

■ Wer nach Kolumbien ausreist, bekommt an der Grenze die **Pesos** günstiger bei den registrierten Geldwechslern (Banknoten auf Echtheit untersuchen!).

Ausflüge

Grotte von La Paz   III,C2

Nach ungefähr 1½ Stunden auf der Panamericana erreicht man südlich von Tulcán das Dorf La Paz. Ein ca. 7 km langer atemberaubender Fahrweg führt von dort zu einer Grotte gleichen Namens. Die **Kalksteinhöhle** weist schöne Stalagtiten und Stalagmiten auf und auch eine Skulptur der *Virgen María* (Jungfrau Maria). Geöffnet ist täglich von Sonnenauf- bis Sonnenuntergang.

Frailejones und Polylepis   III,C1

Die Reserva Ecológica El Angel beherbergt eine der außergewöhnlichsten Naturlandschaften Ecuadors. Die auf Spanisch *frailejones* genannten Mönchsgewächse sind Blütenpflanzen mit behaarten Blättern, die der Kälte des Páramo auf über 4000 Metern trotzen. In einigen Hochtälern findet man zudem Papierwälder sogenannter Polylepis-Bäume. Zum Besuch dieser abgelegenen Orte bietet sich eine Blockhaus-Lodge direkt am Fuße des Papierwaldes an (rustikale Cabañas mit Kamin und einem Restaurant):

Im Hochland (Sierra): Route A 1

■ **Polylepis Lodge,** *Zona de amortiguamiento de la Reserva el Angel,* Tel. 06-2954009, 099-4031467, 099-5227472, www.polylepislodge.com, Anfahrt am bequemsten ab El Angel mit einer Camioneta (30 Min.), mit dem Taxi 15 $. Alpin anmutende Blockhaus-Zimmer mit Kamin, Vollpension und drei geführten Wanderungen: 70–85 $ p.P., der Preis ist verhandelbar.

■ Die Waldbehörde der **Reserva Ecológica El Angel** hat jüngst einen befestigten **Rundweg** durch den Páramo-Wald angelegt und sogar einen informativen Flyer dazu erstellt. Am Park des Dorfes El Angel kann man sich nun ein Taxi nehmen, dass einen zum Rundweg fährt und dort wartet. Reine Laufstrecke sind ca. 90 Minuten. Taxipreis ca. 25 $, Parkeintritt mit Flyer: 10 $.

Tufiño (17 km)   III,C1

Tulcán wird auf einer schlecht befahrbaren Stichstraße westwärts verlassen, Tufiño ist nach einer knappen Stunde Fahrt erreicht. Den **Vulkan Chiles** (4720 m) immer im Blick, durchfährt man den Páramo (3800–4200 m) von El Angel mit den typischen *frailejones gigantes (Espeletia)*, den „Riesenmönchen", die noch spektakulärer auf einer Fahrt von Tulcán über El Angel zurück nach Ibarra zu erleben sind.

Tipp für Wanderer (da kaum Transportmöglichkeiten): Besorgen Sie sich im Büro von INEFAN in El Angel (nahe

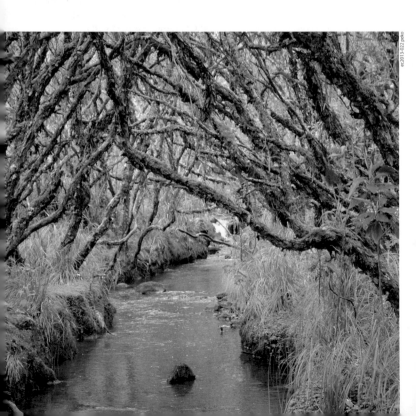

ec2013-022 peko

Hauptplatz, werktags ab 8 Uhr) eine Karte und besuchen Sie den Nationalpark. *Helga W.* schreibt: „…Moorflächen mit Kolken, Moorseen, Moorbächen und einer äußerst exotisch anmutenden Pflanzenwelt…". Besonders empfohlen wird das Moor um die Laguna Voladero.

Das Dorf verfügt über **Thermalquellen,** die vom Vulkan Chiles gespeist werden. Nach einem Bad bietet sich eine Weiterfahrt über die wunderschöne Passstraße gen Westen durch den nördlichen Páramo an.

Am **Volcán Chiles** erreicht man eine Passhöhe von 4000 m. Auf der anderen Seite geht es über 75 km (4 Std.) bis Maldonado (2000 m Höhe); hier wird es spürbar wärmer.

Eine Weiterfahrt an die Küste ist bis Alto Tambo, vielleicht auch bis San Lorenzo möglich. Von Alto Tambo kann die Straße über Lita zurück nach Ibarra genommen werden.

Maldonado

Diese Gemeinde von gut 1200 Einwohnern liegt **idyllisch** fernab aller Touristenrouten, hat ein frühlingshaftes Klima, lockt mit Baden in der Natur und vielen Attraktionen für Naturliebhaber. Zudem lassen sich **Anbau und Verarbeitung** von Kaffee besichtigen; Kontakt: *Marcelo Meneses,* Tel. 06-2969051, und *Fausto Quendi,* Tel. 06-2969052.

Die Anreise ist aufwendig. Von Tulcán geht es 98 km über eine spektakuläre, aber teils holprige Straße mit dem Bus über Tufiño parallel zum Grenzverlauf mit Kolumbien Richtung El Chical. Ab Tulcán fahren die Busse um 11.30 und 12.30 Uhr.

Unterkunft

◼ **Hotel Monte Loma**
Calle Domingo Reyes y Tulcán, *Ramírez Bastidas Zoila,* Tel. 06-2969055, kleine, freundliche Pension, Zimmer 4 $ p.P., preiswertes Essen. Lesertipp!
◼ **Residencial Residencia Aluita**
Marcelo Meneses, Tel. 06-2969003, kleine Pension, 5 $ p.P.
◼ **Campamento La Dolorosa**
Preiswerte Campingmöglichkeiten mit Gemeinschaftsküche und Schwimmbad.

Landtourismus

In der Gegend um Maldonado und El Chical gibt es verschiedene Möglichkeiten, sehr preiswert **auf einer Finca** zu **leben** und von dort fantastische Exkursionen zu unternehmen. Drei Tipps:

◼ **Finca Integral Legado Pasto**
Gemeinde Chilma Bajo, Tel. 06-2967131 und 098-3367919, henrychilma@gmail.com.
◼ **Finca La Loma**
Vía Quinshul, Gemeinde El Chical, *Juan Rosero,* Tel. 06-3012642.
◼ **Finca Agroturista La Macarena**
Gemeinde Cristal, 9 km entfernt von Lita, Anreise über Ibarra, *Sr. Oliveros Solarte,* Tel. 099-3550330.

☒ Gebirgsbach im Polylepis-Wald

HIGHLIGHTS

Die **Highlights** erkennt man im Buch an der
gelben Hinterlegung im Kapitel.

⌂ Obsthändlerin auf dem
Sonntagsmarkt von Sangolquí

IM HOCHLAND: ROUTE A 2

ec2013-023 peko

Die Route A 2 führt auf der „**Straße der Vulkane**" (so benannt von *Alexander von Humboldt*) durch die landwirtschaftlich genutzten Täler hinein in die Sierra-Dörfer südlich von Quito; **Streckenverlauf: Quito – Sangolquí – Machachi – Lasso – Latacunga – Ambato – Baños – Riobamba (ca. 250 km).**

Man verlässt Quito südostwärts in das **Valle de los Chillos,** wo ab dem Kleeblatt – „el trébol" – die moderne Privatautobahn „Rumiñahui" über San Rafael nach Sangolquí und weiter nach **Amaguaña** am Fuße des Bosque Protector Pasochoa führt.

Die meisten Langstreckenbusse fahren jedoch nicht durch das Valle Richtung Latacunga, sondern nehmen den Weg durch Quitos Süden und schließen erst bei Tambillo an die Talroute an.

■ **Restaurant-Tipp: Muckis Garden, in El Tingo** bei San Rafael, Tel. 02-2861789, www.muckis.com, deutsche Besitzerin; es gibt ecuadorianische und europäische Spezialitäten in geschmackvoller Umgebung (recht teuer), Di bis So 12–17 Uhr, Fr auch 19–21 Uhr.

Sangolquí   V,C3

Nach Sangolquí (auch in alle anderen Dörfer des Valle de los Chillos) fahren Busse vom Südende des Knotenpunkts La Marín in Quitos Altstadt ab. Viertelstündlich kann auch nach Amaguaña gefahren werden.

Sangolquí hält einen großen und sehenswerten **Sonntagsmarkt** ab, wo Bauern ihre Waren feilbieten. Wochenends nutzen die Quiteños den stadtnahen Markt zum Einkauf. Neben dem Marktbesuch bietet sich auch ein Besuch im Naturpark von Pasochoa (s.u.) an.

Unterkunft

■ Hostería Sommergarten
Calle Chimborazo 248 y Riofrío, http://ecuador-sommergarten.net, deutsche Leitung, Exkursionen, Bungalowhotel mit Gartenanlage und Pool, Restaurant, türkische Sauna, EZ 47 $, DZ 60 $ – sehr zu empfehlen!

■ Hacienda La Carriona
Vía Amaguaña, km 2,5, Tel. 02-2331974, www.hosterialacarriona.com; stilvolle Unterkunft in einer restaurierten Hazienda, EZ 109 $, DZ 141 $, Pool, Sauna, Reiten, hervorragende Küche – sehr zu empfehlen!

Essen und Trinken

■ El Refugio
Montúfar 381 y Riofrío (nahe des Kirchplatzes), schönes, preiswertes Restaurant, traditionelle Küche, nur wochenends geöffnet.

Bosque Protector Pasochoa   V,C3

Das 500 ha kleine Gebiet bildet **einen der wenigen Feuchtwaldbestände in den Anden.** Der Schutzwald erstreckt sich westöstlich an der Nordflanke des erloschenen Pasochoa-Vulkans (4200 m) in Höhen ab 2700 m. Der Naturpark dient Forschern als Untersuchungsgebiet und will Kinder mit Hilfe von umfangreichen Lernprogrammen zum aktiven Naturschutz erziehen.

Der Park ist ein **Paradies für Vogelliebhaber.** In der Höhe ziehen manchmal Kondore ihre Kreise, Kolibris kommen in wenigstens einem Dutzend Arten vor, und neben weiteren Vogelarten leben in Pasochoa Hasen, Fledermäuse, Pumas, seltene Schmetterlinge und unzählige Froscharten.

Unter den vielen **Pflanzen** stechen Cecropia-Arten hervor, deren Blätter die Form einer Hand haben. Viele Pflanzen werden medizinisch genutzt. Die Anden-Lorbeere und die Anden-Zeder, die sonst nur noch im Nationalpark Podocarpus zu sehen sind, sowie Orchideen und die Bromelie huaycundos sind weitere Vertreter im Naturpark Pasochoa.

Dem Besucher stehen **verschiedene Wanderwege** zur Verfügung, von denen die kürzesten in einer halben Stunde zurückzulegen sind. Ein Wanderweg führt hinauf zum Kraterrand des Pasochoa-Vulkans; an klaren Tagen genießt man hier einen herrlichen und extrem weiten Ausblick. Eine Besteigung des Gipfels ist relativ einfach (siehe dazu im Kapitel „Bergwandern in Ecuador").

Informationen

■ Der Park steht seit 1982 unter Naturschutz und wird von der privaten Umweltorganisation *Fundación Natura* verwaltet. Kontakt in Quito: **Fundación Natura Bosque Protector Pasochoa,** Elias Liut N45-10 y Telégrafo I, Tel. 02-3317457, -328, www. fnatura.org, pasochoa@fnatura.org.ec, Eintritt 2 $

p.P., Übernachtung im Schlafsaal 5 $, Auskunft auch bzgl. Camping-Fragen (s.u.).

■ Die **Anfahrt** erfolgt mit dem Bus Quito – Amaguaña. Von Amaguaña sind es 6 km mit der Camioneta, Preis: 5–7 $, oder per Autostopp (siehe auch Bergkapitel).

■ **Geöffnet** von Sonnenauf- bis Sonnenuntergang, Eintritt frei.

◾**Schlafmöglichkeit** gegen eine Gebühr von 10 $ im Naturschutzhaus (Kontakt in Quito: *Fundación Natura*, s.o.), Schlafsack und eigene Verpflegung sind mitzubringen, Küchenmitbenutzung, sehr einfach, Campen möglich.

◾**Für Camper** im Park ist eine Erlaubnis erforderlich. Für die Camping-Ausrüstung muss selbst gesorgt werden.

◾**Restaurant außerhalb: Refugio Molinuco,** abgelegenes, schönes Ausflugsrestaurant am Wasserfall Cascada del Río Pita (Eintritt 2 $). Anfahrt von Sangolquí über den Kreisverkehr „Colibrí", dort Richtung Pifo und kurz darauf am Friedhof „Cementerio del Valle" rechts ab, weiter über den Barrio Loreto (km 7), dann den Rio Pita überqueren und bald darauf (km 15) sind Sie am Ziel. Bewirtung tgl. 8–18 Uhr. Anmeldung wird, insbesondere wochentags, empfohlen über das Quito-Büro: Av. 6 de Diciembre 3179, Tel. 02-2239605, 02-2257961, www.refugiomolinuco.com.

Weiter nach Süden über die Panamericana sind es nach dem Ort **Tambillo** noch 11 km bis zur Abzweigung (links) nach Machachi und ein weiterer Kilometer bis zur Dorf-Haupteinfahrt.

Tambillo   V,C3

Am kleinen Bahnhof hält Samstag und Sonntag morgens um 8 Uhr (Tage und Zeiten variieren) der Schienenbus, der nach El Boliche am Nationalpark Cotopaxi fährt. Sollten Sie hier zusteigen wollen, ist das Ticket im Voraus in Quito zu kaufen.

Machachi   V,C3

Machachi hat 8000 Einwohner. Die Güitig-Mineralwasser-Fabrik (4 km außerhalb des Dorfes) im Tal des Río San Pedro kann besichtigt werden; daneben befindet sich ein schöner Pool mit Umkleidekabinen.

Unterkunft

◾**Hostería La Estación,** eine sehr schöne Herberge ist der alte Bahnhof La Estación von Machachi. Er liegt außerhalb und zwar westlich der Panamericana am Dorfrand von Aloasí, Tel. 02-2309246, 02-2413784, EZ/DZ 56/68 $ mit Frühstück, gute Küche. Empfehlenswert auch als Ausgangspunkt zur Besteigung des Corazón und anderer naher Vulkane (siehe Kapitel „Bergwandern in Ecuador").

Essen und Trinken

◾**El Rincón de Valle,** „Steakhouse" im Zentrum, neben der Banco del Pichincha, preiswert, „Kunden sind unser wichtigstes Gut", verspricht ein Wandbild. Ein Leser schwärmt vom Pollo Milanese.

Berg- und sonstige Touren

◾Machachi bietet sich auch als Basislager für eine **Besteigung des Cotopaxi oder Iliniza** an. Der Verwalter des Refugios am Iliniza lebt dort: *Vladimir Gallo,* Amazonas 332 y 11 de Noviembre; er spricht englisch und bietet **Berg-, Dschungel- sowie Reittouren** an und vermietet Bergsteigerausrüstung. Für eine Cotopaxi- oder Chimborazo-Tour verlangt er p.P. etwa 150 $ (ab 3 Personen 130 $), inkl. Gebühren, allerdings ohne Ausrüstung.

Alexander von Humboldt (1769–1859)

Alexander von Humboldt wurde am 14. September 1769 in Berlin geboren. Seine Erziehung war **zunächst** Aufgabe von Hauslehrern, deren Unterricht **philologisch-geisteswissenschaftlich** ausgerichtet war. Ihre technologischen und naturgeschichtlichen Studien nahmen Alexander – und sein Bruder *Wilhelm* (1767–1835) – an der Universität Frankfurt/Oder auf, wobei Alexander 1788 nach nur kurzer Zeit aufhörte, da er nicht ausreichend begabt schien. So wurde er erneut von verschiedenen Hauslehrern ausgebildet.

In dieser Zeit lernte er den **Botaniker Carl Ludwig Wildenow** kennen, der sein weiteres Wirken entscheidend beeinflussen sollte. Durch ihn wurde Humboldt in die wissenschaftliche Botanik eingeführt, und es entstand sein erstes Forschungsprogramm, die **„Geschichte der Pflanzen"**, das sich schnell zu einem Programm der Pflanzengeografie ausweitete.

Nachdem er ein Bergbaustudium an der Universität in Freiberg begonnen hatte, entstand alsbald sein zweites Forschungsprogramm, das die **Strukturgesetze der Erde** zum Inhalt hatte. Sein drittes Forschungsanliegen schließlich, die **Erstellung geografischer und geologischer Profile,** ergänzte die bis dahin nur zweidimensionale Geografie (und Kartografie) um eine dritte Dimension: die Höhe.

Auf seiner berühmten **Amerikareise von 1799–1804** sammelte er Steine und Pflanzen, führte kartografische Arbeiten zu Ortsbestimmungen durch, nahm Höhenmessungen vor und maß die Temperaturen des später nach ihm benannten Humboldt-Stroms. Erstmals entstanden Reliefkarten mit geologischen Schichtfolgen.

Nach seiner Rückkehr dauerte es dreißig Jahre, ehe sein dreißigbändiges Werk mit über 1500 Zeichnungen fertiggestellt war. Es legte den **Grundstein für die moderne Physische Geografie und die Ökologie.** So unterschied Humboldt drei ökologische Hauptzonen in Südamerika: die heiße Tieflandzone, die gemäßigte Zentralzone und die kalte Hochlandzone. Seine Einteilung veranschaulichte erstmals ein Phänomen, welches heute als Ökosystem bezeichnet wird, nämlich die Differenzierung verschiedener Lebensräume von Mensch, Tier und Pflanze, die sich aufgrund unterschiedlicher Umweltbedingungen voneinander unterscheiden und in prekären Gleichgewichtslagen befinden.

In Ecuador hielt sich Humboldt im Jahre 1802 und auf einer zweiten Reise Anfang 1803 insgesamt über acht Monate auf. Dabei bestieg er den Chimborazo bis auf eine Höhe von etwa 5600 m. Er nannte den Abschnitt der Panamericana zwischen Tulcán und Cuenca die „Straße der Vulkane".

Humboldts Reisen und Berichte gaben den Naturwissenschaften der damaligen Zeit einen großen Auftrieb, insbesondere der Meeres-, Klima- und Landschaftskunde. Der Geograf wurde gar als **„Wiederentdecker" Südamerikas** bezeichnet.

Am 6. Mai 1859 verstarb er im Alter von 89 Jahren in Berlin.

17 km hinter Machachi, hinter der kleinen Ortschaft San José/Tarqui, breitet sich links der „Straße der Vulkane" der **Nationalpark Cotopaxi** aus.

Wer eine Wanderung zu den Iliniza-Bergen beabsichtigt, muss hier die Panamericana verlassen und auf einer Stichstraße rechts nach El Chaupi weiterfahren (siehe Bergkapitel).

Der Nationalpark Cotopaxi erlaubt schöne Hochlandwanderungen; die Besteigung des gleichnamigen Vulkans gehört sicher zu den Höhepunkten einer andinen Bergsteigertour in Ecuador.

Auf dem Weg von Machachi nach Latacunga kommt man auf der Panamericana an dem schönen **Café de la Vaca** vorbei (Panamericana Sur, km 41, Tel. 02-2315012, 099-9827938, www.elcafedelavaca.com tgl. 8–17 Uhr, Café-Restaurant, Mittagsmenü 7 $, Hauptgericht 4–9 $; bester Kaffee und Milchspezialitäten). Etwas weiter, hinter der Mautstelle *(peaje)* rechts, geht es zur Hacienda Bolivia. Auf diesem Anwesen ist die schöne Hostería Papa Gayo entstanden, ein ebenfalls guter Ausgangspunkt für Besteigungen der Ilinizas.

■**Hostería Papa Gayo,** Panamericana Sur km 43, Sector Machachi, ehemalige Hacienda Bolivia, Tel. 02-3670042, 098-0448812, www.hosteria-papagayo.com, EZ 35–45 $, DZ 45–75 $ mit Frühstück, Zimmer teils mit Kamin; Campingmöglichkeit, Restaurant, Bergtouren, Karten, Bibliothek, Ausrüstung, Internetanschluss; Tourbeispiel: geführte Besteigung des Iliniza inkl. Ausrüstung und 2 Mahlzeiten 50 $ p.P.; Empfehlung! Busverbindungen ab Machachi und ab El Chaupi.

Rund um Lasso VIII,A1

Kurz vor der Ortschaft Lasso verlässt eine Avenida die Panamericana (rechts) und führt über 6 km in das Marktdorf Saquisilí, das einen Abstecher wert ist.

Abstecher nach Saquisilí VIII,A1

Das Dorf ist bekannt für den **Markt,** der **donnerstags** von 7 Uhr bis ca. mittags stattfindet. Schon am Vortag strömen viele Ecuadorianer der Umgebung in das kleine Dorf, um mit der Abwicklung ihrer Geschäfte zu beginnen. Die Quechua-Indianer der Region tragen rote Ponchos und reagieren auf (die wenigen) Touristen noch relativ „unbelastet", so dass der Markt sich ein weitgehend urtümliches Ambiente bewahrt hat.

Es gibt **mehrere Marktplätze,** auf denen von Haushaltswaren über Kunsthandwerk bis hin zu Konfektionsbekleidung und Lebensmitteln alles angeboten wird, was die Bewohner der Region benötigen. Daher ist der farbenfrohe Markt auch eher ein wirtschaftlicher Umschlagplatz als eine Touristenattraktion, was einen Besuch besonders reizvoll macht.

Etwa 1 km außerhalb des Ortes findet der berühmte **Tiermarkt** statt, auf dem Lamas, Kühe, Schweine, Schafe etc. verkauft werden. Ein kleinerer Markt findet an Dienstagen statt.

■**Überlandbusse nach Saquisilí** verkehren von Quito täglich ab 6 Uhr vom zentralen Busbahnhof Quitumbe (1½ Std.); von Latacunga alle 30 Minuten von der Plaza Chile (20 Minuten); nach Latacunga/

Quito von der Plaza de la Concordia in Saquisilí alle halbe bis dreiviertel Stunde. Leserhinweis: Der Direktbus fuhr zwischenzeitlich nicht, man musste dann über Latacunga anreisen.

Ein **Tagesausflug von Quito** am Donnerstag sollte früh in Angriff genommen werden. Nach 9 Uhr ist mit langen Wartezeiten zu rechnen, da viele Menschen zum wöchentlichen **Markt** strömen und die Busse immer voll besetzt sind.

■**Unterkunft** im **Salón Pichincha** an der Bolívar y Pichincha, das EZ mit BC für 5 $ p.P., telefonische Reservierungen sind nicht möglich. Gerade an Markttagen (Mittwoch) muss man deshalb früh kommen, um sich ein Zimmer in dieser beliebten Unterkunft zu sichern.

■**Hostería Rancho Muller,** Calle 5 de Junio y González Suarez, Tel. 02-2721103, geführt von dem Deutschen *Dieter Müller,* der seit vielen Jahren in Ecuador lebt und viel über das Land zu erzählen weiß und auch verschiedenste Touren anbietet. Die Zimmer für 40 $ sind sauber, haben Dusche und TV.

Achtung: Von Mittwoch auf Donnerstag (Markt!) kann es vorkommen, dass die Unterkünfte ausgebucht sind.

■Zwischen Saquisilí und Latacunga liegt das besonders empfohlene **Landcafé Misión Vacuna contra la Inflación.** Eine Leserin aus Zürich befand: „Der Eingang ist von Kühen bewacht, welche die Milch für den Kaffee liefern".

Hacienda La Ciénega   VIII,A1

Auf den Spuren Alexander von Humboldts (siehe auch Exkurs) kann man in der Hacienda La Ciénega wandeln. Die wunderschöne Anlage liegt westlich der Panamericana, etwa 2 km hinter Lasso. Die Hazienda wurde bereits 1580 erbaut und ist damit eine der ältesten in Südamerika. 1802 besuchte der deutsche Gelehrte das Anwesen; seitdem hat sich nicht viel verändert: Die Zimmer des heute als Hotel eingerichteten Landgutes sind mit Mobiliar aus dem 19. Jahrhundert bestückt.

■Die **Unterkunft** in der stilvollen historischen Hazienda mit schönem Garten, einer urigen Kapelle, ecuadorianischem Restaurant und einem sehr guten Gestüt kostet 68 $/EZ, 96 $/DZ, Frühstück inkl.; Tel. 02-2541337, www.hosterialacienega.com, Panamericana Sur, km 72, Kontaktbüro auch in Quito: Calle Cordero 14-42 y Amazonas, Tel. wie oben.

Im Hochland (Sierra): Route A 2

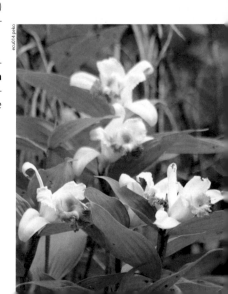

ecu014 peko

▷ Orchideen im Hochland

Weitere Unterkünfte nahe Lasso

■**Cuello de Luna,** 8 km nördlich von Lasso, gegenüber dem Nationalpark Cotopaxi, Tel. 03-2718068, 099-9700330, www.cuellodeluna.com, EZ 49–74 $, DZ 61–92 $. Sehr schöne Zimmer mit BP und Kamin oder Ofen. Bieten Touren und Transport an. Empfehlenswert.

■**La Quinta Colorada,** 2 km vor Toacazo, von Lasso kommend, guter Ausgangspunkt für Bergwanderungen am Iliniza, Tel. 03-2716119, 03-2716122, laquinta_colorada@yahoo.es, 27 p.P. $ inkl. Frühstück und Abendessen.

■**Hacienda San Agustín de Callo,** 20 km von Lasso entfernt, am Rande des Nationalparks Cotopaxi, Zufahrt 2 (s. „Nationalpark Cotopaxi") und im weiteren Verlauf beschildert, Tel. 03-2719160, www.incahacienda.com. Im alten Gebäudeteil, errichtet auf Inkaruinen, eine der schönsten Haciendas von Ecuador. Luxuriöse Herberge mit Steinquaderzimmern, Kaminzimmern, charmanten Hauslamas und sehr guter Küche. EZ/DZ 279 /425 $, Inka-Suites 486 $, jeweils mit Vollpension und Freizeitaktivitäten.

───────────────

Die Fahrt in Lasso aufnehmend, führt nach 16,5 km eine Brücke über den Río Cutuchi (links) in die größte Stadt des Hochlandbeckens, Latacunga.

Latacunga   VIII, A2

Die **Hauptstadt der Provinz Cotopaxi** liegt etwa 90 km südlich von Quito auf einer Höhe von 2850 m, die durchschnittliche Temperatur beträgt 12°C. Etwa 50.000 Menschen leben in der Stadt. Latacunga erscheint im ersten Moment nicht sehr attraktiv, doch eine abwechslungsreiche Geschichte und die Möglichkeit ausgedehnter Wanderungen in die Umgebung machen einen längeren Aufenthalt durchaus interessant.

Die flachen Häuser lassen an wolkenfreien Tagen beinahe von jedem Punkt der Stadt aus den **Blick auf den schneebedeckten Gipfel des Cotopaxi** zu. Auf dem Aussichtspunkt El Calvario ist die Aussicht auf die Berge durch Stromleitungen beeinträchtigt, sodass es besser ist, sich einen Platz etwas unterhalb zu suchen.

Das indianische Wort für Latacunga *(Llacta cunani)* bedeutet so viel wie „Land meiner Wahl", was schon etwas verwundert, bedenkt man, dass die Stadt nicht einmal 30 km entfernt von einem der **höchsten aktiven Vulkanen der Welt** angelegt wurde. Latacunga ist denn auch in der Vergangenheit bereits viermal völlig zerstört und wieder neu aufgebaut worden. Der letzte gewaltige Ausbruch im Jahr 1877 ließ nur die Kathedrale stehen. Gegenwärtig ist der Cotopaxi zwar nicht hochaktiv, aber kleinere Erdstöße und leichte Beben in der Region zeugen immer wieder von der Aktivität des Vulkans, und niemand kann voraussagen, wann sich der majestätische Cotopaxi erneut mit aller Wucht entladen wird und die Stadt vielleicht ein fünftes Mal unter seinen Schlamm- und Lavamassen begräbt. Seit wenigen Jahren entdeckt man ein Abschmelzen des Eises auf der Westseite – der Vulkan erwärmt sich.

▷ Panamericana und Cotopaxi

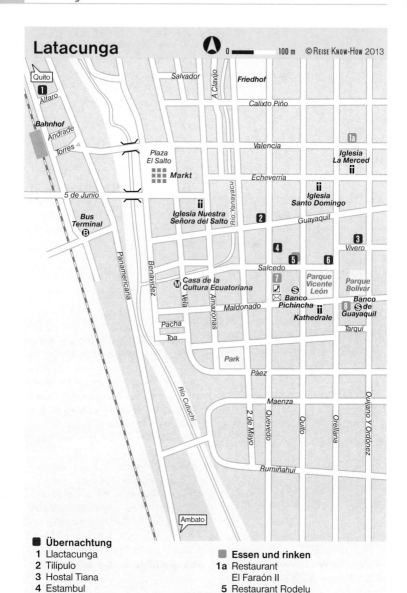

Latacunga

0 ▬▬▬ 100 m © REISE KNOW-HOW 2013

Quito · **1** · Alfaro

Bahnhof · Andrade

Torres

Salvador · A Clavijo · **Friedhof**

Calixto Piño

Valencia

Plaza El Salto · **Markt**

Iglesia La Merced ⛪ 1a

Echeverría

5 de Junio

Río Yanayacu

Iglesia Santo Domingo ⛪

Bus Terminal Ⓑ

Iglesia Nuestra Señora del Salto ⛪

2 · Guayaquil

3 · Vivero

4

5 · **6** · Salcedo

Panamericana · Benavidez · Vela · Amazonas

Ⓜ **Casa de la Cultura Ecuatoriana**

7 · **Parque Vicente León** · **Parque Bolívar**

🅢 · ✉ **Banco Pichincha** · ⛪ **Kathedrale** · **8** 🅢 **de Guayaquil** · **Banco**

Maldonado

Pacha · Toa

Tarqui

Park

Páez

Río Cutuchi

Maenza

2 de Mayo · Quevedo · Quito · Orellana · Quijano Y Ordóñez

Rumiñahui

Ambato

◼ Übernachtung

1 Llactacunga
2 Tilipulo
3 Hostal Tiana
4 Estambul
5 Rodelu
6 Cotopaxi

◼ Essen und rinken

1a Restaurant El Faraón II
5 Restaurant Rodelu
7 Volcán Café Libro
8 Pizzeria Buon Giorno

Sehenswürdigkeiten

Märkte

Groß und farbenfroh, von Mo bis Sa auf der Plaza El Salto. Es lohnt zudem eine Taxifahrt zum *Mercado de animales* außerhalb, einem Tiermarkt, der samstags von ca. 6–11 Uhr stattfindet.

Casa de la Cultura Ecuatoriana

Das **ethnologische Museum** in der Calle Vela y Salcedo (am Río Yanayacu) wird von der Casa de la Cultura Ecuatoriana verwaltet. Es ist in den Molinos de Monserrat (alte Mühlenanlagen) untergebracht. Veranstaltungswochen ab dem 1.4., 9.8. und 11.11.
    Geöffnet: Di bis Sa (im Juli und August Mo bis Fr) 8–12 und 14–18 Uhr, Eintritt 0,50 $, Tel. 03-2813247/8.

Kathedrale

Die Kathedrale (und das Rathaus) befinden sich auf der Südseite des Parks Vicente León. Das Gotteshaus ist reich an religiösen Kunstschätzen.

Iglesia de Santo Domingo

Die Kirche an der gleichnamigen *Plazoleta* (Plätzchen) in der Calle Páes zwischen den Straßen Quevedo und Quito enthält Bildnisse mit historischen Glorifizierungen zur Unabhängigkeit des Landes.

Iglesia de Nuestra Señora del Salto

In der Kirche in der Calle Echeverría zwischen den Straßen Amazonas y 2 de Mayo wird eine Statue der Schutzpatronin Latacungas aufbewahrt.

Kirche La Merced

Die Kirche befindet sich in der Calle Echeverría y Orellana und enthält eine schöne Figur der Vulkanjungfrau *Virgen del Volcán.*

Praktische Infos

■**Tel. Vorwahl: 03**

Informationen/Infrastruktur

■**Post und Telefon:** ANDINATEL und Postamt an der Ecke Maldonado y Quevedo, geöffnet 8.30–17 Uhr.
■**Banken und Wechselstuben** gibt es vornehmlich in den Straßen um den Parque Vincente León oder in der Calle Vela an der Plaza El Salto. Die *Banco de Guayaquil* akzeptiert die VISA-Card.
■Mit **Reiseschecks** ist man in Latacunga aufgeschmissen.
■Hotels und Restaurants der Mittelklasse akzeptieren meist **MasterCard** und **VISA.**
■**Escuela Politécnica (ESPE), Internetzugang,** Calle Quijano y Ordóñez, südlich des Parque Bolívar.
■**Tovar Expediciones Fernando Tovar,** Sanchez de Orellana y Luis Fernandes Vivero, Tour 160 $ p.P., Tel. 2811333, www.expediciontovar.com; **Bergführungen,** Leihausrüstung und Fahrdienst.

Unterkunft

Einfache Unterkünfte

■ Hotel Estambul

Quevedo 644 y Salcedo, Tel. 2800354, 12 $ p.P., teils mit BC; TV, Parkplatz, Infobrett zur Laguna Quilotoa; zur Möglichkeit der Gepäckaufbewahrung unterschiedliche Leserkommentare.

■ Hotel Cotopaxi

Calle Padre Salcedo 561 y Orellana, am Parque Vicente León, Tel. 2801310, EZ 15 $, DZ 25 $ mit BP (warme Dusche), Wäscheservice, angeboten werden Tagestouren in den Nationalpark Cotopaxi.

■ Hostal Tiana

Calle Luis F. Vivero N1-31 y Sanchez de Orellana (neue Adresse!), Tel. 2810147, www.hostaltiana. com, EZ 17–25 $, DZ 23–31 $, im Schlafsaal 10 $ p.P.; einfaches, sauberes Hostal unter holländisch-ecuadorianischer Leitung mit gutem Essen und gutem Kaffee. Restaurant, Café, Waschmöglichkeiten.

■ Hotel Tilipulo

Calle Guayaquil y Belisario Quevedo, Tel. 2810611, hoteltilipulo@hotmail.com, 8 $ p.P., von einem Leser als „einfache Alternative" empfohlen.

Mittelklasse-Hotels

■ Hotel Llactacunga

Av. Eloy Alfaro 79-213 y Gral Montero, Tel. 2800635, hotelllactacunga@hotmail.com, EZ 25 $, DZ 33 $, mit BP inkl. Frühstück, Telefon, Kabel-TV. Mit Restaurant.

■ Hotel Rodelu

Quito 1631 y Padre Salcedo, Tel. 2800956, www.rodelu.com.ec, EZ 19 $, DZ 48 $, Frühstück 4–6 $, Telefon, gute Pizza- und Fleischgerichte, freundlich und sauber. Restaurant-Cafeteria.

Essen und Trinken

Zu den **kulinarischen Spezialitäten** Latacungas gehören *allula* (zwiebackähnliches Weizengebäck) und *chuchucaras*, Schweinefleischplatten mit *chi-*

charón (gegrillte Schwarte), *guarniciones* (Zutaten aus maqueños, mote und canguíl/Popkorn) und *aderezos* (würzige Soßen, meist mit *ají*).

Vorsicht bzgl. der kleinen **Essensstände** entlang der Panamericana und bei den Händlern in den Überlandbussen zwischen Latacunga und Ambato – uns wurde mehrfach von Magenverstimmungen berichtet!

■ Pizzeria Buon Giorno

Maldonado y Orellana, Tel. 2804924, traditionell gute Pizza, zuletzt hörten wir jedoch von Enttäuschung bzgl. Qualität und Service.

■ Restaurant Rodelu, siehe Hotel oben

■ El Faraón II

Calle Valencia 1085 zwischen Quijano y Ordoñez und Sanchez de Orellana.

■ Volcán Café Libro

Quevedo 556 zwischen Salcedo und Maldonado; gemütliches Café, Musik, Karten und internat. Zeitschriften – Empfehlung.

Taxis

■ Der **Taxistand** befindet sich auf der Plaza El Salto. Die Taxis fahren in den Nationalpark Cotopaxi und in die umliegenden Ortschaften.

Busse im Nahverkehr

■ **Latacunga – Pujilí** (30 Min.): von den Ecken Subia y 5 de Junio

■ **Latacunga – Saquisilí** (30 Min.): von der Benavídez Valencia

Überlandbusse

Vom **Busbahnhof** an der Panamericana bestehen Verbindungen u.a. **nach Quito** (1½ Std.), **Ambato** (1 Std.) und **Baños** (2 Std.).

Eisenbahn

Latacunga wird mehrfach wöchentlich von der Bahn **aus Quito** angefahren (siehe „Eisenbahn" bei Quito). Auch eine Rückfahrt nach Quito ist möglich. In Zukunft soll die Bahn wieder durchfahren bis Riobamba und weiter.

Fest

Das Fest der Virgen de las Mercedes (gnädige Jungfrau), bekannter unter dem Namen **Fiesta de la Mama Negra**, findet jährlich am 24. September statt. Nach alter Tradition verkleidet sich ein Indianer als Mama Negra; Prozessionen, Andenmusik und Tanz erfüllen die Stadt. Das Fest krönt eine Mitternachtsmesse mit anschließendem Feuerwerk.

Ausflüge

Pujilí   VIII,A2

Nördlich von Latacunga geht eine Straße ins westliche Küstentiefland nach Quevedo ab. Nach etwa 11 km kommen Sie in das verschlafene Dorf Pujilí, das mittwochs und noch geschäftiger sonntags zum Leben erwacht, wenn sich die Bewohner der umliegenden Ortschaften auf den Weg machen, um am wöchentlichen **Markt** teilzunehmen.

Wer an Fronleichnam in Pujilí ist, sollte sich die berühmten **„danzantes"** nicht entgehen lassen. Der Hauptplatz wird, einer alten Tradition zufolge, an diesem Tag von maskierten Tänzern besetzt.

In der Kolonialzeit beanspruchte die weiße Bevölkerung den Platz für sich, und so darf das Fest als ritualisierte Protesthandlung verstanden werden.

Laufen Sie westlich des Platzes die steile Betontreppe den Berg hoch, haben Sie eine herrliche Aussicht! Direkt am Parque Luis Vivero lohnt die kleine Kirche einen Blick. Bekannt ist Pujilí außerdem für seine bemalten Keramiken, die an fast jeder Ecke angeboten werden.

Anfahrt: Von Latacunga fährt mehrmals täglich von der Ecke Panamericana y 5 de Junio ein Bus nach Pujilí.

Die Strecke von Pujilí weiter in das Küstentiefland **nach Quevedo** (Entfernung: 166 km) gehört zu den schönsten Verbindungen zwischen der Sierra und der Costa. Bei klarer Sicht eröffnet sich hinter Pujilí ein wunderschönes Andenpanorama mit den Schneebergen Cotopaxi, Tungurahua und Altar (zur Fahrt in entgegengesetzter Richtung siehe „Fahrt in die Sierra nach Latacunga", Route C 3).

Zumbahua, Laguna Quilotoa und Chugchilán

(Zur Beschreibung vgl. nach Quevedo die „Fahrt in die Sierra nach Latacunga", Route C 3.) Wer von Latacunga aus zum Kratersee will, der kann den Bus nach **Zumbahua** (über Pujilí) nehmen (mehrmals täglich von der Ecke Panamericana y 5 de Junio); dort führt eine Stichstraße zum 12 km entfernten See. Bei Inanspruchnahme einer Camioneta ist unbedingt zu verhandeln!

■ In Zumbahua (3500 m) bietet das **Hostal Richard** Unterkunft, Tel. 03-2814605, warme Duschen, sauber, preiswert und informell; MBZ.

■ **Condor Matzi**, Tel. 03-2814611, sehr einfach, Gemeinschaftsbäder, warmes Wasser, 12 $ inkl. Abendessen und Frühstück.

● **Hotel Quilotoa,** gegenüber dem Condor Matzi, Tel. 098-6840616, 10 $ p.P. mit BP, beste Option in Zumbahua.

Die **Laguna Quilotoa** kann umwandert werden, man sollte dafür 5–8 Stunden einkalkulieren; max. Höhe 4016 m. Am Seeufer ist Campen erlaubt, allerdings wird es nachts sehr kalt, und das Wasser des Sees sollte auf keinen Fall getrunken werden. Eine Wanderung zum Ufer herunter ist steil und nicht so ergiebig wie der Blick von oben. Die Beschaffenheit des Weges zur Umrundung ist nicht ganz einfach. Daher den See vom Dorf aus nach rechts, also gegen den Uhrzeigersinn umwandern, sodass der schwierigere Part am Anfang der Wanderung steht. Lesertipp: „*Humberto Latacunga* in Quilotoa stellt Touristen gerne seinen Hund *Rambo* zur Verfügung – eine hervorragende Begleitung, da er unterwegs die wilden und teils aggressiven Hunde vertreibt." Empfehlenswert ist auch die Wanderung von Zumbahua zur Lagune.

Es hat an der Lagune wiederholt **Überfälle auf Touristen** gegeben. Die Lage hat sich zwar zuletzt entspannt, nachdem der See nun bewacht wird, wofür der Reisende am Krater auch einen Dollar Gebühr zahlt. Wir empfehlen, die netten und ortskundigen Gastgeber oder ihre Vertrauten bei abgelegenen Wanderungen als Führer zu engagieren.

Nördlich der Laguna liegt in einer Höhe von 3100 m **Chugchiglán,** von Zumbahua zu erreichen mit Camioneta oder Bus, der wöchentlich zweimal (an Markttagen in Latacunga) fährt (1½ Std.).

● Von den zahlreichen sehr einfachen Unterkünften der See-Gemeinde empfehlen sich die **Cabañas Quilotoa,** Tel. 099-2125962, ab 10 $ p.P.

● **Crater Lake Lodge,** nahe der Laguna Quilotoa, Tel. 099-59015442, www.quilotoalodge.com.ec, EZ 20 $, DZ 40 $, jeweils mit Frühstück, sehr gute Übernachtungsmöglichkeit.

● **The Black Sheep Inn** bzw. **La Posada Oveja Negra,** Tel. 03-2814587, www.blacksheepinn.com, jahrelang privat entwickelt und heute von der Gemeinde betrieben. Kaminzimmer, biologisches Wirtschaften, sehr gutes Frühstück, Ausflugsprogramme (Tipp: die nahe gelegene Käserei). Die Posada liegt in der Nähe von Chugchiglán an der nördlichen Verbindung zwischen Zumbahua (2 Std.) und Latacunga (3 Std.); Preise inkl. vegetarischer VP: Standard EZ/DZ 70/120 $, 35 $ im Schlafsaal, leichte Ermäßigungen für Studenten, Mitglieder des SAEC, Kinder, Senioren und Gäste ab 4 Tagen Aufenthalt.

● **Casa Mama Hilda** am Ortsausgang von Chugchiglán, Tel. 02-708005, http://mamahilda.com/location-a-travel, 37–49 $ p.P. mit HP, Bar.

● **Hostal Cloud Forest,** Tel. 03-2708016, 099-89545634, www.cloudforesthostal.com, mit Bar und WiFi, 14–17 $ p.P. inkl. Frühstück und Abendessen, familiäre Atmosphäre bei den sehr sympathischen Herbergseltern *Patty* und *José Luís*, die auch jede Menge Tipps zur Region auf Lager haben.

● Völlige Ruhe und das Idyll einer abgelegenen Andensiedlung finden sich in dem Dorf Isinlivi nebst der schönen, einfachen **Hostería Llullullama,** Bus von Latacunga (zwischen 11.30 und 1 Uhr) nach Isinlivi, Tel. 03-2814790, www.llullullama.com. Guter Ausgangspunkt für einsame Wanderungen und Radtouren. Schlafsaal 19 $ p.P., EZ/DZ 25/42 $, jeweils inkl. Halbpension. Empfehlenswert!

● **Von Zumbahua** fährt nur einmal täglich ein **Bus nach Chugchiglán.** Wer also an der Laguna Quilotoa einen Stopp einlegt, muss dort übernachten oder mit der gecharterten Camioneta weiterreisen (4–6 $ p.P.).

● **Von Chugchiglán nach Sigchos** fährt nur ein **Bus** noch vor dem Morgengrauen, Abfahrt zwischen 3 und 4 Uhr.

● Lesertipp: „Um 10 Uhr fährt jeden Tag ein **Milchwagen.** Super Erfahrung im offenen Wagen: Man steht 2 Std. bis Sigchos. Der Wagen hält an jedem Haus. Leute mit Milcheimern – viele Kinder – geben die Milch ab, manche kaufen auch Milch vom Wagen." In Sigchos nahe am Markt gibt es zwei einfache, akzeptable Unterkünfte mit heißem Wasser.

■**Bus nach Isinlivi:** Mo, Di, Mi und Fr fährt ein Bus um 13 Uhr von Latacunga aus direkt, ansonsten über Sigchos anreisen.

■**Busse ab Sigchos:** nach Latacunga um 14.30 Uhr, So direkt nach Quito um 10.30 Uhr (Fahrtzeit 4 Std.) und Do nach Saquisilí zum Markt.

■Die Strecke **von Zumbahua über Quilotoa und Chugchilán bis nach Sigchos** lässt sich als reizvolle „Hostal-to-Hostal"-Wanderung begehen.

Nationalpark Cotopaxi VIII,A1/2/B1

■**Karten:** IGM TK 1:50.000 Machachi ÑIII-C4, 3892-II, Sincholagua ÑIII-D3, 3992-III, Mulaló ÑIII-E2, 3891-I, Cotopaxi ÑIII-F1, 3991-IV.

Die **Anfahrt** erfolgt entweder **von Quito, Latacunga oder Lasso** aus. Wer nicht mit dem Privatwagen oder im Rahmen einer organisierten Tour unterwegs ist, kann jeden Quito/Latacunga-Bus bis zum Abzweig in den Nationalpark „Entrada al Parque nacional" nehmen. An Wochenenden und an Feiertagen ist das Verkehrsaufkommen zum Nationalpark häufig so stark, dass die Wahrscheinlichkeit, **per Autostopp zur Schutzhütte José Ribas** (Cotopaxi, Tel. 099-9638344, Preis 16 $) zu gelangen, relativ hoch ist. Schwierigkeiten könnten dann aber bei der Übernachtung auf der (voll besetzten) Hütte auftreten. Mit Vierrad-Fahr-

zeug kann man bis zum Parkplatz auf 4600 m fahren. Die letzten 200 Höhenmeter zur Hütte müssen dann in jedem Fall über einen steilen Geröll- und Lavaweg zu Fuß zurückgelegt werden (20–45 Minuten).

Der **Parkeingang** wird von Wächtern kontrolliert. Zugang nur bis 16 Uhr, Ausfahrt bis 18 Uhr geöffnet.

Der Nationalpark ist über **drei Zufahrtswege** zu erreichen, zwei liegen an der Panamericana zwischen Machachi und Latacunga; auf beide wird durch ein Schild bzw. ein Holzkreuz hingewiesen.

Über die **Zufahrt 1** (blaues Schild, 29 km von Latacunga bzw. 60 km von Quito) gelangt man nach einem Kilometer zunächst zum Campingplatz Río Daule (Übernachtung im Zelt möglich). Von hier steigt der Weg leicht an; nach 3 km steht man vor dem Parkeingang.

Die gängigere **Zufahrt 2** (Hinweisschild, 19 km von Latacunga bzw. 70 km von Quito) führt über einen Schienenstrang zu einer Weggabelung. Gehen Sie rechts weiter und folgen Sie nach 300–400 m einer starken Linkskurve. Der weitere Weg ist durch Hinweisschilder markiert. Mitunter steht an der Abzweigung von der Panamericana eine Camioneta und bietet Transportmöglichkeit zum Informationszentrum. Man sollte den Preis unbedingt vorher aushandeln. **Am Parkeingang** wurde ein **kleines Gehege** angelegt, in dem Lamas gehalten werden (und die spucken!). Hinter der Schranke steigt der Weg im weiteren Verlauf zunehmend an und erreicht das **Verwaltungszentrum Campamento Mariscal Sucre** mit einem kleinen, lieblosen naturhistorischen Museum. Von der Abzweigung von der Panamericana bis zum Verwaltungszentrum sind es ca. 13 km.

■Zwischen dem Verwaltungszentrum und der Schutzhütte José Ribas (etwa 35 km von der Zufahrt 2 zum Park) gibt es mehrere **Campingmöglichkeiten.** Den ersten Campingplatz finden Sie ca. 3 km oberhalb des Verwaltungszentrums (Hinweisschild, Campingplatz links vom Weg). Von diesem Platz bietet sich für berg- und kartenerfahrene Wanderer eine Besteigung des Rumiñahui an. Auf 3700 m Höhe liegen die Schutzhütte Tambopaxi und ihr Campinggelände (vgl. auch „Bergwandern in Ecuador"). Ein empfehlenswerter **Campingplatz** (6 $ p.P.) und die private **Schutzhütte Albergue Tambopaxi,** Tel. 02-2220241, 02-2220242, 099-448223, www.tambopaxi.com, EZ/DZ 92/104 $, Cabañas 165 $ (4 Personen), Schlafsaal 24 $ p.P., Frühstück 9 $, Mahlzeiten („reichlich") 15 $ ohne Getränke. Leser schreiben dazu: „Wirklich schön, viel Holz, Stroh/Heu und lehmartige Wände machen es sehr gemütlich. Panoramafenster, gute Betten und ein wärmender Bollerofen im Gemeinschaftsraum, der abends auch nötig ist". So haben wir es auch erlebt. Büro in Quito: Calle La Pinta E7-31 y Diego de Almagro.

■**Zelten an der Laguna Limpiopungo** ist nicht mehr erlaubt (siehe auch Kapitel „Bergwandern in Ecuador").

■**Tierra del Volcan,** Büro in Quito: San Ignacio N27-127 y Gonzáles Suárez, Tel. 02-3237372, 099-4980121, www.tierradelvolcan.com, ventas@tierradelvolcan.com, Mo bis Fr 9–18 Uhr, EZ/DZ 43/50 $ mit BC, mit BP EZ/DZ 114–170 $, jeweils inkl. Frühstück. Tour 3 Tage/2 Nächte 297 $, 10 $ Eintritt Cotopaxi-Park, inkl. Unterkunft mit Vollpension und Tour. Cannoping 35 $ p.P. Empfehlenswert!

Von der Laguna Limpiopungo sind es 3 km bis zu einem Hinweisschild auf die Schutzhütte José Ribas (9 km).

Der kurvenreiche Weg steigt nun sehr steil an, bis er nach 8,5 km den Parkplatz auf 4600 m erreicht, der mit Bus oder Pkw angefahren werden kann. Über einen steilen Sandweg führen die letzten 200 Höhenmeter hinauf zum **Refugio José Ribas** (ca. 35 km vom Parkeingang). Die Schutzhütte verfügt über 50 bis 60 einfache Schlafplätze, verschließbare Schränke (oft belegt), Kochmöglichkeiten und eine Feuerstelle; die Übernachtung kostet 16 $. Ein warmer Schlafsack ist unbedingt erforderlich. In der Hütte kann man sich als Erinnerung

an seinen Aufenthalt seinen Reisepass stempeln lassen.

Zufahrt 3: Diese weniger befahrene Zufahrt zum Nationalpark führt durch Machachi und weiter südlich des Vulkans Rumiñahui durch landwirtschaftlich geprägtes Hochland; der Eingang heißt „Entrada a Loreto de Pedregal". Bei Loreto de Pedregal zweigt man rechts ab und fährt weiter bis zum Parkwächterhäuschen, insgesamt sind es ca. 20 km über eine allradtaugliche Straße.

▪**Berghütte: Lodge Chilcabamba,** bei Loreto de Pedregal links ab, Tel. 02-2224241, 099-9460406, www.chilcabamba.com, Übernachtung mit Frühstück 31 $ p.P. (Schlafsaal) bis 73 $ (EZ mit BP). Schöne Berglodge mit Kaminofen auf 3500 m, erfahrene Leitung und empfehlenswerte Bergtouren.

Informationen zum Park

Das 34.000 ha große Gebiet um den Vulkan Cotopaxi wurde am 11. August 1975 zum Nationalpark erklärt. Es liegt in den zentralen Anden der Provinzen Cotopaxi, Pichincha und Napo. Der **Vulkan Cotopaxi, einer der höchsten aktiven Vulkane der Erde (5897 m),** ist zweifelsohne der Hauptanziehungspunkt des Nationalparks. Wenngleich Cotopaxi gegenwärtig „schläft", zeugen Fumarolen von seiner Aktivität, die nur der zu Gesicht bekommt, der den mühsamen Aufstieg zum Krater antritt.

ecu016 peko

◁ Der Vulkan Cotopaxi – aktiv und 5897 m hoch

Im Hochland (Sierra): Route A 2

Neben dem Cotopaxi reizt der erloschene Vulkan Rumiñahuí (4712 m) wegen seiner großen Caldera zu einer Besteigung.

Auch wenn der Nationalpark häufig lediglich als Tagestour von Quito oder Latacunga angefahren wird, eröffnet er passionierten Wanderern und Bergsteigern – im Zusammenspiel mit dem im Westen an den Nationalpark angrenzenden, 1080 ha großen **Naturschutzgebiet El Boliche** – die Möglichkeit einer mehrtägigen Páramo-Wanderung. Mit viel Glück ist dabei der hier lebende Kondor zu bestaunen, überhaupt ist die Vogelwelt umfangreich. Dem Andenfuchs begegnet man schon mal hungrig in der Nähe des Parkplatzes.

14 km südlich von Latacunga durchfährt man den Ort **(San Miguel de) Salcedo.** Das für sein hervorragendes Speiseeis bekannte Dorf liegt in 2650 m Höhe. Touristisch interessant ist der Besuch des schönen Sonntagsmarktes.

■**Unterkunft:** Das großzügige und komfortable **Hotel Rumipamba de las Rosas** direkt am Ortseingang bietet eine Alternative zu den Unterkünften in Latacunga (Av. Norte y Av. Eloy Yerovi, Tel. 03-2726128, www.rumipamba.com, EZ 59 $, DZ 80 $, inkl. Frühstück. Jacuzzi, Pool, Sportplätze für Volleyball, Basketball und Tennis, Tischtennisplatten und Kicker).

[>] Salasaca-Junge am Webstuhl

Von Salcedo bieten sich **Ausflüge** zu dem Thermalbad Nagsiche (bei Panzaleo) oder zur Laguna de Yambo (Forellenangeln) an.

Auf der **Weiterfahrt nach Ambato,** parallel zum Schienenstrang Quito – Riobamba, fliegen die unbedeutenden Orte Cunchibamba und Unamuncho am Reisenden vorbei, ehe man ca. 140 km südlich von Quito in die „Stadt der Blumen und Früchte" einfährt: Ambato.

Ambato   VIII,A3

Die in 2600 m Höhe gelegene **Hauptstadt der Provinz Tungurahua** zählt 150.000 Einwohner, die vor allem durch die bescheidene Industrie angezogen wurden. Im Stadtzentrum arbeiten noch kleine Familienbetriebe, die Lederwaren und Kunsthandwerk verkaufen. Um den Stadtkern verteilen sich größere Industriemanufakturen wie Gerbereien, Werkstätten oder Textilfabriken.

Ambato wurde am 12. November 1820 unabhängig. Schon 1760 war die **erste Druckerei des Landes** von dem Deutschen *Johannes Schwarz* eingerichtet worden, 1835 erfolgte der Druck der ersten Stadtzeitung.

Große Schriftsteller sind in Ambato herangewachsen, **Juan Montalvo** zählt zu den berühmtesten in ganz Lateinamerika. Das Mausoleum des Schreibers im Museo de Montalvo ist immer einen Besuch wert, und ihm zu Ehren wurde auch der Parque Montalvo mit einer Statue seiner Person angelegt.

Den Namen **„Garten der Sierra",** mit dem Ambato auch bezeichnet wird, verdankt die Stadt dem berühmten **Blumen- und Früchtefest, La Fiesta de las Flores y las Frutas,** das jährlich in den beiden letzten Februarwochen zur Karnevalszeit ausgerichtet wird. Bunt geschmückte Straßen, kulturelle Veranstaltungen und Stierkämpfe mit berühmten Toreros aus Spanien und Lateinamerika in der Plaza de Toros bestimmen zwei Wochen lang das Leben in der Stadt. Daneben gibt es natürlich reichlich Speis und Trank. Während der Festtage sind die Hotels der Stadt in aller Regel ausgebucht, so dass sich eine rechtzeitige Reservierung unbedingt empfiehlt!

Ambato hat kein historisches Zentrum, der Stadtkern stellt eine provokante Mischung aus traditioneller und moderner Bauweise dar. Ambatos **Montagsmarkt** entlang der Av. Cevallos gilt als größter Markt Ecuadors. Auch hier zeigt sich der Widerstreit von Moderne und Althergebrachtem: westliche Jeans neben traditionellen Trachten und immer mehr Kinder, die amerikanische Basketballmützen dem Filzhut vorziehen. Der Markt ist schon seiner einzigartig schönen Lage wegen, am Río Ambato zwischen den Vulkanbergen Chimborazo (6310 m), Carihuairazo (5020 m) und Tungurahua (5016 m), ein Erlebnis. Die Kehrseite der Medaille: Ambato wurde mehrmals durch Erdbeben und Vulkanausbrüche zerstört, zuletzt 1949, als die Stadt direkt im Epizentrum eines großen Bebens lag.

Seit 1974 hat Ambato eine **Technische Hochschule,** an der Ingenieure und Sozialwissenschaftler ausgebildet werden.

Viele Touristen sehen Ambato in erster Linie als Zwischenstation auf dem Weg nach Baños oder Riobamba, doch

Im Hochland (Sierra): Route A 2

ecu017 peko

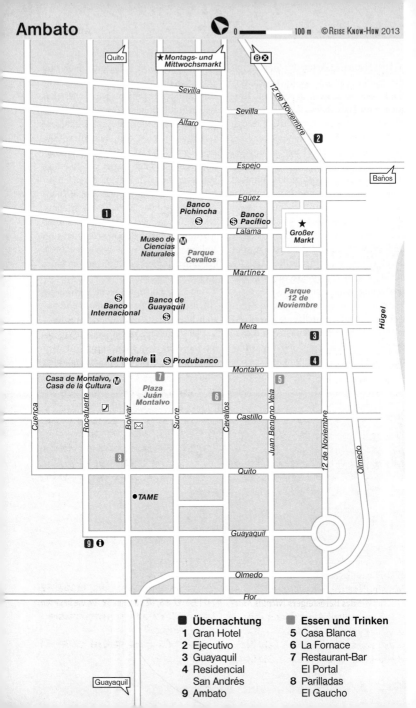

Ambato

0 ——— 100 m ©REISE KNOW-HOW 2013

Quito

★ Montags- und Mittwochsmarkt

B X

12 de Noviembre

Sevilla
Sevilla

Alfaro

Espejo

Baños

Egüez

Banco Pichincha Ⓢ

Ⓢ Banco Pacífico

Lalama

★ Großer Markt

Museo de Ciencias Naturales Ⓜ

Parque Cevallos

Martínez

Parque 12 de Noviembre

Hügel

Ⓢ Banco Internacional

Banco de Guayaquil Ⓢ

Mera

3

Kathedrale ⚲ Ⓢ Produbanco

4

Montalvo

5

Casa de Montalvo, Casa de la Cultura Ⓜ

7

Plaza Juán Montalvo

6

Castillo

Juan Benigno Vela

12 de Noviembre

Olmedo

Cuenca

Rocafuerte

Bolívar ✉

Sucre

Cevallos

8

Quito

●TAME

Guayaquil

Olmedo

9 ⓘ

Flor

Guayaquil

◼ Übernachtung
1 Gran Hotel
2 Ejecutivo
3 Guayaquil
4 Residencial San Andrés
9 Ambato

◼ Essen und Trinken
5 Casa Blanca
6 La Fornace
7 Restaurant-Bar El Portal
8 Parilladas El Gaucho

das Stadtzentrum, insbesondere um die zentrale **Plaza Juán Montalvo,** entwickelt sich allmählich zu einem charmanten und gepflegten Ort, der einen Stopp lohnt. Eine spektakuläre Panoramastrecke, auch für Biker empfohlen, ist die West-Umgehung des Carihuayrazo und des Chimborazo: von Ambato über Guaranda nach Riobamba.

Sehenswürdigkeiten

Das **Museo de Ciencias Naturales** im Colegio Bolívar befindet sich an der Ecke Sucre y Lalama (im Nordwesten des Parque Cevallos). Gezeigt werden ausgestopfte Vögel, Säugetiere und Reptilien, archäologische und geologische Vitrinen sowie eine Schwarz-Weiß-Fotogalerie des ecuadorianischen Bergsteigers *Nicolás Martínez.*
      Geöffnet: Mo bis Fr 8–12.30 und 14–17.30 Uhr.

Die **Casa de Montalvo** und die **Casa de la Cultura** in der Calle Bolívar nordwestlich des Parque Juan Montalvo beherbergen jeweils ein kleines historisches Museum nebst Wachfigurenkabinett der Familie *Martínez.*
      Geöffnet: Mo bis So 8–12.30 und 14–17.30 Uhr.

Etwas außerhalb des Stadtkerns liegen die Landhäuser **Quinta de Montalvo** (Landhaus des Schriftstellers *Juan Montalvo* im Stadtteil Ficoa), **Quinta la Liria** (Landhaus des Bergsteigers *Nicolás Martínez* im Stadtteil Atocha) und ganz in der Nähe die **Quinta de Méra** (Landhaus des Schriftstellers *Juan León Méra,* ebenfalls im Stadtteil Atocha). Die Land-

häuser haben schön angelegte Gärten und ein kleines Museum.
      Der **Stadtteil Atocha** ist zu Fuß in zehn Minuten über die Calle Montalvo oder mit dem Stadtbus von der Ecke 12 de Noviembre y Sevilla (oder 12 de Noviembre y Espejo) zu erreichen. Die beiden Landhäuser befinden sich in der Av. Los Capulíes.
      Geöffnet: tgl. 8–12 und 14–17 Uhr.

Praktische Infos

◼ **Tel. Vorwahl: 03**

Informationen/Infrastruktur

◼ **Touristeninformation:** Guayaquil y Rocafuerte, Tel. 2821800, epcollantes@hotmail.com, geöffnet Mo bis Fr 8–13 und 14–17 Uhr.
◼ Die **Wechselstube Casa Cambiato** liegt in der Calle Bolívar 1715 y J. L. Mera.
◼ Die **Banco de Guayaquil** wechselt in der Calle Sucre y Mera.
◼ **Postamt:** Parque Juan Montalvo in der Calle Castillo y Bolívar, geöffnet 8.30–17 Uhr.
◼ **ANDINATEL**-Telefonzentrale in der Calle Castillo zwischen Bolívar und Rocafuerte.
◼ Ein wichtiger **Taxistand** befindet sich am Busbahnhof.

Unterkunft

Einfache Unterkünfte
◼ **Hotel Ejecutivo**
Av. 12 de Noviembre 1230 y Espejo, Tel. 2825506, 2421998, EZ 8 $, DZ 16 $ mit BP; TV, die besseren Zimmer zur Straße sind etwas teurer, Restaurant.
◼ **Hotel Guayaquil**
Mera 07-86 y 12 de Noviembre, Tel. 2823886, 7 $ p.P. mit BP, und TV.

■ **Residencial San Andrés**
12 de Noviembre y Montalvo, Tel. 2821604, 5 $ p.P.
mit BP und TV.

Mittelklasse-Hotels
■ **Hotel La Fornace**
Calle los Dátiles y Av. los Guaytambos (gegenüber dem Colegio Santo Domingo de Guzmán), Tel. 2422563, EZ 42 $, DZ 99 $ mit Frühstück; *Roberto*, der „Pizzakönig" der ecuadorianischen Zentralanden, hat im feinen Stadtteil Ficoa ein zweites Hotel mit empfehlenswertem Restaurant eröffnet.
■ **Gran Hotel**
Calle Rocafuerte y Lalama 1133, Tel. 2824235, Fax 2824235, ralvarez@tu.pro.ec, EZ 16 $, DZ 30 $ mit BP und Kabel-TV; Restaurant.
■ **Hotel Miraflores**
Av. Miraflores 1527, Tel. 2460204, 2460509, www.hmiraflores.com.ec, modernistisches, gepflegtes Hotel mit gehobener Ausstattung, EZ 51 $, DZ 68–86 $, „Präsidentensuite" für bis zu 4 Personen 159 $ inkl. Frühstück; Restaurant, Café, Garage.
■ **Hotel Roka Plaza**
Av. Bolívar zwischen Quito und Guayaquil, Tel. 2422360, www.hotelrokaplaza.com, EZ 49 $, DZ 78 $ inkl. Frühstück; Restaurant, Sushi Bar, Cafeteria und WiFi.

Luxus-Hotel
■ **Hotel Ambato**
Guayaquil 0108 y Rocafuerte, Tel. 2421791, www.hotelambato.com, sehr nüchterner Bau, EZ/DZ 56/80 $ mit BP und Frühstück, TV, Telefon, Restaurant mit sehr gutem Essen (zur Mittagszeit meist überfüllt), Casino.

Essen und Trinken

■ In einigen **Chifas** (Chinarestaurants) um den Parque 12 de Noviembre kann man preiswert essen.
■ **In der Nähe des Hotels Ambato** gibt es gute Restaurants.

■ **Parrilladas el Gaucho**
Bolivar 19-64 y Quito, Tel. 2828969, migueljz51@hotmail.com, Mo bis Sa 12–23 Uhr. Viel Fleisch kommt auf den Grill, zu empfehlen ist das Lammfleisch-„borrego"; Fr abends Live-Programm.
■ **Restaurante Casa Blanca**
Juan B. Vela 622 y Montalvo, landestypische Küche.
■ **Pizzeria La Fornace**
Av. Cevallos 17-28 y Montalvo, Zentrum, Tel. 2823244, Hotel_lafornace2003@yahoo.com, So Ruhetag. Der Besitzer *Roberto* ist zwar Ambateño, hat aber mehrere Jahre in Siegburg und Bonn bei Sizilianern das Pizzabacken gelernt und spricht – natürlich – fließend deutsch. Er steht den ganzen Tag unermüdlich am riesigen Steinbackofen und wirbelt eine Pizza nach der anderen durch die Luft, sodass selbst Italiener begeistert sind; Zweigstelle in Ficoa, siehe „Mittelklasse-Hotels".
■ **El Portal**
Parque Montalvo, Frühstücks-, Snack- und Musikbar mit gutem Kaffee und guten Preisen, WLAN. Mo bis Sa ab 8 Uhr bis spät abends geöffnet.

Busse

Stadtbusse
■ Die Av. las Américas führt vom Busbahnhof ins Stadtzentrum. Auf der Brücke (über der Bahnlinie) befindet sich eine Bushaltestelle. Von hier fahren **Stadtbusse zum Parque Cevallos ins Zentrum.**
■ Vom Parque Cevallos (Ecke Martínez y Cevallos) fahren **Busse zum Busbahnhof und nach Ficoa.**
■ Von der Ecke 12 de Noviembre y Espejo gehen Busse **nach Atocha,** von der Ecke Bolívar y Lalama nach **Miraflores.**

Überlandbusse
Der **Busbahnhof** liegt **2 km außerhalb des Zentrums;** Verbindungen nach **Quito** (2½ Std.), **Riobamba** (1 Std.), **Baños** (45 Min., die besten Plätze sind linksseitig), **Cuenca** (7 Std.), **Guayaquil** (6 Std.), **Guaranda** (2½ Std.) und **Tena** (6 Std.).

Ausflug nach Salasaca VIII,A3

Salasaca liegt **auf dem Weg nach Baños** keine 15 km von Ambato entfernt. Die Salasaca-Indianer, die hier leben, sind eines der unabhängigsten und ursprünglichsten Völker in Ecuador. Sie sind Campesinos (Hochlandbauern) der Anden. Aus der Schafswolle weben sie in Handarbeit ihre Kleidung und Wandteppiche, die ein Zweiteinkommen darstellen. Sie halten jedoch keinen eigenen Markt ab, sondern verkaufen ihre Ware meist auf den Märkten in Ambato, Pelileo, Cuenca, Quito oder Otavalo. Auch veräußern sie ihre gewebten Produkte z.B. an die Otavaleños, die dann das große Geschäft mit den Touristen machen. In Salasaca bieten die Indígenas ihr Handwerk allenfalls an der Ambato/Baños-Straße an und in einer Verkaufshalle in der Nähe der Dorfkirche. Markttag ist jeden Sonntag. Besuchen Sie die Färberei von *Alonso Pilla*, der auch Ausflüge organisiert. Sehr einfache Familienunterkünfte u.a. bei *José Masaquiza*.

■**Tipp: Café-Bar-Restaurant Samarina,** die „Ruhestätte" am Parque Montalvo, gemütlich, Kaffee, Säfte, Menüs und Desserts, sehr zu empfehlen.

Verlässt man in Ambato die Panamericana südostwärts, ist nach knapp 50 km über die Ortschaften Salasaca (s.o.) und Pelileo die Touristenhochburg Baños erreicht. Das Straßendorf von **Pelileo** ist berühmt für seine Jeans-Produktion und jede Menge anderer Textilien. Ein Stopp zum Jeans-Shopping in einem der vielen Läden (am Wochenende auch Straßenstände) lohnt sich. Die Qualität der Waren variiert. Verhandeln Sie gut beim Kauf des Beinkleids (eine Standardjeans kostet etwa 10 $).

Abstecher nach Patate VIII,A3

Wenige Minuten hinter der Jeans-Meile zweigt es unauffällig nordwärts in die Berge ab. Hier geht es in das Dorf Patate und weiter über einfache Pisten nach Norden Richtung **Pillaro,** nahe der Panamericana. Jenseits des Schmutzes von Ambato und des Rummels von Baños

Vulkanausbruch

Grundsätzlich empfehlen wir allen Reisenden vor Antritt ihrer Reise in diese Region **Informationen über den Stand der Aktivität des Vulkans Tungurahua einzuholen.** Eine längerfristige Vorhersage ist unmöglich. Täglich aktuelle Infos finden sich auf der Website des Geophysischen Instituts Ecuadors: www.igepn.edu.ec (span.).

Beim **Auswärtigen Amt** (www.auswaertiges-amt.de) finden Sie weitere Informationen auf Deutsch unter „Sicherheitshinweise/Ecuador".

Erste-Hilfe-Tipp: Wer dennoch in eine vulkanische Aschewolke gerät, schütze umgehend seine Atemwege, seine Augen und seine Haut vor der Asche.

Die Straße, die von der Verbindung Baños – Pelileo nach Süden auf dem kürzesten Weg am Fuße des Vulkans nach Riobamba führt, ist wegen Schlamm- und Ascheablagerung bis auf Weiteres gesperrt. Der Weg nach Riobamba führt somit südlich an Ambato vorbei.

liegt südlich von Patate die alte **Jesuiten-Hazienda Leito.** Auf ihrem Grund oder nahebei soll der alte Inka-Schatz vergraben sein. Auf den Grundmauern ist eine gediegene Hostería entstanden.

■ **Hacienda Manteles,** Patate (oberhalb der Hacienda Leito), Tel. 2233484, www.haciendamanteles.com, schöne Lage am Hang unter einem großen Wald, ausgedehnte Spaziergänge u.a. zum Wasserfall. EZ 116 $, DZ 165 $ mit HP.

■ **Hostería Hacienda Leito,** Panamericana via Ambato bis Patate geradeaus zur Hacienda (8 km), Tel. 2859329, Fax 2859331, www.haciendaleito.com, sehr freundlich und gepflegt, helles, gehobenes Ambiente, EZ 86 $, DZ 147 $,,,Präsidentensuite" 220 $, inkl. Frühstück; zahlreiche Exkursionen, u.a. Reiten, Hiking, Vogel- und natürlich Vulkanbeobachtungen, leider umgeben von Plantagen unter Folie.

ecu126 vinu

Nationalpark Llanganates VIII,B2/3

Das 220.000 ha große Schutzgebiet ist ein **abgelegenes Páramo-Gebiet** mit rauem Klima, rund 200 Seen und mit dem höchsten Punkt auf 4571 m, dem Gipfel des **Cerro Hermoso.** Der Park ist kaum erschlossen, die Orientierung wegen Nebel und Regen schwer. Ein Guide und Outdoor-Ausstattung, etwa über die Agenturen in Baños zu organisieren, sind obligatorisch. Der Legende nach soll in dieser Region der Goldschatz der Inkas versteckt sein. Weitere Infos unter www.parquellanganates.com.

Baños VIII,B3

Baños ist ein außergewöhnlicher **Marienwallfahrtsort.** Das ganze Jahr über ziehen vor allem an den Wochenenden kleine und große Prozessionen zu Ehren der „Jungfrau des heiligen Wassers" singend und betend durch die Straßen, besonders im Oktober. Doch die Ecuadorianer wie auch die weltweit anreisenden Touristen lieben den Ort nicht in erster Linie wegen der Heiligen. Es sind vielmehr das **angenehme Klima** in 1800 m Höhe, die warmen **Thermalquellen** der Stadt und die **außergewöhnliche, schöne Landschaft,** die Baños zu Recht zu einem Hot Spot des ecuadorianischen Tourismus machen.

Hier am „Tor nach Amazonien" hat sich folglich eine **breite Infrastruktur** von Unterkünften, guten Restaurants und Agenturen für jegliche Freizeitaktivität oder Erholungsform etabliert. Baños bietet sportlich viel: Wandern, Schwimmen, Radfahren, Enduro-Sport, Rafting und in der Umgebung sogar Gleitschirmfliegen. Zur Erholung laden Bäder, Massagen, Saunen und Spa-Anlagen ein. Für das leibliche Wohl bietet der Ort beste internationale Küche zu niedrigen bis moderaten Preisen. Das Ganze in einem relaxten und weitgehend sicheren Städtchen. Wer abends die Ruhe hinter sich lassen möchte, findet mittlerweile in der Calle Alfaro eine „rosa Zone" mit Bars und Diskotheken, die der alten Tradition der Zuckerrohrschnapsbrenner von Baños zumindest im Ausschank alle Ehre macht.

Bekannt ist Baños auch für seine **Süßigkeiten.** Neben Sirup und rohem Zuckerrohr fallen vor allem die ockerfarbenen Cremeriegel ins Auge. Noch immer wird diese „Alfeñique" an einigen Ladeneingängen in langen elastischen Striemen über einen Ast geschlagen, bis sie die richtige Konsistenz zum Verzehr gewinnt.

⌃ Baños liegt am Fuße des Tungurahua

Am Fuße des Vulkans

Die Menschen in Baños leben seit jeher am Fuße des aktiven Vulkans **Tungurahua**. Sie verdanken ihm gar ihr „heiliges Wasser" und die Thermalquellen. Vor knapp 15 Jahren kehrte der unruhige 5000er jedoch zu einer erhöhten Aktivität zurück. Zeitweise warf er Geröll und Lava aus seinem fast konischen Krater, sodass Baños **seit dem 17. Oktober 1999 mehrfach evakuiert** werden musste. Zurück blieben in solchen Zeiten eine Hand voll Geistlicher und Soldaten. Ende 1999, Anfang 2000 schleusten die Militärangehörigen nicht nur Prostituierte in die Geisterstadt, sondern plünderten auch zahlreiche Häuser und Geschäfte. Die evakuierten Bañeños erfuhren von den Abwegen der Staatsdiener in Uniform und organisierten am 3. Januar 2000 einen Protestmarsch und die „Rückeroberung" ihrer Stadt. Die Armee verhielt sich glücklicherweise besonnen und ließ die Menschen einziehen. Nach dem großen Ascheputz – dem „Wiederaufbau" – kehrte allmählich Normalität ein in Baños – der Spuk war vorbei.

Trotz der Gefahr hat sich ein gewisser **„Eruptionstourismus"** entwickelt. Es gibt ein paar hervorragende Aussichtspunkte, um die teils mächtigen dunklen Asche- Lavaausbrüche des Vulkans zu erleben und zu fotografieren. Die beste Sicht bietet sich vom Nordufer des Río Pastaza, wie weiter unten beschrieben. Aber auch ohne Wanderung öffnet sich vom Westrand der Stadt ein freier Blick auf den Krater, und zwar aus dem kleinen Nahuazo-Tal. Der freie Blick ist bereits dort gegeben, wo die Avenida Ambato den kleinen Fluss Nahuazo quert, etwas unterhalb des Friedhofs. Auch von Runtún aus sieht man den häufig rauchenden Gipfel des Berges.

Sehenswürdigkeiten

Der Ort selbst zählt nicht viel Sehenswertes. In der dominikanischen **Basílica de Nuestra Señora del Agua Santa** reihen sich Gemälde von Rettungstaten der Heiligen Jungfrau aneinander. Das angegliederte **Museum** (8–16 Uhr geöffnet) unterhält u.a. eine skurrile Abteilung mit ausgestopften Tieren.

Etwas lebendiger ist es im **Zoo**, der über die Pastaza-Brücke (Puente San Martín) am westlichen Ortseingang zu erreichen ist. Von der Brücke sieht man auch einen der rauschenden **Wasserfälle** des Pastaza. Im Zoo dann begegnen Sie u.a. Tapiren, Kondoren und auch einer Galápagos-Schildkröte. Ein kleiner Wasserfall fällt direkt neben den **Piscinas de la Virgen** in die Stadt.

Weder die Architektur noch die Plätze in Baños sind besonders sehenswert. Nur wenige alte Häuser stehen im Dorf.

Als Stadt ist Baños also keine Schönheit. Es ist schlicht einer der angenehmsten Orte Ecuadors, um die Seele baumeln zu lassen, um sportlich in faszinierender Umgebung aktiv zu werden, um preiswert, aber gut zu speisen. Nicht wenige ausländische Besucher ziehen Klima und Gelassenheit des 15.000-Seelen-Städtchens in ihren Bann, so dass sie länger als geplant verweilen, vielleicht in die Sprachschule gehen oder Salsa lernen, Postkarten schreiben oder gleich ein ganzes Buch. Die schönsten Wanderungen ab Baños sind am Ende des Stadtkapitels beschrieben.

Die **Brücke San Francisco** soll die mit 300 m Sprunghöhe weltgrößte Bungee-Anlage tragen.

Praktische Infos

■ **Tel. Vorwahl: 03**

Informationen/Infrastruktur

■ Das städtische **Tourismusbüro** liegt an der Calle Tomás Halflants y Rocafuerte, Tel. 2740483, www.banos-ecuador.com, Mo bis Fr 8.30–17 Uhr. Auch die Reiseagenturen und die meisten Hostales haben aktuelle Informationen über Touren, Programme und Attraktionen der Umgebung. Baños lebt heute weitestgehend vom und für den Tourismus. Vor allem die **Casa Hood** erweist sich als hilfreiche informelle Informationsbörse für Baños. Hinweis: Manchmal etwas nervig sind Verwechslungen der ähnlich klingenden Casa Hood, Café Hood und Café Good – es fehlt eigentlich nur noch Casa Good …

■ **Postamt CDE – Correos del Ecuador** am Parque Flores, geöffnet wochentags 8–17 Uhr.

■ Das **ANDINATEL-Büro** liegt am Parque Flores. Zahlreiche offene Telefonkabinen verteilen sich über das Dorfzentrum.

■ Im Stadtplan sind einige der zahlreichen **Internet-Cafés** eingezeichnet, die teils auch über **Netto-phone-Anschlüsse** zum preiswerten Telefonieren verfügen. Auch in den besseren Hostales kann man oft telefonieren und im Netz surfen.

■ Die **Kunstgalerie Huillacuna** präsentiert in einem gemütlichen Haus Gemälde und Skulpturen ecuadorianischer Künstler, darunter Kitsch, aber auch interessante Exponate. 12 de Noviembre nahe Montalvo, Tel. 2742909, 099-577571, yojairatour@yahoo.com, tgl. 8.30–21 Uhr.

■ **Massagen** gibt es in Baños mittlerweile an vielen Ecken der Stadt. Wellness ist in Baños zweifellos auf dem Vormarsch, Masseure, Orte und Preise variieren allerdings. Erkundigen Sie sich aktuell in den Hostales und Cafés. Die Anwendungen kosten meist zwischen 12 und 30 $.

■ **Krankenhaus: Hospital Betesda,** Calle de los Rosales s/n, Tel. 2740777, 2740643. Ein Leser wurde hier sehr gut behandelt.

■ **Supermarkt:** Der große und einzige nennenswerte Supermarkt von Baños, der **Supermercado Santa Maria,** liegt hinter der städtischen Markthalle in der Calle Rocafuerte, Ecke Alfaro.

■ **Casino:** Kleines Casino neben dem Hotel Sangay: Roulette, Black Jack, einarmige Banditen.

■ **Wäschereien:** Es gibt mehrere Wäschereien in Baños, eine ist *La Herradura* in der Calle Martínez, schräg gegenüber der Casa Hood. Kosten: 80 US-Cents pro Kilo. Die meisten Hostales bieten zudem einen Wäscheservice an.

Unterkunft

Allgemeines: Alle angegebenen Unterkünfte haben ein privates Bad mit heißem Wasser. Fast alle Hostales/Hotels bieten zudem einen Wäscheservice für etwa 80 Cents pro Kilo Wäsche an. Preise ohne Frühstück, wenn nicht anders ausgewiesen. In der Hochsaison vom 15.7. bis 15.9. und an Festtagen können die genannten Preise um bis zu 50 % höher liegen. In diesen Zeiten ist gerade an Wochenenden unbedingt eine Reservierung vorzunehmen. Unter der Woche ist es mitunter recht beschaulich.

Sehr einfache Unterkünfte

■ **Hostal Los Nevados**
Av. Ambato y Hermano Enrique Mideros, Tel. 2740673, hostallosnevados@hotmail.com, 8 $ p.P. mit Frühstück, in der Hochsaison 15 $.

■ **Residencial Lucy**
Av. Rocafuerte y 16 Diciembre, Tel. 2740466, 10 $ p.P.

■ **Hostal Moni**
Calle 16 de Diciembre y Montalvo, Tel. 2741559, resmonik@hotmail.com, EZ 12 $, DZ 16 $.

Baños

1800

1800

1800

Zoo

Lligua

Wasserfall

Brücke
San Martín

Av. Zoila Montoya

Av. de las Amazonas

Av. El Calvario

Av. Jorge Cobo

Brücke
über den
Río Nahuazo

Av. Gonzalo Díaz

Río Nahuazo

Av. El Higerón

Av. El Salado

Ambato, Riobamba

Friedhof

PITITIG

Salado

Baños Zentrum

0 ▬▬ 100 m © REISE KNOW-HOW 2013

	Übernachtung			Essen und Trinken			Einkaufen/

■ **Hostal Princesa Maria**
Calle Rocafuerte y Mera, Tel. 2741035, 2740570, www.princesamaria.webs.com; schöner Aufenthaltsraum, Waschmöglichkeit, DZ mit BP (inkl. Sat-TV) 7–10 $ p.P. „,... das beste Low-Budget-Hotel, das wir in Ecuador benutzten." (wiederholter Lesertipp)

Einfache Unterkünfte
■ **Hotel Düsseldorf**
Av. Ambato y Alfaro, Tel. 2741702, www.hoteldusseldorf.banios.com, 15 $ p.P.
■ **Hostal Casa Real**
Av. Montalvo y Pasaje Ibarra, Tel. 2740215, casareal@baños.com, EZ oder DZ 26 $.
■ **Hostal El Pedrón**
Calle Alfaro y Martínez, Tel. 2740701, www.elpedron.banos.com, 14 $ p.P., einige Zimmer mit Kabel-TV, Kühlschrank und Balkon ins Grüne. Einfaches, aber charmantes, frei stehendes 80-jähriges Haus mit großem, üppigen Garten und alten Bäumen. Einfache, gepflegte Zimmer, die älteren etwas muffig. Preiswerte Cafeteria, kleiner Biergarten und Garage. Die liebenswürdige *Sra. Marcela de Gissel* war 35 Jahre Plattenhändlerin in Ambato und bietet im Haus auch ihre besten CD-Schätzchen feil. Besondere Empfehlung!
■ **Hotel Villa Santa Clara**
Calle 12 de Noviembre y Velasco Ibarra, Tel. 2740349, www.hotelvillasantaclara.com; Zimmer um den Garten (Cabañas), Cafeteria, Wäscheservice, Küchenmitbenutzung, Parkplatz, Fahrradverleih. Schöne Lage direkt unter dem Berghang. Das alte Haus ist jüngst unter neue Leitung gekommen. EZ/DZ 14/23 $.
■ **Hostal El Carruaje Blanco**
Av. Martínez y 16 de Diciembre, Tel. 2740913, hostalelcarruajeblanco@yahoo.com.mx; Familienpension, sehr freundlich, Zimmer wohnzimmerlich und gepflegt mit TV. Kochgelegenheit. 8 $ p.P.
■ **Hostal Los Pinos Backpackers**
Ricardo Zurita y Ambato, www.hosteltraveler.com/Ecuador-hostels/Los-Pinos-Backpackers_Banos-de.htm, 8–20 $ p.P., sehr schöne und saubere Zimmer,

Küche, Aufenthaltsraum, Internet, Büchertausch, feines Essen und sehr freundliches und hilfsbereites Personal – kurz: sehr zu empfehlen!
■ **Hostal León**
Calle Halflants y Martínez, Tel. 2741032; 9 $ p.P. Kabel-TV, Dachterrasse. Kleine Zimmer um einen kleinen Innenhof. Freundlich.
■ **Hostal El Castillo**
Av. Martínez y Rafael Vieira, Tel. 2740285, hostal_elcastillo@hotmail.com; EZ/DZ 10/20 $, Internet, Kabel-TV, Parkplatz, Restaurant. Schlicht und in Ordnung.
■ **Hospedaje Santa Cruz**
Calle 16 de Diciembre y Martínez, Tel. 2740648, santacruzhostal@yahoo.com; 8–11 $ p.P., sauber und freundlich, Außenkaminfeuer, Gärtchen und Hängematten.
■ **Hostal Plantas y Blanco**
Av. Martínez y 12 de Noviembre, Tel. 2740044, option3@hotmail.com; DZ 11–12 $ p.P., MBZ ab 9 $ p.P. feine Hausbäckerei, Dachterrasse, freier Internetzugang, WiFi, Wäscheservice, Büchertausch. Lesertipp: Es gibt eine „Deutsche Wasser-Therapie" in den hoteleigenen Dampfbädern. Empfehlung!
■ **Hostal Timara**
Pedro V. Maldonado y Luis A. Martínez, Tel. 2740599, 2742823, www.timara.banios.com, susana_bermeo@hotmail.com, 5 $ mit BC, 9 $ mit BP, Kabel-TV, Internet, Küchenmitbenutzung. Empfehlenswert!

Mittelklasse-Unterkünfte
■ **La Petite Auberge**
Calle 16 de Diciembre y Montalvo, Tel. 2740936, www.banios.com/lepetit; EZ 20 $, DZ 32 $, Frühstück 4 $ p.P., mit Kamin und Balkon. Üppiger Garten, freundliche Zimmer, sympathische Rezeption, franz. Restaurant angeschlossen. Empfehlenswert, in der Hochsaison 2 $ Preisaufschlag.
■ **Hostal Monte Selva**
Calle Halflants, Ende der Straße am Berghang, Tel. 2740566, 2740244, www.monteselvaecuador.com, EZ 46 $, DZ 76 $, Suite 120 $, Zimmer mit tollem Blick auf ganz Baños. Sehr nettes Personal, schöner

Garten mit Grillplatz, Sauna, türkischem Dampfbad, Thermalbecken, Pool, Kinderpool, Billard, Restaurant. Der Spa-Bereich ist in der Regel nur am Wochenende in Betrieb. Sehr empfohlen. Zur Sicherheit reservieren.

■ Hotel Alisamay
Calle Martínez y Elay Alfaro, Tel. 2741391, www.banos.alisamayhotel.com, Zimmer mit BP, TV, Telefon und Balkon, EZ 32 $, DZ 51 $, inkl. Frühstück. Außerdem Pool, Sauna, WiFi und Snackbar.

■ Hostal Isla de Baños
Calle Halflants 131 y Montalvo, Tel. 2741511, Fax 2740609, www.hosteltrail.com/hosteriaisladebanos, islabanos@andinanet.net; EZ 26 $, DZ 42 $ inkl. Frühstück. Stilvolles, gepflegtes Haus mit Garten, Teich und (in spe) auch einem Whirlpool im Freien. Internetzugang und Wechsel von Reiseschecks für Hausgäste (2 % Gebühr). Deutsche Leitung. Kabel-TV, Wäscheservice, Zimmer teils mit Balkon, Luxus-Suite für 78 $. Fahrradverleih, Jeeptouren und viel gelobte Ausflüge mit *Christians* hervorragenden Pferden, auch mehrtägig. Ruhig gelegen und sehr gutes Frühstück. Besondere Empfehlung!

■ Posada del Arte
Calle Velasco Ibarra y Montalvo, Tel. 2740083, www.posadadelarte.com, artehostal@yahoo.com, EZ 29 $, DZ 59 $, inkl. Frühstück. Gemütliche Zimmer mit Balkon, einige mit Kamin. Café-Restaurant, Videothek. Sehr warme Farben und freundlich. Der Besitzer *James Redd* kennt sich sehr gut in und um Baños aus. Empfehlung.

■ Posada El Marqués
Calle Velasco Ibarra y Montalvo, Tel. 2740053, 2741710, www.banios.com/marques, posada_marques@yahoo.com; EZ 23 $, DZ 35 $ inkl. Frühstück. Sauna, Hydromassage und gemeinsamer Pool mit der benachbarten Posada del Arte. Zimmer mit Balkon, Garage, sehr freundlich. Empfehlung.

■ Hotel Flor de Oriente
Av. Ambato y Maldonado, Tel. 2740418, 2740717, www.banios.com/flororiente, flordeoriente@yahoo.es; 15 $ p.P. mit Frühstück, TV, Garage. Sachliches Eckhotel zentral am Park.

■ La Casa Amarilla
Am Ende der Calle Juán León Mera 15 Min. auf dem Fußweg nach Runtún, Tel. 3743147, 099-9732728, pao475@hotmail.com, ruhige Privatpension mit 3 Zimmern, TV, Jacuzzi, Terrasse und tollem Blick über Baños. Preis 20 $ p.P. inkl. Frühstück. Lesertipp.

■ Hospedaje La Floresta
Calle Halflants y Montalvo, Tel. 2741824, www.lafloresta.banios.com, laflorestahospedaje@yahoo.es; EZ 33 $, DZ 55 $ inkl. Frühstück. Netter Garten, freundliches Personal, WiFi, TV.

■ Hostal Villa Gertrudis
Av. Montalvo 2075 y Alfaro, Tel. 2740441, 25 $ p.P. mit europäischem Frühstück. Holzhaus aus den 1940er Jahren, von deutschen Kriegsflüchtlingen erbaut; eine der ersten Pensionen in Baños. Verspieltes Wohnzimmerambiente mit 1950er-Jahre-Möbeln und den originalen Badewannen. Garage, großes Hallenbad. Empfehlenswert!

■ Hotel Palace
Calle Montalvo 20-30 y Vieira, Tel. 2741911; DZ 61–127 $ mit gutem Frühstücksbüfett. Traditionshotel am Wasserfall, Pool, Jacuzzi. Neubau passabel, Altbau etwas muffig.

■ Hotel/Restaurant Mariane
Avenida Montalvo zwischen Thomas Haflants und Eloy Alfaro, Tel. 2741947, 099-5223555, 15 $ p.P. (Hauptsaison 25 $), Frühstück 3,50 $, lt. Lesern „sehr lecker und reichhaltig, sehr freundlich".

Hotels außerhalb von Baños
■ Hostería El Trapiche
Av. de las Amazonas via Puyo, 1 km vom Dorfkern Richtung Puyo, hinter dem Sportplatz, Tel. 2740836, 2741347, www.hosteriaeltrapiche.com, EZ 25 $, DZ 44 $ inkl. Frühstück und Whirlpool. Stilvolle Cabaña-Anlage um die älteste Schnapsbrennerei der Provinz, die auch als Museum und Seminarraum dient. Großer Garten und Guayaba-Wäldchen. Schöne Zimmer. Dampfbad, Wellness und Wassertherapie nach Kneipp in eigenen Bädern. Der freundliche Besitzer *Eduardo Castro* setzt ganz auf „gesund und

stressfrei". Rabatt im Spa für Hotelgäste. Empfehlenswerte Anlage mit Relikten der alten Brennerei, etwas nah an der Straße.

■ Hostería Luna Runtún

Caserío Runtún km 6, Dorf Runtún oberhalb von Baños, oben am Hang des Tungurahua, Tel. 2740882, Fax 2740376, www.lunaruntun.com; EZ/DZ 220 $ inkl. Frühstück, Dinner, Jacuzzi, Internet. Luxuriöses, idyllisches Honeymoon-Hotel unter schweizerischer Leitung (und Preisen …). Gutes Restaurant. Tipp: Belegen Sie eines der Zimmer am Abhang mit Blick auf Baños.

■ Cabañas Bascún

Via al Salado, am Südwesthang von Baños im Seitental des Nahuazo, Tel. 2740740, www.hosteria-bascun.com; EZ 45 $, DZ 70 $. Schöne Lage nahe den Piscinas del Salado, sehr schlichte Zimmer mit Kabel-TV und Internet.

Restaurants

Das Städtchen bietet ein Fülle von Restaurants. Das Preisniveau liegt deutlich unter dem von Quito. Unterschiedlich handhaben die Restaurants Steuern und Service – mal sind sie im Preis enthalten, mal werden die 12 oder 22 % aufgeschlagen. In den gelisteten Restaurants haben wir oder unsere Leser in jüngster Zeit gut gegessen.

■ Ristorante Pappardelle (ex Buon Giorno)

Av. Rocafuerte y 16 de Diciembre, Tel. 2741724, buongiorno@yahoo.com; gute italienische Nudelgerichte, erstklassige Pizza; Salate mit dem besten Joghurtdressing der Stadt. Der einstige Psychologe und gebürtige Bañeño „Wilo" erlernte die italienische Küche in Rom, Madrid, Frankfurt und Essen. Empfehlung unter den unzähligen „Italienern" der Stadt!

■ Le Petit Restaurant

Calle 16 de Diciembre y Montalvo, Tel. 2740936. Feine französische Küche, Preise etwas höher als ortsüblich, Di bis So 8–15 und 18–22 Uhr, viel gelobt.

■ Restaurante Mariane

Vielfach empfohlene Küche der Provence, mit großen Portionen und ausgezeichneten Garnelen (camarones); s. „Hotel Mariane".

■ Casa Hood

Luis Martinez y Eloy Alfaro (hinter dem Supermarkt), Tel. 2742668, artiste333@yahoo.com. Vegetarische Küche, beliebter Traveller-Treff mit zahlreichen Baños-Tipps, Büchertausch, vegetarische Snacks, guter Kaffee, hervorragender Kuchen, kostenloses Filmprogramm um 20 Uhr, Cocktailkarte, geöffnet tägl. außer Di 12–22 Uhr, Happy Hour 18–21 Uhr.

■ Restaurante La Esquina del Oso

Av. Rocafuerte y 16 de Diciembre, Tel. 2740875, la-esquinadelosoenbanios@hotmail.com. Gartenrestaurant und Bar, freundlich, mit besonders empfohlenen Maniokkuchen, kleines Idyll im Zentrum.

■ Swiss Bistro

Calle Martínez y Alfaro, Tel. 2742262, 099-4004019, www.swiss-bistro.com, Mo 18–23 Uhr, Di bis So 12–23 Uhr, empfohlenes Restaurant des schweizerischen Chefs *Patrick Oswald*. Käse-Fondue, Fleischgerichte und reichlich Rösti.

■ Restaurante Caña Mandur

Av. Ambato y Pasaje Artesanal, Tel. 2740596. Etwas teuer bei recht übersichtlichen Portionen, aber köstliche Crêpes, 8.30–22 Uhr.

■ Restaurante El Paisano

Calle Vieira y Martínez, Tel. 09-1705992, tgl. 8–22 Uhr geöffnet. Hoch gelobte, auch vegetarische Küche, großartiges Frühstück mit selbstgebackenem Brot. Der Besitzer *Marcelo* ist Koch und Maler und stellt im Restaurant seine Werke aus.

■ Restaurante Higueron

Calle Los Arrayanes y Av. Oriente, etwa 5 Fußminuten von der Plaza de la Basílica, Tel. 2741482, cafe-higueron@gmail.com. Leser empfehlen die internationale Küche. Ein Hostal ist angeschlossen, EZ 35 $, DZ 50 $.

■ Restaurante Achupallas

Calle 16 de Diciembre y Ambato, Tel. 098-4963986 oder 2741692, 8–22 Uhr, unten im Hotel, solide

⌂ Wandmalerei in Baños

ecuadorianische Küche mit „berüchtigt" großen Portionen.

▪ Restaurante Il Pappagallo
Av. Montalvo y 16 de Diciembre, Tel. 098-6397436. Italienische Küche, Lesertipp.

▪ Restaurante-Bar Quilombo
Av. Montalvo y 12 de Noviembre, Tel. 2742880, 098-5532144, quilomboparr@yahoo.com.ar. Gemütliches, offenes Lokal am Spielplatz, Leser empfehlen besonders die Fleischplatte für zwei Personen und den Flan, tgl. 12–15 und 18–21.30 Uhr.

▪ Restaurante Moni
Av. Rocafuerte y Alfaro, Tel. 2741044, resmonic@hotmail.com. Unter den mexikanischen Restaurants im Ort das passabelste.

▪ Restaurant Closerie
Calle Alfaro 620 y Oriente, Tel. 2741430, 099-2789967. Reichhaltige Fleischgerichte inmitten der Partymeile von Baños, „französische Küche", Lesertipp.

Cafés

▪ Café Hood
Calle Maldonado y Ambato. Gemütlicher Treff für Traveller, das angeschlossene Hostal ist sehr schlicht und ohne privates Bad. Do bis Di 10–22 Uhr.

ecu120 peko

■ **Hobbit Bar**

Av. Montalvo y Vieira. Sehr hübsch, open air und nahe den Bädern, hervorragende Steinofenpizza, klasse Cocktails auf Schaukeln an der Bar. Empfehlung.

■ **Coffee Bar Jota y Jota**

Calle Martínez y Halflants, Tel. 2742807, www.coffeebarjotajota.com, mit Garten hinter dem Café, Di bis So 9–24 Uhr. Billardbar mit Snacks und Süßem, „zum Wohlfühlen, wenn's regnet".

■ **Cafeteria Blah Blah**

Av. Marti Martínez y Halflants, Tel. 099-8672300, blahblahcafecuador@gmail.com.

Nachtleben

In den vergangenen Jahren hat sich in Baños eine wahre Partymeile etabliert. Die **Calle Alfaro** wird gar von der Polizei für die Nachtschwärmer vom Autoverkehr befreit. Zwischen den Straßen Calle Ambato und Calle Espejo haben sich Unmengen von Bars, Clubs und Schnapsläden angesiedelt, die die Nachbarschaft am Wochenende unter eine gewaltige Geräuschglocke setzen. Was gerade „in" ist, wechselt in schnellem Rhythmus. Erfahrungsgemäß zieht es die nächtlichen Freunde von Cocktail, Tanz und letztem Schrei vor allem ins **Le Prechaun** (Eloy Alfaro y Oriente, Tel. 2741537, leprechaunbar @hotmail.com), ins **Kasbah** und in die **Quilla Bar** (Eloy Alfaro y Eugenio Espejo, Tel. 2741530, sherlyjim@hotmail.com). Weiterhin sehr beliebt ist das **Hard Rock Café**, das übrigens nicht zu der gleichnamigen internationalen Kette gehört, sie jedoch musikalisch beerbt. Die **Volcán Peña Bar** (Eloy Alfaro y Oriente, Tel. 2742379, 09-7789628, penabarvolcan@hotmail.com) präsentiert Live-Konzerte am Wochenende, die **Bellavista Discotec** gibt sich als ultimativer Dancefloor. Zwischen den Bars finden sich auch ein paar Restaurants und ein Internetcafé. Die berüchtigte **Salsoteca Bamboo** lässt die Puppen am Stadtrand in der Calle Suárez y Oriente tanzen. Das Gute an der lauten und lieblosen Partymeile der Calle Alfaro ist, dass das übrige Baños weit-

■ **Café Good**

Calle 16 de Diciembre y Martínez, Tel. 2740592, Mo bis So 8–22 Uhr. Große Auswahl vegetarischer Gerichte, sehr gutes Preis-Leistungs-Verhältnis, abzurunden mit einem hervorragenden Mocca.

■ **Café de la Abuela**

Eloy Alfaro zw. Ambato und Oriente, Tel. 2740923, 099-9654365, 7.30–22 Uhr. Das gemütliche Traditionscafé hat etwas an der Preisschraube gedreht, u.a. gibt es hausgemachtes Brot.

■ **Café Alicumba**

12 de Noviembre y Martinez, Tel. 2743413, Mo bis So 8–21 Uhr. Hier gibt es auch Tapas und Wein.

■ **Rico Pan**

Av. Ambato y Vicente Maldonado, Tel. 2740387, cafericopan@hotmail.com, 7–19 Uhr, beliebtes Frühstückscafé, einfache Küche.

gehend ruhige Abendstunden verlebt. Namen und In-Lokale wechseln hier durchaus häufiger.

Busse

■ Tagsüber wird Baños stündlich mehrfach vom **Ambato** (Fahrtzeit 1 Std.) und etwa einmal pro Stunde von **Puyo** (Fahrtzeit 3 Std.) aus angefahren. Die Ambato-Puyo-Verbindung besteht bis in den späten Abend. Genaue Abfahrtszeiten und Tickets gibt es an den Schaltern des Busterminals. Am Wochenende muss man gelegentlich etwas länger warten. Es empfiehlt sich, das Ticket bereits vorab zu kaufen. Ansonsten gilt „first come – first go". Die Busse nach Puyo bringen einen natürlich auch zu allen Orten entlang des nördlichen Pastaza-Ufers wie zum Staudamm Agoyán oder nach Río Verde.

■ **Fahrzeiten: Quito** (meist über den Terminal von Ambato) 3½ Std., Puyo 2 Std., Ambato 40 Min., Río Verde 30 Min. Nach **Riobamba** ca. 1½ Std. Die direkte Strecke über **Penipe** südwestlich von Baños ist nach starkem Ascheauswurf des Tungurahua gesperrt und wird dann über Ambato bedient.

■ **Lokale Busse** fahren ab dem Parque Flores nach **El Salado** und zum Zoo von Baños **(„Zoológico")**.

Geldwechsel

■ Die einfachste Möglichkeit, sicher an Dollars zu kommen, ist die europäische **EC-Karte** oder Bankkarte. An den Automaten der *Banco del Pichincha* und der *Banco del Pacífico* – die mit dem blauen Cirrus-Symbol – lässt sich bequem wie in Europa zu meist moderaten Bankgebühren Bargeld abheben. Die *Banco del Pacífico* akzeptiert auch die Kreditkarte MasterCard. Mit der VISA-Karte bekommt Geld am Automaten der *Banco de Guayaquil,* Calle Rocafuerte y Alfaro, am Supermarkt.

■ **Reiseschecks** von American Express akzeptiert auch die Banco del Pacífico. Bei 5 \$ Gebühr lassen sich Dollarschecks (keine Euro-Schecks!) bis zu einer Höhe von 200 Dollar pro Tag einlösen. Insider wissen, dass *Pedro* in seiner Ferretería gegenüber der *Banco del Pichincha,* Parque Flores, Reiseschecks gegen 3 % Gebühr eintauscht. Leser berichten teils von noch geringeren Gebühren.

Bäder

■ Die **Piscinas de la Virgen** sind die schönsten Badeanlagen im trüben Schwefelwasser. Direkt unter dem Wasserfall sind sie bereits vor Sonnenaufgang und auch abends bis 22 Uhr bei romantischer Beleuchtung geöffnet. Am Wochenende wird es allerdings häufig voll. Der Eintritt beträgt tagsüber 3 \$, abends 4 \$; bei gleichzeitiger Nutzung von Sauna und Fitnessraum ist es etwas mehr.

■ Die **Piscinas Modernas** sind nur tagsüber geöffnet und nicht besonders idyllisch.

■ Die traditionellen **Piscinas de Santa Clara** sind nach längerer Renovierung wieder geöffnet, ohne dass wir sie getestet hätten.

■ Besuchenswert wegen der schönen Lage an dem Flüsschen Nahuazo sind auch die **Piscinas del Salado.** In dem Flüsschen ist allerdings wegen vulkanischer Verschmutzung nicht mehr zu baden.

■ Direkt vor den Piscinas de Santa Clara gibt es ein privates **Schwimmbad** mit 25-Meter-Becken für das sportliche Badeerlebnis. 23 Meter lang ist das Becken im **Hallenbad** der Villa Gertrudis, Wasser und Halle sind jedoch mit 27–30 Grad sehr warm. Ein weiteres Schwimmbad unterhält das *Hostal Monte Selva* am Berghang.

■ **El Refugio – Spa Garden,** Camino Real, Barrio San Vicente, km 1 via al Oriente, Tel. 2740482, 099-7850607, das Bad ist verlinkt unter www.spaecuador.com. Gepflegte Wellness-Anlage mit Massagen, Dampfbad und Schlammbad.

■ **Hostería El Trapiche,** Anlage mit Kneipp-Therapie und Massageservice, nicht nur für Hotelgäste.

■ **Spa Gamboa,** Montalvo y Eloy Alfaro gegenüber der Villa Gertrudis, Tel. 27400908, Mo bis So 8–21 Uhr, Preise: 3 \$ Pool, 3–12 \$ Baño de Cajon.

Im Hochland (Sierra): Route A 2

Sprachschulen

Baños ist ein guter Ort, um Spanisch zu lernen. Die meisten Sprachschulen bieten eine angenehme Lernatmosphäre mit begleitenden Freizeitangeboten von Ausflügen bis Salsa-Kursen. Der Spanischunterricht kostet in der Regel 4–5 $ pro Stunde und ist bei längerer Teilnahme oder bei gleichzeitiger Zimmerbuchung verhandelbar. Die Lehrkräfte der Schulen sind allerdings nicht immer gleich kompetent.

Hier listen wir nur Sprachschulen auf, von denen Reisende positiv berichtet haben:

■ **Mayras Spanish School**
Eduondo Tapia 112 y Oriente (am Stadion), sehr gute Einführung, gute Unterrichtsmaterialien, auch deutschsprachig, freundlich, 4,50 $ pro Stunde. Besondere Leserempfehlung!

■ **Baños Spanish Center**
Av. Oriente 820 y Cañar, Tel. 2740632, 098-7045072, www.spanishcenterbanios.com, Salsa-Unterricht, schönes Haus, 6 $ pro Stunde.

■ **Raices Spanish School**
16 de Diciembre y Suárez, Tel. 2741921, 2740090, racefor@hotmail.com, www.spanishlesson.org; einzelne Zimmer zu mieten, 6,50 $ pro Stunde.

■ **Alcazar Spanish School**
Calle Reyes y Oriente, einfaches Hostal angeschlossen, „kompetent", 4 $ pro Stunde.

■ **Privatunterricht:** Tel. 2667475, lorgioz@hotmail.com, 4 $ pro Stunde.

Reiseagenturen/Aktivitäten

■ **Expediciones Amazónicas**
Oriente y Tomás Halflants, Tel. 2740506, www.expedionesamazonicas.com, breites Angebot, professionell geführt, weitgehend gutes Equipment; günstig und von Lesern empfohlen ist die dreitägige Gipfeltour zum Cotopaxi für nur 190 $ „all inclusive".

■ **Expediciones Amazónicas Sucursal 1**
Pedro V. Maldonado entre Ambato y Rocafuerte, Tel. 2741001, www.expedionesamazonicas.com.

■ **Rain Forest Tour**
Ambato y V. Maldonado, Tel. 2740743, www.rainforestour.com.ec, rainfor@interactive.net.ec, ähnliches Angebot wie Expediciones Amazónicas, gilt als der Rafting- und Regenwald-Spezialist am Ort, jedoch ist das Leserecho geteilter Meinung.

■ **Geotours**
Calle Ambato y Halflants, Tel. 2741344, www.geotoursbanos.com. Breites Programm, gute Reputation, seriöse Beratung.

■ **Christians Pferde**
Hostal Isla de Baños, Calle Halflants y Maldonado, gelten unter erfahrenen Reitern auch nach langen Jahren am Ort als die besten in und um Baños. Touren stundenweise wie z.B. ein knapp 4-stündiger Ausflug nach Runtún samt Jeepanfahrt und Lunchbox für 30 $ p.P.; im Angebot auch mehrtägige Reitprogramme auf einer Finca.

■ **Gleitschirmfliegen**
Einen unvergesslichen Flug erlebte ein Leser im Fluggebiet Niton an der Seite des Flugschulbesitzers und Tandempiloten *Edgar Soria,* flyedgar@hotmail.com.

■ **Puntzan Canopy**
Bauernschaft San Antonio, 4 km von Baños, Familie *Palacios,* Tel. 098-6978824 oder 099-1561235, Kabelbahn in sechs Abschnitten, Abholung am Hotel oder Organisation über Agentur Geotours. Tour ab 15 $ p.P.

Wichtiger Sicherheitshinweis

Die Fahrt flussabwärts am Nordufer des Río Pastaza entlang führt durch mehrere **unbeleuchtete Tunnel!** Beachten Sie unbedingt die Einbahnstraßenregeln der Tunnel und stellen Sie sicher, dass Sie eine funktionierende Beleuchtung haben! Die Vermieter von Fahrrädern und Motorrädern informieren Sie über Details. Zum Ärger der Radfahrer hat der motorisierte Verkehr auf dieser Strecke spürbar zugenommen. Mit Kindern ist das nicht zu empfehlen!

Wer sich mit welchem Gefährt auch immer Puyo nähert, sollte wegen der **Militärkontrollen** seinen Reisepass im Original bei sich führen.

Wanderungen um Baños

Bellavista – Runtún

Die einfachste Wanderung bei Baños startet dort, wo die Calle Maldonado am Berghang endet. Der gut sichtbare Pfad beginnt an der hilfreichen Übersichtstafel und führt nach links den Hang hinauf. Er verläuft oberhalb des Hostal Monte Selva, passiert das Café Bellavista, das man auch schon von Baños aus gut sieht. Nach etwa 40 Minuten gelangt man an das **Kreuz La Cruz de Bellavista** mit einer wunderbaren Sicht über Baños und das Pastaza-Tal. Auch hier oben öffnet tagsüber eine einfache Cafeteria. Als kurze Wanderung steigt man nun Richtung Norden wieder ab und gelangt nach einer knappen halben Stunde an die Av. de las Amazonas, Höhe Fußballstadion. Weiter nach links führt die Straße zurück in die Stadt.

Die Bellavista-Wanderung ist einfach auszuweiten, indem man weiter südwärts in die Bauernschaft **Runtún** oder sogar auf die **Loma Ventana** wandert. In Runtún lassen sich in der Tienda einfache Lebensmittel kaufen oder auch das Restaurant der Luxus-Hostería Luna Runtún besuchen. Als Rückweg nach Baños bietet sich die Variante zur **Virgen del Agua Santa** an. Der Weg verläuft oberhalb des Bellavista-Aufstiegs und endet im Südwesten von Baños nahe der Marienstatue in der Calle Mera. Alle Wege sind mit dem Umgebungsplan leicht zu finden. Laufzeiten ab Baños für Hin- und Rückweg: Bellavista 70 Minuten, Runtún 3 Stunden, Loma Ventana 5 Stunden.

Loma Chontilla – Las Antenas

Eine einfache Wanderung mit fantastischem Panoramablick auf den Tungurahua ist die Besteigung der **Loma Chontilla.** Dieser Berg liegt Baños gegenüber auf der anderen Seite des Río Pastaza, schon von der Stadt leicht zu erkennen an der kleinen Gruppe von Antennen auf seinem Gipfel. Der Einstieg beginnt an der Brücke San Francisco. Der gut erkennbare gepflasterte Weg führt problemlos über die Bauernschaften **Illuchi Bajo** und **Illuchi Alto** auf den Gipfel **Las Antenas.** Allein wichtig ist es, sich hinter dem Einstieg links am Berg zu halten und nicht den Einschnitt nach rechts zu queren. Die Wanderung zum Gipfel dauert etwa 2½ Stunden. Als Rückweg bietet sich der Abstieg über die Westseite der Loma an. Dazu geht man um die Antennenkuppel herum – die Antenne rechter Hand liegen lassen – und steigt über den westlicher abfallenden Fußweg Richtung **Lligua** ab. Der Aufstieg zu den Antennen soll nach Wegarbeiten nun auch mit der Enduro zu befahren sein – fraglich, ob das eine gute oder eine schlechte Nachricht ist.

Wasserfälle: San Pedro – Río Verde

Am Río Pastaza gibt es zahlreiche geografisch wie auch botanisch spannende Abschnitte zum Wandern. Eine der spektakulärsten Tageswanderungen beginnt kurz hinter dem **Staudamm Agoyán.** Unmittelbar vor der folgenden großen Brücke über den Pastaza verlässt man die Straße nach rechts und läuft fortan oberhalb des Südufers flussabwärts den Río Pastaza entlang. Abgesehen von einem kurzen Anstieg nach etwa 30 Minuten führt der Weg gut erkennbar durch eine faszinierende Landschaft. In aller Ruhe passiert man Einsiedlerhöfe und kleine Bauernschaften wie **El Arroyo** und **Chinchín.** Dazwischen entdeckt man immer wieder Stromschnellen und Wasserfälle. Nach etwa 3 Stunden lässt sich diese Wanderung bei Chinchín beenden. Der Weg ist leider nicht sehr gepflegt und Kühe zertreten ihn mitunter. Daher sollten Sie auf jeden Fall mehr Zeit einplanen. Bei Chinchín quert man die hohe Hängebrücke über den Pastaza und nimmt oberhalb des Nordufers den Bus auf der Straße Puyo – Baños zurück.

Verlängerung für Schwindelfreie: Laufen Sie von Chinchín etwa eine halbe Stunde weiter bis zu dem Dörfchen **San Pedro.** Überqueren Sie dort den Fluss mit der Lastenseilbahn. Laufen oder fahren Sie auf der anderen Seite etwa 1,5 km weiter Richtung Puyo bis zu dem Dorf **Río Verde.** Dort erleben Sie den größten Wasserfall des oberen Pastaza, den **Pailón del Diablo,** und können in dem Hostal El Otro Lado zum Kaffee oder Bier einkehren. Zum Hostal überquert man von der Straße kommend eine kleine Hängebrücke. Beiderseits der Brücke befinden sich mittlerweile kleine Restaurants. Obwohl und weil der Ort zunehmend erschlossen wird, lohnen sich der Besuch oder eine Wanderung auf jeden Fall. An einzelnen Passagen wird ein kleines „Brückengeld" genommen. In der Gegend isst man sehr gute Forellen.

Als Rückweg für beide Varianten sei der Bus oder ein vorher in Baños vereinbarter Rückholservice empfohlen. Die Rückfahrt ist jedenfalls problemlos.

Schutzhütte des Tungurahua

Während der Gipfel des aktiven Vulkans Tungurahua aus Sicherheitsgründen nicht bestiegen werden kann, lässt sich zumindest ein Teil des Berges bis zur Schutzhütte erwandern. Der Weg ist allerdings nicht im besten Zustand, da er in letzter Zeit seltener begangen wird und Ascheausfall ihn verschmutzt hat. Um die Wanderung bequem als **Tagestour** durchzuführen, empfiehlt sich die Anreise mit einem Jeep bis kurz unter das Büro des Nationalparks. Tipp: *Christian* vom Hostal Isla de Baños bietet diesen Fahrservice für 25 $ pro Fuhre an. Dann geht es vorbei am Parkbüro etwa 3½ Stunden stetig und steil bergauf bis zu dem (nicht bewirteten) Refugio. Der manchmal schlechte Zustand des Weges erfordert eine gewisse Orientierungserfahrung. Weiter als zur Hütte sollte man nicht laufen. Der Abstieg verläuft etwa auf zwei Drittel der Strecke auf dem gleichen Weg. Doch vor dem letzten Drittel zum Parkbüro zweigt rechts ein Pfad ab, der westlich des Nahuazo-Tals den steilen Grat herunter nach Baños führt. Wer diesen Abzweig verpasst, kommt zurück zum Parkbüro und läuft gegebenenfalls den Fahrweg zurück. Kalkulieren Sie für den gesamten Abstieg von der Hütte vier Stunden ein. Über die Reiseagenturen lässt sich auch eine Fahrradabfahrt ab dem Nationalparkbüro organisieren.

Baños Umgebung

San Rafael Bajo

Q. Arrayán

ALTAMIRA

Q. Vallecito

ESCALERAS

Antennen

4

Loma Chontilla

Illuchi Alto

EL VALLECITO

3000

Q. Chiriyacu

Ambato

Osohuaico

2400

Puñapi

La Palma

Q. Sanguche

Loma Grande

Río San Paolo

Lligua

136

Zoo

Río Pastaza

★ *Wasserfall*

Brücke San Martín

Ⓣ

☂ **4**

Río Nahuazo

LAS JUNTAS

🚲

Juive Chico

Ⓑ

Ⓟ

La Virgen de Agua Santa

Ⓑ

Piscinas del Salado

2400

Pondoa

Brücken gesperrt

Juive Grande

4

Río Varcún

Riobamba

Cusúa

ⓘ *Park Office*

Palma Urcu

Q. Mandica

5

Von Übernachtungen im Refugio raten Leser ob des schlechten Zustands der Hütte ab.

Hinweis: Nehmen Sie auf Wanderungen wegen der teils aggressiven Hunde stets einen Stock mit.

☑ Mutprobe über reißendem Wasser

Ab Ambato: Auf dem **letzten Fahrtabschnitt der Reiseroute** windet sich die Carretera Panamericana vorbei an den

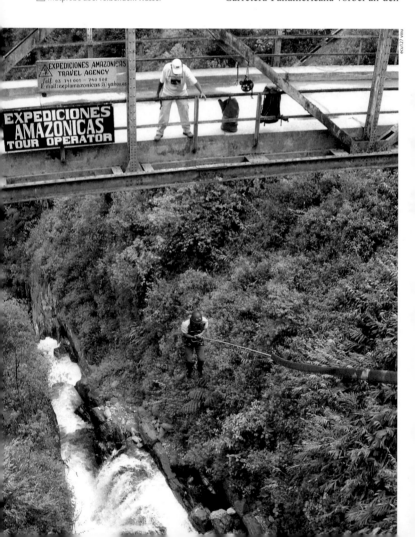

Ostflanken der Vulkane Carihuairazo und Chimborazo und führt über einen 3600 m hohen Pass (bei klarem Wetter ist ein herrliches Panorama gegeben) aus dem einen in das nächste Becken und erreicht nach 60 km die Stadt **Riobamba.**

Alternative: Die schöne Westroute um den Chimborazo führt über Guaranda. Guaranda ist ein hübsches Städtchen mit romantischem Dorfplatz, der sich im berauschenden Karneval in ein Tollhaus verwandelt. Dort lässt sich im **Complejo Turístico La Colina** am Hang über der Stadt entspannen (Tel. 03-2980666, 03-2981954, EZ 45 $, DZ 70 $ mit BP und Frühstück, mit Internet, Pool, Restaurant). Im Stadtkern finden sich zahlreiche einfache Unterkünfte.

Nahebei liegt das Dorf **Salinas de Bolívar,** ca. 20 km nördlich von Guaranda. Es ist von Guaranda aus erreichbar, oder aber man zweigt auf der Straße Ambato – Guaranda nach zwei Dritteln der Strecke rechts auf eine Schotterpiste ab (Schild: „Hostería El Refugio Salinas"; die Herberge wird von der Landwirtschaftskooperative geführt, via a Samilagua y via a Simiatug, Tel. 03-2210044, turismosalina@andinanet.net, 8–10 $, Restaurant, Tour 3 $, sehr empfehlenswert; auch gegenüber steht ein kleines nettes Hostal mit Kamin und gutem Frühstück). Salinas liegt auf 3500 m Höhe und eignet sich sehr gut zur **Höhenakklimatisierung.** Fantastische Aussichten bis zum Pazifik eröffnen sich hin und wieder von den umliegenden Hügeln. Der Ort ist auch idealer Ausgangspunkt für Páramo-Wanderungen. Internationale Entwicklungsprojekte können dort besichtigt werden (Schreinerei, Schlosserei, Wollverarbeitung, Käserei etc. – Freiwillige sind willkommen). Das Touris-

musbüro direkt am Marktplatz (Tel. 03-2390024, 03-2981374) bietet geführte Treckingtouren durch den Hochpáramo an, mit Lamas, die das Gepäck tragen (z.B. 3-Tage-Tour über Simiatug nach Chine bei Angamarca; Essen bei Bauernfamilien bzw. in freier Natur mit Blick auf Vulkane und Wallburgen der Inkas). Unterhalb des Marktes befindet sich das kleine, sehr einfache und preiswerte **Hostal Samilagua** (turismosalinas@andinanet.net, 25–35 $ p.P.).

Tipp: Großartige Pizza mit Blick über das Dorf gibt es in der **Pizzeria El Balcone.** Eine Leserin empfiehlt außerdem die schön eingerichtete **Bar-Diskothek Alonso Kaneka** mit Kamin und guter Musik am Fr und Sa bis 3 Uhr morgens, Valle García Moreno y Pinchincha.

Ulba   VIII,B3

Ulba ist der nächste Ort östlich von Baños. Ist die Straßensiedlung selbst recht unscheinbar, so zweigt eine Nebenstraße im Dorf nach Süden zu einem wunderbaren Bergeinschnitt ab. Dort im steilen Barranco haben sich die genauso freundlichen wie legendären Deutschen eingerichtet, die viele Jahre in Baños in „Regine's Café" ihren Platz hatten.

■ **Hostería Chamanapamba,** Ulba, Ortsteil Chaman, Tel. 03-2776241, www.chamanapamba.com, EZ 80 $, DZ 110 $ inkl. Frühstück. Sehr angenehme große Zimmer mit tollen Bädern, absolute Ruhe. Natürlich gibt es in *Regines* wunderschönem Restaurant über der Schlucht auch weiterhin deutsche Gerichte und frischen Kuchen.

Die **Highlights** erkennt man im Buch an der
gelben Hinterlegung im Kapitel.

⌃ Indianermädchen in Riobamba

IM HOCHLAND: ROUTE A 3

ecu121 peko

Die Route A 3 führt über **ca. 260 km von Riobamba über Alausí, Cañar und Azogues nach Cuenca,** die viertgrößte Stadt des Landes. Das „Athen von Ecuador" hat schöne Museen, zweistöckige republikanische Häuser mit kleinen Geschäften prägen das Stadtbild. An Markttagen wird die Stadt von indianisch-mestizischen Mischlingen der Umgebung aufgesucht, die ihre Panamahüte anbieten.

Riobamba X,B1

Riobamba liegt auf einer **Höhe von 2750 m.** Die Stadt wurde von Flüchtlingen aus der ca. 20 km entfernt gelegenen Siedlung Cajabamba gegründet. In der **Hauptstadt der Provinz Chimborazo** leben fast 150.000 Menschen.

Riobamba ist ein **agrarwirtschaftliches Zentrum,** dessen Hauptanbaugebiete im Südosten der Stadt an den reich durchfeuchteten andinen Beckenrändern liegen. Getreide und Gemüse werden in der Markthalle Mercado La Condamine zum Transport nach Quito und Guayaquil verladen. Die Hauptstraße Primera Constituyente, die von Nordwesten nach Südosten quer durch Riobamba verläuft, wird unterbrochen und begleitet von großzügig angelegten Plazas und Parques.

Riobamba gewinnt touristisch allmählich an Bedeutung. Einerseits bildet die Stadt einen wichtigen Verkehrsknotenpunkt, der die Sierra nach allen Himmelsrichtungen öffnet, andererseits können Bergsteiger Riobamba als Basislager für Besteigungen des Chimborazo, Altar, Carihuayrazo, Tungurahua und Sangay nutzen. Bis auf den Sangay sind bei gutem Wetter alle genannten Berge von Riobamba aus zu sehen. Ursprünglich war übrigens der Altar (heute 5319 m) etwas größer als der Chimborazo (heute 6310 m). Warum das nicht mehr so ist, weiß die **Legende** der Einheimischen anschaulich zu erklären: *Tungurahua,* Frau des *Chimborazo,* hatte eine Affäre mit dem Altar. Daraufhin schlug Chimborazo aus Eifersucht mit einem gigantischen „mazo" (Hammer, Keule) auf Altar ein, was diesen auf seine heutige Größe „schrumpfen" ließ. Bis heute (bei jedem Gewitter) streitet sich das „Ehepaar" Tungurahua und Chimborazo und wirft sich böse Blicke bzw. Blitze zu …

Aus Anlass der Befreiung von der Kolonialherrschaft am **21. April** 1822 (Schlacht von Tapi) findet in der Stadt jährlich an diesem Tag ein **großes Fest** mit Umzügen und Stierkämpfen statt; dann wird es schwierig, eine Unterkunft zu finden.

Samstag ist **Markttag.** Dann kann man sich vor allem in den Straßen 5 de Junio y Argentinos nach den *shigras* (Netztaschen) und den geschnitzten Tagua-Nuss-Figuren umsehen. Diese gehören inzwischen zu den beliebtesten Riobamba-Souvenirs. Die Nuss ist der Samen einer Regenwaldpalme, die, anfangs weich, der Sonne ausgesetzt, schnell hart wird und dann bearbeitet werden kann.

Die Colta-Indianer aus der nahen Umgebung flechten Körbe und Matten und liefern damit ihren Beitrag zu einem bunten Marktgeschehen, das von Einheimischen dominiert wird, aber nicht zuletzt wegen der Bahnstrecke Riobamba – Teufelsnase auch für Reisende einen Besuch lohnt.

Sehenswürdigkeiten

Im **Museo de las Conceptas** (auch: Museo de la Concepción) in der Veloz zwischen Espejo und Cinco de Julio werden etwa 200 sehenswerte Exponate religiöser Kunst ausgestellt, darunter Gemälde und Skulpturen. Allein das 2007 geraubte Prunkstück des Museums, die goldene Monstranz *(custodia),* ist nur noch in einer Papprepik zu sehen. Besichtigungen Mo bis Sa nach persönlicher Anmeldung bei *Gladys Echeverria,* Tel. 03-2965212, 03-2630911, Eintritt 3 $.

Das Naturkundemuseum **Museo de Ciencias Naturales** befindet sich im Colegio Maldonado, Primera Constituyente y Larrea. Das naturhistorische Museum der Stadt befasst sich u.a. mit der Fauna der Provinz Chimborazo wie dem Kondor. Mo bis Fr 8–13 und 15–17 Uhr, Tel. 03-2960211, 03-2943187, Eintritt frei.

Das Stadtmuseum **Museo de la Ciudad,** Primera Constituyente y Espejo (Ecke), beherbergt eine Kunstgalerie und Exponate, die berühmte Persönlichkeiten der Stadt zeigen. Mo bis Fr 8–12.30 u. 14.30–18 Uhr, Tel. 03-2951906, iarreguip@hotmail.com, Eintritt frei.

Die **Kathedrale** am Parque Maldonado, Calle Veloz y 5 de Junio, ist innen deutlich schlichter als die Ornamente außen vermuten lassen. Sie öffnet täglich 8–12 und 14–18 Uhr. Man kann nach Anmeldung im Diözesenbüro auch das anliegende religiöse **Museo de Piedra** besuchen, Tel. 03-2960048, 03-2960049, diosesisrio@andinanet.net, Eintritt frei.

Im **Parque La Libertad** findet sich die **einzige Rundkirche Ecuadors: La Basílica.**

Der **Parque 21 de Abril** im nördlichen Stadtzentrum verfügt mit dem **Lo-**

ma de Quito über einen Aussichtspunkt, der besonders kurz vor Sonnenuntergang ein eindrucksvolles Stadtpanorama mit den Bergen Chimborazo, Altar und Tungurahua im Hintergrund offenbart. Mitunter ist der Park auch unter dem Namen „Parque 12 de Noviembre" bei den Einheimischen bekannt.

Praktische Infos

■ **Tel. Vorwahl: 03**

Informationen/Infrastruktur

■ **Oficina de Turismo,** Av. Daniel Borja y Brasil, Tel. 2941213, pchiriboga@turismo.gov.ec, geöffnet Mo bis Fr von 8–13 und 14.30–17.30 Uhr.

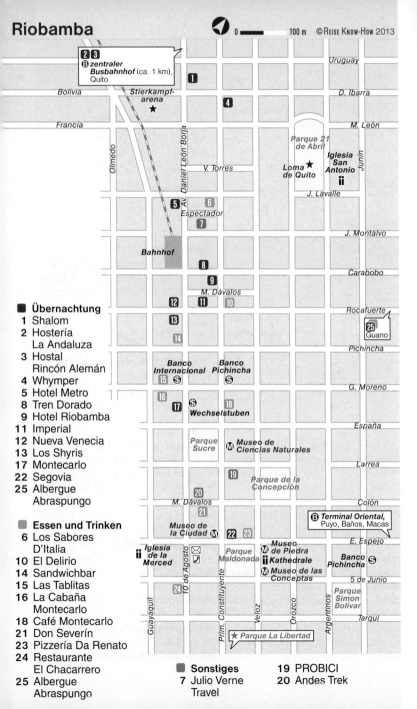

Riobamba

0 — 100 m ©REISE KNOW-HOW 2013

2 **3**
Ⓑ *zentraler Busbahnhof* (ca. 1 km), Quito

1

Uruguay

Bolivia

Stierkampf-arena ★

D. Ibarra

Francia

M. León

Olmedo

Av. Daniel León Borja

V. Torres

Parque 21 de Abril

Loma de Quito ★

Iglesia San Antonio ⓘ

Junín

5 **6**

Espectador

7

J. Lavalle

J. Montalvo

Bahnhof

8

Carabobo

9

M. Dávalos

12 **11** **10**

Rocafuerte

13

25 Guano

14

Pichincha

Banco Internacional **15** Ⓢ

Banco Pichincha Ⓢ

G. Moreno

16

17 Ⓢ **18**
Wechselstuben

España

Parque Sucre

Ⓜ *Museo de Ciencias Naturales*

Larrea

19 *Parque de la Concepción*

20

M. Dávalos

Colón

21

Ⓑ *Terminal Oriental,* Puyo, Baños, Macas

Museo de la Ciudad Ⓜ **22** **23**

E. Espejo

Iglesia de la Merced ⓘ

10 de Agosto

✉ ⏚

Parque Maldonada

Ⓜ *Museo de Piedra*
ⓘ *Kathedrale*
Ⓜ *Museo de las Conceptas*

Banco Pichincha Ⓢ

5 de Junio

24

Guayaquil

Prim. Constituyente

Veloz

Orozco

Argentinos

Parque Simon Bolívar

Tarqui

★ *Parque La Libertad*

◼ Übernachtung

1 Shalom
2 Hostería La Andaluza
3 Hostal Rincón Alemán
4 Whymper
5 Hotel Metro
8 Tren Dorado
9 Hotel Riobamba
11 Imperial
12 Nueva Venecia
13 Los Shyris
17 Montecarlo
22 Segovia
25 Albergue Abraspungo

◼ Essen und Trinken

6 Los Sabores D'Italia
10 El Delirio
14 Sandwichbar
15 Las Tablitas
16 La Cabaña Montecarlo
18 Café Montecarlo
21 Don Severín
23 Pizzería Da Renato
24 Restaurante El Chacarrero
25 Albergue Abraspungo

◼ Sonstiges

7 Julio Verne Travel

19 PROBICI
20 Andes Trek

■ **Bargeld** wechseln mehrere **Wechselstuben,** 10 de Agosto zwischen España y García Moreno, in der Nähe des Parque Sucre.

■ **Postamt:** 10 de Agosto y Espejo, Tel. 2969942.

■ **ANDINATEL-Fernmeldeamt.**

Unterkunft

Einfache Unterkünfte

Hinweis: Generell sind einige Hotels gerade am Vorabend der Bahnfahrt zur Teufelsnase ausgebucht. Also dann – etwa für den Dienstag – frühzeitig reservieren!

■ **Hotel Oasis**
Calle Veloz 15-32 y Almagro, Tel. 2961210, Fax 2941499, www.hosteltrail.com/hoteloasis; ab 12 $ p.P. mit BP; liebevoll eingerichtete Zimmer, sauber, heißes Wasser und Kühlschrank, WiFi; freundlich und hilfsbereit, freier Pick-up-Service von und zum Bahnhof.

■ **Hostal Nueva Venecia**
Rocafuerte 21-51 y 10 de Agosto, Tel. 2961809 und 2966025, hostalnuevavenecia@hotmail.com; 6 $ p.P. mit BP und TV.

■ **Hotel Metro**
10 de Agosto y Lavalle an der Ecke, Tel. 2961715, hotelmetropolitano@andinanet.net; EZ 14 $, DZ 24 $, TV.

■ **Hotel Segovia**
Av. Primera Constituyente y Espejo, Tel. 2961259; freundlich, mit Cafeteria, 6 $ p.P. mit BP.

■ **Hotel Imperial**
Rocafuerte 2215 y 10 de Agosto (nahe am Bahnhof), Tel. 2960429, Fax 2940974, www.hosteltrail.com/hotelimperial; DZ mit BP 8 $ p.P., TV, Parkplatz.

■ **Tren Dorado**
Carabobo 2235 y 10 de Agosto, Tel. 2964890, 099-5019469, www.hosteltrail.com/trendorado, htrendorado@hotmail.com; EZ 17 $, DZ 30 $, Garage, WiFi, Restaurant, leckeres Frühstücksbüffet schon ab 5.30 Uhr; geführte Tagestouren zum Chimborazo:

Transport, Mittagessen und Führer ab 10 Personen 20 $ p.P., ab 4 Personen 25 $ p.P., Ausflug zu den Bädern von Guayllabamba (10 $ p.P.) und zu Dörfern der Region; empfohlen.

■ **Hotel Riobamba**
Carabobo 2320 y Primera Constituyente, Tel. 2961696, www.hotelriobambainn.com; EZ 16 $, DZ 29 $ mit BP, Café, Restaurant, Garage, bieten Touren zum Chimborazo an.

■ **Hotel Shalom**
Av. Borja 35-48 y Uruguay, Tel. 2940814, hostal-humboldt@yahoo.es; EZ 22 $, DZ 34 $, TV, Telefon, Internet, Garage.

■ **Hotel Glamour**
Av. Primera Constituyente 3785 entre Brasil y Carlos Zambrano, Tel. 2944407, hotelglamour.ec@hotmail.com; EZ 17 $, DZ 30 $ mit Frühstück, Restaurant, WiFi.

■ **Hostal Los Shyris**
Rocafuerte 2160 y 10 de Agosto an der Ecke, Tel. 2960323, hshyris@yahoo.com; EZ 12 $, DZ 18 $ mit Frühstück, Internetcafé, sicheres Gepäckdepot.

■ **Hotel Whymper**
Av. Miguel Angel 23-10 y Primera Constituyente, Tel. 2964575; EZ 15 $, DZ 30 $, Zimmer zur Straße sehr laut.

■ **Hotel El Galpón**
Argentinos y Zambrano, Tel. 2960983, www.hotelgalpon.com; EZ 22–32 $, DZ 32–42 $ mit Frühstück, Internet, TV, Telefon, Restaurant, Café, Bar, schöne Lage, sehr hilfsbereit – empfehlenswert!

■ **Hotel Montecarlo**
Av. 10 de Agosto 25-41 zwischen G. Moreno und España, Tel. 2960557, 2961577, www.hotelmontecarlo-riombamba.com; EZ 21 $, DZ 37 $, sauber, heißes Wasser, Restaurant mit gutem Frühstück, sehr empfohlen.

Mittelklasse-Hotels

■ **Hostal Rincón Alemán**
Ciudadela Arupos del Norte, Remigio Romero Manzana H, Casa 9 y Alfredo Pareja, Tel. 2603540, 2600388, www.hostalrinconaleman.com etwas au-

ßerhalb des Zentrums, doch die deutsch-ecuadorianischen Besitzer holen einen gerne vom Busbahnhof ab; auch Taxis kennen die Siedlung; schöner Blick von der Terrasse; besonderer Service: Das Hostal besorgt auch Zugtickets für seine Gäste; EZ 31 $, DZ 46 $ mit Frühstück; Garage, WiFi, Sauna, Relax-Massagen. Sehr empfehlenswert.

● **Hotel Chimborazo Internacional**

Argentinos y Nogales, Tel. 2963475, hotelchimborazo@andinanet.net; EZ 46 $, DZ 64 $ mit BP und Frühstück; TV, Telefon, Sauna, Swimmingpool, Restaurant, Café, Garage.

● **Hotel Zeus**

Av. Daniel León Borja 41-29, Tel. 2968036, www.hotelzeus.com; EZ 32–41 $, DZ 46–55 $, Suite 54–66 $, Parkplatz, Fitness-Studio, Restaurant mit Aussicht, wunderbare Aussicht auch beim Baden, Museum, nebenan gibt es ein Internetcafé.

● **Albergue Abraspungo**

Km 3½ an der Straße Riobamba – Guano, Tel. Tel. 2364274 und 2364031, www.haciendaabraspungo.com; EZ 87 $, DZ 120 $, sehr schönes Landhaus im Alpenstil, Telefon, TV, sehr gutes Restaurant, Bar, Garage; direkt gegenüber die erstklassige Bergsteiger-Agentur *Expediciones Andinas*, s.u.

● **Hostería La Andaluza**

Panamericana Norte, ca. 15 Min. von Riobamba entfernt, Tel. 2949370, www.hosteriaandaluza.com, handaluz@andinanet.net; Suiten und DZ mit BP, Heizung, Sat-TV, EZ 74 $, DZ 89 $ mit Frühstück, diverse Sport- und Freizeitmöglichkeiten, PC, WiFi, schöner Blick auf den Chimborazo, empfehlenswertes Essen.

Essen und Trinken

● **El Delirio Restaurant**

1ra Constituyente y Rocafuerte, Tel. 2966441, Menü 10 $, sehr gutes, frisch zubereitetes Essen (international und ecuadorianisch, z.B. gutes *ceviche*), schöner Innenhof, Hazienda-Ambiente, Di bis So 12–22 Uhr.

● **Restaurante El Chacarrero**

Calle 5 de Junio 21-46 y 10 de Agosto, Tel. 2969292, raulmarcelos@hotmail.com; Mo bis Sa 16–22.30 Uhr, So 17–22 Uhr.

● **Don Severín**

Calle Colón 22-44 y 1ra Constituyente, Tel. 2963769; Grillspezialitäten *(parrilladas)*.

● **Los Sabores D'Italia**

Juan Lavalle zwischen 1ra Constituyente y Daniel León Borja, Tel. 2963999, 099-8214649, susysoltorres@hotmail.com; Café und Pizzeria.

● **Las Tablitas**

García Moreno y 10 de Agosto, Zwischenetage des Edificio Costales, Tel. 2949887, aadgeorgeos@yahoo.com; Pizza und Fleischgerichte.

● **Pizzería Da Renato**

Eugenio Espejo, gegenüber dem Parque Maldonado, Tel. 2967268.

● **La Cabaña Montecarlo**

Moreno y 10 de Agosto; empfehlenswert!

● **Café Montecarlo**

Av. 10 de Agosto zwischen G. Moreno und España; sehr gutes Frühstück.

● **Sandwichbar**

Av. Pichincha y 10 de Agosto; gute Säfte und Sandwiches bei einem ordnungsliebenden Besitzer.

● **Albergue Abraspungo**, s.o.

● **Internetcafés** z.B. in der Calle Pichincha zwischen 10 de Agosto und Primera Constituyente und neben dem Hotel Zeus.

Busse

Stadtbusse

● Von der Haltestelle hinter dem zentralen Busbahnhof (hinter der Kirche mit blauem Gewölbe) verkehren alle 5 Minuten Busse ins Zentrum.

Nahverkehrsbusse

● Die Haltestelle befindet sich in der Nähe des zentralen Busbahnhofs (vom Haupteingang sind es drei Straßen nach links in südlicher Richtung). Mehrmals täglich werden die Strecken **Riobamba – Cajabamba** (10 km) und **Riobamba – Guamote** (48 km, ca. 1 Std., Abfahrt des Busses ab Terminal de Colta, nahe Terminal Terrestre, Av. Unidad Nacional 35-45 y Bolivia) bedient.

■ Ein Leser empfiehlt den **Bus nach Chambo,** der in der Almagro y Primera Constituyente zu den warmen Mineralquellen nach Huayllabamba abfährt.

Überlandbusse

■ Vom **zentralen Busbahnhof** im Nordwesten der Stadt geht es mehrmals täglich nach **Quito** (4 Std.), **Alausí** (1½ Std.), **Cuenca** (6 Std.), **Guayaquil** (5 Std.), **Machala** (10 Std.) und **Huaquillas** (12 Std.).

■ **Terminal Oriental,** Calle Espejo y Av. Cordovez, Plaza de las Gallinas: Von hier fahren die Coop. Riobamba (Tel. 03-2960766) und Coop. Sangay regelmäßig nach **Puyo, Macas** und **Baños.**

Taxis

■ Zahlreiche Taxis verkehren im Ort. Ein **Transport zur Chimborazo-Hütte** kostet mindestens 35 $. Zentraler Taxiruf: Tel. 2965656, 2954545.

Eisenbahn

■ Die berühmte „Teufelsnase" **Nariz del Diablo** wird noch regelmäßig angefahren. Der **Fahrplan** von 2012 sah aus wie folgt: Riobamba – Alausí keine Verbindung, nur bis Palmira (etwa 2/3 der Strecke), Preis 11 $ inkl. Rückfahrt nach 3 Std. Aufenthalt. Bei großer Nachfrage werden bis zu drei Schienenbusse eingesetzt. Die meisten Hotels in Riobamba helfen, Tickets zu kaufen. Ab 2013 soll Riobamba wieder mit Quito, Alausí und Guayaquil verbunden werden; Infos: www.trenecuador.com. Man kann das Ticket nur noch im Voraus unter gcastillo@efe. gov.ec bestellen oder 3–4 Tage vor der Fahrt persönlich kaufen. Von Alausí zur Teufelsnase startet

der Zug Mi, Fr und So 11.30, 13.30 und 15.30 Uhr, der Preis beträgt 7,70 $, Tel. 2930126.

Für Eisenbahnfans: Ein paar hundert Meter vom Bahnhof entfernt ist die **Werkstatt der Ferrocarriles,** in der man noch alte Dampfloks bewundern kann. Dazu hole man zuvor eine Besuchserlaubnis bei der Bahndirektion von Riobamba ein: Tel. 2961038.

Rund ums Auto

■ **Tecnicentro CARS** (Werkstatt)
Calle Torres 22-53 y Primera Constituyente.
■ **Llanticentro** (Reifendienst)
Calle Veloz 3805 y Teniente Latus.

Bergtouren

■ **Agencia Julio Verne Travel**
Pasaje El Espectador 22-25 y Av. Daniel León Borja, zwei Blocks nördlich vom Bahnhof, Tel. 2963436, 099-4167350, www.julioverne-travel.com; holländisch-ecuadorianische Leitung. Renommierte Agentur mit ausgebildeten Führern, sehr guter Bergausrüstung und Mountainbikes. Im Angebot sind Downhilltouren am Chimborazo, Inka Trail, Altar Trek und Bergtouren zum Illiniza, Cotopaxi, Carihuairazo und Chimborazo. Vermitteln Touren in den Urwald und nach Galápagos.

■ **Expediciones Andinas**
Tel. 2964915, www.expediciones-andinas.com, marcocruz@andinanet.net; geführt vom bekanntesten Bergsteiger Ecuadors, *Marco Cruz;* er unterhält auch eine eigene Schutzhütte. Enge Kontakte bestehen zum Deutschen Alpenverein DAV Summit Club, für den die Agentur alle Ecuador-Bergprogramme betreut. Angeboten werden (gehobenes Preissegment) Touren zu allen Bergen der Umgebung; Preisbeispiel: Chimborazo-Besteigung 220 $. Adresse: gegenüber der Albergue Abraspungo, km 3,5 via Guano, Riobamba; *Chimborazo Basecamp*

△ Schäferin am Chimborazo

oder auch *Refugio Estrella del Chimborazo:* Die schönste (private) Berghütte Ecuadors mit angeschlossenem Campingplatz auf 4000 m Höhe am Fuße des Chimborazo ist ebenfalls bei *Marco Cruz* und den Expediciones Andinas zu buchen.

■ Der erfahrene Bergsteiger *Enrique Veloz* führt die Agentur **Veloz Coronado Expediciones,** Tel. 2960916, www.velozexpediciones.com; er hat ebenfalls Touren zu allen Bergen der Umgebung im Programm, beispielsweise Eisklettern am Chimborazo. Auch Ausrüstungsverleih.

■ Eine weitere empfehlenswerte Agentur ist **Andes Trek,** Calle Colón 22-25 y 10 de Agosto, Tel. 2940964, www.andestrek.de; der erfahrene Leiter *Marcelo Puruncajas* ist seit 1968 im Geschäft. Auch Kletterausrüstung kann ausgeliehen werden. Chimborazo 160 $ p.P., Cotopaxi 150 $ p.P., sprechen englisch und deutsch.

■ **PROBICI**
Av. Constituyente 23-51 y Larrea, Tel. 2941880, 2951759, www.probici.com, Mountainbike-Touren zum und herab vom Chimborazo, Empfehlung.

ecu122 peko

Gletschergrenze, laufen. Auf jeden Fall eröffnet sich bei guter Sicht ein **sensationelles Panorama**. Die Hütte ist bewirtet und bietet zumindest einen heißen Tee. Aber auch die Strecke durch Gras- und Ödlandschaft lohnt. Oft sieht man auch Gruppen von Vicuñas. Eine Taxitour ab Riobamba mit auszuhandelndem Aufenthalt an der Hütte kostet etwa 35 $, siehe auch unter „Taxis".

Guano (12 km) und Santa Teresita (14 km) X,B1

Nördlich von Riobamba liegt die kleine Stadt **Guano**, bekannt für ihre Teppiche und eine größere Baumwoll-Industrie. Um den Zentralpark herum und entlang der Av. García Morena haben sich mehrere Geschäfte auf den Handel mit Teppichen spezialisiert.

Der **Bus nach Guano** fährt in Riobamba an der Nueva York y Rocafuerte ab (ca. 20 Min.).

2 km hinter Guano liegt das Sierradorf **Santa Teresita**. Die ansässige Bevölkerung stellt Kartoffelsäcke aus *cabuya* her; cabuya ist die Faser einer Agavenart, die auch bei der Herstellung von Netztaschen *(shigras)*, Seilen und Satteltaschen Verwendung findet.

Am Ende der Hauptstraße des Dorfes (Bushaltestelle) geht rechts ein Weg ab, der hinunter zum **Balneario Los Elenes** führt (30 Min.). Ein Plansch im Kaltwasserbecken mit Blick auf die Berge El Altar und Tungurahua im Hintergrund lässt niemanden unbeeindruckt! Das Bad wurde 2009 renoviert und bietet ein Kinderbecken, Wasserrutschen, Sauna und Dampfbad.

Ausflüge

Chimborazo-Schutzhütte

Von Riobamba aus lässt sich ein wunderbarer Halbtages- bis Tagesausflug zu einer der Schutzhütten des Vulkans Chimborazo unternehmen. In etwa 1 bis 2 Stunden Fahrtzeit erreicht man die **untere Hütte auf 4800 Meter** mit dem Fahrzeug. Wer Luft hat, kann nun noch **weitere 200 Höhenmeter bis zum Refugio Edward Whymper,** ganz nah an der

Im Hochland (Sierra): Route A 3

Pulingui

Von Riobamba aus erreicht man nach etwa 1 Stunde Fahrtzeit Richtung San Pablo die Gemeinde Pulingui. Dort lassen sich geführte Touren in den Naturpark Chimborazo und den „Paoierwald" organisieren. Die Führungen auf Spanisch kosten 10 $ p.P. Es ist möglich, in der einfachen *Casa Condor* für 5 $ zu übernachten. Kontakt: Comunidad Pulingui.

Nationalpark Sangay   XI,C1/2/3

Der Nationalpark mit einer Fläche von 517.725 ha verteilt sich auf die Provinzen Chimborazo, Tungurahua und Morona Santiago. Der Nationalpark gehört zu den Gebieten in Ecuador, die bislang noch sehr **schlecht zugänglich** sind.

Im Park liegen der köchelnde **Vulkan Sangay** (5230 m), der aktive **Tungurahua** (5016 m) und **El Altar** (5404 m). Der Tungurahua wird im Regelfall von Baños (siehe Route A 2) aus bestiegen und ist sehr einfach zu erreichen, vorausgesetzt, die Vulkanaktivität lässt es zu. während El Altar und Sangay selbst von den Einheimischen aufgrund des schwierigen Zugangs nur selten in Angriff genommen werden.

Im Osten endet der Park im Tiefland-Regenwald des Oriente in der Provinz Morona Santiago. Nach Westen dehnt er sich über die östliche Kordillere ins Andenhochland bis in den Bereich der beiden Vulkane El Altar und Tungurahua aus. Reichliche Niederschläge bis über 4000 mm im Jahr sind für den größten Teil des Parks die Regel. Neben der feuchten Umwelt erschwert die zerklüftete, wilde Landschaft ein Fortkommen im Park. Die Tierwelt profitiert von der weitreichenden Abwesenheit des Menschen: Seltene Großkatzen (Puma, Jaguar, Ozelot), Bergtapire und Andenbären teilen sich den Lebensraum.

Der beste **Zugang** zum Nationalpark erfolgt über die **Zufahrtsstraße Riobamba – Alao,** die sich jedoch schnell im Páramo des Hochlands verliert, ohne den östlichen Teil des Parks zu durchqueren. Kartenwerke sind kaum zu gebrauchen, sodass das Gebiet ohne einen ortskundigen Führer nicht begangen werden darf.

Einen **zweiten Zugang** bietet die unbefestigte Straße Guamote – Macas, die das Andenhochland mit Amazonien verbindet; sie ist durchgehend befahrbar.

Weiter geht es auf der Panamericana nach Süden **in Richtung Cajabamba.** Der Ort, keine 20 km von Riobamba entfernt, war ursprünglich Hauptstadt der Provinz Chimborazo. Nach der Zerstörung durch ein Erdbeben im Jahr 1797 wurde Riobamba Kapitale. In der Kapelle Santo Cristo wird ein alter Stadtplan aufbewahrt, der das alte Riobamba vor dem Unglück zeigt. An Sonntagen strömen die Indígenas der Umgebung zum wöchentlichen Markt, der von Touristen selten besucht wird.

3 km hinter Cajabamba liegt **Balvanera,** ein kleines Sierradorf direkt an der schönen Laguna Colta. Am Hauptplatz, der Plaza Española, steht eine **Kirche,** die 1534 erbaut wurde und als erste Kirche der Real Audiencia de Quito gilt. In Balvanera verlässt unweit der Plaza Española eine Zubringerstraße die Panamericana über El Triunfo nach Guayaquil an die Küste.

ecu123 peko

☐ Familienfahrt zu einer Taufe in den zentralen Anden

Alausí

0 ▬▬▬ 80 m   © REISE KNOW-HOW 2013

Calle Bolivia

1 *Eisenbahn nach Riobamba*

Bahnhof **2**

Ferro Carril

Calle Eloy Alfaro

Calle Sucre

Calle Gracias Moreno

Calle Ricaurte

Calle Villalva

Calle Bolívar

Calle Ricaurte

Nariz del Diablo

ℹ

Ⓢ **Banco de Guayaquil & Municipalidad**

3

Avenido 5 di Junio

Markt ★

Calle Guatemala

Calle Pedro De Loza

Calle Pedro De Loza

✉

Ⓑ

Calle 9 di Octubre

Calle 9 di Octubre

4

Calle Antonio Mora

Calle Pablo José Davila

5

Calle Villalva

Calle Esteban Orozco

6

Calle Esteban Orozco

Calle Mexico

Calle Vicente Moreno

Ⓢ **Banco Nacional de Fomento**

Avenido 5 di Junio

Calle Gracias Moreno

Vía Sibambe

Calle Guido Catani

Calle Antonio Mora

Parque Eloy Alfaro

Kindergarten ●

Calle Mexico

⊕ *Krankenhaus*

Calle Colombia

■ **Übernachtung**
1 Hostería La Quinta
3 Hotel Americano
4 Ventura Hostal
5 Hotel Europa
6 Residencial Alausí

■ **Essen und Trinken**
2 Café La Diligencia

Guamote   X,B2

50 km südlich von Riobamba lohnt ein Stopp in Guamote. Hier scheint die Zeit stehen geblieben zu sein. Aus den umliegenden Dörfern kommen donnerstags die Bewohner mit voll bepackten Eseln und Lamas über unwegsames Gelände aus allen nur erdenklichen Nachbarorten zum **farbenfrohen Markt.** Auf keinem anderen Markt in Ecuador ist eine ursprünglichere Marktatmosphäre und größere Vielfalt an indianischen Trachten zu bestaunen! Oberhalb des Marktes, am Bahnhof, liegt ein idyllisches Gleisdreieck mit Rangierfahrt und dem alten Wassertank für die Dampflock.

■**Unterkunft** im **Hostal Inti Sisa,** Tel. 03-2916529, www.intisisa.org, 15 $ p.P. mit BP, 8 $ p.P. mit BC, gute Tourenangebote und Hilfe bei Bahntickets. Ein weiteres Hotel ist das **Chuza Longa Home,** Calle Garcia Moreno y Manabi (2 Blocks oberhalb des Bahnhofs), Tel. 03-2916567, 099-2944464, chuza.longa@gmail.com, www.chuza-longa.com; schönes Hostal mit nettem Café, Küche und Pizzaofen im Patio. Hauptgerichte à la carte ca. 8 $, EZ/DZ 18/36 $, Schlafsaal 12 $ p.P., jeweils mit Frühstück.

Guamote wird zukünftig wohl an (infrastruktureller) Bedeutung zunehmen, da mittlerweile eine wichtige Verbindung zwischen Sierra und südlichem Oriente – südlich am Rand des Nationalparks Sangay (s.o.) vorbei – bis nach Macas führt. Die Piste führt dicht an dem aktiven **Vulkan Sangay** (5230 m) vorbei. Die Straße Guamote – Macas ist inzwischen durchgehend befahrbar.

Über Tixán (ca. 35 km) wird die kleine Stadt Alausí 43 km hinter Guamote angesteuert.

Alausí   X,A3

Das Sierra-Städtchen in 2356 m Höhe hat 20.000 Einwohner. Es regnet oft, und in der Nacht kann es ausgesprochen kalt werden.

Jeden Sonntag findet in Alausí ein attraktiver **Markt** statt, der seit geraumer Zeit auch viele Touristen anlockt.

Am 28. Juni wird jedes Jahr in Alausí das **Fest San Pedro y Pablo** gefeiert. Dann erwacht die Stadt zum Leben und ist (inkl. Hotels) überfüllt.

Viele Reisende machen in Alausí nach oder vor einer Wanderung auf dem **Inka-Trail** (s.u.) einen Zwischenstopp.

Atemberaubend und ein veritables Ereignis ist die **Zugfahrt Alausí – Nariz del Diablo** („Teufelsnase"). Der Zug kommt gemäß wechselndem Fahrplan morgens aus Riobamba (Mi, Fr und So) bzw. fährt mittags über Alausí auch dahin zurück. Die ursprünglich von Durán/Guayaquil über Alausí bis hinauf nach Riobamba führende Strecke wurde nach einem schweren Erdrutsch 1999 bei Huigra – vielleicht unwiederbringlich – unterbrochen.

Praktische Infos

■**Tel. Vorwahl: 03**

Unterkunft (zentrale Lage)

■**Residencial Alausí**
Estéban Orosco 166 y 5 de Junio, Tel. 2930361; große EZ mit BP, TV, 8 $ p.P., zuletzt etwas heruntergekommen.

●Hotel Europa
Av. 5 de Junio y Esteban Orosco, Tel. 2930200, EZ 18 $, DZ 30 $ mit BP, ohne Bad jeweils die Hälfte. Keine Gastronomie, lediglich eine Garage für Gäste.
●Hotel Americano
García Moreno 159 (Parallelstraße zur Hauptstraße, in der Nähe der Markthalle), Tel. 2930159, Preis 6 $ p.P.
●Hostería La Quinta
Calle Eloy Alfaro 121, Tel. 2930247, 09-1770081, www.hosteria-la-quinta.com, EZ 40 $, DZ 69 $ mit Frühstück; Landhausstil und schöner Ausblick.
●Alausí Ventura Hostal
Antonio Mora y 9 de Octubre, Tel. 2930367, ventura-hostal.blogspot.de, Übernachtung ab 12 $ p.P., Frühstück und Abendessen ab jeweils 2 $.

Essen und Trinken

●Café La Diligencia
Sehr nettes und empfohlenes Bahnhofsrestaurant, tgl. 8–11 und 15–19 Uhr.
●Restaurante Sabor Costeña
Südliche Hauptstraße; preiswert, Leserempfehlung: Huhn und Fisch in Wein- oder Limettensoße.

Nahverkehr

●Camionetas fahren mehrmals täglich **nach Achupallas** (23 km, Inka-Trail) und **Chunchi** (25 km). Da es in Achupallas keine Übernachtungs-möglichkeit gibt, sollte für den Fall, dass keine Wanderung auf dem Inka-Trail vorgesehen ist, geprüft werden, wann eine Camioneta die Rückfahrt antritt.

Überlandbusse

●Von der Bushaltestelle an der Hauptstraße beim *Hotel Panamericano* verkehren mehrmals täglich

Busse **nach Cuenca** (3½ Std.) und **Riobamba** (1½ Std.). Die Straße von Alausí durch Cañar nach Cuenca ist zeitweise in schlechtem Zustand – häufig kommt es zu Umleitungen und Sperrungen. Der Bus nach Cuenca kostet 4 $. Wer ab dem Bahnhof fährt oder das Busticket bereits im Zug löst, zahlt 5 $.

Zug zur Teufelsnase

●Fahrscheine (20 $ im historischen Zug bzw. im Schienenbus 6,50 $) sind am Bahnhof (am Ende der Hauptstraße 5 de Junio) erhältlich. Aktuelle Infos zum Fahrplan unter www.trenecuador.com.

Geldwechsel

●Banco der Guayaquil, geöffnet Mo bis Sa.
●Banco de Pichincha, geöffnet Mo bis Fr.

Telefon

●Das ANDINATEL-Büro liegt in der Parallelstraße zur Hauptstraße.

Auf dem Inka-Trail　　XII,B1/2

Es handelt sich um eine **Páramo-Wanderung in 4000 m Höhe,** die zwei bis drei Tage in Anspruch nimmt und in Achupallas beginnt. Die Tour ist ohne Führer nur für orientierungssichere Wanderer im Gebirge zu empfehlen. Für die nötige Verpflegung sollte in Alausí gesorgt werden; will man die Tour buchen, muss man sich allerdings in Riobamba oder Quito in Reisebüros erkundigen. Die beste Zeit für das Vorhaben ist in den Monaten von Juli bis Februar; Wetterumstürze mit Schnee- und Hagelstürmen sind aber auch dann möglich.

Anfahrt: Von Alausí fährt man südostwärts ins Dorf **Guasuntas** (10 km) und von dort weiter nach **La Moya** (0,5 km). Es folgt die Fahrt in das Achupalla-Tal bis zum Dorfplatz von **Achupallas** (13 km). Der Transport dauert ca. 1½ Stunden; man sollte auf der Straße nach einer Fahrgelegenheit fragen. Brechen Sie frühmorgens auf!

In Achupallas führt ein Weg direkt vom Dorfplatz Richtung Friedhof nach Süden. Eselvermietung in Achupallas für ca. 5 $ p.P. und Tag bei Buchung in Gruppen. Der Weg geht in einen schmalen Fußweg über und kreuzt eine kleine Brücke. Nach 40 Minuten Gehzeit wird der Fluss erneut überquert und es geht auf der linken Uferseite des **Río Cadrul** flussaufwärts. Über einen Pass – rechts der Berghang des Cerro Callana Pucará (Westen), links der des Cerro Mapahuiña (Osten) – steigt der Weg auf 4000 m an und folgt der Höhenlinie durch das Río-Cadrul-Tal, bis nach sechs bis sieben Stunden Wanderung das Hochmoor der **Laguna Las Tres Cruces** (4200 m) auftaucht. Hier besteht die Möglichkeit einer ersten Übernachtung. Oberhalb des Sees ist der Untergrund trockener und das Zelten eventuell angenehmer.

Im weiteren Verlauf ist zunächst ein Pass zu überqueren, der im Cuchilla de Tres Cruzes (4400 m) seinen höchsten Punkt hat. Im Westen breitet sich das Tal Quebrada Espíndola aus. Man folgt dem Weg weiter bis zum **Quilloloma** (4350 m). Im Osten werden viele Seen sichtbar, von denen die Laguna Sansahuín der größte ist.

Am Quilloloma links vorbei führt der Pfad hinunter zu den Südostufern der **Laguna Culebrillas** (3900 m). Die Lagune ist auf einem Hochplateau und liegt

manchmal trocken; von hier sind es noch ein bis zwei Stunden zu den alten Inka-Ruinen, die als **Paredones** bekannt sind. Insgesamt sollte man von der Laguna de las Tres Cruces bis Paredones vier bis fünf Stunden rechnen. Die Paredones bieten sich zu einer weiteren, aber sehr primitiven Übernachtung an.

Weiter auf dem Inka-Trail ist ein Pass erst in südwestlicher, dann in südlicher Richtung zu nehmen. Nach zwei bis drei Stunden wird es schwieriger, dem Pfad zu folgen. Man orientiere sich immer nach Süden und bleibe so hoch wie möglich über dem Tal, bis in der Entfernung (bei klarer Sicht) die **Ruinen von Ingapirca** (siehe unter „Cañar") aufscheinen. Das letzte Stück ist durch sumpfiges Gelände zu bewältigen; zuletzt lösen kultivierte Flächen den Páramo ab, und nach der Überquerung des Río Silante hat man die Ruinen vor sich; vier Stunden Gehzeit sind es dann noch bis zum Dorf El Tambo.

Auf dem Inka-Trail soll es hin und wieder zu **Überfällen** kommen; Alleinreisende sollten sich mit jemandem zusammentun, am besten geht man in Gruppen von mindestens 4 Personen.

Wichtig: Besorgen Sie sich in Quito eine **Karte der Region** beim Instituto Geográfico Militar.

Der Inka-Trail ist eine gute Möglichkeit zur Vorbereitung für Gipfelstürmer. Da man mehrere Nächte auf großer Höhe verbringt, kann man sich so hervorragend für weitere Bergtouren **akklimatisieren.**

Abstecher nach Huigra   XII, B1

Das Dorf Huigra ist nur noch über die Straße zu erreichen (etwa 12 km nach Alausí geht der Abzweig südwestwärts von der Panamericana ab). Der große Erdrutsch, der die Bahnverbindung nach Alausí und Riobamba zertrennte, hat dem Dorf aber nicht seinen **Charme** geraubt. Es handelt sich um ein sehr natürlich gebliebenes landwirtschaftliches

Dorf, umgeben von einer wunderschönen Berglandschaft. Im Ort gibt es ein paar kleine Restaurants. Auf dem Hügel steht eine kleine Kapelle in Gedenken an einen Lourdes-Pilger aus Huigra aus dem Jahr 1931.

■**Hotel Eterna Primavera,** das Hotel „Ewiger Frühling" liegt am Hügel über dem Ort; preiswerte Zimmer, schöne Gartenanlage, kleiner Pool.

Von Alausí weiter in den Süden passiert man nach 24 km das kleine Sierradorf **Chunchi** in der Provinz Cañar. Mit dem

▷ Finca in der Provinz Cañar

Wechsel von der einen in die andere Provinz ändern sich allmählich Landschaftsbild und Klima der Sierra. Die „Straße der Vulkane" kommt zu ihrem Ende, es öffnet sich das fruchtbare Tal von Cañar, und immer weiter südlich in die Provinzen Azuay und Loja vorstoßend, wird das Relief flacher, die extremen Berg- und Talverhältnisse weichen einer zunehmend gleichmäßigeren Topografie, und das Klima wird mit abnehmender Höhe trockener und wärmer. Die Panamericana führt jetzt hinein in den altvulkanischen, geologisch ruhigen Sierraabschnitt Ecuadors.

Auch das Bevölkerungsbild in der südlichen Sierra wandelt sich. Mestizen oder *chasos* (mestizische Andenbauern) stellen den größten Teil der Bevölkerung, während die wenigen indianischen Gruppen, namentlich die Cañaris und die Saraguros, eher isoliert und abgeschieden leben.

In dem kleinen Dorf **Gun** zweigt ein Weg ab zur Küste über Troncal und El Triunfo nach Guayaquil. Über die Panamericana ist nach 26 km die Siedlung Cañar erreicht.

Cañar

XII,B2

Das **ruhige Städtchen** im Norden der Provinz Cañar liegt **3176 m hoch. Sonntags** findet ein schöner **Markt** statt, zu dem die Cañaris der umliegenden Ortschaften kommen, um ihre typischen Webgürtel zu verkaufen. Cañar ist für denjenigen besonders interessant, der zu den nahe gelegenen Ruinen von Ingapirca (s.u.) aufbrechen möchte.

Praktische Infos

■ **Tel. Vorwahl: 07**

Unterkunft

■ Preiswerte Übernachtungsmöglichkeiten bestehen in der **Pensión Guayaquil,** im **Residencial Monica,** Tel. 2235486, 6 $ p.P. mit BC (warme Dusche), im **Hotel Ingapirca,** Calle Sucre y 5 de Junio, Tel. 2235201, EZ 8 $, DZ 14 $ mit BP, TV, und im **Hotel Irene,** Av. 24 de Mayo, gegenüber Colegio José Peralta, klein, aber sehr sauber, DZ mit BC.

Busse

■ Von Cañar verkehren stündlich Busse **nach Cuenca** (1½ Std.).

Abstecher nach Ingapirca

XII,B2

Die **Anfahrt** erfolgt auf der Panamericana **über El Tambo** und von dort über einen recht gut befestigten Weg (9 km, Taxi 10 $, inkl. zweistündiger Wartezeit an den Ruinen; günstiger mit Camioneta, 1 $, oder Bus, 0,30 $) oder von Cañar auf einer unbefestigten Piste am Ende der Rechtskurve der Panamericana links nach Ingapirca (16 km). Es fährt auch ein Direktbus ab Cuenca (9 Uhr) nach Ingapirca (zurück um 13.20 Uhr).

Ingapirca (Quechua für **„Steinmauer der Inka")** liegt 16 km von Cañar entfernt auf einem Berg nahe dem Río Silante. Die Ruinen sind **die am besten erhaltenen Relikte der Inka-Kultur in Ecuador.** Der Sonnentempel, ein Komplex aus fugenlos zusammengesetzten Dioritblöcken, wurde an dieser Stelle errichtet, da die Nähe zum Äquator optimale Bedingungen für den Sonnenkult der Inkas bot. „Die Inkas hatten den Tempel zunächst zugeschüttet, doch die Spanier entdeckten ihn bald wieder. Leider sind über die Jahrhunderte immer wieder Steine des Inkatempels von der Bevölkerung zum Hausbau verwendet worden, sodass heute nur noch ein Teil der Anlage erhalten ist. Bereits im 18. Jahrhundert hat *La Condamine* Ingapirca besucht und eine Zeichnung davon angefertigt", berichtet der Schriftsteller *Daniel Kempken,* der in Ecuador über die Geschichte der Inkas recherchiert hat. *Alexander von Humboldt* fertigte 1802 gleich mehrere Zeichnungen von Ingapirca sowie Steinformationen in der Umgebung an, welche später in die Tafeln seiner „Aussichten der Kordilleren" eingingen.

Im **Eintritt** von **6 $** enthalten ist der Besuch des Museums vor Ort, z.T. mit Führungen. Auf den Ruinen weiden Lamas, ein etwa 1 km langer Rundwanderweg lädt zur Erkundung ein: Er führt vorbei an großen Natursteinfiguren, u.a. an einer Felswand mit dem „Indianergesicht".

Lohnend ist ein Abstecher zum **Río Silante;** am Sonnentempel muss man sich, vom Eingang aus gesehen, rechts halten (der Weg ist noch nicht ausgeschildert).

■**Hotel Inti Huasi,** direkt an den Inka-Ruinen, Tel. 07-2290767, saubere schöne Zimmer mit riesigen Betten; DZ und MBZ mit BP ca. 8 $ p.P.; abends leckere Hausmannskost für 2 $ pro Menü, Frühstück für 2 $. Empfehlung.

■**Posada Ingapirca,** 500 m von den Ruinen entfernt, Tel. 2827401, www.grupo-santaana.net; eine schöne alte Hazienda wurde zum komfortablen Hotel umgebaut, EZ 77 $, DZ 98 $ inkl. Frühstück und Heizung.

Wieder auf der Panamericana, durchquert man den **Páramo von Buerán,** ehe sich allmählich das Hochlandbecken von Cuenca auszubreiten beginnt. Die Fahrt geht hinein in ein landwirtschaftlich intensiv genutztes Gebiet, das zudem durch einen Wirtschaftszweig bekannt geworden ist, der gegenwärtig nicht das Interesse hervorruft wie in vergangenen Zeiten. Die Rede ist von der Herstellung des Panamahuts, die für einen Großteil der ländlichen Bevölkerung in diesem Raum Lebensgrundlage ist. Wenige Kilometer vor Azogues lohnt sich ein Abstecher nach Biblián.

Abstecher nach Biblián   XII,B2

Vor Azogues wird von der Panamericana aus eine kleine Kirche (Santuario de la Virgen del Rocío) auf einem steilen Hügel sichtbar. Sie zeigt die kleine Ortschaft Biblián (2629 m) 9 km nördlich

von Azogues an. Biblián ist ein **Wallfahrtsort,** der alljährlich am 8. September von vielen Gläubigen der Umgebung aufgesucht wird. Einer Legende zufolge schickte nach einer langen Trockenzeit Ende des 19. Jahrhunderts die *Virgen del Rocío* („Jungfrau des Taus") den langersehnten Regen, und seitdem ist sie die Schutzpatronin der Provinzen Azuay und Cañar.

Azogues   XII,B3

Die **Hauptstadt der Provinz Cañar** (30.000 Einwohner) liegt 30 km südlich von Cañar in 2550 m Höhe.

In Azogues (span. *azogue* = Quecksilber) wurde in den umliegenden Minen über Jahre **Quecksilber** abgebaut. Inzwischen hat sich die Region durch ihre **Panamahut-Industrie** einen Namen gemacht. Auf dem wöchentlichen **Samstagsmarkt** in der Av. 3 de Noviembre werden von den Bauern der Umgebung Panamahüte und die Keramiken aus dem südöstlich der Stadt gelegenen Dorf Jatumpamba zum Kauf angeboten. Der *sombrero de paja toquilla,* wie der Panamahut von den Einheimischen genannt wird, ist hier billiger zu erstehen als in Quito oder Cuenca, und nur in Montecristi, in der Küstenprovinz Manabí, woher das Rohmaterial für die Herstellung stammt, sind die Hüte in noch besserer Qualität zu bekommen.

Die im Südosten 300 m über der Hauptstadt thronende **Kirche San Francisco** wurde ebenso wie die Kirche Santuario de la Virgen del Rocío in Biblián von den Spaniern auf einer ehemaligen

Der Panamahut

Der Name täuscht: Panamahüte kommen nicht aus Panama, sondern aus Ecuador! Der „Sombrero de paja toquilla" wurde schon 1849 vom Vater des Altpräsidenten *Eloy Alfaro* in einer Stückzahl von 220.000 exportiert. Auf diese Weise gelangte der Hut auch nach Panama, und die Dinge nahmen ihren Lauf.

Als Sonnenschutz erfreuten sich die breitkrempigen Hüte größter Beliebtheit sowohl unter den Goldsuchern, die über Panama nach Kalifornien zogen, als auch bei den Panamakanal-Arbeitern.

Ein in Panama lebender Franzose erkannte die Modequalitäten des Hutes und präsentierte ihn 1855 zur Weltausstellung in Paris. **Napoleon III.** war ganz angetan von dem Kleidungsstück „aus Panama" und machte den Hut schnell hoffähig. Seit dieser Zeit heißt der Hut fälschlicherweise Panamahut.

Zu Beginn des Jahrhunderts verschaffte der Krieg zwischen Spanien und Nordamerika dem Hut den endgültigen Durchbruch auch auf dem nordamerikanischen Subkontinent. Ein bekannter Panamahutträger war der Gangster **Al Capone,** dessen Name den Hutflechtern Ecuadors noch heute ein Begriff ist.

Viele Flechter des Landes tragen den Hut selbst, auch während der Flechtarbeit. Mitglieder der lateinamerikanischen Mittel- oder Oberschicht dagegen tragen den Hut seltener. Normalerweise wird um den Hut ein schwarzes Band geschlagen, das zu Feierlichkeiten gegen ein farbenfrohes, buntes Band ausgetauscht wird.

Den Rohstoff für den Panamahut liefert die **Toquilla-Palme** *(Carlouuvica palmata)*, die im fruchtbaren Küstentiefland von Ecuador wächst. Der Anbau erfolgt auf Feldern in den Provinzen Manabí und Guayas. Die Pflanze hat einen 3–5 m langen, grünen Stengel, an dessen Ende dünne Blätter hängen. Nach drei Jahren werden die Palmenblätter geerntet. Geflochten werden die Wedel, die an den Jungtrieben der Pflanze zu Dutzenden an den Stengeln sitzen.

Die Herstellung des Hutes ist aufwendig. Die frischen Palmblätter werden zunächst gekocht und in der Sonne zum Trocknen aufgehängt bzw. gelegt – in Montecristi gewinnt das Stroh durch mehrmaliges Wiederholen dieses Vorgangs an Strapazierfähigkeit und wird besonders weich. Nachdem das Stroh trocken ist, wird es in einem schwefeligen Bad gebleicht, wodurch es seine weiße Farbe erhält. Nach dem Splissen des Strohs beginnt der mühsamste Teil der Produktion, der in den Händen der Frauen liegt: die Flechtarbeit. Je feiner die Fasern und je enger geknüpft, desto höhere Preise werden später für das Endprodukt erzielt. Nach zwei bis drei Flechttagen, wenn der Ansatz der Hutkrempe erreicht wird, sitzt der Huttorso auf einem runden Holzklotz, der für die spätere Form sorgt. Ist der Hut fertig, wird er von den Flechtern zum Zwischenhändler gebracht, der den Rest der Arbeit verrichtet (waschen, färben, bügeln).

Rund um Azogues leben viele Menschen von Herstellung und Verkauf des Panamahutes. Der Verdienst einer Flechterin ist erschreckend gering. Das Palmenblatt muss in der Regel relativ teuer von einem Zwischenhändler *(comisionista)* gekauft werden. Dieser wiederum kauft den Arbeiterinnen die unbehandelten Hüte für wenig Geld ab.

Die **Hilfsorganisation PLAN** unterstützt eine Flechter-Kooperative, die es fertiggebracht hat, dass heute viele Hutmacher der Sierra nicht mehr auf Zwischenhändler angewiesen sind, da der gesamte Produktions- und Distributionsprozess in Eigenregie abgewickelt wird. Viele Flechter der Sierra fahren jetzt selbst hinunter ins Küstentiefland, um die Palmenblätter billiger zu kaufen. Banken haben verschiedenen Hutmachern Kredite gewährt, die die Anschaffung von Maschinen ermöglichten. Vielleicht besteht in Zukunft die Aussicht, dass sich das soziale Ungleichgewicht zwischen Herstellern und Händlern, das heute noch dominant ist, abschwächt. In Montecristi ist das Produktionszentrum der sog. *superfinos*. Ihre Herstellung dauert drei bis vier Monate. Der superfino wird aus den dünnsten Palmenwedeln so fein geflochten, dass man später, wenn der Hut fertig ist, Wasser in den Hut füllen könnte, ohne dass ein Tropfen verloren ginge. Zusammengefaltet passt der geschmeidige Hut in jede Hemdtasche, doch nur die qualitativ hochwertigen erhalten dabei ihre Form.

In Montecristi als dem Produktionszentrum sind die einfachsten Hüte mit 5 $ am günstigsten, in Quito sind bereits 15–30 $ zu zahlen, in New York werden dann bis zu 1000 $ für Superfinos verlangt.

Reisetipp: In Guayas lässt sich die gesamte Produktionskette der Panamahüte hautnah verfolgen. Man kann mit den Campesinos zur Palmenernte ausreiten und später in einer Frauenkooperative die mühselige und filigrane Bearbeitung der Fasern bewundern. Schließlich besucht man einen Flechter in seiner Hütte. All das ist nicht Folklore, sondern reale Arbeit. Eine kompakte mehrtägige Route einschließlich Strand, Mangrovenexkursion und Fahrservice ab Guayaquil organisiert die Agentur Ecua-Andino, die die Kooperative unterstützt und selbst einer der bedeutendsten ecuadorianischen Exporteure der Panamahüte ist. Zur Fußball-WM in Deutschland haben die Hutspezialisten einst 30.000 Hüte anlässlich der Ecuador-Spiele in Gruppe 1 geliefert. Weitere Infos über die *Panama Hat Tour* unter www.ecua-andino.com, Tel. 04-2326375, siehe auch Agenturen in Guayaquil.

Opfer- und Kultstätte der Inkas errichtet. Sie ist über die Av. de la Virgen zu erreichen. Von der Anhöhe hat man einen herrlichen Ausblick auf die Umgebung von Azogues.

Sehenswert sind außerdem die Kathedrale an der Plaza Central und die schneeweiß getünchten Kolonialhäuser im Stadtzentrum.

Praktische Infos

■ **Tel. Vorwahl: 07**

Infrastruktur

■ Azogues verfügt über ein kleines Postamt, eine Bank, eine PACIFICTEL-Zentrale und ein paar **einfache Restaurants.**

Unterkunft

■ **Hostal Rivera**
24 de Mayo y 10 de Agosto, Tel. 2248113, EZ 20 $, DZ 30 $ mit BP und TV.
■ **Hotel León**
Av. Luis Monsalve y Che Guevara, Tel. 2249916, EZ 20 $, DZ 35 $, www.hotelleon.amaweb.com.

Überlandbusse

■ Überlandbusse fahren vom Busbahnhof am Nordende der Calle 24 de Mayo/Panamericana mehrmals täglich in die Hauptstadt **Quito,** nach **Guayaquil, Machala, Cuenca und Biblián.**

12 km nach Azogues führt die Panamericana an dem kleinen Dorf El Descanso vorbei und überschreitet die **Grenze zur**

Provinz Azuay. Von hier zweigt eine Fahrstrecke nach Gualaceo ab. Der Panamericana folgend ist nach 17 km Cuenca erreicht, die schöne Hauptstadt der Provinz Azuay.

Cuenca XII,B3

Die in 2530 m Höhe in einem Hochlandbecken (span. *cuenca*) gelegene Hauptstadt der Provinz Azuay ist mit ca. 300.000 Einwohnern die **viertgrößte Stadt Ecuadors und UNESCO-Weltkulturerbe.** Wer von Quito nach Peru fährt oder aus Peru kommend nach Quito möchte, wird in Cuenca normalerweise Zwischenstation machen.

Das **„Athen von Ecuador"** hat schöne Museen; das Bild der Stadt wird geprägt durch zweistöckige republikanische Häuser mit kleinen Geschäften. Die kopfsteingepflasterten Straßen sind Relikte aus der Kolonialzeit. An Markttagen wird die Stadt von vielen Cholas, indianisch-mestizischen Mischlingen, der Umgebung aufgesucht, die ihre Panamahüte verkaufen wollen.

Im Nordwesten, ungefähr 35 km vor der Stadt, breitet sich der Nationalpark El Cajas aus, der zu schönen Páramo-Wanderungen einlädt (s.u.).

Geschichte

Als die **Inkas** Anfang des 15. Jahrhunderts ihr Territorium ausdehnten, stießen sie in der Sierra Ecuadors, im Bereich des heutigen Cuenca, auf harte Widersacher, die Cañaris. Im Inka-Bürgerkrieg wurde der Inka-Herrscher *Atahualpa* von den Cañaris, die auf der Seite dessen Widersachers *Huascar* kämpften, gefangen genommen. Nach seiner Flucht errang *Atahualpa* in Ambato den Sieg über *Huascar* und kehrte dann nach Cu-

▷ Die Neue Kathedrale ist das Wahrzeichen der Stadt

enca zurück, um Rache zu nehmen: Alle Cañari-Männer wurden getötet, die Stadt zerstört.

Die **Spanier** kamen über die alte Inka-straße von Cuzco nach Quito. *Gil Ramírez Davalos* gründete 1557 die Stadt Cuenca, elf Jahre nach der Gründung von Loja.

Nach der Befreiung Cuencas von den Spaniern am 3. November durch *Simón Bolívar* machte die Stadt nicht weiter von sich reden. Erst die Panamahut-Industrie verhalf Cuenca zu Ruhm und Be-rühmtheit. Heute ist die Stadt auch das **Zentrum der ecuadorianischen Keramikherstellung,** einer Keramik, die einen sehr guten Ruf genießt.

Sehenswürdigkeiten

Cuenca wird durch den Fluss Tomebamba in zwei Hälften geteilt. Im Norden befindet sich das koloniale Zentrum, südlich des Flusses entstanden die modernen Stadtteile und die Universität.

Im Hochland (Sierra): Route A 3

Las Ruinas de Todos Santos

Entlang des Nordufers folgt die Av. 3 de Noviembre, dann die Calle Larga dem Río Tomebamba. Am Ostende des Flusses, in der Nähe der Brücke (Ende Calle Larga), erinnern Las Ruinas de Todos Santos an die Inkazeit. Die Überreste einer Mühle, für deren Bau die Steinplatten von Inkamauern verwendet wurden, werden umgeben von Teilen eines alten Inkabaus. Auf der Anhöhe über der Mühle finden sich weitere Stücke von Inkamauern. Ausgrabungen vor Ort brachten Keramiken der Inkazeit zutage, die im winzigen Museum neben der Ausgrabungsstätte zu sehen sind.

Parque Abdón Calderón

Der Park, die ehemalige Plaza Mayor, ist das **Herz von Cuenca:** Studenten genießen hier den Sonnenschein, Vertreter der Zeugen Jehovas künden vom kommenden Reich Gottes, die Cholas aus der Umgebung preisen ihre Panamahüte an. Um den Park gruppieren sich die neue und die alte Kathedrale, das Provinzverwaltungszentrum und das Rathaus (municipio).

Catedral Nueva

Die Neue Kathedrale aus rötlichem Backstein und mit blauen Kuppeln ist heute das **Wahrzeichen der Stadt.** Das neoromanische Gotteshaus, erbaut im Jahr 1885, ist 42,5 m breit und 105 m hoch und besteht im Innern aus Marmor der Umgebung und aus Alabaster. Das Gotteshaus wurde außen nie vollständig fertig gestellt: Den beiden Haupttürmen fehlen die Aufbauten, da die Statik diese nicht zu tragen vermag.

Im Kircheninneren befinden sich keine nennenswerten Kunstschätze. Ins Auge sticht der aus rosafarbenem Marmor getäfelte Boden.

Catedral Vieja

Direkt gegenüber der neuen Kathedrale, auf der anderen Seite des Parks, befindet sich die kleinere Alte Kathedrale El Sagrario. Mit dem Bau wurde im Stadtgründungsjahr 1557 begonnen. Nach aufwendiger Renovierung ist sie heute ein architektonisches und künstlerisches Schmuckstück und dient als Museum.

Geöffnet: Mo bis Fr 9–13 und 14–20 Uhr, Sa/So 10–13 Uhr, Eintritt 2 $, Tel. 07-2834636.

Casa de la Cultura Ecuatoriana

Auf der Südwestseite des Parks befindet sich die im Kolonialstil gebaute Casa de la Cultura Ecuadoriana mit wechselnden Kunstausstellungen. Die Werke der meist ecuadorianischen Künstler stehen zum Verkauf. Dem Haus sind auch eine kleine Cafeteria und eine Buchhandlung angeschlossen.

Geöffnet: Mo bis Fr 8–13 und 15–18 Uhr; Adresse: Calle Sucre y Benigno Malo, weitere Zweigstelle: Luis Cordero zwischen Presidente Córdova und Sucre, Tel. 07-2842586, nanbat1@hotmail.com.

> Hutmacherladen in der Innenstadt

Instituto de Arte Contemporáneo

Hermano Miguel 841 y Sucre; schön restauriertes Kolonialhaus mit wunderschönem Innenhof und einer Ausstellung moderner Kunst.

Iglesia El Carmen de la Asunción

Ende des 17. Jahrhunderts erbaut, weist die Kirche in der Calle Sucre eine schöne Steinfassade und eine mit Gold und Spiegeln verzierte Barockkanzel auf. Tel. 07-2888289.

Markt für Kunsthandwerk

An der Calle Gaspar Sangurima, Ecke Ordoñez (gegenüber der Banco del Pací-fico) findet mittwochs ein Kunsthandwerksmarkt statt.

Museen

Museo del Banco Central

Das Museum in der Calle Larga y Av. Huayna Capac (Eingang Calle Larga) zeigt eine große archäologische Sammlung aus der Prä-Inkazeit, religiöse, koloniale und moderne Kunstwerke sowie Münzen. Hervorzuheben ist die ethnologische Abteilung im 1. Stock. Hinter dem Museum befindet sich die kleine archäologische Inka-Ausgrabungsstätte **Pumapungo,** auf der Lamas weiden.

Geöffnet: Mo bis Fr 9–17 Uhr, Sa 9–13 Uhr, Eintritt frei, www.bce. fin.ec, Tel. 07-2822874.

eco018 peko

Cuenca

■ Übernachtung

2 Hostal Pichincha
4 Macondo
5 Hostal Latina
6 Atenas
7 Paredes
8 El Dorado
13 Carvallo
14 Colonial
15 Paris
16 El Caribe Inn
17 Chordeleg
18 Hotel Pichincha
19 Gran Hotel
20 Inca Real
21 Catedral
26 Milan
28 Principe
30 Apartamentos Otorongo
31 Hostal Casa del Rio
32 Siberia
33 Casa del Barranco
34 Crespo
38 Posada Todos los Santos
39 El Cafecito
42 Atahualpa
44 El Quijote
45 El Conquistador
46 Residencial Niza
47 Norte
48 Hotel Las Américas
49 Samay
50 Galeón
51 Tito
52 España
53 Hurtado de Mendoza
54 Italia
55 Vázquez
56 Hostal Manhattan

■ Essen und Trinken

1 Bar-Restaurant La Cusinga
3 Villa Rosa
9 El Pavón Real
10 Restaurant Néctar
11 Heladería Holanda
22 Azuay Net
24 Café Raymipampa
25 Heladería Tutto Fredo

0 ——— 200 m ©Reise Know-How 2013

Ⓑ **Busbahnhof** (200 m),
✈ **Flughafen** (1 km)

Pres Borrero

Hermano Miguel

🅱 48

Libertadores

Kunsthandwerks-Markt
★ 50

55
54
53
Avenida España

Banco Ⓢ
del Pacífico

51 52
56

47

49

Mariano Cueva

46

Vargas Machuca

Tomás Ordóñez

Manuel Vega

Olmedo

🇽 45

44

Ⓜ **Museo de Esqueletología**

43

Ⓢ **Banco del Pichincha**

42

41

Instituto de Arte Contemporáneo

Pres Córdova

Ⓜ ⓘ **Iglesia de las Conceptas**
Museo de las Conceptas

Juan Jaramillo

40

Honorato Vásquez

Miguel Ángel Estrella

27	Asador Las Colombianas
29	Café Austria
35	Wunderbar
36	Café 4 Manos
37	Restaurante El Maíz
40	Restaurant Tiestos
41	El Paraíso
43	Restaurant El Nuevo Paraíso

🟩 **Nachtleben**
12 Disco Ritmo

🟩 **Einkaufen**
23 Blumenmarkt

**Museo R. Crespo Toral,
Museo de las Culturas
Aborígenes**
Ⓜ

Ⓜ **Museo de Artes Populares**

35 ● **Estudio Sampere**

Alfonso Jerves

Alfonso Malo

38

Av. de Todos Los Santos

Puente Roto

36

3 de Noviembre

F. Malo

Las Ruinas de Todos Santos
●●●

Calle Larga

37

Ⓜ **Museo del Banco Central**

Huayna Capac

⊕ **Krankenhaus** (1km)

Bahnhof
(stillgelegt) 1 km

Museo de las Conceptas/ Museo de Arte Religioso

Das Museo de las Conceptas in der Calle Hno Miguel 633 y J. Jaramillo beherbergt wertvolle religiöse Kunstschätze aus dem 17./18. Jh., Ölgemälde, Skulpturen, kolonialzeitliches Porzellan, alte Möbel und Holztruhen. Daneben bietet es die Möglichkeit, das Leben im Kloster kennen zu lernen. Das Klostermuseum ist der Kirche La Concepción angegliedert, die am 13. Juni 1599 gegründet wurde und einen imposanten Hauptaltar besitzt.

Geöffnet: Mo bis Fr 9–17.30 Uhr, Sa 9–13 Uhr, Eintritt frei, Tel. 07-2830625.

Museo de Arte Moderno

Das Museum in der Calle Sucre y Coronel Talbot hält Ausstellungen moderner Künstler ab, Tel. 2831027.

Geöffnet: Mo bis Fr von 8–12.30 und 14.30–18.30 Uhr, Sa/So 10–13 Uhr; Eintritt frei.

Museo Municipal Remigio Crespo Toral

Das Museum in der Calle Larga 727 y Borrero enthält eine Sammlung von Gold- und Keramik-Exponaten der Sierra-Kulturen aus der präkolumbischen Zeit sowie Gemälde, Möbel und sakrale Skulpturen der kolonialen Epoche, zudem eine Ausstellung historischer Fotos von Cuenca.

Geöffnet: Mo bis Fr 8–17 Uhr, Sa/So 9–13 Uhr, Eintritt frei, Tel. 07-2833208.

Museo de las Culturas Aborígines

Das private Museum in der Calle Larga y Borrero zeigt Keramiken, Kultgegenstände und Werkzeuge aus der Prä-Inka-Zeit. Im Rahmen einer sachkundigen Führung können die Exponate, die auf Regalen und nicht in Vitrinen ausgestellt sind, genau betrachtet werden, manche darf man sogar in die Hand nehmen. Dazu gibt es einen Kunsthandwerkladen und eine Cafeteria.

Geöffnet: Mo bis Fr 8.30–18.30 Uhr, Sa 9–13 Uhr, Eintritt 2 $, Tel. 07-2841540, museoarq@etapaonline.net.ec.

Museo del Sombrero

In der Calle Larga 10-41 zwischen Padre Aguirre und General Torres – Museum, Geschäft, Café, Kunstgalerie und Fabrik in Einem! Im Rahmen einer ausführlichen und kostenlosen Führung wird erklärt, wie **Hüte** geflochten und weiterverarbeitet werden. Die Ausgestaltung des Museums ist beeindruckend, das Personal freundlich.

Geöffnet: Mo bis Sa 8–17.30 Uhr, So 9–13 Uhr, Tel. 2831569, panamahat@etapaonline.net.ecm, Eintritt frei.

Museo de Esqueletología

Das Museum in der Bolívar 6-57 y Borrero zeigt in drei Ausstellungsräumen die **Skelette** vieler einheimischer Tiere.

Geöffnet: Mo bis Fr 10.30–13 und 15–18.30 Uhr, Sa 10–13 Uhr, Eintritt 1,50 $.

Praktische Infos

■ **Tel. Vorwahl: 07**

Informationen/Infrastruktur

■ Das **Touristenbüro** nahe dem Parque Calderón in der Calle Mariscal Sucre hat von 9–19.30 Uhr geöffnet.
■ Ein ausgezeichnetes **Fremdenverkehrsbüro** befindet sich **im Busbahnhof;** man spricht dort auch Englisch.
■ Das **Büro des Umweltministers** in der Calle Bolívar 533, 3. Stock, hat geöffnet von Mo bis Fr zwischen 9 und 16 Uhr; es stellt auch eine mehrtägige Besuchserlaubnis für das Cajas-Naturschutzgebiet aus. Tagesbesucher zahlen den El Cajas-Eintritt unkompliziert am Posten auf der Zufahrtsstraße.
■ **Wechselstuben** finden sich im Bereich Borrero y Sucre und Gran Colombia y Cordero.
■ **Banco del Pacifíco,** Tarqui/Ecke Gran Colombia, werktags bis 18 Uhr.
■ Das **Postamt** ist an der Ecke Gran Colombia y Borrero; Mo bis Sa von 9–17 Uhr.
■ Das **ETAPA-Fernmeldeamt** liegt an der Ecke Malo y Sucre.
■ **Polizei:** Notruf 911, Hauptwache: Tel. 101, Cordero y Córdova.
■ Eine **Wäscherei** befindet sich in der Calle Vásquez y Borrero.

Unterkunft

Hotels (nahe Busbahnhof)
■ **Hotel Galeón**
Calle Sangurima 2-42 y Manuel Vega/Tomás Ordóñez, Tel. 2831827, tanialopezp@yahoo.es; EZ 24 $, DZ 45 $, Parkplatz, TV.
■ **Hotel España**
Calle Sangurima 1-17 y Huayna Cápac, Tel. 2834208, 2826194, Fax 2846442, www.hotelespanaonline.

com; EZ 20 $, DZ 34 $, 3-Bett-Zimmer 40 $, Telefon, Internetanschluss, Restaurant El Quijote, Garage, Wäscherei.

Einfache Unterkünfte im Zentrum
■ **Hostal El Cafecíto**
Av. Honorato Vásquez 7-36 y Luis Cordero, Tel. 2832337, www.cafecito.net; Übernachtung im 4-BZ, auch Betten im MBZ für 6 $, EZ 15–25 $, DZ 25 $; gute Infobörse, sauber, freundlich, Wäsche-Service, mitunter Konzerte, Café im Lichthof.
■ **Gran Hotel**
Torres 9-70 y Bolívar, Tel. 2831934, granhotel@mail.com; EZ 28 $, DZ 42 $ mit „amerikanischem" Frühstück, Internet, WiFi, Restaurant, schöner überdachter Innenhof, sehr hellhörig.
■ **Hotel Norte**
Am großen Marktplatz, Calle Mariano Cueva 11-63 y Mariscal Lamar, Tel. 2827881; Zimmerpreise: 5 $ p.P. mit BC, 10 $ p.P. mit BP. Fernsehraum, Gepäckaufbewahrung; an Markttagen sehr früh laut!
■ **Hotel Milan**
Calle Córdova 989 y Padre Aguirre, am Markt, Tel. 2831104, 2827864, hostalmilan@etapanet.net; große Zimmer mit BP, EZ 20 $, DZ 30 $, inkl. Frühstück, Warmwasser, Telefon, Wäschedienst, Café auf der Dachterrasse.
■ **Hostal Macondo**
Tarqui 11-64 y Lamar, Tel. 2840697, www.hostalmacondo.com; EZ 27 $, DZ 38 $, mit Frühstück, hübscher Garten, Küchenbenutzung, WiFi, sehr freundlich und sauber, empfehlenswert; reservieren, da sehr beliebt!
■ **Hostal Americano Cuenca**
Francisco Tamariz 1-14 y Av. Héroes de Verdeloma, Tel. 2837882, www.hotelamericanocuenca.com; EZ 33 $, DZ 50 $, Cafeteria, Parken, Internet, Restaurant, Garten, sehr hilfsbereit.
■ **Hostal Siberia**
Calle Luis Cordero 4-22 y Honorato Vásquez, Tel. 2840672; EZ 12–14 $, DZ 24–28 $ mit BP, sicher, freundlich, mit TV, Internet und WiFi.

■ **Hostal Casa del Río**
Calle Larga y Bajada del Padrón, Tel. 2829659, 099-7039575, hostalcasadelrio@hotmail.com, EZ 17 $, DZ 28 $, Empfehlung.

■ **Hotel Samay**
Tomás Ordóñez y Sangurima, Tel. 2831119; DZ mit BC 20 $, mit BP 24 $, ohne Frühstück.

■ **Posada Todos los Santos**
Calle Larga 342 y Vargas Machuca, Tel. 2824247, Handy 09-7191903, EZ 21 $, DZ 30 $, mit Frühstück. Sehr freundliche und familiäre, kleine Pension.

■ **Hotel Tito**
Sangurima 1-49 y Manuel Vega, Tel. 2829734, 2835921, Fax 2843577, hoteltito@hotmail.com; EZ 15 $, DZ 30 $ mit BP und Kabel-TV.

■ **Casa del Barranco**
Calle Larga 8-41 y Luis Cordero, Tel. 2839763; EZ 31 $, DZ 44 $ mit BP, Kabel-TV und Internet.

■ **Hostal Caribe Inn**
Gran Colombia 10-51 y Padre Aguirre, Tel. 2835175; EZ 17 $, DZ 27 $ mit BP, TV.

◹ Beim Friseur in Cuencas Altstadt

ecu019 peko

mer mit Bad, kleiner Patio; gutes Preis-Leistungs-verhältnis.

■ **Hotel Pichincha**
Gral Torres 882 y Bolívar, Tel. 2823868, Fax 2833695, hpichincha@etapaonline.net; 8 $ p.P., große Zimmer, freundlich, Garage, Gepäckdepot, Internet, Wi-Fi, Küche.

■ **Hostal Pichincha**
Juan Montalvo 970 y Bolívar, Tel. 2833695; DZ mit BP 18 $ p.P. inkl. Frühstück, Telefon, Café, Garage.

■ **Hotel Las Américas**
Mariano Cueva 13-59 y Pio Bravo, Tel. 2833850, hotel_lasamericas_cuenca@yahoo.com; EZ 15 $, DZ 25 $ mit BP inkl. Frühstück, mit Telefon, Parkplatz, Restaurant.

■ **Hostal Paredes**
Bartolomé Serrano 1-17 y Bolívar, Tel. 2835674, hostalparedes@hotmail.com; DZ mit BP 10 $ p.P., mit BC 6 $ p.P., TV, Garage, Wäschedienst; unterschiedliche Leserurteile.

Mittelklasse-Hotels im Zentrum
■ **Hotel Atenas**
Luis Cordero 11-89 y Sangurima, Tel. 2827016, Fax 2850134, www.atenashotel.com; EZ 19 $, DZ 31 $ mit BP, Kabel-TV, Telefon und Frühstück.

■ **Hostal Colonial**
Gran Colombia 10-13 y Padre Aguirre, Plazoleta de Santo Domingo, Fax 2841644, 2823793; EZ 25 $, DZ 40 $ mit BP, Kabel-TV und Frühstück.

■ **Hostal Hurtado de Mendoza**
Av. Huayna Capac y Sangurima, Fax 2843611, 2831909, hostalhm@cue.satner.net; EZ 18 $, DZ 28 $ mit BP, Kabel-TV, Telefon und Frühstück, Restaurant.

■ **Vazquez Inn Hotel**
Av. España y Huayna Cápac, Tel. 2850182, 2850183, Fax 2831487; EZ 19 $, DZ 31 $ mit BP, TV.

■ **Hostal Chordeleg**
Gran Colombia 11-15 y General Torres, Tel. 2822536, hostalfm@etapaonline.net.ec; EZ 35 $, DZ 45 $ mit BP, Frühstück, Kabel-TV und Telefon.

■ **Hostal Manhattan**
Sangurima 1-18 y Huayna Cápac, Tel. 2845935, alexagra1@hotmail.com; 8 $ p.P. mit BP und Kabel-TV, Telefon im Zimmer.

■ **Hostal Residencial Niza**
Mariscal Lamar 4-51 y Cueva, Tel. 2823284; 9 $ p.P. mit BP und TV.

■ **Residencial Paris**
Gral. Torres 10-48 y Gran Colombia, Tel. 2826656; DZ mit BP 9 $ p.P. inkl. Frühstück, sehr schlicht, Telefon, Café.

■ **Hostal Latina**
Benigno Malo 11-54 y Sagurima, Tel. 2839821; 12 $ p.P., TV, freundliches Haus, große und schöne Zim-

■**Hotel El Quijote**
Calle Hno Miguel 958 y Gran Colombia, nahe Parque Calderón, Tel. 2843197, 2835031, hquijote@cue. satnet.net; EZ 40 $, DZ 51 $ mit Frühstück, gutes Restaurant.

■**Hotel El Conquistador**
Gran Colombia 665 y Hno Miguel, Tel. 2831788, Fax 2831291, reservas@hconquistador.com.ec; EZ 68 $, DZ 81 $ inkl. Frühstück und Transfer; WiFi, Kabel-TV und Zeitung, Bar, Restaurant.

■**Hotel Principe**
Juan Jaramillo 782 y Luís Cordero, Tel. 2847287, 2828638, www.hotelprincipecuenca.com, EZ 35 $, DZ 49 $, schönes, altes Kolonialhaus.

■**Hotel Inca Real**
Gral. Torres 840 zwischen Sucre und Bolívar, Tel. 2825571 und 2823636, www.hotelincareal.com.ec; Haus im Kolonialstil, ruhige Zimmer, EZ 54 $, DZ 71 $ mit BP, Telefon, inkl. Frühstück, Garage, Internet, WiFi, Kabel-TV, Restaurant (zum Dinner empfohlen).

■**Hotel Catedral**
Aguirre y Sucre, Tel. 2823204, pambrosi@lartizco. com; EZ 19 $, DZ 26 $ mit BP inkl. Frühstück, Telefon; Restaurant mit Tanzfläche.

■**Hotel Italia**
Gutes Hotel am Anfang der Av. España y Huayna Cápac, Tel. 2864474, hotelitalia@etapaonline.net; EZ 48 $, DZ 64 $, mit Frühstück, Restaurant, Parkplatz, Wäschedienst, Abholservice vom Flughafen.

■**Hotel Atahualpa**
Sucre 350 zwischen T. Ordónez und V. Machuca, Tel. 2831841, Fax 2842345, www.cuencacultural.com; EZ 32 $, DZ 55 $ mit BP, TV, Telefon, inkl. Frühstück, Zimmer zur Straße meiden, da laut und stinkig; auf einer Farm außerhalb der Stadt unterhält das Hotel Schwimmbad, Ausflugsangebote, Café, Pferde, viel Grünfläche.

Luxus-Hotels im Zentrum
■**Hotel Carvallo**
Gran Colombia 952 zwischen Padre Aguirre y Beningo Malo, Tel. 2840749, 2836649, www.hotelcarvalloecuador.com, carvallo@etapaonline.net.ec; EZ 110 $, DZ 150 $.

■**Hotel El Dorado**
Gran Colombia 787 y Cordero, Tel. 2831390, www. eldoradohotel.com; EZ 92 $, DZ 104 $, Frühstück, Buffet, Internet, Transfer, TV, Telefon, Minibar, Garage, Restaurant, Sauna, Fitness-Studio.

■**Hotel Crespo**
Larga 793 y Luis Cordero, Tel. 2842571, www.hotelcrespo.com; EZ 95 $, DZ 125 $ mit Frühstück, Internet, TV, Telefon, Wäscherei, Parkplatz, tolle Lage am Fluss, Café, Restaurant (internationale Küche). Altes Traditionshaus mit etwas angestaubtem, durchaus charmantem Interieur, aber recht hellhörig (Diskothek und Zimmernachbarn).

■**Hotel Oro Verde**
Av. Ordóñez Lazo, Tel. 4090000, Fax 4090001, www.oroverdehotels.com; First-Class-Hotel mit entsprechendem Service und Ambiente, exzellentes Restaurant, Sonntagsbuffet, EZ 121 $, DZ 148 $.

Für längere Aufenthalte
■**Apartamentos Otorongo**
Av. 12 de Abril y Guayas, Tel. 2882788, Fax 2883335, www.hotelotorongo.com; voll möblierte Apartments mit Schlaf- und Wohnzimmer, Küche, TV, Telefon, Kühlschrank etc., nahe dem Fluss Tomebamba, 15 Min. Fußweg zur Altstadt, freundlich, deutsch- und englischsprachig, EZ 35 $, DZ 65 $, Apartment für bis zu 5 Pers. 75 $.

Essen und Trinken

■**Café Wunderbar**
Calle Hno Miguel 3-43 y Calle Larga, in der Nähe des Museo Remigio Crespo-Toral, Eingang über die breite Treppe „Escalanita", Tel. 2831274, wunder@etapa.com.ec; europäisches Flair (deutscher Besitzer), gute Getränke (deutsches Bier!) und Speisekarte, interessante Veranstaltungen (u.a. Lesungen, Folklore), kleine Gartenterrasse, So bis Fr 11–0 Uhr, Sa 15–1 Uhr.

■ **Café-Restaurant Raymipampa**
Benigno Malo 8-59, direkt an der Kathedrale; Tel. 2834159, Mo bis Sa 8.30–23 Uhr, So 9.30–22.30 Uhr, gute Sandwiches, auch vegetarisch, preiswert, angenehmes Ambiente, schöner Blick auf den Park.

■ **Restaurante El Maíz**
Calle Larga 1-279 y Calle de los Molinos, Tel. 2840224, elmaiz@etapaonline.net.ec, Mo bis Sa 12–16 und 19–21 Uhr. Urgemütliches und gepflegtes Restaurant in einem Kolonialhäuschen. Empfohlenes 3-Gänge-Menü für 10–15 $ (Lesertipp).

■ **Bar-Restaurante La Cusinga**
Calle San Sebastian 1-94 y Sucre, gegenüber dem Museo de Arte Moderno. Sehr hübscher kleiner Patio mit Bildern von Künstlern der Stadt. Gute Küche, sowohl *almuerzos* (2 $) als auch preiswert à la carte.

■ **Heladería Holanda**
Tolle holländische Eisdiele in der Benigno Malo 9-51 y Gran Colombia, Tel. 2831449, Mo bis Sa 9–19.30 Uhr, So 9–18.30 Uhr.

■ **Heladería Tutto Freddo**
Calle Benigno Malo 403 y Bolívar (am Park), hervorragendes Eis. Leserfavorit!

■ **Restaurant El Pavón Real**
Gran Colombia 8-33 y Cordero, Tel. 2846678, elpavonreal@latinmail.com; reichhaltig und preiswert, schönes Ambiente, landestypische Küche, geöffnet Mo bis Sa 9–19 Uhr.

■ **Asador Las Colombianas**
Presidente Córdova y Benigno Malo, Tel. 2839932, empfohlener Fleischbräter, Mo bis Sa 10–22 Uhr.

■ **Café Austria**
Benigno Malo 5-45 y Jaramillo, Tel. 2840899, sehr guter Kuchen und Kaffee, geöffnet Mo bis So 9–22 Uhr, empfohlen.

■ **El Paraiso**
Ordoñez 5-58 y Bolívar, Tel. 2838666, vegetarische Küche, große Portionen, preiswert, Obstsalate zum Frühstück, Mo bis Sa 8–22 Uhr, So 9–19 Uhr.

■ **Néctar**
Benigno Malo 10-42 y Gran Colombia, Tel. 2844118, empfohlene vegetarische, teils vegane Küche, preiswert, nettes Ambiente.

■ **El Nuevo Paraíso**
Tomás Ordonez 10-40 y Gran Colombia (sowie weitere Filialen), vegetarische Gerichte, von Lesern empfohlen.

■ **Villa Rosa**
Gran Colombia 1222 y Tarquí, Tel. 2837944, ecuadorianisches und internationales Essen, Fischspezialitäten, sehr gut, teuer, Mo bis Fr 12–15 und 18.30–22.30 Uhr.

■ **Café 4 Manos**
Puente Roto, Av. de Todos los Santos y 3 de Noviembre, Tel. 08-2834594; Garten-Restaurant mit schweizerischer Küche inkl. Fondue und Rösti, preiswert und schmackhaft, Büchertausch, gute Tipps.

■ **Andaluz**
Calle Cordero, Edificio Atlantic, Tel. 4103598, 099-8836903, Mo bis Fr 9–14 und 16–21, Sa 10–13 und 18–21 Uhr, Kaffeebar mit vielen Spezialitäten und Sandwiches.

■ **Tiestos**
Juan Jaramillo 7-34 y Antonio Borreo, Tel. 2835310, Di bis Sa 12.30–15 und 18.30–22 Uhr, So 12.30–15 Uhr. Ein Lesertipp: „Der Chef *Juan Solano* ist Wirt mit Leib und Seele, empfiehlt das Fleisch des Tages und hat für die Gäste Zeit für ein Schwätzchen. Superwitzige Atmosphäre. Ein wirkliches Muss bei einem Besuch in Cuenca."

Nachtleben

■ **Disco Ritmo**
Calle B. Maloy y Gran Colombia, Fr und Sa geöffnet.

Internet-Cafés

■ **Internetcafé Compumundi**
Calle Tarqui 9-31, Eingang durch den Fotoladen.

■ **Internetcafé**
Calle Hermano Miguel 6-34 y Calle Larga.

■ **Internetcafé Laser Master**
Simón Bolívar y Vargas Machuca.

■ **Internetcafé Azuay Net**
Padre Aguirre 10-96 y Mariscal Lamar, 1. Stock, Büro 6, Tel. 2844473, jc_chalco@hotmail.com, geöffnet Mo bis So 7–21 Uhr.

■ **Dr. Pedro Martínez Borrero**
Av. del Estadio 3-40 y Manuel J. Calle, of. 102, Tel. 2815803, Handy 098304656, pedroj@cue.satnet.net (englischsprachig).

Medizinische Versorgung

■ **Notruf:** Tel. 2834911
■ **Hospital Vicente Corral Morosco**
Av. 12 de Abril y Av. del Paraíso, Tel. 4096000 (mit Notaufnahme).
■ **Hospital Santa Inés**
Av. Daniel Córdova Toral 2-113 y Augustin Cueva, Tel. 4090634, www.sisantaines.com.
■ **Hospital Monte Sinai**
Calle Miguel Cordero 6-111 y Av. Solano, Tel. 2885595, hmsinai@etapaonline.net.ec

Panoramabus

Auch Cuenca hat einen **offenen Doppeldecker** für Panorama-Fahrten durch die Stadt. Er fährt in zwei Stunden die wichtigsten Straßen und Gebäude ab und hält am Aussichtspunkt von Turi hoch über der Stadt. Abfahrt am Parque Calderón Mo, Mi, Do und Fr 11.15, 15.30, 19 Uhr, Sa 11.15, 15.30, 18 Uhr, So 11.15 Uhr, Tickets 5 $, Reservierung ggf. über Van-Service: Tel. 2816409, 099-9779476. Achtung: Oben nicht stehend fahren! Gefahr durch tief hängende Kabel!

ecu021 peko

Busse

Stadtbusse
● Gegenüber vom zentralen Busbahnhof, 1½ km nordöstlich des Stadtzentrums gelegen, starten regelmäßig **Busse ins Zentrum** (Calle Aguirre).
● **Nach Baños de Cuenca** kommt man in ca. 10 Minuten.

Regionalbusse
● Der Bus **nach Gualaceo** fährt alle 15 Min. vom Busterminal ab (ca. 45 Min.; die Karten gibt es nur im Bus!). Von Gualaceo weiter nach Chordeleg und Sigsig (5 bzw. 30 Min.).
● Busse **nach El Cajas** fahren nur um 6 und um 7 Uhr früh ab der Iglesia San Sebastián.
● Ein Bus fährt morgens um 9 Uhr vom Terminal Terrestre **nach Ingapirca.** Rückfahrt von dort um 13 Uhr. Fahrtzeit: ca. 2 Std.

Überlandbusse
Vom zentralen Busbahnhof 1,5 km nordöstlich vom Zentrum fahren mehrmals täglich Busse nach **Quito** (10 Std.), **Riobamba** (5 Std.), **Alausí** (5½ Std.), **Cañar** (1½ Std.), **Guayaquil** (5 Std.), **Machala** (5 Std.), **Loja** (5 Std.), **Saraguro** (3½ Std.), **Macas** (10 Std.) und **Gualaquiza** (7 Std.).

Eisenbahn

Cuenca hat zwar einen romantisch **verlassenen Bahnhof** im Südosten der Stadt, Züge allerdings verkehren seit 1990 nicht mehr.

Flüge

● 2 km nordöstlich der Stadt, an der Av. España, befindet sich der **Flughafen Mariscal Lamar** (Tel. 2867120).
● *TAME* fliegt zweimal täglich nach **Quito** und **Guayaquil.** Das TAME-Stadtbüro ist an der Plaza Milenium; das Flughafenbüro ist über Tel. 2871940 zu erreichen.
● *AEROGAL* und *LAN Ecuador* fliegen fast täglich von und nach **Guayaquil** und **Quito.** Das Büro liegt in der Av. España 1114, Tel. 2802700, www.aerogal.com.ec, Tel. 2861041, www.lan.com, Tel. 2822783.

Mietautos

● **Casbril Rent-a-Car**
Kontakt: *José Casal,* Calle Sarauco 5-28 y Totoracocha, Tel. 2869597, 099-8953971, casbril.rentacar@hotmail.com. Leserempfehlung. Mit Abholservice in Cuenca und sogar am Flughafen Guayaquil.
● **Inter Rent-a-Car**
Av. España 1050, Tel. 2801892, www.interrentacar.com; Mo bis Fr 7.30–18.30 Uhr, Sa 8–13 Uhr, Vitara 105 $ pro Tag inkl. Steuern und 150 Freikilometern.

Sprachschulen

● **CEDEI**
Benigno Malo 10-70 zwischen Gran Colombia und Lamar, Tel. 2839003, www.cedei.org, Internet-Zugang, Mo bis Fr 8–20 Uhr.
● **Estudio Internacional Sampere**
Hermano Miguel 3-43 y Larga, Tel. 2823960, Fax 2841986, www.sampere.es; Privatunterricht, Vermittlung von Familienunterkünften, sehr guter Gruppenunterricht, aber nicht ganz preiswert; Spanischer Sprachschulenverband, sehr hilfsbereit ist der Direktor *Juan Martínez.*
● **Centro Ecuatoriano Norteamericano Abraham Lincoln**
Calle Pres. Borrero 5-18 y H. Vásquez, Tel. 2823898, Fax 2841737, rboroto@cena.org.ec; Einzelunterricht

◁ Täglich: Blumenmarkt an der Kathedrale in Cuenca

Im Hochland (Sierra): Route A 3

für 7 $ pro Stunde, Unterrichtszeiten Mo bis Sa 8.30–12.30 Uhr.

Reiseagenturen

■ **Expediciones Apullacta**
Calle Gran Colombia 11-02 y General Torres, 2. Stock, Tel. 2837815, 099-9604870, 099-9750193 (24 Std.), www.apullacta.com; etablierter Reiseveranstalter für Tagestouren nach El Cajas, Ingapirca, Gualaceo, Chordeleg oder Sigsig, Extremsportarten – Leserkommentar: „Wir waren begeistert!"
■ Gemeinschaftsbüro von **Terra Diversa Team, The Travel Center** und **Agencia Monta Runa,** Calle Larga 8-14 y Luis Cordero, Tel. 2823782, 099-9204832 (24 Std.), www.terradiversa.com; gute, umfangreiche Beratung und Leitung von Touren aller Art, Kartenmaterial, individuelle Routen, auch mit deutschsprachigem Personal, nette Atmosphäre und kompaktes Angebot. Besonderer Lesertipp!

Markt

■ Hauptmarkttage sind **Donnerstag** und **Samstag;** das Marktgeschehen konzentriert sich auf der Plaza Rotary (Calle Cueva zwischen Sangurima y Lamar) und auf dem Marktplatz Ecke Aguirre y Córdova (gegenüber der Kirche San Francisco).
■ An der Ecke Sucre y Aguirre findet **täglich** ein schöner **Blumenmarkt** statt, und in den Straßen 12 de Abril und 3 de Noviembre werden an Donnerstagen **Korbwaren und Früchte** verkauft.

Feste

■ Der **3. November** ist der **Unabhängigkeitstag von Cuenca,** aus diesem Anlass wird alljährlich ein Spektakel mit Musik, Tanz und bunten Märkten aufgeführt.

■ Auch am **6. Januar** feiert die Stadt mit Maskenumzügen.

Thermalbäder

Piedra de Agua

In der Nähe von Cuenca (10 Min. mit dem Taxi) liegt in herrlicher Umgebung das wunderschöne und sehr saubere Thermalbad Piedra de Aqua. Das Restaurant auf dem Gelände ist auch sehr empfehlenswert.

■ **Infos:** Geöffnet Mo bis Sa 6–22 Uhr, So 6–19 Uhr. Der Eintritt kostet 10 $, für 30 $ steht einem die ganze Anlage zur Verfügung. Massagen können extra gebucht werden. Siehe auch www.piedradeagua.com.ec/bienvenida.

Baños (6 km)   XII,A3

Im Südwesten von Cuenca liegen die mit Umkleidekabinen und Sauna ausgestatteten **Thermalbäder** von Baños (nicht zu verwechseln mit dem größeren Ort bei Ambato!). Viele Einheimische suchen Baños an Wochenenden auf, sodass ein Besuch an Werktagen mehr Entspannung verspricht.

■ **Unterkunft:** Im Zentrum kann man in einfachen Unterkünften übernachten, etwas außerhalb von Baños liegt die **Hostería Durán,** Tel. 07-2892485, www.hosteriaduran.com; EZ 68 $, DZ 98 $, inkl. Frühstück, Schwimmbad, Restaurant, WiFi, Hostería 5,50 $, Balneario 2,50 $, Bar, Camping- und Freizeitpark.
■ Von Cuenca nach Baños verkehrt häufig der **Stadtbus No. 12.**

Ausflüge

Gualaceo (34 km), Chordeleg (38 km), Sigsig (64 km)   XV,C1

Die drei **Dörfer aus kolonialen Zeiten** sind wegen ihrer farbenfrohen und sehr ursprünglichen Sonntagsmärkte bekannt, wobei der von Gualaceo der größte ist. Noch verirren sich kaum Touristen in die Ortschaften.

Gualaceo (2370 m) liegt 34 km nordöstlich von Cuenca im Tal des Río Gualaceo. Die Stickereien dieser Region gelangen in alle großen Städte Ecuadors zum Verkauf, v.a. aber nach Cuenca. Neben Ponchos, Blusen und Wandteppichen mit verschiedenen gestickten Mustern sind die *mantas* (Decken, Tücher) von Gualaceo hervorzuheben. Durch die sogenannte icat-Färbetechnik entstehen farbenprächtige Tücher, die von Frauen über die Schultern geworfen oder im Haar getragen werden. Sie sind selten zu bekommen und deshalb auch nicht gerade billig. Der Marktplatz grenzt direkt an die Dorfkirche (nordwestlich der Bushaltestelle).

Eine **kulinarische Besonderheit** ist anzumerken: In Gualaceo gibt es die besten **Meerschweinchen** der Region zu essen. Das Verspeisen der gebratenen Tierchen ist im Süden des Landes eine große Delikatesse, im Norden dagegen unüblich.

Das Umland von Gualaceo ist sehr attraktiv. Der Obst- und Gemüseanbau in der Region liefert die verschiedenen Früchte, die auf dem Markt und in den Dorfstraßen verkauft werden.

In Gualaceo, dem „Garten von Aznay", findet am 25. Juni das **Kantonalsfest** mit Paraden, Musik und Tanz statt.

Nur 4 km von Gualaceo entfernt liegt das Dorf **Chordeleg**. Hier waren einst ergiebige Goldminen, Grundlage des Goldschmiedehandwerks in der Region. Heute ist das Dörfchen ein bedeutender Ort der (Silber-)Schmuckherstellung, auch wenn nach wie vor in den Läden Goldschmuck angeboten wird. Über die künstlerische Qualität des Schmucks kann man allerdings geteilter Meinung sein. Außerdem kann man den Panamahut, Keramiken, Holzschnitzereien und die verschiedensten Textilien in Chordeleg erstehen.

Das sehenswerte **Museo Comunidad Chordeleg de Artesanías** direkt am Dorfplatz zeigt Arbeitstechniken in der Webkunst und ikat-Färbung sowie handgefertigte Ausstellungsstücke. Es gibt hier einige kleine Restaurants und im zentralen Park bestehen gute Chancen, Kolibris zu Gesicht zu bekommen.

In **Sigsig**, 26 km südlich von Chordeleg und selten von Touristen angesteuert, wird ein kleiner Sonntagsmarkt veranstaltet, der einen Besuch lohnt (Alternative zum Bus: Gualaceo – Sigsig mit Camionetas in etwa 30 Min./0,50 $).

● **Unterkunft:** Wenn man von Cuenca aus früh aufbricht, können alle drei Märkte an einem Sonntag besucht werden. Andernfalls stehen im Zentrum Gualaceos einfache Unterkünfte bereit, auch EZ mit BP (z.B. **Residencial Gualaceo,** Gran Colombia y Fidel Antonio Piedra, Tel. 07-2255006, EZ 10 $, DZ 15 $, in der Nähe des Marktplatzes, Toiletten nicht ganz sauber; sehr schön ist das Zimmer Nr. 2 im 3. Stock mit einem großen Balkon). Eine Alternative ist das **Hotel Patchacama** am Marktplatz. Etwas außerhalb von Gualaceo befindet sich die **Hostería Santa Barbara,** www.santabarbara-hosteria.com.ec, Tel. 07-2255010, EZ 80 $, DZ 122 $, eine hübsche Hostería zum Ausspannen, mit großen, behaglichen Zimmern, Kabel-TV, beheiztem Pool, Disco, Bar, Restaurant usw.

■ Zu den **Verkehrsverbindungen** siehe bei Cuenca unter „Regionalbusse".

Nationalpark El Cajas   XII,A3

Der Nationalpark El Cajas umfasst ein 28.808 ha großes **Seengebiet** in der Provinz Azuay ungefähr 35 km westlich von Cuenca. Die Hochlandregion der westlichen Kordillere weist eine sehr belebte Topografie auf. Das gesamte Gebiet liegt oberhalb von 3000 m, die höchste Erhebung ist der Berg **Arquitectos** (4450 m).

Zwischen August und Januar ist es tagsüber bei kräftigen Winden meist sonnig bei **12–18°C**, während es in der Nacht kalt wird und die Temperaturen häufig unter den Gefrierpunkt fallen. **Von Februar bis Juli** liegt **oft Nebel** über dem Hochland, und Nieselregen (garúa) und **Schneestürme** wechseln sich ab. Die Temperaturen bewegen sich nur **zwischen -3°C und 10°C**. Die durchschnittlichen Niederschlagsmengen betragen 1200 mm pro Jahr.

Die **Entstehung des Gebietes** geht in das Zeitalter des Quartärs zurück, als weite Teile der Region vergletschert waren. Es lassen sich überall Gletscherspuren der Kaltzeiten beobachten, die die Richtung der Gletscherbewegungen anzeigen. Daneben finden sich überall im Gebiet Zeugen vulkanischer Tätigkeit wie Andesitgesteine, Metamorphite und Magmatite. Die Seen sind durch gewaltige Höhenzüge getrennt, die große Täler in Form von Schachteln (cajas, daher auch der Name des Gebiets) ausbilden.

Neben unzähligen kleinen Teichen und Sümpfen gibt es in dem Naturschutzgebiet insgesamt mehr als **230 Seen** (lagunas), die eine Größe von mindestens 10 ha besitzen und durch kleine Flusssysteme miteinander in Verbindung stehen.

Im Gebiet entspringen mehrere **Flüsse**, die in den Pazifik im Westen oder in den Amazonas im Osten münden. Die großen Flüsse **Yanuncay** und **Tomebamba**, deren Quellgebiete ebenfalls im Park liegen, bewässern das gesamte Hochlandbecken von Cuenca und haben eine erstklassige Wasserqualität. Die wichtigsten Lagunen von Cajas sind Lagartococha, Osohuaycu, Toreadora, Riñoncocha, Toreador, Cascarillas, Sunincocha und Burines.

In El Cajas lassen sich **verschiedene Vegetationszonen** unterscheiden, wobei die Zone des sehr feuchten Bergwalds in Höhen von 3000–3500 m vornehmlich im Osten von Cajas (in der Region von Llaviuco) ein beliebtes Betätigungsfeld für Botaniker ist, die hier den guagual, eine Myrtaceae, studieren.

Der Primärwald der feuchten Bergwälder ist für **Vogelliebhaber** ein Paradies. Über 100 verschiedene Vogelarten sind bekannt, darunter Tukane, Spechte und Kolibris, die in mehreren Arten vorkommen. In den höheren Zonen trifft man auf Sperber, Adler und mit viel Glück sogar auf einen Kondor. Auf längeren Touren begegnen einem Hasen und Rotwild, gelegentlich der Ameisenbär, vielleicht sogar ein Tapir.

Im Bereich des subalpinen, sehr feuchten Waldes (3500–4200 m), der den Park dominiert, haben sich die meisten Seen gebildet. In geschützten Tieflagen breiten sich kleine Quinou-Wälder aus, und allgegenwärtig ist die Landespflanze chuquiragua.

Ab 4300 m Höhe trifft man auf die Vegetationszone des pluvialen subalpinen Waldes, der infolge der Wind- und Wetterverhältnisse sehr karg ist.

Auf einer mehrstündigen Wanderung um den **Lago Toreadora** bekommt der Besucher einen kleinen Eindruck der Seenlandschaft von Cajas vermittelt. Das Gebiet bietet sich aber vor allem für ein ausgedehntes **Páramo-Trekking** mit unbegrenzten Campingmöglichkeiten an. Dabei ist an die Mitnahme ausreichender Verpflegung zu denken, da es im Erholungsgebiet selbst keine Einkaufsmöglichkeiten gibt. Die Schutzhütte bei Toreadora stellt Koch- und Schlafgelegenheiten bereit. Denken Sie auch an **warme (Regen-)Kleidung!** Die Mitnahme eines Kompasses ist ratsam, denn Hinweisschilder und Wegweiser fehlen gänzlich; bei Nebel oder im Falle eines Wettersturzes ist die Gefahr, sich zu verirren, nicht unbeträchtlich.

Anfahrt

Zwei Anfahrtswege kommen in Frage: jeweils von Cuenca, einmal von Norden, einmal von Süden her.

Im Norden wird **Toreadora** (Infozentrum, 34 km von Cuenca, 1 Std.) angesteuert. Die Abfahrtszeiten der Busse von der Ecke Simón Bolívar y Talbot in unmittelbarer Nähe der Plaza/Iglesia San Sebastián von Cuenca über Molleturo nach Naranjal sind: 6, 10.30, und 14 Uhr, in Gegenrichtung ab Naranjal: 5.45, 7.30 und 13.30 Uhr. Alternative: Die Buskooperative San Luis fährt ab dem Terminal Cuenca über Cajas nach Guayaquil, aussteigen an der Schutzhütte. Hinweis: Fahrgäste nach Guayaquil haben Vorrang; Fahrkarten im Voraus werden nur für Guayaquil verkauft. Eine Fahrt mit

dem Taxi zur Schutzhütte (der Fahrer wartet dort) kostet ca. 30 $.

Im Süden erfolgt die Anfahrt über **Soldados** (35 km von Cuenca, 2–3 Std.) und **Angas** (55 km von Cuenca, 3–4 Std., 2,50 $).

Täglich fahren ab 6 Uhr Busse von der Ecke Valdo y Loja in Cuenca.

Praktische Infos

■ **Schutzhütte La Toreadora,** Tel. 07-2454003, die einfache Übernachtung im Schlafsaal – Schlafsack ist mitzubringen – kostet 4 $. Anmeldung ist ratsam. Nebenan öffnete zuletzt ein Restaurant, von dem wir hoffen, dass es täglich geöffnet bleibt; Infos dazu in den Agenturen in Cuenca.

■ **Hacienda-Hostería Dos Chorreras,** auf halbem Weg von Cuenca, km 21 vía al Cajas, Tel. 07-4041999, 07-4043108, www.hosteriadoschorreras.com, EZ 60 $, DZ 120 $, mit Frühstück. Fischen sowie Wanderungen bis zu 4 Stunden, Restaurant, Cafeteria.

■ **Karten:** IGM TK 1:50.000 San Felipe de Molleturo, CT-Nv-F1; IGM TK 1:50.000 Chiquintad, CT-NV-F2; IGM TK 1:50.000 Chaucha, CT-NV-F3; IGM TK 1:50.000 Cuenca, CT-NV-F4.

■ **Informationen:** Zuverlässige und aktuelle Infos zum Nationalpark können in Cuenca u.a. bei Terra Diversa (siehe oben) sowie bei **Ecotrek Expedition** eingeholt werden: *Juan Gabriel Carrasco,* Paseo 3 Nov. zwischen Jacaranda und Los Cedros, Tel. 07-4090062.

HIGHLIGHTS

Die **Highlights** erkennt man im Buch an der
gelben Hinterlegung im Kapitel.

Das weite Tal von Vilcabamba in der Provinz Loja

IM HOCHLAND: ROUTE A 4

ecu131 vmu

Die Route A 4 dringt weiter ins südliche Hochland Ecuadors vor und führt durch die **märchenhafte Welt des Südpáramos.** In Loja wird die Panamericana verlassen, um weiter ins südliche Andenhochland bis an die Grenze Perus vorzustoßen; **Streckenverlauf: Cuenca – Saraguro – Loja – Vilcabamba – Zumba (ca. 315 km).**

Nach 3 Stunden Fahrt auf der Panamericana durch eine wilde und fremdartige Landschaft mit Mooren und tiefen Schluchten erreicht man 102 km nach Cuenca zunächst den kleinen Ort **Oña.** Das Dorf ist praktisch die Grenzstadt der beiden Provinzen Azuay und Loja. Busse nutzen es als Zwischenstation auf der Weiterfahrt nach Loja für einen kleinen Imbiss-Stopp. Ansonsten gibt es keinen Anlass, hier länger zu verweilen. Wenn doch: Der Ort verfügt über eine kleine Anzahl Restaurants und eine preiswerte Pension.

35 km nach Oña lohnt eine Fahrtunterbrechung in Saraguro.

Saraguro　　XIV,B3

Das Dorf 142 km südlich von Cuenca ist nach den hier lebenden Saraguro-Indianern benannt, die die südlichste indianische Gemeinschaft Ecuadors bilden. Die verschlafen wirkende ländliche Siedlung ist bekannt für ihren **Sonntagsmarkt,** auf dem die Saraguros ihre traditionelle schwarze Kleidung tragen. Von Fremden wird der Markt – wohl wegen der großen Entfernung zu den Touristenzentren – kaum besucht, weshalb ihm noch etwas Ursprüngliches geblieben ist.

Die Saraguros

Die Saraguros stammen **ursprünglich aus der Titikasee-Region in Peru.** Sie wurden von den Inkas hierher verschleppt, um den Boden zu bestellen, und bis heute hat sich eine kleine Gemeinde erhalten.

Die Saraguros gehörten zu den ersten Gemeinschaften im Hochland, die eine „Cédula Real" erwarben, eine amtliche Berechtigung zu **Grundstücksbesitz.** Die ehemaligen Hazienda-Arbeiter sind heute unabhängig und leben als Landwirte, die ihren eigenen Grund und Boden bestellen.

Ihre **typische Kleidung,** die von vielen Saraguros auch an Werktagen getragen wird, hebt sie ab von anderen Indígenas in Ecuador. Männer wie Frauen tragen einen schwarzen Poncho, dazu – vor allem die Frauen – einen weißen Strohhut mit großer Krempe, ähnlich dem mexikanischen Sombrero, nur dass dieser spitz zuläuft. Männer dagegen tragen häufig einen schwarzen, zumindest dunklen Hut, unter dem ihr langer Zopf hervorschaut. Die Beinbekleidung der Männer besteht aus knielangen Hosen in den Farben Schwarz oder Blau, über denen eine kleine weiße Schürze getragen wird. Die Frauen tragen über die Schultern geworfene Schals, die mit einer langen Steckbrosche, der „tupus", gehalten werden und einen schwarzen Rock.

Die Saraguros leben von der **Getreide- und Viehwirtschaft.** Da sie kein besonderes, gar touristisch verwertbares Handwerk ausüben, wird ihnen ein geschäftlicher Erfolg, wie er den Otavaleños zuteil wurde, kaum gelingen.

Praktische Infos

Unterkunft

■ Zufriedenstellend übernachten lässt es sich in der **Residencial Saraguro,** Loja y Antonio Castro, Tel. 07-2200286, 6 $ p.P. BC, 8 $ mit BP, und in der **Residencial Armijos,** Castro y Azuay.

■ **Hostal Samana Huasi**
10 de Marzo y Panamericana gegenüber des Instituto Saraguro, Tel. 07-2200315, 10 $ p.P. mit BP, Kabel-TV.

Essen und Trinken

■ **Restaurants** befinden sich am Park (z.B. das *Gruta Azul*). In der Calle Azuay y Castro gibt es das **Restaurant Cristal** (daneben übrigens ein kleiner Shop, in dem die *tupus,* die traditionellen Steckbroschen der Saraguro-Frauen, verkauft werden).

■ Besondere Empfehlung: **Mama Cuchara** an der Plaza Central, ein Restaurant, das von einer Indianerinnenkooperative betrieben wird. Man sollte vor 13 Uhr kommen, weil es sonst häufig nichts mehr gibt!

Überlandbusse

Von der **Bushaltestelle gegenüber der Kirche** verkehren ab 6.30 Uhr stündlich Busse nach **Cuenca** (3½ Std.), **Loja** (2 Std.) und **Quito** (10 Std.).

Wieder auf der Panamericana geht es weitere 62 km durch den Páramo der Provinz Loja nach Süden. Beiderseits der Straßen liegen grüne Täler und Maisfelder, oft im Nebel. Während einer Busfahrt wird unterwegs vereinzelt ein neuer Fahrgast aufgelesen. Nach zwei Fahrtstunden öffnet sich der Blick in das Hochlandbecken von Loja.

Loja

XVII,C2

Die **Hauptstadt der gleichnamigen Provinz** wurde 1548 von *Alonso de Mercadillo* gegründet und **zählt zu den ältesten Städten Ecuadors;** heute leben in ihr etwa 130.000 Menschen. Die Stadt liegt auf einer Höhe von 2100 m im Tal von Cusibamba an den Flüssen Río Zamora und Río Malacatos.

In der Kolonialzeit unter den Spaniern war der Ort wegen der im Umland wachsenden Chinarindenbäume von Bedeutung. Die iberischen Eroberer kannten bereits den Nutzen von **Chinin** (oder *cascarilla*), seine schmerz- und fieberlindernde Wirkung, was sie annehmen ließ, es sichere das Leben. *Alexander von Humboldt* war 1802 in Loja; beeindruckt von der Fülle der Pflanzenformationen in diesem Gebiet, nannte er die Stadt den **„Garten von Ecuador"**.

1820 wurde die Stadt unabhängig. Zwei Jahre später hielt sich *Simón Bolívar* in Loja auf; ihm ist es zu verdanken, dass bis heute jährlich das Fest zu Ehren der *Virgen del Cisne* gefeiert wird. Mitte des 19. Jahrhunderts wurde Loja zur Hauptstadt der neuen und gleichnamigen Provinz. Seit der Gründung der Universidad Nacional de Loja 1944 hat die vormals relativ isolierte Stadt intensivere Bande mit Guayaquil, Cuenca und Quito geknüpft. Eine Berühmtheit der Stadt ist der im Jahr 2000 aus dem Amt geputschte Ex-Staatspräsident *Jamil Mahuad*, der aus Loja stammt.

Von Loja lässt sich die Provinz El Oro erschließen, der Südoriente und der äußerste Süden des Landes bis hin zur Grenze nach Peru.

Das schöne **koloniale Stadtzentrum** von Loja drohte lange auf dem Gabentisch der Moderne geopfert zu werden. Eine Leserin, die selbst in Loja lebt, befand noch vor wenigen Jahren: Den Abriss beschleunigt eine „Verordnung des Bürgermeisters, welche einen bestimmten Abstand der Hausfassaden von der Straße vorsieht, um selbige breiter und autogerechter zu machen. Manche Häuser werden zu diesem Zweck „restauriert". So sind z.B. die Calle Lourdes zwischen Sucre und Bolívar und die angrenzende Plaza San Sebastián Paradebeispiele moderner Lojaner Renovierungskunst: zunächst abreißen, in Beton um ein Drittel kleiner wieder aufbauen, die Betondecke mit Pseudoträgerbalken verzieren und außen kitschig bunt bemalen – fertig ist das moderne Kolonialstilhaus." Vor diesem Hintergrund überraschend: Jüngst gewann Loja einen internationalen Preis für Stadtökologie. Und in der Tat scheint beim heutigen Begehen der Geist der Besinnung zu wehen.

Vor dem 1. September wird zur Prozessionszeit jährlich aus dem Dorf Cisne die Statue der *Virgen del Cisne* nach Loja getragen. In diesen Tagen ziehen viele

Bewohner nach alter Tradition den Panamahut auf. Diese **Fiestas de Loja** sind landesweit berühmt, und besonders aus den Provinzen Azuay, Cañar, El Oro und sogar aus Peru strömen die Menschen herbei.

Sehenswürdigkeiten

Die **Kathedrale** an der Westseite des Zentralparks ist eine gut restaurierte Kirche mit Ornamenten und schönen Skulpturen (täglich geöffnet 9–16 Uhr). Von Anfang August bis zum 1. Nov. steht hier auch die *Virgen del Cisne* (s.o.).

Die **Kirchen** San Augustín und San Francisco in der Colón y Bolívar und San Sebastián oder Fátima (mit dem Reitermonument des Stadtgründers *Alonso de Mercadillo*) fesseln durch ihre Architektur und beherbergen religiöse Kunstschätze. Die Iglesia de Santo Domingo in der Calle Rocafuerte y Bolívar zeichnet sich durch über hundert Gemälde und Fresken eines Lojaner Meisters aus dem 19. Jahrhundert aus.

Wahrzeichen der Stadt ist die **Puerta de la Ciudad**, ein „Disney-Replikat" des spanischen Stadttors und Stolz eines jeden Lojaners.

Im Hochland (Sierra): Route A 4

Loja

0 ▬▬ 100 m © REISE KNOW-HOW 2013

Ramón Pinto

Lauro Guerrero

Krankenhaus ⊕

1

Av. Manuel Agostin Aquirre

Ibero América

Río Malacatos

Ⓑ **Zentraler Busbahnhof**

Universitaria

2

3

Markthalle ▦

Parque Bolívar

18 de Noviembre

5

4

7

Sucre

6

8

✉

9

INEFAN

Bolívar

Plaza Sto. Domingo

Museo del Banco Central

Ⓜ Plaza Central

Antonio Eguiguren

Colón

ⅱ **San Augustín**
ⅱ **San Francisco**

Plaza de la Independencia

Ⓢ **Banco de Loja**

Ⓘ

Santo Domingo ⅱ

Bernardo Valdivieso

Olmedo

Produbanco Ⓢ ⅱ **Kathedrale**

◪

Ⓢ **Banco de Guayaquil**

Museo del Monasterio de las Madres Conceptas Ⓜ

Imbabura

10

24 de Mayo

Río Zamora

Juan Peña

Lourdes

Mercadillo

Azuay

Miguel Biofrio

Rocafuerte

10 de Agosto

11

● **TAME**

12

24 de Mayo

Macará

Stadion

★
Aussichtspunkt

🟥 Übernachtung

1 Vilcabamba
2 Quinara
3 Bombuscaro
4 Loja
5 Caribe
7 Hotel Acapulco
9 Libertator

🟦 Einkaufen

6 Centro Comercial Maloayza (mit US$-Wechsel)

🟩 Essen und Trinken

8 Restaurant Piscis Marisqueria
10 Restaurant Picanteria 10 de Agosto
11 Restaurant Cevicheria 200 Millas
12 Restaurante Ecuatorianísima

Freizeitvergnügen finden kleine und große Kinder im **Parque Jipiro**. Kitschig, aber einzigartig: Nachbildungen des Kreml und einer Moschee. Ein Unikat ist auch die Burg „Castillo Eurolatino". Der Park verfügt über viel Grünfläche und viele Spielplätze. Dazu kommen ein Planetarium, eine Bibliothek, ein Freibad mit Rutschbahn, Tretboote und ein Internet-Café in einem ausrangierten Waggon der ecuadorianischen Eisenbahn. Der Eintritt ist frei.

Sehenswert ist auch die Markthalle, die vielleicht sauberste in ganz Ecuador.

Museen

Museo del Banco Central

An der Südseite des Zentralparks, Calle 10 de Agosto y Valdivieso, liegt das archäologische Museum mit einer Ausstellung über die **Geschichte Lojas** und Filmvorführungen.

Geöffnet: Mo bis Fr 9–17 Uhr, Eintritt frei, Tel. 07-2573004.

Museo del Monasterio de las Madres Conceptas

Das Karmeliterinnenkloster (Av. 10 de Agosto y Olmedo) hat seine alte Kapelle und zwei Nebenräume zum Museum umfunktioniert. Mit den Einnahmen soll ein bisschen Geld für die Restauration der Kunstschätze zusammen kommen. Gezeigt werden religiöse Gemälde aus vier Jahrhunderten, teils noch aus Spanien nach Ecuador gebracht, teilweise aus der Escuela Quiteña, außerdem ein großer geschnitzter Altar aus dem

17. Jahrhundert und ein Raum mit Alltagsgegenständen aus dem Leben der Nonnen.

Geöffnet: Mo bis Fr 8–12 und 14–17.30 Uhr, Tel. 07-2561109, Eintritt 1 $, Führungen auf Spanisch.

Praktische Infos

■ **Tel. Vorwahl: 07**

Informationen/Infrastruktur

■ **Information i-Tur:** Mariscal Sucre zwischen Benigno Malo y Luis Cordero, gegenüber vom Parque Calderon, Tel. 2821035, Mo bis Fr 8–20 Uhr, Sa bis So 8.30–13.30 Uhr.

■ **Ministerio del Ambiente,** Sucre 2-35, Tel. 2585421, 2571534, www.ambiente.gob.ec; offizielle Anlaufstelle für Infos über den Nationalpark Podocarpus.

■ Ein **Geldautomat,** der VISA- und MasterCard-Karten akzeptiert, liegt einen halben Block östlich der Plaza Central in der Calle Eguiguren.

■ **Geldwechsel** in der Av. 10 de Agosto.

■ Das **Postamt** an der Ecke Colón y Sucre hat geöffnet Mo bis Fr 9–18 Uhr und Sa 9–13 Uhr.

■ **PACIFICTEL-Telefonamt,** Calle Eguiguren zwischen Bernardo Valdivieso und Olmedo.

Unterkunft

Einfache Unterkünfte
Die einfachen Unterkünfte sind in den vergangenen Jahren arg heruntergekommen – hoffentlich ändert sich das wieder!

■ **Hostal Quinara**
Av. Universitaria y 10 de Agosto an der Ecke, Tel. 2570785; EZ 13 $, DZ 24 $ mit BP, TV, Telefon, Wäschedienst!

◼ Hotel Loja

Rocafuerte 18 y Sucre, Tel. 2570241; 9–14 $ p.P., TV.

◼ Hotel Caribe

Rocafuerte 1552 y 18 de Noviembre, Tel. 2572902; DZ mit BP 10 $ p.P., sehr einfach!

◼ Hotel Acapulco

Av. 10 de Agosto y Sucre, Tel. 2570651; EZ 15 $, DZ 32 $, klein und sauber.

Mittelklasse-Hotels

◼ Hotel Libertador

Calle Bolívar 14-30 y Colón, Tel. 2572119, www.hotellibertador.com.ec; EZ 46 $, DZ 60 $ mit BP, TV, Telefon; sehr gutes Frühstücksbüffet, Sauna, Pool, Restaurant, Autoverleih, Reisebüro, WiFi.

◼ Casa Lojana

Ciudadela Zamora, Paris 0008 y Zoilo Rodriguez, Tel. 2585984, www.utpl.edu.ec/webutpl/index.php/hotel_escuela_la_casa_lojana.html; liebevoll eingerichtet und geführt von Lehrern und Studenten der Hotelfachschule in Loja; EZ 74 $, DZ 129 $, mit Frühstück.

◼ Hotel Vilcabamba

Av. Manuel Agastin Aguirre y Pasaje la FEUE, Tel. 2573645 und 2573393, www.hotelvilcabambaloja.blogspot.com; EZ 25 $, DZ 33 $ mit BP, TV, AC, WiFi, Garage, Restaurant, Café.

◼ Hotel Bombuscaro

Av. 10 de Agosto y Av. Universitaria, Transfer vom Flughafen, Tel. 2577022, www.bombuscaro.com.ec, EZ 33 $, DZ 50 $ mit BP, TV, inkl. Frühstück; Restaurant, Café, Autovermietung, WiFi, Whirlpool.

◼ Hostal Delbus

Av. 8 de Diciembre y Juan José Flores, gegenüber vom Terminal Terrestre, Tel. 2613297 und 099-89786490, www.hoteldelbus.com; EZ 28 $, DZ 38 $ mit Frühstück, BP und Kabel-TV, Internet. Empfehlenswert!

Essen und Trinken

◼ Cevicheria 200 Millas

Juan José Peña y 10 de Agosto, Tel. 2573563; Meeresspezialitäten, gute Küche, Preise zwischen 3 und 5 $, Mo bis So 9–16 Uhr.

◼ Restaurante Ecuatorianísima

Calle 24 de Mayo y Azuay (Ecke), Tel. 2560212, 08-6831364; Grillrestaurant, Mo bis Sa 11–23 Uhr.

◼ Casa Sol

Calle 24 de Mayo 07-04 y J.A. Eguiguren, Tel. 2588597; lokale Küche, tgl. 8–22 Uhr.

◼ Parrilladas El Fogon

Av. 8 de Diciembre y J.J. Flores, Tel. 2614474, tgl. 11–24 Uhr; Grillrestaurant gegenüber dem Busterminal.

◼ Piscis Marisquería

Calle Sucre y Colón, Tel. 2547116, 09-9272729; Fisch und Meeresfrüchte.

◼ Picantería 10 de Agosto

Av. 10 de Agosto y Olmedo; typische Lojaner Küche, Spezialität sind Fleischgerichte.

◼ Parrilladas Uruguayas

Calle Juan de Salinas y Av. Universitaria, Tel. 2570260, irka9@hotmail.com, Mo 18–24 Uhr, Di bis Sa 11.30–24 Uhr, So 11–17 Uhr. Empfehlenswert!

◼ Vegetariano El Rizzoto

Calle Bolívar y Miguel Riofrío, Mo bis Sa 12– 15 Uhr, Hauptgericht 3 $, vegetarische Küche. Empfehlenswert!

◼ El Jugo Natural

Calle Eguiguren 14-20, Tel. 2575256, Mo bis Sa 7–20 Uhr, Frühstück, Müsli, Früchtesalat, Säfte. Empfehlenswert!

◼ Forno di Fango

Calle Bolívar, Tel. 2582905, 2570068 und 2571156, fornodifango@hotmail.com, Di bis So 12–22.30 Uhr, Pizzas, Sandwiches, Preise 4–8 $. Empfehlenswert!

◼ El Valle, ein Stadtteil nahe dem Zentrum von Loja, verfügt über mehrere Restaurants mit den traditionellen Lojaner **Meerschweinchen** (gegrillt, gebraten oder als Eintopf) zu etwa 7–8 $ pro Tier.

■Comedores populares: Im Gegensatz zu vielen anderen Städten Ecuadors werden die **öffentlichen Imbiss-Stände** in Loja hygienisch überwacht. Die schönsten *comedores* gibt es in dem kleinen, historischen Mercado San Sebastián, Calle Lourdes y Valdivieso.

Nachtleben

■Casa Tinku
Calle Lourdes y Sucre, Tel. 099-9536935, Di bis Sa 17–2 Uhr, Bar-Disco, Live-Musik, schöne Atmosphäre. Empfehlenswert!
■Siembra
Calle 24 de Mayo, gegenüber Straßenmündung der Calle Segundo Cueva Celi, Tel. 2561347; eine der wenigen Lojaner Kneipen überhaupt.

Überlandbusse

Der **Busbahnhof** 3 km nördlich des Zentrums ist nahezu luxuriös ausgestattet. Er besitzt Geschäfte, einen Informationskiosk sowie eine Gepäckaufbewahrung. Busse fahren alle paar Minuten ins Stadtzentrum (ca. 10 Min.). Alternative ist das Taxi – Preis aushandeln!

■Vom zentralen Busbahnhof bestehen mehrmals täglich Busverbindungen nach **Quito** (12 Std.), **Cuenca** (5 Std.), **Saraguro** (2 Std.), **Guayaquil** (8 Std.), **Machala** (7 Std.), **Huaquillas** (10 Std.), **Macará** (5½ Std.), **Catamayo** (40 Min.), **Zumba** (6 Std.), **Vilcabamba** (1 Std.) und **Zamora** (3 Std.).
   Tipp: Die Cooperativa Loja bietet verschiedene Busse nach Quito an: für 17 $ zum abgelegenen Süd-Terminal Quitumbe oder – viel praktischer – für 20 $ zur Dependance in der Av. Colón, Stadtteil Mariscal. Beim Ticketkauf berücksichtigen!
■Täglich fahren Busse von Loja über Macará **nach Piura in Peru;** Abfahrt: 7, 13 und 22.30 Uhr, Fahrtzeit ca. 8 Std., Preis 8 $ (s.a. Grenze in Macará).

Flüge

■Das **TAME-Büro** befindet sich an der Calle 24 de Mayo y Ortega, Tel. 2585224, 2570248. Der Flughafen liegt allerdings über 30 km außerhalb der Stadt in Catamayo (30 Min. mit dem Taxi). Die einzigen und stark frequentierten TAME-Flüge nach Quito starten einmal täglich frühmorgens, außer So.
   Hinweis: Mindestens bis Ende 2012, möglicherweise länger, bleibt der Flughafen von Loja/Catamayo wegen Aus- und Umbau geschlossen. Alternativ bietet TAME einzelne Flüge nach Cumbaratza an, ca. 50 km östlich von Loja.

Feste

■Prozession der Virgen del Cisne: 17. August und 1. November: eine beeindruckende Wallfahrt mit Tausenden von Teilnehmern aus Ecuador, anderen lateinamerikanischen Ländern und Delegationen vom Vatikan.
■Volksfest zur Ehren der Virgen del Cisne: 1. bis 8. September: Feuerwerk, Blasmusik, Gegrilltes etc. auf der Plaza Central und Plaza Bolívar. Die oben bereits zitierte Wahl-Lojanerin schreibt: „Das Fest ist malerisch, chaotisch und eigentlich der einzige Anlass, zu dem in Loja wirklich etwas los ist".
■Parallel dazu – vom 1. bis 15.9. – der **Jahrmarkt Feria de la Integración Fronteriza** mit Riesenrädern, Kunsthandwerk, Süßigkeiten, billigen Kleidern, Zuckerwatte, Spielzeug und ohrenbetäubender Musik.
■Anschließend, in der 2. und 3. Septemberwoche, findet das kulinarische Fest **Festival de Cocina Internacional** im Parque Jipiro gegenüber des Jahrmarkts statt.
■Der Lojaner **Feiertag der Unabhängigkeit** ist der 18.11. mit Konzerten, Vergnügungen für Kinder, Sportfesten etc. (Parque Jipiro, Parque Central und Parque Bolívar).

Nationalpark Podocarpus

XVII, D2/3

Der 1982 eingerichtete Nationalpark mit einer Fläche von 146.280 ha liegt in den Provinzen Loja und Zamora Chinchipe nur 10 km im Osten Lojas. Die sehr belebten Oberflächenformen des Parks lassen sich in zwei Regionen teilen: die **tiefe Region** *(zona baja)* mit durchschnittlichen Höhen zwischen 1000 und 1600 m und die **hohe Region** *(zona alta)* mit durchschnittlichen Höhen von 1600 bis 3600 m. Der Park hat mehr als 100 Lagunen, von denen die Laguna del Compadre mit 20 ha die größte ist.

ec2013-024 peko

Das Klima ist gemäßigt und immerfeucht, die durchschnittlichen Temperaturen liegen zwischen 12°C *(zona alta)* und 18°C *(zona baja)*. Die jährliche Niederschlagsmenge pendelt zwischen 1000 und 1600 mm pro Jahr. Beeinflusst vom Oriente herrscht im Nationalpark Podocarpus ein spezielles Mikroklima, das die Entstehung endemischer Pflanzenarten gefördert hat.

Die **Entstehung** des größten Teils des Parks geht bis in das **Tertiär** zurück. Der Untergrund wird von miozänen Sedimenten gebildet, auf denen die Bodenbildung stattgefunden hat. Infolge des pliozänen Vulkanismus haben Magmen und Pyroklastika die Deckschichten durchbrochen und die höchsten Erhebungen der zentralen Kordillere hervorgebracht. Die Oberflächenformen im Bereich der Lagunas de Compadre (Los Picachos del Condór) sind ausschließlich im Quartär entstanden. Die einst von Gletschern geformten U-Täler prägen hier das Landschaftsbild, besonders eindrucksvoll am Río Sabanilla-Tal. Die Reliefbedingungen des Gebietes haben Flusssysteme entstehen lassen, die ihre Quellen in den Kordilleren haben. Namentlich sind dies der Río Chindipe mit den Nebenflüssen Río Numbala, Quebrada Onda, Río Loyalo und Río Vergel, der Río Zamora mit den Nebenflüssen Río Sabanilla, Río Bombuscara, Río Timbara und Río Jamboé und der Río Nangaritza mit den Nebenflüssen Rió Nambayacime und Río Chumbiriaza.

◁ Wasserfall im Nationalpark

Die gesamte Provinz Loja wird als „Botanischer Garten Amerikas" bezeichnet, und im Nationalpark Podocarpus liegt er konzentriert vor. Die Wälder enthalten die Podocarpus-Gattungen *Podocarpus oleifolius* und *Podocarpus rospigliosi* (denen der Park seinen Namen verdankt). Sie sind die einzigen Koniferen Ecuadors. Ein anderer wichtiger Pflanzenvertreter ist die Cascarilla bzw. Chinarinde *(Chinchona succirubra),* aus der das Chinin für die Malaria-Prophylaxe gewonnen wird (sie ist mittlerweile vom Aussterben bedroht). Überwältigend ist die Vielfalt der **Orchideen** im Park.

Die **Südpáramo-Vegetation** unterscheidet sich in ihrem Bestand wesentlich von der der nördlichen Sierra. Zudem ist sie im Verhältnis kleinwüchsiger und tritt nur in den Gebirgskämmen auf. Botaniker sind deshalb geneigt, sie einer Übergangszone zum eigentlichen Páramo zuzuordnen, da sie in einer Höhe anzutreffen ist, die eigentlich nicht der des wirklichen Páramo entspricht. Wichtige Vertreter sind die Arten *Roscovia magellanica,* die ansonsten nur noch in der Antarktis vorkommt, sowie die Arten *Hypericum quidioides, Gynoxis colyculli-sovens* und *Gaultheria gianerata.*

Auch die **Tierwelt** ist **vielfältig;** das Tapir, der Andenfuchs und unzählige Vogelarten tummeln sich im Park.

Die **Anfahrt zum westlichen Parkeingang** (Zugang von Osten siehe bei Zamora) ist von Loja schnell mit dem Bus oder Taxi bewältigt. Auf dem Weg nach Vilcabamba liegt 10 km südlich von Loja die Abzweigung zum Nationalpark (zu erkennen an einem großen Schild auf der linken Straßenseite). Der Überlandbus nach Vilcabamba hält hier,

noch 8½ km sind es hinauf zum Parkeingang. Das Taxi von Loja bis zum Refugio Cajanuma im Park kostet ca. 15 $.

Am **Parkeingang** erhält man neben umfangreichen Informationen eine Karte. Im Refugio kann man auch übernachten (Schlafsack und Iso-Matte mitbringen). Von der Station führt ein Weg zu den Seen und ein weiterer in die Páramo-Region. Zu den Seen ist ein Fußmarsch von einem Tag einzurechnen. Am See gibt es Campingmöglichkeiten. Wer an einen längeren Parkaufenthalt denkt, muss sich um die entsprechende Verpflegung schon in Loja kümmern, denn im Park ist nichts zu haben. Für die Zukunft sind Einrichtungen, die dem Besucher Verpflegung und Übernachtungsmöglichkeiten bereitstellen, vorgesehen, aber das wird wohl noch ein Weilchen dauern.

■ **Informationen** zum Park bekommt man bei der INEFAN in Loja und am Parkeingang. Der ausgegebene Übersichtsplan ist jedoch nicht zum Wandern geeignet.

■ **Karten:** IGM TK 1:50.000 Río Sabanilla, CT-ÑVII-B2; IGM TK 1:50.000 Vilcabamba, CT-ÑVII-B4; IGM TK 1:100.000 Gonzumamá, CT-ÑVII-B

■ Der Park liegt im Übergangsbereich von Sierra und Oriente. Dementsprechend feucht ist es das ganze Jahr über. Nehmen Sie also unbedingt **Regenkleidung** mit! Für einen Besuch eignen sich die trockenen Monate am Ende des Jahres am besten.

Im Hochland (Sierra): Route A 4

Von Loja nach Peru

Für die (Bus-)Fahrt von Loja in die **Grenzstadt Macará (ca. 190 km)** sind ungefähr 7 Stunden einzuplanen.

31 km von Loja entfernt in südwestlicher Richtung auf der Panamericana erreicht man Catamayo.

Catamayo XVII,C2

Die Stadt Loja wurde im Jahre 1546 eigentlich in Catamayo gegründet, bevor es zwei Jahre später zur Neugründung an der heutigen Stelle kam. Die kleine Siedlung Catamayo ist wichtig für Loja, da sich in diesem Tal der **Flughafen La Tola** befindet, der die Provinzhauptstadt auf dem Luftweg an Quito anbindet. Der Flughafen liegt knapp 2 km südlich der Ortschaft (Taxi, 1 $). Die Fluggesellschaft TAME fliegt täglich nach Quito. Wer nicht schon in Loja gebucht hat, kann direkt am Flughafen Tickets erstehen. Hinweis: Der Flughafen ist wegen Umbauarbeiten bis mindestens Ende 2012 geschlossen.

■ **Unterkunft** im **Hotel Granada** in der Espejo y 24 de Mayo, Tel. 07-2677243, EZ/DZ 10/16 $.

■ **Busse:** Ein regelmäßiger Busverkehr **nach Loja** wird über die Bushaltestelle im Nordosten des Hauptplatzes, in der Calle Catamayo, abgewickelt. In der Calle Isidro Ayora y 18 de Noviembre befindet sich die Bushaltestelle. Regelmäßig gehen Busse **nach Guayaquil** (9 Std.), **Machala** (6 Std.) sowie **Macará, Quito** und **Huaquillas.**

Abstecher nach El Cisne (37 km) XVII,C1

Von Catamayo bietet sich ein Abstecher zur **Jungfrau El Cisne,** „Königin der Campesinos" an.

Anfahrt: Von Catamayo führt die Panamericana weiter nach Westen und durchquert nach 15 km den Ort **San Pedro de la Bendita.** Hier zweigt eine Straße nach Norden ab zum 22 km entfernten **Wallfahrtsort El Cisne.** Sein Wahrzeichen ist eine große gotische Kirche, in der die Statue der heiligen Jungfrau von Cisne aufbewahrt wird. Einer Legende zufolge machten sich Campesinos um 1500 in Richtung Quito auf, um eine geeignete Statue für ihre Kirche zu finden. Beinahe 100 Jahre später kamen andere Campesinos mit der Jungfrau zurück, und seither schmückt sie die Kirche.

Busse fahren das ganze Jahr von Loja oder Catamayo nach Cisne. Nur während der berühmten **Prozessionstage** am **15. August** und **1. November** ruht der Verkehr, weil ecuadorianische und peruanische Pilger die Zufahrtsstraßen einnehmen. Am 15. August wird die Figur aus ihrem Schrein herausgeholt und in einem festlichen Zug der Pilger in die Kathedrale nach Loja getragen. Dort bleibt sie bis zum 1. November und wird dann nach Cisne zurückgebracht.

---

10 km westlich von San Pedro de la Bendita gabelt sich die Panamericana: Richtung Nordwesten geht es nach Machala, südwestlich fahrend gelangt man nach Macará. Hier im Grenzgebiet kommt es gelegentlich zu Passkontrollen. Nach ca. 1½ Stunden fährt man in den kleinen Ort Catacocha ein. Wer mit dem Bus unterwegs ist, wird hier eine zwanzigminütige Pause einlegen.

Catacocha liegt in 1800 m Höhe und ist der Hauptort des Kantons Paltas. Neben Restaurants und einfachen Unterkünften reizt eventuell ein kleiner Rundgang zu einer kurzen Fahrtunterbrechung. Ansonsten gibt es keinen Anlass, länger in Catacocha zu verweilen.

Ab Catacocha ist die Straße hinunter nach Macará mittlerweile recht gut ausgebaut. 94 km schlängelt sich nun die Strecke durch den noch montanen Regenwald, der allmählich in den Tieflandregenwald übergeht. Mal links, mal rechts tauchen größere Maisfelder auf, hier und da ein bepackter Esel am Straßenrand.

Macará   XVI,A3

Die **heißeste Stadt Ecuadors** liegt nur noch auf einer Höhe von 450 m, und die Quecksilbersäule erreicht nicht selten die 40°C-Marke. Die **unbedeutende Grenzstadt** wird von ein paar hundert Menschen bevölkert, deren Leben sich vornehmlich auf dem zentralen Markt abspielt. Wenige Schatten spendende Bäume, ein paar Restaurants und Hotels und vier kleine Lebensmittelläden erleichtern (nicht nur) dem Besucher das Leben.

■ **Unterkunft:** Macará ist kein großer Wurf des Hotelgewerbes. Es stehen in dem überschaubaren Ort eine Hand voll einfacher Unterkünfte zur Verfügung, z.B. *Hotel Amazonas, Hotel International, Hotel Guayaquil, Residencial Paraiso* und *Hotel Espica del Oro.* Noch am ehesten empfehlenswert ist der **Parador Turístico,** Tel. 07-2694099, DZ 20 $.

■ **Busse:** Die Busgesellschaft *Transportes Loja* fährt mehrmals täglich **nach Loja, Machala, Guayaquil** und nach **Quito.** Die *Cooperativa de Transportes Union Cariamanga* bedient viermal täglich die Strecke nach Loja.

■ **Flüge: TAME** schickt gelegentlich kleine Flugzeuge aus Guayaquil nach Macará, um Passagiere abzuholen. Voraussetzung ist, dass genügend Fahrgäste in Macará warten (mind. 15 Personen). Dann fliegt TAME Di und Do **nach Guayaquil.**

■ **Geldwechsel:** Die Möglichkeiten sind eng begrenzt; zuletzt war nur ein Geldautomat in Betrieb.

Weiterreise nach Peru

Die sich weiterhin verbessernden bilateralen Beziehungen zwischen Ecuador und Peru machen es möglich, dass der Grenzübertritt **immer unkomplizierter** verläuft. Mittlerweile hat sich unter internationalen Reisenden auf dem Landweg der Grenzübergang von Macará als der schnellere und angenehmere im Vergleich zu dem sehr kommerziellen Huaquillas an der Küste herumgesprochen. In Macará an der Grenze bekommt man den Ausreise- und hinter der Brücke gleich den peruanischen Einreisestempel. Busse aus Macará oder Loja verkehren bis in die peruanische Stadt **Piura.** Ein Expressbus fährt täglich dreimal um 7, 13 und 22.30 Uhr aus Loja ab, stoppt zweimal kurz an der Grenze von Macará wegen der Passangelegenheiten der Reisegäste und fährt dann durch nach Piura (Fahrtzeit 8 Stunden, Fahrpreis 8 $).

---

43 km südöstlich von Loja erreicht man nach einer wunderschönen, einstündigen Fahrt durch die Bergwelt der südlichen Sierra den Ort Vilcabamba.

Im Hochland (Sierra): Route A 4

Vilcabamba XVII,C3

Der **idyllische Ort** liegt auf einer Höhe von 1500 m mit konstanten Jahrestemperaturen zwischen 17 und 24°C, das Tal ist windgeschützt, meistens scheint die Sonne.

Wissenschaftler wollen in einer Studie herausgefunden haben, dass von den 2000 Dorfeinwohnern mehr als 60 über 100 Jahre alt sind. Im statistischen Weltdurchschnitt erreicht nur eine von etwa 1.700.000 (!) Personen dieses biblische Alter. Vielleicht wirkt ja die klimatische Idylle hier wie ein **Jungbrunnen** … oder das lokale Heilwasser Vilcagua, das Sie vor diesem Hintergrund ruhig probieren sollten!

Die Umgebung lädt zu ausgedehnten **Wanderungen** ein. 1 km südlich des Ortes befindet sich das Erholungsgebiet Area Nacional de Recreación Yamburaro mit einem Zoo und einer kleinen Orchideen-Sammlung.

Eine tolle Orchideen-Sammlung ist in der Gärtnerei *Vivero Mendozaorchids* zu bestaunen. Fragen Sie nach *Luis Mendoza* im Barrio Yamburara, mendozaorchids @yahoo.es (Lesertipp).

Das **Zentrum** Vilcabambas wird von der Plaza Central eingenommen, um die sich kleine Geschäfte, jede Menge Cafés und kleine Restaurants sowie eine Reihe von charmanten Unterkünften in unmittelbarer Nähe gruppieren.

ecu128 vihu

> Willkommen in Vilcabamba, dem Dorf der Hundertjährigen

Praktische Infos

● **Tel. Vorwahl: 07**

Informationen/Infrastruktur

● Es gibt mittlerweile ein kleines Touristenbüro an der Plaza Central, gegenüber der Kirche: **ITUR Vilcabamba,** Calle Agua del Hierro, Mo bis Sa 8–17 Uhr. Außerdem unterhält das Dorf eine Website mit Infos in englischer Sprache über das Dorf, die Infrastruktur und Unternehmungen in der Umgebung: www. vilcabamba.org

■**Studie über Vilcabamba:** Wer sich eingehender mit dem Ort und seinem Tourismus befassen möchte, findet im Internet eine Examensarbeit zum Thema (Uni Wien): *Hader, Birgit:* Ökotourismus zwischen Sein und Schein. Eine ethnologische Studie über Vilcabamba (http://wiki.lateinamerika-studien.at/images/c/cc/Diplomarbeit-Birgit-Hader.pdf).

■ Im **Hostal Madre Tierra** nahe dem Ortsausgang werden **Reittouren und Wanderungen** in die Umgebung organisiert. Dem Hostal sind Bäder und eine Schönheitsfarm angeschlossen (s.u.).

■ In den **Cabañas Río Yambala** kann man **geführte Touren in den Nationalpark Podocarpus** buchen (mit Campingmöglichkeit).

■**Auskunft über freie Zimmer** in Vilcabamba gibt *Señora Carmita* (im Geschäft an der Plaza Mayor gegenüber der Kirche).

Unterkunft

■ **Ecolodge Rumi Wilco**
Am Río Chamba (ca. 10 Minuten vom Stadtzentrum, 2 km östlich von Vilcabamba entfernt), Vermietung von einfachen Holz-Cabañas, abgelegen am Flussufer, durch den argentinischen Biologen *Orlando Falco*, www.rumiwilco.com, rumiwilco@yahoo.com; MBZ für 4 Pers. mit BP, 7–15 $ p.P. (siehe auch „Wandern/Trekking").

■ Jardin Escondido

Sucre zwischen Diego Vaca de la Vega und Agua de Hierro, ein Block vom Hauptplatz entfernt, Tel. 2640281, 2640097, EZ 25 $, DZ 35 $ mit Frühstück und BP; Gartendusche, Pool, geräumige Küche, tropischer Garten, sehr gutes Essen, sehr freundlich – besondere Empfehlung!

■ Hotel Izhcayluma

Etwa 2 km außerhalb des Dorfes an der Straße nach Yangana, Tel. 3025162, 099-9153419, www.izhcayluma.com; fantastischer Panoramablick auf Vilcabamba, San Pedro de Vilcabamba und die umliegenden Berge, weiträumig, Pool, sehr schöne Cabañas mit 2 bis 6 Betten, sehr gutes Restaurant mit ecuadorianischer, italienischer und bayrischer Küche, Spa-Anwendungen ab 12 $, die Besitzer *Dieter* und *Peter Schramm* servieren reichlich und nicht allzu teuer; sehr freundlich und hilfsbereit, viele Infos und Wanderkarte; EZ 25 $, DZ 35 $ mit Frühstück – besondere Empfehlung!

ecu081 peko

■ Hostería Vilcabamba

Av. Eterna Juventud, Tel. 2640271/72/73, hosteria-devilcabamba@hotmail.com; EZ 40 $, DZ 57 $ (in der Nebensaison deutlich billiger), mit Frühstück; Restaurant, Pool, Sauna, Massagen, sehr sauber, Büchertausch.

■ Madre Tierra Resort & Spa

2 km nördlich von Vilcabamba (hier hält der Bus aus Loja), Tel. 2640269, 2640087, www.madretierra.com.ec; EZ 29 $, DZ 39–64 $ mit Frühstück und BP (warme Dusche); Halbpension (auch vegetarisch), Swimmingpool, Massagen, Bäder, Dinner, Jacuzzi, Spa. Auch „Rebirthing" möglich, abends Videos, Buchtausch gegen Bezahlung; mitunter überlaufen, dann wird der Service deutlich schlechter; sehr unterschiedliche Berichte.

■ Cabañas Río Yambala

5 km südlich von Vilcabamba; Tel. 09-1062762, www.vilcabamba-hotel.com; DZ 20–25 $, Frühstück 2,50 $, Pferdetour 30 $ pro Tag, Cannoping pro Tag 39 $ p.P; Küchenbenutzung möglich; Tipps für Ausflüge.

■ Hostería Las Ruinas de Quinara

Vía a Yamburara, Tel. 2580319, 2580301, www.hosterialasruinasdequinara.com; u.a. Pool, türkisches Dampfbad, Sportmöglichkeiten, EZ 20 $, DZ 40 $ mit Frühstück.

■ Hostal Le Rendez-Vous

Calle Agua del Hierro, Tel. 099-2191180, www.rendezvousecuador.com; EZ 12–18 $, DZ 20–28 $ mit Frühstück. Nette Cabañas mit Terrasse, Gartenblick und Hängematte, französische Leitung, WiFi, Wäscheservice, Fernsehen, Bibliothek.

◁ In Vilcabamba werden die Menschen außergewöhnlich alt – warum genau, weiß niemand

Essen und Trinken

■ **Bar El Abuelo**
Empfohlene Musikkneipe hinter der Brücke.
■ **Restaurant Terraza.**
Plaza Central, ecuadorianische, mexikanische und thailändische Küche, Tipp!
■ **Shanta's Café**
Calle Diego Vaca de la Vega, unmittelbar hinter der Brücke.

Busse

■ Die Busse der *Cooperativa Transportes Sur-Oriente* pendeln vom Zentralplatz stündlich **nach Loja** und nach **Zumba.**

Wandern/Trekking

■ Am Hauptplatz gegenüber der Kirche besitzt *Orlando Falco* den Souvenirladen **Artesanal Prima-Vera.** Orlando hat 13 Jahre auf Galápagos und ein Jahr im Oriente als Führer gearbeitet und bietet mehrtägige Wanderungen um Vilcabamba und in den Nationalpark Podocarpus, die sehr viel Zuspruch gefunden haben. Auf diesen Hochland-Wanderungen (in 2000–3600 m Höhe) sieht man Orchideen, Podocarpus-Koniferen, Riesenfarne, Bromelien, Kaskaden und zahlreiche Vertreter der vielfältigen Vogelwelt. Preisspanne 20–30 $.
■ **Mountain Trekking, Jorge Mendieta**
Parque Central, Eingang Restaurante Montana, JorgeLuis222@latinmail.com; *Jorge* ist ein kompetenter und freundlicher Guide, der in der Umgebung von Vilcabamba und auch im restlichen Ecuador geführte Touren unternimmt; er verfügt über sehr gute botanische Kenntnisse, speziell im Bereich der Medizinalpflanzen; die Preise sind moderat.
■ **Naturpark Rumi Wilco**
Die Biologen von der gleichnamigen Ecolodge in Vilcabamba bieten Spaziergänge und größere Wanderungen durch ihr privates Reservat an. Lehrpfade mit ausführlichen Erklärungen auf Englisch führen durch den schönen Naturpark und die Pflanzenwelt der Südanden im Vorgarten zum Nationalpark Podocarpus. Unser Tipp! Eingang über die Lodge, www.rumiwilco.com.

Wer **von Vilcabamba weiter nach Süden** fährt, kommt nach 22 km an dem Dorf **Yangana** und weitere 55 km später an **Valladolid** vorbei, bevor er nach fünfstündiger Fahrt und etwa 130 km Zumba erreicht.

Zumba ist der **südlichste Punkt in Ecuador,** den der Reisende ansteuern kann, und liegt etwa 10 km nördlich der Grenze des einst umstrittenen Gebietes mit Peru. Der Ort selbst bietet wenig, eine Übernachtung ist jedoch möglich. Unsere Leser *Rita* und *Reinhold S.* berichten uns von der **Ausreise** über Zumba: „Die Unterkünfte in Zumba sind sehr einfach und kosten etwa 5 $. Nur einmal am Tag, morgens um 8 Uhr, fährt ein offener Bus direkt an den Grenzort **La Balsa,** Fahrtzeit knapp zwei Stunden. Ein Spaziergang über die Brücke und man ist in Peru! Dort warten Sammeltaxis für die Fahrt nach **San Ignacio.** Diese dauert etwa 90 Minuten und kostet für zwei Personen rund 5 $. Es reisen fast nur Einheimische mit. Die Einreise nach Peru ist unproblematisch, eine Wechselstube ist vorhanden." Vielen Dank für diesen kurzen Reisebericht!

Im Hochland (Sierra): Route A 4

HIGHLIGHTS

Die **Highlights** erkennt man im Buch an der
gelben Hinterlegung im Kapitel.

⌃ Geführte Exkursion im Regenwald

ec2013-025 peko

IN AMAZONIEN: ROUTE B 1

Östlich der ecuadorianischen Andenkette breitet sich das Gebiet des Oriente (Amazonien) aus, das die größte Region Ecuadors darstellt: Rund die Hälfte der Landesfläche entfällt auf dieses Gebiet. Die Route B 1 führt ins nördliche Amazonien; **Streckenverlauf: Quito – Papallacta – Baeza – Lago Agrio (ca. 270 km).**

Amazonien – Überblick

Der offizielle Name des Oriente lautet **Región Amazónica.** Die Region hat eine Fläche von über **140.000 km².** Räumlich kann Amazonien in einen nördlichen und einen südlichen Teil gegliedert werden. Die natürliche Trennungslinie bildet der **Río Pastaza,** dessen Quellgebiet in der Ostkordillere liegt. Der große Fluss strömt durch einen *Cañón* (tief eingeschnittenes Flussbett) bei Baños hinunter ins östliche Tiefland und von dort in süd-südöstlicher Richtung weiter, bis er im weiteren Verlauf Peru durchläuft und dort später dem Amazonas zufließt.

Der Oriente war bis vor vierzig Jahren ein weitgehend unerschlossenes und damit unzugängliches Gebiet. Seitdem hat eine **rasante Entwicklung** stattgefunden. Heute gibt es Straßen, die zum Teil sehr gut ausgebaut sind, und Flugplätze, die die Dörfer und Städte im Oriente mit der Sierra verbinden. Neben der Erdölförderung wurden die landwirtschaftliche Produktion durch Tee- und Zuckerrohrplantagen sowie großflächige Monokulturen vorangetrieben, in den letzten Jahren in zunehmendem Maße auch durch die Afrikanische (Öl-)Palme und die Viehzucht. Diese ökonomischen Aktivitäten verursachten einen Bevölkerungszuwachs, sodass heute in Amazonien über 500.000 Menschen leben, d.h. auf fast 50 % des ecuadorianischen Staatsgebietes verlieren sich weniger als 4 % der Landesbevölkerung! **Ecuador ist heute das Land Südamerikas, von dem aus das Amazonasgebiet am leichtesten zu bereisen ist.** Ein Zugang ist von Norden oder von Süden möglich. Reiseagenturen in Quito, Cuenca, Baños und Guayaquil bieten organisierte Regenwaldtouren an, aber auch der Individualreisende hat genügend Optionen, den Oriente auf eigene Faust zu erkunden.

Den nördlichen Oriente erreicht man über die Verbindungen Quito – Baeza – Lago Agrio bzw. Ambato – Baños – Puyo (und weiter nach Norden). Den Zugang zum südlichen Oriente sichert die Verbindung Ambato – Puyo – Macas – Zamora; auch von Loja kann der Einstieg gewählt werden.

Die **drei** im Folgenden beschriebenen **Routen** führen sowohl in den nördlichen als auch in den südlichen Oriente. Entfernung und Dauer der verschiedenen Fahrtabschnitte sind jeweils angegeben, doch kann es besonders in den feuchtesten Monaten (Juni bis August) durch abbrechende Verkehrsverbindungen zu erheblichen zeitlichen Verzögerungen kommen, was bei der Reiseplanung zu berücksichtigen ist.

Papallacta V,D3

Etwa 60 km von Quito entfernt liegt das Dorf Papallacta. Man erreicht es über Pifo, Mulauco und Cuchauco kurz hinter dem **Papallacta-Pass** (4064 m) nach ca. 1½ Std. Fahrtzeit mit dem Bus.

Das kleine Dorf wird von vielen Einheimischen wegen der **Thermalquellen** besucht (Näheres dazu bei „Quito: Ausflüge").

■Mehrere **Busse nach/von Quito** passieren täglich den östlichen Dorfausgang, ein Weiterkommen ist völlig unproblematisch. Um rechtzeitig an der Straße zu stehen, erkundige man sich nach den Ankunftszeiten der Busse im Dorf.

Von Papallacta folgt die Straße annähernd dem Verlauf des Río Papallacta ostwärts und erreicht nach 38 km Baeza.

Baeza VI,A3

Der wichtige **Verkehrsknotenpunkt** an der Kreuzung Quito-Tena-Lago Agrio verbindet das Hochland mit dem Oriente. Die Stadt wurde von spanischen Missionaren erstmalig 1548 und dann immer wieder neu gegründet. Heute ein ruhiges Plätzchen, bietet sie die Möglichkeit zu Wanderungen in den umliegenden Nebelwald. Ein paar Restaurants und billige Unterkünfte erleichtern den Aufenthalt.

Route B1
Quito – Lago Agrio

0 ▬▬▬ 100 km   ©REISE KNOW-HOW 2013

In Amazonien (Oriente): Route B1

■**Unterkunft** gewähren **El Mesón de Baeza** (Ramírez Dávalos y 12 de Febrero, Tel. 06-2320155, bungalowähnliche Blockhütten, im MBZ mit Dusche und warmem Wasser) und das **Hostal San Rafael** am Ende des Dorfes in Richtung Tena (Tel. 06-320114, sauber und freundlich, gute Forellen).

■Einfach, aber gut ist das **Restaurant des ehemaligen Hotel Gina.**

Die **Fahrt nach Lago Agrio** aufnehmend, passiert man nach 18 km die kleine Ortschaft **El Chaco,** die touristisch nicht weiter von Belang ist. Weiter in den nördlichen Oriente bieten sich auf der Route zwei Abstecher an: zunächst zum Vulkan El Reventador (ab Baeza ca. 60 km), gleich darauf zu den Wasserfällen San Rafael.

Wichtiger Sicherheitshinweis

Der Guerilla- und Drogenkrieg in Kolumbien schwappt nach Ecuador über. Das Auswärtige Amt in Berlin warnt: „Allgemein wird die Sicherheitslage im Grenzgebiet zu Kolumbien, v.a. in der Provinz Sucumbíos, durch Entführungen und Aktivitäten bewaffneter Gruppen beeinträchtigt. Auch wenn in letzter Zeit keine Entführungen oder sonstige gravierende Übergriffe gegen Touristen bekannt geworden sind, ist vor Reisen, beispielsweise in die Urwald-Lodges im Amazonasgebiet, mit den Reiseveranstaltern die aktuelle Sicherheitslage abzuklären. Auch in der Provinz Orellana und im nördlichen Teil der Provinz Imbabura besteht zumindest zeitweise ein „erhöhtes Sicherheitsrisiko" (Stand Ende 2012). Den aktuellen Stand erfahren Sie unter www.auswaertiges-amt.de.

Die „Entführungen und Aktivitäten bewaffneter Gruppen" richteten sich in der Vergangenheit **nur äußerst selten gegen Touristen.** Dennoch verbleibt für ausländische Reisende dieses Restrisiko. Daher sind Reisen auf eigene Faust in das weiträumige Grenzgebiet ein absolutes Tabu. Geführte Reisen und Exkursionen mit Veranstaltern können – das grundsätzliche Risiko dabei in Kauf nehmend – nach Klärung der jeweils aktuellen Sicherheitslage in der zu bereisenden Region ggf. durchgeführt werden.

Abstecher zum Vulkan El Reventador VI,B2

Nur 10 km von der Hauptstraße entfernt, inmitten des Nebelwaldes, köchelt der **aktive Vulkan** El Reventador (3562 m). Er ist so gut wie nie zu sehen, da fast ständig in Wolken gehüllt. Wer den „explodierenden" Berg, so der spanische Name, besteigen möchte, gehe ein paar hundert Meter von der **Brücke über den Río Reventador** weiter nach Norden zu einer kleinen Häusergruppe, die als Río Reventador bekannt ist. Wiederum etwas nördlicher führt ein Pfad hinauf zum Vulkan. Die **Besteigung ist nicht einfach,** da man sich leicht verlaufen kann. Man sollte sich bei Einheimischen über den Weg erkundigen. Der Berg ist am besten in den trockeneren Monaten von September bis Dezember in Angriff zu nehmen. Der Weg zum Vulkan hinauf ist allerdings das ganze Jahr über matschig, Insekten aller Art können sehr lästig werden (denken Sie an entsprechende Vorsorge!).

● Das Gebiet wird durch die topografische **Karte** Volcán El Reventador, IGM, im Maßstab 1:50.000, abgedeckt.
● **Informationen** zu geführten Touren geben der SAEC und die Reiseagenturen in Quito.

Abstecher zu den San-Rafael-Wasserfällen VI,B2

Die Wasserfälle sind mit 145 m die höchsten in Ecuador. In der Nähe der Brücke über den Río Reventador befindet sich eine kleine Hütte, an der ein

Schild angebracht ist, das den Zugang zu den Fällen markiert. Am Fluss bietet sich eine schöne Badegelegenheit („Piscinas del Río Reventador"). Von der Hütte führt ein 2 km langer, steiler Weg hinunter zu den Wasserfällen, wo es Campingmöglichkeiten gibt. Für die Besichtigung werden 10 $ verlangt.

Bei der **Anreise** mit dem Überlandbus muss man den Busfahrer zum Halt auffordern. Wer nach einem Besuch der Wasserfälle weiterfahren will und auf den Überlandbus angewiesen ist, muss sich an der Brücke postieren.

Lago Agrio   VII,D1

Die Stadt mit ungefähr 60.000 Einwohnern, die im Zuge der Erdölförderung schnell wächst, wurde 1989 zur **Hauptstadt der Provinz Sucumbíos.** Der ursprüngliche und heute teils noch verwendete Name ist **Nueva Loja** („Neues Loja"), da ein Großteil der Stadtgründergeneration aus Loja kam. Die Arbeiter der amerikanischen Ölfirma Texaco gaben der Stadt den Spitznamen Lago Agrio (nach der texanischen Ölstadt Lake Sour = saurer See), der sich dann schnell eingebürgert hat.

Es sind eine ANDINATEL-Zentrale, eine Post, eine Anzahl Banken und Wechselstuben vorhanden, auch ein Flughafen, und neben den Busgesellschaften bieten am Markt in der Hauptstraße Av. Quito viele zu Taxis umfunktionierte Kleinlastwagen den Reisenden ihre Dienste an. Insgesamt lässt der **industrielle Charakter der Ölstadt** kaum den Wunsch nach einem längeren Aufenthalt aufkommen; lediglich als Ausgangspunkt für Dschungeltouren ist Lago Agrio touristisch bedeutsam.

Praktische Infos

■**Tel. Vorwahl: 06**

Unterkunft

Einfache Unterkünfte
■**Hotel Lago Imperial**
Av. Quito y Gran Colombia, Tel. 2830453; EZ 30 $, DZ 45 $ mit BP, TV, AC (mit Ventilator preiswerter), Frühstück, Sauna.
■**Hotel D'Mario**
Av. Quito 263 y Pasaje Gonzanamá, Tel. 2830172, 2830456, www.hoteldmario.com, EZ/DZ 15/22 $; sauber, freundlich, hilfsbereit, Gepäckaufbewahrung, WiFi, Pool, Restaurant.
■**Residencial Ecuador**
Av. Quito 158 y Nueva Loja, Tel. 2830183, EZ 8 $, DZ 14 $ mit BP (mit Ventilator billiger).
■Weitere **preiswerte Hotels** haben sich entlang der Av. Quito angesiedelt: Hotel Acapulco, Residencial Lago Agrio, Hotel Oriente, Hotel Río Amazonas, Residencial Putumayo, Hotel Los Yumbos.

Mittelklasse-Hotels
■**Hotel Araza**
Av. Quito 610 y Narváez, Tel. 2830223, Fax 2831247, www.hotelaraza.com; 4-Sterne-Hotel, EZ 37 $, DZ 46 $ mit BP inkl. Frühstück, Klimaanlage, Pool, Hydromassage, Kabel-TV, Telefon und Fax, Minibar, Parkplatz, Sportplatz, Wäscherei, gutes Restaurant, Rabatte für Langzeitaufenthalte, Internet.
■**Gran Hotel de Lago**
Km 1,5 vía Quito, Tel. 2832416, granhoteldelago@ grupodelago.com, EZ/DZ 44/69 $ mit Frühstück, Suite 97 $, Restaurant (Buffet 8 $), kleine Parkanlage mit Swimmingpool, gute Zimmerausstattung.

Lago Agrio

0 ▬▬▬ 100 m ©Reise Know-How 2013

■ Übernachtung
1 San Carlos
2 Hotel Araza
3 El Cofán
4 Lago Agrio
5 Río Amazonas
6 D'Mario
7 Ecuador
8 Acapulco
9 Oriente
10 Lago Imperial

TAME ● **1**

Ⓐ Transportes Baños
Ⓑ Transportes Putumayo
Ⓒ Transportes Zaracay
Ⓓ Transportes Occidentales
Ⓔ Transportes Esmeraldas

■ Hotel El Cofán

12 de Febrero y Av. Quito, Tel. 2830526 und 099-9142913, EZ/DZ 25/37 $, K, Kabel-TV, Telefon und Minibar.

Essen und Trinken

■ In Lago gibt es viele **Hotel-Restaurants,** die gute Speisen anbieten. Die wohl beste Küche zu allerdings gesalzenen Preisen hat das Restaurant im **Hotel El Cofán.** Im Restaurant des **Hotel Guyacamayos** bekommt man sehr gutes Essen.

■ Am preisgünstigsten isst man in den vielen **Garküchen** entlang der Av. Quito.

Überlandbusse

Der **zentrale Busbahnhof** liegt nördlich der Av. Quito. Die Fahrzeiten und Frequenzen der Busse können sich häufiger ändern. Dennoch ist Lago Agrio stets gut mit Bussen an die wichtigsten Städte des Landes angeschlossen, da viele Ölarbeiter und andere Berufstätige zwischen Arbeitsplatz und ihren Familien pendeln.

■ **Lago – Baeza – Tena** (6 Std.) mit *Transportes Jumandi*

■ **Lago – Quito** (7 Std.): *Transportes Baños* mehrfach täglich; *Transportes Putumayo* täglich ab 6 Uhr mehrere Verbindungen; *Transportes Occidentales* täglich mehrfach

■ **Lago – Santo Domingo** (11 Std.): *Transportes Baños* täglich einmal; *Transportes Zaracay* täglich einmal; *Transportes Occidentales* täglich einmal

■ **Lago – Ambato** (10 Std.): *Transportes Baños* zweimal am Abend

■ **Lago – Quevedo** (11 Std.): *Transportes Baños* täglich um 19 Uhr

Rancheros (offene Regional„busse")

■ **Lago – La Punta** (kolumbianische Grenzstadt nördlich von Lago Agrio; 1 Std.): mit *Transportes Putumayo* mehrmals täglich

■ **Lago – Coca** (3 Std.): mit *Transportes Putumayo* täglich zwischen 6 und 16.30 Uhr alle 30 Minuten

■ **Lago – Tarapoa – Tipishca – Palma Roja** (5 Std.): mit *Transportes Putumayo* (über Dureno/ Pacayaca/Chiritza/Paz) bzw. Bien nach Tarapoa und weiter über Aguas Negras/Marian (El Mirador)/Cuyabeno-Sansaguari/La „Y" de Canta Gallo bis nach Tipishca oder Palma Roja) täglich mehrfach

■ **Lago – Shushufundi (Limoncocha/Pompeya)** (1½ Std.): *Transportes Zaracay* täglich zwischen 8 und 9 Uhr; *Transportes Putumayo* täglich zwischen 6 und 16.30 Uhr alle halbe Stunde bis nach Shushufundi

■ **Lago – Limoncocha** mit *Transportes Putumayo:* Der Bus verlässt Quito um 19.45 Uhr und ist zwischen 3.30 und 4.30 Uhr morgens in Lago Agrio. Von hier geht es über Shushufundi Richtung Pompeya, wobei der Tourist normalerweise nur bis Limoncocha mitgenommen wird. Zwei weitere Busse derselben Gesellschaft verlassen Quito tägl. um 9.30 und um 18.45 Uhr. 8–9 Stunden später passieren sie **Lago Agrio** auf dem Weg nach **Pompeya.**

Flüge

■ **Von Quito** fliegt *TAME* Lago Agrio Mo bis Fr zweimal täglich (8.30, 16.10 Uhr) an, der Rückflug nach Quito erfolgt mit der gleichen Maschine um 9.30 bzw. 17.10 Uhr. Am Wochenende gibt es nur einen Flug täglich, der vormittags startet. Der Flughafen liegt gut 5 km außerhalb des Zentrums am PETROECUADOR-Hauptquartier. Die meisten der vielen Busse transportieren Arbeiter, vielleicht werden auch Sie mitgenommen. **Taxis** – in Lago Agrio gelbe Pick-ups – gibt es bei Ankunft des Fliegers reichlich.

Im **TAME-Büro** (Tel. 2830113) in der Calle Francisco de Orellana und 9 de Octubre neben dem *Hotel San Carlos* können Flüge gebucht werden. Reservierungen für den Rückflug nach Quito sind rechtzeitig vorzunehmen, da die Maschinen meist ausgebucht sind (genauso kommt es aber auch vor, dass Ölfirmen mehrere Plätze besetzt halten, die dann doch nicht genutzt werden, sodass es durchaus Sinn macht, sich auf die Warteliste setzen zu lassen). Geöffnet ist das TAME-Büro Mo bis Fr 8–17.30 Uhr.

■ **Aerogal,** www.aerogal.com.ec, bietet zusätzliche Flüge nach Quito an.

Regenwaldtouren

Die Preise richten sich nach der Gruppengröße. Leicht(er) können Touren über Reiseagenturen in Quito oder Ba-

In Amazonien (Oriente): Route B 1

ños organisiert werden. Auf Nummer Sicher geht man durch Vorausbuchung in Quito, von wo dann auch Anreise und Transfers organisiert werden, z.B. bei:

■ Etnotour

In Quito: Cordero 1313 y J. L. Mera, Tel. 02-2545537, 02-2560297, etnocru@uio.satnet.net; Komplett-Touren inkl. mehrsprachiger Führer, Transport, Verpflegung und Ausrüstung, 5–10 Tage mit Camping-Übernachtung (Preis für 5 Tage: 620 $).

■ Nuevo Mundo Expeditions

Calle 18 de Septiembre E4-161 y J. L. Mera, Edif. Mutualista Pichincha, Tel. 06-22509431, www.nuevomundoexpeditions.com; 5 Tage kosten 675 $.

■ Washington Ramos

Puerto Aguarico, Lago Agrio (keine aktuelle Telefonnummer verfügbar); *Washington* und sein Sohn wurden für fachkundige Touren (ab 25 $ p.P. und Tag bei Direktbuchung) sehr empfohlen; die Unterkunft allerdings in der von *Ramos* genutzten *Manate Lodge* und das Essen waren nach Lesermeinung sehr spartanisch, aber: „Es lohnt sich schon allein wegen der rosafarbenen Delfine!"

Ausflüge

Dureno, Dorf der Cofanes (23 km)

Das Dorf ist mit dem Boot von Puerto Aguarico aus zu erreichen, aber auch der Bus in Richtung Tarapoa bringt Sie hin: Sagen Sie dem Busfahrer, dass Sie zur „Comunidad Cofán Dureno" wollen. Ein Hinweisschild an der Straße markiert die Stelle, wo Sie aussteigen müssen. 150 m sind es dann noch bis zum **Río Aguarico.** Am Ufer müssen Sie auf sich aufmerksam machen (pfeifen, rufen, klatschen), damit ein Floß von der anderen Seite des Flusses herüberkommt und Sie abholt. Die Überfahrt kostet wenig,

wenn wenigstens vier Passagiere mitgenommen werden können.

In Dureno können Sie übernachten. Allerdings nur auf dem Fußboden, wie die Cofanes selbst. Denken Sie also an eine Schlafunterlage und Moskitonetz.

Vor dem Ölboom im Oriente wurden die **Cofanes** nur gelegentlich von Missionaren aufgesucht, und sie lebten noch zu Tausenden an den Flussufern im Gebiet um Lago Agrio. Durch die Weißen wurden Krankheiten eingeschleppt, die sie stark dezimiert haben, und heute leben die meisten Cofanes in Dureno. Die Männer tragen einen sogenannten *kushma*. Dabei handelt es sich um ein knielanges Hemd, einem Kimono nicht unähnlich. Im Haar tragen sie oft ein Kopfband. Die Frauen haben schwarzes, langes Haar und tragen gemusterte Röcke und kurze Blusen darüber. Die Cofanes gelten als gute Blasrohr-Jäger und als Kenner ihrer Umgebung. Es besteht die Möglichkeit, tageweise ein Boot mit Cofán-Führer zu mieten, der Sie begleitet und Ihnen den Regenwald zeigt. Längere Touren führen bis zum Río Cuyabeno.

Ein kleiner **Tipp für Abenteurer:** Auf dem **Sonntagsmarkt** in Lago Agrio verkaufen die Cofanes – oft noch traditionell gekleidet – *artesanías*. Sprechen Sie einen von ihnen an, ob er bereit ist, Sie nach dem Markt auf dem Nachhauseweg mitzunehmen, um eine Tour zu arrangieren.

▷ Aussichtsturm im Regenwald

Naturschutzgebiet Cuyabeno

■ **Sicherheitshinweis:** Da der Park an der Grenze zu Kolumbien liegt, wirken sich Bürgerkrieg und Drogenhandel auch auf diese ecuadorianische Region aus. Informieren Sie sich vor jeder Cuyabeno-Reise bei Agenturen, lokalen Behörden und der Botschaft über die Sicherheitslage.

Cuyabeno gehört zu den **Hauptattraktionen des ecuadorianischen Regenwaldes.** Flora, Fauna und das Wassersystem samt der wunderschönen Lagunas de Cuyabeno sind spektakulär. Das 1979 gegründete Naturschutzgebiet liegt östlich von Lago Agrio in der Provinz Sucumbíos und umfasst eine Fläche von **254.760 ha.** Eingerahmt von den Flüssen Río Aguarico und Río San Miguel weist das rein tropische Regenwaldgebiet jährliche Durchschnittstemperaturen von **24–26 °C** auf und jährliche Niederschlagsmengen zwischen 2000 und 4000 mm. Die **Luftfeuchtigkeit** beträgt das ganze Jahr über **95–100 %.** Zwei **Regenperioden** werden unterschieden: Die feuchtere beginnt Ende Februar und reicht bis in den September, die trockenere dauert von Oktober bis Februar.

In Korrelation zu Niederschlag und dessen Einfluss auf die Wasserführung der Flüsse und die Bodenverhältnisse kann der **Regenwald** des Cuyabeno in zwei verschiedene Standorttypen unterteilt werden: Im Einzugsgebiet der Flüsse ist der Boden hart und undurchdringlich, Überschwemmungen treten in der Regenzeit auf. In den übrigen Bereichen, dic nicht überschwemmt werden, sind die Regenwaldböden nährstoffarm; sie werden als *tierra firme* bezeichnet.

Während die größeren **Flüsse** Napo, Aguarico und San Miguel das ganze Jahr über reichlich Wasser führen und schiffbar sind, kann es im Falle der kleinen Flüsse wie Cuyabeno, Tarapuy, Aguas Negras und Balatayacu durchaus vorkommen, dass die Lagunas von Río Aguarico über den Río Tarapuy und Río Cuyabeno nicht zu erreichen sind, weil der Río Tarapuy zu wenig Wasser führt oder sogar trocken liegt.

Im Naturschutzgebiet Cuyabeno leben **verschiedene Indianerstämme.** An den Ufern des Río Aguarico haben die Cofanes von Dureno ihren Lebensraum. Von Chiritza aus 3–4 Stunden flussab-

wärts fahrend, gelangt man zu den Secoyas von San Pablo und zu den Sehuayás. Am Río Cuyabeno leben bei Puerto Bolívar die Siona- und Quechua-Indianer.

Die einfachste und bequemste Option ist die **Buchung einer organisierten Tour** von Quito oder Lago Agrio aus. Touren innerhalb des Cuyabeno-Reservats müssen mit zugelassenen Führern durchgeführt werden.

■ Cuyabeno Lodge

Gelegen an der wunderschönen Laguna Grande de Cuyabeno, Kontakt über das Quito-Büro von *Neotropic Turis*, Calle Pinto E4-360 y Av. Amazonas, Tel. 02-2521212, 099-9803395, www.neotropicturis.com. Preise: 4 Tage und 3 Nächte 350 $ DZ mit BP, inkl. Vollpension und Führungen, 395 $ bei Übernachtung im Schlafsaal.

■ Guacamayo Ecolodge

Naturreservat Cuyabeno, Anreise mit Abholung in Lago Agrio (2 Std. im Bus und 2 Std. im Kanu), Tel. 02-2904765, 098-2964581, www.araexpeditions.com. Junge Lodge mit einfachen Cabañas und BP, Beobachtungsturm (23 m), 4-Tage-Programm für 215 $, 5 Tage 255 $, jeweils komplett ab Lago Agrio.

■ Magic River

Kanutouren im Seengebiet von Cuyabeno, Kontakt: *Positiv Turismo Quito*, Tel. 02-2527305, www.mosaikoecuador.com. Infos: www.magicrivertours.com. Preise: 5 Tage DZ (1. Nacht im Zelt), BP, mit Vollpension, Führungen und Kanu 320 $.

■ Anreise im Flugzeug Quito – Lago Agrio – Quito
141 $, mit dem Bus 8 $ pro Strecke.

◁ Nächtliche Begegnung mit einem Kaiman

In Amazonien (Oriente): Route B 1

ec2013-026 peko

Die **Highlights** erkennt man im Buch an der gelben Hinterlegung im Kapitel.

⌃ Regenwald um Coca

IN AMAZONIEN: ROUTE B 2

ecu022.peko

Die Route B 2 verläuft zwischen nördlichem und südlichem Oriente; alle Orte auf der Strecke sind hervorragend geeignet, um Ausflüge in den Regenwald zu unternehmen; **Streckenverlauf: Baeza – (Coca) – Tena – (Misahuallí) – Puyo (ca. 160 km** ohne die Abstecher nach Coca und Misahuallí).

Die Route beginnt in Baeza, von wo es 41 km bis nach **Narupa** sind, wo ostwärts die Straße nach Coca abzweigt (154 km). Das Städtchen ist auch von Norden ab Lago Agrio zu erreichen sowie mit dem Flugzeug aus Quito.

Coca   VII, D3

Coca liegt am Zusammenfluss von Río Napo und Río Coca. Offiziell heißt die Stadt **Puerto Francisco Orellana.** 1999 wurde Coca zur **Hauptstadt der** neu gegründeten **Provinz Orellana** erklärt. Der Spanier *Francisco de Orellana* war im Jahr 1542 in den Oriente aufgebrochen und hatte dabei den Amazonas „entdeckt" (vgl. weiter unten Exkurs zu *Francisco de Orellana*).

Die Nähe des 18.000-Einwohner-Ortes zum Nationalpark Yasuní lässt die **touristische Erschließung** Cocas rapide voranschreiten. Die Straßen der Ölstadt sind allerdings immer noch weitgehend unbefestigt, und besonders in den Monaten Juni und Juli können die Schuhe schwer werden, wenn heftige, lang andauernde Regenfälle die Straßen in matschige Trampelpfade verwandeln.

Praktische Infos

■ **Tel. Vorwahl: 06**

Informationen/Infrastruktur

■ **Touristeninformation iTur,** Chimborazo y Amazonas, Tel. 2880532, www.orellanaturistica. gob.ec, Mo bis Fr 8–12 und 14–18 Uhr.
■ Das **Postamt** ist in der 9 de Octubre y Espejo. Geöffnet: Mo bis Fr 9–12 und 14–17 Uhr, Sa 9–12 Uhr.
■ Ein **ANDINATEL-Fernmeldeamt** befindet sich am westlichen Ende der Calle E. Alfaro.

Unterkunft

■ **Hotel Oasis**
Padre Camilo Torano, Tel. 2880206; 10 $ p.P., Klimaanlage, Cabañas (1 Std. Fahrtzeit entfernt). Am Flussufer des Napo.
■ **Hotel Auca**
Calle Napo in der Stadtmitte, Tel. 2880127, www.hotelelauca.com; Cabañas mit BC, AC, EZ 41 $, DZ 76 $ mit Frühstück, gutes Restaurant, Empfehlung.
■ **Hostal Lojanita**
Napo y Cuenca, Tel. 2880032; EZ 10–16 $, DZ 16–24 $, WiFi.
■ **Hotel La Misión**
Malecón y 12 de Febrero, Tel. 2880260, www.hotellamision.com; gutes Mittelklasse-Hotel am Río Napo mit allem Komfort (Ufer-Restaurant, Pool, BP, Klimaanlage, TV, Fitness, direkte Telefonleitungen), EZ 29 $, DZ 42 $, mitunter laut.

Taxis

Die Wagen der *Cooperativa Orellana* verbinden Coca mit **Lago Agrio** (2 Std.), **Tena** (5 Std.) und **Quito** (7 Std.).

Überlandbusse

Transportes Baños (empfohlen) hält folgende Verbindungen aufrecht:

■ **Coca – Tena – Papallacta – Quito** (9–10 Std.)
■ **Coca – Santo Domingo – Quevedo** (10 Std.)
■ **Coca – Loreto – Tena – Puyo – Baños – Ambato** (11 Std.)
■ Die *Cooperativa de Transportes y Turismo Jumandy* bedient die Strecke **Coca – Loreto – Tena** (5 Std.).
■ Die Busse der *Cooperativa Flota Pelileo* fahren **über Loreto/Tena/Puyo/Baños nach Ambato** (11 Std.).
■ Mit einem Ranchero ist **Lago Agrio** in 2–3 Stunden erreicht.

Boote

■ Auf dem Río Napo geht es **nach Misahuallí** (13–14 Std.) und **Nuevo Rocafuerte** (14 Std.) mit Unterbrechungen in: Hacienda Primavera, Pompeya, Limoncocha, La Selva/Jungle Lodge und Pañacocha (mehr dazu unter „Ausflüge").
■ Über Abfahrtszeiten und Preise, die häufig wechseln, informiert die **Capitanía** (Amazonas y Espejo, Mo bis Fr von 9–17 Uhr).

Flüge

■ Die Fluggesellschaft **AEROGAL** bietet fast täglich Flüge **nach Quito** an. Büro: direkt am Flughafen, 1 km nordwestlich von Coca. Bei zu wenigen Buchungen fällt der Linienverkehr aber auch schon mal aus.
■ **TAME** fliegt Coca regelmäßig an; unter der Woche gibt es bis zu drei Flüge täglich; www.tame.com.ec; Büro: Av. Napo y Vicente Rocafuerte, Ecke Edificio Amazonas, Tel. 2881078, Mo bis Fr 8–18 Uhr, Sa 8–14 Uhr, So 9–14 Uhr.

Regenwaldtouren

Es gibt in Coca mehrere, auch **englisch-sprachige Führer,** die teilweise von Misahuallí nach Coca gekommen sind, weil der Konkurrenzdruck weiter flussauf-wärts zu groß geworden ist. Touren und Lodge-Aufenthalte lassen sich über folgende Kontakte organisieren:

◼ Unter den Führern in Coca gilt **Whymper Torres** seit Jahren als kompetenter Ansprechpartner. Er ist über das Hotel Auca erreichbar.

◼ Die **Bataburo Lodge** liegt im extremen Norden des Landes, in der üppigen Wasserlandschaft des Faunareservates Cuyabeno, und ermöglicht Begegnungen mit Tieren, die andernorts selten geworden sind, wie Affen, Kaimane und Tapire. Touren ab Coca kosten ab 330 $ (4 Tage), eine lange Tour führt von der Lodge aus mehrere Tage zu den Huaorani-Familien und -Dörfern am Río Tiguino und Río Cononaco, mit Camps am Flussufer. Die Flussfahrt von 6–7 Stunden von Coca zur Lodge ist aufwendig, lohnt aber die Mühe. Kontakt: *Kem Pery Tours*, Calle Ramírez Dávalos 117 y Av. Amazonas, Edificio Turismundial, oficina 101, Quito, Tel. 02-2505600, 02-2226583, www.kempery.com.

■ Sacha Lodge

Etwa 3 Stunden den Río Napo flussabwärts liegt die Lodge an einer Lagune nahe dem Río Napo. Die Lodge ist mit allem im Urwald denkbaren Luxus ausgestattet, das Essen wird gerühmt. Unter Leitung von zwei sehr kundigen Naturführern (auch englischsprachig) macht man Dschungeltouren, entweder per pedes auf guten Wegen oder im Kanu. Die Lodge ist in schweizerischem Besitz und wird von Quito aus gemanagt; Büro: Julio Zaldumbide 397 y Valladolid, Floresta, Tel. 02-2566090, www.sachalodge.com; Cabañas 2 Stunden von Coca entfernt; Preise: 3N/4T 790 $, 4N/5T 990 $, jeweils p.P. im DZ, EZ-Aufpreis 50 %, hinzu kommen 167 $ für das Flugticket, inkl. Übernachtung, Mahlzeiten, Transport und einheimischem zweisprachigen Führer. Von Lesern besonders empfohlen.

■ Yuturi Jungle Lodge

Abgelegene Regenwaldlodge fünf Kanu-Stunden östlich von Coca am Zusammenfluss von Río Napo und Río Yuturi. Die Programme starten jeden Tag mit dem Mittagessen, die Dauer kann individuell bestimmt werden. Büro in Coca: Malecón s/n (f/s Misión Capuchina), am Ufer des Flusses Napo, Tel. 06-2880619, 06-2880206, www.yuturilodge.com; Büro in Quito: Av. Amazonas N24-240 zwischen Av. Colón und Calle Cordero, Tel. 02-2880619, 02-2880206. Die gleiche Agentur unterhält auch die Yarina Lodge, Tel. 02-2504037, www.yarinalodge.com. Ein Programm für 3 Tage/2 Nächte kostet 270 $ und enthält die Unterbringung in einer Mehrbett-Cabaña, den Transport von Coca nach Yarina und zurück, einen Führer und die Exkursionskosten.

Auf dem Río Napo nach Nuevo Rocafuerte

Für die Flussfahrt nach Nuevo Rocafuerte benötigt man eine **besondere Erlaubnis,** die nur in der Capitanía ausgehändigt wird. Jeden Montag um 9 Uhr macht sich ein Boot auf den Weg. Es gibt auch Boote zu chartern.

2 Stunden flussabwärts liegt das Dschungelhaus **Hacienda Primavera.** Von hier können Wanderwege beschritten werden, die den Regenwald der Umgebung erschließen. Eine Hand voll Agenturen organisieren mehrtägige Ausflüge nach Limoncocha und zu anderen Seengebieten.

In der katholischen Missionsstadt **Pompeya,** weitere 2 Stunden den Fluss hinab, stehen Übernachtungsmöglichkeiten bereit, ein kleines Museum kann besichtigt werden. Eine kleine Insel gegenüber von Pompeya ist mit dem Kanu in wenigen Minuten erreichbar. Hier lebt eine zutrauliche Affenfamilie.

Zur alten Missionsstadt **Limoncocha** sind es von Pompeya nochmals 2 Stunden. Ganz in der Nähe liegt ein schöner See. Im Dorf selbst gibt es Übernachtungsmöglichkeiten und einen kleinen Laden. Von Limoncocha fahren rancheros nach Shushufundi und von dort weiter nach Coca und Lago Agrio.

Weiter flussabwärts ist nach etwa eine Stunde Bootsfahrt die sehr komfortable **La Selva Jungle Lodge** am Rand des **Nationalparks Yasuní** erreicht (www.laselvajunglelodge.com). Zwei DZ stehen zur Verfügung, ausgestattet mit warmen Duschen und Moskitonetzen. Die Inhaber des kleinen Hotels bieten mehrtägige Exkursionen an. Dem Haus ist eine For-

Francisco de Orellana oder: Wie der Amazonas zu seinem Namen kam

Im Dezember 1539 unternahmen 340 Abenteurer auf Befehl des spanischen Eroberers *Francisco Pizarro* als Mitglieder der El-Dorado-Expedition eine Reise durch den Oriente in der Hoffnung, das Land des Zimtes – damals ein kostbares Gewürz – zu entdecken. Auf der monatelangen, strapaziösen Reise durch Dschungel- und Sumpfgebiete begegneten die Spanier des öfteren Indianern des Oriente, die sie nur dann am Leben ließen, wenn sie einen dem Gelingen der Expedition förderlichen Beitrag leisteten.

Das gelobte Land des Zimtes sollten sie nicht finden. Zweieinhalb Jahre nach Beginn der Expedition, im Juni 1542, kehrten achtzig ausgezehrte Soldaten nach Quito zurück.

Am Río Coca in Sumaco waren sie 1541 mit dem **grausamen Kommandanten und Gouverneur von Guayaquil,** *Francisco de Orellana,* zusammengetroffen, der ebenfalls dabei war, den Oriente zu erkunden. Orellana, der sich in der Zweiflüsse-Stadt Coca wieder von der Expedition trennte, um auf dem Río Napo mit sechzig ausgesuchten Männern weiter in den Dschungel einzudringen, sollte Geschichte schreiben. Nach neun Monaten Flussfahrt erreichte er den Atlantik, als erstem Europäer war ihm die Durchquerung des südamerikanischen Kontinents von West nach Ost gelungen.

Immer wieder hatten die Spanier dabei kleine **Indianerdörfer überfallen,** um sich mit Nahrung zu versorgen. Umgekehrt war auch der Abenteurertrupp Ziel indianischer Angriffe. Von einem bemerkenswerten Zusammentreffen mit einer **Schar weißer Kriegerinnen** weiß der Reisebegleiter der Spanier, der Dominikanermönch *Gaspar de Carvajal,* zu berichten: „Sie sind sehr hellhäutig und hoch gewachsen, mit langem, in Flechten um den Kopf gewundenem Haar, und sie sind äußerst kräftig und völlig nackt." Die geheimnisvollen Frauen, die kein Mensch jemals wieder zu Gesicht bekommen sollte, wurden von den Spaniern nach den Kriegerinnen der griechischen Mythologie **Amazonen** genannt. So kam es, dass rätselhafte Kämpferinnen indirekt zu Namensgebern des größten Stroms in Südamerika wurden.

ecu024 peko

Tena

0 ▬ 100 m © Reise Know-How 2013

Manuela Cañizares
Via Muyuna
Bolivar
Rocafuerte
Juan Montalvo
Amazonas
García Moreno
El Dorado
Sucre
Olmedo
Río Tena
Río Pano
Abdon
Calderón
Juan León Mera
San José
Díaz de Pineda
Banco del Austro
Av. Francisco de Orellana
Santa Bárbara
9 de Octubre
Av. 15 de Noviembre
Parque Amazónico
Busbahnhof

■ Übernachtung
4 Puma Rosa
6 Travellers Lodging
8 Los Yutzos

■ Essen und Trinken
1 Bar La Araña
2 Chuquitos
3 Café Play Hole Bar
5 Cositas Ricas
7 Café Flor

schungsstation angegliedert. Studenten und Wissenschaftlern werden Preisnachlässe eingeräumt.

Nach einer weiteren Stunde in Richtung Nuevo Rocafuerte passiert man **Pañacocha,** ein kleines Dorf mit einfachsten Unterkünften, das in der Quechua-Sprache „Piraña-See" heißt.

Noch 7 Bootsstunden vergehen, ehe man in **Nuevo Rocafuerte** ankommt. Die **Grenzstadt zu Peru** ist Endstation. Wer bis zum Amazonas vordringen möchte, informiere sich eingehend in der Migración und bei der peruanischen Botschaft in Quito. Von Nuevo Rocafuerte führt der Bootseigentümer und Reiseführer *Sandro Ramos,* Tel. 06-2382176, **Exkursionen** in den Nationalpark Yasuní durch. Ebenso: River Dolphin Expeditions, *José Shiguango,* Tel. 099-7411786.

Nördlich von Coca   VII,D2

30 km nördlich von Coca, kurz nachdem der Río Napo über eine Brücke passiert wird, knickt die Straße nach Osten ab und erreicht nach 22 km die Ortschaft

La Joya de las Sachas. Hier ist wenig geboten: Ein paar Restaurants offerieren ihre Speisen, eine Pension vermietet Zimmer, die Ölbrunnen der Firma Sacha können unter die Lupe genommen werden.

Weiter nach Norden Richtung Lago Agrio geht es immer der Ölpipeline entlang. Die Straße führt mitten durch den Regenwald, bis kurz vor Lago Agrio eine Militärkontrolle erfolgt und die Brücke über den Río Aguarico überquert wird. Schließlich, 140 km hinter Coca und nach knapp 3 Stunden Busfahrt, kommt man nach Lago Agrio, die älteste Ölstadt Ecuadors, von den Einheimischen nur kurz „Lago" genannt (siehe Route B 1).

Zurück auf der Straße von Baeza nach Puyo sind es von Narupa, dem Abzweig nach Coca, 34 km bis nach Tena (Gesamtdistanz von Baeza 75 km, mit dem Bus fährt man etwa 3 Std.).

Tena   IX,C2

Die 1560 gegründete, heutige **Hauptstadt der Provinz Napo** liegt auf 600 m Höhe, hat ca. 11.000 Einwohner und ist ein wichtiger Verkehrsknotenpunkt zwischen Baeza im Norden, Coca im Nordosten und Puyo/Baños im Süden.

Da Tena am Zusammenfluss von Río Pano und Río Tena liegt, somit Gelegenheit zum Baden bietet und im Jahresmittel Temperaturen von 24 °C aufweist, verbringen hier viele Ecuadorianer ihren Urlaub.

Einen Halbtagesausflug wert sind die **Höhlen von Jumandi** (vgl. Ausflüge). Empfohlen werden kann auch ein Besuch des **Parque Amazónico** (große Waldtiere und Aussichtsturm – Fernglas mitbringen; Eintritt 2 $).

Praktische Infos

■ **Tel. Vorwahl: 06**

Informationen/Infrastruktur

■ **Touristeninformation,** Av. García Moreno/Malecón, Tel. 2886536; sehr hilfsbereites Personal. Mo bis Fr 9–12.30 und 14–17.30 Uhr.

■ **Internet-Café: Café Intinet,** Av. 15 de Noviembre, nahe dem Busterminal, Tel. 2886934, hakra1@hotmail.com; tgl. 7.30–23 Uhr, Breitband, Scanner, Farbdrucker, Brennen von Musik, Vermittlung von Dschungeltouren und stets ein guter Kaffee gratis.

■ Das **Postamt** ist in der Calle Olmedo entre Amazonas y Moreno.

Unterkunft (zentral)

■ **Hostal Villa Belén**
Av. Jumandy, Tel. 2886228, hostalvillabelen@hotmail.com, www.hostalvillabelen.com; EZ 40 $, DZ 72 $ mit BP und Frühstück, sauber und freundlich, Restaurant und Parkplatz.

■ **Hostal Vista Hermosa**
Av. 15 de Noviembre 622, Tel. 2887258, Hotel_vista_hermosa@hotmail.com; 14 $ p.P. mit BP, AC, Kabel-TV, WiFi und Parkplatz.

■ **Hotel Puma Rosa**
Av. Orellana/Malecón, neben der Autobrücke, Tel. 2886320, hotelpumarosa@yahoo.es; EZ 17 $, DZ 51 $ mit BP, Klimaanlage, Garage, Bar, Restaurant, schöne Diskothek.

Hostal Limoncocha

Av. del Chofer, 300 m entfernt vom Busbahnhof, Tel. 2846303, 098-7053185, http://limoncocha.tripod. com; Ventilator oder AC, Zimmer 7 $ p.P. mit BC, 10 $ p.P. mit BP, Frühstück ab 2,40 $, Kabel-TV, Internet, WiFi, Küche, Hängematten, Garage, Frühstück 2,50 $, Getränke; Rafting und Kajaktouren mit dem freundlichen Besitzer *Michael*. Dschungeltouren für 50–55 $ pro Tag.

Pakay Guesthouse

Am Stadtrand von Tena (Abholservice), Tel. 2847449 und 099-0906633, www.ecuadorpakaytours.com, deutsch-ecuadorianisch, ökologisch geführtes Gästehaus mit exotischem Garten, Ruhe und sehr gutem Frühstück. Lesertipp! EZ/DZ 24/32 $, im Schlafsaal ab 12 $. Angeschlossen ist die **Reiseagentur Pakay Tours** in der Av. Antisana y Manuel M. Rosales, Barrio 30 de Diciembre, Tel. 099-0335295.

Hostal Araza

Av. 9 de Octubre y Tarqui, Tel. 2886447, info@hotel-araza.com; EZ 10 $, DZ 18 $ mit BP, AC, Parkplatz, TV, Bar, Restaurant, Wäscherei, beliebter Treff von Kajak- und Rafting-Freaks.

Hostal Travellers Lodging

Av. 15 de Noviembre 438, in der Nähe der Fußgängerbrücke, Tel. 2886372, 2888204, www.amarongachi.com; Zimmer 8–18 $, mit AC, Kabel-TV, sauber, Restaurant mit gutem Essen; Ausflüge zu den *Cabañas Shangri-La* mit herrlichem Blick auf den Regenwald (40 $ inkl. Transport, Führer und Mahlzeiten); nebenan ist eine gute Pizzeria.

A welcome Break

Calle Augusto Rueda 331 y Febrero, gegenüber dem *Hostal Los Yutzos*, Tel. 2886301, a_welcome_break @yahoo.com; EZ/DZ 10–17/17–24 $ mit BC, Waschgelegenheit. Unter den einfachen Hotels ein Tipp.

Hostal Los Yutzos

Calle Augusto Rueda 109 y 15 de Nov., Tel. 2887897, yutzos@uchutican.com; EZ 30 $, DZ 42 $ mit Frühstück, WiFi. Empfehlenswert!

■ Siehe auch weiter unten **Agencia Limoncocha** und **Cabañas de Establo de Tomás** mit Zimmern.

■ **Hacienda Hakuna Matata,** siehe „Ausflüge"

Essen und Trinken

Café Flor

Av. 15 de Noviembre y Augusto Rueda; Travellertreff, Pizzas und Kontaktbörse in angenehmer Atmosphäre.

Cositas Ricas

Gleich neben Travellers Lodging, geführt von *Patricia Corral* (s.u., Regenwaldtouren), gutes, preiswertes (auch vegetarisches) Essen.

■ Neben Cositas Ricas, an der Fußgängerbrücke, Av. 15 de Noviembre, Tel. 2888204, gibt es ein empfehlenswertes **Restaurant** mit leckeren Nachtischen.

Chuquitos

García Moreno y J. L. Mera, Tel. 2887630, Mo bis Sa 7.30–21 Uhr; ecuadorianische und internationale Küche, Restaurant. Abends eine wunderschöne Atmosphäre am Flussufer, freundlich, gutes Essen, preiswert. Tipp: Nebenan ist ein schnelles Internet-Café.

Bar La Araña

García Moreno y J. L. Mera, Tel. 2886884; nette Bar mit Flussblick, Mo bis Sa 14–2 Uhr.

Café Play Hole Bar

Malecón cerrado de Tena, Tel. 2886318.

Café Tortuga

Av. Francisco de Orellana y Malecón, cafelatortuga @yahoo.com Di bis Sa 7.30–21 Uhr, So 7.30–11 und 16–21 Uhr, Café, Frühstück, Früchtesalat. Man spricht deutsch und englisch, empfehlenswert!

Überlandbusse

■ **Vom Busbahnhof** 1 km südlich vom Ortseingang starten mehrmals täglich Busse nach **Quito über Baeza** (6 Std.), **Puyo** (3 Std.), **Coca** (7 Std.), **Lago Agrio** (9 Std.), **Ahuano** (1½ Std.) und **Misuahallí** (1 Std.).

■ **Vom Ostufer des Flusses** fahren Busse nach **Archidona** (15 Min.). Für die Zukunft ist geplant, diese Strecke ebenfalls vom zentralen Busbahnhof aus zu bedienen.

Nationalpark Sumaco-Napo-Galeras

Der selten besuchte Nationalpark lässt sich am besten von Tena aus mit einem Guide und Camping-Ausrüstung besuchen. Ein Höhepunkt ist die durch üppige Vegetation führende **Besteigung des Vulkans Sumaco.** Weitere Infos unter www.sumaco.org.

Regenwaldtouren

Tena wird mehr und mehr zum Ausgangsort für Touren in den Dschungel. Der obere **Río Napo** eignet sich zudem hervorragend für **Rafting- und Kajaktouren** sowohl für Erfahrene als auch für Neueinsteiger.

▪ Ricancie

Av. El Chofer y Hugo Vasco, Tel. 06-2888479, www. ricanie.netiveweb.org; gemeindebasierter Ökotourismus mit einer Auswahl von ca. 12 indigenen Gemeinschaften und ihren Lodges.

▪ Ecotourism Community

Am Río Achayacu, Tel. 06-2846262, sachaursay@ya-hoo.com, geöffnet 7–18 Uhr. Cabañas mit Familienanschluss in der Indianergemeinde Pano, der „lizensierte Regenwald-Führer" Rene Shiguango spricht auch englisch, Tagespreise 45 $ p.P. inkl. Unterkunft. Lesertipp!

▪ RíosEcuador

Tarqui 230 y Díaz de Pineda, Tel. 2886727, Büro in Quito: Foch 746 y J. L. Mera, Tel. 02-2605828, www. riosecuador.com. Erfahrene Guides mit fundierten Kenntnissen bieten eine ereignisreiche Tour und gehen auf Wünsche ein. Die Tagestour, unterbrochen von einem reichhaltigen Picknick, kostet 59 $ – sehr zu empfehlen!

▪ Comunidad Achi-Yacu

Die Indianergemeinde besitzt und schützt ein Gebiet von ca. 4000 ha, das 100 % aus Primärwald besteht und eine artenreiche Flora und Fauna aufweist. Der „guia de selva" *Jaime Carlín Calapucha* bietet zwei Dschungeltouren an, die eine eher „gemütlich" und touristisch (5 Tage), die andere mehr für Abenteurer (5 oder 8 Tage). Das Programm („Programa de Turismo ecológico para la convivencia intercultural en la Amazonia ecuatoriana") ist äußerst vielfältig und beinhaltet auch den Besuch eines Indianerdorfes. Im Preis von 35 $ pro Tag und Person sind Transport (ab Tena), Verpflegung und Übernachtung eingeschlossen, unterschiedliche Lesermeinungen. Nähere Informationen bekommt man unter Tel. 2887277, 08-7801648, jaical@ya-hoo.com.

▪ Travel Agency Mundopuma

Calle Montesdeoca y Av. 15 de Noviembre, Tel. 06-2887188, 088-383177, www.mundopuma.com. 5 Fußminuten vom Busterminal Richtung Altstadt, nahe der Tankstelle, 8–12.15 und 14.30–20 Uhr. Regenwaldtouren, längere Flussexpeditionen, Gemeindebesuche, Exkursionen zum Vulkan Reventador und zum Nationalpark bzw. Vulkan Sumaco; Betreiber des Museo Balneario Comunidad Serea (www.museo-serena.ec), der Organisation Curiquingue (www.curiquingue.org) und der *Mundopuma Dschungel Lodge* (s. u.). Touren etwa 45 $ p.P. und Tag.

▪ Aventuras Amazónicas El Chagra

9 de Octubre 312 y Tarqui, Barrio Bellavista Baja, Tel. 06-2887181, aventuras_amazonicas@hotmail. com. Regenwaldführer und Heilkundler *Luis Pérez* hat unseren Leser *Stefan H.* aus Karlstein sehr begeistert: „Ein unvergessliches Erlebnis, sehr empfehlenswert!"; drei- bis fünftägige Touren zu Land und zu Wasser in Zusammenarbeit mit einem indianischen Führer.

▪ Jungle Tours Amarongachi

Av. 15 de Noviembre 422, ca. 1 km vom Busbahnhof Richtung Zentrum über die Hauptstraße, Tel. 2886372, 2888204, www.amarongachi.com, Leitung: *Patricia Corral;* Führungen nur auf Spanisch oder nach Voranmeldung evtl. durch einen ausländischen Volontär. Übernachtungen in den Cabañas Amarongachi am oberen Lauf des Río Napo oder in Shangrila am unteren Lauf des Río Napo (40 $ pro Tag, inkl. dreier Mahlzeiten und täglicher, geführter Touren); es besteht auch die Möglichkeit, bei Indianer-Familien unterzukommen und deren Tagesablauf kennen zu lernen.

■ **Agencia Limoncocha**
Calle Ita y Sangay, Tel. 2887583, limoncocha@andi-nanet.net, Leitung *Jeovanny Cerda* und *Michael Welschinger,* Regenwaldtouren, auch Rafting und Hostal-Betrieb (EZ/DZ 7/10 $ p.P., Frühstück 3 $).

■ Von Tena aus etwa 4 km Richtung *Muyuna* befinden sich die schönen **Cabañas Establo de Tomás,** www.ecoletravel-ecuador.com, EZ 20 $, DZ 32 $; Bar, Restaurant und preiswerte Regenwaldtouren.

Ausflüge

Archidona (11 km)   IX,C2

Archidona, 11 km nördlich von Tena gelegen, ist mit dem Bus in 15 Minuten zu erreichen. Die kleine Missionsstadt schmücken ein schöner, mit Pflanzen

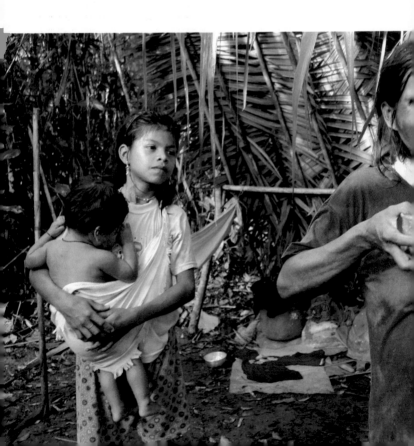

bestandener Hauptplatz und eine Kirche, die an Sonntagen (Markt) von den Quijos-Indianern aufgesucht wird.

Hacienda Hakuna Matata (11 km)

Anfahrt: Von Tena nach Archidona fahrend, biegt man bei Km 7 an der Brücke und vor der Tankstelle nach links in eine nur geländewagentaugliche Straße. Gut ausgeschildert. Dieser abenteuerliche Weg führt nach 3,9 km zur Hazienda. Das holländisch-belgische Paar *Rudolf*

Hoeberigs und *Marcellina Braem* hat hier eine tolle Regenwaldlodge ausgebaut. Relaxen, Baden und Reifenrafting ist angesagt, Dschungelspaziergänge bis hin zu längeren Wanderungen von 6 Stunden sind sogar auf eigene Faust möglich. Die sehr schönen Zimmer haben große Bäder. Ausgezeichnet ist auch die Küche: Lunch 8 $, 3-Gänge-Dinner 15 $.

■ **Hacienda Hakuna Matata,** km 3,9 vía Chaupi Shungo, Postfach: Apartado Postal 165, Archidona, Tel. 06-2889617, 099-3377441, www.hakunamat. com, 80 $ p.P. mit Frühstück, Hakuna-Lodge 120 $ p.P., Pool, Reiten, Restaurant, Rafting.

■ **Mundopuma Dschungel Lodge,** 30 Minuten von Tena, Cabañas mit Bad, Panoramaterrasse mitten im Regenwald, absolute Ruhe, das deutsch-ecuadorianische Team steht für eine „absolute Oase für Zivilisationsmüde", Übernachtung mit Frühstück 60 $ p.P.; Kontakt und Buchung über die Travel Agency Mundopuma in Tena, www.mundopuma. com (s.o.).

■ **Huasquila Amazon Lodge,** Baeza via Tena, bei Cotundo (10 km vor Archidona) Abzweig nach rechts, weitere 6 km Weg zur Lodge. Unterkunft, Vollverpflegung, Getränke und geführte Wanderungen kosten 109 $ p.P. und Tag. Besucht werden vor allem Wald, Höhlen und Wasserfälle. Kajak- und Rafting-Expeditionen optional (60 $ pro Tag). Kontakt in Quito: Tel. 02-2908491, www.huasquila. com (auch auf Deutsch).

◁ Quechua-Familie am Río Napo

Cuevas de Jumandi (15 km)   IX,C/D2

4 km nördlich von Archidona auf dem
Weg nach Cotundo (Busservice) liegen
die Cuevas de Jumandi. In den Höhlen
„wachsen" schöne Stalagmiten in die
Höhe; wer tiefer in einen der Gänge vordringen will, sollte sich einen Führer
nehmen. Empfehlenswert sind Taschenlampe und Gummistiefel (können ausgeliehen werden), da die Höhle dunkel,
matschig und feucht ist. Eintritt: 2 $.
Auch Badezeug mitnehmen, denn vor
der Höhle wurde ein Freibad angelegt
(mit Restaurant).

■ Der **Tourismuskomplex Cavernas Jumandi** ist
keine Schönheit, eher eine große Badeanstalt (Eintritt 2,50 $) mit jeder Menge Freizeitangeboten und
Hotel (10 $ p.P.), vielleicht ja nach einer archaischen
Regenwaldtour der richtige Ort zum Verschnaufen;
Tel. 06-2889185, 06-2886428. Für die nahe gelegenen Höhlen *(cavernas)* wurde uns der Führer *Manuel Moreta* empfohlen, über Jumandi oder per Handy
099-9238482 zu kontaktieren.

■ **El Arca:** Bereits 2 km vor dem Freizeitbad Jumandi, an der Brücke, liegt ein **privater Zoo** mit einem Aufzuchtprojekt für Regenwaldfauna, zudem
Unterkunft, Restaurant und Pool, Tel. 099-2889560,
099-8109509, darwin_jolo@hotmail.com. Lesertipp.

Auf der weiteren Fahrt nach Puyo passiert man zunächst **Puerto Napo** (7 km
von Tena). Im Ort befindet sich das Hotel Palandacocha. Von Puerto Napo
zweigt eine Piste nach Osten zum 17 km
entfernten Puerto Misahuallí ab.

■ Lesertipp: **Amazonian Jungle Tours** der beiden
Führer *Bella Valle* und *Patricio García;* die Agentur
liegt nahe der Brücke über den Río Napo.

Misahuallí   IX,D2

Misahuallí am Nordufer des Río Napo
ist **Ausgangspunkt für Exkursionen in
den immergrünen tropischen Tiefland-Regenwald.** Allerdings: Primärwald gibt es hier so gut wie keinen mehr,
jedoch teils „wiederbelebten" Sekundärwald, der dazu einlädt, die Flora und unzählige tropische Vögel, Insekten und
sonstige Bewohner des Regenwaldes zu
studieren. Am Strand des Ortes lassen
sich oft Kapuzineraffen beobachten.

In Misahuallí lebt eine große Anzahl
ortskundiger Führer; ihre Regenwald-
Touren sind in der Regel preislich günstiger als in anderen Teilen des Orient-
eund schließen Übernachtungen, Führung, Verpflegung und die benötigte
Ausrüstung ein.

Die **Unterkünfte** der kleinen Ansiedlung sind bescheiden, angepasst dem Leben im Regenwald.

Der **sonntägliche Markt** lässt den
sehr ruhigen Hafen von Misahuallí auf-
leben: Viele Indianer aus der nahen Umgebung erscheinen, um ihre Einkäufe zu
tätigen.

Am Fluss befinden sich ein **Bootssteg**
und die **Capitanía del puerto** (Hafenbe-
hörde), die man recht bald aufsuchen
sollte, um sich nach dem Bootsverkehr
in nahe gelegene Regenwalddörfer zu erkundigen. Die *Capitanía* registriert jeden Besucher vor einer Fahrt auf dem
Río Napo und gibt mit einem Passstem-
pel grünes Licht für eine Reise auf den
Spuren von *Francisco de Orellana* (vgl.
den Exkurs weiter oben).

Praktische Infos

■ **Tel. Vorwahl: 06**

Informationen/Infrastruktur

■ In Misahuallí gibt es eine **ANDINATEL-Zentrale,** von der aus auch nach Europa telefoniert werden kann; eine Bank fehlt. Auf Regenwald-Touren werden **Dollarnoten** und nur selten auch Reiseschecks akzeptiert.

Unterkunft

Einfache Unterkünfte
■ **Cabañas Runa Huasi**

Am Río Arajuno, einem Seitenfluss des Río Napo, 10 Fußminuten von der Tierstation *amaZOOnico;* traditionelle, ökologisch gebaute Cabañas einer Quechua-Gemeinde; 10 $ p.P., Frühstück 4 $, Mittag- und Abendessen 5 $; außer Regenwaldtouren (auf Spanisch) auch Einführung in Kunsthandwerk, Heilpflanzen und Balsaholzbootsbau; Reservierung über *amaZOOnico* (s.u. bei Regenwaldtouren unter Ahuano).

■ **Residencial La Posada**

Tel. 2890005, 10 $ p.P., sauber, aber etwas laut, gutes Essen.

■ **Hotel-Cabañas Txalaparta**

Cabañas 1 km rechts vor dem Ortseingang, txalapartahotel@gmail.com, Tel. 099-8468288; ruhig, mit Strand, die Bootstouren werden empfohlen.

Unterkünfte der Mittelklasse
■ **Hotel Albergue Español**

Calle José Antonio Santander y Juan Artega, Tel. 2890 004, 098-4691271, www.alberguespanol.com (dt.); Touren bei Vollpension und Transport mit 2 Übernachtungen 130–145 $, mit 3 Übernachtungen 185 $, nur Unterkunft mit HP 22 $ p.P. Bestes Hotel am Platz, sauber; gutes, teures Restaurant.

■ **Jungle Lodge El Jardín Alemán**

2 km von Misahuallí entfernt (ein Pickup/Taxi kostet 20 $ ab Tena oder 2 $ ab Misahuallí), 125 ha privater Regenwald am Río Napo. Der deutsche Besitzer *Bernhard Zehetbauer* verweist auf seinen hohen Komfort, die Kanutouren und tägliche Regenwaldführungen. Whirlpool, Billard und TV, DZ mit durchgehend Strom, Warmwasser und eigener Terrasse kosten 88 $ p.P. inkl. Vollverpflegung und Dschungeltouren. Tel. 2890066 oder in Quito 02-2462213, www.eljardinaleman.com.

■ **Misahuallí Jungle Hotel**

Tel. 2890063, 02-2520043 (Quito), www.misahuallijungle.com; 82 $ mit Vollpension, am anderen Ufer des Flusses, Überfahrt mit *lanchas* regulär bis 19 Uhr; Cabañas in schönem Garten, Restaurant, Pool, Hängematten, Feuerstelle, individuelle Touren.

■ **France Amazonia**

Richtung Tena, 1 km vom Dorf entfernt, Tel. 2890009, 098-0236364, www.france-amazonia.com; EZ 24 $, DZ 36 $ p.P. mit Frühstück. Menü 7 $, Pool, ruhig, toller Ausblick, freundliche Atmosphäre. Empfehlenswert!

■ **Hamadryade Lodge**

Tel. 098-5909992, 099-2873878, www.hamadryade-lodge.com; edel und entsprechend teuer, 5 große Bungalows mit Halbpension ab EZ/DZ 230/275 $, sehr schöne Anlage mit Pool.

Überlandbusse

■ Vom Hauptplatz werden mehrmals am Tag die Strecken **Misahuallí – Tena** (1 Std.) und **Misahuallí – La Punta** (30 Min.) bedient.

■ **Anreise nach Puerto Barantilla:** Eine wichtige Anlegestelle zum Besuch mehrerer Regenwaldprojekte und Lodges wie die unten beschriebenen *Liana Lodge, AmaZOOnico* und *Runa Huasi* ist heute nicht mehr Misahuallí sondern der Puerto Barantilla. Dazu verlassen Busse der Kooperativen *Sentinella del Tena* und *Transporte Jumandy* die Stadt Tena um 14.30 und 16 Uhr Richtung Santa Rosa (Ticketbüros in der Hauptstraße). Fahrtzeit bis Puerto Barantilla (45 km, sagen Sie dem Busfahrer frühzeitig Bescheid, dass Sie dort aussteigen möchten) sind etwa 1:45 Stunden. Dort warten bereits Kanus am Ufer zur Weiterfahrt. Mit dem 16-Uhr-Bus erreicht man das Ziel erst in der Dunkelheit.

Boote

■ Die **sechsstündige Bootsfahrt auf dem Río Napo nach Coca** wird normalerweise in den Dörfern Ahuano, Anaconda Island, Santa Rosa und Bellavista unterbrochen. Für die Fahrt im 10-Mann-Boot zahlt jede Person ca. 20 $, mindestens fünf Leute müssen mitfahren. Es handelt sich um einen unregelmäßigen Pendeldienst, ein Charter kostet etwa 300 $. Wer nicht bis Coca fährt, zahlt evtl. weniger, doch muss um den Preis verhandelt werden!

Zehntägige Touren schließen häufig Besuche bei den **Huaorani-Indianern** ein, die jedoch auf Seiten der Indianer selten Begeisterung aufkommen lassen (was den Führern und vielen Touristen leider oft egal ist).

Andere Führer sind billiger, doch sollte vor Antritt der Exkursion genau geprüft werden, was geboten wird. Das beugt möglichen Enttäuschungen vor und vermittelt einen ersten Eindruck von der (Un-)Seriosität des Führers.

■ **Runawa Tours**
Calle Napo y Juan de Artega, www.misahualliamazon.com, gegenüber dem Parque, Tel. 06-2890113, 06-2890005, tgl. 7–22 Uhr. Gute und dabei sehr preiswerte Agentur des Naturführers *Carlos Santan-*

Regenwaldtouren auf dem Río Napo

Individualreisende, die nach Misahuallí kommen, um den Regenwald kennen zu lernen, müssen andere Interessenten finden, die sich einer Führung anschließen, damit eine Tour in finanziell erträglichem Rahmen bleibt. Angeboten werden **ein- und mehrtägige Touren,** sie kosten für jedes Gruppenmitglied (bei mindestens fünf Personen) ab ca. 30 $. Der Preis enthält bei mehrtägigen Touren Ausrüstung, Verpflegung und Übernachtungen im Zelt. Auf solch einer Tour erlebt man die Regenwaldflora in ihrer ganzen Pracht, und man macht Bekanntschaft mit Tukanen, Papageien und anderen seltenen Vögeln sowie mit Kaimanen, verschiedenen Affen und möglicherweise sogar mit dem Ozelot.

ecu026 peko

der. Regenwaldtouren mit 2 Übernachtungen ab 50 $ p.P. Kajak, Rafting, Tubing, Gemeindebesuche, englischsprachige Guides.

■ **Agencia Teorumi**
Calle Guillermo Rivadeneri y José Santander, gegen-über dem Parque Central, Tel. 06-2890203, 099-87016852, www.teorumi.com. Der englischsprachi-ge Quichua-Indianer *Teodoro Rivadeneyra* und seine französische Frau sind sehr hilfsbereit und flexibel. *Teodoro* ist ein Kenner des Waldes und zudem Ex-perte für Naturmedizin und Giftschlangen. Im An-gebot: Regenwaldtouren, Gemeindebesuche, Ka-jakfahrten, schamanische Rituale (45 $ p.P.); Unter-bringung in den Cabañas Shiripuno (7 $ p.P. mit Frühstück), 5 Min. von Puerto Misahuallí entfernt.
■ Ansonsten empfehlen wir, vor Ort in den besse-ren Hotels die Aushänge zu lesen, nach Führern zu fragen und sich mit Reisenden auszutauschen.

Wenn Sie einmal den Wunsch verspüren sollten, Bus oder Auto links liegen zu lassen, dann packen Sie in Misahuallí die Gelegenheit beim Schopfe! **Auf dem Río Napo kann man per Boot bis nach Coca** fahren, auch wenn viele Einheimische die längere (und billigere) Busfahrt über Tena vorziehen. Die Fahrt mit dem Kanu hat aber viel mehr zu bieten, nicht zuletzt wegen der Möglichkeit, kleine Dschun-geldörfer zu besuchen. Übrigens: Ein kleiner Feld-stecher kann nützlich sein, um die Flussufer nach tropischen Vögeln abzusuchen.

Im Falle einer Reise bis Coca sollte man auf jeden Fall einen Sonnenhut und eine weiche Unterlage mitführen, denn die Fahrt – auf harten Sitzbänken unter brennender Sonne – dauert 6 Stunden.

☐ In Misahuallí können
Regenwaldtouren organisiert werden

In Amazonien (Oriente): Route B 2

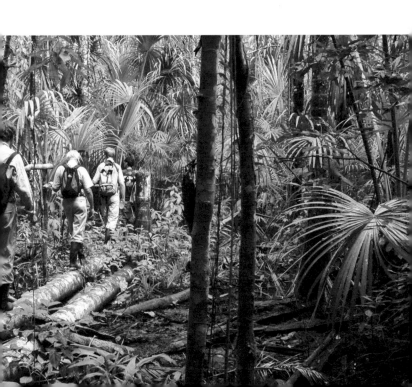

Ahuano

Als Ausflugsziel bietet sich Ahuano an, das nach 1 Stunde erreicht ist. Die kleine Ansiedlung am nördlichen Flussufer des Río Napo mitten im Dschungelist von der Außenwelt weitgehend abgeschirmt. Telefonisch besteht eine Verbindung über Andinatel oder die nachfolgenden Unterkünfte:

▪ Casa del Suizo

Von Ahuano fährt man 20 Minuten mit dem Kanu zur Casa del Suizo, die über Swimmingpool, Restaurant und Souvenirladen verfügt. Das Essen und die schönen Unterkünfte werden immer wieder besonders gerühmt; Übernachtung 99 $ p.P. mit Vollpension und Tour Guide, hinzu kommen 17 $ für die Hin- und Rückfahrt mit dem Kanu. Tel. in Quito: 02-2566090, www.casadelsuizo.com. Es können Regenwaldtouren in Verbindung mit der Casa del Suizo gebucht werden. Für Touren in den Regenwald mit Führung bezahlt man 99 $ p.P. inklusive Vollpension. Eintrittspreise kommen hinzu.

▪ Liana Lodge

Abgeholt wird man an der Anlegestelle Puerto Barantilla, Tel. 099-9800463, www.lianalodge.ec; 2N/3T 138 $ inkl. Transfer, Übernachtung mit Vollpension, Unterkunft mit Bad, Warmwasser, Regenwaldtouren. Gehört zur Wildtierauffangstation *amaZOOnico* im Schutzwald *Selva Viva* (s.u.); sehr empfohlen! **Volontäre** wenden sich an *Angelika Raimann*, lianalodge@gmail.com.

▪ Runa Huasi

Abgeholt wird man an der Anlegestelle Puerto Barantilla, Tel. 099-9800463, www.selvaviva.ec/runahuasi, lianalodge@gmail.com; 10 $ p.P., Frühstück 4 $, Mittag- oder Abendessen jeweils 5 $. Die einfache Lodge ist aus einer Selva-Viva-Projektarbeit entstanden und gehört der Kichwa- Gemeinde von Ahuano. Runa Huasi liegt im Schutzgebiet der GSR, in der Nähe des Amazónica, und bietet Tagestouren an.

Tierstation amaZOOnico

Von La Punta oder Puerto Barantilla erreicht man per Boot (30 Min.) über einen Seitenarm des Río Napo die Tierauffangstation „amaZOOnico", www.amazoonico.org. Ein Hinweisschild weist den Weg zur **Station für gefährdete Tiere.** In einem kleinen „Freiland-Zoo" leben verschiedene Tiere (Ozelot, Nasenbär, Wollaffe, Klammeraffe, Boa, Pekari, Tukan). Den Zoo umgeben 1700 ha Primärwald, der unter Naturschutz steht.

Der sog. **Los-Rios-Bus** startet von Tena (1½ Std.). Die Busse fahren nach Puerto Barantilla. Von hier wird mit kleinen Kanus zum **Regenwaldschutzprojekt Selvaviva** übergesetzt (der Preis ist auszuhandeln).

Boote verkehren über den Río Napo direkt von Misahuallí für ca 80 $ (s.o.).

▪ Wer nach Runa Huasi, zum amaZOOnico oder zu der Liana Lodge möchte, nehme in **Puerto Barantilla ein Kanu.** Das sollte sicherheitshalber von Tena aus bestellt werden unter Tel. 099-9800463. In Puerto Barantilla besteht die Möglichkeit, das Mietauto auf einem bewachten Parkplatz abzustellen.

Forschungsstation Jatun Sacha   IX,D2

Die Station in einem 1400 ha großen Gebiet ist von Misahuallí über den Río Napo (20 $ für zwei Personen) oder zu Fuß in mind. 3 Stunden zu erreichen; auch von La Punta ist die **Anfahrt** per Boot möglich (handeln Sie den Preis aus!). Außerdem fährt der Bus von Tena nach Ahuano oder Campo Cocha an der Station vorbei (Fahrzeit 1 Std., Fahrer Bescheid geben, sonst hält er nicht).

In Jatun Sacha gibt es ein **Informationszentrum,** das über die Tier- und Pflanzenwelt aufklärt. Der Besuch des Gebietes kostet 6 $, der Erlös kommt der Forschungsstation zugute; in dieser kann man auch **übernachten** (30 $) und essen. Ein **Rundwanderweg** verschafft dem Besucher die bequeme Möglichkeit, in gut einer Stunde Bekanntschaft mit dem einzigartigen Gebiet zu machen (eine **Broschüre** für diesen „self guided trail" kostet 5 $, eine Investition, die sich auszahlt). Übrigens: Gegen Entgelt kann man als Volontär in der Station arbeiten. Die Station und ihre Führer wurden vielfach von Lesern gelobt.

■**Kontakt für Volontäre:** *Programa de Voluntarios, Fundación Jatun Sacha,* vía Ahuano, km 22, Tel. 06-2870325, in Quito: Postf. 17-12-867, Pasaje Eugenio Santillán N34-248 y Maurian, Tel. 02-2432173; www.jatunsacha.org; Kost und Logis für 395 $ im Monat.

Erwähnt sei zu guter Letzt noch der buchstäbliche Höhepunkt von Jatun Sacha: ein 30 m hoher **Vogelbeobachtungsturm,** von dem man – über den Baumwipfeln sitzend – die Vogelwelt studieren kann. Allerdings: „Der Turm ist nichts für Menschen mit schwachen Nerven, Höhenangst oder für TÜV-Angestellte!" meint unser Leser *A. Louis.*

Isla Anaconda

Ein paar Bootsminuten von Ahuano (1 Std. von Misahuallí) entfernt liegt die Insel Anaconda. Die letzte auf der Insel verbliebene Würgeschlange wird in einem Gehege gehalten; verschiedene Affenarten toben sich auf der Insel aus. Ge-

führte Touren auf der Insel werden von der Liana Lodge (s.o.) angeboten.

Gareno Lodge

Die Lodge im noch intakten Regenwald innerhalb des Huaorani-Reservats liegt 77 km östlich von Tena, nahe der Indianer-Gemeinde Gareno, zwischen Santa Rosa und Dayano. Die Huaoranis haben diesem ambitionierten Tourismus-Projekt südlich des Río Napo zugestimmt. Die vier Cabañas im traditionellen Stil verfügen über ein privates Bad, warmes Wasser und einen Balkon mit Hängematte und Blick auf den Río Gareno.

■Richtung Santa Rosa bis zum Kontrollpunkt Sumac Sacha und weitere 9 km, Tel. 099-8592388, www.garenolodge-huao.com, EZ/DZ 60/100 $ inkl. Vollpension. Auf Anfrage erhält man Unterstützung bei der Anreise mit dem Taxi (ca. 45 $) oder öffentlichen Bus (ca. 26 $) aus Tena.

Zurück in Puerto Napo, dem Abzweig nach Misahuallí, sind es noch 80 km nach Süden, bis Puyo erreicht ist.

Proyecto Ecuador

Im Süden der Provinz Napo baut der engagierte österreichische Biologielehrer *Hannes Krakolinig* ein ambitioniertes **Bildungsprojekt** in fünf Regenwaldgemeinden auf. Der Unterricht von Kindern u.a. in Englisch, Deutsch, Tourismus und Informatik wird getragen von Freiwilligen. Die internationalen Helfer unterrichten ohne Bezahlung, aber gegen Visum, Kost und Logis.

Puyo

0 ▬▬ 100 m © Reise Know-How 2013

Cotopaxi

Tungurahua

Chimborazo

Cañar

Otavalo

Bolívar

Ceslao Marín

Francisco de Orellana

Teniente Hugo Ortiz

Manabí

Guaranda

Guayas

Citayacu

Azuay

Loja

Pastaza

Río Puyo

4 de Enero

Av. 20 de Julio

Rodrigo Granja

C. Angel Manzano

General Villamil

27 de Febrero

24 de Mayo

9 de Octubre

10 de Agosto

Jacinto Dávila

Atahualpa

Sucre

Bolívar

Francisco de Orellana

Parque Pedagógico Etno-Botánico Omaere

Parque Principal

ü *Kathedrale*

Banco Internacional

Museo Arqueológico y Etnográfico

Banco Pichincha

Puyo   XI,D1

In der sich mausernden **Hauptstadt der Provinz Pastaza** leben rund 20.000 Menschen. Mit viel Glück sind an einem wolkenfreien Tag vom Hauptplatz aus die Schneegipfel des Sangay und des Altar zu sehen. Die Einheimischen, besonders die Kinder, baden gerne im nahe gelegenen **Río Puyo,** der als recht sauber gilt. Dort sind verschiedene tropische Vögel zu beobachten.

Praktische Infos

■ **Tel. Vorwahl: 03**

Informationen/Infrastruktur

■ **Infrastruktur:** In Puyo gibt es ein paar Restaurants, eine ANDINATEL-Zentrale (vom Zentrum auf dem Weg zum Busbahnhof), gleich daneben eine empfehlenswerte Pizzeria, Banken und an der Ecke Atahualpa y 10 de Agosto eine kleine Post.

■ **CEDIME – Centro de Investigación de los Movimientos sociales del Ecuador**
Kontaktadresse in Quito: Junín E2-17 und Ortíz, San Marcos, Tel. 02-2582478, cedime@ecuanex.net.ec. Von der EU unterstütztes Sozialforschungszentrum, das auch aufgeschlossenen Touristen Auskunft gibt über Gesundheitsförderung, Landwirtschaft und Frauenprojekte in der Provinz Pastaza.

■ **Internet-Café:** Francisco de Orellama y 9 de Octubre.

Unterkunft

■ **Hostal-Restaurant El Jardín**
Das Hostal ist über die Hängebrücke zu erreichen, Tel. 2886101, 2887770, www.eljardinrelax.com.ec,

Übernachtung für 38 $ p.P. inkl. Frühstück; idyllisch gelegen, ruhig, viele Vögel im Garten, sehr sauber, WiFi, mit dem besten Restaurant von Puyo.

■ **Hostal Las Palmas**
Calle 20 de Julio y 4 de Enero, Ecke, Tel. 2884832, Cafetería, kleine Bar, Dachterrasse, gutes Frühstück, Internet, u.a. französischsprachige Leitung, eine „kleine Oase", EZ 15 $, DZ 27 $ mit Frühstück.

■ **Hotel Araucano**
Ceslao Marín y 27 de Febrero, Tel. 2885686 und 2883634; EZ 7 $, DZ 16 $ mit Frühstück, BP und Kabel-TV, preiswerte Touren.

■ **Hostal Milenum**
27 de Febrero y Francisco de Orellana, Tel. 2884691, 2886153, hotelmilenium@andinanet.net; EZ 11 $, DZ 22 $ mit Frühstück, BP, Kabel-TV und Telefon.

■ **Hostal-Restaurant Puyo**
9 de Octubre y 24 de Mayo, Tel. 2884497, 2886525, hostalpuyo@yahoo.com.es; EZ 13 $, DZ 23 $ mit BP, Kabel-TV und Tel.

■ **Gran Hotel Amazónico**
Atahualpa y Marín, Tel. 2884753; 14 $ p.P., modernes Ambiente, WiFi, Restaurant.

■ **Hostal El Colibri**
Av. Manabí y Bolívar, Tel. 2883054, hostalelcolibripuyo@hotmail.com; EZ 15 $, DZ 30 $, saubere Zimmer, Wäscheservice, Kabel-TV, Internet, gemütlich und freundlich.

■ **Hostería Turingia**
Marín 294 y Orellana, Tel. 2885180, www.hosteriaturingia.com; EZ 28 $, DZ 45 $, komfortabel, Garten, Restaurant, Swimmingpool.

■ **Hostal El Dorado**
Calle 27 de Febrero y Celao Marín, Tel. 2886108, 8 $ p.P. inklusive Frühstück.

■ **Cabañas Mirador Chupa Punda**
Von Puyo Richtung Tarqui, 80 Min. Fahrt, Comunidad Puyopungo, Tel. 099-9697077, 03-2885047, 099-8795336, santisil_25@yahoo.com. Schlichte Unterkunft für 5 $ p.P. Die Cabañas liegen an der Mündung des Río Puyo in den Río Pastaza und bieten eine herrliche Aussicht. Vogelbeobachtungen mit Turm, Gemeindebesuche, Kanutouren.

Essen und Trinken

●Eine **Bäckerei** befindet sich ganz zentral neben dem Busunternehmen San Francisco. Ein Leser berichtet von den „besten Baguettes von Ecuador".

●**Restaurante Zuvar**
Calle Bolívar y 20 de Julio, gute und preiswerte Küche, auch vegetarisch, sowie leckerer Kuchen; Lesertipp!

●**Pizzeria im Hostal El Colibri** (s.o.)
●**Hostal-Restaurant El Jardín** (s.o.)

Überlandbusse

●**Vom Busbahnhof,** der südwestwärts relativ weit außerhalb der Stadt liegt, fahren mehrmals täglich Busse nach **Riobamba** (4 Std.), **Quito** (8 Std.), **Tena** (3 Std.), **Macas** (6 Std.), **Baños** (1½ Std.) und **Ambato** (3½ Std.).

●Die Busgesellschaft *Centinela del Oriente* steuert verschiedene **kleine Dörfer der nahen Umgebung** an.

Reiseagenturen

●**Atacapi/Papangu-Tours**
Calle 27 de Febrero y Sucre, Tel. 2887684, papangu@ecuanet.net.ec; sehr gute Regenwaldtouren, selbstverwaltetes Projekt, gegründet unter Beratung des Deutschen Entwicklungsdienstes. Kanufahrten, Wasserfälle, Höhlen, „Überlebenscamp", Tierbeobachtungen – sehr zu empfehlen! Die Preise variieren je nach Entfernung und Kosten für den Flug in den Regenwald.

▽ Totenkopfaffe

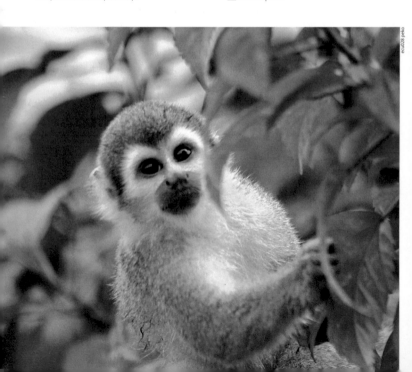

ecu028 peko

■ Agencia COKA TOURS
Calle 27 de Febrero y Celao Marín, unten im *Hostal El Dorado*, Tel. 2886108, frankstour2000@hotmail.com; Regenwaldtouren 50 $ p.P, englischsprachige Guides, gute Verpflegung, nette Regenwaldunterkünfte.

■ Comunidad Kotococha
Kontakt: *Oswaldo*, Tel. 099-0196969, kotococha@gmail.com. Spannende und gut von Indígenas geführte Wanderung und Kanufahrt durch den Regenwald samt Baden am Wasserfall und Gemeindebesuch. Tour nur 15 $ p.P. und Tag bzw. 35 $ inkl. Übernachtung und Verpflegung. Leserempfehlung.

Ausflüge

Parque Pedagógico Etno-Botánico Omaere

Der Park liegt am „Paseo Turístico El Balneario". Die Stiftung *Omaere* (Huaorani für „Wald", „Umwelt") gründete 1995 einen ethnobotanischen und pädagogischen Park. Er hat eine Größe von etwa 16 ha, befindet sich auf einer Höhe von 900 bis 960 Metern und erstreckt sich entlang des Puyo-Flusses.

Omaere stellt sich die Aufgabe, die **biologische Vielfalt der Region** zu erfassen und zu schützen. Dabei soll das traditionelle Wissen der indigenen Gemeinschaften in die Arbeit einbezogen werden. Der Park dient als Zentrum für **Forschung und Bildung,** verfügt über eine Datenbank der regionalen Pflanzenwelt und eine Sammlung ethnobotanischer Informationen. Als langfristige Ziele hat sich der Park die Entwicklung von Programmen zur Erhaltung des tropischen Regenwaldes und die Umwelterziehung in Zusammenarbeit mit den indianischen Gemeinschaften des ecuadorianischen Amazonasgebietes gesetzt. Außerdem beteiligen sich die Stiftung und der Park Omaere an der aktuellen Diskussion um die Umsetzung der Biodiversitätskonvention (Informationen von Klima-Bündnis e.V.).

■ Der Park ist tagsüber geöffnet, gegen eine Eintrittsgebühr werden **Führungen** über Lehrpfade durchgeführt. Auch die Möglichkeit, ein Bad im Fluss zu nehmen, besteht.
■ Fundación OMAERE, Pasaje Solano 1090 y Av. 12 de Octubre, 3. Stock, Quito, Tel. 02-2887656, omaere@gmail.com, Di bis Do 9–17 Uhr, Eintritt 3 $.
■ Jardin Botanico las Orquideas, 3 km von Puyo Richtung San Jacinto, Ortsteil Los Angeles, Tel. 03-2530305, 099-85916810, www.jardinbotanicolasorquideas.com, Mo bis Sa 8.30–16 Uhr, So geöffnet nach Bedarf. Besitzer *Omar Tello* und seine Mitarbeiter führen auf Rundgängen von 2–3 Stunden durch ihren Botanischen Park. Eintritt: 5 $.

Fundación Los Monos Selva y Vida　　　　　　XI, D1

Km 2 vía 10 de Agosto, Puyo, Tel. 098-8105324. **Auffangstation für Affen;** die Tiere bewegen sich frei und sind sehr zutraulich. Eintritt 2 $.

Fundación Hola Vida　　　　　　　　XI, D1

Ausflug nach **Puyupungu** zur Fundación Hola Vida, 25 km südöstlich von Puyo am Zusammenfluss von Río Puyo und Río Pastaza, auf der Busroute Puyo – Pomona; Reservat mit 40 m hohem Wasserfall, einfache Cabañas. Eine Leserin war dort und berichtet: „Nette Leute, kleiner, gemütlicher Familienbetrieb, superfeines Essen, sauber, natürlich, preisgünstig, gemütlicher Wanderweg im Regenwald zu einem imposanten Wasserfall mit Bademöglichkeit".

■ **Kontakt: Familia Amorez Martinéz,** Tel. 099-9702209; Anreise mit dem Kleinbus morgens um 6 Uhr und mittags um 13 Uhr ab Mercado Mariscal in Puyo, alternativ im Taxi für 12–15 $ pro Fahrt.

Fátima   XI,D1

Die **Aufzuchtstation von Tapiren und Süßwasserschildkröten** ist ein lohnender Ausflug von Puyo. Man fährt 9 km mit dem Taxi. Der von Indianern und Biologen gemeinsam errichtete Wildlife-Zoo ist eine hervorragende Gelegenheit, die Tiere hautnah in ihrem großen Gehege zu erleben. Die Führungen in Fátima sind eine ausgezeichnete Einführung in die Flora und Fauna des ecuadorianischen Regenwaldes.

Von Puyo nach Baños   XI,C/D1

Eine Fahrt vom östlichen Tiefland bei Puyo die Ostabdachung der Kordillere hinauf nach Baños (oder umgekehrt) **gehört zu den schönsten Fahrten in Ecuador.** Wie immer in Ecuador beim Wechsel von Hoch- und Tiefland, ändert sich das Vegetationsbild schnell.

Auf der zweistündigen, etwa **60 km** langen Fahrt von Puyo (980 m) nach Baños (1800 m) durchquert man einen tiefen Cañón, den der **Río Pastaza** in die

Ostkordillere geschnitten hat. Drei eindrucksvolle Wasserfälle, der Agoyán, der Manto de la Novia und der Pailón del Diablo, stürzen in die Schlucht.

15 km nach Puyo, bei **Mera,** erfolgt die „Einfahrt" in den Cañón; zurück blickt man auf die unendlich weite Ebene, die sich ohne Unterbrechung beinahe 4000 km bis zum Atlantik erstreckt. In Mäandern fließt der Río Pastaza in südöstlicher Richtung durch den Regenwald, bis er in Peru in den Amazonas mündet.

Kurz vor Mera liegt die kleine Ortschaft **Shell.** 1947, als erstmals Öl im Oriente entdeckt wurde, richtete die gleichnamige Ölgesellschaft an dieser Stelle zwischen Mera und Puyo ein kleines Camp ein; seitdem trägt die Siedlung den Namen der Gesellschaft (oft werden beide Orte, Mera und Shell, zusammen Shellmera genannt). Die Ölfirma ließ auch einen kleinen Flugplatz in Shell bauen, von dem zwar keine Linienflüge, aber doch Charterflüge nach Quito oder in den Regenwald führen. Einige Reiseagenturen bedienen sich des Charter-Services ab Shell (Infos am Flughafen). Denken Sie bei Regenwaldreisen an ihren originalen Reisepass.

▷ Dunkle Wolken kündigen den Regen an

Zur Übernachtung stehen wenige **einfache Hotels** zur Verfügung, zu empfehlen sind jedoch die Unterkünfte im nahen Puyo. Wer mit dem Bus weiterfahren will, wartet am besten am „Checkpoint" auf einen Bus nach Baños oder Puyo.

Zwischen Mera und **Río Verde** (ca. 13 km vor Baños) wird die Vegetation tropisch. Großwüchsige Farne, Bromelien, Orchideen und blühende Bäume zeigen an, dass sich die klimatischen Verhältnisse geändert haben.

Tipp für Abenteurer: Auf halbem Weg zwischen Río Verde und Baños liegt eine **Seilbahn** („Tarabita"); für 1 $ fährt man in einer abenteuerlichen Konstruktion in der Art einer nach oben offenen Hundehütte. Der „Passagierkorb" hängt an einem Seil, das von einem alten Ford-V8-Motor bewegt wird. Die Fahrt führt über die Schwindel erregend tiefe Schlucht und macht auf der anderen Seite an einem netten Restaurant und wunderschönem Wasserfall Halt (s.a. „Baños: Wanderungen", Route A 2).

In Amazonien (Oriente): Route B 2

Die **Highlights** erkennt man im Buch an der
gelben Hinterlegung im Kapitel.

⌃ Regenwald-Exkursion an Bord eines Hotelschiffs

ec-2013-028 peko

IN AMAZONIEN: ROUTE B 3

Die Route B 3 führt in den **südlichsten Oriente** bis nach Zamora, das zwischen Loja (im Westen) und der peruanischen Grenze (im Osten und Süden) liegt. Die Route berührt die Nationalparks Podocarpus bei Zamora und Sangay (vgl. Route A 3) und gibt Gelegenheit, die Shuar-Indianer kennen zu lernen (vgl. entsprechenden Exkurs); **Streckenverlauf: Puyo – Macas – Sucúa – Zamora (ca. 450 km).**

Der erste Routenabschnitt zwischen Puyo und Macas ist 131 km lang; nach etwas mehr als der Hälfte der Entfernung wird der Río Pastaza überquert.

Canelos

Der unscheinbare Ort liegt wenige Kilometer östlich der Verbindungsstraße Puyo – Macas (Abzweig in Nuevos Horizontes). Am Ortsrand (Abholung) liegt eine **charmante Lodge** unter schweizerischer Leitung **mit eigenem Reservat.**

■**Huella Verde Rainforest Lodge**
Christof Tononi, Tel. 03-2787035, 098-4548528, http://huella-verde.org; EZ/DZ je nach Länge des Aufenthalts und Saison ab 34/54 $ mit Frühstück. Cocktailbar, Restaurant mit Gerichten für 7–16 $.

Macas XIII,D1

Die **Hauptstadt der Provinz Morona-Santiago,** der wichtigste Ort der Region, wird inzwischen von über 15.000 Menschen bewohnt. Erst allmählich entwickelt Macas auch touristische Exkursionsangebote in das Umland, vor allem zu den Shuar und Achuar. Der alte katholische Missionsposten der italienischen Salesianer hat sich samt eigener Flugbasis und mit deutscher Kooperation zu einem Entwicklungspfeiler der Stadt gemausert.

Sehenswert ist die schöne **Kirche Virgen Purísima** direkt am Zentralplatz. Der Weg hinauf zum **Mirador la Colina de Quillano** lohnt die Mühe (mind. 1 Stunde anstrengender Fußmarsch), denn manchmal ist der aktive Vulkan Sangay (5520 m) in der Ferne zu sehen.

Ausflüge in den Nationalpark Sangay werden durch die ganzjährig schlechten Wetterbedingungen erschwert (siehe auch Route A 3 nach Riobamba).

Praktische Infos

◾ **Tel. Vorwahl: 07**

Infrastruktur

◾ Das **Postamt** in der Calle 9 de Octubre y 10 de Agosto hat von Mo bis Fr von 9–17 Uhr geöffnet.
◾ **Telefon:** Das Pacifictel-Fernmeldeamt ist in der Calle 24 de Mayo zwischen Cuenca y Sucre; die Öffnungszeiten sind 9–20 Uhr.

Unterkunft

◾ **Hostal Macas**
Calle 24 de Mayo y Sucre, Tel. 2700254; sauber, preiswert, netter Besitzer; auf der Dachterrasse kann man seine Wäsche waschen und (bei guten Sichtverhältnissen) den Ausblick auf den Sangay genießen
◾ **Hotel Spendit**
Tel. 2700970, sauber und einfach, DZ 15 $.
◾ **Hostal Las Orquideas**
Familiär, ruhig und sicher, der Vermieter *Don Luis* ist ausgesprochen freundlich und hilfsbereit, Tel. 2700970, 11 $ p.P., Wäschedienst.
◾ **Hotel Solde Oriente**
Tel. 2702911, 2702900, Zimmer 14 $ p.P.
◾ **Hostal Esmeralda**
Calle Cuenca 612 y Soaste, Tel. 2700130, EZ 10 $, DZ 20 $, MBZ 9 $ p.P., ohne Frühstück, schöne Zimmer mit BP, warmem Wasser, sehr sauber, allerdings keine Moskitonetze; empfehlenswert!
◾ **Hostería Cabañas del Valle**
Av. 29 de Mayo, km ½ Richtung Sucia, Tel. 2700226, hosteriadelvalle@yahoo.com; EZ 23 $, DZ 40 $, Frühstück 2,50 $, BP, AC, Kabel-TV. Empfehlenswert!

◁ Beliebte Übung:
Pfeilschießen mit dem Blasrohr

Essen und Trinken

■**Restaurant Chifa China**
Unten im Hotel Peñon; üppige Portionen, gut und preiswert.
■**Eros Café**
Amazonas y Tarqui; gutes Frühstück, freundliche Atmosphäre.

Flüge

■**TAME** fliegt Mo, Mi und Fr um 16.40 Uhr **nach Quito.** Flugscheine werden im Büro an der Landebahn verkauft. Bei Schlechtwetter kommt es zu Stornierungen.
■Der *Servicio Aereo Misional* bietet **Charterflüge** in die gesamte südliche Regenwaldregion Ecuadors

Macas

0 ▬▬ 100 m ©Reise Know-How 2013

18 de Febrero

Riobamba

24 de Mayo

9 de Octubre

Don Bosco

Montalvo

5 de Agosto

Amazonas

Soasti

1

Cuenca

TAME

☐

2

Sucre

3

ℹ

Bolívar

Markt

Ⓑ

Domingo Comin

Banco del Pichincha

Hauptplatz

ⅱ *Purísima*

✉

Ⓢ

Guamote

10 de Agosto

Ⓢ
Banco del Austro

4

Pastaza

Tarquí

Treppen

G. Rivadeneira

29 de Mayo

Juan de la Cruz

Landebahn ✈

■ Übernachtung
1 Hostal Esmeralda
2 Las Orquideas
3 Macas

■ Essen und Trinken
4 Eros Café

an. Tel. Quito 02-2551012, Macas 2700142, www.aeromedia.it.

■ **Saero** fliegt täglich (14.15 Uhr, zurück 15.15 Uhr) zwischen Quito und Macas (außer Sa). Tel. Quito 02-23301152, Macas 2702764, www.saereo.com.

Überlandbusse

Vom Busbahnhof in der Calle 10 de Agosto y Guamote werden folgende Strecken bedient: **Macas – Gualaquizo** über Sucúa (9 Std.), **Macas – Cuenca** (9 Std.) und **Macas – Puyo** (3 Std.).

Regenwaldtouren

■ **TSUNKI Adventures**
Die Agentur ist geschlossen, einzelne Mitarbeiter arbeiten jedoch weiter als unabhängige Guides. Mit ihnen kann ein Programm besprochen und gebucht werden. Kontakt: *Tsunki Marcelo Cajecai Nuiza,* Tel. 099-0161475, tsunkimar@hotmail.com, tourshuar @hotmail.com.

■ **Lesertipp: Marcelo Davalos Gomez,** Tel. 07-2701143, 099-4823815; für ca. 50 $ pro Tag und Person (mind. 12 Personen) inkl. Transport und Verpflegung, Radfahren und Rafting organisiert „Ingeniero" *Marcelo* eine „Spitzen-Tour" mit Unterbringung bei einer Shuar-Gemeinde – begeistertes Fazit: „Absolut kein Touristenprogramm, sondern alles in echt – was für Hobbyethnologen."

───────────────

23 km südlich von Macas folgt das Urwalddorf Sucúa.

Sucúa　　　　　XIII,D2

Das 6500-Einwohner-Städtchen reizt sicherlich in besonderem Maße den Völkerkundler zu einem längeren Aufenthalt. Aus einer alten Missionsstation hervorgegangen, lebt heute in dem Dorf ein Großteil der Shuar-Indianer.

In Sucúa wurde die *Federación de Centros Shuar* zur Pflege der Shuar- (und Achuar-)Kultur gegründet. Der Verband setzt sich in erster Linie für indianische Kulturbelange, für Landrechte der Shuar und für den Schutz des Regenwaldes im südlichen Oriente ein.

Das Dorf hat einen schön angelegten **Hauptplatz,** um den sich mehrere einfache Hotels gruppieren und Schatten spendende Bäume zur Siesta in der heißen Mittagszeit einladen.

Praktische Infos

■ **Tel. Vorwahl: 07**

Infrastruktur

■ **Kulturzentrum der Shuar**
Das Zentrum liegt beim früheren Zoo im Südosten der Stadt, ist aber für Touristen bisher kein großer Gewinn, da hier kaum Informationen zu erhalten sind und auch keine Ausstellungen stattfinden.
■ **Sonntags ist Markttag.**

Einfache Unterkunft

■ **Hotel Don Guimo**
Av. Domingo Comin y Kiruba, berthafer166@hotmail.com, Tel. 2740483, 12 $ p.P.

■ **Cabañas Nicolas**
400 m vom Parque Central Richtung Rui Miriumi, Tel. 2740123, 099-9326641, javiusa@hotmail.com; Hütten mit rustikalem Flair, möbliert mit Esszimmer, Küche und TV, für bis zu 9 Personen, 60 $ pro Hütte und Nacht.

■ **Hotel Los Tayos**
Domingo Comin y Antonio Acevedo, Tel. 2740326, 8 $ p.P., BP und TV.

■ **Hotel Rincón Oriental**
Domingo Comin y Kiruba, Tel. 2740894, Zimmer mit BP und TV.

■ **Weitere Unterkünfte am Parque:** Residencial Cumanda und Hotel Colón.

Überlandbusse

■ **Zwischen Sucúa und Macas** verkehren regelmäßig Busse, die Fahrzeit beträgt etwa 1 Stunde.

Flüge

■ Von einem kleinen Flugplatz bestehen **unregelmäßige Flugverbindungen nach Puyo.** Die Shuar haben zudem einen eigenen Charter-Service per viersitziger Cesna. Nähere Informationen können direkt an der Landebahn eingeholt werden.

Von Sucúa nach Zamora

Weiter auf dem Weg nach Zamora ist nach etwa 2 Stunden (53 km) die Siedlung **Santiago de Méndez** erreicht. In der Nähe von Méndez befindet sich in Gestalt des *Centro Kuchiankas* eine Schule der Shuar-Indianer. Besucher sind willkommen, doch leichter ist in Sucúa der Kontakt zu Shuar-Familien herzustellen.

Von Méndez geht eine Straße in das 153 km (9–11 Fahrstunden) entfernte **Morona,** das im Osten nahe der Grenze zu Peru liegt. Hier im Grenzgebiet wird man auch mittelfristig nicht mit touristischer Infrastruktur rechnen können. In Morona gibt es ein paar Restaurants, aber keine Übernachtungsmöglichkeit; sollten Sie die Strapazen der langen Reise auf sich nehmen wollen, um in verlassener Gegend was auch immer zu machen, dann vergessen Sie nicht, ein Zelt mitzunehmen.

Abstecher zu den Cuevas de los Toyas

Etwa auf halber Strecke zwischen Mendez und Morona bietet es sich an, die Cuevas de los Toyas zu besichtigen. Die Höhlen sind vor allem bekannt wegen der dort beheimateten **„Ölvögel" (guácharos),** hühnerähnlichen Vögeln, die bereits von *Alexander von Humboldt* beschrieben wurden. Ihren Namen erhielten die Vögel von den Indígenas, die einmal im Jahr Jagd auf die Tiere machten („Fetternte"), mit dem Ziel, dem fettreichen Bauch der Vögel ein besonders reines Öl zu entziehen.

Die Vögel selbst sind nachtaktiv und ernähren sich von Früchten, deren unverdauliche Kerne zwischen dicken Kotschichten auf dem Boden der Höhle lagern. In den gerade noch von Licht gestreiften Bereichen der Höhle gehen die Samen zu kümmerlichen Pflänzchen auf. Forscher haben aufgrund der gefun-

Der Widerstand der Shuar

Die Shuar-Indígenas haben es als vielleicht einzige Gruppe aller Indígenas in Ecuador verstanden, ihre **Unabhängigkeit,** ihr Land und ihre Kultur **seit der spanischen Kolonialzeit** weitgehend zu erhalten.

Die Shuar leben seit Jahrhunderten im Gebiet **östlich der ecuadorianischen Anden,** bereits im 15. und 16. Jahrhundert konnten sie dort die vordringenden Inkaherrscher zurückschlagen. Nach dem Zusammenbruch des Inka-Reiches versuchten die Spanier, angelockt vom sagenhaften El Dorado, das Gebiet der Shuar zu erobern. *Hernando de Benavente* stieß aber rasch auf Schwierigkeiten. Statt sich zu unterwerfen, flohen die Indígenas zunächst und stellten sich dann dem Kampf. Obwohl der spanische Vizekönig von Peru weitere Eroberungsvorstöße wegen der großen Verluste verbot, drangen die Spanier langsam vor und konnten in der zweiten Hälfte des 16. Jahrhunderts die ersten Niederlassungen in Logroño, Sevilla de Oro und Huamboya gründen. Die Shuar unterwarfen sich teilweise der Arbeit auf den *Encomiendas* (koloniale Ländereien) und in den Goldminen, doch kleinere Rebellionen kamen immer wieder vor. Nachdem 1599 die Goldtributlieferungen erhöht wurden, planten die Shuar den ersten großen Aufstand. Die spanischen Städte wurden erobert, der Gouverneur von Logroño gefangen genommen. Die Indígenas gossen ihm flüssiges Gold in den Rachen, um seine Gier nach dem Edelmetall endgültig zu stillen. Militärische Strafexpeditionen blieben erfolglos, die Shuar hatten alle Städte zerstört und sich danach sofort wieder in die Wälder zurückgezogen.

Was die Eroberer nicht schafften, gelang den **Missionaren.** Ende des 19. Jahrhunderts kamen die ersten Salesianerpriester. Sie bauten Schulen und Kirchen und brachten, besonders nach 1940, zahlreiche Siedler ins Land der Shuar. Die Salesianer waren somit seit 1599 die ersten, denen es gelang, die politische und kulturelle Unabhängigkeit der Shuar aufzuweichen. Auf die Missionare folgten die Siedler, aus den Missionsstationen wurden Städte, die Shuar hatten diesem kulturellen und wirtschaftliche Druck nichts entgegenzusetzen.

Im Jahr 1961 gründeten sich dann die **„Asociación Sucúa"** und 1964 die **„Federación de los Centros Shuar",** die erste Indigena-Organisation Lateinamerikas. Heute hat diese Organisation, deren zentraler Sitz in Sucúa liegt, etwa 50.000 Mitglieder, die in 320 lokalen Zentren und 25 Verbänden organisiert sind. Die Selbstverwaltung der Gemeinden, Unterstützung bei Fragen der eigenen Kultur(vermittlung), des Landrechts und der Erziehung sowie Bildungsprogramme mit bilingualen Radioschulen (spanisch und Shuar-Sprache) sieht die Föderation heute als ihre zentralen Aufgaben an.

denen Fruchtkerne festgestellt, dass die Vögel, die bei Tageslicht fast blind sind, in der Nacht aber hervorragend sehen, weite Strecken auf der Suche nach Nahrung zurücklegen. In der Höhle stimmen sie zu einem unbeschreiblichen Geschrei an, wenn sie aufgestört werden. Dazu *Humboldt:* „Schwer macht man sich einen Begriff vom furchtbaren Lärm, den Tausende dieser Vögel im dunklen Innern dieser Höhle machen. Das gellende durchdringende Geschrei des guácharo hallt wider vom Felsengewölbe, und aus der Tiefe der Höhle kommt das Echo zurück."

Zu erreichen ist die Höhle auf einem **dreistündigen Fußmarsch** vom Ort **Santiago** am gleichnamigen Fluss. Dort sollte man sich einen Führer anheuern.

Der schlechte Pfad beginnt auf der anderen Seite des Flusses, die man mit einem Kanu anläuft.

Die Höhlen sind nur mit Bergsteigerausrüstung und Unterstützung zu besichtigen. Sie finden sich am Grund eines Erdloches von 50 m Durchmesser und 70 m Tiefe, in das man sich per Seil hinablassen muss. Unten braucht man unbedingt eine starke Lampe, einen Atemschutz und wasserdichte Schuhe.

Weiterfahrt nach Zamora

Etwa 45 km sind es von Méndez nach **Limón,** auch bekannt unter dem Namen Generál Leonidas Plaza Gutiérrez. Auch von hier aus kann der Oriente in Richtung Hochland verlassen werden. An der Hauptstraße finden sich einige einfache Unterkünfte, Restaurants und die Bushaltestelle, von der mehrmals am Tag Busse nach Cuenca, Loja und Macas aufbrechen.

Kurz vor **Indanza** (11 km) zweigt eine Straße ins Hochland nach Cuenca ab. Bis Gualaquiza 70 km weiter im Süden fährt man vorbei an unbedeutenden Dörfern des schwach besiedelten Gebietes.

In der kleinen Stadt **Gualaquiza** in 890 m Höhe gibt es einfachste Unterkünfte (Tipp: Hostal Residencial Guadalupe) und kleine Restaurants an der Hauptstraße. Von dem kleinen Busterminal fahren **Busse** nach Süden (Zamora/Loja), nach Norden (Limón, Sucúa, Macas) und in den Westen hinauf ins

Hochland (Rosario/Sigsig/Cuenca). Eine Piste führt zu den 10 km westlich gelegenen **Höhlen von Nueva Tarquí.** Busse dorthin verkehren nur sporadisch.

Weiter nach Süden passiert man über eine neu konstruierte Brücke den Río Chuchipamba (eine Stichstraße zweigt nach Osten in die Missionsstadt **Bomboiza** ab) und dann über eine kleine Brücke den Río Chuchumbleza.

Von Gualaquiza bis Yantzaza sind es 80 km. Der Überlandbus benötigt für die Strecke 3 Stunden. Unterwegs – wieder folgt die Straße dem Lauf des Río Zamora – kann die Fahrt auf halber Strecke in der Siedlung **El Pangui** unterbrochen werden, einem typischen Regenwalddorf, klein, einfach und fernab jeglicher Zivilisation.

In **Yantzaza** (915 m) leben über 5000 Menschen, größtenteils vom Nambija-Gold angezogen (vgl. am Ende der Route). In dem typischen ecuadorianischen Regenwalddorf von Zuwanderern spielt sich das Leben entlang der Hauptstraße ab, an der sich ein paar kleine **Restaurants** (Tipp: *Viña del Mar*), einzelne Hotels (z.B. *Hotel Inca*) und die Bushaltestelle befinden.

Auf dem letzten Abschnitt nach Zamora, immer entlang des **Río Zamora,** kommt man an mehreren kleinen Fincas vorbei, die den Reisenden mit Kaffee und tropischen Früchten versorgen. Zwei Passkontrollen durch das Militär verzögern das Fortkommen, aber nach 2 Stunden und 41 km (ab Yantzaza) ist schließlich Zamora erreicht.

In Amazonien (Oriente): Route B 3

☐ Faszinierendes Amazonien

Zamora XVII, D2

In 970 m Höhe, in tropischer Schwüle, leben knapp 18.000 Menschen. Shuar- und Saraguro-Indianer kommen ab und zu in die Stadt, **Goldgräber** suchen ihr Glück in den Minen von Nambija, das Militär ist präsent – die letzten Grenzkonflikte mit Peru wurden 1995 ganz in der Nähe von Zamora ausgetragen …

Zamora ist von den Spaniern 1549 gegründet worden, eine Neugründung erfolgte 250 Jahre später. Seit 1953 **Hauptstadt der Provinz Zamora-Chinchipe**, hat sich die Stadt ihren eher dörflichen Charakter bewahrt. Neben einer Andinatel-Zentrale findet man eine Bank, eine Post, ein Kino, einen eher langweiligen Marktplatz und einen Busbahnhof.

Von Zamora aus können Ausflüge in den Podocarpus-Nationalpark (s.u.) unternommen werden.

Praktische Infos

■ **Tel. Vorwahl: 07**

Unterkunft

■ **Hotel Betaniaz**
Calle Francisco de Orellana zwischen Diego de Vaca und Amazonas, Tel. 2607030, hotelbetaniaz@hotel.com; EZ 13 $, DZ 25 $, Frühstück 3 $, Kabel-TV, WiFi.

■ **Hotel Wampushkar**
Calle Diego de Vaca y Pasaje Vicente Albean, Tel. 2607800, hotelwampushkar@gmail.com; EZ 20 $, DZ 34 $ inkl. Frühstück, WiFi, Kabel-TV.

■ **Hotel Everlast**
Calle Diego de Vaca y Luis Márquez (gegenüber dem Einkaufszentrum *Reina del Cisne)*, Tel. 2607027, everlasthotelzamora@gmail.com; EZ 23 $, DZ 44 $ inkl. Frühstück, WiFi.

■ **Hotel Samuria**
Calle 24 de Mayo y Diego de Vaca, Tel. 2607801, hotelsamuria@hotmail.com, EZ 20 $, DZ 32 $ inkl. Frühstück.

■ **Copalinga**
Zufahrt Zamora-Bombuscaro, 3 km vor dem Eingang zum Nationalpark Podocarpus, Tel. 099-3477013, www.copalinga.com. Toller Ort, um Vögel zu beobachten, sehr charmante Wohnanlage mit offenem Restaurant und zahlreichen Vögeln schon auf dem eigenen Grundstück; einfaches Zimmer 23,50 $, Suite 55 $, in der Hochsaison (Dez. bis März) 75 $, jeweils p.P. mit Frühstück; Lunch 10,50 $, Lunchbox 6,50 $, Dinner 14 $. Lieber vorher reservieren. Empfehlenswert!

Überlandbusse

■ Vom Busbahnhof am östlichen Ende der Calle Vaca verkehren mehrmals täglich Busse **nach Loja** (4 Std.) und **Yantzaza/Gualaquiza** (2/5 Std.).

Regenwaldtouren

Zamora hat sich zu einem Ausgangspunkt für Regenwaldtouren gemausert. Uns wurde das familiär geführte **Refugio Ecologico TZANKA** von *Mario Gonzáles* und seiner Frau empfohlen. Der Parkeintritt kostet 2 $ p.P., Kinder zahlen 1 $; viele Pflanzen, u.a. ein schönes Orchideenhaus, ein kleines archäologisches Museum und einige Regenwaldtiere wie der Tapir sind zu sehen.

■ **Refugio Ecologico TZANKA**
Tel. 07-2605692, refugioecologicotzanka@yahoo.es, EZ 10 $, DZ 15 $, Restaurant mit Bar, Billard, abends manchmal Karaoke.

Ausflüge

Nationalpark Podocarpus (8/13 km) XVII,D2/3

In Zamora findet sich eine kleine Informationszentrale, die über den Besuch des Parks aufklärt (9–16.30 Uhr). **Zwei Parkeingänge** stehen zur Auswahl: Die **Bombuscara-Station** liegt 8 km südlich von Zamora und wird zu Fuß oder mit dem Taxi erreicht. Eine andere Straße führt zum 13 km südlich gelegenen Parkeingang bei **Romerillos** (mit kleiner Schutzhütte). Busse fahren von Zamora frühmorgens zu wechselnden Zeiten in den Nationalpark. Von der Bombuscara Station führen Wanderwege in den Nebelwald, die in ein oder mehreren Tagen bewältigt werden können, von Romerillos aus kann man einen (anstrengenden) Rundwanderweg beschreiten, der zwei bis drei Tage erfordert. Es gibt ausreichend Campingmöglichkeiten, und das Personal der Umweltbehörde in Zamora oder an der Bombuscara Station ist gern behilflich bei Konzeption und Organisation einer mehrtägigen Tour.

■ **Monta Tours,** Büro: Calle Sucre y Diego Vaca de Vega, Vilcabamba, Tel. 099-0208824, www.hosteltrail.com/montatours; unterhält ein eigenes Refugio in den Bergen und bietet ein- bis dreitägige Reittouren ab 2 Pers. im Nationalpark an. Halbtagestouren ab 20 $ p.P.

■ **Karten:** IGM TK 1:50.000 Zamora, CT-ÑVII-A1; IGM TK 1:50.000 Cordillera de Tzunantza, CT-ÑVII-A3.

■ **Weitere Informationen** zum Nationalpark entnehmen Sie der Beschreibung im Rahmen der Route A 4 (nach Loja).

Nambija (13 km)

Die **Goldgräberstadt** Nambija kann von Zamora aus als Tagesausflug besucht werden und vermittelt einen Eindruck vom rauen Leben der Goldgräber. Der Alkohol fließt oft und reichlich, eine Siesta hält man besser an ruhigerem Ort. 1993 sorgte Nambija für Schlagzeilen, als ein Grubenunglück in einer illegal angelegten Goldmine viele Todesopfer forderte. Der Goldrausch treibt viele Ecuadorianer in das Gebiet von Nambija, und nachdem die Regierung die Minenschließung noch im selben Jahr des Unglücks wieder aufhob, ist die Arbeit in zahlreichen Schächten erneut aufgenommen worden; wieder hoffen viele Schürfer auf die entscheidende Wende in ihrem Leben.

Anfahrt: Von Zamora fährt ein Yantzaza-Bus bis Namirez und von dort ein anderer weiter bis nach Nambija. Da die Fahrt mit Umsteigemanöver mehrere Stunden in Anspruch nehmen kann, sollte man früh aufbrechen.

HIGHLIGHTS

Die **Highlights** erkennt man im Buch an der gelben Hinterlegung im Kapitel.

⌂ Am Strand von Canoa, dem Hotspot des Strandtourismus in Ecuador

AN DER KÜSTE: ROUTE C 1

Die Route C 1 beginnt im heißen San Lorenzo im äußersten Norden Ecuadors und führt bis zu den Stränden im Südwesten der Stadt Esmeraldas. Die Reiseroute ermöglicht einen Abstecher in das Cotacachi-Cayapas-Naturschutzgebiet und eröffnet die Möglichkeit, mit den Cayapas-Indianern Bekanntschaft zu machen; **Streckenverlauf: San Lorenzo – Limones – Esmeraldas – Tonsupa – Atacames – Súa – Same –Playa Escondida – Muisne – Mompiche –Cojimíes – Pedernales (ca. 270 km).**

ec2013-005 peko

Die Küste – Überblick

Das ecuadorianische Küstentiefland (Costa) nimmt **ein Viertel der Landfläche** ein und umfasst die Provinzen Esmeraldas, Manabí, Los Ríos, Guayas, Santa Elena, Santo Domingo de los Tsáchilas und El Oro. Es wird durch ein von Norden nach Süden verlaufendes Küstengebirge in zwei Abschnitte unterteilt: westlich der Bergkette die eigentliche Küstenregion mit ausgedehnten **Stränden,** kleinen **Fischerdörfern** und den beiden großen Häfen **Manta** im Norden und **Guayaquil** im Süden, zwischen der Bergkette und dem Andenhochland das **Hinterland,** wo sich größere Anbaugebiete tropischer Kulturen wie Bananen, Kakao, Kaffee, afrikanische Ölpalmen, Baumwolle, Mais und Reis befinden.

Im Küstentiefland kommt es im Jahresverlauf zu einer deutlichen Trennung zwischen **Regen- und Trockenzeit.** In den beiden nördlichen Provinzen Esmeraldas und Manabí fällt die Trockenperiode in die Monate Juli bis Dezember, während der Rest des Jahres feucht und heiß ist. Die Regenzeit der südlichen Provinzen beschränkt sich auf die Monate Januar bis April, wobei die Halbinsel Santa Elena und der äußerste Süden, durch den Humboldt-Strom beeinflusst, wesentlich trockener sind. In den Regenmonaten sind einige unbefestigte Straßen schwer, teils gar nicht passierbar, und das Reisen ist unbequem und strapaziös. Abgelegene Orte wie die Mangrovendörfer von Esmeraldas sind nur mit dem Motorkanu, der *lancha,* zu erreichen.

Viele Strand suchende Touristen begeben sich **vom Hochland direkt an die Küste.** Die Fahrt den steilen Westabfall der Hochlandkordillere hinunter in das Tiefland ist ein atemberaubendes und faszinierendes Erlebnis. Ob mit dem Überlandbus oder im gemieteten Pkw – das breite Spektrum von Klima, Landschaft und Pflanzenwelt ist nirgends in Ecuador so anschaulich wie auf einer solchen Fahrt.

In den Fischerdörfern und an den verschiedenen **Stränden** hat der Reisende Gelegenheit zu relaxen. Anzumerken ist jedoch, dass die Strände kaum dem Katalog-Klischee tropischer Paradiese entsprechen.

Interessant sind die historischen und archäologischen (Ausgrabungs-)Stätten und die Zentren ecuadorianischen Kunsthandwerks, in denen, mit unterschiedlichen regionalen Schwerpunkten, Keramiken, Webarbeiten und der Panamahut aus Montecristi bestaunt und gekauft werden können.

Route C 1 – Überblick

Die Route nimmt ihren Anfang in San Lorenzo ganz im Norden Ecuadors und führt bis zu den Stränden im Südwesten der Stadt Esmeraldas. Die **Provinz Esmeraldas,** 15.030 km² groß, ist weitgehend flach, lediglich die Ausläufer der andinen Westkordillere im Osten der Provinz steigen auf knapp 300 m an. Esmeraldas ist die einzige Provinz Ecuadors, die ausschließlich in der feuchttropischen Klimazone liegt. Entsprechend das Vegetationsbild: tropischer Regenwald, der bis an die Küste reicht. Die Provinz wird von zahlreichen Flusssystemen durchzogen, deren Quellen in der westlichen Andenkordillere liegen. Fischerdörfer und schöne Strände säumen die Küste. Unentbehrlich auf dieser Route ist ein gutes **Insektenschutzmittel!** Sehr nützlich ist ein **Moskitonetz!**

Ökonomisch bedeutsam ist neben der **Fischerei** die **Agrarwirtschaft.** Bis Ende der 1960er Jahre dominierten große Bananenmonokulturen im Hinterland der nördlichen Küstenorte, nachdem aber die Provinzen Los Ríos, Guayas und El Oro zu Schwerpunkten des Bananenanbaus wurden, fand eine Neuorientierung statt: Kakao, Kaffee, tropische Früchte und afrikanische Ölpalmen beherrschen heute die Landwirtschaft.

In der Provinz Esmeraldas leben etwa 350.000 Menschen. Einen Großteil stellt die **afro-ecuadorianische Bevölkerung,** Nachfahren der in der kolonialen Epoche als Sklaven nach Ecuador verschleppten und dann häufig geflüchteten Afrikaner.

San Lorenzo

San Lorenzo war früher nur mit dem *autoferro* (Zug) von Ibarra aus oder mit dem Boot von La Tola zugänglich, inzwischen ist der Zugverkehr praktisch eingestellt, dafür verkehren regelmäßig **Busse zwischen Ibarra und San Lorenzo** sowie zwischen San Lorenzo und Esmeraldas-Stadt. Insgesamt wird die Verkehrssituation im Bereich zwischen San Lorenzo und Esmeraldas besser, da infolge massiver Rodungen eine Art „Panamericana der Küste" im Entstehen ist.

Das Küstendorf San Lorenzo ist ein **feucht-heißes Nest ohne nennenswerte Attraktionen,** aber wichtiger Ausgangspunkt für Fahrten in das Mangrovengebiet der Reserva Manglares Cayapas-Mataje.

Bereits an der Busstation wird der Neuankömmling von jungen Burschen empfangen, die um Gäste für ihre Hotels werben. Es gibt im Dorf auch ein paar Restaurants (empfohlen wird das Restaurant La Estancia), zwei Bäckereien, eine Handvoll Lebensmittelläden und … **Moskitos.** Morgens sollte man zeitig aufstehen, um ein Boot nach La Tola aufzutreiben.

Praktische Infos

● **Tel. Vorwahl: 06**

Infrastruktur/Sicherheit

● Nachdem sich der kolumbianische Bürgerkrieg und ein beträchtliches kriminelles Potenzial mittlerweile auch in San Lorenzo auswirken bzw. entfalten, ist **von Reisen auf eigene Faust in die Stadt abzuraten;** allenfalls eine zielstrebige Anreise zum Hotel, um am nächsten Morgen die Weiterfahrt anzutreten, ist sinnvoll.

● Es gibt in San Lorenzo **keine Bank** oder Wechselstube, sodass Sie ausreichend Geld mit sich führen müssen.

● An der Bahnstation befindet sich ein **ANDINATEL-Fernmeldeamt,** das allerdings nicht jeden Tag besetzt ist.

Unterkunft

In San Lorenzo gibt es **einige sehr einfache Hotels** mit schwankender Qualität wie die Hotels *Vilma, San Lorenzo* und *San Carlos,* Tel. 2780284. Sie befinden sich am Bahnhof und etwas unterhalb an der Hauptstraße. Wir empfehlen, auch aus Sicher-

heitsgründen, etwas mehr anzulegen: **Hotel Continental,** Calle Imbabura, an der Hauptstraße, Tel. 2780125, EZ 12–17 $, DZ 21–28 $, AC, TV, einfach und freundlich, Klimaanlage oder Ventilator.

Busse

● Von San Lorenzo fahren Busse u.a. nach Borbón.

● **Anreise** nach San Lorenzo: Vom Busterminal Carcelén in Quito oder ab dem Busdepot der Flota Imbabura fahren alle paar Minuten Busse nach Ibarra; dort steigt man um in einen Anschlussbus nach San Lorenzo. Direktverbindungen aus der Hauptstadt bestehen nur wenige, zuletzt dreimal täglich mit *TransEsmeraldas* (Fahrtzeit etwa 6 Std.).

Bootsverkehr

In der Gaststätte links neben der Capitanía direkt am Wasser hängt ein Fahrplan aus, auch Fahrkarten sind dort zu haben.

● **Boote nach La Tola** (2½ Std.) gehen ab 5 Uhr mehrals am Tag und legen in der Regel einen Zwischenstopp in Limones (70 Min.) ein. Von dort fahren Rancheros (an der Küste chivas genannt) weiter nach Esmeraldas (5 Std.). Wer früh am Morgen aufbricht, erreicht Esmeraldas bequem an einem Tag.

● **Boote nach Borbón** (3½ Std.) fahren mehrmals täglich über Limones. Der Anschluss nach Esmeraldas (4½ Std.) erfolgt wiederum mit Rancheros.

● **Nach San Pedro,** einer kleinen Insel nordwestlich von San Lorenzo, können Boote gechartert werden. Auf der Insel kann gecampt werden, Verpflegungsmöglichkeiten fehlen.

● Schließlich besteht eine **Bootsverbindung nach Tumaco (Kolumbien).** Deren Inanspruchnahme setzt aber einen Ausreisestempel voraus, der in Quito oder Esmeraldas, nicht aber in San Lorenzo zu bekommen ist. Eine Fahrt nach Tumaco kann den ganzen Tag in Anspruch nehmen, handeln

Sie den Preis aus. Wegen der angespannten Lage in Kolumbien ist eine Einreise ins Nachbarland über San Lorenzo jedoch zu unterlassen!

● Die Fahrten mit dem Boot in Richtung La Tola oder Borbón werden in kleinen Kanus durchgeführt, die harte Sitze haben. Bringen Sie eine **weiche Unterlage** mit! Unterwegs auf der Fahrt durch Mangrovensümpfe kann ein kleiner **Feldstecher** zur Beobachtung von Pelikanen und anderen Vögeln wertvoll sein.

● **Privatboote** verkehren zu höheren Preisen. Sie sollten Mitreisende suchen, um die Fahrt erschwinglich zu machen.

Bahn

Der legendäre Schienenbus fährt auf dem Teilstück **San Lorenzo – Cachavi.** Die Bahndirektion von *Ferrocarriles Ecuatorianos* rät Touristen allerdings angesichts der **Sicherheitslage** ausdrücklich von der Fahrt ab!

Strand

Bevor Sie San Lorenzo wieder verlassen, sollten Sie einen Abstecher nach **San Pedro** zwischenschalten! Etwa 10 km im Norden von San Lorenzo ist ein **wunderschöner, menschenleerer Strand** zu entdecken, den nur wenige Touristen kennen.

Limones

Spannender als der Direktbus nach Esmeraldas ist der Wasserweg. Schon nach 1 Stunde **Bootsfahrt** ist Limones erreicht, ein **kleines Küstendorf** an der Trichtermündung der beiden Flüsse Río Cayapas und Río Santiago, das von knapp 8000 Menschen bevölkert wird. In dem überschaubaren Ort finden sich eine kleine Sägemühle, einige Restaurants und einfache Hotels. Gelegentlich tauchen **Cayapa-Indianer** auf, um ihre Einkäufe zu tätigen. Die Cayapas leben entlang der Flussufer weiter landeinwärts; man trifft sie am ehesten in Borbón und weiter flussaufwärts am Río Cayapas.

Von Limones nach Esmeraldas

Über La Tola

La Tola liegt 1½ Stunden von Limones entfernt. Nur derjenige, der archäologisch interessiert ist oder aber „festsitzt", wird länger in La Tola bleiben wollen bzw. müssen. Das einfache Hotel am Ort ist oft genug vollbesetzt. Die **Isla Manta del Oro,** mit einer Ausgrabungsstätte der Tolita-Kultur, und ein kleines Museum helfen, die Zeit vertreiben. Rancheros nach Esmeraldas benötigen von La Tola 5 Stunden.

Über Borbón

Auch Borbón wird von Archäologen wegen der umliegenden Ausgrabungsstätten der **Tolita-Kultur** aufgesucht. Auf dem Sonntagsmarkt werden u.a. Taguanuss-Schnitzereien angeboten.

Mit einem Boot kann man den Río Cayapas flussaufwärts nach Cayapas fahren und weiter den Río Miguel bis zum gleichnamigen Dorf am Cotacachi-Cayapas-Parkeingang.

■ **In Borbón** gibt es ein paar einfache **Hotels**, darunter das **Hotel Castillo**. Gut essen kann man bei „Manuel".

Abstecher in die Reserva Ecológica Cotacachi-Cayapas   II, A1/2, B1/2

Im „Linienverkehr" gelangt man nur morgens mit dem Boot den **Río Cayapas** hinauf. Es läuft mehrere Gemeinden und Missionsorte an, die teilweise Übernachtungs- und Ausflugsmöglichkeiten in die Regenwaldregion der Umgebung anbieten, bevor man nach fünf Bootsstunden das Dorf **San Miguel** und damit den Eingang zum Naturschutzgebiet erreicht. Ein eigenes Boot lässt sich aber jederzeit chartern, die Entfernung bestimmt den Preis, und eine leere Rückfahrt muss mitbezahlt werden.

In San Miguel und **Playa de Oros**, einem anderen nahe gelegenen Dorf, gibt es von der Dorfgemeinschaft unterhaltene Cabañas – Tourismus als alternative Einnahmequelle zur Waldabholzung. Leider hat die Organisation Ecocienda ihre Tourangebote in die Region aufgegeben. Die Anreise muss also individuell über Borbón stattfinden.

Beim Betreten des Naturschutzgebietes wird ein Eintritt erhoben. Mit einem Führer kann man von San Miguel auf dem Fluss zu den Cayapas (s.u.) und zum **Wasserfall Charco Vicente** fahren.

In der Nähe des Wasserfalls gibt es Lehrpfade, die nur mit ortskundigem Führer zu beschreiten sind. Mit Campingausrüstung, Insektenmittel und Moskitonetz ist auch an eine Zeltübernachtung zu denken.

Das **204.420 ha große Naturschutzgebiet** nimmt Teile des nördlichen ecuadorianischen Andenhochlandes sowie des nordwestlichen Küstentieflandes ein. Topografisch erreicht es Höhen zwischen 200 m im Küstentiefland, wo Pflanzenformationen des tropischen Tieflandregenwaldes vorherrschen, und 4900 m um den Vulkan Cotacachi; hier dominieren Pflanzen des tropischen Bergwaldes, des Nebelwaldes und des Páramo.

Der Besuch des Naturparks erfolgt in den meisten Fällen vom Hochland aus. Nur wenig Touristen besuchen den westlichen Teil des geschützten Gebietes. Es ist mit jährlichen Niederschlagswerten von 5000 mm ausgesprochen feucht. Die **beste Reisezeit** fällt in die Regenzeit von Dezember bis Mai.

Neben dem Studium der reichen Regenwaldflora und -fauna ist ein Besuch des Schutzgebietes der **Cayapas,** eines 5000 Menschen zählenden Indianervolkes, das für sein Korbwarenhandwerk bekannt ist, von Interesse. In Quito, Borbón, Limones und Esmeraldas gibt es zahlreiche Geschäfte, die Korbwaren und Holzschnitzereien der Cayapas verkaufen. Hauptsächlich jedoch leben die Indianer in Subsistenzwirtschaft, die auf Fischfang basiert.

Etwa 30 km nordöstlich von Esmeraldas passiert man das Küstendörfchen **Río Verde** mit der **Hostería Briza Océano,**

Tel. 06-2744203, EZ/DZ 25/40 $ (Baden am langen Sandstrand, Besichtigung von Bananenplantagen, einer Shrimps-Farm und Zuckerrohrpressen, auch Ausflüge mit Fischern aus dem Dorf möglich).

Anreise: Esmeraldas erreicht man am schnellsten mit dem Flugzeug oder in fünf Fahrtstunden über Santo Domingo de los Colorados oder über San Miguel de los Bancos (ca. 75 km südwestlich von Quito).

Esmeraldas   XVIII,B1

Die Küstenstadt mit 100.000 Einwohnern, **Hauptstadt der gleichnamigen Provinz,** ist der **größte Seehafen im nördlichen Ecuador.** Das Klima hier ist warm bis heiß, und besonders in den feuchtesten Monaten von Dezember bis Mai liegt die Stadt unter einer Glocke stickiger Hitze. Hinzu kommen in dieser Zeit lästige **Moskitos,** die einen Aufenthalt zur Tortur machen (Malaria-Gefahr!).

Die eher hässliche Stadt wird von Reisenden in der Regel gemieden. Schmutz, überhöhte Preise und regelmäßige Wasserengpässe laden nicht gerade zum Verweilen ein.

Wirtschaftlich ist Esmeraldas Bedeutung in den letzten Jahren gewachsen. Das *Sistema Oleoducto Trans Ecuatoriano,* die alte **Pipeline SOTE,** und auch die neue **OCP,** münden in die Raffinerie von Esmeraldas, von wo das Öl nach Übersee verschifft wird. Goldminen sind in der Nähe, Tabak und Kakao werden im Umland angebaut, an der Küste wirken sich die Krabbenfarmen verheerend auf die Mangrovenbestände aus.

Etwa 80 % der Stadtbevölkerung setzt sich aus **Schwarzen** zusammen; in Esmeraldas ist die schwarze Musik Ecuadors beheimatet, besonders hörenswert die Marimba.

Praktische Infos

■ **Tel. Vorwahl: 06**

Informationen/Infrastruktur

■ **Touristeninformation,** Calle Bolívar 229 y Ricaurte, Cámara de Comercio, Tel. 2711370.
■ Im Stadtzentrum befinden sich mehrere **Banken** und **Geldautomaten.** Das Abheben von Bargeld sollte man in Esmeraldas nicht zu Fuß, sondern mit einem vertrauenswürdigen Taxifahrer erledigen.
■ Das **Postamt** (Tel. 2726834, Mo bis Fr 8.30–17 Uhr) und die **ANDINATEL-Telefonzentrale** sind an der Ecke Montalvo y Malecón.

Unterkunft

Einfache Unterkünfte

Zahlreiche einfache Unterkünfte sind aus hygienischen und Gründen der Sicherheit nicht zu empfehlen. Wir raten generell, die Reise so zu planen, dass Sie spätestens am frühen Abend an den südlichen Strandorten ankommen und ein Zimmer beziehen. Sollten Sie dennoch in der touristisch unattraktiven Stadt Esmeraldas übernachten wollen/müssen, so sind die folgenden Hotels halbwegs passabel:

■ **Hotel Asia**
9 de Octubre y Malecón, Tel. 2723148, EZ 17 $, DZ 28 $, Frühstück 3 $, sauber, freundlich, hilfsbereit.
■ **Hostal Zulema**
Calle Olmedo y Piedra Ita, Tel. 2723826, EZ 10 $, DZ 20 $.

An der Küste (Costa): Route C1

Esmeraldas

0 ▬▬ 100 m © Reise Know-How 2013

Las Palmas (3 km)

1

Pichincha

Espejo

Montalvo

▦ *Markt*

⊠ ♩

Banco de Guayaquil Ⓢ

Rocafuerte

Sucre

Bolívar

Busse entlang der Küste Ⓑ

Busse nach/ von Quito Ⓑ

10 de Agosto

La Merced ⅱ

Parque Central

2

Malecón Maldonado

9 de Octubre

TAME ●

Ⓢ *Banco del Pichincha*

Alfaro

Colón

Olmedo

Piedrahita

3

4

Cañizares

Mejía

Parque

ⓘ

Río Esmeraldas

Salinas

■ **Übernachtung**
1 Esmeraldas   3 Zulema
2 Hotel Asia   4 El Trébol

An der Küste (Costa): Route C1

Mittelklasse-Hotels

■ El Trébol
Calle Manuela Cañizares y Bolívar, Tel. 2728031, EZ 16 $, DZ 27 $.

■ Apart Hotel Esmeraldas
Av. Libertad 407 y Ramón Tello, Tel. 2728700, apart-hotelesmeraldas@andinanet.net, EZ 48 $, DZ 55 $ mit Frühstück, BP, TV, WiFi, Telefon, Restaurant.

Im Stadtteil Las Palmas 2 km nördlich des Stadtzentrums stehen strandnah **an der Av. Kennedy** folgende Mittelklasse-Hotels:

■ Hotel Cayapas
Av. Kennedy 401 y Valdez, Tel. 2461318, hotelcayapas@hotmail.com, EZ 28 $, DZ 40 $ mit Frühstück, Restaurant, BP, AC und Telefon, Garage.

■ Hotel Estuario
Av. Kennedy y Gran Colombia, Tel. 2720393, EZ 30 $, DZ 42 $ mit Frühstück, BP, AC, TV, Internet, Restaurant, Parkplatz.

■ Hostal Ambato
Av. Kennedy y Antonio Guerra, Tel. 2461142, EZ 28 $, DZ 38 $ mit Frühstück, Garage, Kabel-TV, BP, AC, Ventilator, Restaurant.

Bar

■ Seit Jahren beliebt ist die **Bar Doña Mecha** im nördlichen Stadtteil Las Palmas; am Wochenende gibt es heiße Marimba-Musik.

Flüge

■ Der **Flughafen** liegt etwa 30 km = 1 Stunde Fahrzeit nördlich von Esmeraldas. In die Stadt gelangt man entweder mit dem Taxi oder mit dem Bus. Der Bus Esmeraldas – La Tola hält auf Höhe des Flughafens.

■ **TAME fliegt täglich nach Quito.** Flugscheine können direkt am Flughafen oder im TAME-Büro

(Tel. 2726862) an der Ecke Bolívar y 9 de Octubre gekauft werden. Außerdem gibt es eine Flugverbindung nach Cali (Kolumbien), die allerdings momentan nicht abrufbar ist. Vor Ort fragen!

Überlandbusse

■ Es gibt (noch) **keinen zentralen Busbahnhof** in Esmeraldas.

■ Mehrmals am Tag fahren Busse diverser Gesellschaften **über Santo Domingo** von der Calle 10 de Agosto (gegenüber dem Parque Central) **nach Quito** (5–6 Std.). Empfehlenswert sind die Busse von *TransEsmeraldas.*

■ Die Fahrzeuge von *Reina del Camino* starten mehrmals täglich von der Ecke 9 de Octubre y Malecón **nach Bahía de Caráquez** (8 Std.) und **Manta** (9 Std.).

■ Die Busgesellschaft *Esmeraldas* hat in der Calle 10 de Agosto y Sucre, am Parque Central, ihren Tikketverkauf und ihr Busdepot; Verbindungen **nach Guayaquil** (8 Std.) und **Machala** (11 Std.).

■ Das Unternehmen *CITA* schickt Busse **nach Ambato** (8 Std.).

■ Da die Straße von Esmeraldas nach Muisne nun **bis Pedernales** führt, ist auch ein durchgehender Busverkehr entlang der Küste eingerichtet worden.

■ *Transportes Zambrano* befährt die neue Küstenroute **Santo Domingo de los Colorados – Esmeraldas – Pedernales** tagsüber etwa im Stundentakt.

Rancheros

An der Ecke Malecón y 10 de Agosto starten Busse und Rancheros von *Transportes la Costeñita* alle halbe Stunde nach **Atacames** (40 Min.), **Súa, Same** (45 Min.), **Muisne** (2½ Std.) und **La Tola/Borbón** (5 Std.).

Bootsverkehr

Gelegentlich legen **Schiffe nach Guayaquil und Boote nach Limones** ab. Informationen über Abfahrtszeiten bekommen Sie in der Capitanía (im Stadtteil Las Palmas).

Strände

Die Strände im Südwesten von Esmeraldas wurden erst relativ spät, zu Beginn der 1980er Jahre, touristisch erschlossen. Heute sind die Orte **Tonsupa, Atacames, Súa, Same, Playa Escondida, Club Cumilinche** und **Muisne** (s.u.) beliebte Strandziele von Ecuadorianern und Ausländern. Kleine Holzhäuschen mit einfachen Zimmern und Cabañas (einfache Hütten) bieten oft die schönsten Unterkünfte. Das macht die palmengesäumten Strände zu einem bevorzugten Ziel auch von Rucksacktouristen.

Atacames ist das absolute Zentrum der Strandregion: Direkt am Strand liegen strohüberdachte Bambus-Bars mit Hängematten, in denen man bei Salsamusik und Meeresrauschen seinen Drink zu sich nimmt und auf den Sonnenuntergang wartet. Unzählige *comedores*, kleine Speiselokale, servieren Fisch und Meeresfrüchte und nicht zuletzt encocados, ein Fisch- bzw. Meeresfruchtgericht, das mit einer frischen, pikanten Kokosmilchsoße zubereitet wird. Diskotheken komplettieren das Happening. Die anderen oben genannten Orte sind deutlich ruhiger.

Das **Baden ist nicht ungefährlich,** da entlang der Küste starke Strömungen auftreten. Vor allem bei Atacames ertrinken alljährlich Touristen, selbst gute Schwimmer sollten zur Kenntnis nehmen, dass die Strömungen wirklich ihre Tücken haben und man nicht zu weit rausschwimmen sollte!

Von Esmeraldas führt eine asphaltierte Straße entlang der Küste südwestwärts durch grüne Bananenplantagen hindurch, bis nach 35 km kurz vor Atacames zunächst Tonsupa erreicht ist.

Tonsupa   XVIII,B1

Das Fischerdorf hat sich in den vergangenen Jahren dem Tourismus geöffnet und verfügt mittlerweile über einige nette Unterkünfte. Doch auch Investoren, die höher hinaus wollen, machen sich breit, sodass moderne Hotelkomplexe das einstige Idyll bedrohen.

Unterkunft

■ Ein Leser empfiehlt die **Hosteria Puerto Gaviota,** www.puertogaviota.com, Tel. 06-2464094, 099-9700111, EZ/DZ 39/49 $, Frühstück 4 $, 2 Min. vom Strand entfernt, ab der Hauptstraße Richtung Atacames beschildert, mit Pool.

■**Hostería Cabo Blanco**
Am Strand, Tel. 06-2464080, 099-8107777, www.hosteriacaboblanco.net; EZ/DZ 23/41 $, in der Hochsaison deutlich höhere Preise, mit Pool.

■**Puerto Pelicano**
Tel. 099-6069607, http://ptopelicano.wordpress.com, EZ/DZ 31/49 $, in der Hochsaison kostet ein Zimmer für 1–3 Personen 74 $. Hostal mit geräumigen Zimmern direkt am Strand. Leserempfehlung.

Atacames   XVIII,B1

Atacames ist ein **reichlich touristischer Ort** mit unzähligen Bars, Restaurants, Hotels, Wochenendhäusern und Discos. Besonders an Wochenenden und Feiertagen, wenn die Ecuadorianer zur „Erholung" an die Küste strömen, ist Atacames gut besucht. Die Strände werden von Händlern abgeklappert, die Hängematten, Schmuck und Kokosnüsse an den Mann bringen wollen. Entlang der „Strandpromenade" verteilen sich Unterkünfte, Gastronomiebetriebe und Souvenir- bzw. Neppstände.

Unter Rucksackreisenden war Atacames jahrelang als Aussteiger-Dorado bekannt, wo man wochenlang in der Hängematte baumeln, die Sonne genießen, guten Fisch essen und exotische Drinks zu sich nehmen konnte. Doch **die Zeiten ändern sich:** Inzwischen bewegen sich die Preise hier eher schon über dem landesüblichen Rahmen.

Das Dorf, in das die Straße von Esmeraldas führt, ist durch den **Río Atacames** von der Strandregion getrennt. Da sich das Leben direkt am Strand abspielt, gibt es aber außer einem Geldautomaten kaum einen Grund, ins Dorf zu gehen.

An der Küste (Costa): Route C 1

◁ Leguane bewohnen die Küstenwälder

Über eine kleine Brücke geht es zurück zu den Hotels, Restaurants und Bars am Strand.

Atacames ist weder originell noch reizend: Als wir den Badeort besuchten, stießen wir gerade an den langen „Party"-Wochenenden nicht nur auf betäubenden Lärm, sondern auch auf **viele Alkoholopfer, illegalen Drogenkonsum** und einen von Müll und Glas verdreckten Strand, und das auch nicht erst in den Abendstunden. Schade!

Praktische Infos

■ **Tel. Vorwahl: 06**

Unterkunft

Einfache Unterkünfte

In Atacames haben sich **über 30 Hotels** angesiedelt, beinahe alle am Strand. Viele von ihnen sind laut, einige dreckig und im Vergleich zum Landesdurchschnitt deutlich überteuert. Bevor Sie ein Zimmer oder auch ein Wochenendhaus mieten, schauen Sie sich die Örtlichkeiten genau an. Erkundigen Sie sich auch danach, ob irgendwelche Extras (Steuern, Service, Strandblick etc.) zusätzlich berechnet werden. In der Hochsaison und an Wochenenden ziehen die Preise noch einmal an.

■ Cabañas Rincón del Mar

Playa Atacames (am südlichen Ende der Strandpromenade), Tel. 2760360, rincondelmar1@yahoo.es; *Juan Carlos* und *Marianne Lecaro* betreiben Cabañas, jede mit BP und Ventilator, Cabaña für 3–9 Pers. 10 $ p.P., in der Hochsaison 15 $ p.P., TV, BP; Parkplatz, Bar, Pool, es wird deutsch, englisch und französisch gesprochen – empfehlenswert!

■ Hostal Mira Valle

Am Südende des Strandes; 15 $ p.P., sauber und freundlich, große Dachterrasse mit Meeresblick.

■ Casa del Sol

Neben dem Rincón del Mar; 24 $ p.P. mit BP.

Unterkünfte der Mittelklasse
■ Hotel Rodelu

Calle Los Ostiones y 21 de Noviembre, Tel. 2731631, www.hotelrodelu.com; DZ mit BP 30–40 $, je nach Saison; mit Pool.

■ Hotel Oceano

Am südwestlichen Ende des Malecón, Calle Segunda Transversal, Tel. 2731244; es gibt saubere Zimmer für 2, 4 und 6 Personen, DZ 30/40 $.

■ Villas Arco Iris

Malecón del Río Calle los Delfines (Malecón la Plaza), Tel. 2731069, arcoiris@andinanet.net; 68 $, in der Hochsaison etwas mehr, auch 6er-Cabañas; sauber, Küche, Pool, AC, Kabel-TV. Der Besitzer hat leider ein Hochhaus direkt vor der „Regenbogen"-Hostería gebaut, das nun den Meerblick verhindert. War zuletzt unregelmäßig geöffnet.

■ Hotel Tahiti

Malecón (Nordende), Tel. 2731078, in Quito 02-244584, lucybritogarcia@yahoo.com.ar; DZ 50 $, freundlich, gutes Restaurant.

■ Hostería Los Bohios

Am Strand, Fax 2731089, hposreal@impsat.net.ec; DZ 30 $; sauber, sicher, TV, AC.

■ Hotel Casa Blanca

Nueva Granada (Hauptstraße am Strand), Tel. 2731096; EZ 50 $, DZ 65 $, Suites 80–120 $, Restaurant, Fitness; auch (einfachste) Bungalows und Zelte, Pool, Bar, Hängematten.

■ Casitas Familiares Marbella

20 m vom Meer entfernt, Calle Cedros y Malecón, Tel. 2731129; Apartment für 5 Personen 90 $, auch Cabañas, Pool, Kabel-TV, Restaurant.

■ Der Alte Fritz

Tel. 2731610, www.deraltefritz-ecuador.com, DZ ab 30 $, deutschsprachig.

■ Hotel Club del Sol

Tel. 2760660, www.hotelclubdelsol.com, EZ 84 $, DZ 110 $.

Essen und Trinken

⬛ Bei der Qual der Wahl haben wir schließlich ganz passabel und mit ansprechendem Service im dorfbekannten **Restaurante Walfredo** gegessen, wo es auch etwas ruhiger ist, da das große offene Restaurant an der Parallelstraße zum Strand liegt, etwa 100 Meter zurück. Gegenüber gibt es übrigens einen sehr gut sortierten Laden.

Überlandbusse

⬛ Den Bus, der Atacames verlässt, erwischt man an der Hauptstraße (in Höhe der Brücke zum Strand). Die Busse fahren **nach Esmeraldas, Súa** und **Muisne** (1½ Std.).
⬛ Fragen Sie nach Verbindungen nach **Cojimíes.** *TransEsmeraldas* hat eine Station neben dem Hotel Oro Blanco eröffnet.
⬛ Direktverbindungen nach **Quito** mit *Transportes Occidental* und besser *TransEsmeraldas* (auch Nachtfahrten).

Geldwechsel

⬛ Reiseschecks werden Sie nur bei der *Banco del Pichincha* los. Ansonsten ist **Bargeld** nötig. Mit einer Kreditkarte kann man in den Restaurants bezahlen. Am Strand gibt es auch Geldautomaten.

Súa   XVIII,A1

Das **Fischerdorf** ca. 5 km südwestlich von Atacames ist entweder auf der Landstraße oder den Strand entlang zu erreichen. Sollten Sie den Strand vorziehen, gehen Sie bei ablaufendem Wasser los, damit Sie nicht von der Flut überrascht

werden. Auch wurde uns zeitweise von Überfällen berichtet. Gehen Sie auf keinen Fall allein!

In einer schönen Bucht gelegen, umgeben von steilen Küsten, läuft das Leben in Súa im Vergleich zu Atacames beschaulich ab. Die Fischer gehen ihrer Arbeit nach, gelegentlich locken sie Pelikane, hin und wieder auch Fregattvögel, mit Resten ihrer Ausbeute an.

Wer von Súa weiter nach Süden will, wartet an der Landstraße auf einen (oft voll besetzten) Bus aus Esmeraldas.

Unterkunft

⬛ **Hotel Bunganvillas**
Direkt am Strand, Tel. 06-2473008; DZ mit BP 24 $, sauber, ruhig und sicher.
⬛ **Hotel Chagra Ramos**
Malecón de la Playa de Súa, Tel. 06-2731006, www.chagraramos.amawebs.com; 18 $ p.P., Tour 15 $ p.P., sauber, Parkplatz, Restaurant, Bar, in der Hochsaison Discobetrieb.
⬛ **Las Acacias**
Vía a Same, km 34, Cabañas und Campingmöglichkeit am Südende des Strandes, Tel. 06-2731021; 6–7 $ p.P. mit BP (kaltes Wasser) und Ventilator.

Same   XVIII,A1

6 km von Súa entfernt schmiegt sich das ruhige Fischerdorf Same an einen von Palmen gesäumten **schönen Strand.** Eine Sandpiste zweigt von der Landstraße ab und führt direkt ans Meer. **Same ist teuer** im Vergleich zu den Stranddörfern weiter im Norden. Auch die Restaurant-Preise sind wesentlich höher.

Unterkunft

■ La Terraza
Cabañas in Strandnähe mit 3–4 Schlafplätzen, Dusche, Tel. 06-2470320, Preise 35–45 $.

■ El Acantilado
Tel. 06-2733466, 06-2733110, in Quito (Reservierungen): Tel. 02-2453606; EZ 55 $, DZ 85 $, Frühstück 4–5 $, schöne Zimmer.

■ Cabañas Isla del Sol
Strandnah, Tel. 2733470, DZ 61–80 $, gutes Preis-Leistungsverhältnis.

Tonchigüe XVIII,A1

Das unscheinbare Fischerdorf an der Gabelung nach Galera hat einen **schönen, romantischen Strand.** Hier ist alles recht einfach und nicht herausgeputzt, aber das verleiht dem Ort seinen Charme, der anderswo in Zement oder Beschallung untergeht. Für eine Hand voll Dollar kommt man im **Hotel Luz del Mar,** zwei Straßen vom Park entfernt, oder im **Hostal Mary** unter.

Playa Escondida XVIII,A1

Der „versteckte Strand", der vielleicht **schönste Palmenstrand ganz Ecuadors,** liegt 14 km von der Hauptverbindungsstraße Esmeraldas – Muisne entfernt. Hinter dem Dorf Tonchigüe geht es an der Brücke (el punte) nach rechts Richtung **Galera.**

Unterkunft/Essen und Trinken

■ Playa Escondida
Km 14 zwischen Tonchigüe und Galera, Tel. 06-2733122, 06-2733106 und 099-9733368; verschiedene Typen von Cabañas und Zimmern mit Dusche und gemeinschaftlichen „biologischen" Trockenklos, zwischen 8 und 24 $ p.P.; Hängematten, wunderbarer weiter Strand, das Baden ist bei Ebbe aber etwas mühselig; sehr familiär. Angeschlossen ist ein hübsches Uferrestaurant mit offener Küche (Gerichte 4–10 $), außerdem **Zeltplatz** mit Sanitärbenutzung: 5 $ pro Zelt. Empfehlung!

■ Strandhaus Playa Escondida
Direkt neben der touristischen Anlage von *Judith Barrett* hat sich eine deutsche Gartenbauarchitektin ein wunderbares offenes Rundhaus errichtet, 2 Fußminuten oberhalb des separaten Strandes; komplette Infrastruktur mit Küche und Co., zur Miete für bis zu 4 Personen, halb offene obere Schlafebene mit sehr guten Moskitonetzen; das Haus kostet ab

55 $ pro Tag. Kontakt über *Andi Bernauer* in Quito, Tel. 02-2280155, 099-5036383, wantara@andina-net.net. Besondere Empfehlung!

■ Nur 1 km weiter Richtung Galera liegt das „Filetstück" der esmeraldeñischen Strände: **Club Cumilinche,** ein kleines Palmenparadies gehobenen Standards in romantischer Bucht. Oberhalb stehen Grundstücke aus „Club"-Eigentum zum Verkauf, darunter am Hang liegen sieben wunderschöne „Villas" mit Terrassen und teils umgeben von Regenwald. Tel. 06-2733496, sehr gutes Uferrestaurant, französisch-ecuadorianische Leitung, EZ 41 $, DZ 61 $, Preis pro Cabaña 99 $ für bis zu 4 Pers., große Häuser für bis zu 6 Pers. 128 $; in der Hauptsaison von Juni bis September sowie vom 15.12. bis 15.1. und um Festtage herum werden nur komplette Cabañas vermietet.

☑ Die Strände südlich von Muisne können sich sehen lassen (hier bei Cojimíes)

Muisne   XVIII,A2

An der Küste (Costa): Route C 1

In dem ruhigen Muisne endet die Landstraße von Esmeraldas. Auf dem Streckenabschnitt zwischen Tochingüe und Muisne bieten sich oftmals schöne Ausblicke. Muisnes Hauptteil liegt **auf einer Insel,** vom Festland getrennt durch den Río Muisne und einen kleinen Nebenarm. Zu erreichen ist die Insel alle paar Minuten mit der *lancha* (Motorboot). Nach Esmeraldas fahren ca. alle 30 Minuten **Busse** ab der kleinen Mole, nach Quito etwa zwei am Tag. Gelegentlich gibt es Probleme mit der Wasser- und Stromversorgung.

Der **kilometerlange schöne Strand** (manchmal von Treibgut verschmutzt) ist 1½–2 km vom Dorf entfernt. Auf dem autofreien Eiland verkehren dreirädrige Transportfahrräder, gefahren von den *triciclistas*. Eine Leserin meint: „Muisne ist wirklich eine Reise wert. Die autofreie Insel erinnert an Cuba, mit vorwiegend schwarzer Bevölkerung – das ganze Flair ist schon reizend!"

■ **Tipp:** Während die einfache Fahrt mit dem **triciclista** 50 Cent p.P. kostet, kann man die Fahrer für ein paar Dollar mieten, damit sie einem die schönsten Strandpassagen der Insel und ihre Mangroven zeigen, was auch sicherer ist als eine Strandwanderung!

Praktische Infos

■ **Tel. Vorwahl: 06**

Unterkunft

Man sollte sich von einem *triciclista* zu den Unterkünften bringen lassen, Straßennamen fehlen.

■ **Hotel Playa Paraiso**
Tel. 06-2480192, 10 $ p.P., Cabañas 20 $ p.P. Direkt am Strand, sehr gutes Frühstück, Hängematten, Garten, Bar.
■ **Hotel-Restaurant El Calade**
150 m entlang des Südstrands, Tel. 06-2480289, Zimmer 12 $ p.P.; auch Touren zum Fischen und Baden in den Mangrovenwäldern, Wäscheservice, reichhaltige Speisekarte, Transport nach Cojimíes und Bolívar/Mompiche. Leserempfehlung.

Sonstiges

■ Am Strand finden Sie zahlreiche einfache, aber gute **Fischrestaurants,** ebenso ein sehr empfehlenswertes neben der Inselmole.
■ Der **Arzt Dr. Haro** wurde uns von Leserinnen empfohlen.

■ **Anreise: Von Quito** aus fahren Direktbusse der *Cooperativa Occidental* nach Muisne, Preis 8 $, Abfahrt 23.45 Uhr ab Terminal Terrestre, Fahrtzeit: ca. 7 Stunden.
■ Am Bootssteg in Muisne kann man sich erkundigen, ob **Boote nach Mompiche** (ca. 12 km, 40–50 $) verkehren; Achtung: manchmal hoher Wellengang!
■ **Weiterfahrt nach Süden:** Busse verkehren auf der neuen Straße gen Süden (Pedernales, Mompiche, Jama, Canoa).

Mompiche XVIII,A2

Etwa 12 km südlich von Muisne (ein Schild an der Straße nach Pedernales zeigt den Abzweig an die Küste an, ca. 6 km) liegt das Dorf Mompiche (bis Pedernales sind es noch etwa 80 km). Es hat sich unter Insidern zu einem Surfertreffpunkt entwickelt. Leser empfehlen in der Umgebung die **Hostería Gabeal** (Tel. 099-9696543, 20 $ p.P., Frühstück 3–4 $). Besonders ans Herz gelegt werden die ökologisch (Sonnen- und Windenergie) betriebenen **Cabañas Iruña** (baskische Leitung, Tel. 099-9472458, 15 $ pro Tag und Cabaña, „hervorragendes Frühstück mit selbst gebackenen Brötchen, Müsli, Joghurt, Saft, Kaffee und Eiern", schwärmt ein Leser).

Von Mompiche kann man mit dem Boot durch die Mangroven nach Cojimíes fahren (45–60 $). Wunderschön!

___

Auf der Fahrt südwärts bis Pedernales durchquert man herrliche Landschaften, die Küste sieht man allerdings nur in den Ortschaften.

Cojimíes   XVIII,A3   # Pedernales   XIX,B1

An der Küste (Costa): Route C1

Cojimíes entwickelt sich mehr und mehr zu einem Tourismusort. Angeboten werden Angeltouren (120 $), whale watching (Juni bis Oktober, 80 $) und Mangrovenfahrten (60 $), die Preise gelten jeweils pro Boot.

Es gibt im Ort sehr **einfache Übernachtungsmöglichkeiten.** Etwas außerhalb (ca. 2 km südlich) ist das *La Mapara* zu empfehlen. Eine einfache und saubere Übernachtung kostet 10 $ p.P., Essen ca. 6 $. Zelten ist ebenfalls möglich. Der Besitzer *Julio* hilft, die Bootsausflüge zu organisieren und vermittelt Zimmer in anderen netten Hotels, falls seine Zimmer v.a. in der Hochsaison belegt sein sollten, Tel. 099-4504767.

Die **Strände südlich von Cojimíes** sind größtenteils völlig leer, kilometerlang und von Palmen gesäumt.

Auf halbem Weg nach Pedernales befindet sich das **Strandhotel Coco Solo,** Tel. 099-9661794, 098-0584913, www. hotelcocosolo.com, EZ/DZ 30/52 $ inkl. Frühstück, nettes Ambiente, tolle Lage mit Pool. Tipp: Die Betreiber organisieren **Touren ins Hinterland,** wo **Brüllaffen** zu sehen sind (3 Std. Dauer, 7,50 $ p.P. bei mind. vier Teilnehmern).

Transport: Alle 30 Minuten fahren Minibusse zwischen Cojimíes und Pedernales (1 $). Die Busgesellschaft Kennedy bietet ab Cojimíes Direktverbindungen sowohl nach Quito als auch nach Guayaquil.

Unterkunft/Essen und Trinken

■ In Pedernales kann man günstig und akzeptabel im **Hotel Pedernales** nächtigen (Av. Eloy Alfaro y Manabí); bei **San Pedro,** einen Block südlich des Hotels, werden riesige Essensportionen serviert, der Wirt ist freundlich und bemüht. Außerdem gibt es das saubere **Royal Hotel,** Tel. 06-2681218, DZ 60 $, mit Pool und Seeblick.

■ Tipp: Von Pedernales 30 km Richtung Canoa thront auf einem Felsen über dem Meer das **Hostal Punta Prieta,** Tel. 099-1674850, www.puntaprieta.com; verschiedene Zimmer und Cabañas, EZ 25 $, DZ ab 62 $. Die Aussicht ist grandios!

■ Nahe dem Ort Tabuga, 23 km südwestlich von Pedernales an der Küstenstraße, befindet sich die von Italienern betriebene **Finca Il Peperoncino.** Die tierlieben Farmer wurden uns wegen ihres guten Essens und ihrer netten Bleibe nicht weit vom Meer empfohlen (Tel. 099-0481354, www.ilpeperoncino. com, 14–23 $ p.P., in der Hochsaison 15–17 $ p.P. inkl. Frühstück).

■ Außerdem gibt es die familienfreundliche **Samvara Lodge,** www.samvara-ecolodge.com, Vía del Pacífico, km 380, Bellavista de Don Juan, Tel. 099-3639353, EZ/DZ 75/119 $ in der Hochsaison inkl. Halbpension. Auch Camping ist möglich (20 $ p.P., im eigenen Zelt 10 $ p.P.). Schweizerische Leitung.

Busse

■ Die **Cooperativa Transvencedores** fährt täglich um 5.30 und 23.30 Uhr **nach Pedernales,** dort Anschluss oder Weiterfahrt nach Süden/Jama.

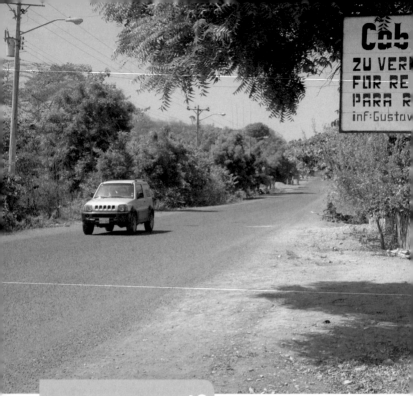

In the image: **Cab** | **ZU VER** | **FÜR RE** | **PARA R** | **inf:Gustav**

HIGHLIGHTS

Die **Highlights** erkennt man im Buch an der
gelben Hinterlegung im Kapitel.

⌃ Hinweisschild an der Küste

e©2013-007 peko

AN DER KÜSTE: ROUTE C 2

Die Route C 2 führt von der Westabdachung der Sierra steil ins Küstenhinterland und von da über die Küstenkordillere hinunter ins Küstentiefland. **Auf einer der landschaftlich schönsten Strecken** im Küstenbereich geht es hinein in die Provinz Manabí; **Streckenverlauf: Quito – Santo Domingo – Bahía de Caráquez (ca. 310 km).**

Route C 2 – Überblick

Die **Provinz Manabí** im Zentrum des ecuadorianischen Küstentieflandes wird durch die Provinzen Esmeraldas im Norden, Guayas im Süden und Pichincha im Osten umschlossen.

Die 350 km lange Küstenebene am Pazifik ist das **landwirtschaftliche Zentrum Ecuadors.** Der Staudamm Poza Honda staut das Wasser des Río Portoviejo, wodurch ein großer Teil der Tiefebene in Manabí künstlich bewässert

werden kann. So gedeihen in weiten Teilen der Provinz tropische Kulturen wie Bananen, Kaffee, Kakao, Baumwolle und vielerlei tropische Früchte.

Der Einfluss des kalten Humboldtstroms bewirkt besonders im südlichen Manabí ein trockenes bis halbtrockenes **Klima,** während die nördlichsten Teile feuchttropisch geprägt sind.

Infolge des ganzjährig warmen Meerwassers sind die **Badeorte des Nordens** mit ihren schönen Stränden ein **beliebtes Ferienziel der Einheimischen.** Aber auch der Fremde sollte den Städten und historischen Dörfern, den weiten Stränden, dem Kunsthandwerk und nicht zuletzt der Küche Manabís (*cocina manabita*) seine Aufmerksamkeit widmen.

Die Reise hinab ins Küstenland wird begleitet von einem eindrucksvollen Wechsel zwischen der Vegetation der tropischen Bergwälder und der des tropischen Tieflandregenwaldes. Die Faszination des Übergangs erschließt sich am besten in den früh morgens, wenn die Hänge noch nicht in einen dichten Nebelschleier getaucht sind.

Die **Fahrt nach Santo Domingo** geht zunächst 30 km über die Panamericana entlang der „Straße der Vulkane", bis **Alóag** erreicht ist. Hier geht es an einem Straßendreieck hinunter ins westliche Tiefland ab. Aus der Vegetation des Páramo herausführend, folgt die Autopista 30 dem Flusslauf des Río Pilatón. In Serpentinen windet sie sich 50 km die Westabdachung der nördlichen Anden hinunter, vorbei an den Vulkanen Atacazo im Norden (rechter Hand) und Corazón im Süden (linker Hand), bis zum kleinen Ort **Manuel Cornejo Astorga.** Unterwegs stürzen Wasserfälle in tiefe Schluchten, die gewagten Überholmanöver des Busfahrers auf dem oft nebeligen Fahrtabschnitt sind abenteuerlich und nicht ungefährlich. In Manuel Cornejo Astorga ist es bereits spürbar wärmer geworden, und die Vegetation zeigt typisch tropischen Charakter.

Weiter im Westen passiert man das tropische Anwesen, ehemalige Golf-Hotel und heutige **Land-Cottage Tinalandia,** Vía Alóag – Santo Domingo de los Colorados, km 85, Tel. 02-2449028, 099-9467741, www.tinalandia.com, EZ 86 $, DZ 118 $.

Die letzten 30 km der Strecke ist rechts der Straße die transecuadorianische Pipeline SOTE zu sehen.

Santo Domingo de los Colorados IV,A2

Der **wichtige Verkehrsknotenpunkt** in 500 m Höhe verbindet Pichincha mit den Nachbarprovinzen Esmeraldas, Manabí und Los Ríos. Die expandierende Stadt hat schon über 300.000 Einwohner, es heißt sogar über 500.000, und unablässig strömen Menschen nach. Die infrastrukturell günstige Lage zwischen Quito und Esmeraldas hat die Stadt rasant anwachsen lassen. Ein Großteil der Küstenerzeugnisse wird über Santo Domingo ins Hochland transportiert. Die schnellere Nordverbindung zwischen der Hauptstadt und Esmeraldas – über Mindo und San Miguel de los Bancos – umgeht Santo Domingo hingegen.

In früheren Zeiten war Santo Domingo ein Begriff wegen der hier lebenden **Colorado-Indianer,** in ihrer Sprache „Tsáchilas" genannt, die sich das Haar rot färbten und das Gesicht mit schwarzen Streifen bemalten. Diesen Anblick wird man heute kaum mehr erleben, haben sich die Indígenas doch weitgehend westlichen (Kleidungs-)Normen angepasst. Von den Colorado-Dörfern in der Umgebung hat sich die Siedlung **Chihuilpe** etwa 10 km südlich der Stadt (auf dem Weg nach Quevedo) zu einem Touristenzentrum entwickelt; insgesamt jedoch wollen die meisten Colorados lieber unter sich bleiben und mit dem Touristen nicht viel zu tun haben.

Seit wenigen Jahren ist Santo Domingo die Hauptstadt der neu gegründeten **Provinz Santo Domingo de los Tsáchilas.**

An der Küste (Costa): Route C2

Praktische Infos

■ **Tel. Vorwahl: 02**

Informationen/Infrastruktur

■ Die **Banco Internacional,** u.a. in und nahe der Calle Quito, wechselt Reisechecks und Fremdwährungen.

■ Das **Postamt** befindet sich in der Av. de los Tsáchilas, Tel. 2759071, Mo bis Fr 8.30–17 Uhr.

■ Eine **ANDINATEL-Fernmeldezentrale** ist an der Ecke Río Toachi y Quito.

Santo Domingo de los Colorados

0 ▬▬▬▬ 100 m
© Reise Know-How 2013

■ **Übernachtung**

1 Hotel La Siesta,
  Hotel Zaracay
2 Las Brisas
3 Caleta

4 Jennifer
5 Ejecutivo
6 Santo Domingo

Unterkunft

Einfache Unterkünfte
■ **Hostal Santo Domingo**
Av. Quito zwischen Cuenca und Loja, Tel. 2754078; DZ mit BP und TV 5 $ p.P., Vermittlung von Fremdenführern.

■ **Hotel Caleta**
Ibarra 906 y 29 de Mayo, Tel. 2750277; EZ/DZ mit BP, AC und TV 9/15 $.

■ **Hostal Las Brisas**
Av. Quito y Cocanigua, Tel. 2750560; DZ mit BP 16 $, TV, AC.

■ **Hotel La Siesta**
Av. Quito 1277 y Pallatanga, Tel. 2751860, hostallasiesta@hotmail.com; EZ 15 $, DZ 25 $, Kabel-TV, Parkplatz, Telefon.

■ **Hostal Ejecutivo**
Av. 29 de Mayo 520 zwischen Ambato und Cuenca, Tel. 2759613; EZ 17 $, DZ 25 $ mit BP und TV.

■ **Hostal Jennifer**
Av. 29 de Mayo 517 y Latacunga, Tel. 2750577, 8 $ p.P. mit BP und Kabel-TV.

Mittelklasse-Hotels
■ **Hotel Zaracay**
Km 1½ in Richtung Quito, gegenüber dem Ausstellungsgelände, Tel. 2751023, www.zaracay.com; EZ 73 $, DZ 94 $ mit BP inkl. Frühstück, TV, Internet, Kühlschrank, Pool, Sportplatz, Billardtisch, Garage, Restaurant, Tennisplätze.

Unterkunft außerhalb
■ **Hostería Kashama**
Im Valle Hermoso (26 km von Santo Domingo), Tel. 02-2773193, -194, reservas@kashama.com; schöne, architektonisch interessante Anlage, Zimmer, Restaurant und Pool mit Blick auf einen Wasserfall in tropischer Umgebung, Hängematten, EZ/DZ 65/110 $, Suite 198 $, jeweils mit Frühstück, Ausflüge.

■ **Hostería Valle Hermoso**
Km 25, vía Santo Domingo – Esmeraldas, Parroquia Valle Hermoso, am Ufer des Río Blanco, Tel. 02-

2773208, www.hosteriavallehermoso.com; Primärund Sekundärwald, Lagune, Vogelbeobachtungen und Freizeitanlagen, Zimmer am Ufer, mit BP, Ventilator 15 $ p.P.; Restaurant, Pool, geführte Wanderungen für 10 $ p.P.

Essen und Trinken

■ **Ingos Zebrastall**
Vía Quinindé, km 25, im Dorf Valle Hermoso, Tel. 099-9583159, *Ingo Helsper*; „... in einem kleinen Dorf im tropischen Wald bedient Ingo die Einheimischen mit Buletten. Der leidenschaftliche MSV-Duisburg-Fan aus dem Ruhrpott bedauert nur, dass im Zebrastall keine Sportschau kommt ...“ – Gruß von Leser *Stefan H.* aus Bern.

Busse

Nahverkehrsbusse
■ Busse **in die Dörfer der Umgebung** fahren am Busplatz in der Nähe des Hotel Colorado ab (vgl. Stadtplan).

Überlandbusse
■ Der **zentrale Busbahnhof** befindet sich an der Av. de los Tsáchilas etwas außerhalb.
■ Alle halbe Stunde fahren Busse verschiedener Unternehmen **nach Quito** (3 Std.) und **Guayaquil** (5 Std.) ab.
■ Stündlich fahren Busse von *Transportes Esmeraldas* an die Nordküste **nach Esmeraldas** (3½ Std.).
■ *Transportes Reina del Camino* unterhält Verbindungen an die Küste von Manabí, **nach Bahía de Caráquez** (6 Std.) und **Manta** (6 Std.). Ist die Straße nach Bahía unpassierbar (Straßenarbeiten, Regenzeit), geht es nur bis San Vicente (4½ Std.) und von da unkompliziert mit der Fähre über den Río Chone nach Bahía de Caráquez.
■ Die Fahrzeuge von *Express Sucre* fahren mehrmals täglich direkt **nach Cuenca** (10 Std.).

■ *Transportes Occidentales* sorgt mehrmals täglich für den Anschluss **nach Machala** (8 Std.).

■ *Transportes Zambrano* befährt die neue Küstenroute von Santo Domingo über Esmeraldas **nach Pedernales** tagsüber etwa im Stundentakt.

Ausflug zur Forschungsstation Río Palenque

50 km südlich von Santo Domingo, auf der Straße nach Quevedo, liegt das Dorf **Pilar.** Ein Schild am Straßenrand verweist auf das etwa 4 km entfernte **Centro Científico Río Palenque,** in dem Biologen Forschungsarbeiten durchführen. Das kleine Naturschutzgebiet hat eine Fläche von ca. 180 ha, die zu über 50 % mit primärem Regenwald bestanden ist; mehr als 1150 Pflanzen- und 350 Vogelarten haben hier ihren Lebensraum, über den eine dem Labor angeschlossene Bibliothek informiert.

Eine Gefahr für das Gebiet stellen die Landwirte der Umgebung dar, die ihre Bananen-, Kakao- und Ölpalmplantagen auf Kosten des Naturschutzgebietes auszudehnen versuchen.

■ Die Station verfügt in begrenztem Umfang über **Übernachtungsplätze.**

■ Die Station ist mit **Duschen, Toiletten und Küche** ausgestattet.

■ **Kontakt: Centro Científico Río Palenque,** km 56 vía Quevedo – Santo Domingo, Tel. 099-1838502, 099-7780452; **Andean Birding,** Calle Salazar Gómez E14-82 y Eloy Alfaro, Quito, Tel. 02-2244426, 099-4184592, www.andeanbirding.com.

Weiterfahrt von Santo Domingo

Richtung Nordwesten geht es von Santo Domingo nach Esmeraldas an die Küste. An der Strecke befinden sich viele Obstplantagen, und am Straßenrand sind die Früchte für ein Viertel des Preises, der an der Küste verlangt wird, zu kaufen.

Einen Stopp kann man in **La Concordia** einlegen (ca. 45 km nach Santo Domingo), denn dort befinden sich drei Hotels am Straßenrand.

Richtung Südwesten geht es von Santo Domingo über eine durchgehend geteerte Straße weiter hinunter in das Küstentiefland; anfangs dominieren noch immerfeuchte Tiefland-Regenwaldformationen, vereinzelt unterbrochen durch kleine Sümpfe links und rechts der Fahrbahn im Wechsel mit ausgedehnten Bananenplantagen.

Nach 35 km durchquert man die Ortschaft **El Carmen,** nach weiteren 70 km **Flavio Alfaro.** Beide Orte liegen bereits in der Provinz Manabí. Die Straße führt von Flavio Alfaro die leicht ansteigende Küstenkordillere hinauf, die nach 40 km bei **Ricuarte** den höchsten Punkt (600 m) erreicht, ehe sie nach Südwesten abfällt und 25 km später den Ort **Chone** passiert. In der prosperierenden Stadt wird ein Strohhut namens *mocora* gefertigt; an den Flussufern des Río Chone arbeiten die Beckenwächter der Garnelenindustrie.

Bis zur Küstenstadt Bahía de Caráquez sind noch 50 km zurückzulegen.

Bahía de Caráquez

XIX,A3

„Bahía", so die Kurzform, ist eine **Hafenstadt** mit 28.000 Einwohnern, die durch den zunehmenden Tourismus gemächlich wächst. Die durchschnittliche Jahrestemperatur von 25 °C, eine angemessene Anzahl an Hotels und Restaurants, die palmenbestandene Uferpromenade und schöne Küstenabschnitte im Norden und Süden machen Bahía nicht nur für die Einheimischen zu einem **beliebten Ferienort.**

In der Mündung des Río Chone sollte man wegen der starken Strömung und eventuell auftretender Strudel nicht zu weit hinausschwimmen.

Wenn Sie auf die **Colina de la Cruz (Aussichtshügel)** steigen, liegt vor Ihnen die Trichtermündung des Río Chone mit dem herrlichen Panorama der landeinwärts angrenzenden Ausläufer der Küstenkordillere. **Vorsicht** auf dem Weg zum Aussichtspunkt: Die Ärmsten des Ortes wohnen entlang des Weges …

Praktische Infos

■ **Tel. Vorwahl: 05**

Informationen/Infrastruktur

■ **Touristeninformation,** Av. Bolívar y Circunvalación, Edificio Patronato Municipal, Tel. 2691124, gguadamud@turismo.gov.ec, geöffnet Mo bis Fr 8.30–17 Uhr.

■ Die **Banco Comercial de Manabí** auf der Malecón wechselt von 10.30–13.30 Uhr Travellerschecks.

■ Das **Postamt** liegt in der Malecón A. Santos 14-24 zwischen Ante und Aguilera, Tel. 2691177.

■ Das **PACIFICTEL-Fernmeldeamt** ist in der Calle Arenas y C. Intriago.

■ Einen Besuch wert ist evtl. **Hojas de arte,** ein Geschäft, das „handrecycletes" (Eigenwerbung) Papier herstellt und verkauft; es eignet sich für Visiten- und sonstige Karten.

Unterkunft

Einfache Unterkünfte
■ **Bahía Bed and Breakfast Hostal**
Azcázubi 314 zwischen Morales y Montúfar, Tel. 2690146, 2690304, Hc4js@ecua.net.ec; 10 $ p.P. mit BP inkl. Frühstück; das Hostal ist etwas alt und ein bisschen muffig, sonst aber okay. Lesertipp.

■ **Bahía Hotel**
Av. Malecón y Vinueza, gegenüber der Mole, Tel. 2690509; 7 $ p.P. mit BP und Ventilator, 10 $ p.P. mit Kabel-TV und Kühlschrank, Restaurant.

■ **Bahía Inn**
Calle Ascazubi 322 y Morales; renoviertes Gebäude, Frühstück, Mittag- und Abendessen möglich, TV-Raum.

■ **Hostal Querencia**
Malecón 1800 y Santos, Tel. 2690009; DZ mit BP 5 $ p.P.; sauber, freundlich, Restaurant-Betrieb auf Anfrage.

■ **Hotel Italia**
Bolívar y Checa, Tel. 2691137; EZ 23 $, DZ 56 $ mit BP (in der Nebensaison preiswerter), Frühstück 2–3 $, Restaurant, Garage.

■ **Hostal Coco Bongo**
Malecón Alberto Santos 410 y Arenas, Tel. 098-5440978, www.cocobongohostal.com; EZ 25 $, DZ 50 $ mit BP, einfache, saubere Zimmer, Tour-Infos.

Mittelklasse-Hotels
■ **Hotel La Herradura**
Calle Bolívar 202 y Daniel Hidalgo, Tel. 2690446, www.laherradurahotel.com; EZ 35 $, DZ 55 $ mit BP

Bahía de Caráquez

0 ▬▬▬ 100 m ©Reise Know-How 2013

Playa

PAZIFIK

Av. Ciudad de Bahía
Circunvalación
E. Rodríguez
Sergio Plaza Acosta
Padre Laenen
Daniel Hidalgo
Muñoz Davila
Cincinato Estrada
Marañon
Mateus
Cecilio Intriago
Octavio Viteri

Malecón Virgilio Ratti
Malecón Virgilio Ratti

Av. Unidad Nacional

Parque
M. Narváez
Checa
Arenas
Riofrío
Mejía
Ascázubi
Rocafuerte
Alto Cereza
Morales
Montúfar
Bolívar

Parque
Infantil
Parque
Obelisque

**Banco del
Pichincha**
Ante
Aguilera
Peña

● **Muelle Nuevo**

Malecón Alberto Santos

Ⓜ **Museo Bahía
de Caráquez**

Mariana de Jesús
Mariana de Viñueza

Río Chone

Av. 3 de Noviembre

Übernachtung
1 La Herradura
2 Hostal Coco Bongo
4 Italia
5 Hostal Coco Bongo
8 Hotel Bahía Inn
9 Bahía Bed and
  Breakfast
12 Bahía Hotel

Essen
und Trinken
3 Arena Bar
7 Bahía Yacht
  Club S.C.
9 Café Chez Nous
10 Muelle 1
11 Puerto Amistad

Sonstiges
6 Guacamayo
  Adventures

(in der Nebensaison Ermäßigungen), Frühstück 3–6 $, Ventilator, TV, Telefon, Balkon zum Strand, Restaurant, Bar, Garage, etwas heruntergekommen.

■ **Hotel La Piedra**
Av. V. Ratti 802 y Malecón, Tel. 2690780, www.hotellapiedra.com; DZ 118 $ mit BP, Suite mit Balkon und Minibar 80 $, Frühstück 8 $, AC, TV, Telefon, Pool, Zugang zum Strand, Wäscherei, Sportplätze (Volleyball, Tennis), Vermittlung von „ökologischen" Touren. Am Wochenende lauter Discobetrieb.

Essen und Trinken

Auf der Uferpromenade Malecón gibt es einige empfehlenswerte Restaurants, z.B. das **Genesis;** die Restaurants im Norden der Halbinsel sind abends meist geschlossen.

■ **Café Chez nous**
Üppiges Frühstück, sehr empfohlen, im Bahia Bed and Breakfast Hostal (s.o.).
■ **Puerto Amistad**
Im Yachtclub mit Aussicht auf den Río Chone, Tel. 2693112; gutes Restaurant mit großer Auswahl.
■ **Arena Bar**
Calle Bolívar y Marañon (gegenüber dem Roten Kreuz/*Cruz Roja*), Tel. 2692024, 2692540; Pizzeria und Restaurant, täglich 6–24 Uhr geöffnet.

Überlandbusse

■ Die beiden großen Busgesellschaften haben ihre Büros am Südende der Calle Malecón. *Coactur* fährt stündlich **nach Manta** (2½ Std.) und **Portoviejo** (2 Std.). *Reina del Camino* bedient mehrmals am Tag **Esmeraldas** (8 Std.), **Santo Domingo** (6 Std.), **Quito** (8 Std.), **Guayaquil** (6 Std.) und **Portoviejo** (2 Std.).
■ Empfehlenswert ist der relativ komfortable „**Ejecutivo**"-**Nachtbus** von *Reina del Camino.* Er fährt

abends ab 23 Uhr in Quito am eigenen Terminal in der Calle 18 de Septiembre nach Bahía ab. Die zehnstündige Fahrt kostet etwa 10 $.

Boote

■ Boote fahren 4- bis 5-mal stündlich **nach San Vicente** (Autofähre stündlich).
■ Die Stadt verfügt seit einiger Zeit über einen **privaten Yachthafen** an der Pazifikmündung des Río Chone. Sehr gut sitzt man in dem luftigen Uferrestaurant des Jachtclubs, www.puertoamistatecuador.com.

Flüge

Zum **Flughafen in San Vicente** (Aeropuerto Los Perales) an dem der Stadt gegenüberliegenden Ufer des Río Chone setzen alle 15 Minuten Boote über. Sie legen entweder direkt am Flugplatz oder in der Nähe des Marktplatzes an. Es gibt zurzeit allerdings keine Flüge.

Reiseagentur

■ **Guacamayo Adventures – Turismo Ecológico**
Die Agentur hat ihr Büro in der Av. Bolívar 902 entre Riofrío y Arenas (Tel. 2691107, www.guacamayotours.com, www.riomuchacho.com). Hier kann man touristische Auskünfte einholen (auch Landkarten und Stadtpläne), Bücher tauschen, Fahrräder mieten und gute Ausflüge in die Umgebung buchen, deren Preise von der Gruppenstärke abhängen. Dabei gibt es eine Vielzahl von Angeboten, von mehrwöchigen Spanischkursen bis hin zu Sport-, Familien- und Segeltouren. Tipp: Guacamayo vermittelt **Rabatte auf ausgewählte Hotels und Cabañas** in der ganzen Küstenregion.

Gleitschirmfliegen

Mittlerweile eine Paragliding-Instanz an der ecuadorianischen Küste ist der US-amerikanische Fluglehrer **Greg Gilliam.** Er bietet Einweisung, Begleitung, Ausbildung und Schirmverleih an. Das Handsoaring-Gebiet ist exzellent, etwas anspruchsvoller als in Crucita, aber dafür weniger voll. Es erlaubt auch Streckenflüge an der Küste. Kontakt über Hotel Coco Loco am südlichen Strand, Tel. 098-5198507, info@flycanoa.com.

Strände

Der **Strand zur offenen Meerseite,** im Nordwesten und Norden gelegen, ist attraktiver, jedoch ein Ebbstrand, der bei Flut kaum zu nutzen ist.

Der **Strand an der Flussseite** des Río Chone mit der Mole und dem Yachtclub ist zum Baden gänzlich ungeeignet.

Ausflüge

Die besten Ausflugziele ab Bahía sind die **Isla de la Plata** im Pazifik (näher ab Puerto López), die **Mangroveninsel Isla de las Fragatas** und die absolut empfehlenswerte **Isla Corazón** in der Chone-Mündung, auf der es zahlreiche Fregattvögel zu beobachten gibt (www.islacorazon.ec). Außerdem kann man die kleinen archäologischen Stätten von **Chirije** besuchen, vor allem wegen der schönen Cabañas und dem weiten Strand.

Canoa   XIX,A3

Das alte Garnelenfischerdorf Canoa nördlich von Bahía hat sich in den vergangenen Jahren zu einem **Hotspot der internationalen Strandtouristen** entwickelt. Zwar wird es an Wochenenden, wenn auch zahlreiche Ecuadorianer dazustoßen, recht voll und mitunter laut, dennoch ufert der Taumel bei weitem nicht derart aus wie etwa in Atacames in der Provinz Esmeraldas. An der Strandstraße und im Dorf haben sich zahlreiche Hostales etabliert, an Restaurants und Bars fehlt es auch wochentags nicht. Wellenreiter teilen sich die Gestade mit Sonnenhungrigen. Der **weite, helle Sandstrand** ist einer der schönsten an Ecuadors Küste. Er wird allerdings gerne mit Schatten spendenden Zelten zugestellt. Gleitschirmflieger finden guten Aufwind zum „Soaren" an der Hügelket-

ec033 peko

▷ Meditieren am Strand von Canoa

◁ Keramikfigur im Museum von Bahía

te hinter dem Dorf. Das seit vielen Jahren liebevoll geführte **Hostal Bambú** am Nordende der Dorfstraße ist der In-Treffpunkt für den Sundowner und einen chilligen Abend.

Canoa verfügt mittlerweile über ein kleines Touristenbüro mit den wichtigsten Infos zu Dorf und Umgebung. Das Büro vermittelt u.a. Aufenthalte auf der **Finca ecológica Río Muchacho** mit der aktiven Teilnahme an der Produktion von Käse, Kaffee und Kakao. Die Finca liegt allerdings 8 km landeinwärts, und die Anreise kann beschwerlich sein (Erkundigungen im Hostal Coco Loco).

■Hotel Bambú
Direkt am Sandstrand, holländische Leitung. Kleines Restaurant, luftige, gemütliche Zimmer, Reiten, Surfboardverleih. Tel. 099-9263365, 098-9265225, www.hotelbambuecuador.com; DZ je nach Kategorie und Saison 25/30/45/60 $ p.P.; Reservierung in Quito: Tel. 02-2226738.

■Hostería Canoa
1 km Richtung San Vicente, Tel. 05-2588180, 099-9774747, www.hosteriacanoa.com; etwas abgelegen und ruhig, mit Pool, Sauna und direktem Zugang zum Strand, DZ 104 $, Cabañas für bis zu 5 Pers. 200 $, jeweils inkl. Halbpension.

■La Posada de Daniel
Parque Central y Calle Javier Santos, Tel. 05-2616373, 099-7508825, www.laposadadedaniel.com; Hostal 10 $ p.P., je nach Saison auch etwas mehr, Camping 4 $. Der Surfguru bietet Touren zu verschiedenen Surfplätzen an.

Jama   XIX,B2

Jama etwa 75 km nördlich von Bahía de Caráquez ist die Hauptstadt des gleichnamigen kleinen Kantons und kennt kaum Tourismus, da es keinen Dorfstrand besitzt. Dennoch, oder vielleicht genau deswegen, zählt Jama zu den **authentischsten Dörfern der zentralen**

An der Küste (Costa): Route C 2

ecd31 peko

Küstenregion. Nur zehn Busminuten entfernt findet man mit **El Matal** einen der schönsten Strände von Manabí. 20 Minuten sind es zu der ebenfalls zu empfehlenden **Playa El Paraiso.**

Crucita   XX,B1

Die Strecke südwärts von Bahía de Caráquez nach Manta führt zunächst durch das fruchtbare Küsteninland. Nach etwa 1 Stunde, kurz hinter dem Dorf Rocafu-erte, gelangt man an den westlichen Abzweig nach Crucita. Von hier sind es noch 13 km bis zu dem **Paradies für Gleitschirmflieger.**

Das Dorf an dem lang gezogenen Sandstrand ist nicht sonderlich schön, aber die südlich aufragenden Berghänge drücken den Seewind derart dynamisch und regelmäßig nach oben, dass sich Crucita in den letzten Jahren nicht nur als **Bade- und Partyort** etabliert hat, sondern zu einem Zentrum des Gleitschirmfliegens in Ecuador geworden ist.

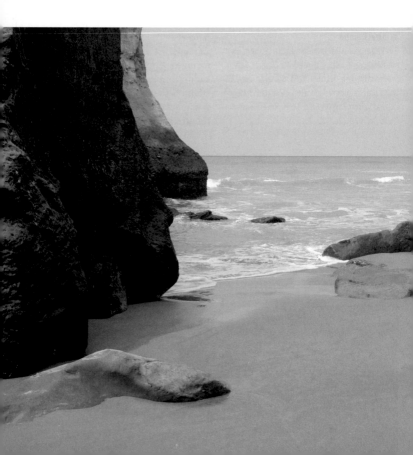

Am Wochenende „soaren" manchmal Hunderte in den Steigwinden der Klippen. Landeplatz ist der Strand. Gut sichtbar vom Dorf aus liegt der nahe Startplatz auf einem Plateau nebst Sonnen-Restaurant und coolen Typen. Für manche Leser ist Crucita allerdings ein „Albtraum"! Entweder Nebensaison und eine Geisterstadt und fast alles geschlossen oder Mitte Juli bis Mitte September von ecuadorianischen Reisegruppen und Schülerhorden überlaufen. Dann ist es wie Klein-Mallorca."

■ Zahlreiche **Unterkünfte** wie Hostales Baracuda, Hostal Rey David und Hipocampo.

■ Besonders empfohlen sei das **Hostal Voladores,** Calle Principal y Nueva Loja, Tel. 05-2340200, 05-2340334, 099-3994781, in Quito 02-2240865, www.parapentecrucita.com, hvoladores@hotmail.com. Kleiner Pool, saubere Zimmer, Restaurant mit frischem Fisch, PC. Preiswert: 15 $ p.P., Frühstück 3–4 $. Fliegertreffpunkt, an den Wochenenden oft ausgebucht!

■ **Reiseagentur: Agencia Viaja al Sol,** Tel. 05-2340108, 099-9903185, ocasoacustico@hotmail.com. Bikes, Surfen und Tauchen. Leserempfehlung!

An der Küste (Costa): Route C 2

◁ Strandbucht bei Canoa

HIGHLIGHTS

Die **Highlights** erkennt man im Buch an der
gelben Hinterlegung im Kapitel.

◺ Anhänger, hergestellt aus der Taguanuss

AN DER KÜSTE: ROUTE C 3

D ie Route C 3 beginnt in der Küstenstadt Manta, südlich von Bahía de Caráquez, und führt an der Küste entlang bis Guayaquil. Die größte Stadt Ecuadors ist von Manta aber auch durchs Landesinnere über Portoviejo, Quevedo und Babahoyo bzw. weiter westlich Daule zu erreichen; **Streckenverlauf an der Küste: Manta – Montecristi – (Portoviejo) – (Quevedo) – Jipijapa – Puerto López – Montañita – Manglaralto – La Libertad – Salinas – (Playas) – Guayaquil (ca. 360 km** ohne die Abstecher nach Portoviejo, Quevedo und Playas).

e-2013-013 peko

Manta XIX,A3/XX,A1

Als eine der ersten Kolonialstädte wurde Manta am 2. März 1535 von *Francisco Pacheo* gegründet. Heute leben in der **zweitgrößten Hafenstadt des Landes** rund 200.000 Menschen. Mit Temperaturen von 24 °C im Jahresmittel herrscht ein warmes Klima. Wichtigster Wirtschaftsfaktor ist die Fischerei, die hier ihre größten Flotten unterhält. Der relativ tiefe Hochseehafen soll Manta in Zukunft zu einem noch größeren Handelszentrum machen. Im Hinterland liegen viele Kaffeeplantagen. Touristisch hat Manta so gut wie nichts zu bieten.

Der **Río Manta** teilt die Stadt in **zwei Hälften**: das **Zentrum** im Westen und **Tarqui** im Osten, verbunden durch eine Brücke. Im Zentrum konzentriert sich das gewerbliche Geschehen, in Tarqui dominieren Wohnhäuser, Hotels und Restaurants, auch weil die Strände nah sind. Der Strand von Tarqui ist mitunter dreckig. An der angrenzenden Uferpromenade befinden sich Restaurants mit Gerichten aus Manabí; in der Chifa Taiwan lässt es sich toll chinesisch essen. In der Stadt gibt es viele Marktstände, die Obst, Kleidung und Schuhe verkaufen.

An den Wochenenden geht es in den Bars und Discos recht vergnügt zu, Touristen sind aber kaum zu entdecken.

Die **Uferpromenade** erstreckt sich über eine Brücke bis ins Zentrum. Hier steht das Wahrzeichen von Manta, das „Monument des großen Fischers"; wer früh auf den Beinen ist, kann den Fischern bei ihrer Heimkehr in den Hafen und beim Fischverkauf zuschauen.

Im Norden des Stadtzentrums liegt die schöne **Playa Córdoba**, im Westen der kleine, meist menschenleere Strand **Playa del Murciélago** mit sehr seichter Brandung. An diesem Strand soll es hin und wieder zu Überfällen kommen.

Die Manta-Kultur wird im **Museo Municipal** (Calle Malecón Alfaro y Calle 9, 3. Stock, 9–15 Uhr) erläutert.

Praktische Infos

■ **Tel. Vorwahl: 05**

Informationen/Infrastruktur

■ **Touristeninformation i-Tur,** Av. 4 y Calle 9, Tel. 2611471, i-tur@manta.gov.ec.
■ Ein **Touristenbüro** befindet sich in der Pasaje J. M. Egas zwischen den Calles 10 und 11 unweit des Busbahnhofs.
■ **Geldwechsel: Banco del Pacífico,** Av. Primera y Calle 13, Tel. 2623194, Mo bis Fr 8.30–16.30 Uhr, Sa 9–13 Uhr; **Banco del Pichincha,** Av. Segunda y Calle 11, Tel. 2626844, Mo bis Fr 8.30–16.30 Uhr, Sa 9–13 Uhr.
■ Das **PACIFICTEL-Fernmeldebüro** liegt an der Uferpromenade Malecón Alfaro an der Plaza 4 de Noviembre.
■ Eine **Landwirtschafts- und Tourismus-Messe** findet Mitte Oktober statt.

Unterkunft

Einfache Unterkünfte
■ **Hotel Capri**
Malecón 105 y Tarqui, Tel. 2620440; EZ/DZ 12/24 $ mit BP, AC, große Zimmer, freundlich, Telefon, Garage, Restaurant.
■ **Hotel Boulevard**
Av. 105 y Calle 103, Tel. 2611654; 6 $ p.P. mit BP, TV und Ventilator; Zimmer mit Kabel-TV und Klima im Nebenhaus Boulevard 3, EZ 15 $, DZ 30 $.
■ **Hotel Umiña**
Malecón „diagonal al paso desnivel", Tel. 2623295; 8–10 $ p.P. mit BP und Kabel-TV, Garage.

ecuador peko

◁ Bauern in der Umgebung von Manta

Mittelklasse-Hotels

■ Hotel Casino del Rey

Calle 101 y Av. 105, Tel. 2620607, www.hotelcasi-nodelrey.com; EZ 15–25 $, DZ 30–40 $ mit BP, AC, TV, Restaurant, Garage, Wäscheservice.

■ Hotel Panorama Inn

Av. 105 y Calle 103, Tel. 2611312, www.hotelpano-ramainn.com, EZ/DZ 28/34 $ mit BP, AC. Pool, Telefon, Garage, Speisesaal.

■ Hotel Las Gaviotas

Malecón 1109 y Calle 106, Tel. 2627240, www.ho-telgaviotasmanta.com; EZ 37 $, DZ 49 $ mit BP, Frühstück 5 $, AC, Telefon. Café, Garage, direkt am Meer, Pool, Internet.

■ Hotel Barbasquillo

Vía San Mateo, Playa Barbasquillo (westlicher Stadt-strand), Tel. 2677718, www.hotelbarbasquillo.com; EZ 51 $, DZ 90 $, Bungalows direkt am Meer (Privat-

Manta

0 ▬▬▬ 40 m © REISE KNOW-HOW 2013

Calle 4
Calle 3
Calle 2
Calle 1
Av. 24 de Mayo
Av. 12

1 **2**
B *Busterminal*

3
4

Calle 101
5

Calle 102
Ⓢ *Banco del Pichincha*

Ⓢ *Banco del Pacífico*
Calle 103
6 **7**

Av. 108
Av. 107
Calle 104

Parque Tarqui

Calle 105
Av. 105

🏊 *Playa de Tarqui*

Av. 102
8
Malecón de Tarqui

Calle 106

Parque Kennedy
PAZIFIK

Calle 107

Calle 108

✈ *Flughafen* (2 km)

Malecón

▤ Übernachtung
1 Hotel Balandra
2 Hotel Oro Verde
3 Lun Fun
4 Umiña
5 Casino del Rey
6 Panorama Inn
7 Boulevard
8 Las Gaviotas

strand) mit Pool, Klimaanlage und Internet, aber nur mäßigem Restaurant.

■ Balandra Hotel-Cabañas

AV. 7 St 20, Barrio Córdova, Tel. 2620545, www.hotelbalandra.com; EZ 94 $, DZ 109 $, in Strandnähe gelegen, mit PC, Pool, und Restaurant.

Luxus-Hotels

■ Hotel Lun Fun

Calle 2 Av. II La Enseñadita, Tel. 2612400, 2622966, www.lunfunhotel.com; EZ 60 $, DZ 100 $ mit BP und Frühstück, Telefon, TV, Restaurant, Bar, Garage.

■ Hotel Howard Johnson

Außerhalb, km 1,5 Richtung Barbasquillo, Tel. 2629999, www.ghlhotels.com; EZ 122–135 $, DZ 135–147 $ mit Frühstücksbüffet. Solide und unspektakulär wie die Hotelkette.

■ Hotel Oro Verde

Malecón y Calle 23, Tel. 2629200, www.oroverdemanta.com; EZ 183 $, DZ 196 $, Suite 140 $, inkl. Frühstücksbüffet. Restaurant, Gym, Sauna, Pool, Bar, Kongressraum, Strand in der Nähe.

Überlandbusse

Für wenig Geld kommt man vom **Busbahnhof** zu den nahe gelegenen Orten in der Umgebung von Manta. Einige Leser warnen vor der Buskooperative Carlos Aray, wo Sie im Gepäckfach beklaut wurden. Mehrmals täglich Verbindungen nach **Portoviejo** (30 Min.), **Santo Domingo** (5 Std.), **Quito** (8 Std.), **Bahía de Caráquez** (2 Std.), **Guayaquil** (3½ Std.) und **Quevedo** (5 Std.).

Flüge nach Manta

■ TAME, Av. Flavio Reyes y Calle 28, Edificio Platinum, Tel. 3905052, www.tame.com.ec, Mo bis Fr 8.30–17.45 Uhr, Sa 9–11.30 Uhr, fliegt werktags.

■ Aerogal, Av. Aurelio Aguilar y Solano, Tel. 07-2815250, www.aerogal.com.ec.

Sprach- und Surfkurse

■ Academia de Español Surpacífico

Av. 24 y Calle15, Tel. 2610838, 099-9184735, www.surpacifico.k12.ec, surpacifico@easynet.net.ec. Die Akademie hat in Manta interessante und von Lesern gelobte Kombinationen von Spanischkursen und Surfen bzw. Kitesurfen entwickelt. Leitung: *Manuel Bucheli.* Weitere Niederlassung in Montañita. Spanisch-Einzelunterricht 160 $/Woche, Gruppenunterricht 120 $/Woche.

Um von Manta sowohl weiter nach Süden an die Küste als auch ins Landesinnere (Portoviejo) zu kommen, wird zunächst Montecristi angefahren (16 km von Manta).

Montecristi   XX,B2

Montecristi liegt in 100 m Höhe und erfreut sich einer Jahresdurchschnittstemperatur von 25 °C. Im Sommer ist es sehr trocken. Im Jahr 1741 gegründet, ist die kleine Stadt **eines der wichtigsten Kunsthandwerkszentren in Ecuador.** Entlang der Hauptstraße bis zum Hauptplatz reiht sich ein Geschäft an das andere. Eine Vielzahl von Toquilla-Stroh-Erzeugnissen gibt es zu kaufen: (Panama-) Hüte, Taschen, Korbmöbel usw. Montecristi lebt ganz offensichtlich von den *productos de paja* (Palmen-Produkte), die an der Durchgangsstraße um einiges preisgünstiger als im Zentrum zu erstehen sind. Ein **Panamahut** kennt große Qualitätsunterschiede: Ein schlichter Schattenspender für die Strandwoche kostet ab 3 $; ein guter „fino" schlägt mit mindestens 40 $ zu Buche, ein exklusiver „superfino" kostet zwischen 100 und 200 $. Je feiner die Selektion und Behandlung der Gräser, umso feiner wird die Faser und umso arbeitsaufwendiger die Produktion. Gleichzeitig steigt mit der Qualität die Lebensdauer eines Panamahutes (siehe auch Exkurs „Der Panamahut"). Gute „superfinos" halten über Generationen und sind resistent gegen Sonne und Wasser. Man transportiert den Panamahut übrigens eingerollt in einem schlanken Holzkasten, aus dem sich ein guter Hut ohne Schaden und Verformung auch wieder ausrollt.

Empfehlung: Man bekommt die Hüte eigentlich überall im Land, auch zu ähnlichen Preisen. Aber in Montecristi sollten Sie auf jeden Fall einen **Hutflechter** besuchen und vielleicht bei ihm kaufen. Einer von ihnen ist: *Sombresos de Montecristi,* Flerida Pachay y Hijos, Calle Chimborazo 258.

Die Stadt ist nicht nur berühmt wegen der Fertigung des Panamahutes, sondern auch für ihre **Kolonialbauten** vom Ende des 18. Jahrhunderts; sie sind seit dieser Zeit ständig bewohnt, was angesichts der Baufälligkeit mancher Gebäude erstaunlich ist.

Montecristi ist ferner der Geburtsort von **Eloy Alfaro,** des bekannten Reformpolitikers, der zu Beginn des 20. Jahrhunderts Präsident von Ecuador war. Im Rathaus ist sein Grabmal untergebracht, am Hauptplatz ist ihm zu Ehren eine Statue errichtet worden. Dort steht auch eine schöne Kirche.

In **Montecristi zu übernachten ist schwierig,** da es nur wenige, einfache Unterkünfte gibt. Sinnvoller ist es, das Nachtlager in Manta (15 Minuten entfernt) oder Portoviejo (20 Minuten) aufzuschlagen und von dort einen Tagesausflug zu unternehmen.

2007/2008 war Montecristis Zweitname „Eloy Alfaro" berühmter denn je, denn im Namen des legendären Revolutionärs tagte die **verfassunggebende Versammlung** Ecuadors in diesem Städtchen. Das ließ die Preise steigen und die ohnehin schon wenigen Zimmer mehr als knapp werden.

Bevor es über Jipijapa durch den Machalilla-Nationalpark an die Küste geht, sei eine **Fahrt ins Landesinnere** unternommen, wo Portoviejo, Quevedo und Babahoyo die größten Orte und wichtige Verkehrsknotenpunkte sind, über die genauso wie an der Küste entlang die größte Stadt des Landes, Guayaquil, angefahren werden kann.

Portoviejo XX,B2

Landeinwärts, eine knappe Stunde von Manta entfernt, liegt die **Hauptstadt der Provinz Manabí,** gegründet am 12. März 1535 von *Francisco Pacheco.* Ursprünglich entstand die Stadt direkt an der Küste, doch wurde sie angesichts zunehmender Piratenüberfälle ins Landesinnere verlegt. Heute floriert der Handel in der 135.000-Einwohner-Stadt. Die Industrialisierung in den letzten Jahren zusammen mit der guten Verkehrsanbin-

Portoviejo

© REISE KNOW-HOW 2013

0 —— 100 m

Rocafuerte
Morales
Olmedo
Colon
Ricaurte
Chile
18 de Octubre

Bolívar

Parque Central

Banco del Pichincha Ⓢ

Museuo de la Casa de Cultura Ⓜ

Sucre

✉

Córdova

Francisco Pacheco

García Moreno

Busse Panamericana Ⓑ

Banco del Pacífico Ⓢ

10 de Agosto

1

2

Ⓑ **Zentraler Busbahnhof** (1 km)

Flota Imbabura Ⓑ

3

Pedro Gual

5 ✈ **Flughafen** (2 km)

Rocafuerte

Banco del Pichincha Ⓢ

9 de Octubre

Lascano

García Moreno

Córdova

Morales

Moreira

Olmedo

Ricaurte

Chile

Markt

Parque Eloy Alfaro

Alhajuela

Av. Universitaria

ⅱ **Kathedrale**

Quito

Tamarindos

4

Av. Ramos y Duarte

Übernachtung
2 Ejecutivo
3 Hotel El Gato
4 Reales Tamarindos
5 Máximo

Essen und Trinken
1 La Fruta Prohibida
2 Ejecutivo
3 El Gato

dung nach Quito und Guayaquil haben Portoviejo zu einem wichtigen **Zentrum der Rinderzucht und des Kaffeeanbaus** in Manabí werden lassen.

Die Stadt verfügt über eine Technische Hochschule, ein Museum und eine Kathedrale. Insgesamt jedoch hat sie wenig zu bieten, touristisch ist sie noch am ehesten als Ausgangsbasis für Besuche in Montecristi und des Nationalparks Machalilla von Belang.

Sehenswürdigkeiten

■ Das **Museo de la Casa de Cultura** (Calle Sucre y G. Moreno) zeigt ecuadorianische Musikinstrumente (Mo bis Fr 9–12 und 14–18 Uhr, Sa 9–14 Uhr).

■ Die **Kathedrale** am Parque Eloy Alfaro ist, gemessen an den prunkvollen Kirchen der Franziskaner, Dominikaner und Augustiner, ausgesprochen spartanisch ausgeschmückt, vielleicht aber gerade deswegen einen Besuch wert. Im Park vor der Kirche steht eine Statue des Stadtgründers.

■ Schön anzusehen sind das kleine innere **Stadtzentrum** mit Häusern voller blumengeschmückter Fassaden und Balkone und der **Parque Central** mit seiner zahmen Leguankolonie.

Praktische Infos

■ **Tel. Vorwahl: 05**

Informationen/Infrastruktur

■ **Touristeninformation** in der Calle Olmedo zwischen Bolívar und Morales, Tel. 3700250, Mo bis Fr 8.30–17 Uhr.

■ Die **Banken** *Banco de Pichincha* (Olmedo y Bolívar am Zentralpark) und *Banco del Pacífico* (Chile y 10 de Agosto) wechseln Geld.

■ Das **Postamt** ist an der Ecke Sucre y Av. 3.

■ Eine **PACIFICTEL-Telefonzentrale** befindet sich an der Ecke 10 de Agosto y F. Pacheco.

Unterkunft/Essen und Trinken

■ **El Gato**
Pedro Gual y Olmedo (sehr zentral gelegen!), Tel. 2636908, EZ/DZ 14/20 $ (mit Ventilator und TV), Suite EZ/DZ 22/30 $ (außerdem mit AC und warmem Wasser), alle mit BP. Das Hotel verfügt über ein Restaurant und Internet.

■ **Hotel Máximo**
Av. América y 5 de Julio, in der Nähe des Flughafens, Tel. 2636521, EZ/DZ ab 35/50 $, Suite ab 50 $, alle Zimmer mit AC, BP, TV, WiFi und warmem Wasser inkl. Frühstück. Die Zimmer nur mit Ventilator sind günstiger. Bar und Restaurant.

■ **Hotel Reales Tamarindos**
Av. Reales Tamarindos y Tennis Club, Tel. 2653622, EZ/DZ 28/40 $ mit BP, AC, TV, inkl. Frühstück. Das Hotel verfügt über Bar und Swimmingpool.

■ **Hotel Ejecutivo**
18 de Octubre entre 10 de Agosto y Pedro Gual, Tel. 2630840, www.hotelejecutivo.com.ec; EZ 49 $, DZ 86 $ mit Frühstück. Internet, Wäscheservice, Parkplatz, BP, Telefon, TV und Restaurant.

■ **La Fruta Prohibida**
Calle Chile y 10 de Agosto; Fruchtsäfte und Fast Food.

Überlandbusse

Vom **Busbahnhof** (1 km westl. der Stadt) fahren Busse nach **Manta** (1 Std.), bis Montecristi (½ Std.), **Santo Domingo** (5 Std.), **Quito** (8 Std.), **Quevedo** (4–5 Std.), **Bahía de Caráquez** (2 Std.) und **Guayaquil** (3½ Std.).

Quevedo

0 — 200 m © REISE KNOW-HOW 2013

Santo Domingo (102 km),
Quito (235 km)

Segunda

Tercera

Banco
Internacional ⑤ **1**

Cuarta

2

Quinta

⑤
Banco
Pichincha

Sexta ⑤
Banco
Guayaquil

Parque ✉

Markt

Séptima

Markt

Markt

Progreso

Octava

Novena

3

Polizei

Décima

June Guzman

Décima Primera

7 de Octubre

Simón Bolívar

Malecón Eloy Alfaro

Décima Segunda

4

Décima Tercera

Borbos

Daule,
Guayaquil
(172 km)

Décima Cuarta

5

Río Quevedo

■ Übernachtung
1 Ejecutivo
  Internacional
2 Bravo's

3 Hilton Quevedo
4 Quevedo
  Internacional
5 Hotel Olímpico

Aus Portoviejo führt eine teils unbefestigte Straße hinauf zu den **Ausläufern des Andenhochlands.** Die Busfahrt **nach Quevedo** (140 km) ist beschwerlich. Auf den letzten Kilometern säumen Bananenplantagen den Weg, und beiderseits der Straße liegen Tamarinden-Samen zum Trocknen in der Sonne aus.

Quevedo

Die **größte Stadt der Provinz Los Ríos,** erst Anfang des 19. Jahrhunderts gegründet, hat über 100.000 Einwohner und liegt 145 m hoch, durchschnittlich ist es 26 °C warm. Landwirtschaftlich prägen das Gebiet um Quevedo **große Plantagen** (Ölpalmen, Bananen, Tropenfrüchte). Die Stadt lebt vom wachsenden Handel und hat sich zu einem der Wirtschaftszentren an der Küste entwickelt.

An der **Uferpromenade des Río San Pablo** ist die ganze Woche über **Markt.** Frauen waschen ihre Wäsche am Fluss, Balsaflöße und kleine Boote legen an.

In der Stadt haben sich viele Chinesen niedergelassen, mit der Folge, dass es eine Reihe guter chifas und anderer fernöstlicher Restaurants gibt.

Das „Chinatown von Ecuador" ist eine etwas laute, verkehrsreiche Stadt mit ganz eigentümlicher Atmosphäre und wenig touristischem Reiz. Der fremdartige Geruch, der über der Stadt liegt, rührt von den Tamarindensamen her und verleiht dem ganzen Ambiente eine zusätzliche Würze.

Praktische Infos

■ **Tel. Vorwahl: 05**

Informationen/Infrastruktur

■ Die **Banco Internacional** in der Av. 7 de Octubre y Quarta wechselt Schecks, Tel. 2751907, Mo bis Fr 9–17 Uhr, Sa 9–14 Uhr.

■ Das **Postamt** befindet sich in der Calle Malecón y Calle Septima.

■ Das **Fernmeldebüro** von PACIFICTEL liegt in der Calle 7 de Octubre y Decima Tercera.

Unterkunft

■ **Hotel Bravo's**
Calle Cuarta y 7 de Octubre, Tel. 2751831; EZ 10–15$, DZ 15–20 $ mit BP und TV, Frühstück 2–5 $, Mittagessen 3–5 $.

■ **Hotel Hilton Quevedo**
Calle Novena y Progreso 433 y J. Guzman (gegenüber dem IESS), Tel. 2760865; EZ 23 $, DZ 28 $ mit BP, AC und Kabel-TV.

■ **Hotel Ejecutivo Internacional**
Calle Cuarta 214 y 7 de Octubre, Tel. 2751781; EZ 13 $, DZ 20 $ mit BP, Telefon und Kabel-TV.

■ **Hotel Quevedo Internacional**
Calle 12 ava 309 y 7 de Octubre, Tel. 2751877, andasq@gye.satnet.net; EZ 25 $, DZ 34 $ mit Frühstück, BP, AC, Kabel-TV und Telefon.

■ **Hotel Olímpico**
Stadtteil San José, Av. Jaime Roldos 19, Tel. 2750539, hotelolimpico@hotmail.com; EZ 56 $, DZ 73 $, Casino, Parkplatz, großes Freizeithotel mit Pool, AC, Sauna, Disco, gehobener bis luxuriöser Standard, gutes Restaurant.

Überlandbusse

Von Quevedo fahren Busse in alle Himmelsrichtungen: in den Süden nach Guayaquil, in den Norden zu den Küstenstädten Esmeraldas und Manta, über Santo Domingo nach Quito, über die zentrale Sierra weiter in den Oriente und mehrmals täglich ins Hochland nach Latacunga (Fahrtzeit 5 Stunden).

Es gibt **keinen zentralen Busbahnhof** in Quevedo. Die meisten Unternehmen haben ihre Büros im Umkreis von drei Blocks westlich der Plaza.

◾ Nach **Portoviejo** (4–5 Std.) mit *Flota Bolívar* mehrmals täglich.
◾ Nach **Latacunga** mit *Transportes Cotopaxi* über Pilalo, Zumbahua, Pujilí stündlich ab 8 Uhr.
◾ Nach **Santo Domingo** (1½ Std.) mit *Transportes Sucre* stündlich.
◾ Nach **Quito** (4 Std.) mit *Transportes Macuchi* mehrmals täglich.
◾ Nach **Babahoyo** (2 Std.) mit *Flota Babahoyo Internacional (FBI)* mehrmals täglich.
◾ Nach **Guayaquil** (2½ Std.) mit *Transportes Sucres, TIA, CIA* mehrmals täglich.
◾ Nach **Mocache** (30 Min.) mit *Transportes Flor de los Ríos* stündlich.
◾ Nach **San Vicente** (2½ Std.); 25 km auf Schotterpiste, wunderschöne Landschaft.

Von Quevedo nach Guayaquil

Über Daule

Von Quevedo Richtung Portoviejo sind es 23 km bis zum Verkehrsknotenpunkt **Empalmé (Velasco Ibarra),** wo sich einfache Hotels finden. Die Abzweigung in den Süden geht hinab in das fruchtbare Schwemmland des **Río Daule,** wo tropische Agrarprodukte kultiviert werden.

Nach 52 km ist das Dorf **Balzar** erreicht. Über die leicht abfallende, kurvenreiche Strecke geht es 30 km weiter in die Ortschaft **Palestina,** bis man nach weiteren 31 km in **Daule** ankommt. Von dort über den Ort **Nobol (Piedrahita)** sind es noch 45 km nach Guayaquil. Eine Verbindungsstraße führt von Daule ostwärts auch nach Babahoyo.

Über Babahoyo

Von Quevedo über Puebloviejo sind es 102 km (2 Std. mit dem Bus) bis nach Babahoyo, seit 1948 **Hauptstadt der Provinz Los Ríos. Das landwirtschaftliche Zentrum** ist umgeben von Bananenplantagen, Ölpalmenkulturen und Reisfeldern. Die Stadt liegt am **Río Babahoyo;** der Fluss tritt in der Regenzeit zwischen Dezember und Mai regelmäßig über die Ufer und verursacht größere Überschwemmungen. Die höchsten Pegelstände wurden zuletzt bei den Überschwemmungen Anfang 2008 erreicht.

Sehenswert sind in Babahoyo die **Hausboote,** die an den Ufern festgemacht sind, die Stadtkirche am schönen Zentralplatz (Plaza 24 de Mayo), der ein Denkmal zu Ehren von Simón Bolívar aufweist, und die Altstadt ca. 2 km außerhalb des heutigen Zentrums.

◾ Im Ort selbst empfiehlt sich das **Hotel und Restaurant Emperador** (Calle Gral. Barahona y 24 de Mayo, Tel. 05-2731373, EZ 15–19 $, DZ 24–31 $). Preiswert ist die **Mensón Popular.**
◾ Im Ort finden sich auch ein **Postamt** und eine **PACIFICTEL-Telefonzentrale.**
◾ Größere **Boote** fahren den Río Babahoyo hinunter nach Guayaquil, auch ein Bus verkehrt regelmäßig (1½ Std.).

Fahrt in die Sierra nach Latacunga (177 km)

Hinweis: Die im Folgenden erwähnten Orte sind im **Anden-Kapitel** näher beschrieben.

Wunderschön ist die Fahrt von Quevedo hinauf in das Becken von Latacunga. Ähnlich wie das Stück von Portoviejo nach Quevedo, wird die Straße relativ selten benutzt, ist aber bis zum Pass asphaltiert. Die kurvenreiche Strecke durchquert zunächst das landwirtschaftlich genutzte Tal des Río Pilalo; mit dem Anstieg zum Gebirgskamm wird das Klima rau und die Vegetation geht in den immergrünen Bergwald über. Bei **Km 110** hat sich um eine ehemalige Hacienda das Sierradorf **Zumbahua** gebildet, das mit seinen Campesinos, die Lamas bepacken und eine schönen Samstagsmarkt abhalten, ein geradezu klischeehaftes Fotomotiv abgibt (Unterkunft siehe „Latacunga: Ausflüge").

Von Zumbahua führt eine Straße (die über Chugchilán, Sigchos, Saquisilí bis nach Latacunga geht) 12 km nordwärts zur fantastisch grün schimmernden **Laguna Quilotoa**, die ihre Farbe gelösten Mineralsalzen verdankt. Die Wegstrecke ist in 3 Std. zu Fuß zurückzulegen; bei längerem Warten bietet sich sicher eine Mitfahrgelegenheit in einer Camioneta.

Nördlich der Laguna liegt in einer Höhe von 3100 m **Chugchilán** (vgl. „Latacunga: Ausflüge").

Nach Zumbahua geht es durch das Tal des Río Tucachi weiter nach Latacunga. Beiderseits der Straße ragen immer wieder vulkanische Felsgesteine aus der ansonsten ebenen Umgebung heraus, ehe der Anstieg zur Páramo-Region beginnt.

Kurz vor **Pulilí (Km 165)** windet sich die Straße in Serpentinen einen Berghang hinauf, dem das Becken von Latacunga zu Füßen liegt. Bei guten Sichtverhältnissen bietet sich während der Auffahrt ein **grandioses Andenpanorama** mit den Vulkanen Tungurahua, Altar und dem majestätischen Cotopaxi.

Von Pulilí sind es noch 10 km bis nach Latacunga.

Zurück auf der Küstenroute von Manta nach Guayaquil, sind es von Montecristi 40 km bis Jipijapa, wo der Abzweig zur Küste erfolgt.

10 km nach Montecristi lohnt eine Fahrtunterbrechung im Dorf **La Pila,** das berühmt ist für seine **Keramiken.** Anfangs konzentrierten sich die *pilenses,* wie die Dorfeinwohner genannt werden, auf die Anfertigung von Kopien präkolumbischer Originale, mit den Jahren aber wich die Imitation der Kreation einfallsreicher eigener Objekte.

Jipijapa   XX,B3

Jipijapa, auf einer Höhe von 350 m gelegen, hat 30.000 Einwohner und ist ein **Zentrum der Panamahut-Herstellung** und des Baumwoll- und Kaffee-Anbaus. **Sonntag ist Markttag;** mit dem Kauf eines Panamahutes sollte man jedoch in jedem Fall bis Montecristi warten.

■ Eine PACIFICTEL-Fernmeldezentrale und **einfache Unterkünfte** stehen zur Verfügung. Sollten Sie den Absprung aus dem Städtchen, von dem in Touristenkreisen nur der „Busbahnhof" bekannt ist, nicht rechtzeitig geschafft haben, dann finden Sie im **Hostal Jipijapa** eine Unterkunft, wahlweise mit Ventilator oder Klimaanlage (Eloy Alfaro zwischen Santistevan und Victor Manuel Rendón, www.hosteljipijapa.com, Tel. 2601365, EZ/DZ 28/40 $).

■ **Busse** fahren regelmäßig an die Küste: **nach Puerto López** im Süden (1½ Std.), nordwärts **nach Manta** (1 Std.).

---

28 km von Jipijapa entfernt erreicht die Straße bei Puerto de Cayo die Küste. Die weitere Fahrt zählt zu den schönsten Küstenpassagen überhaupt. Unmittelbar am Meer entlangführend, steigt die Straße ab und zu die bis ans Wasser reichenden Ausläufer der westlichen Küstenkordillere hinauf, wo sich ein weiter Blick hinab aufs Meer eröffnet.

Etwa 15 km vor Puerto López liegt der winzige Ort **Machalilla.** Der Strand hier ist sauberer als in Puerto López und ideal zum Schwimmen. Im Dorf gibt es einige Straßenimbisse und ein sehr gepflegtes Hotel mit einem hilfsbereiten und freundlichen Besitzer (Hotel Machalilla Internacional).

Puerto López XXI,A1

Puerto López, ein **Küstenstädtchen mit 16.000 Einwohnern,** hat einen touristischen Aufschwung erlebt, nicht zuletzt wegen des naheliegenden Machalilla-Nationalparks. Jeden Tag frühmorgens, wenn die Fischer zurück an Land kommen, findet ein kleiner **Fischmarkt** am Strand statt, zu dem auch Fregattvögel „geladen" sind – sehenswert!

Ungefähr in der Zeit von Juni bis September tummeln sich vor Puerto López antarktische **Buckelwale,** eine der besten Gelegenheiten in ganz Amerika, die riesigen Säuger bei Balz und Paarung zu

> Fregattvögel lauern am Strand auf die Reste der Fischer

beobachten. Die „Whale Watching"-Touren dauern einen halben bis ganzen Tag und schließen häufig einen Besuch der Isla de la Plata mit ein. Die Ausfahrten sind in jüngster Zeit ökologisch stärker reglementiert worden. Achten Sie daher darauf, dass ein lizenzierter Ranger des Nationalparks Machalilla mit an Bord ist (die Agencia Costa Tours z.B. hat für gewöhnlich einen Ranger an Bord). Ansonsten dürfen Sie sich den Walen nicht sehr nähern.

Der **Strand-Check** von *Hannes K.*: „Um Puerto López liegen die schönsten Strände Ecuadors: Los Frailes (sowieso), La Playita ist ausgezeichnet zum Campen, Las Tunas ist ein Geheimtipp für Surfer und La Tortuguita …".

Praktische Infos

■ **Tel. Vorwahl: 05**

Infrastruktur

■ Ein **PACIFICTEL-Fernmeldeamt** liegt an der Hauptstraße. Weitere Telefonkabinen und **Internet** im Ort.
■ Die **Banco del Pichincha** in der Calle Córdoba (neben der Kirche) hat einen Geldautomat.

Unterkunft

■ **Hostería Mandala**
Cabañas und Restaurant direkt am Meer, Tel. 2300181 und 099-9513940, www.hosteriamanda-

la.info; schweizerisch-italienische Leitung, EZ 37 $, DZ 52 $, Frühstück 4–8 $, WiFi, PC, Restaurant, Touren, liebevoll gestaltete und ruhige Cabañas in üppiger, tropischer Gartenanlage am Strand, den die Besitzer in Eigenregie mit Palmen bepflanzt haben.

■Hostería La Terraza

Auf den Hügeln im Norden von Puerto López (Norte de Puerto López) liegt von weitem sichtbar mit herrlichem Blick über die Bucht die von dem jungen deutschen Paar *Petra* und *Werner* geführte Hostería, künftig auch mit Restaurant-Betrieb: 6 Cabañas mit Bad, Hängematte und Meerblick, EZ 31 $, DZ 52 $, Frühstück 4–6 $, Tour ab 30 $, www.laterraza.de, Tel. 2300235, 098-8554887). Die Straße zweigt von der Hauptstraße auf Höhe des Centro de Salud ab.

■Villa Colombia

García Moreno y Gral. Córdova, nahe der Kirche, Tel. 2300105, 2300189, www.hostalvillacolombia.com; Cabañas mit Dusche, Waschbecken und WC; großer Raum mit Küche, Hängematten, schöner Innenhof, Trinkwasser und Kühlschrank, freundlicher Service, Touristeninfos; DZ 15 $ p.P., Frühstück 3 $. Tipp!

■Sol Inn

Juan Montalvo y Eloy Alfaro, Tel. 2300234, http://hostalsolinn.machalillatours.org. Lesertipp: „Durchschnittlich sauber, sehr zentral gelegen und sehr nette Atmosphäre, gut für Einzelreisende".

■Hotel Pacífico

Malecón y Gonzalez Suarez, direkt an der Strandstraße, Tel. 2300133, 099-3827061, www.hotelpacificoecuador.com; DZ 45–65 $, BP, Pool, Low-Budget-Betten auch für 4 $ p.P.; warme Dusche, Frühstück gibt es im kleinen Café, Tourenvermittlung.

■Hostería Piqueros Patas Azules

Büro in Guayaquil: Tel. 04-2386881, in Puerto López: 2589279, www.hosteriapiqueros.com, DZ 63 $, mit Bar, Restaurant/Pizzeria, Tourangeboten, Pool und Museum.

■Hotel Machalilla

Calle Montalvo y Lascano, Tel. 2300155; strandnah mit Restaurant und Hängematten, Zimmer mit Kabel-TV und BP, EZ 15 $, DZ 20 $, Cabañas 122 $, Frühstück 5 $.

■Hosteria Itapoa

Calle Malecón, Tel. 2300071, 099-3145894, 099-4784992, itapoa25@hotmail.com; die Brasilianerin *Maria* führt ein einfaches aber gemütliches Hostal mit Garten, Zimmern und Cabañas, EZ 15 $, DZ 30 $ inkl. Frühstück.

■Hostal Los Islotes

Malecón Julio Izurieta y Gral. Córdova, Tel. 2300108, hostallosislotes@hotmail.com; EZ 20 $, DZ 25 $, Cafeteria. Von Lesern empfohlenes Hostal der Familie *Villamar Castillo.*

Camping

■Camper können **in großen Teilen des Nationalparks** (s.u.) ihr Zelt aufschlagen, doch sollten sie sich bei den Parkwächtern die Genehmigung einholen und sich nach den Wasservorräten im Park erkundigen.

Essen und Trinken

■Ein gutes Restaurant mit leckeren und günstigen Fischspezialitäten ist das **Carmita** an der Strandpromenade Malecón Julio Izuriera y General Córdova, Tel. 099-3729294, Mo bis So 9–22 Uhr.

■Ferner sind das traditionelle **Spondylus** am Strand zu empfehlen (erstklassiges Frühstück) sowie die gute Küche im **Hotel Pacífico** (s.o.).

■Heißester Tipp ist das **Restaurante Bellitalia** zwischen dem Malecón und der Calle Principal. Italiens Könige der Pasta!

■Arte Café Bar

Calle General Córdoba y Cristo Consuelo, zweistöckig, Tischtennis, Hängematten und Jimmys Surfschule. Die **Bar Clandestino** mit Billard ist gleich gegenüber.

■Whale Café

Ein Tipp von Lesern zum Abhängen und Beobachten von Strand und Promenade, unter US-amerikanischer Leitung.

Überlandbusse

■ Vom **Busplatz im Zentrum des Dorfes** fahren alle 30 Minuten Busse in **Richtung Jipijapa** und **La Libertad**.

■ Der erste Bus **nach Portoviejo** geht morgens um 4 Uhr. Der letzte direkte Bus geht um 20 Uhr mit der Busgesellschaft *Reina del Camino*. Dieser Wagen fährt bis nach Quito, Abfahrt in Puerto López um 8 und 20 Uhr, Fahrpreis ca. 13 $.

■ **Guayaquil** wird um 7, 9 und 13 Uhr direkt angefahren, Fahrtzeit ca. 4 Std.

Agenturen

Ein paar Agenturen vor Ort haben sich auf alles spezialisiert, was im **Nationalpark** zu sehen ist, einschließlich der Isla de la Plata.

■ **Machalilla Tours**
Agentur von *Fausto Chóez*, Calle Rocafuerte y Córdova, auch am Malecón, Tel. 2300234, 099-4925960, machalillatours@yahoo.com. Tour zur Isla de la Plata, Tauchen, Camping, Vogelbeobachtung, Tour ab 30 $ p.P., Transfer nach Manta 45 $, nach Guayaquil 100 $.

■ **Agencia Cirial Sur**
General Córdova Richtung Malecón, Tel. 08-5435539, Besitzer ist *Gregorio Bedoya*. Leser empfehlen ihn für Whale Watching.

■ **Aventuras la Plata**
Malecón Julio Izurieta, Tel. 2300105, www.aventuraslaplata.com. Bietet verschiedenen Touren an, u.a. zur Isla de la Plata. Die Preise liegen in der Hochsaison bei 40 $, zwischen Oktober und Mai bei 35 $. Lesertipp: „Das Schiff wurde auf den neuesten Stand aufgerüstet und bietet so höchsten Komfort und Sicherheit. Die Tour startet pünktlich, auch wenn noch freie Plätze vorhanden sind – der Service zählt, es wird für das höchste Wohl gesorgt, Regeln und Versprechen werden eingehalten, und der Preis ist fair. Spaß garantiert!"

Tauchexpeditionen

In Puerto López gibt es **eine der ganz wenigen Möglichkeiten, vor dem ecuadorianischen Festland zu tauchen.**

■ **Exploramar Diving**
Direkt am Malecón, Tel. 2300123, in Quito: 02-2563905, www.exploradiving.com. Beste Tauchsaison ist Juni bis Oktober. Betaucht wird vor allem die Insel Salango, aber auch Ausfahrten zur Isla de la Plata sind – etwas teurer – im Programm – bei guter Sicht ein fantastisches Erlebnis. Wenn Tauchgäste vor Ort sind, kann man sich für etwas weniger Geld einklinken, als wenn man von Quito aus bucht.

Ausflüge

Nationalpark Machalilla   XX,A3

Einen Block neben dem Fernmeldeamt **in Puerto López** ist das **Verwaltungszentrum** des Nationalparks Machalilla mit einem angegliederten **Museum** untergebracht. Am Eingang erhält man eine Karte und Informationsmaterial.

Der einzige küstennahe Nationalpark Ecuadors wurde 1979 gegründet und umfasst 55.000 ha Schutzgebiet, das Küstenteile mit ausgedehnten Stränden, 40.000 ha Trocken- und Nebelwald sowie zwei Inseln in einem 20.000 Hektar großen Meeresgebiet einschließt. Im Park verteilen sich einige **archäologische Fundstellen** der Manta-, Machalilla- und Chorrera-Kultur, die teils zur Besichtigung freigegeben sind.

Die **Vegetation** besteht zum Großteil aus tropischen Trockenwaldbeständen, darunter Kapokbäume, Palo-Santo-Hölzer und Ficus-Arten.

In der Fauna ist die **Vogelwelt** hervor-zuheben: Papageien, Fregattvögel, Pelikane und Tölpel bevölkern das Gebiet.

Führer zeigen dem Besucher die Vielfalt des Küstenparks.

Der **Parkeingang** befindet sich 7 km nördlich von Puerto López. Die Parkgebühr zahlt man einmal für bis zu fünf Tage Aufenthalt im Gebiet. Sie ist auch am Platz im Dorf bei INEFAN zahlbar.

⌃ Fast menschenleer präsentiert sich der Strand von Los Frailes

Auf einem 5 km langen Weg gelangt man zur Ortschaft **Agua Blanca,** wo in einem Archäologischen Museum die Ausgrabungsarbeiten an einer nahe gelegenen, öffentlich zugänglichen Fundstelle der Manta-Kultur erklärt werden. Man zahlt für diesen Ausflug keinen Nationalpark-Eintritt, sondern lediglich einen Tageseintritt von 3 \$. Eine **schwefelhaltige Lagune** bietet eine willkommene Erfrischung nach einem Spaziergang durch den heißen Trockenwald (Silberschmuck kann nach einem Schwefelbad die Farbe wechseln, für den Körper ist ein Bad jedoch gesund). In Agua Blanca können Pferde gemietet werden, mit denen man in 4–5 Stunden das Nebelwald-Dorf **San Sebastián** erreicht. **Wichtig:**

e2013-009 peko

Nur 2 km vor der Küste ragt die **Isla Salango,** eine Insel, die in den Machalilla-Nationalpark eingebunden ist, aus dem Meereswasser, die leicht mit dem Fischerboot von Salango erreichbar ist.

Isla de la Plata

Auch wenn die Bezeichnung „**Galápagos en miniature**" der Einzigartigkeit von Galápagos unrecht tut, so bringt sie doch etwas vom Reiz der Isla de la Plata zum Ausdruck. Die Insel, nordwestlich von Puerto López ungefähr 40 km dem Festland vorgelagert und Teil des Machalilla-Parks, beheimatet manche Galápagos-Tiere: Blaufuß- und Rotfußtölpel-Kolonien nisten auf dem Boden und im Gebüsch. Fregattvögel ziehen ihre Kreise, Pelikane paddeln im Wasser, im September sind Albatrosse zu Besuch. Ein kleines Korallenriff bietet Gelegenheit zum Schnorcheln. Pro Person werden 40 $ für die Überfahrt verlangt (plus Nationalparkgebühr), je nach Anbieter (ab Puerto López), z.T. inkl. Schnorchelausrüstung. Der Inselrundgang kann sehr heiß werden!

Auf der asphaltierten Strecke von Puerto López nach La Libertad werden viele **Feriensiedlungen** errichtet. Doch noch gibt es schöne Strände zu entdecken, und vielen kleine Dörfer unterwegs laden zu einer Fahrtunterbrechung ein.

Salango   XXI,A1

Im Fischerdorf Salango kurz hinter Puerto López lohnt ein **Besuch des Archäologischen Museums.** Die Alter-

Dieser Ausflug muss auf jeden Fall einen Tag vorher organisiert werden.

10 km nördlich von Puerto López führt eine Piste zu dem wunderschönen einsamen **Strand von Los Frailes.** Von einem Aussichtspunkt *(Mirador)* lassen sich die angrenzenden Buchten überschauen. Da der Strand im Nationalpark liegt, wird hier die Parkgebühr erhoben. Für 20 $ kann man eine Camioneta mit Fahrer für die Strecke von Puerto Lopez nach Agua Blanca und Los Frailes mieten. Wenn es nicht zu heiß ist, fährt man preiswert mit dem Bus bis zum Parkhäuschen und geht etwa 1½ Stunden einen schönen Weg zum Strand von Los Frailes. Die Autostraße selbst legt man per pedes in etwa 1 Stunde zurück.

tumsforscher in Ecuador sind seit einigen Jahren damit beschäftigt, in großen Ausgrabungsstätten landesweit nach Relikten präkolumbischer Kulturen zu suchen. In Salango wurden größere Funde gemacht, die zukünftig in dem Museum ausgestellt werden sollen.

■Restaurante Delfin Mágico
Am Parque gelegen, Tel. 04-2780291. Hier gibt es die besten Meeresfrüchte weit und breit.

Puerto Rico   XXI,A1

Am weiten Strand von Puerto Rico und nur 15 Busminuten südlich von Puerto López liegt die Hostería La Barquita.

■Hostería La Barquita
Tel. 04-2780051, 04-2780483, 099-3698818, www. labarquita-ec.com; EZ 20 $, DZ 32 $, schweizerische Leitung, Zimmer mit Warmwasser, Moskitonetzen und Hängematten außen; Restaurant, Bar, Ausritte für 6 $ p.P., organisieren Ausfahrten zur Isla de la Plata für 35 $ p.P., Surfkurse nebenan bei *Ricardo*. Empfehlung!

■Cabañas Viejamar
Tel. 098-7817310, 099-0040264, www.viejamar. com, viejamar@hotmail.com, EZ 27$, DZ 51 $ inkl. Frühstück. 5 Bungalows mit gemütlichem Ambiente, Pool, Surfschule, vielen Spielen, WiFi, Restaurant und Bar.

Ayampe   XXI,A1

Erwähnung verdient die Hostería Atamari kurz vor dem Dorf Ayampe auf einem Bergvorsprung hoch über der Küste: Bungalows in ruhiger Lage mit Panoramablick bilden eine schöne Anlage.

■Hostería Atamari
Km 38 auf der Straße Puerto López – Santa Elena, Tel. 04-22780430, -431, Reservierung vor Ort: 04-2780430, 04-2780431, 099-1901300, www.amari-

▷ Salango: Gemälde im Archäologischen Museum

resort.com; DZ 122 $, Cabaña 171 $, jeweils mit Frühstück. Tauchschule im Hotel.

■ Eine Alternative in Ayampe sind die einfacheren **Cabañas de la Tortuga,** die auch einen Zeltplatz haben; Tel. 099-3834825, www.latortuga.com.ec; EZ 24 $, DZ 40 $, Frühstück 4–5 $.

Nach Alandaluz verlässt man die Provinz Manabí und gelangt in die Provinz Guayas. Vorbei an weiteren Stränden bei **San José** und **Olón** kommt man nach Montañita (ca. 40 km ab Puerto López).

Montañita   XXI,A/B2

Der Strand hier galt unter einheimischen Surfern lange als Geheimtipp. Noch 2008 empfahl das Magazin der *Süddeutschen Zeitung* Montañita als einen der „Zehn perfekten Trips" – als eines der weltweit „schönsten Reiseziele, an denen Hippies schon vor 40 Jahren gepflegt ihr Marihuana rauchten". Doch inzwischen hat sich der lockere Surfer-

An der Küste (Costa): Route C 3

Platz zu einem **„Ballermann Ecuadors"** entwickelt, ein Ort, an dem ausufernde Partys, laute Musik und reichlich Cocktails die Erholung und das einstige Idyll verdrängt haben. Der Ort selbst ist dicht mit Bars, Hostals und Straßenständen bestückt. Leider wurde uns auch von Taschendieben und kleinen Überfällen berichtet. Eine Leserin empfiehlt als Kontrastprogramm den stillen Ausflug durch Ananasplantagen zu Wasserfällen im Hinterland, wie ihn mehrere Agenturen im Ort anbieten.

Praktische Infos

■ **Tel. Vorwahl: 04**

Unterkunft

■ **Hostería Baja Montañita Resort**
Sector la Punta Richtung Olon, Tel. 2060018 und 2568840, www.bajamontanita.ec; EZ 92 $, DZ 104–116 $; tolle, luxuriöse Cabañas, Bar, Restaurant, Pool und Whirlpool.

■ **Hostal La Casa Blanca**
Tel. 099-3183202, geräumige, saubere Zimmer für EZ/DZ 12/24 $ inkl. Frühstück, die Besitzer sprechen deutsch, englisch und spanisch – empfohlen.

■ **Hostal Brisas Marinas**
Av. 15 de Mayo; DZ 25 $, sehr freundliche Familie, Aufenthaltsraum und Küchenmitbenutzung.

■ **Hostal El Centro del Mundo**
Av. Principal Malecón y Vicente Rocafuerte, Tel. 2782831, 098-6193459; 9–12 $ p.P.; Surfertreffpunkt am Strand, gutes Frühstück, Videoverleih.

■ **Casa del Sol**
Nahe Baja Montañita Resort, www.casadelsolsurfcamp.com; schöner Holzbau, 25–40 $ p.P. inkl. Frühstück (je nach Saison), Surfunterricht, Live-Jazz am Wochenende.

■ **Hotel Montañita**
Tel. 2060065, 099-137373, hotelmontanitareserv @hotmail.com, im Hauptort direkt am Strand, mit kleinem Pool auf der Sonnenterrasse, kleine Bar und Dachterrasse, sehr gutes Essen; Zimmer schlicht, aber gepflegt, mit Bad und warmen Wasser; Zimmer im 1. und 2. Stock mit toller Aussicht auf den Strand, DZ 40–45 $, Frühstück 4–7 $.

■ **Hostal Kundalini**
Direkt am Strand, Tel. 099-9541745, www.hostal-kundalini.com.ec; EZ 35 $, DZ 45 $ mit BP und Moskitonetzen. Außerdem PC, WiFi und Hängematten.

■ **Hostal Paradise South**
Santa Elena, zweite Reihe im Ort hinter der Holzbrücke, 30 m zum Strand, Tel. 099-7878925, 099-9617661. DZ mit Bad, Ventilator und Klimaanlage 15–30 $ inkl. Frühstück. Hängematten im Garten. Kinderfreundlich mit Rasenfläche und Volleyballnetz (Lesertipp).

■ **Hostal Sole Mare**
Tel. 2060119, 099-9532892, EZ/DZ 15–30 $, inkl. Frühstück. Zimmer mit Blick aufs Meer, zudem gibt es hier Hängematten und einen großen Balkon.

■ **Tikilimbo Backpackers Hostal**
Tel. 2060019, 099-3677086, www.tikilimbo.com; EZ/DZ 17/25 $, freundliche Atmosphäre, Surfen, gutes Essen, vegetarische Küche. Empfehlenswert!

■ **Charós Hostal**
Im Zentrum am Malecón gelegen, Tel. 2060044, 099-9386474, www.charoshostal.com; DZ 45 $, Frühstück 4 $, mit BP und warmem Wasser, außerdem Pool, Restaurant und Bar.

Essen und Trinken

■ Gut ist die **Bar El Quilla**. Im **Casa Blanca** (30 m vom Strand) gibt es Surfbretter und Surflehrer. Andere surfen hier im Internet.

■ **Mahalos**
An der 1. Kreuzung links; geschmackvolle Kneipe, mittags gutes Essen, nachmittags feiner Kaffee und abends leckere Cocktails bei guter Musik; Billard-

tisch und Bücherecke; das von Surfern frequentierte Lokal ist vor allem Fr und Sa der ideale Partytreff.

■ **Hachis**
Rustikale Kneipe an der Hauptkreuzung, Fr und Sa Live-Musik von Klassik bis Rock.

■ Surferfreunde haben in letzter Zeit gut gegessen bei Viejamar, im **Papaya,** vorzüglich in der **Casa Blanca** und preiswert im **Tiburón.**

Geldwechsel

■ In Montañita gibt es einen **Geldautomaten,** und zwar im Zentrum am Hotel Montañita.

Manglaralto   XXI,B2

Unmittelbar hinter Montañita, 10 km vor Valdivia, liegt direkt am Meer das kleine Fischerdorf Manglaralto. Ein **sehr schöner Strand** und einige (einfache) Unterkünfte lassen einen längeren Aufenthalt zu. Der Keramikstand an der Straße zwischen Montañita und Manglaralto lohnt einen Stopp für Freunde von Auflauf, Rumtopf und Co.

Unterkunft

■ **Hostería Marakaya**
An der Kirche bis zum Strand fahren, Tel. 04-2901294, 099-9619239, www.marakaya.com; EZ 18 $, DZ 32 $, „sicher und schön", so eine Lesermeinung, mit Ventilator und Moskitonetzen, andere Zimmer mit Klimaanlage.

■ **Hostal Playa Azul 14**
Direkt am Strand, Besitzer ist die nette Familie *de la Cruz García,* Tel. 099-4689645. Kleine Bar, Hängematte, sicher und angenehm, 3–5 $ mit BC.

Ausflüge

Simón Bolívar   XXI,B2

Auf der Suche nach dem **einsamen Strand** in einem kleinen Fischerdorf stießen wir auf Simón Bolívar, auch genannt: **Libertador Bolívar.** Dank dem Panamahut lassen sich hier gut und preiswert ein paar Chillout-Tage zu zweit verbringen. Denn die **Casa del Sombrero** unterhält direkt am Strand zwei hübsche Cabañas (18 $ p.P.), Hängematten und Liegen. Das Restaurant serviert exzellente Ceviches. Besitzer *Carlos Floreano* ist Bob-Marley-Fan, legt aber auch Jazz oder *Gloria Estefan* auf. Kontakt: Tel. 098-6464531, www.lacasadelsombrero.comuna.ec.

Auf dem langen feinen Sandstrand treffen sich morgens die Fischer am Netz, abends spielt die Dorfjugend Fußball. Allein am Wochenende wird es etwas weniger einsam in Simón Bolívar.

Besuchen Sie auch die lichtdurchflutete katholische **Kirche** mit dem beeindruckenden Felsaltar.

Dos Mangas   XXI,B2

Das beschauliche Dorf südlich des Nationalparks Machalilla liegt jenseits aller Touristenrouten und hat einen **Turismo Comunitario** aufgebaut. Es lohnen mehrstündige Ausritte zu Wasserfällen, zur landwirtschaftlichen Produktion und zur **Ernte der Toquilla-Palme** (Panamahut). Meiden Sie aber die heißen Mittagsstunden. Das Dorf ist noch sehr informell, aber hilfsbereit organisiert. Mehrere Familien bieten einfache Zimmer für etwa 4 $ an. Ein Ausritt kostet

An der Küste (Costa): Route C 3

etwa 5 $, ein Führer 15 $ am Tag. Für den Naturpark fällt ein Eintritt von 2 $ an. Spannend ist auch ein Besuch der Tagua-Werkstatt.

Anfahrt: Von Manglaralto fahren alle 45 Min. *camionetas* nach Dos Mangas.

In dem Ort **Barcelona** bietet eine Hutmacher-Kooperative Führungen durch die Produktion von Panama-Hüten an. Alle Herstellungsprozesse – Splissen, Kochen, Bleichen und Trocknen – werden erläutert. Anschließend schaut man den Hutflechtern über die Schulter. Fragen Sie im Ort nach einer Besichtigung, oder buchen Sie eine Tour samt weiterer Stationen in der Region bei **Ecua-Andino Turismo,** Calle Luque 229 y Chile, Guayaquil, Tel. 04-2326375, www. ecuaandino.com.

Anfahrt: Kurz vor Valdivia an einer Kreuzung den Abzweig ins Landesinnere nehmen. Nach 5 km ist man in Barcelona, wohin auch einzelne Busse von Valdivia fahren.

In der Ortschaft **Valdivia,** gut 50 km südlich von Puerto López, gibt es ein kleines Museum mit archäologischen Exponaten zur Valdivia-Kultur.

■ Die **Valdivia Ecolodge** (www.valdiviaecolodge. com) am Südende des Dorfes liegt wunderschön an der steilen Küste nahe bei San Pedro und Valdivia, verfügt es über einen unberührten Strand und eine sehr gute Gelegenheit, den Fischern zuzusehen. Von der Lodge zum Strand führt ein steiler Pfad. Eine Leserin schreibt begeistert von dem „super Ambiente, sehr nettem Service und top sauberen Cabañas"; Preise saisonabhängig ab ca. 18 $ p.P.; Programme: Whale Watching, Reiten, archäologische Touren; in der Nebensaison einsam.

Zwischen Valdivia und La Libertad folgen zunächst die Orte **Ayangue** und **Palmar.** Sie liegen in unmittelbarer Nähe weitläufiger Strände, die ausgedehnte Wanderungen erlauben.

■ Bei Ayangue liegt die **Bungalowsiedlung Cumbres de Ayangue;** eigene Badebucht, kaum Schatten, Meerblick, Restaurant, Pool, Tel. 04-2916041, www.cumbresdeayangue.com, EZ 70 $, DZ 100 $ mit Frühstück.

La Libertad XXI,A3

100 km sind es von Puerto López nach La Libertad auf der **Halbinsel Santa Elena,** auf der noch Santa Elena und Salinas (s.u.) liegen. Santa Elena ist nur in seiner Funktion als Verkehrsknotenpunkt erwähnenswert: Es verbindet La Libertad und Salinas im Westen mit den Stränden weiter im Norden.

La Libertad ist mit über 50.000 Einwohnern die größte Stadt und das Verkehrszentrum der Halbinsel. Die Strände von La Libertad sind im Vergleich zu Salinas weniger stark besucht, aber mindestens so schön; zudem ist die Hotellerie billiger. In unmittelbarer Nähe von La Libertad gibt es weitere **Strände,** so der von Punta Blanca im Norden und jener von Punta Carnero im Süden.

Praktische Infos

■ **Tel. Vorwahl: 04**

Unterkunft (einfach)

◼ **Hotel Palatino**
Cuarta Av. y Calle Guayaquil, Tel. 2786770; DZ mit
BP 15 $ p.P. mit Frühstück, TV, Fitness-Studio.

◼ **Hotel Viña del Mar**
Avenida 3 y Calle Guayaquil, Tel. 2785979; EZ 10 $,
DZ 18 $ mit BP, Ventilator, Urteil einer Leserin: „Si-
cher, sauber, aber unglaublich spartanisch".

◼ **Weitere Unterkünfte** sind Hotel Estrella del
Mar, Residencial Reina del Pacífico und Residencial
Zambano.

Überlandbusse

◼ Mehrmals am Tag starten von diversen Straßen-
ecken Busse und Rancheros nach **Guayaquil** (2½
Std.) und **Salinas** (10 Min.) sowie an die nördlichen
Strände **Palmar/Manglaralto** (1½ Std.) und **Puerto López** (2½ Std.). Außerdem gibt es regelmäßigen Busverkehr nach **Punta Blanca** und **Punta
Carnero.**

◼ **Verkehrshinweis**: Santa Elena ist nicht nur Na-
mensgeber, sondern auch Verkehrsknotenpunkt der
Halbinsel, das kleine Drehkreuz zwischen der Metropole und den Küstendörfern. Von Guayaquil aus
kann man zwar dreimal täglich direkt in die Dörfer
kommen (5, 12 und 17 Uhr mit CLP ab dem Terminal
Terrestre in Guayaquil), aber flexibler ist man mit
den häufigen Verbindungen nach Santa Elena (etwa
alle 20 Minuten, etwa mit CITUP). Nach Valdivia, Simón Bolívar und Manglaralto geht es von dort unkompliziert weiter.

Geldwechsel

◼ **Banco del Pacífico,** 9 de Octubre y Robles Borrero; Tausch von Reiseschecks.

Salinas   XXI,A3

In dem ca. 15 km von Santa Elena, am
Westzipfel der Halbinsel, gelegenen Ort
leben etwa 20.000 Einwohner. Entlang
der Uferpromenade sieht es ein wenig
aus wie an bekannten gesichtslosen Mas-
sentourismus-Zielorten des Mittelmeers:
Wohnhochhäuser, mehrgeschossige Hotels, Casinos und Clubhäuser reihen sich
direkt am langen Badestrand auf. In der
Saison von Januar bis Mai kann es vor
allem an Wochenenden vorkommen,
dass der Strand völlig verdreckt ist und
genauso wie die Hotels überfüllt, dass
Wasser und Strom knapp sind; sonst stehen viele der Bettenburgen leer, und
nicht-ecuadorianische Touristen sind
selten anzutreffen. Den Guayaquileños
gilt Salinas als bester Badeort Ecuadors,
doch diese Meinung teilen nicht alle.

  **Zwischen Juni und Dezember ist das
Wasser empfindlich kühl,** der Himmel
oft wolkenverhangen, und ein starker
Wind lässt nachts die Temperaturen
spürbar sinken, was (mit Einschränkungen) jedoch für die gesamte Küste gilt.

  Salinas lockt aber nicht nur Strandur-
lauber an, sondern ist ebenso beliebtes
Ziel der Sportfischer. Nur 35 bis 40 km
bzw. eine Schnellbootsstunde von der
Küste entfernt fällt die submarine Plattform der Halbinsel rasch in Tiefen bis zu
3000 m ab und hält ausgezeichnete
Fanggründe für Hochseefischer bereit.
Der Schwarze Marlin, der bis zu einer
halben Tonne Gewicht auf die Waage
bringt, ist der begehrteste Fisch. In Salinas können bei *Pescatours* **Yachten** zum
Hochseeangeln angemietet werden (Tel.
2772391, www.pescatours.com.ec).

Salinas

nicht maßstabsgetreu   © Reise Know-How 2013

Calle 7

Eugenio Espejo

Jaime Satander

Gabriel Santos

Alfonso Cobos

Los Almendros

Humberto Garcés

Mercedes de Jesús Molina

Calle 15

Las Palmeras

Leonardo Avilés

Fidón Tomala

Rumiñahui

Rodolfo Bacilio

24 de Mayo

B Busse Richtung La Libertad, Calle 1

Eloy Alfaro

Malecón

Los Ficus

Sixto Durán

Luis Gonsález

Jaime Roldós Aguilera

Eduardo Asplazu

Jaime Roldós Aguilera

Iglesia Principal

Rathaus

Parque Principal

Eloy Alfaro

1

Busbahnhof B

Eleodora Peña

3

S Banco del Pacífico

4

Salinas Yacht Club

PAZIFIK

5
6
7

8
8
8

9 Banco del Guayaquil

Malecón

Luperico Bazán M.

Luis Gilbert P.

General Enríquez Gallo

Rafael de la Cuadra

Diego A. Nuñez

José Alberto Estrella

Armando Barreto

Capitanía

■ Übernachtung
1 Yulee
4 Cocos
5 La Roca
6 Albita
7 Salinas Costa Azul
9 Salinas

■ Essen und Trinken
8 Schnellimbisse

■ Sonstiges
3 Pesca Tours

An der Küste (Costa): Route C 3

La Puntilla, noch ein Stück westlich von Salinas und westlichster Punkt des ecuadorianischen Festlandes, dient der ecuadorianischen Marine als Stützpunkt. Deshalb bedarf der Besuch des Steilufers, wo die Wellen sich imposant an den Klippen brechen, der Erlaubnis des Militärs. Mit ein bisschen Geschick und der nötigen Freundlichkeit dürfte das kaum ein Problem darstellen.

Praktische Infos

■**Tel. Vorwahl: 04**

Informationen/Infrastruktur

■**Touristeninformation i-Tur,** Cantón Salinas, Eloy Alfaro zwischen Mercedes de Jesús Molina und Los Almendros, Tel. 2940869, Mo bis Fr 8–12 und 13.30–17.30 Uhr.
■Ein **Touristenbüro** findet sich an der Ecke Malecón y Calle 36.
■In Salinas tauscht u.a. die **Banco del Pacífico** in der Calle General Enríquez (= Av. 2) y Calle 19 Reisechecks von MasterCard.
■Will man die Küstenregion Richtung Norden bereisen, empfiehlt es sich, in Salinas bzw. La Libertad ausreichend Geld zu wechseln, da dann bis Jipijapa im Landesinnern bzw. Manta an der Küste keine Tauschgelegenheit mehr besteht.
■Ein **Postamt** befindet sich an der Ecke Av. 2 y Calle 7, geöffnet Mo bis Sa 9–17 Uhr.
■PACIFICTEL hat eine **Fernmeldezentrale** in der Calle 20 zwischen Av. 3 und Av. 6.

Unterkunft

Da während der Woche oft Hotelzimmer leer stehen, empfiehlt es sich in Salinas zu feilschen. Häufig können Rabatte bis zu 50 % ausgehandelt werden.

■**Hotel Salinas Costa Azul**
Gral. Enríquez Gallo y Calle 27, Tel. 2774280; EZ 25 $, DZ 35 $ mit BP, Ventilator; moskitofreie Zimmer, guter Service, Pool, Diskothek, Garage und Restaurant.
■**Hotel Yulee**
Am Park, Tel. 2772028; EZ 8–15 $, DZ 16–30 $, Frühstück 2–3 $, Warmwasser, AC, Kabel-TV.
■**Hotel Albita**
Barrio Bazón, Av. 7 entre Calle 22 y 23, Tel. 2773211; EZ 10 $, DZ 20–40 $ mit Ventilator und TV.
■**Hostal Cocos**
Malecón y Fidón Tomalá, Tel. 2770361, 2770371, 2772609, www.cocos-hostal.com; EZ 49 $, DZ 61 $, Frühstück 3–4 $, mit BP; am Strand.
■**Hotel Salinas**
José Alberto Estrella y Gral. Enríquez Gallo, Tel. 2772993 und 2772179, hotelsalinas@porta.net; EZ 25 $, DZ 35 $ mit BP und Kabel-TV.
■**Hostal La Roca**
Gral. Enríquez Gallo y 24 de Mayo, Tel. 2771096; 6 $ p.P. mit BP und Ventilator.

Essen und Trinken

Es findet sich eine ganze Reihe von **Restaurants und Bars** (und auch Discos) im Ort; beim Verzehr von Salaten ist aber Vorsicht angebracht!

———————————————

Von der Halbinsel Santa Elena bzw. Salinas/La Libertad sind es 136 km bis in die Küstenmetropole Guayaquil. Bis Progreso durchquert man die „Kakteenwüste" Ecuadors. Die vereinzelt mit Kapokbäumen bestandene Savannenlandschaft soll in Zukunft zum Nationalpark erklärt werden.

Auf halber Strecke zwischen La Libertad und Progreso führt rechter Hand eine Straße südwärts an die Küste und endet nach 10 km in dem kleinen Fischerdorf **Chanduy,** wo archäologische Ausgrabungen stattfinden; die Fundstücke von Frühkulturen sind in einem kleinen Museum ausgestellt.

In **Progreso** (ca. 70 km von Santa Elena entfernt, in ecuadorianischen Karten häufig unter dem Namen Gómez Rendón eingetragen) gabelt sich die Straße: Rechts führt sie weiter in den Süden nach Playas, links geht es nach Guayaquil. Bevor wir die Millionenmetropole Guayaquil ansteuern, besuchen wir Playas. Auf dem Weg dorthin verwandelt sich die Savannenlandschaft in kurzer Zeit in eine Halbwüste, in der nur (Kandelaber-) Kakteen wachsen. Nach 21 km ist der Badeort Playas erreicht.

⌃ Eisverkäufer am Strand von Salinas

Playas

Playas (span. = Strände), auch General Villamil genannt, ist ein lang gezogenes, nüchternes **Städtchen mit Badebucht,** das viele Guayaquileños übers Wochenende und in den Ferien aufsuchen. In der Bucht treiben Balsaholzflöße, mit einem Segeltuch bespannt. Frühmorgens sortieren die Frauen den Ertrag der nächtlichen Fischzüge ihrer Männer. Am Ortseingang beginnt die Av. Paquisha, die direkt an den Badestrand führt. Er geht sehr flach ins Meer, das Wasser ist sauber und ruhig. Der **starke Wind** allerdings macht den Aufenthalt nur dann erträglich, wenn man sich eines der Strandzelte ausleiht, die es am Strand zu mieten gibt. Geht man den Strand ab, bekommt man die Villen reicher ecuadorianischer Familien zu sehen.

Werktags und außerhalb der Saison ist es geradezu gespenstisch ruhig. Die touristische Infrastruktur ist hinreichend ausgebaut, Hotels und Restaurants/ Bars gibt es genügend.

Praktische Infos

■ **Tel. Vorwahl: 04**

Informationen/Infrastruktur

■ **Banco de Guayaquil** akzeptiert VISA-Kreditkarten und Reiseschecks.
■ Ein kleines **Postamt** ist an der Ecke Juan Pablo y Calle C10. Die Öffnungszeiten sind Mo bis Fr 8.30–17.30 Uhr.
■ Im Westen des Dorfes befindet sich ein **Fernmeldebüro** von PACIFICTEL, das die ganze Woche über geöffnet ist.

Unterkunft

Einfache Unterkünfte
Sie finden etliche preiswerte Unterkünfte **am Strand und im Dorfkern.** Da Playas ein Saison-Ferienort ist, wechseln Zustand und Öffnungszeiten häufig. Überall kann es gerade an Wochenenden und in den Ferien laut werden. Die Preise schwanken deutlich zwischen Haupt- und Nebensaison.

■ **Hotel Dorado**
An der Strandpromenade, Tel. 2760402; EZ 30 $, DZ 35 $, teils mit Meerblick, Balkon, freundlich, Restaurant, Bar, AC oder Ventilator, Kühlschrank, TV, nebenan liegt eine Disco …
■ **Hotel Rey David**
Strandnähe, von der Plaza aus an der großen Disco vorbei Richtung Strand, Tel. 2760024; EZ 15/20 $,

DZ 30/40 $, schöne, freundliche, saubere DZ mit Dusche/WC.

Mittelklasse-Hotels
■ **Hostería Bellavista**
2 km außerhalb, Tel. 2760600, 099-3948423, www.hosteriabellavista.com; EZ 54 $, DZ 88 $, Frühstück 5 $, mit BP, TV, AC, schweizerische Eigentümer, freundlich, sauber, vielerlei Freizeitaktivitäten, Küche mit exzellenten Ceviches, Sauna, Pool, Fitness-Studio, Yacuzzi, Squash, Sportplätze, „ökologische" Ausflüge in die Umgebung für 20–50 $ p.P. – Empfehlung.
■ **Hotel Las Redes**
Calle Jaime Roldos Aguilera, Km 1 via Data-Playas, Tel. 2760222, www.hotellasredesplayas.com; EZ 35 $, DZ 45 $, Frühstück 4 $. Helle, einfache Ferienanlage in 4. Reihe hinter dem Strand mit Pool und Restaurant, Zimmer mit AC und Kabel-TV.

Nachtleben

■ Die **Discoteca Noches de Bohemia** direkt neben dem Postamt (s.u.) ist der allabendliche Treffpunkt.

Überlandbusse

■ Von der Av. Paquisha fahren alle 30 Min. Busse **nach Guayaquil** (1½ Std.). Warten Sie an der Ecke Paquisha y Guayaquil oder gehen Sie direkt zur Busstation von *Transportes Villamil* in der Calle Pedro Menéndez; der Bus passiert *Progreso* nach 30 Min.
■ Wer **nach Salinas** fahren möchte, nehme einen Bus nach Progreso und steige dort um (insgesamt 2 Std.).
■ **Nach Posorja** (30 Min.) verkehren Busse mehrmals in der Stunde von der Ecke Guayaquil y Av. 7 (Straße nach Posorja).

An der Küste (Costa): Route C 3

Ausflüge

Posorja (20 km)

Über die Av. Guayaquil gelangt man von Playas auf die Küstenstraße nach Posorja. Unterwegs bieten sich Abstecher zu weiteren Stränden an. Die Wasserqualität lässt jedoch zu wünschen übrig.

Eine Fahrtunterbrechung lohnt im kleinen Dorf **Data de Villamil,** das eine lange Schiffsbautradition aufweist.

Posorja ist nach 30-minütiger Fahrt erreicht. Das kleine Fischerdorf am Canal de Morro ist ein **Zentrum der Garnelenindustrie.** Die Fischverarbeitung lockt viele Seevögel an. Der Strand ist dreckig, eine Folge der industriellen Abwässer von Guayaquil, die mit dem Río Guayas ins Meer gelangen.

Gegenüber von Posorja, im Golf von Guayaquil, liegt die **Isla Puná,** bekannt für archäologische Funde aus der Zeit der Valdivia-Kultur. Zu erreichen ist sie ausschließlich mit dem Boot von Guayaquil aus.

Morro (10 km)

Das Dorf ist nicht sehr attraktiv und das einzige historische Bauwerk, eine große Holzkirche, nicht sehr gut in Schuss. Aber 3 km hinter dem Ort gelangt man an seinen Flusshafen **El Puerto de Morro.** Hier liegt eine alte Garnelenfischer-Flotte im Schlick, die portugiesische Siedler von der Insel Madeira einst nach Ecuador gebracht haben, wie Namen wie „Rio Branca" noch heute verraten. Von hier aus lassen sich Touren in die üppigen Mangroven organisieren. In diesem kleinen Zufluss zum Río Guayas, ja fast in den offenen Pazifik, leben jede Menge Delfine. Und an der Mündung liegt eine Inselgruppe mit einer der **größten Fregattvogelkolonien,** etwa 3000 Tiere leben hier auf engem Raum zusammen. Unser Tipp (siehe auch unter „Guayaquil: Ausflüge ab Guayaqil/Vogelinsel Las Fragatas")!

Wer seine Ausfahrt nicht selbst organisieren möchte, kann sich auch hierbei an den Guayas-Spezialisten wenden, die Agentur *Ecua-Andino* in Guayaquil.

Zurück von Playas in Progreso sind es noch 62 km bis Guayaquil. Vor der Einfahrt in die Stadt erstreckt sich im Süden **El Salado,** ein **Mangrovengebiet,** das von der Garnelen-Industrie noch weitgehend verschont geblieben ist. Die Umweltschutzorganisation *Fundación Natura* versucht, das Gebiet vor wirtschaftlicher Ausbeutung zu schützen.

Guayaquil XXII,A1

Mit schätzungsweise **3 Millionen Einwohnern,** die im Zuge der Landflucht praktisch täglich mehr werden, ist Guayaquil die **größte Stadt Ecuadors** und das wichtigste Wirtschaftszentrum des Landes: Über den 1979 eröffneten, am Ufer des **Río Guayas** gelegenen Hafen Puerto Marítimo werden rund 90 % der ecuadorianischen Importe und große Teile des Exports abgewickelt.

> In Guayaquils Hafen liegt häufig das Marine-Segelschulschiff „Guayas"

Der Name der Stadt erinnert an den **Puna-Häuptling Guayas,** einen Kämpfer gegen Inkas und Spanier, und an **seine Frau Quill.** Zuletzt tötete der tapfere Krieger seine geliebte Frau, um sie nicht den Spaniern überlassen zu müssen, ehe er sich selbst das Leben nahm.

Als **Stadtgründer** gilt **Francisco de Orellana,** der 1537 an der Stelle einer alten Indianersiedlung den Grundstein legen ließ. Schon in der Zeit der Audiencia de Quito wurde Guayaquil zum wichtigsten Überseehafen des Landes. Anfangs bestand die Stadt fast ausschließlich aus Holzhäusern, die dem Stadtbrand von 1896 weitgehend zum Opfer fielen. Der Wiederaufbau erfolgte in Putz und Stein, die Stadt nahm allmählich ihr heutiges Aussehen an.

Schier unglaublich, wie sich die pulsierende Küstenmetropole in den vergangenen Jahren gewandelt hat. Zumindest der Kern der Innenstadt, der Uferbereich der Promenade „Malecón Bolívar" und der Altstadthügel **Cerro de Santa Ana** haben ihr urbanes Gesicht nahezu chirurgisch verändert. Nun wurde es weiter entwickelt hin zum künftigen **Yachthafen** von Guayaquil, am Fuße des Cerro de Santa Ana.

Einst gefährliche und dunkle Straßen erstrahlen heute im Licht einer **neuen Stadtphilosophie:** Beleuchtung, Bewachung und Bewahrung. Alte Gebäude wurden restauriert, Straßen gepflastert und abendlich beleuchtet, Fußgängerzonen eingerichtet. Sogar das legendäre Chaos der Stromkabel hat man in den Untergrund gelegt.

Herzstück ist die lange Uferpromenade am Río Guayas; sie ist heute ein moderner bis romantischer Freizeitpark, architektonisch ambitioniert und stadthistorisch selbstbewusst. Auf der Prome-

An der Küste (Costa): Route C 3

nade und an quasi jeder Ecke der Innenstadt wachen heute bewaffnete Sicherheitsdienste.

Die immensen sozialen und stadtökologischen Probleme Guayaquils sind weitgehend aus der Innenstadt gekehrt, was selbst Bettler und mobile Händler zu spüren bekommen. Die seit Jahrzehnten rechte **Stadtregierung** unter *León Febres Cordero* und dem aktuellen Bürgermeister *Jaime Nebot* (PSC) hat mit ordnender Hand einen öffentlichen Raum geschaffen, wo Touristen, aber auch Guayaquileños selbst gerne entspannen, flanieren und ihre **Stadt wieder entdecken.** Heute empfehlen wir – und das haben wir eigentlich noch nie zuvor ehrlichen Gewissens tun können – einen zwei- bis dreitägigen Besuch von Guayaquil und Umgebung. Erstmals haben wir daher einen etwa dreistündigen Stadtrundgang für Guayaquil ausgearbeitet. Der den Weg lohnt, wenn wir auch das heiße und schwüle **Tropenklima** nicht vertreiben können.

Die **Sicherheitslage** hat sich in den oben ausgewiesenen Bereichen der Stadt deutlich geändert: Bei den üblichen Vorkehrungen für Großstädte setzt man sich in diesen Teilen der Stadt keinen größeren Gefahren aus. Außerhalb der streng bewachten Bereiche besteht hingegen weiterhin ein erhebliches Sicherheitsrisiko für Touristen. Ohne Fahrzeug und Führer sollte man diese durchaus großen Regionen der Stadt nicht besuchen.

Hinweis zu den Straßennamen in der Innenstadt: Zwar ist das Zentrum Guayaquils nahezu im Schachbrettmuster angeordnet. Doch die in Nord-Süd-Richtung verlaufenden Avenidas haben in der Regel zwei Namen, wie zum Beispiel Av. Rocafuerte und Av. Pedro Carbo, was der gleiche Straßenzug ist. Die „Namensscheide" liegt meist an der kreuzenden Hauptstraße Avenida 9 de Octubre.

Stadtrundgang

Unser Rundgang beginnt am **Parque Seminario.** Dieser kleine, aber vielleicht schönste Stadtpark liegt vor der großen **neugotischen Kathedrale** von Guayaquil mit ihrem beeindruckenden Marmoraltar.

Das Zentrum dieses ersten Parks der Stadt schmückt eine imposante **Reiterstatue** des Befreiers *Simón Bolívar.* Sie ist umgeben von Gummibäumen, Palmen, Akazien, Ficus sowie indischen Mango- und Mandelbäumen. Darin leben die Stars des Parks: eine Kolonie von über **300 Grünen Landleguanen,** die hier ihre natürliche Heimat nie verlassen haben – vor 200 Jahren war dieser Teil der Stadt noch Mangroven- und Schwemmland. Die stattlichen und farbenprächtigen Tiere werden in ihrer nunmehr urbanen Umgebung von den Hoteliers und Gemüsehändlern ernährt. Tägliche Fütterung der zahmen Wildtiere ist mittags um 12 Uhr. Doch schon gegen 10 Uhr klettern sie aus den Bäumen, und auch nachmittags kommen sie gerne noch einmal herunter. Auf der kleinen **Freilichtbühne** der Glorieta gibt es leider nur noch zum Stadtgründungstag am 25. Juli ein Platzkonzert. Vom Parque Seminario aus, den die Leute auch einfach

▷ Tolle Aussicht vom Cerro de Santa Ana

„Parque de las Iguanas" nennen, geht es über die Calle Chile Richtung Süden.

Vier Straßenblocks weiter, an der zu kreuzenden Calle Chiriboga, trifft man auf die **Vieja Casona Universitaria,** eines der schönsten Gebäude der Stadt, in dem heute u.a. eine Musikschule und eine Bibliothek untergebracht sind. Architektonisch ist das mehr als hundertjährige Patiohaus mit zahlreichen italienischen Stilelementen versehen. Unter den Stuckdecken und zwischen den zahlreichen Säulen und Büsten mit Abbildern berühmter Universitätsmitglieder befindet sich auch die Ehrentafel für Ecuadors erste weibliche Studentin: die italienische Medizinerin Aurelia Palmieri.

Prunkstück des Hauses ist jedoch das Auditorium **Salon de Honor Simón Bolívar.** Der in Holz gearbeitete historische Vortragssaal der früheren Universität beherbergt ein immenses und kaum bekanntes Gemälde des berühmten ecuadorianischen Malers *Oswaldo Guayasamín.* Mit Hilfe des liebenswerten Mitarbeiters *Fausto Paredes Meza* können Sie das **Alte Universitätshaus** täglich von 9 bis 18 Uhr besichtigen. (Eintritt frei, Trinkgeld erfreut).

Einen Block weiter biegen Sie von der Calle Chile schräg nach links in den Bulevar Olmedo. Hier, teils unter der großen Autobrücke, treffen Sie auf einen nunmehr geordneten **Straßenmarkt** vor allem für Kleidung, durchaus ein Ort für Schnäppchenjäger.

Am Ende des Boulevards, direkt vor dem Malecón, betreten Sie rechts einen langen Platz. Hier hinter dem **Club de La Unión** liegt der große **Palacio de Cristál.** Bei diesem „Glaspalast" handelt es sich um eine sehenswerte Stahlkonstruktion, die vor rund 100 Jahren aus Brüssel importiert wurde und bis 1998 an dieser Stelle den Ufermarkt der Stadt beherbergte, den **Mercado del Sur.** Fisch- und Gemüseauslagen sind heute den verglasten und klimatisierten Ausstellungsräumen für **zeitgenössische Kunst** gewichen, die auch schon Picassos und Rembrandts beherbergten. An diesem angeblich, aber nicht nachgewiesen, von Eiffel – oder einem seiner Schüler – konstruiertem Gebäude beginnt die Begehung des „Malecón 2000" (von 6 bis 24 Uhr geöffnet), heute Malecón Bolívar genannt.

Wer nicht an dem angrenzenden **Kunsthandwerksmarkt** interessiert ist, geht nun Richtung Norden am luftigen

◁ Kiosk in der Innenstadt

Ufer des breiten **Río Guayas** entlang. Sehenswerte Holz- und Stahlkonstruktionen führen einen zunächst vorbei an der Statue von *José Joaquín de Olmedo*, der erste Bürgermeister der Stadt. Hinter einer **gastronomischen Zeile** mit Snackbars und Cafés liegt unterhalb des Uferwegs ein vollklimatisiertes, langgestrecktes Einkaufszentrum, durchaus modernes Kulturgut von Guayaquil. Nördlich von diesem *Centro Comercial Malecón* macht das **Ausflugsschiff El Morgan** fest, das spätnachmittags und abends zu einer etwa einstündigen Fahrt auf dem Río Guayas ablegt (Fahrpreis ca. 4 Euro, am Wochenende lange Fahrten mit offener Bar für 15 $).

Auf der Höhe der Calle 10 de Agosto befindet sich der hoch aufragende **Uhrturm Torre Morisca**, ein achteckiger Turm arabisch-byzantinischen Stils von 1931. Hier verlässt unser Rundgang den Malecón für einen Moment.

Die Straße überquerend, treffen Sie auf das wuchtige republikanische Gebäude der Stadtverwaltung mit seiner hohen Glaskuppel, den **Palacio Municipal** und daneben auf den ebenfalls aus den 1920er Jahren stammenden **Palacio de la Gobernación,** einen Polizei- und Regierungssitz der Provinz.

Zwischen diesen beiden Gebäuden befindet sich – nomen est omen – die kleine **Plaza de la Administración.** Sie beherbergt eine interessante **dreiteilige Skulptur,** die *Olmedo* bei einem Geheimtreffen mit Verbündeten zeigt, die die konspirative Übernahme der Stadt von den Kolonialmächten planten.

Etwas zurückliegend in der kleinen Fußgängerzone thront die **Statue von Mariscal Sucre,** dem Feldherrn der historischen Befreiungsschlacht in Quito.

Nun geht es zurück am Uhrturm auf den Malecón. Direkt nördlich vom Turm und am Zaun zur Straße liegen historisch bemerkenswerte Stufen, die **Escalinata.** Sie traten beim Ausbau der Promenade überraschend ans Licht. Es sind originale Stufen aus dem 19. Jahrhundert, an denen früher Fischer und Händler anlegten, um ihre Waren an die Städter zu verkaufen. So sah das Ufer vor hundert Jahren aus.

Hinter dem *Club Naval* liegt häufig das ecuadorianische **Segelschulschiff „Buque Escuela Guayas",** ein großer Dreimaster mit dem Kondor als Galionsfigur. Wenn vor Ort und soweit das Protokoll der Marine es erlaubt, kann das Schiff besichtigt werden.

La Rotonda heißt das im Halbrund angeordnete große Monument auf Höhe der Avenida 9 de Octubre. Es zeigt die Befreier *Simón Bolívar* und *San Martín* bei einem kurzen Treffen in Guayaquil im Jahr 1822. Damals konnte *Bolívar San Martín* überzeugen, Guayaquil an Großkolumbien und nicht an das Vizekönigreich von Lima anzuschließen.

Kurz hinter dem Denkmal erinnert ein originaler **Erste-Klasse-Waggon** der *Ferrocarriles Ecuatorianos* an die alten Zeiten, als hier noch der Zug vom anderen Ufer übersetzte und somit Guayaquil auch auf dem Schienenweg erreichbar war. Innen ist heute ein städtisches Internetcafé untergebracht.

Abstecher: Für einen späteren Spaziergang empfehlen wir ab der Rotonda weiter Richtung Norden zu laufen, wo Sie in etwa 30 Minuten vorbei an Spielplätzen und Restaurants, an Freilichtbühne und dem neuen Museum der Zentralbank und durch einen kleinen botanischen Garten bis zum modernen

An der Küste (Costa): Route C 3

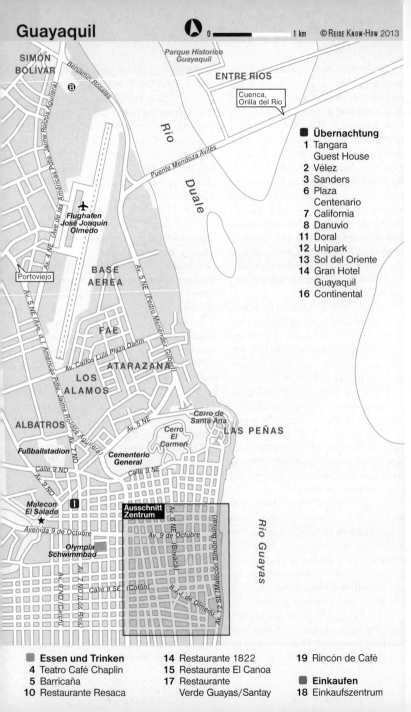

Guayaquil

0 ▬▬▬▬ 1 km   © REISE KNOW-HOW 2013

SIMÓN BOLÍVAR

Ⓑ

Benjamín Rosales

Parque Histórico Guayaquil

ENTRE RÍOS

Cuenca, Orilla del Río

Río Duale

Puente Mendoza Avilés

Av. de las Américas Pdte. Jaime Roldós Aguilera

Av. 4 NE

✈ Flughafen José Joaquín Olmedo

Portoviejo

Av. 5 NE (Ave. d. Américas Pdte. Jaime Roldós Aguilera)

Av. 5 NE (Pedro Menéndez Gilbert)

BASE AEREA

FAE

Av. Carlos Luis Plaza Dañín

ATARAZANA

LOS ALAMOS

ALBATROS

Av. 1 NO

Av. Roldós Aguilera

Av. 5 NE

Cerro de Santa Ana

Cerro El Carmen

LAS PEÑAS

Fußballstadion

Cementerio General

Calle 9 NO
Av. 9 NO

Calle 9 NE

Malecón El Salado ★

❶

Ausschnitt Zentrum

Avenida 9 de Octubre

Olympia Schwimmbad

Av. 6 NE

Av. 9 de Octubre

Av. 7 NO

Av. 9 NO

Los Ríos

Av. 6 NE (Boyacá)

Río Guayas

Calle 8 SE (Colón)

Caichi

B. J. J. de Olmedo

Av. 12 SE (Malecón Simón Bolívar)

Río Guayas

■ Übernachtung
1 Tangara
  Guest House
2 Vélez
3 Sanders
6 Plaza
  Centenario
7 California
8 Danuvio
11 Doral
12 Unipark
13 Sol del Oriente
14 Gran Hotel
  Guayaquil
16 Continental

■ Essen und Trinken
4 Teatro Café Chaplin
5 Barricaña
10 Restaurante Resaca

14 Restaurante 1822
15 Restaurante El Canoa
17 Restaurante
  Verde Guayas/Santay

19 Rincón de Café

■ Einkaufen
18 Einkaufszentrum

Zentrum

0 ━━━━ 200 m © Reise Know-How 2013

IMAX-Kino unterhalb des Cerro de Santa Ana gelangen (siehe unten).

Unser Stadtrundgang geht hier hingegen vom Malecón aus zurück in die Stadt auf seine letzte Etappe.

An der Straßenecke Calle Pedro Icaza und Calle Pichincha hängen **Las Pinturas,** großformatige, exzellente Replikas von zeitgenössischen ecuadorianischen Malern. Die jährlich wechselnden Originale befinden sich im **Museo del Banco Central.** Ein starkes Stück öffentlicher Kunst, auch bei Dunkelheit, wenn die Bilder angestrahlt werden.

Der Calle Icaza stadteinwärts folgend, treffen Sie auf eine zweite Freiluftausstellung von religiösen Gemälden.

Gehen Sie nun nach Süden der Avenida Rocafuerte folgend. Hinter der Avenida 9 de Octubre treffen Sie auf die sehenswerte **Iglesia San Francisco,** die Anfang des 20. Jahrhundert neu erbaut wurde. Auf dem Kirchplatz befindet sich die Statue des ersten ecuadorianischen Präsidenten, *Vicente Rocafuerte.*

Auf der Rückseite der Franziskanerkirche gelangen Sie über die Avenida Chile Richtung Süden zurück zum Ausgangspunkt des Rundweges am Parque Seminario.

Weitere Sehenswürdigkeiten

Cerro de Santa Ana

Das einst „Grüne Hügelchen" der heiligen Ana ist der **erste besiedelte Ort von Guayaquil.** Hier wurde die Stadt 1547 endgültig gegründet. Noch heute leben etwa 4000 Einwohner an dieser magischen Anhöhe mit der großartigen Aussicht über die weite Metropole. Zwar stehen keine Kolonialbauten mehr in Guayaquil, doch Santa Anas Holzhäuser entlang der fast 500 Treppenstufen bis zum „Gipfel" erstrahlen heute in leuchtenden Farben.

Restaurants, Cafés und Galerien säumen die feine Stiege und die gut bewachten Gassen. Oben befinden sich ein Leuchtturm, die neue Kapelle von Santa Ana und eine disney-artige Piratenlandschaft. Nach der Restaurierung des Stadtteils und dem immensen Sicherheitsaufwand ist Santa Ana heute **ein Muss für Besucher** und auch ein El Dorado für **Nachtschwärmer** mit zahlreichen Bars, die am Wochenende sogar bis 3 Uhr öffnen.

Besondere Empfehlung: **Diva Nicotina,** die Eckkneipe ganz unten rechts am Treppenaufgang: gute Musik, internationale Drinks, regelmäßig Live-Musik und hervorragende lokale Zigarren, täglich ab ca. 19 Uhr.

Las Peñas

Das traditionelle **Künstlerviertel** mit etlichen Galerien und Ateliers liegt gleich nebenan. Auf der Flussseite unterhalb von Santa Ana verläuft die zentrale Calle Numa Pompilio Llona. Sie ist die älteste Straße der Stadt, wo man auch romantisch einkehren kann, etwa auf der Dachterrasse von **Arthur's Café** mit Blick auf den Río Guayas. Ende Juli zum Stadtfest verwandelt sich der Stadtteil in einen großen Treffpunkt von Malern und Kunstfreunden.

Es bietet sich an, Las Peñas in Kombination mit dem **Cerro de Santa Ana** zu besuchen. Beide sind über den Eingang zur großen Treppe *(Escalinata Diego Noboa y Arteta)*, aber auch weiter nördlich über die *Escalinata Las Peñas* miteinander verbunden.

Las Peñas zählt heute zu den schönsten Fleckchen in Guayaquil, und zu den wenigen mit dem **Flair der alten Zeiten** von Piraten, Eisenbahnen und Revolutionären.

Plaza del Centenario

Einer der zentralsten Plätze der Stadt ist die Plaza del Centenario an der Avenida 9 de Octubre (6–22 Uhr). **Zahlreiche Bronzestatuen** gedenken der Unabhängigkeit der Stadt und der Nation in den 20er Jahren des 19. Jahrhunderts. Da die **parkähnliche Plaza** die größte innerhalb der Innenstadt ist, wird sie von vielen Guayaquileños als Naherholungsraum besonders am Wochenende und in den Abendstunden besucht.

Die große Geschäftsstraße Avenida 9 de Octubre verbindet die Plaza nach Osten direkt mit dem Malecón 2000. In Gegenrichtung nach Westen führt die Avenida zu dem ebenfalls hübschen **Uferpark Malecón del Salado,** einem Mangrovenarm im Inneren der Stadt, den Sie aber ggf. mit dem Taxi anfahren sollten.

Cementerio General

Der Zentralfriedhof von Guayaquil wurde 1843 eröffnet und ist heute „**Kulturerbe der Nation".** In ihm findet sich eine große Zahl an Mausoleen, Grabstätten und Skulpturen. Die sogenannte „**Weiße**

Stadt" am Fuße des Cerro El Carmen ist mit dem Taxi vom Zentrum aus schnell erreicht. Die Ruhestätte ist bewacht, aber wird mitunter auch von Drogenkonsumenten besucht. Wer sicher fotografieren möchte, fragt, ob ein Wächter ihn gegen ein Trinkgeld von etwa 2 $ begleitet. Den interessantesten Teil des Friedhofs erreichen Sie über das Haupttor „Puerta 3". Von dort auf dem Hauptweg bis zur Statue von *Rocafuerte* gibt es meist keine nennenswerten Sicherheitsprobleme.

Museen

◼ Casa de Cultura
Calle 9 de Octubre y Moncayo, http://guayas.cce. org.ec, Tel. 04-2300500; im Haus sind eine große Goldsammlung und archäologische Exponate zu sehen. Geöffnet ist Di bis Fr 10–18 Uhr, Sa 9–15 Uhr.

◼ Museo del Banco Central
Av. de las Américas 1100 y Av. Juan Tanca Marengo, Tel. 04-2285800; das Museum bietet einen hervorragenden Überblick über sämtliche präkolumbische Kulturen Ecuadors. Geöffnet ist Di bis Fr 9–16 Uhr, Eintritt frei.

◼ Museo Arqueológico del Banco del Pacífico
Keramiken, Schmuck und Werkzeuge, empfehlenswerte Ausstellung. Eintritt frei.

◼ Museo Municipal
Calle Sucre zwischen Chile und Pedro Carbo, Tel. 2599100 ext. 7402, 7403, www.museodeguayaquil.com. Das Stadtmuseum in der Biblioteca Municipal ist auf zwei Stockwerken untergebracht. Im unteren befindet sich eine archäologische Sammlung, die vor allem Keramiken der Prä-Inkazeit, aber auch (Kolonial-) Gemälde mit religiösen Motiven präsentiert. Der obere Stock zeigt Exponate zur modernen Kunst und eine umfangreiche ethnologische Ausstellung mit Schrumpfköpfen, Federschmuck, Werkzeugen, Goldstücken usw. aus dem Oriente. In

einem kleinen Nebenraum schmücken Gemälde ehemaliger Präsidenten und des Geologen *Theodor Wolf* die Wände. Geöffnet Di bis Sa 9–17 Uhr.

■ **Museo Nahim Isaías Barquet**
Calle Pichincha y Ballén, www.museonahimisaias. gob.ec, Tel. 2324182. Das kleine Museum birgt religiöse Kunstschätze sowie archäologische Exponate. Geöffnet Di bis Sa 10–18 Uhr, So und feiertags 11–15 Uhr, Eintritt 1,50 $, So frei.

■ **Museo de Bomberos**
General Cornelio Escipión Vernaza y Malecón Simón Bolívar, Tel. 2308565, www.bomberosguayaqil.gob.ec/index.php/es/museo. Die historische Feuerwache von Guayaquil beherbergt heute ein wunderschönes, kleines Feuerwehrmuseum mit besterhaltenem Gerät und alten Löschfahrzeugen. Geöffnet Di bis Sa 10–17 Uhr, Eintritt 1 $.

Praktische Infos A–Z

■ **Tel. Vorwahl: 04**

Autoverleih

■ **Hertz Rent-a-Car**
Am Flughafen und im Hotel Oro Verde, Tel. 2169035, -36, www.hertz.com, tgl. ab 8 Uhr, ab 69 $ pro Tag.

■ **Budget**
Am Flughafen und in der Av. América (gegenüber vom Hotel Oro Verde), Tel. 2284559, mlarrea@budget_ec.com; Mo bis Fr 7–22 Uhr, So 8–22 Uhr.

■ **Avis**
Am Flughafen und in der Fco. Boloña 713, Tel. 2169092, www.avis.com.ec, xburbano@corpmaresa.com.ec; 7–22.30 Uhr (am Flughafen), 9–17 Uhr (im Zentrum).

▽ Schrumpfkopf im Museo Municipal

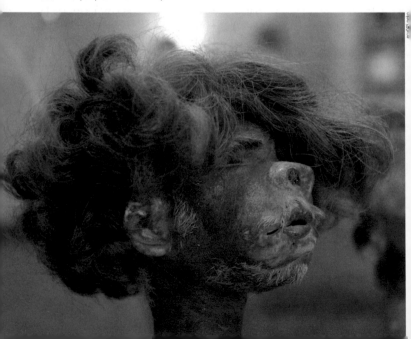

Boote

■ Eine zweistündige **Bootsfahrt mit einer alten Fähre** startet ganzjährig sonntags von der Muelle Terminal Fluvial – ein schöner und preiswerter Ausflug! Die Abfahrtszeit („vormittags") variiert.

■ Tipp: Von derselben Abfahrtsstelle geht auch jeden ersten Sonntag im Monat eine **Tagestour zur Isla Puná,** ein Strandaufenthalt ist mit eingeschlossen (7–18.45 Uhr, 5 $, Kinder 3 $).

Busse

Stadtbusse

■ Über die **unzähligen Buslinien,** die in Guayaquil existieren, gibt das Touristenbüro Auskunft. Zur Jugendherberge Ecuahogar nach Sauces 1 fahren vom Busbahnhof die Linie 2 sowie Mitsubishi-Minibusse *(busetas)* mit der Aufschrift „Sauces". Vom Parque Victoria verkehren Busse zum zentralen Busbahnhof.

■ Eine der wichtigsten Linien ist die **Buslinie 2** „Terminal Arribo": Sie verbindet den Paseo Malecón Bolívar/Av. 9 de Octubre mit dem Flughafen und mit dem Busterminal.

■ **Sicherheitshinweis:** Aufgrund gelegentlicher bewaffneter **Überfälle auf Busse** in der Stadt empfehlen wir, diesen Transportweg, insbesondere mit Gepäck und Wertsachen, generell zu meiden.

Überlandbusse

Überlandbusse verlassen Guayaquil vom **zentralen Busbahnhof** 1,5 km nordöstlich des Stadtzentrums in alle Richtungen. **Wichtige Ziele** sind:

■ **Babahoyo** (1½ Std.)
■ **Cuenca** (5 Std.)
■ **Esmeraldas** (9 Std.)
■ **Lago Agrio** (10 Std.)
■ **Loja** (10 Std.)
■ **Machala** (3½ Std.)

■ **Playas** (1½ Std.)
■ **Portoviejo** (4 Std.)
■ **Quito** (8 Std.)
■ **Riobamba** (5 Std.)
■ **Salinas** (2½ Std.)

Einkaufszentren

■ **Mall del Sol,** in der Nähe des Flughafens, www.malldelsol.com.ec, Mo bis Sa 10–21 Uhr, So 11–20 Uhr – das größte Einkaufszentrum an der südamerikanischen Pazifikküste!

■ **Garzocentro 2000,** La Garzota
■ **Alban Borja,** Av. Arrozemena, km 2,7
■ **Policentro,** Av. Kennedy y San Jorge

Eisenbahn

■ **Der Zugverkehr ist bis auf Weiteres eingestellt.** Von der alten spektakulären Strecke Durán/Guayaquil nach Riobamba wird lediglich noch die „Bergetappe" von der Teufelsnase nach Riobamba bedient (siehe dort). Allerdings haben die *Ferrocarriles Ecuatorianos* weiterhin Personal in ihren Werkstätten am Bahnhof von Durán, und Eisenbahnfans können dort die beiden alten Dampfloks und so manche Technik aus vergangenen Zeiten besichtigen. Es empfiehlt sich eine vorherige Anfrage im zentralen Büro in Quito. Die **hundertjährige Linie** Guayaquil/Durán – Quito soll übrigens 2013 wieder vollständig befahren werden. Infos unter Tel. 1800TRENES oder www.efe.gov.ec.

Flüge

■ Der **Internationale Flughafen José Joaquín Olmedo** (Tel. 2282100) in der Av. de Las Américas liegt **5 km nördlich des Stadtzentrums** und ist mit dem Taxi (ca. 5 $) oder der Buslinie 92 (etwa 0,20 $) zu erreichen. Der Busbahnhof liegt nicht weit vom Flughafen. Es empfiehlt sich dennoch, aus Sicherheitsgründen nicht zu Fuß zu laufen, sondern besser ein Taxi zu nehmen!

Im Flughafen können **Travellerschecks** gewechselt werden.

Für **internationale Flüge** gilt: Innerhalb des Flughafengebäudes haben die Schalter nur vor, während und kurz nach der Abfertigung ihrer jeweiligen Maschinen geöffnet.

Die internationale **Ausreisegebühr** am Flughafen Guayaquil beträgt 28,27 $.

Inlandsflüge werden von den Fluggesellschaften **TAME** und **ICARO** angeboten. Die private Gesellschaft *ICARO* fliegt ein- bis zweimal täglich nach Quito und Cuenca. Nationale Ziele von *TAME* sind Quito, Baltra/Galápagos, San Cristóbal/Galápagos, Cuenca, Loja und Machala.

Fluggesellschaften

■ **American Airlines**
Am Flughafen, Tel. 2598800.

■ **Avianca**
Am Flughafen, Tel. 2169134, 2169133; im Hotel Hilton Colón, Galerías Colón, local 1.

■ **Continental Airlines**
Av. 9 de Octubre 100 y Malecón, Edificio Banco La Previsora, 29. Stock, of. 4, Tel. 2567241, am Flughafen Tel. 2169133.

■ **Iberia**
Av. 9 de Octubre 4859 y Malecón, Tel. 2329558, am Flughafen Tel. 2169080.

■ **KLM/Air France**
Am Flughafen, of. Nr. 13, Tel. 1-800-010337, Reservierungen Tel. 2169070, www.klm.com.

■ **Lufthansa**
Malecón 1401 e Illingworth, 5. Stock, Tel. 2598060, 2598350.

■ **TAME**
Av. 9 de Octubre 424, Edificio Gran Pasaje, Tel. 2320306, 2321162, am Flughafen Tel. 2169150, 2169163, www.tame.com.ec.

Galerien

■ **Galería de Arte y Bronce,** Boyacá 1117
■ **Galería de Arte del Puerto**
10 de Agosto 602, Tel. 2532115
■ **Avanti,** Urdesa, Plaza Triángulo
■ **Galería de Arte La Ferreire,** Chile y Azuay
■ **La Manzana Verde,** Malecón y Aguirre
■ **Reflejos,** Centro Comercial Urdesa Lt. 8
■ **Las Peñas,** Urdesa, Mz. A3 Lt. 7A
■ **Houston,** Urdesa

Geldwechsel

■ **Banken** sind im Stadtplan eingezeichnet. Doch für Nicht-Kunden wechseln allein die *Banco de Guayaquil* und die *Banco Internacional* Euros gegen Dollars, letztere meist zu den besseren Kursen.
■ **Wechselstuben: Banco Unión,** Av. Quito, Tel. 2231311; **Delgado Travel,** s.u. „Reiseagenturen".

Internet-Cafés

■ Ein gutes Internet-Café befindet sich **gegenüber dem Hotel Danuvio,** Calle Icaza y Escobedo.
■ **Centro Comercial del Parque,** Calle Cabo y Sucre, Planta Baja (Erdgeschoss) Lokal 7.

Konsulate

■ **Deutschland**
Calle Las Monjas 10 y Av. C. J. Arosemana, Edificio Berlin, 1. Stock, „Bosch"-Niederlassung, Tel. 2206869, vormittags.

▷ Skulptur auf der Plaza del Centenario

An der Küste (Costa): Route C 3

Schweiz
Juan Tangamarengo, km 1½, diagonal al Edificio Conauto, 5. Stock, Tel. 2681900 ext. 034.

Österreich
Urdesa: Circunvalación Sur 718, Tel. 2384886, Di bis Do 10–12 Uhr.

Niederlande
Quisquis 1502 y Tulcán (Ecke), 1. Stock, of. 101, Tel. 2280156, 2562777, holangye@ecua.net.ec; Mo bis Fr 9–13 Uhr.

Medizinische Versorgung

Apotheken (mit Notdienst)
Farmacia Farmeza
Tel. 1-800-434-310, 2420676.
Fybeca
Tel. 1-800-392-322, mit Botendienst.

Krankenhäuser
Clínica Kennedy
Av. del Periodista y Calle Crotos 11, Tel. 2289666, 2288888; auch in Ciudadela La Alborada, Calle Crotos y Av. Rodolfo Baquerizo Nazur, Tel. 2247900, www.hospikennedy.med.ec.
Clínica Guayaquil
Calle Padre Aguirre 401 y General Córdova. Tel. 2563555.
Hospital Alcívar
Calle Coronel 2301 y Cañar, Tel. 5002500.

Polizei

■ Die **Hauptstelle** liegt in der Av. de las Américas, Tel. 2392221.
■ **Notruf Polizei: Tel. 101**

ec2013-012_peko

Post und Telefon

■ Das **Postamt** befindet sich in der Calle Aguirre y Carbo.
■ Das **PACIFICTEL-Fernmeldeamt** liegt in der Av. Ballen y P. Carbo.

Reiseagenturen

■ **Delgado Travel**
Große Reiseagentur mit zahlreichen Paketangeboten landesweit sowie Geldwechsel. Büros: Sucursal Libertad, Av. 9 de Octubre y Guayaquil, Tel. 278 6272; Sucursal García Moreno, Calle García Moreno 917 y Hurtado, Tel. 2523105; Matriz (Hauptbüro), Calle Córdova 1021 y 9 de Octubre, Edificio San Francisco 300, Tel. 2561669, 2563370; www.delgadotravelsa.com, sfventas1@delgadotravelsa.com.

Restaurants und Bars

Im Zentrum
■ **Teatro Café Chaplin**
Direkt am Parque del Centenario; wechselnde Bildausstellungen, gutes Mittagessen und Theater-Veranstaltungen am Abend.
■ **Finca Criolla**
Zwischen Hurtado y Luque; ecuadorianische Küche mit sehr gutem Mittagessen.
■ **Restaurante Verde Guayas/Santay**
Malecón 2000, etwa Höhe Calle Chiriboga, gute Costa-Küche, solide Preise, wahlweise Air Condition mit Musikvideos oder im Freien am Wasser.
■ **Restaurante Resaca**
Malecón 2000, Höhe Calle Junín, Tel. 099-423390, täglich geöffnet, solide Küche mit Open-Air-Terrasse, Meeresfrüchten und pikanten Hähnchenspezialitäten, Happy Hour zum Sundowner 16–20 Uhr.
■ **Barricaña**
Plaza del Centenario y Avenida 6 de Marzo. Musikbar und Fischrestaurant mit kleiner Küche und gemütlichem Ambiente, regelmäßig am Wochenende gibt es Musik oder Theater live.
■ **Uni-Hotel**
Exzellentes Mittags-Büfett, siehe „Unterkunft".
■ **Restaurant 1822**
Empfehlenswertes Restaurant im Gran Hotel Guayaquil, siehe „Unterkunft".
■ **Restaurante El Canoa**
Av. 10 de Agosto y Chile, Tel. 2329690 (Hotel Continental). Architektonisch kein großer Wurf. Bestrahlt von drei Fernsehern isst man hier dennoch gut und zu fairen Preisen ecuadorianische Gerichte.
■ **Diva Nicotina**
Escalinata Diego Noboa y Arteta, Ecke Calle Numa Pompilio Llona (Eingang zum Cerro de Santa Ana), Tel. 099-9099208. Guayaquils vermutlich beste Jazz- und Rockkneipe, häufig mit lokaler Live-Musik

ecu044 peko

◁ Portal der Alten Universität von Guayaquil

am Wochenende, große Bier-Auswahl, stattliches Zigarrensortiment aus dem Anbau in der Provinz. Snacks und Sandwiches. Fr/Sa 18–3 Uhr, sonst bis ca. 1 Uhr. *Eduardos* sympathische Kneipe ist unser Top-Tipp für den Abend in Guayaquil!

■ Rincón de Café

Calle Eloy Alfaro y Capitán Najera. Alte Hafenarbeiter-Kneipe zwei Blocks hinter dem Palacio de Cristal mit äußerst preiswerten frittierten Imbisssspezialitäten – rund um die Uhr!

Im Stadtteil Urdesa
■ La Parrillada del Ñato

Av. V. E. Estrada 098 y Laureles, Tel. 2888599, Mo bis So 12–24 Uhr. Legendäres argentinisches Steakhaus mit erstklassigem Fleisch, Schwindel erregenden Portionen und hausgemachte Sangría.

■ Red Crab

Av. V. E. Estrada y Laureles, Tel. 2380512, grell, aber sehr gute Meeresfrüchte, Preise 5–20 $. Mo bis So 11–24 Uhr.

■ Bopan

Av. V. E. Estrada, gegenüber von „Mi Comisariato". „Café, Pan y Arte" – gemütliches Künstlercafé mit monatlich wechselnden Ausstellungen. Frühstück, Sandwiches und mehr. Mo bis Sa 11–1 Uhr.

■ Viva México

Av. V. E. Estrada 305 y Cedros; gutes mexikanisches Restaurant, sehr freundlich und preiswert.

■ Café del Parque

Av. V. E. Estrada am Parque de Urdesa; kleines Café mit Terrasse. Gehobener Standard, sehr gutes Essen. „Besonders zu empfehlen ist das Meeresfrüchtegratin, das in einer Spondilus-Muschel serviert wird", schwärmt ein Leser.

Sonstiges

■ Instituto Geográfico Militar (IGM)

Av. 9 de Octubre y L. de Garaicoa, Tel. 2242797 und 2302860.

■ Fundación Natura

Rocafuerte 744 y Luis Urdaneta, 1. Stock, Dpto. 1, Tel./Fax 2308406, 2308409, comunication@fnatura. org.ec.

Stadtführung

■ Eine exzellente Stadtführerin mit vielen spannenden Detailkenntnissen ist **Pilar Luzuriaga.** Sie erklärt einem auf Englisch oder Spanisch für 60 $ pro Tag die Stadt und einige Ausflugsziele. Kontakt: Tel. 099-7226431, plm29@mexico.com.

Stadtrundfahrt

■ Guayaquil Vision
Offene Doppeldecker-Fahrt durchs Zentrum und die moderne Nordstadt. Die fröhliche Alternative zu Taxis. Täglich 6 bis 9 Abfahrten zwischen 10 und 20 Uhr. Kartenverkauf und Hauptabfahrt in der „Boletería" der Plaza de Olmedo (Malecón Bolívar). Dauer der „City Tour Escénico" etwa 90 Min., Preis 5 $. Englischsprachige Führung und Bar-Service. Auch eine 3-stündige Fahrt (15 $) sowie am Wochenende um 22 Uhr Partyfahrten mit freier Bar (17 $) sind im Angebot.

Touristeninformation

Die Tourismusinformation ist bei weitem nicht so klar strukturiert wie in Quito. Am besten informiert noch die Tourismuskammer der Provinz Guayas:

■ Cámara Provincial de Turismo del Guayas

Calle Luque 111, Edificio Bancopark, 14. Stock, Tel. 2517622, Mo bis Fr 9–17 Uhr, Website mit zahlreichen weiterführenden Adressen: www.turismoguayas.com/turistas.php.

Unterkunft

Die **Hotelpreise** in Guayaquil sind im Durchschnitt **höher als in Quito.** Erkundigen Sie sich auch, ob in den Preisangaben die 22 % Steuern und Service enthalten sind. In der Hochsaison erfolgen teils gewaltige Preiserhöhungen von bis zu 100 %!

Einige Hostales scheinen ihre Aschenbecher versichern zu wollen und nehmen seit geraumer Zeit beim Buchen eine **Kaution** in Höhe des zweifachen Zimmerpreises.

Wer Guayaquil als Basecamp für weitere Exkursionen nutzen oder für eine Galápagosreise Sachen deponieren möchte, sollte sich genau über die Möglichkeiten zur Gepäckaufbewahrung informieren.

Einfache Hotels

■ **Hotel Sol de Oro**
Calle Garaycoa y Ballén, zentrale Lage am Markt, Tel. 2510000, hsoloro@gye.satnet.net; EZ 37 $, DZ 43 $, relativ nette Zimmer, jedoch mit schwankendem Sauberkeitsstandard.

■ **Hotel Alexander**
Calle Luque 1107 y Av. Quito, Tel. 2532000, hotelalexander@hotmail.com; zwar ohne Fenster, aber mit AC und sauber, Gepäckaufbewahrung möglich, EZ 43 $, DZ 53 $, BP, Kabel-TV, Telefon, Restaurant, Wäscheservice, Internet, Parkplatz.

■ **Hotel Danuvio**
P. Icaza 604 y Escobedo, Tel. 2300197; EZ 12 $, DZ 18/20 $ mit BP, TV und Ventilator.

■ **Hotel Sanders**
Luque 1101 y P. Moncayo, Tel. 2320030, 2320944; EZ/DZ 17–20 $ mit Ventilator/AC.

■ **Hotel California**
Urdaneta 529 y Ximena, Tel. 2302538; EZ 20 $, DZ 22 $ mit BP, Klimaanlage, Telefon, Suite, Café, Wäschereiservice, Parkplatz; relativ dunkle Straße.

■ **Hotel Plaza Centenario**
Am Parque del Centenario in der Santa Elena 931 zwischen Vélez y 9 de Octubre, Tel. 2526446; EZ 11–14 $, DZ 14 $, Frühstück 3 $, Diskothek, Kabel-TV.

■ **Hotel Vélez**
Calle Velez 1021 y Quito, Tel. 2530292; DZ mit BP und TV, EZ/DZ 11/16 $; sehr einfach, keine Gepäckaufbewahrung, aber sauber und sicher.

■ **Ecuahogar**
Av. Ayorra, Villa 20, Stadtteil Sauces 1, Tel. 2273288, monfisa@hotmail.com; Zimmer mit BP, Ventilator, WiFi, Kabel-TV und Frühstück, EZ/DZ 20/25 $; Leute mit leichtem Schlaf werden aufgrund des Straßenlärms früh aufwachen. Diese nicht offiziell registrierte Jugendherberge liegt 1 km vom Flughafen und 1 km vom zentralen Busbahnhof entfernt; von dort verkehrt die Buslinie 2 („Sauces") zur Herberge und auch umgekehrt von der Herberge über den Busbahnhof ins Zentrum. Ruft man nach der Ankunft an, wird man eventuell sogar abgeholt. Die Inhaber *Patty* und *Jorge* wissen viel über Guayaquil zu berichten und ziehen auch schon mal mit ihren Gästen durch die Bars und Salsotecas der Stadt.

Mittelklasse-Hotels

■ **Hotel Sol del Oriente**
Aguirre 603 y Escobedo, Tel. 2325500, 2328049, www.hotelsoloriente.com; 4-Sterne-Hotel, EZ 59 $, DZ 69 $ mit BP inkl. Frühstück, AC, TV, Telefon, Restaurant, Café, Garage; preiswert, sicher, zentral; Internet, Sauna, Karaoke.

■ **Hotel Doral – Best Western**
Av. Chile 402 y Aguirre, Tel. 2328490, www.hdoral. com; EZ 50 $, DZ 60 $ inkl. Frühstück, AC, TV, Telefon; sicheres Hotel im Zentrum.

■ **Hostal Iguanazu**
Ciudadela La Cogra, MZ 1, Villa 2, km 3,5, Av. Julio Arosemena, Tel. 2201143, www.iguanazuhostel. com; EZ 50 $, DZ 60 $ @ Gepäckdepot, Küche, AC, BP, Garage. Das Hostal liegt etwas abseits, deshalb besser den hauseigenen Transfer für 10 $ nutzen.

▷ Der Malecón der Stadt erstrahlt in modernem Glanz

ecu046 peko

■ Manso Hostal

Malecón 1406 zwischen Aguirre und Illingworth, Tel. 2526644; EZ/DZ 65 $, Frühstück 3–5 $.

■ Tangara Guest House

Manuela Saenz y O'Leary Bloque F, Casa 1, Ciudade-la Bolivariana, Tel. 2282828, www.tangara-ecuad-or.com; EZ 45 $, DZ 56 $, WiFi und Gäste-Küche.

■ Orilla del Río

Tel. 2835394, www.orilladelrio.com.ec; EZ 108 $, DZ 120 $, sauber mit Pool, Parkplatz und Flughafen-bzw. Busbahnhoftransfer.

Luxus-Hotels

Im Luxussegment sind **immense Preisunter-schiede** zu finden, je nach Saison, Aufenthaltsdau-er und möglichen Preisnachlässen bei „promocio-nes" oder „tarifas corporativas". Verhandeln Sie! Die angegebenen Preise sind nur Richtwerte.

■ Hotel Ramada

Malecón 606 y Manuel Luzuriaga, Tel. 2565555, www.hotelramada.com; EZ 108 $, DZ 120 $ inkl. Frühstück, Minibar, Internet, Pool, Sauna, Dampf-bad, Flughafentransfer, Autoverleih, Restaurant.

■ Hotel Continental

10 de Agosto y Chile, Tel. 2329270, www.hotelcon-tinental.net; EZ 135 $, DZ 147 $, Frühstück 19 $, TV, AC, Telefon, Restaurant, Zimmerservice, Disco, Bar.

■ Gran Hotel Guayaquil

Boyaca 16-15 E/10 de Agosto y Clemente Ballén, Tel. 2329690, www.grandhotelguayaquil.com; EZ 146 $, DZ 150 $ mit BP, Frühstück, Zimmerservice, Kühlschrank, Pool, Squashplatz, Fitness-Studio, Bil-lardtisch, Internetcafé, Café, Restaurant.

■ Unipark Hotel

Clemente Ballén 406 y Chile, am Parque Bolívar, Tel. 2327100, www.uniparkhotel.com; bequeme EZ 134 $, DZ 170 $, Sushi-Bar, freie Internetplätze für Hotelgäste, Großleinwand mit Fußballübertragun-gen in der Bar, sehr gutes Frühstücksbuffet im Café an der Straße (10 $). Fragen Sie nach einem Zim-mer zum Park. Unter den Top-Hotels unsere Emp-fehlung mit Blick auf Atmosphäre, Preis und Leis-tung!

■ Hotel Oro Verde

9 de Octubre y G. Moreno, Tel. 2327999, www.oro-verdeguayaquil.com; EZ 139 $, DZ 159 $, 3 Restau-rants, Pool, Fitness.

Ausflüge

Parque Histórico Guayaquil

Dieser von der ecuadorianischen *Banco Central* unterhaltene Park lohnt einen Besuch. Er versteht sich als „Spiegel, in dem wir unsere Traditionen wiederentdecken, den Ursprung unserer Stadt und die Wurzeln unserer Kulturen". Gegliedert ist der 9 ha große, historische Erlebnispark vor den Toren der Stadt in **vier Bereiche:**

Der erste ist ein **kleiner zoologischer Naturpark** mit Mangroven und Trockenwald. Gut zu sehen sind u.a. Papageien, Rehe, Affen, Tapire, Kaimane, Adler und ein Ozelot.

Ein zweiter Teil befasst sich mit den **landwirtschaftlichen Traditionen** der Küste vorwiegend des 19. Jh. Zwischen Bananen, Reis und Zuckerrohr, Kaffee, Kakao und Achiote finden Sie ein traditionelles Bauernhaus der Costa mit Hahnenstall und Bio-Kühlschrank.

Im dritten Part begeht man wieder aufgebaute Gebäude aus dem späten 19. und frühen 20. Jh. Dieser **stadtarchitektonische Teil** dokumentiert beispielhaft und gelungen den Wiederaufbau Guayaquils nach dem verheerenden Brand von 1896. Selbst Waggons der alten Pferdebahn der Stadt sind zu sehen, und sie sollen demnächst sogar wieder vom Ross über die Schienen gezogen werden. Zwischen alten Fässern und Säcken ist auf der Holzveranda des Hauptgebäudes ein schönes Café untergebracht.

Der vierte Teil ist ein Liebhabergarten für Freunde der regionalen Kulturpflanzen. In den **„huertos familiares"** findet sich eine immense Vielfalt von Früchten, Kräutern und Gemüsen mit übersichtlichen Profilen und Schaubildern. Der Garten führt auf beeindruckende Weise in die Produktbreite der tropischen Küche ein.

■ **Adresse:** Ausfallstraße Vía Samborondón, Av. Esmeraldas y Av. Central, Stadtteil Entreríos, nahe Centro Comercial Riocentro, Tel. 04-2833807, Mi bis So 9–16.30 Uhr, Eintritt frei, über Spenden zum Erhalt des Parks freut man sich; http://www.viajandox.com/guayas/parque-historico-guayaquil.htm.

■ **Anfahrt:** Ein Taxi vom Zentrum aus kostet etwa 5 $ und braucht 15 Minuten. Oder Sie nehmen die roten Busse „Durán-Puntilla" (No. 97 und 18) bis/ab *Banco del Pacífico* und *Primax*, die etwa 300 Meter vom Eingang zum *Parque Histórico* an der Hauptstraße liegen. Da keine Taxis am Parque warten, ist der Bus das geeignete Verkehrsmittel, zumindest für die Rückfahrt in die Stadt.

■ **Geöffnet:** Di bis So 9–18 Uhr (Einlass nur bis 16.30 Uhr).

■ **Eintritt:** 3 $, mit Kulturveranstaltungen 4,50 $ (So), Kinder und Rentner ab 65 zahlen 1 $.

■ **Tipp:** Da es am Wochenende schon mal voll wird und vormittags gerne Schulklassen durch den Park laufen, sind die Nachmittage wochentags die beste Gelegenheit, den Park zu genießen. Planen Sie 2–3 Stunden ein.

Zoo El Pantanal

Die Anfang der 1980er gegründete **Auffangstation für geschmuggelte, illegal gehaltene und misshandelte Tiere** fungiert seit 2002 als Zoo, der bis heute versucht, die Tiere, wenn möglich, später wieder auszuwildern. Derzeit sind etwa 1200 Tiere hundert unterschiedlicher Arten zu sehen. Die meisten Bewohner stammen aus Ecuador, darunter Galápagos-Schildkröten, Tukane, ein Harpyie-Adler, ein Jaguar, Affen, Pumas, Bären, Krokodile, Capybaras, Tapire, Nandus, Anacondas und der seltene grüne Guayaquil-Ara. Die geführte Besichtigung erfolgt auf Spanisch oder Englisch, auch eine deutsche Begleitschrift ist zu bekommen.

■ **Richtung Daule,** km 23, 0,5 km hinter Lagos de Capeira; Anreise: Bus via Daule 54 oder 120 B, alternativ Überlandbus Nr. 68 ab Terminal Terrestre; **geöffnet** tgl. 9–17 Uhr, Eintritt 6 $, Tel. 04-2267047, 099-4104973, www.zooelpantanal.com.

Cerro Blanco

Etwa ein halbe Stunde von der Stadt entfernt liegt ein biologisch spannendes Reservat. Der Berg Cerro Blanco ist ein Schutzgebiet mit einem **stattlichen tropischen Trockenwald** und erstaunlicher **Artenvielfalt,** u.a. über 200 Vogelarten. Vier Wege zwischen 30 Minuten und 4 Stunden führen durch das Gebiet, auf denen fachkundige Führer Vegetation und Tierwelt erklären. Geöffnet tgl. 8–16 Uhr, Eintritt 4 $.

Wer das **Kontrastprogramm** zur Großstadt in der Nähe sucht: Neuerdings gibt es sogar Unterkunftsmöglichkeiten und einen **kleinen Campingplatz:** Carretera Guayaquil – Salinas, km 16, Tel. 04-2874947, 04-2871900, 04-2874946 (die letzte Nummer wird auch für Reservierungen wochentags empfohlen), bosqueprotector@yahoo.com.

Vogelinsel Las Fragatas

Zu den schönsten Ausflügen in der weiteren Umgebung der Stadt zählt eine

Bootsfahrt in die Mangroven der verzweigten Flusslandschaft des Río Guayas. Wir haben 2 Stunden von Guayaquil entfernt eine wunderbare Insel entdeckt, auf der etwa **3000 Fregattvögel nisten:** Isla de las Fragatas oder Isla de los Pájaros. Es ist eine der größten Vogelkonzentrationen in ganz Ecuador, obwohl im Inneren der Insel eine alte Shrimpszucht liegt.

Die Fahrt beginnt an der Mole von Puerto El Morro, etwa 3 km hinter dem Dorf El Morro bei Playas. Auf den etwa 45 Minuten bis zur Vogelinsel erleben Sie wunderbare Mangrovenufer und meistens auch **Flussdelfine.** Zudem bietet sich der Ausflug zum Schwimmen an, insbesondere, wenn Sie vom Besuch der Vogelinsel verschwitzt zurückkehren. Denken Sie also an Badezeug, viel Wasser und Sonnenschutz.

In **Puerto El Morro** können Touren gebucht werden (z.B. für 129 $ p.P. mit Vollpension für einen Tag inkl. Übernachtung); Tel. 099-2834542, *S. Simon Figueroa,* www.puertoelmorro.blogspot.com.

HIGHLIGHTS

Die **Highlights** erkennt man im Buch an der
gelben Hinterlegung im Kapitel.

⌃ Marktszene in Guamote

AN DER KÜSTE: ROUTE C 4

Die Route C 4 führt von Guayaquil in den Süden bis nach Huaquillas, der Grenzstadt zu Peru; **Streckenverlauf: Guayaquil – Machala – Huaquillas (ca. 260 km).**

ec2013-032 peko

Auf der Autopista 25 verlässt man Guayaquil über die große Brücke, die den Río Guayas überspannt. Die Straße knickt nach 30 km bei **Pedro J. Montero (Boliche)** nach Süden ab und führt vorbei an Bananen- und Kaffeeplantagen über **Puerto Inca** (65 km), **Naranjal** (79 km) und **El Guabo** (153 km) nach Machala (171 km).

Machala XXIII,A2

Die **Hauptstadt der Provinz El Oro** hat 130.000 Einwohner und ist für den Reisenden häufig nur Zwischenstation auf dem Weg nach Peru oder zur Halbinsel Jambelí.

Die Stadt ist **Handelszentrum der Bananenindustrie,** deren Früchte über den nahe gelegenen Seehafen Puerto Bolívar (s.u.) verladen und exportiert werden. Die wirtschaftliche Bedeutung der Stadt symbolisiert die große Statue von „El Bananero" am südlichen Ortsein- bzw. -ausgang. Jährlich in der dritten

Septemberwoche findet das **Bananen- und Landwirtschaftsfest** statt.

Leider zählt Machala zu den unsichersten Städten Ecuadors.

Praktische Infos

■ **Tel. Vorwahl: 07**

Unterkunft

■ **Perla del Pacífico**
Calle Sucre 826 y Páez, Tel. 2930915; EZ/DZ 14/28 $, Internet, AC, Restaurant, Cafeteria, Casino.
■ **San Francisco**
Tarqui zwischen Sucre und Olmedo, Tel. 2938506, hsanfranciscointernacional@yahoo.es; EZ/DZ 22/28–44 $, Frühstück 3 $, Restaurant, Garage, Internet/WiFi.
■ **Montecarlo**
Guayas y Olmedo (Ecke), Tel. 2933104, www.hotel-montecarlo.com; EZ/DZ 30/45 $, Restaurant, Garage.
■ **Hotel Oro Verde**
Circunvalación Norte/Urbanización Unioro, Villa 7, Tel. 2985460, www.oroverdehotels.com; EZ/DZ 133/146 $ inkl. Frühstück, Internet, Pool, Fitness.

Überlandbusse

■ **Guayaquil** (3½ Std.), an der Ecke 9 de Octubre y Tarquí 4 Este (Busgesellschaft *CIFA*)
■ **Huaquillas** (2 Std.), an der Ecke Bolívar y Guayas *(CIFA)*
■ **Quito** (10 Std.), an der Ecke Colón y Bolívar *(Panamericana)*
■ **Cuenca** (4 Std.), an der Ecke Montalvo y 3 Norte *(Transportes Azuay)*
■ **Loja** (6 Std.), Ecke Sucre y Buenavista *(Cooperativa Loja)*

Flüge

■ Vom **Flughafen Santa Rosa** fliegt *TAME* 2x täglich **nach Quito** (126 $), Auskunft in Machala: Tel. 2930139, 2964865.
■ *AEROLITORAL* fliegt täglich **nach Guayaquil.**

Ausflug nach Puerto Bolívar/Jambelí XXIII,A2

Puerto Bolívar, 8 km von Machala entfernt an der Küste gelegen, ist für viele Einheimische Ausgangsort für das Übersetzen zum schönen **Strand der nahe gelegenen Halbinsel Jambelí.**

Unter der Woche ist der Strand meist menschenleer und ein schöner Platz zum Relaxen. **Boote** fahren mehrmals am Tag zur Insel, Fahrpreis 2,40 $. Privatboote können gechartert werden; der Preis variiert mit der Anzahl der Passagiere und sollte ausgehandelt werden. Auch gibt es Boote, die entlang der Wasserlinien zwischen den nahe gelegenen Inseln durch die Mangroven fahren; der Preis ist ebenso Verhandlungssache.

In Puerto Bolívar und Jambelí gibt es einige **Restaurants** und einfache **Hotels.** Am Wochenende allerdings strömen die einheimischen Ausflügler auf die Insel, und man sollte sich vorher nach den Übernachtungsmöglichkeiten (in Machala) erkundigen.

■ **Hostal Solar del Puerto,** Puerto Bolívar, Av. Gonzalo Córdova y Rocafuerte, gegenüber dem Parque de la Madre, Tel. 07-2928793, 07-2928796, solarpto@ecua.net.ec; saubere Zimmer mit TV, EZ 37 $, DZ 49 $ mit Frühstück; Restaurant, Parkplatz.

An der Küste (Costa): Route C4

Route C4
Guayaquil – Huaquillas

0 ▬▬ 100 km ©Reise Know-How 2013

PAZIFISCHER OZEAN

KOLUMBIEN

Limones · San Lorenzo
Esmeraldas
Súa · Atacames
Same
Muisne
Tulcán
Ibarra
Otavalo
Pedernales
Cayambe
Äquator
Santo Domingo de los Colorados
QUITO
Lago Agrio
Äquator
Sangolquí
Papallacta
Bahía de Caráquez
Machachi
Baeza
Coca
Manta
Portoviejo
Quevedo
Latacunga
Montecristi
Tena
Misahualli
Puerto López
Jipijapa
Ambato
Riobamba
Puyo
Manglaralto
Guamote
Salinas
Guayaquil
Alausí
Macas
Cañar
Sucúa
Playas
Isla Puná
Cuenca
Azogues
Machala
Huaquillas
Saraguro
Loja
Zamora
Vilcabamba
PERU
Zumba

■In Jambelí kommt man für 10 $ p.P. bei einer holländischen Gastgeberin unter. Fragen Sie im Dorf einfach nach „la holandesa". Die hilfsbereite Vermieterin spricht deutsch. Man kann ihre Küche mitbenutzen und Kanufahrten in die Mangroven unternehmen. Kontakt: **Cabañas Colibri,** die Wirtin heißt *Philippina Hooneveld,* nach Ankunft an der Strandpromenade nach rechts laufen bis fast ans Dorfende, Tel. 099-5587558, philippinah@hotmail.com.

Puyango

XVI,A1

Etwa 100 km südlich von Machala liegt Puyango, das mit ein wenig Mühe auch per Bus von Machala aus zu erreichen ist. Hier ist **einer der größten versteinerten Wälder der Welt** zu bewundern. Auf einem Rundweg mit Führer (Eintritt 1 $) kann man wundervolle Exemplare versteinerter Baumstämme sehen und an Wasserfällen baden.

Informationen erhalten Sie bei der *Comisión Administradora de Los Bosques Petrificados de Puyango,* Ayacucho zwischen Pasaje und Sucre, Villa 2, Apto 5, Machala, Tel. 07-2935871.

Im Ort gibt es **kein Hotel.** Es empfiehlt sich eine Tagestour mit einem Taxi ab Machala. Mit Wartezeit am Wald kostet die Tour 60–80 $ (Verhandlungssache)! Auch hierzu ist eine vorherige Anfrage beim o.g. Verwaltungsbüro in Machala empfohlen.

Pasaje

XXIII,B2

Machala im Süden verlassend, vorbei an der Statue „El Bananero", geht es entweder geradewegs oder über Pasaje nach Santa Rosa. Pasaje ist ein **Zentrum der Bananenwirtschaft** und liegt auf der Strecke nach Cuenca ins Hochland. Eine Straße zweigt ab zu den Goldminen von **Zaruma** und zu den Kaffeeplantagen von **Piñas.** Beide Orte liegen abseits der touristischen Routen und werden von Reisenden kaum besucht.

In Pasaje gibt es eine Hand voll einfacher **Hotels und Restaurants,** sodass auch eine Übernachtung eingeplant werden kann.

Ausflug nach Zaruma

XVI,B1

Zaruma ist ein abgelegenes **Goldgräberdorf.** Wir danken an dieser Stelle ganz besonders unserem österreichischen Leser *Gerhard Wetz* für seine folgende Offside-Story: „Zaruma ist ein besonders schöner Ort im touristischen Niemandsland von Ecuador. Das kleine Goldgräberstädtchen liegt auf 1200 Metern Höhe, etwa drei Busstunden von Machala entfernt und ist nur über einen abenteuerlichen und kurvenreichen Weg zu erreichen. Das Städtchen wirkt mit seinen schönen alten Holzhäusern wie ein Freilichtmuseum.

Zaruma selbst ist **vollkommen unterhöhlt von Minen,** in denen noch heute auf ziemlich antiquierte Weise Gold gewonnen wird.

Die ortsansässige „Touristinformation" in Gestalt von **Tito,** einem besonders netten und kundigen Führer, ist erst einmal erstaunt, dass da plötzlich wirklich Touristen auftauchen. Doch der gute Mann, ein begeisterter Lehrer, ist irrsinnig nett und bemüht sich für zehn Dollars redlich, einem bei einer Führung die ganze Geschichte seiner Heimat zu erzählen, allerdings nur auf Spanisch.

Da wir die einzigen Touristen waren, durften wir eigentlich überall hin wo wir nur wollten, auf den Kirchturm und auch in die Minen.

Heute leben in Zaruma immer noch an die 90 % der Leute direkt oder indirekt von den Goldminen. Auch Tito hat so einige Nuggets direkt in seinem kleinen Büro am Park neben der Kirche herumliegen, so wie andere Bleistift und Kugelschreiber …

◼ Hotel Roland

Direkt an der steilen Hauptstraße mit einer traumhaften Aussicht über die wunderbare Bergwelt, Tel. 2972800, rolandhotel@hotmail.com, EZ 28 $, DZ 52 $, BP, Pool, Bar. Probieren Sie hier unbedingt das „Tigrillo" zum Frühstück, eine „leichte" Mahlzeit bestehend aus Kochbananen, Käse, Eiern und Milch.

◼ Hostería El Jardín

Etwas außerhalb gelegen, Tel. 2972706, EZ 25 $, DZ 30 $, Frühstück 3 $.

––––––––––––––––––––––

Von Pasaje führt die Straße durch **Santa Rosa** (13 km) und **Arenillas** (24 km) bis Huaquillas (48 km), der Grenzstadt nach Peru.

Huaquillas　　XXIII,A3

Huaquillas ist der meistfrequentierte Grenzübergang nach Peru, da die Straßenverbindungen von/nach Guayaquil/Quito besser sind als die zum weiter südlich im Landesinneren gelegenen Grenzort Macará (siehe Route A 4) und daher auch von allen größeren Busgesellschaften benutzt werden.

Doch der vermutete Zeitgewinn trügt. Der **Grenzort Macará** ist über eine Ausfallstraße nach Süden zwischen Santa Rosa und Loja zu erreichen. Allerdings werden durch den Grenzübertritt hier der nordwestliche Zipfel Perus und die dortige Küste im Fahrplan ausgespart. Dafür ist jedoch die Reise durch die südliche Sierra Ecuadors schöner. Von anderen Reisenden wurde uns zudem auf peruanischer Seite die Strecke Macará – Las Lomas – Tambo Grande – Sullana empfohlen.

Die Grenze in Huaquillas ist zwischen 8 und 17 Uhr **geöffnet;** Mittagspause ist von 13 bis 14 Uhr.

Den **Ausreisestempel** erhält man an der *Migración* auf der Hauptstraße (nach Machala), er wird von den peruanischen Behörden auf der anderen Seite der Brücke verlangt (oder auch nicht, wie Leser berichten…).

Die *Migración* in Aguas Verdes/Peru befindet sich an der Hauptstraße nach Tumbes, etwa 3 km von der Grenzbrücke entfernt.

Sollten Sie Ihre **Aufenthaltsgenehmigung** für Ecuador überschritten haben, werden Sie an der Grenze zurückgewiesen und nach Guayaquil oder Quito retour geschickt. Beachten Sie also Ihre Aufenthaltsfrist und kümmern Sie sich im Falle des Falles rechtzeitig um eine Verlängerung!

Wer die Nacht in Huaquillas verbringen muss/will, findet eine Anzahl einfacher **Hotels** und **Restaurants,** die sich entlang der Hauptstraße verteilen.

Banken oder **Wechselstuben** gibt es nicht. Beiderseits der Grenze laufen Geldwechsler herum. Die schlechten Tauschkurse gibt es auf peruanischer Seite. In Aguas Verdes in Peru befindet sich an der Hauptstraße eine Filiale der *Banco Financiero;* hier werden Dollar zu einem guten Kurs in Nuevos Soles getauscht.

An der Küste (Costa): Route C 4

DIE BERGE

Ein imposanter Anblick: der Imbabura

BERGWANDERN IN ECUADOR

von **Enrique Fanega**

Dieser Reiseführer ersetzt keinen Bergreiseführer, sondern will bei der Vorbereitung von Bergtouren in Ecuador helfen, ergänzt durch einige Routenbeispiele, wichtige Adressen und geografische Daten. Nehmen Sie diese Hinweise ernst – sie sind mit zahlreichen Bergführern in Ecuador und nach eigenen Besteigungen zu Ihrer Sicherheit ausgearbeitet worden.

ecu051 peko

Geografie und Klima

Die beiden Gebirgsketten (cordilleras) der ecuadorianischen Anden breiten sich auf etwa 100 mal 700 Kilometer in Nord-Süd-Richtung aus und erreichen dabei eine maximale Höhe von 6310 m am Chimborazo. Gleichzeitig verjüngen sich die Cordilleras bei abnehmender Höhe gen Süden des Landes auf einen einzigen breiten Gebirgszug von nur noch gut 3000 Meter Höhe.

Das Faltengebirge der nördlichen Anden bricht seit etwa sechs Millionen Jahren immer wieder auf und macht sehr hohen, sog. „strombolianischen" Vulkanen Platz. So ist etwa der **Cotopaxi** mit **5897 m** einer der weltweit höchsten heute noch aktiven Vulkane. Seit 1998 zeigt Quitos Hausberg, der **4794 m** hohe **Guagua Pichincha,** eine gestiegene Aktivität und versetzt die Hauptstadt zeitweise in „Alarmstufe Gelb" für einen möglichen Ausbruch binnen Monaten oder Jahren. Auch der Tungurahua spuckt seit 1999 Brocken, Dampf und Schwefel. Noch aktiver allerdings sind die „Hot Spots" genannten Vulkane der westlichen Galápagos-Inseln, deren Magma deutlich dünnflüssiger ist als auf dem Kontinent.

Andere Vulkane der Anden sind verloschen oder gar in der Versenkung verschwunden, wo sie allenfalls noch einen See zurücklassen, so die Laguna Quilotoa, die Laguna Mojanda oder die Laguna Cuicocha.

Ob nun die alten Sedimentgesteine, die darauf über Jahrmillionen abgelagerten Erdschichten oder die jüngeren vulkanischen Gesteine: Generell sind Ecuadors Anden von loser bis brüchiger Oberfläche und somit für Kletterer nur an ganz wenigen Stellen geeignet. Für Bergwanderer hingegen formen die Berge, ihre interandinen Täler und das Flusssystem eine einzigartige Höhenlandschaft mit auch im weltweiten Vergleich **ausgezeichneten Bedingungen für Höhenwanderer und Bergsteiger** aller Schwierigkeitsgrade, einschließlich Schnee- und Gletscherwanderungen. Die großen Höhen, extremes Klima und rasch wechselnde Wetterlagen und Sichtverhältnisse mahnen jedoch stets zur Vorsicht.

Die geringsten **Niederschläge** verzeichnen die westlichen Anden von Ende Juni bis etwa Anfang September, im andinen „Sommer", sowie im Dezember, dem „kleinen Sommer" („veranillo del niño"). Dadurch sind diese Monate tendenziell auch die geeignetsten für Wanderungen in der Westkordillere. Die unter dem Regenzeiteinfluss des Amazonastieflands stehende Ostkordillere ist hingegen von Dezember bis Februar am trockensten. Sehr zentral liegende Berge wie der Cotopaxi unterliegen weniger Amazonieneinfluss als etwa der weit im Osten liegenden Antisana, der Cayambe oder der fast immer wolkenverhangene Sangay.

Unter Beobachtung der jeweils aktuellen Wetterlage und der weiteren Sicherheitshinweise können erfahrene Wanderer jedoch auch zu jeder anderen Jahreszeit aufbrechen. Aber: **Verlässliche Wettervorhersagen für das Hochgebirge gibt es nicht.** Wetterlagen wechseln häufig und nicht selten auch regional extrem unterschiedlich: Liegt der weiße Vulkankegel des Cotopaxi im hellen Sonnenschein, kann der Nachbarberg Sincholagua völlig von Wolken verschluckt werden und umgekehrt – Mikroklima und Wetter sind Überraschungsfaktoren.

Viele Trekkinggäste bevorzugen für die Westgipfel den kleinen Sommer gegenüber den etwas wärmeren echten Sommermonaten Juli und August, da der mitunter sehr starke **Gebirgswind** dann im Dezember schwächer ausfällt. Der Wind sollte bei Andenwanderungen nie unterschätzt werden: Er bringt Kälte und kostet Kraft beim Laufen.

Die Vegetationsgrenze der äquatorialen Anden liegt bei etwa 4500 m. Das ewige Eis beginnt bei etwa 5000 m, an kalten Niederschlagstagen fällt Schnee aber auch schon in Höhen von rund 4000 m. Jedoch gilt als **Faustregel: Bei 4500 m liegt die Null-Grad-Grenze.** Auf den Gipfeln um die 6000 m ist mit Minus-Temperaturen zwischen 10 und 15 °C zu rechnen.

Verhalten vor und auf Bergtouren

Im Folgenden einige wichtige Hinweise zu Sicherheit, Gesundheit und Komfort bei Andenwanderungen.

Körperliche Fitness

Wer eine Wanderung angeht, muss sich körperlich fit fühlen und Kondition haben. Lassen Sie sich vor Expeditionen in diese extremen Höhen zu Hause auf **Herz, Kreislauf und Blutdruck** untersuchen. Wer angeschlagen oder mit Unwohlsein eine Tour beginnt, riskiert einen baldigen Abbruch, wodurch auch die Begleiter zur Umkehr genötigt werden können. Wer selbst dann noch nicht auf seinen Körper hört, riskiert ernsthafte gesundheitliche Schäden, Unfälle und Erkrankungen.

Akklimatisierung

Vor einer Wanderung in den Höhen Ecuadors ist eine Akklimatisierung erforderlich. **Mindestens fünf Tage ununterbrochen** sollte man sich vor einer Bergwanderung bereits **in Höhen über 2500 m** aufgehalten haben. Der Körper braucht diese Zeit, um zusätzliche rote Blutkörperchen auszubilden, die auch in der „dünnen" Höhenluft genügend Sauerstoff transportieren. Eine noch längere Höhen-Akklimatisierung von bis zu vier

Wochen unterstützt diese Sauerstoffaufnahme zunehmend und ist vor Extremwanderungen etwa auf den Chimborazo sogar dringend angeraten.

Die Akklimatisierung wirkt einer **Höhenkrankheit** präventiv entgegen. Mögliche Anzeichen einer Höhenkrankheit sind Kopfschmerzen, übermäßige Gase im Bauch, Magenschmerzen und Schwindelgefühl oder auch eine gräuliche Gesichtsfärbung. Spätestens dann gilt es, das einzige Rezept gegen die Krankheit anzuwenden: Absteigen! Das Atmen reinen Saurstoffs lindert die Symptome bis zum Abstieg. Einer **Dehydrierung** ist mit reichlichem Konsum von Wasser oder Tee vorzubeugen.

Ausrüstung

Die Ausrüstung ist **äußerst wichtig.** Sie muss den Erfordernissen der jeweiligen Tour vollends genügen. Grundsätzlich muss die Ausrüstung **passend, intakt, vertraut, trocken und angemessen** sein. An ausreichend warmer, wind- und **wetterfester Kleidung** darf keinesfalls gespart werden. Ansonsten droht bei längeren Höhenaufenthalten oder schon bei eintägigen Aufenthalten in extremer Höhe eine **Unterkühlung.** Ebenso ist auf pralle Sonne und Windstille mit entsprechend dünnerer Kleidung zu reagieren, um mögliches **Überhitzen** beim Laufen zu vermeiden. Unser Kreislauf reagiert sehr empfindlich auf die Anstrengungen in diesen Höhen und starke Temperaturschwankungen. Weitere Einzelheiten zur Ausrüstung auf der übernächsten Seite.

Bergwandern in Ecuador

Routenplanung

Die ausgewählte Route muss der Bergerfahrung der Wandernden entsprechen. Jeder in der Gruppe muss sich die Tour zutrauen. Über die Literatur hinaus sind vor jeder Tour **aktuelle Informationen** einzuholen zur momentanen Beschaffenheit der Wege, zur aktuellen Wetterlage, möglicher Lawinengefahr und zur Sicherheit auf den Wegen und Zugängen. Rutschende Schneeschollen („placas") bilden weitere Gefahren, besonders am Chimborazo. Quellen für diese aktuellen Informationen sind Andenvereine, professionelle Bergführer und der South American Explorer's Club. Letztgenannter bietet Mitgliedern Kartografie und zahlreiche Reiseberichte zur Einsicht.

Wind und Wetter

Das Wetter in den Anden ist trotz Sommer und Winter, trotz Regenzeit und Trockenzeit, vor allem eines: **unbeständig.** Die Wetterlage und – wenn möglich – das Barometer sind vor und während jeder Tour zu beobachten. Schnelle Änderungen von Bewölkung, Temperaturen und Winden sind einzukalkulieren. Die Wanderkonditionen können sich in Ecuador binnen einer Stunde vollends ändern!

Wer ein **Gewitter** oder dichte Bewölkung aufziehen sieht, muss die Höhe und schwierige Passagen umgehend, aber ohne Hektik verlassen. Es gibt manchmal nur wenige **Schutzmöglichkeiten** wie Felsvorsprünge oder Höhlen – suchen Sie bei Gewitter zumindest eine Senke auf und stehen Sie darin nicht aufrecht. Werfen Sie zuvor alle Ihre **Metallgegenstände** wie Eispickel von sich und lassen Sie diese in deutlicher Entfernung in einer anderen Senke zurück, von wo man sie später zurückholen kann. Ein Gewitter in den Anden dauert in der Regel maximal eine Stunde, selten auch zwei.

Der **Wind** kann gerade in den Monaten Juli und August teilweise so stark werden, dass eine Wanderung abgebrochen werden muss.

Orientierung

Entsprechend dem sich ändernden Wetter kann auch die Orientierung in den Anden in kürzester Zeit von einer einfachen Übung zu einem gefährlichen Problem werden. Ein Weg, ein Gipfel, ein Orientierungspunkt, der gerade noch in voller Sonne vor einem lag, kann im Falle eines Wetterumschwungs, bei sich bewegenden Wolken oder bei Bildung von Nebel völlig verschwinden. Die **Sichtweiten** erreichen Minimalwerte von nur zwei Metern! Gerade da, wo die Anden in die Subtropen übergehen, besteht diese Gefahr, wodurch man sogar seine Begleiter verlieren kann. Auf allen Routen jenseits der Fahrwege besteht dann die **Gefahr des Sich-Verlaufens.** Nicht nur in den Gletschern, sondern auch auf vermeintlich einfachen Bergen wie dem Tungurahua sind bereits Wanderer erfroren, die sich verlaufen haben.

Kompass, Höhenmesser und Wanderkarte sind die wesentlichen Hilfsmittel zur Orientierung in den Bergen. Bei gutem Wetter hilft auch das **Fernglas.** Wer allerdings nicht geübt ist im Um-

Ausrüstung

Standard-Kleidung
- Bergwanderschuhe, hoch
(botas de montaña)
- saugfähige Unterwäsche
(ropa interior absorbiente)
- atmungsaktive Bekleidung
(ropa de fibra polar/fleece)
- wasserdichte Regenhose
(pantalón rompevientos de nylon)
- Regenjacke mit Kapuze
(jaqueta rompevientos con capucha)
- Handschuhe *(guantes)*
- Mütze *(gorra)*
- Sonnenbrille *(gafas de sol)*
- Schal *(bufanda)*

Standard-Ausrüstung
- Wanderrucksack *(mochila)*
- Sonnenschutz mind. LSF 20–30
(bloqueador solar)
- Trinkflasche *(botella de agua)*
- reichlich Trinkwasser *(agua potable)*
- Proviant *(víveres)*
- Uhr *(reloj)*
- zusätzliche warme Kleidung
(ropa adicional)
- Taschenlampe *(linterna)*
- Plastiktüten *(fundas de plástico)*
- Reisepass als Kopie
(copia del pasaporte)

Orientierung und Messgeräte
- Wanderkarte *(cartas topográficas)*
- Höhenmesser *(altímetro)*
- Kompass *(brújula)*
- Barometer (optional) *(barómetro)*
- Thermometer (optional) *(termómetro)*
- Fernglas (optional)
(gemelos/largavistas/binoculares)

Eis-Ausrüstung (Basis-Ausstattung)
- Gurtzeug und Zubehör
(harness y complementarios)
- Karabiner *(mosquetón)*
- Seile und Reepschnur *(cuerdas)*
- Steigeisen *(crampones)*
- Gamaschen *(polainas)*
- Eispickel *(piqueta)*
- Gletscherbrille *(gafas de glacier)*
- Stirnlampe *(linterna frontal)*
- Schneestöcke (optional) *(bastones)*
- Isolier-Handschuhe *(mitones)*

Sonstiges
- Gummistiefel, bei langen Páramo-
Wanderungen *(botas de gaucho)*
- Zelt *(carpa)*
- Gaskocher und Feuerzeug
(cocineta y encendedor)
- Campingausrüstung, allgemein
(equipo de camping)
- Kochausrüstung, bei Bedarf
(equipo de cocina)
- Schlafsack, bei Übernachtungen
(saco de dormir/„sleeping")
- Isoliermatte, bei Übernachtungen
(colchón aislante)
- Mikropur-Wasserentkeimung
(esterilizadora de agua/filtro de agua)
- Reserve-Batterien für die Lampe
(pilas adicionales)
- Regenponcho, der auch den
Rucksack schützt *(poncho de aguas)*
- Klappspaten, bei Campingtouren
(pala plegable)
- Fotokamera *(cámara)*

gang mit diesen Hilfsmitteln, darf sich darauf auch nicht verlassen! Sicherer sind immer **ortskundige Bergführer!** Die meisten lebensgefährlichen Situationen und tödlichen Bergunfälle in Ecuador entstehen nicht durch Stürze oder Höhenkrankheit, sondern infolge mangelnder Orientierung im Gelände!

allein ist und sich verletzt oder erkrankt, kann von niemandem Hilfe erhalten. Ein trauriges Beispiel: 1999 erfror eine bergerfahrene Deutsche am Guagua Pichincha am Rand des Weges zur Schutzhütte, da sie sich nicht mehr weiterbewegen konnte und – alleine wandernd – niemand ihr zur Hilfe kommen konnte.

Gehe niemals allein!

Das gilt in jedem Gebirge, in den dünn besiedelten Höhen Ecuadors und bei der dort fehlenden Kommunikations-Infrastruktur ist diese Regel aber noch wichtiger als in den Alpen oder Pyrenäen. Wer sich alleine verläuft, hat weniger Chancen, den Fehler zu korrigieren. Wer

ecu049 peko

Bergführer und Trekking-Ausstatter

Sie sind, gemessen an einem kleinen Geldbeutel, mitunter teuer. Ein professioneller Bergführer gewährt aber **größte Sicherheit,** auch für fortgeschrittene oder selbst professionelle Bergsteiger. Unerfahrene sind ohnehin angehalten, nicht ohne erfahrene Begleiter und Führer zu laufen. Wer Zweifel hat, ob er unter Beachtung der genannten Regeln die Wanderung ohne Führer sicher planen und durchführen kann, sollte sich unbedingt an die Profis wenden oder auf die Tour verzichten.

Professionelle Bergführer vermitteln die weiter unten aufgelisteten Veranstalter. Die meisten sind im ecuadorianischen **Bergführerverband** organisiert. Im Zweifelsfall sind nur diese registrierten Führer zu buchen, da sich immer wieder auch selbsternannte Führer unter die Touristen mischen, die dann vielleicht nicht die nötige Sicherheit und den erwarteten Komfort garantieren. Auch Bergführer und Agenturen können jedoch wegen des Wetters, der kör-

◁ Landschaft in den Nordanden (Provinz Carchi)

perlichen Grenzen der Teilnehmer oder anderer Unwägbarkeiten **keine „Gipfel-Garantie"** übernehmen.

Gletscherwanderungen

Gletscherwanderungen und schwere Gipfelbesteigungen in Ecuador sind den **erfahrenen Bergsteigern** oder professionell geführten Gruppen vorbehalten. Hierbei sind grundsätzlich ortskundige professionelle Bergführer zu engagieren. Zu diesen Bergen zählen auf jeden Fall die sieben höchsten des Landes (vgl. „Die 42 höchsten Berge Ecuadors").

Notfall

Eine **Bergwacht** wie in vielen Alpenregionen **gibt es in Ecuador nicht.**

Einen **Helikopter-Service** bieten die Militärs und wenige private Firmen am Flughafen in Quito. Dennoch sind diese nicht ohne weiteres als Bergungsdienst anrufbar, insbesondere, weil die Bezahlung solch teurer Einsätze gesichert sein will.

Bei geführten Touren kümmern sich im Falle eines Unfalls die Bergführer um die erforderlichen Maßnahmen.

Wer ohne Führer Hilfe braucht, suche für den Hilfebedürftigen eine Hazienda oder das nächste Dorf auf und versuche, über ein Telefon bzw. Handy Hilfe zu rufen. Die **Notrufnummer** Quitos, **911,** ist eine erste Option.

Fachkundige Hilfe erhält man von der **Compania de Guias,** www.companiadeguias.com, info@companiadeguias.com, Tel. 02-2901551; Kontaktpersonen sind *Julio Mesias,* Tel. 099-8373530, *Diego Zu-*

rita, Tel. 099-9939388 und *Edison Oña,* Tel. 099-2838367.

Wer auf häufig benutzen Routen Hilfe braucht, sollte auch dem Warten auf und Ausschauhalten nach anderen Wanderern begrenzt Zeit einräumen.

Tipp: Wer ohne Führer in den Anden wandert, erhöht seine Sicherheit, indem er an vertrauenswürdiger Stelle **Zeitplan** und geplante **Route hinterlässt** und sich nach Beendigung der Tour wieder zurückmeldet.

Sonstiges

Unterwegs: Nehmen Sie auf Andenwanderungen immer ein **Dokument mit Lichtbild** mit. Einzelne Kontrollen bestehen auf das Original Ihres Reisepasses wegen des amtlichen Einreisestempels darin. Lassen Sie immer eine Passkopie an sicherer Stelle, z.B. im Hostal/Hotel in Quito, zurück.

Wer unterwegs einen **Transport** chartert, muss vor dem Zusteigen die genaue Fahrdistanz und den Preis exakt und fest absprechen.

Immer wieder stößt man bei Páramo-Wanderungen auf eingezäunte oder verriegelte **Privatgrundstücke.** Diese sind ohne Erlaubnis nicht zu betreten – Rinder, Hunde oder zornige Besitzer sorgen andernfalls für unangenehme Begegnungen!

Viele Campesinos lassen sich nicht oder nur ungern **fotografieren;** respektieren Sie das, ersuchen Sie behutsam um eine Fotografiererlaubnis, bezahlen Sie ggf. dafür, oder lassen Sie es.

Wer in den Bergen campt, lasse **niemals** sein **Zelt und andere Wertsachen unbewacht** zurück.

Ausstatter

Sämtliche Trekking-Veranstalter (s.u.) verleihen und/oder verkaufen in der Regel auch komplett oder teilweise Ausrüstungen; Verleih jedoch oft nur an eigene Touren-Kunden. Frei engagierte Bergführer haben ihrerseits meist Kontakte zu Ausstattern. Die eingelaufenen Bergwanderschuhe und persönliche Klei-

dung sollte jeder dabei haben. Grundsätzlich sind auch alle geliehenen Ausrüstungsgegenstände auf **Größe, Zustand und Verfügbarkeit** beim Ausstatter vor der Anreise zum Berg persönlich zu prüfen. Wie viele Ausrüstungsgegenstände einem fehlen und durch Ausleihen verbessert werden sollten, hängt von den Erfordernissen der jeweiligen Tour ab. Bringen Sie auch Ihre **eigenen Ausrüstungsgegenstände** samt Schuhen zur Anprobe beim Ausstatter mit! Eine gute

Die 42 höchsten Berge Ecuadors

1. **Chimborazo** / 6310 m (schneebedeckt – ständig schneebedeckte Berge heißen auf Spanisch *nevados;* Vulkanismus: erloschen)
2. **Cotopaxi** / 5897 m (schneebedeckt; aktiv)
3. **Cayambe** / 5790 m (schneebedeckt; aktiv)
4. **Antisana** / 5704 m (schneebedeckt; aktiv)
5. **Altar – El Obispo** / 5404 m (schneebedeckt; erloschen)
6. **Iliniza Sur** / 5263 m (schneebedeckt; erloschen)
7. **Sangay** / 5230 m (schneebedeckt; aktiv)
8. **Iliniza Norte** / 5126 m (zeitweise Schnee; erloschen)
9. **Carihuayrazo** / 5020 m (schneebedeckt; erloschen)
10. **Tungurahua** / 5023 m (schneebedeckt; aktiv)
11. **Cotacachi** / 4939 m (Gletscherzunge; erloschen; Kraterlagune Cuicocha: aktiv)
12. **Sincholagua** / 4893 m (erloschen)
13. **Quilindaña** / 4919 m (erloschen)
14. **Guagua Pichincha** / 4794 m (aktiv)
15. **Corazón** / 4788 m (erloschen)
16. **Chiles** / 4768 m (aktiv)
17. **Rumiñahui** / 4712 m (erloschen)
18. **Rucu Pichincha** / 4698 m (erloschen)
19. **Sara-Urcu** / 4676 m (erloschen)
20. **Imbabura** / 4660 m (erloschen)
21. **Cerro Hermoso** / 4571 m (erloschen)
22. **Yanaurco de Piñán** / 4535 m (erloschen)
23. **Quinuas** / 4462 m (erloschen)
24. **Puntas** / 4452 m (erloschen)
25. **Igualata** / 4430 m (erloschen)
26. **Atacazo** / 4410 m (erloschen)
27. **Yana-Urco** / 4200 m (erloschen)
28. **Paila Cocha** / 4318 m (erloschen)
29. **Chanlor** / 4300 m (erloschen)
30. **Fuya Fuya/Mojanda** / 4263 m (Lagune; erloschen)
31. **Pasochoa** / 4200 m (erloschen)
32. **Sagoatoa** / 4153 m (erloschen)
33. **Pelado** / 4150 m (erloschen)
34. **Pambamarca** / 4075 m (erloschen)
35. **Bermejos** / 3963 m (erloschen)
36. **Morro** / 3923 m (erloschen)
37. **Quilotoa** / 3914 m (Lagune; aktiv)
38. **Narihuiña** / 3906 m (erloschen)
39. **Sumaco** / 3900 m (aktiv)
40. **Fierro Urcu** / 3788 m (erloschen)
41. **Cuco** / 3607 m (erloschen)
42. **Reventador** / 3485 m (aktiv)

Ausstattungsberatung schützt vor kalten, nassen oder schmerzhaften Erfahrungen in den Bergen. Leihausrüstungen kosten feste Gebühren pro Gegenstand. Wer eine Bergtour bei einer Agentur bucht, wird dort kostenlos ausgestattet oder muss für das Equipment extra zahlen – erkundigen Sie sich. Die meisten verliehenen Ausstattungselemente genügen internationalen Standards, sind internationale Originalstücke oder brauchbare ecuadorianische Kopien.

Tipp: Einige hochwertige **Artikel des Bergsports** (Wanderschuhe, Rucksäcke) werden **in Ecuador** gefertigt, oft als nahezu originalgetreue Kopien internationaler Markenartikel. In Ecuador lassen sich diese Artikel, wie auch Pullover, Handschuhe und dicke Socken, **preiswert** erstehen. Denken Sie bei neuen Bergschuhen aber daran, dass Sie diese vor strapaziösen Touren gut einlaufen.

Ausstatterläden (Verkauf) in Quito

■ **Alpes**
Reina Victoria y Baquedano.
■ **Camping Sport**
Av. Colón 942 y Reina Victoria, Tel. 02-2521626.
■ **Equipos Cotopaxi**
Av. 6 de Diciembre y J. Washington, Tel. 02-2526725, 4 weitere Filialen; www.equiposcotopaxi.com.ec.
■ **Alta Montaña**
(Adresse siehe Veranstalter weiter unten) Vermietung und Verkauf von Equipment, auch aus eigener Herstellung.
■ **Monodedo**
Calle Larea N24-36 y Av. La Coruña (Stadtteil Floresta), Tel. 02-2904496, 099-9226615, 099-9841530, www.monodedo.com. Kletterladen, Bergausrüstungen, europäische Standards.

Karten

Das beste Kartenmaterial verkauft das **Instituto Geográfico Militar (IGM) in Quito:** Calle Senierges und Paz y Miño, Tel. 02-2522148, 02-2522495, www.igm.gob.ec; an der weißen Kuppel des IGM-Planetariums östlich der Casa de la Cultura. Die Höhenzeichnungen sind relativ verlässlich, das Wegesystem darin jedoch nicht unbedingt. Die Maßstäbe bewegen sich zwischen 1:25.000 und 1:100.000, der Standard der farbigen Karten ist 1:50.000. Wanderwege als solche sind in den Karten nicht markiert, wie auch im Gelände nur selten. Viele Karten sind vollfarbig gedruckt, andere liegen nur als s/w-Kopien vor, einzelne sind zwischenzeitlich nicht erhältlich. Die Karten sollten stets in Kombination mit den oben genannten Messgeräten benutzt werden. Zur Groborientierung helfen auch die Skizzen in den Bergführern (vgl. Anhang). Sie ersetzen Höhenkarten jedoch nicht.

Veranstalter, Bergführer, Vereine

In Ecuador

■ **Alta Montaña/Cotopaxi Cara Sur**
Agentur in Quito, Calle Washington E-820 y 6 de Diciembre, Tel. 02-2524422, www.cotopaxicarasur.com; Anfragen auf Spanisch beantwortet *Eduardo*

Agama, Tel. 099-8002681, 098-4619264, *Veronica* (Tel. 099-8736181) spricht auch englisch. 290 $ für 2N/3T, der einzige uns bekannte Veranstalter, der die Südtour auf den Cotopaxi durchführt. Ein Leser berichtet: „Sehr gute Führung, 3-Tage-Trekking mit guter Akklimatisierung, einer traumhaften Hütte auf 4000 m (mit Dusche, Bad) und sehr guter Küche. Für die Zeltnacht auf 4800 m eigene Isomatte mitbringen."

■ Aseguim (Asociación Ecuatoriana de Guías de Montaña)

Verband in Quito, Calle Joaquin Pinto E4-385 y J. L. Mera, 3. Stock, of. 307, Tel. 02-2222954, www.aseguim.org.

■ Campus Trekking

Trekking-Veranstalter in Quito, Calle Joaquina Vargas 99 y Abdon Calderón Conocoto, Tel. 02-2340601, 099-1928280, www.campus-trekking.com. Spezialisiert auf Bergtourismus, Trekking und Climbing, mehrsprachiger Service. Cotopaxi 200 $ (mind. 2 Personen). Campus ist Geschäftspartner von *Hauser Exkursionen* in München (Tel. 089-2350060, www.hauser-exkursionen.de).

■ Casa Helbling Turismo

Veintimilla E8-152 y 6 de Diciembre, Quito, Tel. 02-2226013 und 02-2565740, www.casahelbling.de. Bergtouren u.a., Hostal, deutschsprachig.

■ Bergführer in Cotacachi: **Ernesto Cevillano,** Mirador, Laguna Cuicocha, Tel. 098-6821699, 099-9908757.

■ Club de Andinismo de la Universidad Católica

Verein in Quito, Av.12 de Octubre y Roca, Treffen: Do 19.30 Uhr.

■ Ecuadorian Alpine Institute (EAI)

Calle Ramirez Davalos 136 y Av. Amazonas, Quito, Tel. 02-2565465, www.volcanoclimbing.com. Die Touren mit *Ramiro* und *Juliane* wurden uns mehrfach von Lesern empfohlen, z.B.: „Die Touren auf die Gipfel von Guagua Pichincha, Iliniza Norte und Cotopaxi waren bestens organisiert, und es wird sehr auf die Sicherheit geachtet. Dabei wird Spanisch, Englisch, Französisch und Deutsch gesprochen."

■ Equateur Voyages

Calle Colombia 1138 y Yaguachi, Quito, im Hostal L'Auberge Inn, Tel. 02-2543803, www.equateur-voyages.com; gute Cayambe-Touren.

> Espeletien (frailejones) wachsen in Höhen zwischen 3500 und 4700 m

Bergwandern in Ecuador

■ Expediciones Andinas

Agentur in Riobamba, Urbanización Las Abras, km 3 vía Guano, gegenüber Albergue Abraspungo, Tel. 03-2364278, 03-2364279, www.expediciones-an-dinas.com; Chimborazo-Spezialist mit eigener Schutzhütte, Bergführer: *Marco Cruz*. Im Refugio del Chimborazo sind auch Übernachtungen möglich, im EZ für 75 $, im DZ für 50 $ p.P. mit HP.

■ Safari Tours

Agentur in Quito, Calle Reina Victoria N25-33 y Colón, Tel. 02-2552505, www.safari.com.ec, admin@safari.com.ec; tgl. 9.30–18.30 Uhr; Cotopaxi-Besteigung für 165 $.

■ Sauer, Michael

Tel. 02-2344350, 099-7651377, michaelsauer@andinanet.net; empfohlener deutschsprachiger Bergführer.

■ Schlauri, Benno

Tel. 099-9032907, bennoschlauri@andinanet.net; empfohlener schweizerischer Bergführer, deutschsprachig und sehr engagiert.

■ Sierra Nevada

Agentur in Quito, Calle Pinto E4-150 y Cordero E4-150, Tel. 02-2553658, www.sierranevada.ec, info@hotelsierranevada.com; Cotopaxi-Besteigung für 250 $.

■**South American Explorer's Club (SAEC)**
Internationaler Verein in Quito, Calle Washington 311 y Leonidas Plaza, www.saexplorers.org; Mo bis Fr 9.30–17 Uhr.

■**Surtrek**
Agentur in Quito, Av. Amazonas 897 y Wilson, Tel. 02-2231534, www.surtrek.com.

■**Vientos de Verano**
Andenverein in Quito, Calle Foch 553 y Reina Victoria, Tel. 02-236586, 099-9278004, vientosdeverano@hotmail.com; Bergführer: *Dario Montenegro*.

■Empfehlenswerte Bergführerin: **Mery Borja**, Tel. 099-6079063, mery_borja@hotmail.com; spricht englisch und deutsch.

In Deutschland

■**Deutscher Alpen-Verein (DAV) – Summit Club**
Am Perlacher Forst 186, 81545 München, Tel. 089-642400, www.alpenverein.de.

Preise

Eine geführte Gipfeltour ist nicht billig. Die anderthalbtägige Besteigung z.B. des Cotopaxi ab Quito kostet samt Bergführer, Ausrüstung und Transporten 150 bis 200 $ p.P. in einer Gruppe. Der Chimborazo liegt in der Regel preislich noch höher. Führer für Berge, die kein Spezialequipment erfordern oder innerhalb eines Tages bestiegen werden, sind deutlich preiswerter. Normalerweise ist zusätzlich zum Tourenpreis noch die Hüttenbenutzung zu bezahlen. In der Nebensaison lässt es sich am ehesten über Rabatte verhandeln, also von Februar bis Juni und von September bis November. Auch bei mehrtägigen Touren können deutliche Rabatte erreicht werden.

Grundsätzlich wird es preiswerter, je mehr Teilnehmer eine Exkursion hat. Aber eine Seilschaft wird üblicherweise mit zwei bis drei Bergsteigern und dem Führer komplettiert – ein Führer lässt sich also im Gletscher nicht für sechs Personen buchen.

Wer Ecuador vornehmlich wegen der Gipfel bereist, kann sich auch bei deutschen Reiseveranstaltern nach „Komplett-Paketen" erkundigen. In Ecuador selbst sollten ausgedehnte Gipfelwanderungen **frühzeitig abgesprochen und reserviert** werden, da die meisten Trekking-Agenturen mit Einzelbesteigungen den Terminplaner voll haben. Andererseits wird eine Agentur in Quito alles daran setzen, Ihnen eine mehrtägige Tour zu ermöglichen. Viele Büros arbeiten mit einem Pool von erfahrenen freien Bergführern zusammen. Regressforderungen bei Nicht-Erreichen eines Gipfels lassen sich allenfalls stellen, wenn der Veranstalter es verbockt, was in der Praxis aber selten vorkommt.

Bergrouten

Zur genauen Planung und Durchführung von Bergtouren sollte die Spezialliteratur etwa von *Rachowiecki* und *Rotter* (siehe im Anhang) verwendet werden. Wenig erfahrene Bergwanderer sollten sich grundsätzlich einem **Bergführer** anvertrauen. Die schneebedeckten „Nevados" sind für alle Wanderer, auch für die erfahrenen „Cracks", nur mit Hilfe professioneller ortskundiger Bergführer zu besteigen.

Pasochoa (4200 m) V, C3

Der erloschene Pasochoa ist ein **einfach zu besteigender Berg** in der Nähe Quitos. Geologen vermuten, dass sein letzter großer Ausbruch vor rund 100.000 Jahren stattfand. Als zentral gelegener Andengipfel liegt der Vulkan häufig frei von Wolken am Rand der Panamericana. Seine zackige halbrunde Krone aus mehreren spitzen Gipfeln umgibt einen weiten bewaldeten Kessel. Dieser **Schutzwald** – Bosque Protector Pasochoa – dehnt sich im Westen über den Kraterrand hinaus aus. Flora und Fauna, insbesondere die Vogelvielfalt im Schutzwald (ca. 110 Arten), sind beeindruckend. Der Innenbereich des Kessels ist nicht zu bewandern. Zu den Gipfeln führen mehrere Aufstiegsrouten. Auf- und Abstieg sind an einem Tag zu schaffen.

Die Hauptroute beginnt zwischen den Dörfern Amaguaña und Uyumbicho, etwa 40 Minuten südlich von Quito Zentrum. Dort auf der Hauptverbindungsstraße zwischen Sangolquí und Tambillo/Panamericana Sur weist das Schild nach Osten hoch zu den von Haciendas bewirtschafteten Ausläufern des Berges. Ein etwa 7 km langer Fahrweg führt zu dem einfachen Besucherzentrum. Es ist zu empfehlen, am Ortseingang von Amaguaña eine Camioneta für etwa 7 $ zu mieten, die einen dort hoch bringt. Mit dem Fahrer ist auch ein späteres Abholen zu vereinbaren, will man sich die anderthalb Stunden Pflasterweg ersparen. Am Wochenende lässt sich gut trampen.

Das **Naturschutzgebiet** wird von der Stiftung Fundación Natura verwaltet. An das **Besucherzentrum** Centro de Educación Ambiental Pasochoa sind angeschlossen: eine preiswerte Herberge, ein Campingplatz, ein Picknickplatz, hygienische Einrichtungen und ein kleines Umweltzentrum. Beim Bezahlen der 10 $ Parkeintritt erhält man ein Infoblatt mit Wanderrouten und biologischen Informationen zum Schutzwald und zur Besteigung des Gipfels.

Zwischen **Laufzeiten von 1 und 8 Stunden** sind Touren auf gut sichtbaren Wegen für jedermann ausgewiesen. Der untere Teil führt zunächst durch Bambus und Weiden und dann weiter durch den dichten Wald, der mittlere am spektakulären Kraterrand entlang und der obere Teil über die Rückseite des Kraters von Osten zu den Gipfeln. Vor dem letzten Abschnitt sind zwei kurze Kletterpassagen zu bewältigen. Diese sind im Grunde einfach, aber bei Nässe gefährlich rutschig; daher: Sicherungsseil benutzen! Hinter diesen Steigen verlaufen sich die Wege etwas im Páramo. Bei klarer Sicht läuft man problemlos um den ersten Gipfel herum und steigt den schmalen **Páramopfad** hinauf bis zur felsigen nördlichen Spitze.

Rund 30 m höher ist der zweite und höchste Gipfel des Pasochoa. Der Weg auf dem Kratergrat führt gut sichtbar dort hoch. Am **zweiten Gipfel** (4199 m) ist innerhalb des letzten steilen Waldstücks (!) wegen einer Steilhangpassage ein Sicherungsseil zu benutzen! Außerdem ist dieser Gipfel zur Brutzeit dort nistender Vögel nicht zu begehen! Informieren Sie sich vor dieser Variante unbedingt bei Fundación Natura, die Ihnen gegen moderate Bezahlung auch einen

Führer zur Seite stellt, mit dem Sie gute Chancen haben, auch die letzten **Kondore** des Pasochoa zu sehen. Von Gipfel zu Gipfel sind es etwa 40 Minuten. Auf- und Abstieg ab Besucherzentrum dauern zusammen mindestens acht Stunden. Vor vermeintlichen Abkürzungen im Schutzwald ist dringend zu warnen – Gefahr des Verlaufens!

Die **zweite Aufstiegsvariante** zu den Gipfeln **beginnt,** von Sangolquí kommend, **etwa 3 km vor dem Dorf Ama-**

guaña: Neben der Repsol-Tankstelle führt ein Bauernweg hoch zum Nordausläufer des Vulkans, der die Scheide zwischen West- und Ostseite des Pasochoa formt. Diese Route umgeht den Schutzwald und die Kletterpassagen und ist deutlich kürzer, vorausgesetzt man chartert eine Camioneta in Sangolquí. Bald hinter der Tankstelle, etwa 100 m hinter dem Laden von „Alexandra", geht es links ab. Später lässt man die Hacienda Cuendina linker Hand liegen und folgt weiter dem Hauptweg unter der Stromleitung Richtung „Empresa Eléctrica de Quito". Kurz vor dem sichtbaren Ende der Leitung geht es weiter links hoch zum oberen Teil des Elektrizitätswerks *(la parte alta)*. Dort, in ca. 3200 m Höhe, 9,5 km oberhalb der Tankstelle und 3½ Wanderstunden unter den Gipfeln, lässt man ggf. seinen eigenen Wagen stehen. Die Straße steigt nun links an, biegt kurz darauf noch einmal scharf rechts ab und endet nach einer guten halben Stunde an dem verlassenen Gemeindehaus der Comuna Chillo Jijón. Hier wird es etwas unübersichtlich: In einem engen Linksbogen geht man um das Haus herum und danach nach halblinks weiter über die Wiese den Hang hoch. Nach wenigen hundert Metern und der Querung einzelner Zäune gelangt man auf den breiten Hauptweg. Weiter geht es nach rechts. Dieser Viehweg umkurvt und kreuzt nun einige Rinderweiden, bevor er nach ca. 2 Stunden unterhalb des in Aufstieg 1 beschriebenen Páramopfades endet.

■ **Praktische Hinweise zu den Routen:** Keine besondere technische Ausrüstung erforderlich. Sicherungsseil entsprechend Beschreibung empfohlen. Auf- und Abstiegszeit: 8 Stunden oder in der zweiten Variante 5 Stunden, jeweils bei Anfahrt mit Fahrzeug. Bei Sonnenaufgang aufbrechen! Bei Nässe vorsichtig sein oder auch auf den Gipfel verzichten. Je nach Stand der Rinder sind bei Route 2 schon mal einzelne Weideabschnitte zu umgehen. S.a. Route A 2 hinter Sangolquí.

■ Mehr Infos, naturkundliche Führer und Reservierungen für die Herberge bei **Fundación Natura,** El Telégrafo Elia Luit N45-10, Tel. 02-2272863, 02-2273445, Pasochoa@natqui.ecuanex.net.ec

■ **Unterkünfte:** Besucherhaus mit Schlaf- und Campingplatz. Tipp: **Hacienda La Carriona,** Sangolquí, www.lacarriona.com, Tel. 02-2332004, 02-2331974, EZ 109 $, DZ 141 $, gutes Restaurant, Pool, Dampfbad, Pferde u.a.m.

■ **Literaturtipp:** der Pasochoa-Vogelführer von *Carlos Fierro,* siehe Anhang.

ecu073 peko

☐ Polylepis-Wald

Bergwandern in Ecuador

Corazón (4788 m) V, C3

Der Corazón ist ein technisch einfacher Berg mit ein paar steilen Passagen und viel Geröll. Bis ungefähr zweieinhalb Laufstunden unter dem Gipfel kann man mit dem Allradfahrzeug hochfahren. Nach Regenfällen kann das jedoch bereits früher enden. Doch auch zu Fuß ist der land- und forstwirtschaftliche Weg oberhalb von Aloasí ein Genuss, denn er gibt einen weiten Blick auf die Ostkordillere frei.

Die **Anreise** ab Quito erfolgt zunächst über die Panamericana. Kurz hinter den Abzweigungen nach Machachi linker Hand geht es nach rechts ab in das Dorf Aloasí. Ein Graffiti weist in den Ort. Diese Straße führt in Aloasí zum Kirchplatz. Dort rechts-links abbiegend führt der Weg weiter nach oben und stößt nach ungefähr 3 km auf den alten Bahnhof von **Machachi.** Hier liegt die schöne *Hostería La Estación* (s.u.), die früher auch als Bahnhofsgasthaus diente, als hier noch der Zug aus Quito hielt. Gelegentlich fahren Busse von Machachi über Aloasí bis zum Bahnhof.

Am Bahnhof folgt man den Gleisen etwa 100 m nach rechts, quert sie dort und folgt dem Hauptweg nach oben. Nach einer Weile stößt man an ein Eisentor. Ist es offen, geht es da hindurch, bis man kurz vor dem Wegende nach rechts durch die offene Böschung auf den weiterführenden Hauptweg stößt. Ist das Tor zu, geht es nach rechts weiter, wo man in einem weiten Linksbogen diesen Hauptweg begeht oder befährt. Hinweis: Der Hacienda-Besitzer an den Flanken des Corazón möchte dabei gerne um Erlaubnis gefragt werden – kontakten sie ihn über die Hostería.

Nun ist es **im Weiteren sehr einfach:** Es geht fast ununterbrochen hoch, man durchquert einen Kiefernhain, und ungefähr siebenmal sind Sperrzäune auf dem Weg zu öffnen und wieder zu verriegeln! Zweimal trifft man auf Abzweigungen. Dort ist jeweils der linke Weg zu nehmen. Es geht in weiten Serpentinen den Berg hinauf. Nach gut 10 km – der Weg hier oben ist sichtlich wenig befahren – gibt es eine weitere Gabelung bereits im Páramo. Auch hier hält man sich links. 1,3 km später endet der Fahrweg an einer Wendefläche im Páramo. Nach rechts führt ein Pfad den Hang hinauf Richtung Sattel zwischen dem Hauptgipfel und dem rechts (nördlich) davon liegenden Nebengipfel. Der Weg führt durch Gras und einzelne Sandflächen.

Wer vom Parkplatz aus streng nach Westen geht, kann diesen Sattel auch bei schlechter Sicht nicht verfehlen. **Um sich nicht zu verlaufen,** folgen Sie der breiten Sandfurche etwas südwestlich der Wendefläche. Auf dem Rückweg allerdings lässt sich der Parkplatz bei Bewölkung durchaus verfehlen. Daher sind ggf. Markierungen zu legen.

Vom Sattel führt nach links ein mit Steinhaufen markierter Weg zum Gipfel hinauf. Dieser geht auch über einzelne **leichte Kletterpassagen.** Ein Seil ist im Allgemeinen jedoch nicht erforderlich.

Tipp: Der nördliche Gipfel des Corazón liegt auf 4500 m und ist vom Sattel aus einfacher zu besteigen bei ebenfalls faszinierender Sicht, oft sogar besser als im eisigen Nebel des Hauptgipfels.

■**Praktische Hinweise:** Keine Spezialausstattung erforderlich. Laufzeit etwa 4 Stunden ab und zum Parkplatz bzw. ca. 9 Stunden ab und bis Bahnhof. Der Fahrweg hat besonders nach Regenfällen tiefe Furchen. Viehgitter immer wieder verschließen! Faden für Markierungen im Páramo mitnehmen. Wer orientierungsunsicher ist, sollte einen Guide engagieren. Nach letzten Informationen hat der Hazienda-Besitzer die Zufahrt für Autos gesperrt. Das bedeutet, dass die Wanderung auf jeden Fall am Bahnhof beginnt.

■ Der erste **Bus nach Machachi** fährt morgens um 6 Uhr neben dem (nicht im!) Busterminal („terminal terrestre") in Quito ab. In Machachi nimmt man eine Camioneta zum Bahnhof, oder man läuft ab der Panamericana etwa 45 Minuten bis „La Estación".

■ **Unterkunft: Hacienda La Estación,** Wirtin: *Gladys,* www.hosteriagranjalaestacion.com, Tel. 02-2309246, EZ 56 $, DZ 68 $, insgesamt 20 Zimmer, Abendessen für 16 $, sehr gutes Menü für ca. 10 $; Zimmer reservieren, da häufig Gruppen im Haus. Tipp!

Iliniza Norte (5126 m) VIII, A1

Technisch relativ einfach ist auch der Nordgipfel der Iliniza-Zwillinge. In der kalten Jahreszeit von Oktober bis April können jedoch Schneefälle den Aufstieg erschweren und manchmal unmöglich machen.

Die **Anreise** erfolgt über die Panamericana bis zum Abzweig vor der Brücke *(puente)* nach Westen zu dem Dorf Chaupi. Man folge im Weiteren der Beschilderung „Ilinizas". Der Weg ist in schlechtem Zustand, ein Allrad-Fahrzeug ist erforderlich. Bleiben Sie auf dem Hauptweg, und fragen sie an Abzweigungen ggfs. die Bauern nach dem Weg zum Berg. Auf ca. 3650 m Höhe steht eine Marienstatue *(La Virgen).* Etwas oberhalb (ca. 3800 m) liegt ein **Quinoa-Wald,** ein idealer Ort zum Campen. Etwa 200 m unterhalb des Wäldchens

fließt ein **Bach,** an dessen Ufer Sie auch campen können. Autos kommen nur bis hierher.

Der **Aufstieg** führt über eine vom Regen ausgewaschene Sandfurche, die sich bis in die Nähe des Refugios schlängelt (ca. 3 Stunden Gehzeit). Bei klarer Sicht können hier kurze, übersichtliche Passagen durch den Páramo gequert werden. Wo die Furche endet, schwenkt man nach halbrechts und erreicht bald die **Schutzhütte Nuevos Horizontes** auf 4650 m. Einfach ausgestattet, bietet sie 25 Betten und eine Küche. Reservieren und bezahlen Sie Ihren Schlafplatz bei dem Hüttenwirt in Chaupi: **Vladimir Gallo,** Tel. 099-9699068, oder wohnen Sie in seinem Haus im Dorf, *Hostal Lloviza,* 10 $ p.P. mit BP.

Von der Hütte führt ein gut sichtbarer Wanderweg in 2–3 Stunden nach Nordwesten zum **Gipfel.** Kurz vor Erreichen desselben wartet eine leichte Kletterpassage. Auf dem Gipfel können empfindliche Minusgrade und starker Wind herrschen. Nach dem aktuellen Zustand des Weges und der Wetterentwicklung fragen Sie *Vladimir,* der den Berg wie seine Westentasche kennt (siehe auch www.summitecuador.com).

■ **Unterkunft:** Außer Campen und dem Refugio empfiehlt sich am Eingang zum Cotopaxi-Nationalpark „El Chasquí" das **Hotel-Albergue de Montaña Cuello de Luna** (auf 3125 m) im Sektor El Chasqui der Gemeinde Lasso, Panamericana Sur, km 65, Tel. 099-9700330, www.cuellodeluna.com, EZ/DZ 45/56 $; Zimmer für max. 30 Personen, Restaurant, ferner Reitpferde, Mountainbikes, geführte Exkursionen und Wanderkarten. Zu den Unterkünften La Quinta Colorada und Hostería Papa Gayo (geführte Iliniza-Tour für 40 $) siehe „Machachi" und „Rund um Lasso" in Route A 2.

Iliniza Sur (5263 m) VIII, A1

Anreise und Aufstieg sind bis zum Refugio identisch mit dem zuvor Beschriebenen. Dort jedoch zweigt die Route in südlicher Richtung ab. Der Gipfel des Iliniza Sur liegt **unter ewigem Eis,** ist sehr steil zu begehen und hat tückische Risse in der Gletscherfläche. Er ist ohne Eis-Equipment und ortskundigen Führer nicht zu besteigen!

⌃ Der Cotopaxi ist relativ einfach zu besteigen

Cotopaxi (5897 m) VIII, A/B1

Der wunderschön konisch geformte Vulkan Cotopaxi ist **der vielleicht am häufigsten „eroberte" Andengipfel Ecuadors.** Auch er stellt **technisch keine außergewöhnlichen Ansprüche.** Einzelne Passagen aber sind von Gletscherspalten durchzogen. Häufiger Neuschnee verdeckt diese leicht und kann überdies Lawinen auslösen. Daher ist ein ortskundiger Führer obligatorisch. Hier sei nur eine allgemeine Beschreibung des Aufstiegs gegeben.

Die **Anreise** erfolgt über die Panamericana. Bei Km 75 geleitet ein großes Schild „Parque Nacional Cotopaxi" in

ecu052_peko

denselben. Nach einigen Kilometern gelangt man an das Parkwächterhaus, wo 2 $ Eintritt zu entrichten sind; es schließt übrigens um 16 Uhr. Von dort sind es noch ca. 30 km bis zur Schutzhütte, die über die Hauptstraße und Schilder leicht zu finden ist. Besonders am Wochenende ist es leicht, im Park auch per Anhalter mitgenommen zu werden.

Das **Refugio José Rivas** liegt auf 4800 m Höhe. Etwa 300 m tiefer befindet sich der Parkplatz – hier ist Endstation für die Motorisierten. Für 16 $ bietet die einfache Hütte etwa 60 Bergsteigern Matratzen und Kochgelegenheiten. Im Sommer ist sie gelegentlich überfüllt – first come, first go! Wegen der kurzen

Nacht und der Hellhörigkeit des Refugios werden Sie jedoch kaum schlafen können!

Zwischen Mitternacht und 1.30 Uhr früh herrscht große Aufbruchsstimmung in der Hütte. Zunächst über ein Geröllfeld oder auch neuen Schnee geht es auf den Nordgletscher des Cotopaxi zu. Von da an – mit vollem Eis-Equipment – steigt die Seilschaft ununterbrochen nach oben, die Spalten auf Schneebrücken querend. Markantester Punkt des Anstiegs ist neben spektakulären Eiswänden die schneegeschützte **schwarze Felswand von Yana Sacha** (5600 m). Einmal die Wand umgangen, folgt ein extrem steiles letztes Stück mit bis zu 40 Grad Neigung. Hier haben nicht wenige – das nahe Ziel bereits vor Augen – aufgegeben. Die dünne Luft verlangt psychisch und physisch vollen Tribut, doch der Gipfel bei aufgehender Sonne entschädigt für all die Mühen.

Der **Aufstieg ab der Hütte** dauert je nach Kondition 4–7 Stunden, der Abstieg 2–3 Stunden. Siehe dazu auch Besteigung der Südroute (Alta Montaña).

■**Unterkunft:** Die meisten Bergsteiger reisen am Vortag zum Refugio an. Andere zelten unterhalb des Parkplatzes. Ob Zelt oder Dach über dem Kopf: Zu empfehlen ist die private **Schutzhütte Tambopaxi** auf 3700 Metern. Zu ihr gelangt man, wenn man am Abzweig zum Refugio noch 1 km weiter Richtung Osten fährt. Tambopaxi bietet mehr Komfort und Ruhe, kostet 16 $ p.P. im Schlafsaal, DZ 85 $, und kann in Quito verbindlich reserviert werden bei *César Román* von Aseguim (siehe dazu Veranstalter).

Wer hier übernachtet, bricht schon gegen 11 Uhr abends per Auto zum Parkplatz auf, passiert dann das Refugio und steigt gen Gipfel. Auch gibt es einen Zugang zum Nationalpark aus nördlicher Richtung über Machachi und im Weiteren durch die Hacienda Santa Ana Pedregal. Dieser Weg führt auch an Tambopaxi vorbei (www.tambopaxi.com).

Empfehlenswert sind ebenso das Hotel Cuello de Luna (siehe bei Iliniza Norte) und die Hacienda La Ciénega (siehe Route A 2 vor Latacunga).

■ **Anreisevariante:** Von Machachi lässt sich eine *camioneta* chartern, die einen für 30– 40 $ bis zum Parkplatz unterhalb des Refugio José Ribas fährt. Für Tagesausflügler ist auch eine Hin- und Rückfahrt mit Wartezeit am Vulkan zu vereinbaren.

Rucu Pichincha (4698 m)   V, C2

Der Hausberg Quitos ist ein beliebter und technisch einfacher Gipfel für Ganztagestouren. Nachdem es auf der Hauptroute zum Rucu Pichincha in der Vergangenheit zahlreiche bewaffnete Überfälle auf Wanderer gab, empfehlen wir, diesen Aufstieg über San Roque, das Monumento de la Cima de la Libertad und die kleine Antennengruppe nicht

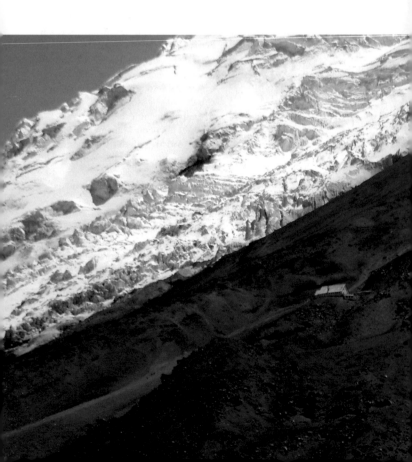

mehr zu begehen! Wir haben eine Alternative ausgearbeitet, die nach unserem Dafürhalten bisher als sicher gilt: Fahren Sie mit dem Bus ab der Av. Colón oder mit dem Taxi bis zum höchsten Haltepunkt des Stadtteils Las Casas. Von dort laufen Sie die Piste ca. 2 km weiter stets nach oben bis zum Haus des Bergsteigers *Oswaldo Freire*, der bei vorliegender Reservierung dort auch ein idyllisch gelegenes Hotel, die **Rumiloma Lodge,** für bis zu 15 Personen betreibt sowie einen Platz zum Campen stellen kann. Melden

Sie sich frühzeitig bei *Oswaldo* an: Tel. 02-3200196, 02-3200953, 099-9703130, www.rumiloma.com.

Von den Hazienda-Gebäuden führt ein steiler Pfad nach Süden durch einen Wald. Auf dem Kamm angekommen – es ist der Mittelkamm zwischen den beiden „Antennenbergen" –, laufen Sie nach Westen auf den felsigen Teil des Rucu zu.

An der Felsnase angekommen, können Sie bei gutem Wetter den Felskamm bis zum Gipfel erklettern (nur für erfahrene Bergsteiger) oder einfacher: Sie lassen die Nase linker Hand liegen und laufen in einem weiten Linksbogen über ein gut ausgetretenes Schotterfeld ca. 1 Stunde weiter zum Gipfel. Bei Regen ist dieser Weg sehr rutschig!

Eine andere Variante besteht darin, mit der Seilbahn „Teléferico" bis auf 4000 m hoch zu fahren und dann in ca. 3 Std. bis zum Gipfel zu wandern (siehe auch „Quito: Praktische Infos A–Z/Teléferico").

ecu072 peko

◁ Schutzhütte am Cotopaxi

■ Der gesamte **Auf- und Abstieg** dauert 7–8 Std. ab der Endhaltestelle von Las Casas.

■ Die aktuelle **Sicherheitslage** am Pichincha sollte vor jeder Wanderung bei den Bergagenturen oder Aseguim erfragt werden. Nehmen Sie im Zweifelsfall einen lokalen Führer mit, oder verzichten Sie bei erhöhtem Risiko ganz auf die Besteigung.

■ **Unterkunft:** Wer nicht frühmorgens in Quito aufbrechen möchte und zudem auf 3100 m die Akklimatisierung nutzen möchte, dem sei die Herberge von *Oswaldo Freire* (s.o.) wärmstens ans Herz gelegt; Reservierung erforderlich.

Guagua Pichincha (4794 m)   V, C2

Die mögliche **Weiterwanderung** durch den Kessel und zum Wiederaufstieg Richtung Guagua Pichincha und zu seinem Refugio ist orientierungsfesten Bergwanderern mit entsprechendem Kartenmaterial vorbehalten, da starke Wolkenbildung und steile Schotterhänge die Wanderung erschweren.

Aber von der Ortschaft **Lloa** im Südwesten von Quito lassen sich der Guagua und das einfache, bewachte Refugio leicht erreichen. Die gesamte Wanderung bis zum Refugio dauert ca. 5 Stunden und verläuft vom Ort über einen Fahrweg hoch.

Vom Refugio (ca. 4500 m) geht man noch etwa 30 Minuten über den leicht sichtbaren Weg zum Kraterrand und optional vom Rand aus nach rechts auf dem Grat zum Gipfel des Guagua. Im Refugio kann man gegen eine Gebühr übernachten. Es gibt Wasser und eine Kochgelegenheit, aber es wird nachts bitterkalt und wegen des schlechten Kamins oft stickig verqualmt.

■ Der gesamte **Auf- und Abstieg** von Lloa bis zum Gipfel nimmt 9–10 Std. in Anspruch.

Tungurahua (5023 m)   XI, C1

Wegen der bereits mehrfach beschriebenen Vulkantätigkeit (vgl. bei Baños) ist der Berg bis auf Weiteres nicht zu besteigen.

Nach dem Mythos der Puruhaes-Indianer, deren Nachfahren heute u.a. in Bergregionen am Chimborazo leben, ist Tungurahua die Mutter ihrer Kinder. Und wenn die „Mama" mit Asche und Steinen wirft, so die Überlieferung, ist sie wieder einmal hochgradig sauer auf „Papa" Chimborazo, der sich auf ein Techtelmechtel mit den Frauen Cotopaxi oder Pichincha eingelassen hat.

Betrachtet man den derzeit ebenso erregten Zustand „der" Pichincha, so hat Chimborazo mit seinen Seitensprüngen in der Damenwelt der Anden so einiges in Unordnung gebracht. Bleibt zu hoffen, dass zumindest der Cotopaxi die Nerven behält …

Weitere Berge

Im Prinzip sind alle Berge Ecuadors zu erklimmen, sie stellen jedoch die unterschiedlichsten Anforderungen an die Bergsteiger.

Die vereisten Gipfel von **Cayambe, Antisana** und **Chimborazo** sollten nie ohne Führer bestiegen werden.

Sangay und **El Altar** sind extrem anspruchsvolle Berge, einmal wegen der schwierigen Geländeform, v.a. aber auch unter dem Aspekt der Orientierung wegen der häufigen, manchmal wochenlangen Nebelbildungen in der regenwaldnahen Ostkordillere.

■**Praktischer Hinweis:** Unweit des Vulkans El Altar gibt es einen guten **Ausgangspunkt für Bergtouren:** Die schöne **Hacienda Releche** mit Hüttenbetrieb auf 3080 Metern Höhe (Canton Penipe Parroquia La Candelaria, 12 $ p.P.). Die Hacienda betreibt zudem den Verleih von Eseln und Pferden sowie einzelne primitive Schutzhütten auf bis zu 3800 Metern. Sie können bei entsprechender Ausstattung (sehr kalt!) als Basecamp für eine geführte Tour zum Altar genutzt werden. Schlafsaal 12 $ p.P. bei Küchenmitbenutzung. Auch separate Zimmer mit BP. Kontakt und Anreise über Tel. 03-2949761 oder in Riobamba, Tel. 03-2960848, oder in Santiago Cedeño, Tel. 098-4651922.

Der **Cotacachi** ist wiederum relativ leicht zu besteigen, abgesehen von einem letzten Steilabschnitt. Hier sei *Ernesto Cevillano* an der Laguna Cuicocha als bester Guide für den Berg empfohlen (siehe Veranstalter). *Ernesto* führt Gruppen bis zu 6 Personen für zusammen 150 $ auf den Gipfel (Tel. 098-6821699).

Auch der **Atacazo** südlich von Quito zählt zu den einfacheren Bergen, da er häufig frei liegt und nicht sehr steil ist. Er kann am einfachsten von seiner Nordseite her, in Chillogallo beginnend, bestiegen werden. Ein Fahrweg führt zu den Antennen auf dem Gipfel.

Der **Rumiñahui** ist ein sehr schroffer Berg, der leichte (keine technischen) Klettererfahrungen erfordert. Vorsicht: Steinschlag! Wegen der Nähe zum Cotopaxi lässt sich die Südseite des Rumiñahui gut zum Akklimatisieren für den „Großen" nutzen. Es empfiehlt sich eine Kombination mit einem Höhencamp, etwa der Schutzhütte Tambopaxi (siehe beim Cotopaxi).

Der **Imbabura** stellt ebenfalls nur mittlere Anforderungen. In den Agenturen von Otavalo und Ibarra findet sich recht unkompliziert ein Führer.

Der eher seltener bestiegene **Carihuayrazo** ist etwas schwieriger, die Sicht auf den nahen Chimborazo ist dafür spektakulär.

Sehr selten bestiegen werden der abgelegene **Sincholagua** und der schwierige, felsige **Quilindaña**.

Im Reisehauptteil dieses Handbuchs finden Sie weitere Beschreibungen von Wanderungen: Pululahua, Maquipucuna, Pasochoa, Cotopaxi, Inka-Trail, El Cajas, Podocarpus, Baños und Sangay (Sie finden die jeweiligen Stellen über das Register).

Bergwandern in Ecuador

Die Galápagos-Inseln

Tiere, Landschaften und Erlebnisse wie aus einer anderen Welt – und das alles nur eine gute Flugstunde vom ecuadorianischen Festland entfernt. Ein Besuch der einzigartigen Galápagos-Inseln ist eine unvergessliche Erfahrung, wie es nur wenige auf der Welt gibt!

◁ Touristen im Galápagos-Fieber

DIE INSELN

⌃ Flamingos auf der Isla Floreana

DIE INSELN

ecu071 petko

Die Hauptinsel ist Santa Cruz, von der aus die meisten Kreuzfahrten organisiert und durchgeführt werden. Die vier **bewohnten Inseln Santa Cruz, San Cristóbal, Isabela und Floreana** sind die touristischen Stützpunkte des Archipels: Von Santa Cruz, San Cristóbal und von der Flughafeninsel Baltra starten die Ausflüge, Touren und Unternehmungen aller Art. Die Hauptorte verfügen über die nötige touristische Infrastruktur, die einen Aufenthalt im Inselparadies erst möglich macht.

Die nachfolgend beschriebenen Inseln sind vom ecuadorianischen Staat für den Tourismus freigegeben und – abgesehen von den wenigen Siedlungen – **nur mit einem vom Nationalpark Galápagos ausgebildeten und autorisierten Naturführer zu besuchen.** Sie sind in der Reihenfolge von Westen nach Osten entsprechend den nummerierten Besuchszielen aufgelistet (vgl. die Karte in der hinteren Umschlagklappe).

Isla Fernandina

■ Fläche: 642 km²
■ max. Höhe: 1494 m

Als **drittgrößte** ist die **Insel** zugleich die **jüngste,** und ihr vulkanischer Formenschatz ist noch sehr gut erhalten. Isla Fernandina ist ein riesiger Schildvulkan mit großer Caldera (Krater), die direkt über dem Galápagos-Hot Spot sitzt und deshalb heute noch sehr aktiv ist. Die letzte Eruption gab es im Jahr 2005, und täglich könnte es wieder zu einem größeren Ausbruch kommen. Der Vulkan steht deshalb unter ständiger Beobachtung von Vulkanologen der Charles Darwin Forschungsstation.

Entlang weißer Strände säumen Mangroven die Küste. Flugunfähige Kormorane, Lavaechsen, Galápagos-Pinguine und unzählige See- und Stelzvögel bewohnen die Insel.

Besucherstandort

> **Hinweis:** Die Zahl hinter dem jeweiligen Besucherstandort bezieht sich auf die Galápagos-Karte auf der Innenseite der hinteren Umschlagklappe, in der die Besucherstandorte eingetragen sind, und auf S. 624, wo sie gelistet sind.

Auf Fernandina gibt es nur einen Besucherstandort, der von Touristen angesteuert werden kann. Es ist die **Punta Espinosa (1)** im Nordosten der Insel. Nach der Trockenlandung sind zwei Wanderwege gangbar. Der eine ist nicht länger als 300 m und geht bis hinauf zur Punta Espinosa, der andere ist ca. 1 km lang. Er führt zu den Lavafeldern jüngerer Ausbrüche, wo man Lavakakteen (*Brachycereus*) sowie Block- und Stricklava studieren kann. Eine große Kolonie der endemischen Meerechsen kann vom Standort aus in Augenschein genommen werden.

⊡ Landleguan auf Isabela

Isla Isabela

● **Fläche: 4588 km²**
● **max. Höhe: 1707 m**

Die **größte Insel** im Galápagos-Archipel besteht aus einer Kette von fünf aktiven, miteinander verschmolzenen Schildvulkanen, deren Lavamassen zusammengeflossen sind und die Inseloberfläche einheitlich bedecken. Im Norden erheben sich die **Vulkane** Volcán Wolf (1707 m) und Volcán Darwin (1288 m), in der Mitte der Insel der Volcán Alcedo (1097 m), im Süden liegen der Volcán Santo Tomás bzw. Sierra Negra (1500 m) und der Volcán Cerro Azul (1689 m). Da auch Isabela direkt auf dem Galápagos-Hot Spot „sitzt", sind alle Vulkane aktiv. Von Norden nach Süden erstreckt sich die Insel über 130 km, insgesamt umfasst sie knapp 60 % der Landfläche des Galápagos-Archipels.

Rund **2000 Menschen** leben im Süden von Isabela, die meisten im Dorf **Puerto Villamil** mit seinen schönen Stränden. Die Insel-Fluglinie *Emetebe* fliegt den Flugplatz des Dorfes täglich an. Kreuzfahrten steuern den Ort wegen der recht großen Distanz zu Santa Cruz oft nur in einwöchigen Törns an.

Je nachdem, wo man sich auf der Insel befindet, wird man eines bestimmten Ausschnitts der Tier- und Pflanzenwelt gewahr. Allgegenwärtig sind entlang der Küste lediglich die Seevögel. Die Vegetation auf der Ostseite der Insel ist geprägt durch einen schnellen Wechsel von der Trocken- zur Feuchtzone, auf der Westseite (Regenschattenseite) durch eine ausgedehnte Trockenzone bis hinauf zu den Kratern der Vulkane.

Puerto Villamil

Die kleine Siedlung Puerto Villamil im Süden von Isabela ist ein ruhiger Fleck im Archipel. Es gibt jedoch eine wachsende Zahl von Hotels und Restaurants. Eine Schotterpiste führt von Puerto Villamil ins Landesinnere zur knapp 20 km entfernten Siedlung Santo Tomás.

Die **Fiestas de Isabela** sind jedes Jahr Mitte März. Da tanzt das Dorf bei Rodeo, einem unblutigen Stierkampf. Außerdem finden Wettschwimmen und Bootsrennen statt.

Praktische Infos

● **Tel. Vorwahl: 05**

Unterkunft
Neben sehr teuren Unterkünften gibt es folgende Übernachtungsmöglichkeiten:

● **Hotel San Vincente**
Tel. 2529140, 2529439, Av. Cormorán y Escalecia, www.isabelagalapagos.com.ec; AC, Wäsche- und Restaurant-Service, Kabel-TV, Minibar, Touren, Reiten, Radfahren, Kajak, EZ 43 $, DZ 74 $ mit Frühstück.
● **La Casa de Marita**
Tel. 2529238, www.galapagosisabela.com; direkt am Meer, italienisch-ecuadorianische Leitung, sehr hilfreich und nett; die Zimmer und Apartments sind sehr schön und absolut sauber; Frühstücksraum, guter Kaffee, leckeres Essen; *Marita Velarde* macht auf Wunsch für ihre Gäste sagenhaften Hummer. EZ 73 $, DZ 120/159/220 $ mit Frühstück.

Essen und Trinken
● Im **Restaurante Costa Azul** wird frischer Fisch serviert, ebenso – wenn auch einfacher – in den Restaurants am Park.

Verkehrsverbindungen
● **Private Schnellboote,** sog. „Lanchas Rápidas", verkehren täglich zwischen Isabela (Abfahrt 6 Uhr früh) und Puerto Ayora. Fahrtzeit ca. 2 Stunden, Preis 25 $, Ticket am Kiosk an der Mole. Die 6-Uhr-Fahrt ermöglicht es Isabela-Gästen auch, Kontinentalflüge in Baltra zu erreichen.

● Inzwischen sind von der kleinen Flugpiste auch **Flüge nach Baltra und San Cristóbal** möglich: Täglich geht ein Flugzeug der Linie *EMETEBE* (5 Plätze) für ca. 120 $ nach Baltra. Buchungs-Büro im Ort.

Geldwechsel
● Es ist ratsam, **genügend Bargeld** auf die große westliche Insel mitzunehmen, denn auf Isabela gibt es **keine Geldautomaten,** und mit der Kreditkarte kann man nur selten bezahlen.

Ausflüge

● **Volcán Sierra Negra**
Die beeindruckende Vulkanlandschaft und ihre Vegetation sind als Reittouren (bis zu drei Tagen) zu entdecken oder aber mit einer Pickup-Anreise über das Dorf Santo Tomás ins Hochland (ca. 50 $). Dann geht es mit einem Führer (ca. 15 $) auf dem Ross (pro Pferd ca. 7 $) weiter zum Krater des „schwarzen Gebirges" – ein äußerst geologisch spannender, manchmal etwas ungemütlicher Ausflug: Denken Sie an Regenjacke und schmutztolerante Kleidung. Arrangements über Casa Marita und *Antonio* von der Posada San Vicente. Siehe auch die Beschreibung des Besucherstandortes 11. Transport Tel. 2529140. Nach Santo Tomás fährt auch ein Bus. Auf dem Weg nach Sierra Negra befindet sich das Campo Duro. Hier kann man zelten, die Obstbäume bewundern und im Restaurant biologisch angebautes Essen genießen. Mehr Infos unter www.redmangrove.com/lodging/campo-duro.
● **Volcán Chico**
Zu Fuß oder zu Ross geht es eine gute halbe Stunde von der Straße aus hoch auf den „kleinen Vulkan" – ein reizvoller Ausflug.

● Tintoreras

Mit dem Boot wird ein Puerto Villamil vorgelagertes Felsenriff angesteuert. Dort angelegt, läuft man bei den meisten Touren über einen einfach zu begehenden Pfad und sieht Seelöwen, Meerechsen und eben „tintoreras", **Weißspitzenhaie,** die in dem Riff ihren Mittagsschlaf abhalten. Nehmen Sie Bade- und Schnorchelsachen mit, auch zum Betrachten der Haie! Die Tour ist über die Hotels oder direkt mit den Fischern am Hafen zu organisieren. Kalkulieren Sie 30 $ p.P. für den 2- bis 3-stündigen Ausflug ein.

● Los Tuneles

Die spektakuläre Höhle ist nur vom Meer aus zu sehen und anzusteuern. Da es eine lange Bootsanfahrt zu diesem Ganztagesausflug ist, sollten Sie eine stattliche Gruppe zusammen bekommen, sonst wird es zu teuer.

● El Muro de las Lágrimas

Wunderschöne Wanderung von Puerto Villamil aus zunächst am Strand entlang. Später passiert man den Friedhof, den Leuchtturm, stattliche Mangroven, eine Flamingo-Lagune, gelangt zu einem Lavatunnel – am Strand bei dem Lavatunnel findet man die größten Meerechsen –, steigt die Treppen zu einem kleinen Aussichtsberg hinauf und schließt ab an der Muro de las Lágrimas, der „Mauer der Tränen", die vor 50 Jahren von einer Strafkolonie auf Isabela errichtet wurde. Die tolle Wanderung von etwa 5 Stunden Gehzeit ist gut beschildert. Denken Sie an genügend Wasservorräte!

● Schildkrötenstation
der Charles Darwin Foundation

Die Forschungsstation unterhält auch auf Isabela eine kleine Aufzucht der großen Elefantenschildkröten. Reisende waren beeindruckt und berichten, auf dieser gepflegten Station mehr Schildkröten gesehen zu haben als auf der Station auf der Isla Santa Cruz. Der Bohlenweg vorbei an einer Lagune und an einer interessanten Lavaformation beginnt an dem auffälligen Hinweisschild an der Hauptstraße. Die Laufzeit bis zur Station beträgt etwa 45 Minuten. Nach einem Besuch der Schildkrötenstation lohnt es

sich, rechts abzubiegen: Nach ungefähr 200 Metern kommt rechts eine Abzweigung, wo man sehr gut Flamingos beobachten kann.

● Laguna Bahía

Schöner Halbtagesausflug zum Baden und Schnorcheln mit Seelöwen.

Besucherstandorte

Auf Isabela gibt es zehn Besucherstandorte, von denen die meisten auf der entlegenen Westseite der Insel liegen. Diese wird entsprechend seltener und nur auf längeren Touren angefahren. Wer vorhat, mehrere Wochen auf den Inseln zu verbringen und Isabela sehen möchte, dem sei geraten, ein Boot von Santa Cruz nach Puerto Villamil zu nehmen und von diesem Hafen aus die Touren zu starten. Da die Insel nicht zu Fuß durchquert werden kann, muss man sich in jedem Fall in Puerto Villamil nach einem Boot umsehen.

Punta Albermarle (2) bildet den nördlichsten Zipfel der Insel. Hier befand sich früher eine Radarstation der USA. Heute kann sich der Besucher ganz den jungen Lavafeldern, flugunfähigen Kormoranen, Meerechsen und Galápagos-Pinguinen zuwenden. Gehwege sind nicht vorhanden. Fährt man mit dem Boot die malerische Küste weiter westwärts, kommen verschiedene Seevögel ins Blickfeld. Am nordwestlichsten Punkt der Insel passiert man den Volcán Ecuador (610 m), dessen Fuß (Punta Vicente Roca) bis fast hinunter an die Küste reicht. Hier lässt es sich gut schnorcheln und baden.

Punta García (3) liegt etwas nördlich der Landungsbucht zum Vulkan Alcedo und besteht hauptsächlich aus rauer AA-

Lava. Auf der Ostseite der Insel sind die flugunfähigen Kormorane nur an dieser Stelle zu sehen.

Wandert man vom Hafen Puerto Villamil den Strand nach Westen, ist nach 20 Min. die **Laguna de Villamil (4)** erreicht. Hier stolzieren das ganze Jahr über Flamingos umher. Unter Seevogel-Liebhabern gilt diese Lagune als die schönste im ganzen Archipel. Über zwanzig Stelzvogelarten geben sich ein Stelldichein, und wer etwas mehr Zeit in Puerto Villamil verbringt und mehrmals zur Lagune zurückkehrt, bekommt sicher viele Seevogel-Arten zu Gesicht.

Im Südwesten der Insel liegt **Punta Morena (5)**. Nach einer Trockenlandung gelangt man über ein junges Lavafeld zu Brackwassertümpeln, in denen sich häufig Teichhühner, Bahama-Enten und Flamingos tummeln.

Die **Bahía Elisabeth (6)** ist für ihre Unterwasserwelt bekannt. Die Bucht verfügt über keine Anlegestelle. Beim Einfahren vorbei an den vorgelagerten Islas Marielas wird man oft von den Galápagos-Pinguinen begrüßt. Die Küstenlinie ist voller Mangrovenwälder, in denen sich Seevögel und Reiher aufhalten. Vom Beiboot aus kann man Rochen, Haie und Wasserschildkröten im klaren Wasser beobachten. Auch Schnorcheln ist möglich.

Weiter nordwärts auf der Westseite der Insel liegt die **Bahía Urbina (7)**. In dieser Bucht stieg 1954 ein Korallenriff aus dem Meer. Der Besucher begegnet Pelikanen, dem flugunfähigen Kormoran und Meerechsen.

Beliebt ist der Besuch der **Tagus Cove (8)**. Nach einer Trockenlandung führt ein 2 km langer, teilweise beschwerlicher Wanderweg vorbei an einer Salzwasserlagune zu den tiefer gelegenen Hängen des Volcán Darwin (1289 m). Hier lassen sich die verschiedensten Vulkanformen studieren. In der Bucht kann man baden und schnorcheln. Zurück im

Schlauchboot fährt man die Kliffküste entlang.

Weiter nördlich, am Fuß des Volcán Darwin, befindet sich der Strand der **Punta Tortuga (9)**. Nach der Nasslandung sollten Sie in den Mangrovenwäldern nach dem Mangroven-Fink Ausschau halten: Er kommt nur auf Fernandina und Isabela vor.

Der Aufstieg zum 1128 m hohen **Volcán Alcedo (10)** auf der Ostseite der Insel ist nicht leicht und bedarf einer guten Vorbereitung. Für den Besuch sind mindestens zwei, besser drei Tage einzuplanen. Es gibt zwar Tagestouren zum Alcedo, doch lohnt sich die Mühe des Aufstiegs nicht, wenn man – kaum oben angekommen – auch schon wieder hinuntersteigen muss, um vor der Dämmerung im Boot zu sein. Für Übernachtungen (Camping) am Alcedo ist eine Erlaubnis der Nationalparkverwaltung erforderlich. Es gibt fünf Campingplätze am Alcedo. Einer ist am Strand, ein anderer auf halber Strecke zum Kraterrand und drei weitere liegen direkt an diesem. Wichtig: Der Weg ist derzeit für Besucher geschlossen! Eine Wiedereröffnung ist zuletzt gescheitert.

Shipton Cove ist der Ausgangspunkt eines Aufstiegs, der mehrere Stunden dauert; 10 km werden während des langen und steilen Aufstiegs auf sandigem Untergrund vom Strand bis zum Kraterrand zurückgelegt. Dort angekommen, entschädigt der Blick in den riesigen Vulkankrater. Nach weiteren 6 Kilome-

tern entlang des Kraterrandes ist die aktivste Stelle des Vulkans erreicht, hier stoßen die Fumarolen ihre Dämpfe aus. Der im Durchmesser 7 Kilometer große Einsturzkrater *(caldera)* entstand, als sich die unter ihm befindliche Magmakammer an anderer Stelle entleerte. Heute leben in ihm unzählige Riesenschildkröten. Sie sind am ehesten im Bereich der Fumarolen anzutreffen.

Eine Vulkanbesteigung besonderer Art ist die des 1500 m hohen **Volcán Sierra Negra (11)** im südlichen Teil der Insel. Eine Camioneta fährt die ca. 20 km von Puerto Villamil bis hinauf zum Dorf Santo Tomás. Von hier aus sind es 9 km bis zum Rand des Vulkankraters, die Strecke ist entweder zu Fuß oder auf dem Rücken eines Pferdes zurückzulegen.

Zu empfehlen ist ein **Pferderitt von Santo Tomás zum Kraterrand**. 2 Stunden ist man auf der feuchten Südseite (besonders in der Garúa-Zeit zwischen Juni und Dezember) durch den Nebel hinauf zum Krater unterwegs. Wenn man Glück hat erspäht man dabei sogar den Galápagos-Habicht und die Sumpfohreule.

Oben angekommen, wendet man sich nach rechts und reitet aus der Regenzone in die Sonne. Erst jetzt werden die Ausmaße des Kraters, der einen Durchmesser von 12 km hat und damit der zweitgrößte weltweit ist, deutlich!

Eine weitere Stunde dauert es bis zur nördlichen Seite des Kraters, auf der gegenüberliegenden nassen Südseite schiebt sich der Nebel den Kraterrand hinunter.

Wer zelten will, sollte das vorher mit dem Führer abklären. Andernfalls geht es am Nachmittag vom Kraterrand

◁ Wanderer im trockenen Balsamo-Wald

hinunter in das jungvulkanische Gebiet des Volcán Chico. Fumarolen und eine bizarre Vulkanlandschaft machen den Ausflug zum „kleinen Vulkan" mehr als lohnenswert.

Seien Sie vorsichtig, wenn Sie auf den Lavafeldern laufen: Sie sind teilweise brüchig! Auch der Ritt zurück nach Santo Tomás am späten Nachmittag erfordert Aufmerksamkeit, da die Pferde Schwierigkeiten mit den rutschigen Bodenverhältnissen an der Südflanke des Vulkans bekommen können.

Isla Bartolomé

■ **Fläche: 1,2 km²**
■ **max. Höhe: 114 m**

Bartolomé liegt östlich von San Salvador (Santiago). Die Insel bietet zwar keine außergewöhnliche Tierwelt, dafür aber von ihrem höchsten Punkt einen **herrlichen Panoramablick** über die Sullivan Bay hinüber zur Insel Santiago.

Ein Muss für den „Vulkan-Freak": Lavaformen, Schlackenkegel, kleine Lavatunnel und Tuffformationen, wohin das Auge blickt! Dazwischen weiße Strände mit leuchtend grüner Vegetation und das türkisblaue Meer der Sullivan Bay.

Bartolomé ist neben Santa Cruz die **meistbesuchte Insel des Galápagos-Archipels.** Ihr Kennzeichen ist die große **Felsnadel Pinnacle Rock** im Norden, die dem Fotofreund ein besonderes Sonnenuntergangs-Spektakel verschaffen kann.

Die **Vegetation** ist fast ausschließlich auf die Küste beschränkt, wo rote und weiße Mangrovenwäldchen durch Salzbüsche *(Maytenus spec.)* und die stacheligen *Scutia-Sträucher* unterbrochen werden. Das flach wachsende *Sesuvium* ist genauso allgegenwärtig wie die Strandwinde.

Man trifft auf zahlreiche **Seevögel, Felsenkrabben und Lavaechsen.** Beim Schnorcheln kann es zu Begegnungen mit Pinguinen und Wasserschildkröten kommen. Auf der Insel plagen einen zeitweise die Mücken.

Besucherstandorte

Bartolomé **(12) hat zwei Besucherstandorte.** Der eine Aussichtspunkt der Insel in 114 m Höhe wird, nach der Landung an einem Bootssteg, über einen 600 m langen Holzweg erreicht. Unterwegs dorthin sind in einer herrlichen Lavalandschaft verschiedene Pionierpflanzen wie der Lavakaktus zu sehen. Der letzte Teil des Anstiegs ist ziemlich steil. Über eine angelegte Treppe wird der Aussichtspunkt erklommen.

Übrigens: **Kontaktlinsenträger** haben in der staubigen Vulkanlandschaft der Insel nichts zu lachen und sollten – wenn möglich – eine Brille aufsetzen.

Eine Nasslandung eröffnet den Zugang zum **zweiten Besucherstandort,** einem Strand, von dem aus man mit den Galápagos-Pinguinen schnorcheln und schwimmen gehen kann. Zu beiden Seiten der Bucht stehen die Pinguine auf den Felsen; sie sind am besten vom Beiboot aus zu beobachten, das dicht an den Felsen vorbeifährt. Ein kurzer Weg führt über eine Düne auf die gegenüberliegende Seite der Insel zu einem weiteren schönen Strand. Hier finden sich Rochen und Wasserschildkröten.

Sombrero Chino

■ **Fläche: 0,23 km²**
■ **max. Höhe: 52 m**

Der „chinesische Hut" ist eine **winzige Insel** mit weniger als einem Viertel Quadratkilometer Fläche. Sie ist der Insel Santiago südöstlich vorgelagert.

Ihren Namen erhielt die Insel durch den hutähnlichen Vulkankrater, dessen Form am besten von Norden aus zu erkennen ist.

Besucherstandort

Sombrero Chino (14) betritt der Besucher an der Nordseite der Insel. Nach einer Trockenlandung begrüßen Seelöwen bereits am Landungssteg die Neuankömmlinge.

Ein 400 m langer Wanderweg führt durch einen kleinen Lavatunnel und zeigt die verschiedenen Lavastrukturen. Auf dem Weg begegnet man Seelöwen, Seevögeln und den endemischen Meerechsen.

In der Landungsbucht darf man schnorcheln und schwimmen.

Isla Santiago

■ **Fläche: 585 km²**
■ **max. Höhe: 907 m**

Der offizielle Name der viertgrößten Galápagos-Insel ist **Isla San Salvador.** Ein Zuckerhut-Vulkan (395 m) überragt die junge vegetationsarme Mondlandschaft der südöstlichen Inselseite – er ist das Wahrzeichen von Santiago. Den besten Blick auf die bizarren Oberflächenformen hat man von der Insel Bartolomé. Im Gegensatz zu dieser Landschaft steht der erloschene Hauptvulkan (906 m) im Nordwesten der Insel. Seine Hänge sind von Ziegen teils kahlgefressen.

Besucherstandorte

Santiago hat vier Landeplätze. Die **Bahía Sullivan (13)** liegt an der Ostküste der Insel. Ein 2 km langer Wanderweg führt über ein „frisches" Lavafeld, das nur teilweise erodiert ist und aus dem überall ältere, rotbraune Schlackenkegel herausragen. Pahoehoe-Lava, AA-Lava, Hornitos, Lavakakteen und Mollugos können unterwegs studiert werden.

Puerto Egas (15) liegt in der James-Bucht auf der Westseite der Insel. Die Landung erfolgt an einem schwarzen Lavastrand, an dem sich Meerechsen aufhalten. Verbreitet ist hier der weiße Reiher, immer auf der Jagd nach Felskrabben und anderem Getier. Im Wasser, beim Schwimmen und Schnorcheln, leisten Galápagos-Pelzrobben Gesellschaft. Hinter dem Lavastrand erreicht man über einen 2 km langen Pfad den Zuckerhut-Vulkan. Unterwegs sieht man Lavaechsen, verschiedene Darwinfinken und Galápagos-Tauben. Vom Gipfel des Vulkans, manchmal von Galápagos-Habichten umkreist, eröffnet sich der Blick auf eine atemberaubende Mondlandschaft.

Etwa 5 km nördlich von Puerto Egas ist die **Playa Espumilla (16)**; der Strand hat keinen Landesteg. Das Baden ist hier besonders schön. Hinter dem Strand befindet sich eine Lagune, an der sich das ganze Jahr über Flamingos und andere Stelzvögel aufhalten. Vor aggressiven Seelöwen-Machos, die keiner Herde angehören und denen man hier begegnen kann, sei gewarnt! Gehen Sie nicht zu dicht an die Tiere heran! Ein 2 km langer Wanderweg führt ins Inselinnere. Oft sieht man den Galápagos-Fliegentyrann und verschiedene Darwinfinken. Botaniker wird das breite Pflanzenspektrum der Transitionszone begeistern.

An der **Bucaneer Cove (17),** am nord-westlichsten Zipfel der Insel, kann man ebenfalls an Land gehen, doch ist ein Kreuzen entlang der Kliffküste wesentlich reizvoller. Vom Boot aus sind unzählige Seevögel zu erblicken, die hier ihre Nistplätze haben.

Isla Rábida

- **Fläche: 5 km²**
- **max. Höhe: 367 m**

5 km südlich von Santiago liegt die Isla Rábida. **Keine andere Insel zeigt eine derartig reiche Fülle an Lavaformen.** Lavadecken und Tephra (Ergussgestein) bedecken im trockenen Inselinneren den Zentralkrater, dessen Hänge mit Palo-Santo-Hölzern überzogen sind.

Besucherstandort

Nach einer Nasslandung betritt man im Norden **Isla Rábida (18).** Auf einem dunkelroten Strand, dessen Farbe sich eisenoxidhaltiger Vulkanschlacke verdankt, rekeln sich Seelöwen in der Son-

Isla Daphne

- Fläche: 0,52 km²
- max. Höhe: 120 m

Die **zwei Inseln** Daphne Menor und Daphne Mayor liegen ca. 10 km westlich der Isla Seymour.

Daphne Menor, die für den Tourismus nicht freigegeben ist, ist fast völlig erodiert, der zweigeteilte Tuffkrater von Daphne Mayor ist noch weitgehend erhalten. In ihm brüten vor allem die Blaufuß- und Maskentölpel. Neben diesen begegnet der Besucher weiteren Seevögeln wie dem Rotschnabel-Tropikvogel und der Gabelschwanz-Möwe. Mit etwas Glück sind Darwin- und Kaktus-Finken zu beobachten. Die Vegetation setzt sich zusammen aus Pionierpflanzen und Sesuvien sowie Opuntien und Palo-Santo-Hölzern.

Daphne Mayor darf nur mit einer **speziellen Erlaubnis** zu bestimmten Zeiten besucht werden, da die Insel ein wichtiger Brutplatz für viele Seevögel ist. Erkundigen Sie sich rechtzeitig!

Besucherstandort

Daphne Mayor (19) betritt man nach einer Trockenlandung im Süden der Insel. Ein Fußmarsch von ca. 30 Min. führt hinauf bis zum 120 m hohen Kraterrand. Links und rechts des steilen Weges nisten die Maskentölpel. **Seien Sie vorsichtig, und setzen Sie Ihre Schritte be-**

ne. Die Jungtiere sind immer neugierig auf den Besuch von Menschen, während die Elterntiere eher gelangweilt reagieren und höchstens ein Auge öffnen, wenn man ihnen zu nahe kommt oder ein Junges bedroht scheint.

In den nahen Croton-scouleri-Sträuchern nisten zur Saison die **Braunen Pelikane,** die man auf Rábida am besten beäugen kann. Ein schmaler Weg führt zur Salzwasserlagune hinter dem Strand, an der – mit etwas Glück – die scheuen **Flamingos** zu sehen sind. Von Norden kommend biegt ein Rundwanderweg von der Lagune nach links ab, der in die Trockenzone der Insel führt. *Scalesia* und Croton-Sträucher, in denen sich die Galápagos-Schlange versteckt, kennzeichnen das Landschaftsbild. Entlang der Küste geht es wieder zurück zum Strand, vorbei an nistenden Blaufußtölpeln und anderen Seevögeln.

◁ Rote Klippenkrabbe

hutsam! Das lockere Tuffgestein ist stark erosionsgefährdet, und Fehltritte können das Gelege der Vögel zerstören. Am und im Krater nisten unzählige Blaufußtölpel, die mit Feldstecher oder Teleobjektiv am ehesten „einzufangen" sind. Der Aufenthalt auf dem Kraterrand dauert etwa 1½ Stunden.

Isla Seymour Norte

- Fläche: 1,9 km²
- max. Höhe: 30 m

Die Insel wird durch einen schmalen Kanal von der etwas weiter südlich gelegenen Insel Baltra getrennt. Genau wie diese bildet Seymour Norte ein Lavaplateau, das unterseeisch entstanden ist und im Verlauf der Jahrmillionen aus dem Meer herausgehoben wurde. Dominierende Pflanzen sind solche der Trockenzone, vor allem Palo Santos und Salzbüsche. Bekannt ist Seymour für seine großen Brutkolonien (Blaufußtölpel und Prachtfregattvögel).

Besucherstandort

Seymour Norte (20) hat einen Besucherstandort. Am Anfang eines 1,4 km langen Rundwanderweges, der direkt durch die Brutkolonien der Prachtfregattvögel und Blaufußtölpel führt, steht eine Trockenlandung auf schlüpfriger Lava. Während die *fragatas* einige Meter vom Weg entfernt in den Salzbüschen

ecu067/peko

nisten und deshalb vor Touristen einigermaßen sicher sind, kommt es vor, dass die Tölpel ihr Nest direkt auf dem Weg errichten. Passen Sie also auf, und überschreiten Sie auf keinen Fall den Guano-Ring um das Nest! Fehlende Umsicht hat auf Seymour so manches Gelege zerstört! Auch wenn die Zeit für den Aufenthalt auf der Insel nur kurz bemessen ist, wird jeder Besucher bestimmt das „Skypointing" (vgl. „Tierwelt: Seevögel") mindestens eines Tölpel-Paares beobachten können, und mit Sicherheit wird ein Prachtfregattmann seinen leuchtend roten Kehlsack für so manche Kamera (und natürlich für seine Liebste) aufblasen. Auch Meerechsen, Gabelschwanzmöwen, gelbe Landleguane und Seelöwen bevölkern die Insel.

Isla Mosquera

- Fläche: 0,07 km^2
- max. Höhe: 2 m

In unmittelbarer Nähe von Seymour liegt **Isla Mosquera (21)**. Die Insel ist ohne Wanderweg, dafür lädt der Strand, der eine Seelöwenkolonie beherbergt, zum Baden und Schnorcheln ein.

Isla Baltra

- Fläche: 27 km^2
- max. Höhe: 100 m

Baltra (früher Seymour Sur), im Zweiten Weltkrieg US-Luftwaffenstützpunkt, ist heute der **wichtigste Flugplatz von Ga-**

lápagos, auf dem die meisten Archipel-Besucher ankommen. Mit einer Fähre setzt der Neuankömmling von Baltra über den Canal de Itabaca nach Santa Cruz über (vgl. „Isla Santa Cruz: Puerto Ayora"). Nicht wenige Kreuzfahrtschiffe nutzen die Ankerbucht von Baltra, um ihre Touren in unmittelbarer Nähe des Flughafens zu starten. 2010 wurde Baltra dem Nationalpark zugeordnet. Mittlerweile leben rückgesiedelte Landleguane hier. Künftig entsteht ein Windpark auf der Insel.

Isla Plaza Sur

- Fläche: 0,2 km^2
- max. Höhe: 24 m

Las Islas Plazas sind zwei kleine Eilande direkt vor der Ostküste von Santa Cruz. Die südliche Insel wird von den Booten angefahren. Ihr nördlicher flacher Küstenteil ist mit Lavagestein gesäumt, auf dem sich Robben sonnen. Den Süden der Insel bildet ein steiles Kliff, an dem sich die Wellen des Ozeans schäumend und krachend brechen. Spektakulär ist der Farbwechsel im Landschaftsbild der Insel im Verlauf eines Jahres: Der Rote Korallenstrauch bildet in der Trockenzeit einen roten Teppich, der nur durch vereinzelt herumstehende Baumkakteen unterbrochen wird; in der Regenzeit dagegen sind die Blätter saftig grün.

◁ Seelöwe bei der Körperpflege

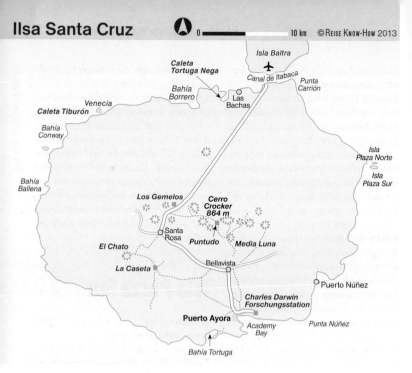

Besucherstandort

Im Norden der Insel befindet sich der einzige Besucherstandort auf **Isla Plaza Sur (24).** Der Landungssteg ist von Seelöwen besetzt, die nicht immer sofort Platz machen, wenn „die Neuen" kommen. Ein Rundwanderweg beginnt in einem Opuntien-Wäldchen, in dem Landleguane leben. Er führt vorbei an Seelöwen-Kolonien nach Süden hinauf zum Kliff. Dort nisten Gabelschwanzmöwen, und Meerechsen liegen zwischen den Felsen in der Sonne. Vom Kliff aus sind viele Seevögel bei ihren Flugmanövern zu bestaunen. Vorsicht: Wagen Sie sich nicht zu weit vor, denn das Gestein am Kliffrand ist bröckelig! Nach einer Stunde geht es zurück zum Landungssteg.

Isla Santa Cruz

- **Fläche: 986 km²**
- **max. Höhe: 864 m**

Im Süden der **zweitgrößten Galápagos-Insel** liegt der **Hafen Puerto Ayora,** der Ausgangspunkt vieler Insel-Exkursionen ist. Hier befinden sich die **Charles Darwin Forschungsstation** und die Verwaltung des Nationalparks. Santa Cruz ist der **touristische und geografische Mittelpunkt des Galápagos-Archipels.**

Die Insel besteht aus einem alten Lavaplateau, auf dem sich kleine Tuffkegel im Nordosten der Insel erheben und einem jungen Schildvulkan, der im **Cerro Crocker** mit 864 m den höchsten Punkt bildet. Geologischer Höhepunkt der Insel ist ein langer Lavatunnel, der nur auf Hawaii seinesgleichen findet.

Auf Santa Cruz kommen **sämtliche Vegetationszonen** vor, die auf Galápagos ausgebildet sind.

Die Insel verfügt über **viele Besucherstandorte** und eignet sich aufgrund des umfangreichen Übernachtungsangebotes für längere Aufenthalte.

Puerto Ayora

Der Ort in der Bahía de la Academia (Academy Bay) **auf der Insel-Südseite** dient den meisten Besuchern als Basislager für ihre Inselausflüge. Das Städtchen hat etwa **18.000 Einwohner,** die vom Tourismus, der Forschung und der eigenen Versorgung leben. Neben Bars, Discos, Restaurants und Hotels gibt es in Puerto Ayora eine Telefonzentrale, ein Postamt, ein Büro des Fremdenverkehrsamtes, Büros der Airlines *TAME* und *EMETEBE,* ein kleines Hospital, Kirchen und … Braune Pelikane. **Puerto Ayora ist ein Ort, der schnell wächst und sich ununterbrochen verändert.** Das betrifft selbstverständlich auch die touristische Infrastruktur und die Preise. Die nachfolgenden Informationen sind daher nur Anhaltspunkte – feste, aber bei Weitem nicht unumstößliche.

Praktische Infos

● **Tel. Vorwahl: 05**

Informationen/Infrastruktur
● Die **Banco del Pacífico** mit der weißen Kuppel liegt unübersehbar auf der Av. Ch. Darwin. Master-

Card und VISA werden akzeptiert. Geöffnet Mo bis Fr 8–17 Uhr, Sa nur vormittags.

● **Post** von den Inseln ist mindestens 15 Tage unterwegs, ehe sie in Europa ankommt. Ein Postamt befindet sich in dem Geschäftszentrum an der Hafenmole, ein weiteres in der Av. Charles Darwin y Los Colonos, Tel. 2526575, Mo bis Fr 8.30–17 Uhr. **Tipp:** Lassen Sie Ihre Post im Postamt direkt abstempeln, das beugt einem Briefmarkenklau vor …

● Die **Telefonzentrale von PACIFICTEL** ist an der Av. J. Herrera am Ende der Calle 21. Von hier können nationale und internationale Telefongespräche geführt und Faxe gesendet werden.

● **Internet-Cafés** finden sich an der Av. Charles Darwin und in den Seitenstraßen Charles Binford und Tomás de Berlanga; die Stunde Surfen kostet meist 2 $, die Verbindungen funktionieren überraschend gut.

● **Touristeninformation** in der Av. Ch. Darwin schräg gegenüber der Capitanía.

● **Cámara de Turismo,** Av. Charles Darwin y Charles Binford, Tel. 2526206, www.galapagostour.org, sehr gute Informationen.

● In der **Capitanía** direkt am Hafen erhält man Informationen über Schiffe nach Guayaquil. Hier kann man auch vorsprechen, wenn es auf einer Kreuzfahrt Probleme mit Schiff oder Crew gegeben haben sollte.

● Die **Charles Darwin Station** 1 km östlich von Puerto Ayora ist über die Av. Ch. Darwin, die Hauptstraße des Ortes, zu erreichen. Sie verfügt über umfangreiche Infos, auch unter www.fcdarwin.org.ec.

● **Tauchequipment** erhält man nur in den Tauchschulen (siehe auch „Tauchen auf Galápagos").

Unterkunft
In Puerto Ayora gibt es **zahlreiche Unterkünfte.** Die folgende Auswahl beginnt mit den preiswerteren Hotels/Hostals.

● Hotel España
Calle Tomas de Berlanga y Islas Plazas (in zweiter Reihe), Tel. 52526108; 099-9780201, www.hotel-

Die Galápagos-Inseln

Puerto Ayora (Insel Santa Cruz)

0 — 200 m
© REISE KNOW-HOW 2013

■ Übernachtung
1 Fernandina
2 Silberstein
5 La Pelegrina
8 Estrella de Mar
9 Lobo de Mar
11 Elisabeth
13 Salinas
14 Fiesta
15 Ninfas
17 Finch Bay

■ Essen und Trinken
6 La Garrapata
10 Café y Limón
12 The Rock
18 Angermeyers Point

■ Nachtleben
7 Diskothek La Panga

■ Einkaufen
16 Supermarkt, Eisenwaren

■ Wassersport
3 Scuba Iguana
4 Sub Aqua

---

espanagalapagos.com. Mehrfach empfohlenes Hotel, EZ/DZ 37/45 $, Frühstück ab 3,50 $.

■ Hotel La Peregrina

Av. Charles Darwin y Indefatigable, Tel. 2526323, 099-4814660, www.laperegrinagalapagos.com.ec. Einfaches, aber charmantes Haus. EZ 32 $, DZ 52 $ mit Frühstück und AC. 10 Zimmer mit Zugang zum Garten oder einer Terrasse; „sehr nettes und angenehmes Personal", so ein Leser.

■ Hotel Elizabeth

Av. Charles Darwin y 12 de Febrero, Tel. 2526178. Einfache, alteingesessene Pension, Übernachtung EZ 23 $, DZ 34/40 $, Frühstück 4 $.

■ Hotel Estrella de Mar

Tel. 2526080, 2524288, estrellademar@islasantacruz.com; ruhige Lage an dem Sandweg, der an der Polizeistation abgeht; die vorderen drei Zimmer haben Blick auf das Meer und die Tierwelt der Bucht;

Die Galápagos-Inseln

ganz passable Ausstattung, EZ 30 $, DZ 50 $ inkl. Frühstück, BP, Internet, AC, Kabel-TV, Meeresblick, Empfehlung.

■ **Hostal Salinas**
Calle Islas Plazas y Tomás de Berlanga, Tel. 2526107. Nettes Hostal, schlichte Zimmer, kleiner Innenhof. EZ 38 $, DZ 51 $, Frühstück 5–6 $.

■ **Hotel Fiesta**
Tel. 2526440; kleine Bungalows mit 2–4 Betten, EZ/DZ 74/119 $; sehr nett und ruhig, Swimmingpool, Wäschedienst, Restaurant, Internet, AC; schöne Tagestouren werden für etwa 50 $ vermittelt.

■ **Grand Hotel Lobo de Mar**
12 de Febrero, Tel. 2526188, www.lobodemar.com.ec; EZ 90 $, 119 $ inkl. Frühstück, Pool, Internet, Restaurant (Menü 10 $); Kontakt in Quito: Gangotena N26-34 y Santa Maria, Sector Orellana, Tel. 02-2502089, Mo bis Fr 9–17 Uhr, Tour 538 $ 4N/5T.

■ **Hotel Finch Bay**
Tel. 2526297, 2526298, 02-2988200 (Quito), www.finchbayhotel.com; Hotel auf der anderen Seite der Bucht (kostenloser Transfer mit einer *panga* vom Bootssteg); das Hotel verfügt über einen wochentags einsamen Strand und großen Pool und wird von *Metropolitan Touring* in Quito als Basisstation für Tagesausflüge genutzt. Preisbeispiel 4T/3N mit VP und Exkursionen: 1427 $ p.P. (2012).

■ **Hotel Ninfas**
Barrio Las Ninfas, Tel. 2526036, 2526127, hotelninfas@islasantacruz.com; EZ 71 $, DZ 96 $ inkl. Frühstück; Kabel-TV, Pool, auch Touren können organisiert werden.

■ **Hostal Fernandina**
Av. 12 de Noviembre y Piqueros, Tel. 2526499, 099-4292291; EZ 129 $, DZ 147 $ mit Frühstück; Pool, Jacuzzi, Restaurant.

■ **Hotel Silberstein**
Av. Charles Darwin, Tel. 2526277, 02-2250553 (Quito), www.hotelsilberstein.com, galextour@uio.satnet.net; EZ 141 $, DZ 214 $ mit Frühstück, etwas überteuert; Pool; im Hotel kann man auch gut speisen; die Agentur *Galextur* in Quito, die das Hotel managed, hat oft lohnenswerte Pauschalangebote.

■ **Hostal Mainao Inn**
Calle Matazarnos e Indefatigable, gegenüber Salon Testigos de Jehová, Tel. in Guayaquil 04-2296799, www.hotelmainao.com; EZ/DZ 119 $, Suite 197 $, jeweils inkl. Frühstück.

Essen und Trinken

■ **Café y Limón**
Av. Charles Darwin. Traveller-Treffpunkt in Puerto Ayora, offene Bar, moderate Preise, Internetzugang, sehr gute Atmosphäre, abends Tanz.

■ **Restaurant Angermeyers Point**
Sehr gute Küche zu gehobenem Preis, spektakulär am Ufer der Academy Bay/Punta Estrada gelegen, zu erreichen mit dem Wassertaxi. Tel. 2526452, 2527007, Di bis Sa 19–23 Uhr, So 12–18 Uhr.

■ **Pizzeria Hernán**
Beliebtes offenes Restaurant am Basketballplatz gegenüber dem Malecón, u.a. sehr gute Pizza, gute Säfte und Frühstück. Tel. 2526573, hernancafebar@hotmail.com; Mo bis So 8–22 Uhr.

■ **Restaurante Garrapata**
Av. Charles Darwin, zw. 12 de Febrero und Tomás de Berlanga, Tel. 2526264. Eines der besten und beliebtesten Restaurants im Ort, mittleres Preisniveau. Mo bis Sa 9–22.30 Uhr, So 17–22.30 Uhr.

■ **Kiosko William**
Calle Tomás de Berlanga, auch „Calle de Kioskos" genannt, leckere „encocadas" (Langusten oder Garnelen in Kokossoße), mittlere Preise.

■ **Café El Chocolate**
Gegenüber der Bank; „super Frühstück sowie Hamburger, frische Fruchtsäfte, exzellentes Obstsalatmenü", schreibt ein Leser.

■ **The Rock**
Schönes Straßencafé mit gutem Espresso an der Av. Charles Darwin, abends Kneipenszene.

■ **Red Mangrove Adventure Lodge**
Av. Charles Darwin, Tel. 02-3823932 (in Quito), gutes Sushi-Restaurant mit romantischer Veranda am Wasser, gelegentlich Moskitos.

■ **El Descanso del Gola**
Av. Charles Darwin, preiswert, Empfehlung.

Nachtleben

● In Puerto Ayora gibt es einige Discos. Am Wochenende geht's meist mit der gesamten Bootscrew in die **Disco La Panga** oder ins **Café y Limón** (s.o.).

Flüge

● Die Anreise zur Hauptinsel erfolgt über den **Flughafen auf der Insel Baltra** im Norden von Santa Cruz (oder mit dem Schiff über den Hafen Puerto Ayora im Süden von Santa Cruz). Wer auf Baltra ankommt, zahlt nach Verlassen des Flugzeugs die Nationalparkgebühr. Übrigens: Fragen Sie nach dem schönen Stempel, ein Schmuckstück in jedem Reisepass (ohne Reisepass kommt niemand aus dem Flughafengebäude heraus).

Wer eine **organisierte Tour** macht, wird von einem Vertreter der Reiseagentur abgeholt und zum Bootssteg gefahren (15 Min. vom Flughafen).

Kommen Sie als **Individualreisender** an, müssen Sie zur Fährstation (15 Busminuten, kostenlos) fahren. Von dort setzt eine Fähre über den Canal de Itabaca nach Santa Cruz über (ca. 1 $). Ein Bus bringt den Besucher vom Norden der Insel in einer Stunde nach Puerto Ayora (40 km, ca. 3 $).

Der **Busterminal** für die Transfers über Bellavista und Santa Rosa zum Kanal von Itabaca (gegenüber der Insel Baltra) liegt ca. 2 km außerhalb von Puerto Ayora. Die Taxifahrt dorthin kostet 1 $. Von Baltra kommend wird man in Puerto Ayora herausgelassen.

Charles Darwin (1809–1882)

Auch wenn es seit geraumer Zeit Evolutionsforscher gibt, die zu den Gedanken und Theorien *Charles Darwins* Zweifel anmelden, gilt der englische Forscher nach wie vor als **„Vater der Evolution".**

Geboren am 12. Februar 1809 in Shrewsbury (England), war die Bestimmung *Darwins* eigentlich die Medizin, da Vater und Großvater bereits den Arztberuf ausübten. Doch zunächst studierte er Theologie und widmete sich nebenbei naturwissenschaftlichen Studien. Mit wachsender Begeisterung las er die „abenteuerlichen" Reiseaufzeichnungen des deutschen Geografen *Alexander von Humboldt.* Zu einer echten Leidenschaft wurde *Darwin* das Sammeln von Käfern. Nachdem ihn einige Geologie-Vorlesungen in die Geheimnisse der Erdgeschichte eingeweiht hatten, bestimmte es sein Schicksal, dass er im Jahr seines bestandenen Examens (1831) an einer fünfjährigen Weltumsegelung teil-

nahm, die sein zukünftiges Wirken maßgeblich beeinflusste. Das ursprüngliche Ziel seiner Teilnahme an der Reise war es, die Richtigkeit der biblischen Schöpfungsgeschichte zu beweisen. Doch es kam anders: Was er von seiner Reise im Jahr 1836 nach England mitbrachte, revolutionierte die Biologie und brachte ihm den Vorwurf der Blasphemie ein. Sein berühmtestes Werk erschien im Jahr **1859: „The Origin of Species by means of Natural Selection".** *Darwin* vermutete, dass alle Lebewesen Äste ein und desselben Stammbaumes seien und sich in Abhängigkeit der jeweils vorgefundenen Umweltbedingungen unterschiedlich entwickelten. Die Brisanz der Theorie lag in der Relativierung, ja Negation der menschlichen Sonderstellung in der Natur(-geschichte) und veranlasste vor allem die katholische Kirche zu heftigem Widerstand – die Akzeptanz der Theorie konnte dadurch nicht verhindert werden.

Charles Darwin starb am 19. April 1882 im Alter von 73 Jahren in England und wurde im Londoner Westminster Abbey beigesetzt.

Die Galápagos-Inseln

■Das **TAME-Büro** auf der Av. Ch. Darwin, an der Ecke 12 de Febrero, hat werktags von 7–12 und 14–16 Uhr sowie Sa von 7–12 Uhr geöffnet. Hier kann man auch Tickets kaufen.

■**Emetebe** fliegt täglich mit 5-Sitzern zwischen San Cristóbal, Baltra (weiter per Bus auf Santa Cruz) und Isabela. Preis pro Strecke ca. 90 $. Reservierung erforderlich. Das Büro liegt im Geschäftszentrum am Hafen, 1. Stock, Tel. 2529255, www.emetebe.com.

Busse

■ Die Insel-Busse fahren ins Hochland zu den Orten **Bellavista** und **Santa Rosa** (oder etwas weiter nach **Los Gemelos),** morgens geht es weiter bis zum Kanal bei Baltra. Will man aussteigen, gibt man dem Fahrer Bescheid.

■**Busse oder Camionetas** sind auch für kleine Gruppen zu **mieten.** Gerne wird ein Bus für den etwa vierstündigen Ausflug zu Los Gemelos und den Lava-Tunneln bei Bellavista gechartert.

Boote

■Private **Schnellboote,** sog. „Lanchas Rápidas", verkehren täglich zwischen Puerto Ayora (Abfahrt 14 Uhr) und Puerto Villamil/Isabela, Fahrtzeit ca. 2 Stunden, Preis 25 $. Ebenso tägliche Fahrten nach San Cristóbal. Tickets am Kiosk an der Mole.

■Im **Touristenbüro** kann man sich nach Boots-touren zu nahe gelegenen Buchten wie der Bahía Tortuga (zu Fuß in 50 Min. über die Verlängerung der Calle 19 gegenüber der Bushaltestelle zu errei-chen) erkundigen.

Fahrrad-Verleih

■Fahrradverleiher befinden sich **in der Straße Tomás de Berlanga** gegenüber dem Residencial Flamingo und in der Av. J. Herrera gegenüber dem Hospital. Die Preise variieren. Es werden Mountain-Bikes ausgeliehen; überprüfen Sie deren Zustand!

Baden

■Nicht nur die **Tortuga Bay** (siehe weiter unten) lädt zum Baden ein, in Puerto Ayora kann auch der schöne Strand im Ortsteil Estrada vor dem Finch Bay Hotel besucht werden. Mit dem Wassertaxi ist man in 5 Minuten an der Mole, läuft noch 10 Minuten ei-nen befestigten Weg durch die Mangroven und ge-langt an den stillen, weißen Sandstrand. Bei Ebbe ist das Wasser recht flach. Das Restaurant des Finch Bay können auch Tagesbesucher nutzen.

■Idyllisch ist auch der kleine **Badestrand,** der vom ufernahen Hauptweg innerhalb der Charles Darwin Station abgeht (Schild).

Reiseagenturen

■Entlang der Av. Ch. Darwin und der Av. J. Herrera gibt es **zahlreiche Reisebüros,** die Tagestouren und Kreuzfahrten in ihrem Angebot haben.

■Die **Agentur Galasam** (www.galasam.com, Tel. in Quito: 02-2903909) ist sehr hilfsbereit bei der Su-che nach freien Plätzen auf Booten. Empfohlen wurde uns auch die deutschsprachige **Moonrise Agencia de Viajes** (www.galapagosmoonrise. com) an der Av. Darwin als „ehrlich und kompetent". Ein Reinfall hingegen sei *Freddy's Travel Agency,* so die Erfahrung von Reisenden.

Einkaufen

■**Lebensmittel** kauft man am besten im Super-mercado nahe der Mole hinter dem Postamt ein. Sie sind grundsätzlich teurer als auf dem Festland.

■T-Shirts und andere Souvenirs bekommt man in den vielen **T-Shirt-Shops.**

■Ein schönes Andenken sind **aus der Tagua-Nuss gefertigte Figuren** und Schmuck. Ferner Holzar-beiten, Stofftiere und Fotobände.

■**Galería Aymara,** Av. Charles Darwin y los Pi-queros, Tel. 2526835, www.galeria-aymara.com; bietet schönen Schmuck und lateinamerikanische Kunst zu gehobenen Preisen an.

■Sonnencreme und was man sonst noch braucht, gibt es inzwischen ebenfalls fast überall.

■**Schnorchelausrüstungen** verleihen oder ver-kaufen einzelne Läden in Puerto Ayora.

Besucherstandorte

Santa Cruz hat elf Besucherstandorte. Zahlreiche Vogelarten und die riesigen Galápagos-Schildkröten gehören zu den Attraktionen der Insel.

Die **Playa de las Bachas (22)** an der Nordküste erreicht man nur mit dem Boot. Wer in Baltra seine Kreuzfahrt beginnt, startet häufig mit einem Besuch dieses Platzes. Am Strand halten sich zeitweise Meeresschildkröten auf, in einer Lagune Flamingos. Ab 18 Uhr ist er gesperrt, um die Ruhe der Tiere zu gewährleisten. Das Schauspiel der Eiablage wird man also nicht verfolgen können.

Die Mangrovenbucht **Caleta Tortuga Negra (23)** wird von den Wasserschildkröten zur Paarung aufgesucht und ist ein sehr schöner Standort. Von Puerto Ayora kann eine Tagestour gemacht werden, die diesen Standort mit einschließt. Eine andere Möglichkeit besteht darin, auf dem Rückweg einer mehrtägigen Tour mit einem *panga* (Beiboot) in das Mangrovendickicht hineinzufahren. Vom Boot aus sind auch Rochen und Weißspitzenhaie zu sehen. Am Ufer jagen außerdem Pelikane und Lavareiher. Ein Ausflug ist lohnenswert.

Die **Charles Darwin Research Station (25)** wird von Wissenschaftlern aus aller Welt aufgesucht und ist auch für den Touristen eine wichtige Informationsquelle. Geöffnet ist sie täglich von 8–18 Uhr. Die Station verfügt über ein Informationszentrum, ein Museum (Van Straelen Ausstellungszentrum) mit Fotos und Grafiken zur Entwicklungsgeschichte von Galápagos, ein Aufzuchtgehege für Galápagos-Schildkröten sowie ein kleines Gehege mit gelben Landleguanen. Der einstige Liebling der Station, der „einsame" *Lonesome George,* eine Riesenschildkröte von der Insel Pinta und letzter Vertreter seiner Art, starb im Juni 2012 plötzlich und unerwartet im Alter von knapp 100 Jahren.

Die Station ist entweder zu Fuß von Puerto Ayora (15 Min.) oder mit dem Taxi zu erreichen. Der Kauf eines T-Shirts oder eines Hemds mit dem Emblem des Nationalparks unterstützt die Arbeit der Forschungsstation.

Südwestlich von Puerto Ayora liegt die **Tortuga Bay (26).** Sie kann ohne Führer besucht werden. Ein ca. 5 km weiter Weg (gegenüber der Bushaltestelle nach Bellavista) führt zum mangrovengesäumten Strand, der hier so weiß ist wie der einer echten Koralleninsel. Auch per Boot ist er anzusteuern. Pelikane und Silberreiher sind ständige Gäste, im Wasser tummeln sich mitunter Haie. Achtung: Die **starke Strömung** gefährdet Schwimmer!

Der **Lavatunnel (27)** im Inselinneren kann ohne Führer besichtigt werden. Der Weg dorthin geht zunächst über die Straße nach Bellavista (ca. 7 km nördlich von Puerto Ayora). Bis hierher fährt ein Bus, dann gilt es, zu Fuß oder mit dem Fahrrad etwa 2 km weiter nach Osten zurückzulegen, bis zu dem Tunnel, der sich auf Privatgelände befindet (Eintritt: 4 $). Eine (Taschen-)Lampe ist vonnöten, denn der Tunnel ist schlecht beleuchtet – die eigene Lampe erspart 1 $ Leihgebühr. Der Tunnel ist 880 m lang und über 10 m hoch und gehört zu den größten Lavatunneln der Welt. Vorsicht bei Ein- und Ausstieg: Das Gestein ist glitschig, feste Schuhe sind ratsam!

In das **Schildkrötenreservat La Caseta oder El Chato (28)** gelangt man mit einer in Puerto Ayora gebuchten Halbtagestour. Das erspart einem einen aufwendigen, individuellen Zugang und beinhaltet einen obligatorischen Führer zu den Reptilien. Die Agenturen wissen in aller Regel auch, ob und wie viele Schildkröten zur jeweiligen Jahreszeit an den Wasserstellen sind. Eine Alternative ist die Ranch Las Primicias bei Santa Rosa (Eintritt 3 $ für Schildkrötenhabitat und Lavatunnel). Geöffnet von Mo bis So. Ein Taxi von Puerto Ayora kostet etwa 40 $ für Hin- und Rückfahrt inklusive Wartezeit vor Ort.

Das **Schildkrötenreservat „Butterfly Ranch"** liegt nahe bei Santa Rosa. 500 m südlich des Ortes führt – von Puerto Ayora kommend – links ein ca. 1 km langer beschilderter Weg zur Ranch. Der Eintritt kostet 3 $. Bei der Zeitplanung ist zu berücksichtigen, dass der Rückweg bergauf geht und der letzte Bus um 17 Uhr fährt (im Übrigen wird es gegen 18 Uhr fast schlagartig dunkel).

Media Luna (29), der „Halbmond" im Hochland, ist ein Vulkankrater nördlich von Bellavista. Ein schmaler Fußweg (5 km) führt durch die Miconia-Zone (bei gutem Wetter herrliche Aussicht). Wer den Cerro Crocker (864 m) anvisiert (weitere 5 km), muss die Pampa-Zone durchwandern – denken Sie dabei an ausreichenden Wasservorrat!

„Die Zwillinge" **Los Gemelos (30)** erreicht man auf der Straße nach Baltra. Die riesigen Einsturztrichter liegen zu beiden Seiten der Straße nördlich von Santa Rosa (2 km). Entlang der Einsturztrichter führt jeweils ein Weg durch den Scalesia-Wald.

Die **Bahía Ballena (31)** und die **Conway Bay (32),** an der Westküste von Santa Cruz gelegen, sind nur mit Boot und Führer erreichbar.

Isla Santa Fé

- **Fläche: 24 km²**
- **max. Höhe: 244 m**

Die Insel liegt ca. 20 km südöstlich von Santa Cruz und wird auf dem Weg nach San Cristóbal (und umgekehrt) und auf Tagestouren angefahren.

Auf dem Lavaplateau bestimmen **Baumkakteen, Palo Santos und Scalesia** die Landschaft.

Der gelbliche **Landleguan** ist auf der Insel endemisch, ebenso die Vegetarierin unter den Ratten, die gräulich-braune **Galápagos-Reisratte,** die man allerdings nur selten antrifft, da sie normalerweise nachts aktiv ist.

Besucherstandort

Das Boot läuft **Isla Santa Fé (33)** an der Nordostküste an, wo unzählige Seelöwen zur Begrüßung bereitstehen. Die Jungen sind verspielt und laden zu einem Bad ein. Ein 300 m langer Pfad (30 Min. Gehzeit) führt zu einem Opuntien-Wald. Hier trifft man auf Santa-Fé-Landleguane. Ein anderer, 1,3 km langer Weg (1–2 Std. Gehzeit) führt durch Seelöwen-Kolonien zu dem 25 m hohen Kliff, von welchem neben den hier nistenden Galápagos-Tauben verschiedene Seevögel bei ihren Flugmanövern zu beobachten sind. Unterwegs macht man Bekanntschaft mit dem handzahmen Galápagos-Habicht. In der Landungsbucht besteht Gelegenheit, Seite an Seite mit Weißspitzenhaien und Adlerrochen *(Aetobatus narinari)* zu schnorcheln.

ecud/9 peko

Hinweis: Der Besucherplatz wird vom Nationalpark zeitweise geschlossen!

Isla San Cristóbal

- **Fläche: 558 km²**
- **max. Höhe: 896 m**

Die **fünftgrößte Insel des Archipels** liegt am östlichsten Ende der Galápagos-Kette. Im Südwesten liegen Puerto Baquerizo Moreno und ein alter erloschener Vulkan (896 m), dessen Hänge stark erodiert sind.

Auf San Cristóbal gibt es die reichsten **Süßwasservorkommen.** Der **See El Junco** im Hochland wird regelmäßig in der Regenzeit aufgefüllt und versorgt die gesamte Insel mit Trinkwasser.

Das Vegetationsbild, ursprünglich identisch mit dem der Insel Santa Cruz, hat sich durch die **landwirtschaftliche Nutzung** stark verändert. Importierte Guaven haben stellenweise den ursprünglichen Bewuchs verdrängt und bilden teils riesige Monokulturen im Hochland. Miconia und endemische Baumfarne finden sich nur noch an entlegenen Orten. Ganze Scalesia-Wälder wurden weiträumig zerstört. Unter der Leitung der Charles Darwin Forschungsstation wird versucht, durch **Aufforstungsprogramme** den ursprünglichen Charakter der Landschaft wiederherzustellen.

Auch die **Tierwelt** litt unter den anthropogenen Eingriffen. So gibt es z.B. im Nordosten der Insel nur noch wenige

⌃ Nazcatölpel in Mangrovenbaum

Die Galápagos-Inseln

hundert Tiere der auf San Cristóbal endemischen Schildkrötenart. Galápagos-Habichte und -Reisratten sind gänzlich von der Insel verschwunden.

Große Seelöwen-Kolonien, verschiedene Stelzvögel, Fregattvögel, Blaufußtölpel und Rotfußtölpel, die sonst nur auf der schwer erreichbaren Insel Genovesa im Norden des Archipels vorkommen, leben in der Küstenzone. Auf der gesamten Insel anzutreffen ist die Spottdrossel.

Im Hochland der Insel wurden 2007 mit internationaler Unterstützung drei Windenergieanlagen errichtet. Dieser **erste Windpark Ecuadors** soll heute rund 50 % des Stroms der Hauptstadtinsel erzeugen und damit den Dieseleinsatz in den alten Generatoren deutlich verringern. Es ist geplant, den Windpark künftig auch Touristen zugänglich zu machen. Ohnehin hat die Insel für Reisende mit mehrtägigem Aufenthalt einiges zu bieten. Auch wenn Puerto Baquerizo Moreno Verwaltungssitz der Inseln ist, so vollzieht sich seine Entwicklung doch deutlich im Schatten des seit 20 Jahren boomenden Puerto Ayora auf Santa Cruz. Seit Beginn des neuen Milleniums nun versucht San Cristóbal, stärker am Tourismus zu partizipieren. Die **Infrastruktur wurde ausgebaut,** sodass sie sich heute bereits mit Puerto Ayora messen kann. Eine neue Uferpromenade steht der auf Santa Cruz in nichts nach. Internet, Reiseagenturen, Tauchbasis, Hotels, Restaurants etc. finden sich ebenso, wenn auch nicht in der Fülle wie auf der Schwesterinsel im Zentralarchipel. Einige Politiker der Insel kommen jedoch auf dunkle Gedanken und verlangen in offenen Briefen, aus Galápagos ein „ecuadorianisches Can-

cún" zu machen, also einen Badeort mit Massentourismus wie in Mexiko. Es bleibt zu hoffen, dass die Vernunft hier wieder einkehrt.

Puerto Baquerizo Moreno

Im Südwesten der Isla San Cristóbal liegt Puerto Baquerizo Moreno, die **Hauptstadt der Provinz Galápagos.** Sie ist mit gut **8000 Einwohnern** der zweitgrößte Ort auf dem Archipel. Seit dem Ausbau des Flughafens im Jahr 1988 hat sich Puerto Baquerizo Moreno dem Fremdenverkehr geöffnet, die Infrastruktur ist inzwischen gut.

Auch bei der **Ankunft** in San Cristóbal erhält man – nach geleisteter 100-$-Zahlung – die *Tarjeta de Ingreso al Parque Nacional Galápagos;* damit darf man sich im Nationalpark entsprechend den Vorschriften bewegen.

Praktische Infos

■ **Tel. Vorwahl: 05**

Informationen/Infrastruktur

■ Das **Touristenbüro** auf San Cristóbal hat von 8.30–12 Uhr geöffnet. Es befindet sich an der Mole. Hier kann man sich über Tagesausflüge in die Umgebung von Puerto Baquerizo Moreno erkundigen.

■ **Informationen** zu Tagestouren und Kreuzfahrten können außerdem bei *Ana Mercedes,* in den Hotels Mar Azul und Chatham, im Almacén Las Mellizas und in der **Capitanía** (Tel. 2520225) eingeholt werden. Letztgenannte ist am besten unterrichtet, welches Schiff wann wohin fährt und ob ein Platz frei ist.

■ **Internet-Tipp: www.caturcrist.com** ist die informative Seite der Tourismuskammer.

Puerto Baquerizo Moreno (Isla San Cristobal)

■ **Übernachtung**
1 Cabañas
  Don Jorge
2 Galápagos
3 Orca
4 Northia
6 Islas
  Galápagos
7 San Francisco
9 Flamingo

■ **Nachtleben**
8 Terraza Yolita

Calle Alsacio Northia

Av. Alsacio Northia

Isabela

Muelle Artesanal

Ausschnitt Zentrum

Calle Española

Schule

Park

Muelle Nuevo

Av. Ch. Darwin (Malecó

Wolf

C. Villamil

Av. Northia

C. Hernandez

Februar

12 de Febrero

12 de Febrero

Muelle Antiguo

Cobos

Februar

M Museum

Markt

ℹ️

Capitanía

Av. Quito

Ana Mercedes

Mar Azul

6

Chatham

Av. Armada Nacional

✈ Flughafen, Loberia

Schule

Stadion

■ Es gibt **drei Banken** auf San Cristóbal, deren Öffnungszeiten Mo bis Fr von 9–16 Uhr sind. Hier kann man auch Dollar-Reiseschecks wechseln und Geld vom Automaten abheben. Die *Banco del Pacífico* z.B. befindet sich in der Av. Charles Darwin y Española, Tel. 2520365, Mo bis Fr 8–16 Uhr, Sa 9–13 Uhr.

■ Im **Centro de Interpretación** wird auf eindrucksvolle Weise audiovisuell und mit Hilfe von Schautafeln die Entstehungsgeschichte von Galápagos dargestellt.

■ Die Gewässer um San Cristóbal bieten sehr schöne **Tauchgründe.**

■ Bei der Ortschaft El Progreso im Hochland lässt sich eine **Plantage für ökologischen Kaffee** besuchen. Die **Hacienda El Cafetal** liegt zudem in einem schönen Waldgebiet (Eintritt in kleinen Gruppen, 5 $ p.P., Anmeldung unter Tel. 2521003).

Unterkunft
Unterkünfte und Verpflegung sind auf San Cristóbal insgesamt günstiger als auf Santa Cruz.

0 ▬▬▬ 200 m ©REISE KNOW-HOW 2013

Progreso, El Junco

Zentrum 0 ▬▬▬ 100 m

Polizei ●

Calle Española

Av. Northia

Park

Ⓢ Banco del Pacífico

Wolf

Ⓘ

Av.

Calle

Darwin (Malecón)

Calle Hernández

C. Villamil

Hafen

Ⓢ

Ⓢ

12 de Febrero

Ⓢ

Ⓑ

Ⓘ

✉

Cobos

7

8

9

■ **Hotel Islas Galápagos**
Calle Esmeraldas y Colón, Tel. 2520203, 2520162; EZ 30 $, DZ 55 $, TV, AC, Internet, Restaurant. Tipp.
■ **Arena Blanca Hotel**
Barrio la Fragata, Tel. 2520182, galaxyecuador@hotmail.com; nettes Hotel mit schönen großen Zimmern, EZ 120 $, DZ 150 $ ohne Frühstück, Restaurant, Pool, Jacuzzi, Betreiber des Schiffs „Galaxy".
■ **Hotel Northia**
Calle Alsacio Northia y 12 de Febrero, Tel. 2520041, EZ 34 $, DZ 56 $.

■ **Hostal Galápagos**
Calle Jaime Roldós, Tel. 2520157, EZ 34 $, DZ 56 $.
■ **Cabañas Don Jorge**
Calle Alsacio Northia, Tel. 2520208, www.cabanas-donjorge.com, ab EZ/DZ 32/52 $ p.P. inkl. Frühstück.
■ **Hotel San Francisco**
Calle Charles Darwin y Española, Tel. 2520304, EZ 12/15 $, DZ 27 $.
■ **Hotel Flamingo**
Av. Quito y Alsacio Northia, Tel. 2520204, 11 $ p.P.
■ **Hotel Orca**
Oro Beach, 10 Min. vom Flughafen, Tel. 2520233, EZ 63 $, DZ 75 $.

Essen und Trinken
■ Empfohlen wurden uns die **Cabañas El Grande** mit guten Shakes und Säften.
■ Viele **Restaurants** bieten zu vergleichbaren Preisen (5–10 $) Fleisch-, Fisch- und Meeresfrucht-Gerichte an.
■ Eine traditionelle Top-Adresse ist der Surfer-Treff **Restaurant Rosita's**, Calle Villamil y Hernández.

Nachtleben
Zwei **Diskotheken** sorgen für abendliche Unterhaltung, das **Scalecia** und die **Terraza Yolita.**

Flüge
■ *AEROGAL,* Ricaurte, zwischen Sucre und Córdoba, Centro Comercial Pasaje Portoviejo, local 14, und *TAME,* Charles Darwin y Julio Cobos, Tel. 2521867, Mo bis Fr 8–12 und 14–17 Uhr, Sa 8–12 Uhr, fliegen **San Cristóbal** an (s.a. „Reiseinformationen: Anreise vom Festland Ecuador").
■ *EMETEBE* fliegt **täglich zwischen San Cristóbal, Baltra** (weiter per Bus auf Santa Cruz) **und Isabela.** Preis pro Strecke 180 $, eine Reservierung ist erforderlich. Das Büro liegt an der Mole, Tel. 2521427.

Busse
■ Öffentliche Busse fahren mehrmals täglich **nach Progreso** ins Hochland der Insel. Abfahrt ab der

Bushaltestelle am Malecón. Fragen Sie den Busfahrer, wann der letzte Bus zurückfährt, denn in Progreso kann man nicht übernachten, und der „Busfahrplan" variiert von Saison zu Saison.

■ **Für Touristen eingerichtete Busse fahren nach Absprache.** Tipp: eine vierstündige Bus-Exkursion ins Hochland und zur Lobrería (siehe Besucherstandorte).

Schnellboote

■ **„Lanchas Rápidas"** fahren einmal täglich zwischen Puerto Ayora und Puerto Baquerizo Moreno (25 $, 2 Stunden).

Einkaufen

■ In Puerto Baquerizo Moreno gibt es **kleine Geschäfte,** die sich *supermercados* nennen und die jeden Inselbesucher/-bewohner mit dem Nötigsten versorgen.

■ T-Shirts und Postkarten sind in **T-Shirt-Shops** und in einigen **Souvenirläden,** v.a. am Malecón, erhältlich.

Besucherstandorte

Es gibt sechs Besucherstandorte auf San Cristóbal.

Der nordöstlichste Punkt der Insel, **Punta Pit (34),** ist der östlichste von Galápagos überhaupt und mit dem Boot zu erreichen. Hier werden den Geologen die Tuff-Formationen begeistern, und der Tölpel-Liebhaber hat die Möglichkeit, gleich alle drei auf Galápagos vorkommende Arten zu sehen. Das Wandern ist anstrengend und nur mit festem Schuhwerk anzugehen.

Im nördlichsten Inselteil liegt mit **Los Galápagos (35)** ein weiterer Besucherstandort mit der Möglichkeit, die Riesenschildkröten in Augenschein zu nehmen. Entweder fährt man mit dem Boot an die Nordbucht der Insel und spaziert (2–3 Std.) zu den Schildkröten hinauf, oder man nimmt die Straße von Puerto Baquerizo Moreno über El Progreso (8 km) zur Lagune El Junco (Busverbindung) und weiter in nordöstlicher Richtung. Fragen Sie in El Progreso und unterwegs nach dem Weg!

Die **Laguna El Junco (36)** bildet einen Maarsee (700 m) und ist eines der wenigen Süßwasserreservoirs der Inseln. Busse fahren in regelmäßigen Abständen von Puerto Baquerizo Moreno zum Fuß des Vulkans Cerro San Joaquín (896 m). Schneller und näher gelangt man mit dem Taxi an den See. Der Pflanzenfreund kann das breite Spektrum der Miconia-Zone studieren (an den Ufern des Sees wachsen die Binsen Juncos, denen die Lagune den Namen verdankt), auf dem See halten sich Teichhühner und Bahama-Enten auf. In der Trockenzeit ist der See oft von Nebel verdeckt, so dass man nur wenig von der Tierwelt zu Gesicht bekommt. Trotzdem lohnt ein Weg hinauf, schon der Vegetation wegen, die in dieser Zeit sehr farbenprächtig ist.

Im weiteren Verlauf der Straße nach Osten erreicht man die **Schildkrötenaufzuchtstation La Galapaguera,** den **Aussichtpunkt Mirador El Faro** und über einen 15-minütigen Fußweg am Ende der Straße den **traumhaften Strand** von Puerto Chino, wo man nach Voranmeldung beim Nationalpark auch zelten darf.

Der **Fregattvogelfelsen (37)** liegt keine 2 km nördlich von Puerto Baquerizo Moreno und kann ohne Führer über einen Rundwanderweg besucht werden. Wunderschön ist der Blick von der Anhöhe auf die Bucht und das Dorf. Beide

Fregattvogelarten und der Blaufußtölpel brüten hier, auf den Felsen laufen überall Lavaechsen umher. Wohl infolge der touristischen Belästigung sind immer weniger *fragatas* anzutreffen. Zurück geht es durch die Trockenzone vorbei am Badestrand Playa Mann, wo der Pfad auf den Weg zum Dorf stößt.

Die **Isla Lobos (38)** weiter im Norden wird nach einer einstündigen Bootsfahrt von Puerto Baquerizo Moreno aus erreicht. Ein kurzer Wanderweg über 400 m führt vorbei an Blaufußtölpel- und Seelöwen-Kolonien.

Noch weiter nordwärts (zwei Bootsstunden von Puerto Baquerizo Moreno entfernt) liegt **Leon Dormido (39)**, der „schlafende Löwe", besser bekannt unter dem Namen **Kicker Rock.** Es gibt keine Anlegestelle, weil der Tuffkegel (durch Brandungserosion geteilt) steil aus dem Meer emporragt. Es bleibt nur eine kleine Kreuzfahrt, die in der Abendsonne besonders romantisch ist.

Der **Puerto Grande (40)** (auch Caleta Sappho) ist nur eine kleine Badebucht in der Nähe des Kicker Rock. Mangroven säumen die Küste, Wasservögel suchen nach Nahrung – Ruhe pur!

Nicht als Besucherstandort markiert, aber sehr schön ist die **Lobrería** auf San Cristóbal. Am Flughafen vorbei führt ein Weg (40 Min. Gehzeit) zu einem weiten weißen Strand, an dem sich eine große Seelöwen-Kolonie niedergelassen hat. Er kann frei besucht werden, da er auf Gemeindegebiet liegt.

Isla Española

- **Fläche: 61 km²**
- **max. Höhe: 213 m**

Isla Española, die **südlichste Insel** von Galápagos, wird auf einer Tagestour z.B. von San Cristóbal aus angefahren. Geologisch gehört Española zu den ältesten Inseln des Archipels. Man vermutet die Überreste eines alten Schildvulkans, der nahezu vollständig erodiert ist. Im Süden bildet die Insel eine Steilküste, die nach Norden abflacht. Einmalig ist die nur auf Española vorkommende Kolonie der Galápagos-Albatrosse. Blaufuß- und Maskentölpel nisten auf der Insel, Seelöwen liegen an den Stränden, Meerechsen kriechen im Bereich der Klippen umher.

Besucherstandorte

Es gibt zwei Besucherstandorte auf Española. Nach einer Nasslandung begeht man die Insel im Osten von der **Bahía Gardner (41)** her. An dem herrlichen Badestrand aalen sich Seelöwen in großen Kolonien. Neben ausgedehnten Strandwanderungen bietet sich der Besuch einer nahe gelegenen Insel zum Schnorcheln an. Vögel wie die hier endemische Hood-Spottdrossel und verschiedene Darwinfinken sind allgegenwärtig. Der Aufenthalt dauert etwa 3 Stunden.

Die **Punta Suárez (42)** ist die eigentliche Attraktion der Insel und vielleicht der Höhepunkt einer Galápagos-Tour. Eine Nasslandung im Westen der Insel bringt die Besucher an den Anfang eines 2 km langen Rundwanderweges (3 Std.

Die Galápagos-Inseln

Gehzeit), der vorbeiführt an Blaufuß- und Maskentölpel-Kolonien (Vorsicht: Tölpel nisten auf dem Weg!) zu einem schönen Strand, bevor man schließlich auf die Galápagos-Albatros-Kolonien stößt. Im Oktober, April und Mai vollführen die Pärchen ihren eindrucksvollen Brauttanz.

Das „**Blasloch**" ein Stück weiter, eine eingebrochene Basaltdecke mit Verbindung zum Meer, produziert eine 20 m hohe Wasserfontäne, in deren Umkreis sich unzählige Meerechsen aufhalten. Vom Kliff aus sind Seevögel zu sehen.

prägt durch ein reiches Pflanzenwachstum im Hochland und die typische Pflanzenformation der Trockenzone. Die Tierwelt von Floreana umfasst endemische Riesenschildkröten, Flamingos, Galápagos-Spottdrosseln und Galápagos-Habichte.

Puerto Velasco Ibarra

In Puerto Velasco Ibarra auf der Westseite der Isla Floreana wohnen die meisten der knapp **100 Bewohner** von Floreana. Hier haben die *Wittmers* an der Bahía Negra, einem schönen schwarzen

Isla Floreana

- **Fläche: 173 km²**
- **max. Höhe: 640 m**

Neben dem offiziellen Namen **Isla Santa María** hört man häufig noch den englischen Namen **Charles,** wenn von der sechstgrößten Insel des Archipels die Rede ist. Floreana gehört zu den vier bewohnten Inseln und hat eine sehr interessante (Besiedlungs-) Geschichte, nachzulesen in der Robinsonade der Kölnerin *M. Wittmer,* die ich jedem Galápagos-Besucher ans Herz lege (siehe „Literaturtipps" im Anhang).

Die Insel besteht aus einer **Vielzahl kleinerer und größerer Parasitärkrater,** die der Landschaft ein sehr bewegtes Relief verleihen. Das Vegetationsbild ist ge-

657 ec peko

> Mutter und Junges: Galápagos-Pelzrobben

Strand, ein mittlerweile modernes **Hotel mit Restaurant** errichtet, Tel. 05-2526938. Das Hotel fungiert zusätzlich als Post und hat einen kleinen Shop, in dem Postkarten und Bücher gekauft werden können. Wer das Buch von *Margret Wittmer* erwirbt, bekommt den Floreana-Poststempel von ihrer Tochter oder Enkelin. *Margret Wittmer* verstarb im Jahr 2000 in hohem Alter.

Auf Floreana sind **ausgedehnte Wanderungen** möglich, zudem besteht die Option, die Insel in Begleitung eines Führers auf einem Pferd zu durchstreifen.

Rolf Wittmer bietet **Kreuzfahrten** und Transport nach Santa Cruz an.

Besucherstandorte

Auf der Insel gibt es derzeit drei Besucherstandorte (ein weiterer ist im Osten der Insel vorgesehen).

Die **Corona del Diablo (43)**, die „Teufelskrone", ist ein halb offener und versunkener Vulkankrater. Ein panga bringt den Besucher vom Boot zum Tauchplatz. Man schnorchelt und taucht mit Seelöwen und Haien um ein kleines Korallenriff, das von Myriaden tropischer Fische bewohnt ist (Vorsicht: Starke Strömungen können auftreten!).

Wer mit dem Beiboot eine Fahrt um die Teufelskrone unternimmt, begegnet

Die Galápagos-Inseln

Pelikanen, Rotschnabel-Tropikvögeln, Reihern und den auf den Felsen nistenden Lavamöwen. Dieser Besucherpunkt war 2012 geschlossen.

Die Teufelskrone liegt nur wenige hundert Meter vor der **Punta Cormorant (44)**. Nach einer Nasslandung erreicht man den Strand, an dem sich häufig Seelöwen aufhalten und wo man viele kleine, grüne Olivinkristalle finden kann! Ein 400 m langer Weg stellt die Verbindung zu einem anderen weißen Strand her, wo die grüne Meeresschildkröte bei Nacht ihre Eier ablegt. Beim Baden achte man auf Stachelrochen!

Zwischen den beiden Stränden hinter den Dünen befindet sich eine weite Lagune mit **Mangrovenbestand,** an der ganzjährig einzelne **Flamingos** zu sehen sind. Verschiedene **Watvögel** wie Stelzenläufer, Austernfischer und Regenpfeifer bevölkern die Lagune, und mit Glück bekommt man auch den Galápagos-Habicht zu sehen, der manchmal seine Kreise über dem Wasser zieht.

Die berühmte Posttonne – ein Holzfass – steht in der **Post Office Bay (45)**. Nach einer Nasslandung sind es drei Minuten zum Briefkasten der Weltumsegler. Dort kann man seine Karten einwerfen, portofrei und in alter Tradition, und an das Heimatland adressierte mitnehmen. Etwa 300 m hinter der Tonne liegt eine Lavahöhle, die mit der Taschenlampe per Leitereinstieg erkundet werden kann.

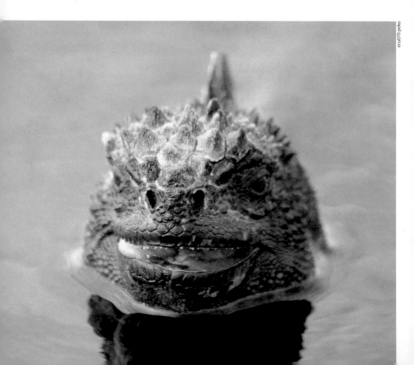

ecu070 peko

Isla Genovesa

- Fläche: 14 km^2
- max. Höhe: 76 m

Genovesa ist die einzige Insel im Norden des Archipels, die zu Land besucht werden kann. Aufgrund der relativ weiten Entfernung von den Ausgangspunkten der Kreuzfahrten, wird Genovesa **meist nur im Rahmen längerer Kreuzfahrten ab 8 Tagen angelaufen.** Da bei der Anreise mit dem Boot der Äquator überquert wird, findet an Bord gelegentlich eine Äquatortaufe statt.

Die **sehr trockene Insel** zeigt ein Vegetationsspektrum, das von Feigen-, Lavakakteen und anderen Pionierpflanzen bis zu Croton-Gebüschen und gelbblühenden Cordien reicht. Der weite Weg nach Tower lohnt sich vor allem wegen der großen Rotfußtölpel-Kolonien. Auch Bindenfregattvögel, Maskentölpel, Rotschnabel-Tropikvögel, Galápagos-Tauben, Gabelschwanzmöwen und Felskrabben sowie verschiedene Reiher und Sumpfohreulen teilen sich den Lebensraum der Isla Genovesa.

Besucherstandorte

Ankerplatz ist die Darwin Bay. Nach einer Trockenlandung geht es hinauf zu den **Prince Philip Steps (46).** Der Aufstieg zum 25 m hohen Kliff ist steil. Kommt man oben an, führt der 1 km lange Weg vorbei an Maskentölpel-, Bindenfregatt- und Rotfußtölpel-Kolonien und durchquert ein kleines *Palo Santo*-Wäldchen (halten Sie nach der Sumpfohreule Ausschau!) bis hin zu einem großen Lavafeld, auf dem unzählige Galápagos-Wellenläufer brüten.

Der **Korallenstrand Darwin Bay Beach (47)** wird über eine Nasslandung betreten. Ein knapp 1 km langer Weg führt vorbei an Seelöwen zu den am Strand nistenden Gabelschwanzmöwen. Im Salzgebüsch brüten Rotfußtölpel und Bindenfregattvögel, dazwischen bewegen sich einzelne Maskentölpel-Pärchen. In kleineren Meereslagunen an dem mit Mangroven bestandenen, gezeitenbeeinflussten Küstenabschnitt stößt man auf Lava- und Nachtreiher sowie Galápagos-Winkerkrabben. Am Wegende eröffnet sich von der Kliffkante ein schöner Blick über die **Darwin Bay,** so lautet der Name des gefluteten Kraters. Mit einem panga ist schließlich eine Fahrt entlang der Kliffküste möglich, so dass die Seevögel-Kolonien und die Insel von der Seeseite her in Augenschein genommen werden können.

Die Galápagos-Inseln

GUT INFORMIERT

⌃ Touristen in „pangas" (Schlauchboote) im Krater der Isla Genovesa

ecu062 peko

REISE-INFORMATIONEN

Reisezeit für die Galápagos-Inseln ist **das ganze Jahr über.** Der September ist Nebensaison – zahlreiche Boote werden dann überholt. In der **Regenzeit** (Januar bis Juni) ist der Himmel meist blau – abgesehen von einzelnen und heftigen Niederschlägen –, die Temperaturen sind angenehm. In der **Trockenzeit** wird es in den Hochländern der Inseln sehr feucht, an den Küsten ist es heiß und trocken. Das ganze Jahr über brüten Seevögel. Nur der Albatros macht eine Ausnahme. Wer seinen Hochzeitstanz beobachten will, muss im Oktober, April oder Mai nach Española kommen.

Anreise aus Europa

In Europa werden von verschiedenen Reiseveranstaltern **Kreuzfahrten** im Galápagosarchipel angeboten. Wer wenig Zeit hat und sich nicht erst in Quito oder auf den Inseln selbst um eine Tour kümmern möchte, der kann diese (manchmal teure) Möglichkeit in Anspruch nehmen und in ein Reisebüro im Heimatland gehen.

Anreise vom Festland Ecuador

Mit dem Flugzeug

Das Flugzeug ist die schnellste, bequemste und im Prinzip einzige Art der Anreise (30 Min. Quito – Guayaquil plus 90 Min. Guayaquil – Galápagos; Aufenthalt in Guayaquil ca. 40 Min.). Seit 2010 gibt es auch einzelne Direktflüge Quito – Galápagos. Von Quito über Guayaquil nach Baltra oder San Cristóbal fliegen mehrfach täglich *TAME, LAN Ecuador* und *AEROGAL*.

Hin- und Rückflug kosten ab 305 $ ab Quito und ab 225 $ ab Guayaquil in der Nebensaison. Nicht selten, vor allem in der Hochsaison im Sommer und um Weihnachten, sind aber bis zu 500 $ zu bezahlen, vor allem bei TAME. Doch der Markt für Galápagos-Tickets ist mittlerweile liberalisiert.

Ausschließlich Ecuadorianer und Ausländer mit Wohnsitz in Ecuador (Besitzer einer sog. *Cédula de Identidad*) können Flugtickets (und Nationalparktaxen) zu reduzierten nationalen Preisen erstehen.

Geografen, Geologen, Biologen und andere wissenschaftlich Interessierte, die auf der Charles Darwin Station (siehe Isla Santa Cruz) arbeiten wollen, kommen in den Genuss einer Ermäßigung. Dazu sollte man sich rechtzeitig um die nötigen Papiere kümmern (Empfehlungsschreiben der Universität und der Darwin Station).

Bei der Landung in Baltra oder San Cristóbal oder schon am Flughafen auf dem Festland werden **100 $ Nationalparkgebühr** fällig. Zudem muss vorab eine Gemeindegebühr von 10 $ im nationalen Flughafenterminal in Quito entrichtet werden.

Wichtiger Hinweis: Wer nicht mit einer Reisegruppe auf die Inseln kommt, sollte seinen **Rückflug unbedingt auf den Inseln noch einmal rückbestätigen lassen.** Büros der Airlines gibt es in Puerto Ayora/Santa Cruz und Puerto Baquerizo Moreno/San Cristóbal.

Nachdem die Inseln in den vergangenen Jahren immer stärker besiedelt worden sind und die Reiseagenturen sich zudem feste Kontingente in den Flugzeugen für ihre Kreuzfahrtgäste sichern, kann es in der Hauptsaison manchmal schwierig sein, individuell ein Ticket zu kaufen, zumindest auf der touristisch bedeutenden Verbindung nach Baltra.

Anreise mit dem Schiff

Von Guayaquil verkehren in regelmäßigen Abständen **drei größere Frachter** nach Galápagos. Es scheint, als habe man die Praxis, auf diesen Passagen Touristen mitzunehmen, eingestellt. Die ohnehin wenig auskunftsfreudigen Agenturen *Acotramar* und *Tramsfa* hielten sich auf unsere Anfrage hin bedeckt. Besser mit dem Luftschiff!

Mit dem eigenen Boot ist eine Kreuzfahrt im Galápagos-Archipel **so gut wie unmöglich.** Wer die Inseln ansteuert, bekommt von den ecuadorianischen Behörden nach Vermittlung durch einen Agenten auf dem Festland in der Regel einen mehrwöchigen Transitaufenthalt zugesprochen. Auch in Not-/Reparaturfällen darf man Galápagos-Häfen für kurze Zeit ansteuern. Hier eröffnet sich die Möglichkeit, das Boot in Puerto Ayora zu lassen und sich einer Insel-Kreuzfahrt zu den entlegenen Besucherplätzen des Nationalparks anzuschließen.

Archipelbinnenverkehr

Private Schnellboote, sog. **Lanchas rápidas,** verkehren täglich zwischen Puerto Ayora/Santa Cruz und Puerto Villamil/Isabela sowie zwischen Puerto Ayora und Puerto Baquerizo Moreno/San Cristóbal. Mittags verlassen die Boote meist Puerto Ayora, beispielsweise um 14 Uhr gen Isabela. Von dort wiederum geht es morgens um 6 Uhr nach Santa Cruz, um auch noch Flugverbindungen auf Baltra erreichen zu können. Tickets gibt es an der Mole, ansonsten an Bord. Bei starkem Seegang wird es mitunter nass und ungemütlich.

Die kleine **Fluglinie EMETEBE** verkehrt zudem täglich mit kleineren Propellermaschinen zwischen den Inseln San Cristóbal, Baltra und Isabela. Büros in den Hauptorten.

Die **Agentur Rolf Wittmer** fährt regelmäßig von Floreana mit der „Tip Top" nach Santa Cruz und kreuzt im Archipel. Der Preis variiert mit der Anzahl der Passagiere.

Die Galápagos-Inseln: Reiseinformationen

Verhalten und Richtlinien

Das Naturwunder, das die Galápagos-Inseln darstellen, kann nur dann erhalten werden, wenn die Besucher einige Verhaltensregeln zum Schutz des empfindlichen Ökosystems befolgen.

Die Richtlinien des Nationalparks umfassen elf Punkte.

1. Das Berühren und Füttern von Tieren ist verboten! Viele Jungtiere, die gestreichelt worden sind, werden von den Elterntieren aufgrund des fremden Geruchs verstoßen.

2. Tiere und Pflanzen dürfen nicht gesammelt und mitgenommen werden! Das ökologische Gleichgewicht einer Inselgemeinschaft würde dadurch gestört werden.

3. Es darf kein lebendes Material von einer Insel zur anderen transportiert werden! Aus diesem Grund müssen die Schuhe vor Betreten einer Insel gereinigt werden. Die Führer sind angewiesen, dies zu kontrollieren. Jede Insel verfügt über eine spezifische Flora und Fauna, die durch fremde Organismen empfindlich geschädigt werden kann.

4. Lebensmittel dürfen nicht mitgebracht werden! Mitgeführte Lebensmittel und Insekten gefährden die Inselwelt.

5. Besucherstandorte und die vorgegebenen Wege dürfen nicht verlassen werden! Wege sind mit Holzpflöcken markiert.

6. Jede Reisegruppe muss von einem ausgebildeten Führer zu den Besucherstandorten geleitet werden! Den Anweisungen des Führers ist Folge zu leisten, denn er ist verantwortlich für die Einhaltung der Richtlinien.

7. In der Nähe von Nistplätzen ist besondere Vorsicht gegenüber den Brutkolonien geboten! Das Erschrecken von Tieren kann zu Panikhandlungen der Tiere führen, die das Leben der Jungtiere gefährden.

8. Der Erwerb von Tier- und pflanzlichen Souvenirs ist untersagt! Die Schwarze Koralle z.B. ist vom Aussterben bedroht.

9. Camping außerhalb von offiziellen Campingplätzen ist verboten! Das Büro des Nationalparks auf Santa Cruz gibt Auskunft über geeignete Plätze für Camper.

10. Das Wegwerfen von Müll ist verboten! Der Führer und die Crew des Bootes sind für eine vorschriftsmäßige Entsorgung verantwortlich.

11. Beobachtete Schäden auf den Inseln sind der Nationalparkverwaltung zu melden! Das Büro ist Mo bis Fr 8–12 und 14–16 Uhr sowie Sa 8–10 Uhr geöffnet.

Nationalparkkosten und Naturführer

Es ist grundsätzlich eine **Nationalpark- und Gemeindegebühr von 100 $ sowie Migrationsgebühren von 10 $ in bar zu** entrichten; diese kann übrigens auch am Flughafen in Quito an einem extra dafür vorgesehenen Schalter bezahlt werden. Dafür gibt es eine **Eintrittskarte (Tarjeta de Ingreso al Parque Nacional de Galápagos)**. Nur Dollars in bar werden akzeptiert, keine Kreditkarten, Reiseschecks oder anderen Währungen.

Vom Flughafen auf Baltra zur Fähre auf die Insel Santa Cruz gibt es einen kostenlosen **Bustransfer,** die Fähre und der Bus nach Puerto Ayora kosten ein paar Dollars.

Die **autorisierten Führer** von Galápagos, die auf jeder Kreuzfahrt an Bord sein müssen, sind vom Nationalpark ausgebildet und sprechen Spanisch und meist auch Englisch. Auf den großen Passagierschiffen fahren mehrere mehrsprachige Führer mit.

Fotografieren

Der Reiz und die Einmaligkeit der Tier- und Pflanzenwelt der Galápagos-Inseln nötigen einen geradezu, das Gesehene und Erlebte auf Bildern festzuhalten. **Sorgen Sie rechtzeitig für Filmmaterial und ausreichend Speicherplatz,** denn auf den Inseln ist dies teuer bzw. an Bord eines Bootes oft nicht zu bekommen. Denken Sie daran, dass manche Insellandungen „nasse Landungen" sind und die Ausrüstung entsprechend vor Spritzwasser zu schützen ist! Schon eine Plastiktüte ist hier hilfreich. **Beachten Sie die Naturschutzregeln,** keine Tiere mit Blitz zu fotografieren und die abgesteckten Wege beim Fotografieren nicht zu verlassen!

Tauchen auf Galápagos

Tauchen auf Galápagos ist ein einzigartiges Erlebnis, wenn auch nicht ganz billig. Prinzipiell bestehen zwei Möglichkeiten: **mit einer organisierten Fahrt** auf einem der größeren Boote; diese haben einen Tauch-Führer und einen Kompressor an

◁ Grüner Landleguan

Bord – Voraussetzung ist, dass man die eigene Tauchausrüstung dabei hat; Kosten: 300 bis 500 $ p.P. und Tag mit bis zu vier Tauchgängen täglich.

Es gibt aber auch die preislich günstigere Option, von einer der Tauchbasen der Hafenorte **Tagestouren** oder auch nach frühzeitiger Absprache Mehrtagestörns zu unternehmen.

■ Renommierteste Tauchbasis ist **Scuba Iguana** (Adresse s.u.) vor dem Eingang zur Charles Darwin Station auf der Insel Santa Cruz. Der deutsch-ecuadorianische Tauchlehrer *Mathias Espinosa* ist einer der erfahrensten Taucher des gesamten Archipels. Er arbeitete jahrelang für die First Class „Aggressor Fleet", bevor er sich in Puerto Ayora selbstständig machte. Ausbildung bis zum Tauchlehrer nach PADI. Besondere Empfehlung!

■ Die andere gute Adresse in Puerto Ayora ist die Basis **Galápagos Sub-Aqua** (Adresse s.u.) von *Fernando Zambrano*. Der ebenfalls taucherfahrene Guayaquileño ist Meereskundler und ehemaliger Industrietaucher. Die Basis liegt mitten an der Avenida Charles Darwin, „Pelikan-Bucht". Ausbildung nach PADI.

■ Neuerdings organisiert auch das **Hotel Silberstein** in Puerto Ayora von *Galextur* (siehe Agenturen in Quito) Taucherferien auf Galápagos.

Von weiteren Tauchbasen in Puerto Ayora haben wir bezüglich Professionalität, Service und Sicherheit nicht die besten Rückmeldungen erhalten. Auch auf San Cristóbal und Isabela haben sich Tauchbasen etabliert.

Für die meisten Tauchbasen gilt: Die **Preise** für einen Tauchtag mit zwei Tauchgängen, kompletter Ausrüstung, Lunch-Box, Boot/Fahrzeug und Guide liegen je nach Entfernung von der Basis zumeist zwischen 150 und 230 $. Preise für „Schnuppertauchen" zum Kennen-

lernen des Sports unter Anleitung, längere Exkursionen und Ausbildungen erhalten Sie auf Anfrage. Bei größeren Gruppen sind Rabatte aushandelbar. Mit eigener Ausrüstung kann man ebenfalls sparen. Schnorchelausrüstungen sind im Verleih.

Der **Tauchkurs** ist ein vier- bis fünftägiges Vollzeitprogramm mit theoretischem Unterricht am Vormittag und Praxis am Nachmittag. Bevor es ins Freiwasser geht, werden wichtige Verhaltensregeln unter Wasser im Pool geübt.

Adressen für Taucher

■ Scuba Iguana

Am Eingang zur Charles Darwin Station, Puerto Ayora, Santa Cruz, Tel. 05-2526497, 099-7024031, www.scubaiguana.com; Preis: 220 $ p.P.

Ausrüstung

- ■ Feldstecher
- ■ Kamera und reichlich Filmmaterial oder Speicherplatz
- ■ Sonnencreme, -hut, -brille
- ■ Anorak für das feuchtere Hochland
- ■ Sowohl feste als auch Sport- bzw. leichte Schuhe
- ■ Badezeug
- ■ Schnorchelausrüstung
- ■ Mückenschutz
- ■ Wenn nötig bzw. vorsorglich Tabletten gegen Seekrankheit
- ■ Evtl. ein kleines Vorhängeschloss
- ■ Gesundheits- und Hygienepflege
- ■ Nützlich sind auch Ohrstöpsel, denn die meisten Boote haben laute Motoren

■**Galápagos Sub-Aqua**
Fernando Zambrano, Av. Ch. Darwin, Puerto Ayora, Santa Cruz, Tel. 04-2886085, 098-5439278; Preis: 150–230 $, Ansprechpartner ist *Ivan Antón.*

■**Quasarnautica**
José Jussieu N41-28 y Alonso de Torres, Quito, Tel. 02-2257878, 02-2446997, www.galapagosexpeditions.com; „First Class"-Tauchreisen für 1 Woche.

■**Advantage Travel**
El Telégrafo E10-63 y Juán de Alcántara, Quito, Tel. 02-3360887, 098-4619438, www.advantagecuador.com; Tauchtörn-Veranstalter für Galápagos und Machalilla.

■Weitere Tauchbasen befinden sich in Puerto Baquerizo Moreno auf San Cristóbal und in Pueto Villamil auf Isabela, siehe unter www.isabeladivecenter.com.ec.

Kreuzfahrten

ecu063 peko

Insel-Exkursionen werden in Form von Kreuzfahrten durchgeführt. Die Organisation erfolgt in der Regel per Reisebüro auf dem Festland, kann aber auch auf den Inseln Santa Cruz und San Cristóbal arrangiert werden.

Es werden Fahrten von vier bis 14 Tagen auf Passagierschiffen und Yachten unternommen. **Die Kosten für eine Fahrt hängen von der Länge der Tour, von der Größe des Bootes und dem gebotenen Komfort ab.** Bei allen Kreuzfahrten sind im Preis standardmäßig Fahrt, Mahlzeiten, Unterkunft an Bord und Führer enthalten. Nur wenige Schiffe laufen Häfen an, wo in Hotels übernachtet wird – eine Art „Insel-Hopping".

Auf den Kreuzfahrten wird nachts navigiert, da die Entfernungen zwischen den Inseln mitunter beträchtlich sind. Das kann die Nachtruhe stören. Wenn sie nicht kostenlos gestellt werden,

empfiehlt es sich, Wasserflaschen mitzunehmen. Erwarten Sie vor allem bei kleineren Booten der Economy- und Touristenklasse nicht zu viel Luxus; die Kabinen sind recht eng, und die Klimaanlagen funktionieren hin und wieder nicht.

Hinweis: Der *SAEC (South American Explorers Club)* stellt in Quito (siehe dort) für Mitglieder Reiseberichte zur Verfügung, die Auskünfte über Qualität und Preise der Boote/Fahrten geben.

Es ist auf Galápagos üblich, aber kein Gesetz, der Crew und den Naturführern am Ende der Fahrt ein **Trinkgeld** von zusammen 5 bis 10 % des Tourpreises zu zahlen.

Wichtig bei allen Kreuzfahrten ist: Achten Sie genau auf den geplanten

Tourverlauf. Mitunter gehen bei einer Acht-Tages-Tour drei halbe Tage oder mehr verloren, weil Reisende mit einer kürzeren Tour zurück zum Flughafen nach Baltra gebracht werden müssen. Lassen Sie sich den Tourverlauf schriftlich geben! In Ecuador gilt: Eine 5-Tage-Tour hat immer nur vier Nächte, kann also im ungünstigsten, sprich kürzesten Fall von Montagnachmittag bis Freitag in der Früh dauern.

Ebenso zu beachten: Ein Schiff, das eine spannende Wochenroute hat, kann in der Folgewoche durchaus eine weniger attraktive haben. Denn laut Nationalparkregeln darf keine Yacht einen Besucherort binnen 14 Tagen zweimal anlaufen.

Auf dem Festland gebuchte Kreuzfahrten

Wer eine Tour vom ecuadorianischen Festland (oder von Deutschland aus) gebucht hat, wird durch einen Vertreter des Reiseunternehmens von einem der beiden Flughäfen San Cristóbal oder Baltra abgeholt, auf sein Boot geführt und nach der Kreuzfahrt zurück zum Flugplatz gebracht.

⌃ Kreuzfahrtschiff im Galápagos-Archipel

Agenturen in Quito und Guayaquil bieten zu verschiedenen Konditionen und ähnlichen Preisen Touren auf Galápagos an. Solche Touren sind prinzipiell teurer als die auf den Inseln gebuchten. Der Vorteil vieler Agenturen besteht darin, dass die Chance, eine Tour zu finden, die in eine knappe Zeitplanung passt, größer ist. **Wichtig:** Lassen Sie sich bei Buchung einer Tour Bilder des jeweiligen Bootes zeigen, und fixieren Sie die Übereinkünfte (Tourverlauf, Boot und Mannschaft, Verpflegung, Guide und seine Sprachkenntnisse etc.) mit dem Reisebüro schriftlich.

Eine Tour mit sieben Übernachtungen kostet je nach Boot 1400 bis 4000 $. Billiger sind vom Festland aus gebuchte Kreuzfahrten selten zu haben, allenfalls bei Last-Minute-Angeboten. Bedenken Sie: Wenn Sie für Flug und Nationalparkeintritt bereits ca. 500 $ zahlen, für eine Woche Törn mindestens weitere 1400 $ ausgeben, so lässt sich mit 200 bis 300 $ mehr häufig ein qualitativer Sprung in Service und Sicherheit bei renommierten Veranstaltern erkaufen.

Es bestehen immer einige **Unwägbarkeiten** für die Agenturen bei dem logistisch anspruchsvollen Organisieren von Kreuzfahrten auf den fernen Galápagos-Inseln. Der Zustand der Schiffe, ihr Management und Service unterliegen häufigen Schwankungen. Die Masse der Kreuzfahrt-Angebote etwa im Stadtteil Mariscal in Quito kann einen erschlagen, der Preiskampf ist hart.

Das vielleicht wichtigste Kriterium bei einer Buchung ist, eine **Agentur** zu buchen, die **selbst Eigner des Schiffes** ist. Das garantiert mehr Verlässlichkeit und Verantwortung der Ticketverkäufer für das Schiff selbst.

■ Wir empfehlen in diesem Zusammenhang u.a. die seit Jahren solide arbeitende Agentur **Enchanted Expeditions** in Quito (siehe dort). Die Agentur liegt preislich in der Mitte, bietet einen günstigen Last-Minute-Service und pflegt die eigenen Boote erfahrungsgemäß gut.

■ **Galasam**

In Quito: Cordero N24-214 y Av. Amazonas, Tel. 02-2903909, 02-2501418, www.galasam.com; in Guayaquil: 9 de Octubre, Edificio Gran Pasaje, 11. Stock, oficina 1106, Tel. 04-2304488, 04-2311485). Günstige Touren, *tures económicos*, nach Galápagos mit drei, vier oder sieben Nächten im Archipel inklusive Übernachtung im Boot/Hotel, drei Mahlzeiten und dem obligatorischen Führer. Die Beförderung erfolgt normalerweise auf mittelgroßen Booten mit Gruppen von 12–16 Personen plus Besatzung und Führer.

■ Empfohlen wurde uns der Katamaran für 16 Pers. der Agentur **Galacruises Expeditions** in Quito: Avenida 9 de Octubre N22-118 y Veintimilla, Edificio Trébol, Tel. 099-8563802, www.galacruises.com. Gutes Preis-Leistungsverhältnis in der „Superior Tourist Class". Das relativ kleine Boot ist etwas für Seetüchtige.

■ **Hotel Silberstein**

Puerto Ayora/Santa Cruz, Tel. 05-2269626, www. hotelsilberstein.com. Das 4-Sterne-Haus bietet Insel-Touren an (diverse Kombinationen), außerdem werden Kreuzfahrten, Insel-Hopping und Tauchausflüge organisiert.

■ Ein Leser empfiehlt den **Motorsegler „Angelique":** „6 Doppelkabinen mit WC und Dusche, eine fantastische Crew, sehr gute Verpflegung". Besitzer und Kontakt: **Kem Pery Tours** in Quito (siehe dort); Preis (2012): 5 Tage 1275 $, 8 Tage 2025 $.

■ **Tierra de Fuego**

Av. Amazonas N2323 y Veintimilla, Quito, Tel. 02-2501418, 02-2561104, 099-8104975, www.ecuadortierradefuego.com oder www.galapagostours. net. Sehr gute Crew und gutes Essen, maximal 16 Pers., Yacht „Guantanamera": 8 Tage für 1500 $, „Yolita": 8 Tage für 1400 $ p.P.

Auf den Inseln gebuchte Kreuzfahrten

Individualreisende, die San Cristóbal oder Baltra anfliegen, können ihre Touren billiger vor Ort buchen. **Günstige, mehrtägige Ausflüge** als Last Minute auf Booten mit acht bis zwölf Personen kosten **zwischen 170 und 200 $ pro Tag** inkl. 3 Mahlzeiten, Führer und Übernachtungen im Boot/Hotel.

Wer weiter entfernt gelegene Inseln, etwa Genovesa oder Fernandina, besuchen will, der muss eine mehrtägige Tour buchen!

Am einfachsten und dem Naturwunder Galápagos angemessen ist es, **sich Zeit** zu **lassen.** Gerade Santa Cruz und auf sehr romantische Weise Puerto Villamil auf Isabela laden dazu ein, die Inseln gemütlich und mit Muße kennen zu lernen. Auch auf Tagestouren per Boot, Fahrrad oder Bus lernen Sie einen wenn auch kleinen, so doch interessanten Ausschnitt der Inselwelt kennen.

Tagestouren

Tagestouren zu den nahe gelegenen Inseln bekommt man **ab 60 $** inklusive eines kleinen Mittagessens. Alle Tagestouren können zumindest von Santa Cruz aus recht zuverlässig geplant werden. Von San Cristóbal aus lässt sich die attraktive Insel Española mit einem Tagesausflug erreichen.

Als **Faustregel** gilt, dass man im Rahmen etwas teurerer Tagesausflüge meist mit schnelleren Booten unterwegs ist. Boote, die billiger als 50 $ sind, sollten wohl gemieden werden: Reisende berichten uns, dass entweder der Führer seiner Aufgabe nicht gerecht wurde oder aber der Inselbesuch viel zu kurz ausfiel, weil das Boot so langsam war, dass der ganze Tag für die Hin- und Rückfahrt auf See verloren ging …

Insellandungen

■ Alle Schiffe führen ein **Beiboot (panga)** mit sich, das zur Anfahrt der Besucherstandorte dient.

■ Im Falle einer „nassen Landung" müssen die Besucher einige Schritte im seichten Wasser auf sandigem Grund zurücklegen, ehe sie den Besucherstandort erreichen.

■ **Trockene Landungen** führen den Ankömmling direkt vom Beiboot über einen Steg aus Lavagestein oder Holz an Land.

■ **Meine favorisierten Inseln/Standorte** im Galápagos-Archipel sind Genovesa, Fernandina, Española und zum Schnorcheln die Teufelskrone vor Floreana oder nicht weit entfernt Champion.

WISSENSWERT

⌃ Meerechsen beim Sonnenbad

ec2013-003 peko

LANDESKUNDE

Die Galápagos-Inseln sind ein faszinierender Naturraum mit ganz besonderen Umweltbedingungen, die **einzigartige Tier- und Pflanzenarten** hervorbrachten, die zum großen Teil nur auf diesen Inseln vorkommen (endemisch sind). Neben bizarren Landschaften gehören die Galápagos-Schildkröten, der flugunfähige Kormoran, der Blaufußtölpel, der Fregattvogel, der Galápagos-Albatros, die landlebenden Drusenköpfe und ihr maritimes Pendant, die Meerechsen, sowie die verspielten Seelöwen zu den Attraktionen der Inseln. Alle Tiere leben in freier Natur und sind dabei so zahm, dass man sofort den Wunsch verspürt, sie zu berühren – was jedoch zu Recht nicht erlaubt ist.

Im September 1835 erreichte der englische Forscher **Charles Darwin** die Galápagos-Inseln, Höhepunkt seiner Reise um die Welt mit der „HMS Beagle" (1831–1836). Seine hier gewonnenen Erkenntnisse, besonders durch die Beobachtung der nach ihm benannten Darwin-Finken, bildeten die Grundlage seiner zwanzig Jahre später veröffentlichten Evolutionstheorie, die das Welt- und Menschenbild revolutionierte. Seine Reisebeschreibungen beeindrucken nach wie vor auch den Geografen und Weltenbummler von heute.

Lage und Größe

Der Archipel liegt beinahe **1000 km vor der Westküste Südamerikas direkt am Äquator** auf ungefähr 90 Grad westlicher Länge und umfasst 13 Inseln, die größer als fünf Quadratkilometer sind, sechs kleinere Inseln (bis 5 km²) sowie mehr als 40 Eilande. Die **größte Insel ist Isabela** mit einer Fläche von 4710 km². Im Norden von Isabela befindet sich die höchste Erhebung der Inseln, der 1707 m hohe **Vulkan Wolf.** Die Inselwelt insgesamt bedeckt eine Landfläche von 7882 km². Das gesamte Marinereservat ist mehr als 45.000 km² groß.

Entdeckung des Archipels

Lange Zeit blieben die Inseln vom Menschen verschont. Der erste, der sie entdeckte, soll der **Inka-Herrscher Tupac Yupanqui** gewesen sein. Freilich fehlt dafür der Beweis, nur Legenden über eine Seereise zu feuerspeienden Bergen existieren.

Den ersten Bericht lieferte der Spanier **Tomás de Berlanga,** Bischof von Panama, der im Jahre 1535 entlang der peruanischen Küste nach Süden segelte und während einer Windflaute, den Strömungen ausgeliefert, weit aufs Meer hinausgetrieben wurde. Nach zwei Wochen erreichte er die Inseln und fand nichts weiter vor als „Seelöwen, Wasserschildkröten und Landleguane". Zudem bemerkte er, wie zahm die Vögel waren. Doch erschienen ihm die Inseln wertlos, da seine Besatzung außer großen Steinen nichts Auffälliges entdeckte.

Mit den primitiven Navigationsinstrumenten der damaligen Zeit war es schwierig, die Inseln zu finden, sodass Seefahrer dem Glauben verfallen konnten, die Inseln würden von Zeit zu Zeit unsichtbar. Der spanische Pirat *Diego de Rivadeneira* schließlich gab ihnen den Namen *Las Islas Encantadas,* „Die verzauberten Inseln". Im Jahre 1570 benannte der flämische Kartograf *Abraham Ortelius* die Inseln nach den **Riesenschildkröten,** die er dort vorfand (span. *galápago* = Schildkröte). Viele Piraten, unter ihnen so berühmt-berüchtigte Namen wie *Cowley, Eaton* oder *William Dampier,* suchten die Inselgruppe als Schlupfwinkel auf.

1793 nahm *James Colnett* eine neue Kartierung der Inseln für die britische Admiralität vor, die Galápagos als Basis für ihre **Walfangflotte** nutzen wollte. Zehntausende von Riesenschildkröten sind im Laufe der Zeit getötet worden, um den Walfängern als Bord-Verpflegung zu dienen.

Mit den Walfängern kamen auch die ersten **Siedler** nach Galápagos. *Pattrick Watkins* war der erste, der auf der Insel *Floreana* längere Zeit lebte. Ihm folgte 1812 der Amerikaner *David Porter*, der von sich reden machte, als er vier Ziegen mit auf die Insel *Santiago* nahm. Doch schon die zahlreichen Piraten, die das Archipel im Laufe der Zeit als Refugium genutzt hatten, hatten Haustiere, v.a. Ziegen, Hunde, Katzen, Schweine und Ratten, mitgebracht. Deren Freilassung und Verwilderung stand am Anfang eines Prozesses, in dessen Verlauf die ökologische Balance der ganz spezifisch ausgeprägten Fauna und Flora auf Galápagos in eine Schieflage geriet (vgl. „Tierwelt: Eingeführte Tiere").

Am 12. Februar 1832 – zufällig der Geburtstag von Charles Darwin – wurden die Galápagos-Inseln durch den General *José Villamil* dem ecuadorianischen Staatsgebiet einverleibt. Auf der Insel Floreana entstand eine **Strafkolonie,** die im Jahr 1835 über 300 Mann umfasste.

1880 leitete der Ecuadorianer *Manuel J. Cobos* Besiedlungsversuche auf den Inseln Floreana und Santiago ein, die zunächst an Wassermangel und den harten Lebensbedingungen scheiterten. Aus Anlass des 400. Amerika-Landungstages von *Christoph Kolumbus* im Jahre 1892 bekam der Archipel den offiziellen Namen **Archipiélago de Colón,** der jedoch im üblichen Sprachgebrauch nur eine Schattenexistenz fristet. Auch Besied-

Charles Darwin über die Galápagos-Inseln (1835)

„Es besteht dieser Archipel aus zehn Hauptinseln, von welchen fünf die andern an Größe übertreffen. Sie sind unter dem Äquator gelegen und zwischen fünf- und sechshundert Meilen nach Westen von der Küste von Amerika entfernt. Sie werden alle aus vulkanischen Gesteinen gebildet. Einige der die größeren Inseln überragenden Krater sind von ungeheurer Größe und erheben sich bis zu einer Höhe von drei- bis viertausend Fuß. Ihre Seiten sind mit unzähligen kleineren Öffnungen besetzt. Ich zögere kaum zu behaupten, dass es auf dem ganzen Archipel mindestens zweitausend Krater geben muss. Diese bestehen entweder aus Lava oder aus schön geschichtetem sandsteinartigem Tuff. Im letzteren Fall sind sie sehr schön symmetrisch; sie verdanken ihre Entstehung Ausbrüchen vulkanischen Schlamms ohne Lava: Es ist ein merkwürdiger Umstand, dass jeder einzelne der achtundzwanzig Tuff-Krater, welche untersucht wurden, die südliche Seite viel niedriger hatten als die anderen Seiten oder dass diese Seite ganz zusammengebrochen und entfernt war. Da allem Anschein nach diese Krater gebildet wurden, als die Inseln im Meer lagen, und da die Wellen des Passatwindes und die große Bewegung der offenen Südsee hier ihre Gewalt an den Südküsten aller Inseln vereinen, so lässt sich die merkwürdige Gleichförmigkeit in dem eingebrochenen Zustand der Krater, die aus weichem und nachgebendem Tuff bestehen, leicht erklären.

Dafür, dass diese Inseln direkt unter dem Äquator liegen, ist das Klima nicht übertrieben heiß; dies scheint hauptsächlich durch die niedrige Temperatur des umgebenden, von dem großen Süd-Polar-Strom hierher gebrachten Wassers verursacht zu werden. Mit Ausnahme eines sehr kurzen Teils des Jahres fällt nur sehr wenig Regen, und selbst während dieser Jahreszeit ist er unregelmäßig; die Wolken hängen aber meist tief herab. Während daher die niedrigen Teile der Inseln sehr unfruchtbar sind, haben die oberen Teile, in einer Höhe von tausend Fuß und darüber, ein feuchtes Klima und eine ziemlich üppige Vegetation."

ecu054 peko

lungsversuche im frühen 20. Jahrhundert schlugen fehl; im Jahr 1932 kam die deutsche Familie *Wittmer* nach Floreana (vgl. Isla Floreana).

Im Zweiten Weltkrieg diente die Insel Baltra als US-Luftwaffenstützpunkt zum Schutze des Panama-Kanals.

1959 wurde das Archipel zum **Nationalpark** erklärt. 1964 erfolgte mit Hilfe des WWF die Eröffnung der Charles Darwin Forschungsstation. Die Inseln sind ein Mekka für Naturwissenschaftler aus aller Welt und allen Fachgebieten.

Der **Tourismus** setzte zu Beginn der 1970er Jahre ein, heute besuchen etwa 150.000 Touristen jährlich die Inseln.

Entstehung des Archipels

Um die Entwicklungsgeschichte der Galápagos-Inseln verstehen und ihre Fauna und Flora erklären zu können, müssen an dieser Stelle einige geologische Ausführungen erfolgen.

In der Meeresgeografie und in der Inselforschung unterscheidet man entsprechend der geologischen Entwicklung generell **kontinentale Inseln** (sie waren früher Teil von Kontinenten oder liegen heute auf dem Kontinentalschelf) und **ozeanische Inseln** (sie sind vulkanischen Ursprungs, ohne Verbindung zum Festland und „wachsen" vom Meeresboden aus großer Tiefe zur Meeresoberfläche). **Die Galápagos-Inseln sind ozeanische Inseln mit aktivem Vulkanismus.**

Auch dem Laien fällt auf, dass die Galápagos-Inseln mitten im Ozean auftauchen und offensichtlich keinerlei Verbindung zum Festland aufweisen. Wie sind diese Inseln entstanden?

Zur Klärung der Frage muss man sich zunächst vergegenwärtigen, dass sich geologische Vorgänge im Verlauf von vielen Millionen Jahren vollziehen und die Verhältnisse, wie wir sie heute auf der Erde vorfinden, nur eine Momentaufnahme in diesem Prozess sind.

Der **Ozeanboden** spielt eine wichtige Rolle hinsichtlich der Entstehung von Inseln. Er ist zwar von Wassermassen bedeckt, weist aber ebensolche Oberflächenformen auf wie das vor unseren Augen liegende Festland. Ein Blick auf den Meeresboden zeigt, dass es schmale und lang gestreckte Ketten untermeerischer Gebirge, sog. mittelozeanische Rücken, gibt, die mitunter bis zur Wasseroberfläche reichen. In den Tiefseebecken gibt es Bruchzonen, die quer zu den Ozeanrücken verlaufen, tiefe Grabensysteme, Berge, Plateaus, aktive und erloschene, abgetragene Vulkane, sog. Guyots. Der Schlüssel zu diesen Erkenntnissen war das Echolot, mit dessen Hilfe die Oberflächenformen des Meeresbodens abgetastet und dann aufgezeichnet werden konnten.

Nachdem die Wissenschaft sich ein Bild auch der untermeerischen Erdoberfläche machen konnte, wurde die 1915 von dem Deutschen **Alfred Wegener** postulierte Kontinentalverschiebungstheorie nach dem Zweiten Weltkrieg zur Hypothese der Plattentektonik weiterentwickelt, die bis heute Bestand hat und am ehesten globale erdgeschichtliche Vorgänge zu erklären vermag. Man spricht von der **globalen Plattentektonik**. In aller Kürze geht es um Folgendes: Die Erde unterteilt sich in Erdkruste, Erdmantel und Erdkern. Die Theorie der Plattentektonik geht davon aus, dass sich die Erdkruste in mehrere Platten gliedert, die sich relativ zueinander bewegen. Motor dieser Bewegungen sind sog. Konvektions- oder Ausgleichsströmungen des Erdmantels, die einen dynamischen Kreislauf herbeiführen, bei dem die Erdkruste an der einen Stelle zerstört, an der anderen neu gebildet wird. Diese Vorgänge vollziehen sich an den Plattengrenzen. Wenn Platten aneinander stoßen, taucht die leichtere Platte unter der schwereren ab. Das heißt, sie wird verschluckt oder, wie der Geologe sagt, subduziert.

An (submarinen) Plattengrenzen, wo Platten sich voneinander wegbewegen, entsteht neue Kruste. Man spricht vom sogenannten **Ozeanspreizen** *(Sea Floor Spreading)*. In diesen Spreizungszonen wird die neu gebildete Erdkruste in beide Richtungen von der Achse wegtransportiert. Direkt an der Spreizungsachse türmen sich die Vulkane auf, und mitunter erreichen Einzelspitzen im Zuge des fortlaufenden Lavaflusses über Jahrmillionen allmählich die Meeresoberfläche bis sie für uns schließlich als Inseln sichtbar werden.

Die Hypothese vom Ozeanspreizen allein ist aber zur Erklärung der Entstehung der Galápagos-Inseln nicht ausreichend, da diese isoliert und weitab von Spreizungsachsen mitten im Pazifischen Ozean liegen. Betrachtet man die Verteilung der Galápagos-Inseln auf dem Plattenmosaik der Erdkruste, so sieht man, dass die Inseln **im Grenzbereich dreier Platten** liegen: der Pazifischen Platte, der Nazca- und der Cocos-Platte.

Entlang der sogenannten Galápagos-Rift kommt es zwar zum Ozeanspreizen, doch werden die Galápagos-Inseln dadurch lediglich in Südost-Richtung auf den südamerikanischen Kontinent hin bewegt. Das erklärt noch nicht den Vulkanismus der Inseln. Der Plattenbewegung gesellt sich ein weiteres geologisches Phänomen hinzu, das heute mit der **Hot-Spot-Theorie** beschrieben wird. Hot Spots (heiße Flecken) sind ortsfeste Wärmezonen im unteren Erdmantel, von denen immer wieder heißes Magma in die Erdkruste aufsteigt, wo es zur Ausbildung eines voluminösen Lavareservoirs, einer Magmakammer

Die Galápagos-Inseln: Landeskunde

Galápagos Inselstadien   ©Reise Know-How 2013

Meeresspiegel

Isla Fernandina
(Beispiel)

Guyot

Plattenbewegung

Hot Spot

kommt. Von hier aus werden die Vulkane an der Erdoberfläche gespeist. Im Bereich der Galápagos-Inseln existiert in der Erdkruste ein solches Lavareservoir. **Die Entstehung der Galápagos-Inseln erklärt sich also aus dem Zusammenspiel von Plattenbewegungen und einem Hot Spot.**

Im Verlauf der Erdgeschichte hat sich durch starke Vulkantätigkeit der Meeresboden im Bereich der Galápagos-Inseln so stark erhöht, dass die Inseln heute auf einem ozeanischen Plateau aus vulkanischem Material sitzen und dadurch aus einer relativ geringen Tiefe von 2500 bis 3000 m aufragen. Die Nazca-Platte driftet seit ungefähr 25 Millionen Jahren mit einer Geschwindigkeit von mehr als 5 cm/Jahr auf die kontinentale Platte Südamerikas zu und wandert dabei über den Galápagos-Hot Spot hinweg. Sie nimmt in ihrer Bewegungsrichtung die durch den Hot Spot entstandenen Vulkane aus dem Einflussbereich des Hot Spots heraus, die wiederum mit der Platte – infolge von Brandungserosion – nach Durchlaufen verschiedener Inselstadien in tieferes Wasser abwandern und Guyots bilden. Man spricht davon, dass die Inseln „ertrinken". Bei anhaltender Plattenbewegung entsteht auf diese Weise eine **Kette aus Inseln, Atollen und Guyots** in Richtung der Plattenbewegung.

Am jüngsten Ende dieser Kette sitzen die aktiven Vulkane direkt über dem Hot Spot. Im Galápagos-Archipel sind dies heute die westlichen Inseln Fernandina und Isabela. Auf Fernandina findet man Gestein, das nicht älter als 700.000 Jahre ist. Die ältesten Gesteine weist die Insel Española auf, sie werden auf 3,3 Mio. Jahre datiert.

Daraus folgt, dass die Galápagos-Inseln, wie alle ozeanischen Inseln, **geologisch sehr junge Gebilde** sind. Sie entstehen in geologisch kurzer Zeit und verschwinden im „Rolltreppeneffekt" der Plattenbewegungen über den Hot Spots genauso schnell auch wieder im Ozean.

1992 haben **amerikanische Wissenschaftler** das Bild der Galápagos-Evolutionsgeschichte ein wenig modifiziert. Wie marine Untersuchungen im Bereich des Galápagos-Plateaus zeigten, existieren ca. 700 km östlich des Hot Spots in einer Tiefe von 2500 m unterseeische Guyots, deren Alter entsprechend der Plattenbewegungsgeschwindigkeit auf mindestens 9 Mio. Jahre geschätzt wird. Die Existenz dieser alten, abgesunkenen Vulkane, die ohne Zweifel der Kette der Galápagos-Vulkane zuzuordnen sind, bedeutet, dass die Evolutionszeit, in der sich die Pflanzen- und Tierarten bis zu den heutigen Formen entwickelt haben, wesentlich länger ist als bisher angenommen (vgl. dazu auch die Kapitel über Besiedlung und Evolution).

Klima

Im Vergleich zu anderen äquatorialen Inselgruppen, die immerfeucht und tropisch-heiß sind, weisen die Galápagos-Inseln **ureigene klimatische Verhältnisse** auf. Es existieren sowohl zwei Jahreszeiten als auch – Folge des Landschaftsgefüges – ein deutlicher Kontrast von heiß-trockenen Küstenregionen und feucht-kühleren Bergregionen.

Von Januar bis Juni, in den Monaten der **Regenzeit,** herrschen warme Lufttemperaturen, und der Himmel ist weitgehend wolkenfrei. In dieser Zeit sind milde Nordostpassate dominierend, aus dem Norden führt der Panamastrom wärmeres Wasser heran. Dabei erwärmt sich die Luft über dem Meer, die Feuchtigkeit kondensiert, und es kommt zu kurzen und heftigen Regenschauern sowohl an der Küste als auch im Bergland. Die sonst blasse und leblose Küstenvegetation blüht auf und zeigt Farbe, viele Tiere beginnen mit der Fortpflanzung.

Von **Juli bis Dezember,** in der **Trockenzeit,** ist es kühl, und der Himmel ist meist wolkenverhangen. Dann fallen im Bergland die meisten Niederschläge, während die Küste trocken bleibt. Maßgeblich hierfür ist der kalte Humboldt-Strom (s.u.), der unter den Einfluss des Südostpassats gerät und kaltes Wasser in den Bereich der Galápagos-Inseln führt. Das Zusammenwirken von kaltem Was-

ser und tropisch-heißer Luft verursacht im Bergland Wolken- und Nebelbildung, die Folge ist Nieselregen *(Garúa),* weshalb die Trockenzeit auch *Garúa* genannt wird.

Meeresströmungen

Die Galápagos-Inseln liegen im Einflussbereich gleich mehrerer Meeresströmungen (Karte s.u.). Diese Strömungen bestimmen in Wechselwirkung mit den Windverhältnissen das jahreszeitlich variierende Klima- und Vegetationsbild der Inseln.

Nördlich des Äquators fließt der warme **Nordäquatorial-Strom** (Wassertemperatur über 25°C) aus westlicher Richtung. Wenn er in der Höhe von Panama auf das Festland trifft, teilt er sich in zwei

Die Galápagos-Inseln: Landeskunde

Strömungsverhältnisse am Galápagos-Archipel

0 — 1000 km
©REISE KNOW-HOW 2013

Nord-Äquatorial-Gegenstrom

Panama-Strom

Galápagos-Inseln

Äquator

ECUADOR

Äquatorial-Unterstrom (Cromwell-Tiefenstrom)

SÜDAMERIKA

Perú-Humboldt-Strom

PAZIFISCHER OZEAN

Strömungen, die nach Norden bzw. Süden weiterfließen. Der nach Süden abknickende Strom (Panama-Strom) beeinflusst in der Zeit von Januar bis Juni das Inselklima.

Vom Südostpassat angetrieben führt der **Humboldt-Strom** (Peru-Strom) von Juli bis Dezember kaltes, nährstoffreiches Wasser aus den antarktischen Gewässern in den Bereich der Galápagos-Inseln. Das Wasser hat eine Temperatur von 17–21°C, wenn es die Inseln erreicht. Im Falle spezifischer klimatischer Konstellationen wird der Panama-Strom zum gefürchteten **„El Niño"**, der das kühle, nährstoffreiche Wasser des Humboldt-Stroms schon vor der Küste von Peru nach Westen abdrängt und damit vielen Meerestieren vor Galápagos die Nahrungsquelle raubt. 1997/98 war in dieser Hinsicht ein Katastrophenjahr, da die warmen Wasser von El Niño extrem weit nach Süden vordrangen und den Hungertod vieler Fische und Seevögel verursachten. Dieses Klimaphänomen wurde „weltberühmt", als es Ende der 1990er Jahre verantwortlich gemacht wurde für klimatische Katastrophen auf der ganzen Welt (auch auf Ecuadors Festland kam es zu verheerenden Überschwemmungen).

Die See ist vor allem im Juli/August sehr bewegt. Der aus Westen kommende **Äquatoriale Tiefenstrom** (Cromwell-Strom) spielt für die Meeresbewohner von Galápagos eine wichtige Rolle. Er strömt entlang des Äquators in wenigen 100 m Tiefe, und wenn er auf das Galápagos-Plateau trifft, gelangt vor allem an der Westseite der Inseln Fernandina und Isabela kaltes und nährstoffreiches Wasser an die Meeresoberfläche. Deshalb leben hier bevorzugt Delfine, Wale und Pinguine.

Besiedlung

Als vor einigen Millionen Jahren die Vulkaninseln von Galápagos aus dem Meer auftauchten, gab es auf ihnen noch kein Leben. Zahlreiche Hinweise deuten darauf hin, dass Tiere und Pflanzen **vom südamerikanischen Festland** auf die Inseln gelangten.

Organismen boten und bieten sich drei Möglichkeiten, die Inseln zu erreichen: durch die Luft, auf dem Wasserweg, über Träger.

Durch die Luft werden viele Pflanzensamen mit dem Wind vom Festland weit auf das Meer hinausgetragen. Sporen von Moosen, Farnen und Pilzen sowie Keimlinge von höheren Pflanzen wie z.B. den Korbblütlern sind leicht und geradezu prädestiniert für den Lufttrans-

ecu056 peko

◁ Der flugunfähige Kormoran ist ein exzellenter Taucher

port. Seevögel wie der Albatros oder die Seeschwalbe legen weite Strecken bei der Nahrungssuche zurück. Dabei kann es gut sein, dass sie von einer Luftströmung sehr weit vom Festland abgetrieben werden und schließlich die Inseln erreichen.

Über das Wasser können salzwasserresistente Pflanzensamen der Küstenvegetation zu den Inseln getrieben werden, Seelöwen und Fische werden auf ihren ausgedehnten Streifzügen zur Nahrungssuche auf den Archipel gestoßen sein.

Durch Träger, schwimmende und fliegende (Bäume, Kokosnussschalen, das Gefieder von Vögeln etc.), können Tiere und Pflanzen zu den Inseln gelangen. Begünstigt wird diese Möglichkeit im Falle der Galápagos-Inseln einerseits durch die Meeresströmungen, die von der Küste Südamerikas zu den Inseln führen, und andererseits durch die Passatwinde, die vom Festland beständig in Richtung Galápagos wehen.

Schließlich sind noch der Besuch und die Ansiedlung von **Menschen** zu nennen, in deren Gefolge Pflanzensamen, Insekten und Festland-Haustiere auf die Inseln kamen, v.a. verwildernde Ziegen, Esel, Schweine, Ratten, Mäuse, Rinder.

Evolution

Der Schlüssel zur insularen Evolution, die – trotz Ähnlichkeiten mit der Entwicklung auf dem Festland – eine ganz eigene Flora und Fauna hervorgebracht hat, ist die **geografische Isolation,** die die Insellage mit sich bringt.

Die seit Mitte des 19. Jahrhunderts geltende Annahme, dass die Ausprägung der verschiedenen insularen Tier- und Pflanzenarten das Ergebnis einer lokalen Inselevolution sei, wurde durch die Theorie der Plattentektonik ergänzt (s.o.). Mit der Erkenntnis, dass Inseln im Laufe ihrer geologischen Geschichte sowohl horizontale als auch vertikale Standortwechsel durchlaufen, ist ebenso deutlich geworden, dass sich die Umweltbedingungen der Inseln verändern und damit Flora und Fauna zwingen, sich weiterzuentwickeln, die Inseln zu verlassen oder auszusterben. Die **Theorie der natürlichen Auslese** nach *Darwin* postuliert, dass nur die stärksten, anpassungsfähigsten Arten den **Kampf ums Überleben** bestehen.

Die Anziehungskraft der Galápagos-Inseln für Evolutionsforscher erklärt sich aus der Tatsache, dass es viele Tiere und Pflanzen auf den Inseln gibt, die auf dem benachbarten südamerikanischen Kontinent vorkommen, nicht aber in diesem **Artenreichtum.** Da die Annahme jedoch lautet, dass eine Besiedlung ozeanischer Inseln immer vom nächstgelegenen Festland aus erfolgt, stellt sich die Frage: Wie konnten sich, bei einem relativ jungen geologischen Alter der Inseln von 3,5 Mio. Jahren, so viele Unterarten von Pflanzen und Tieren auf Galápagos entwickeln?

Zunächst: Insular-endemische Arten können nicht älter als die Inseln selbst sein. Berechnungen zufolge hatten aber viele Tiere und Pflanzen von Galápagos in 3,5 Mio. Jahren gar nicht ausreichend Zeit, den heute konstatierbaren Artenreichtum auszubilden. Mit Hilfe molekulargenetischer Techniken zeigte sich, dass es Tierarten auf Galápagos gibt, die entsprechend ihrer Evolutionsstufe gegenüber ihren Verwandten auf dem Festland eine Entwicklungszeit durchlaufen haben müssen, die das Alter der ältesten Insel von Galápagos übersteigt. Doch: Wie können auf Galápagos endemische Tierarten älter sein als die Inseln, die sie bewohnen? Wo ist der Ursprung ihrer Evolution zu suchen, wenn nicht auf diesen Inseln?

Bis zu Beginn dieses Jahrzehnts war das eine strittige Frage. Mit der Entdeckung von Gesteinen versunkener Vulkane, die eindeutig der Galápagos-Inselkette zuzuordnen und älter als 9 Mio. Jahre sind, hat sich – denkbar einfach – die Situation geklärt: Die insulare Evolution hatte ganz einfach mehr Zeit zur Verfügung.

Pflanzenwelt

Gemessen am Pflanzenreichtum des ecuadorianischen Festlandes weist Galápagos eine sehr **„dürftige" Pflanzenwelt** auf. Gerade in der Trockenzeit wirken die Küstenzonen karg und haben einen wüstenhaften Charakter. Die Blütenpracht tropischer Regionen fehlt, und das Auge des Besuchers wird zwangsläufig auf die Tierwelt gelenkt.

Fast 50 % der Pflanzen sind endemisch. Infolge klimatischer Veränderungen durch zunehmenden Niederschlag mit steigender Inselhöhe hat sich eine Vegetationszonierung ausgebildet, die der Besucher besonders deutlich auf der Insel Santa Cruz studieren kann. Jede Vegetationszone hat eine charakteristische Pflanzengesellschaft mit einem ökologisch bedingten Bestand typischer Arten, die eine **Lebensgemeinschaft (Phytozönose)** bilden. Auf Galápagos unterscheidet man entsprechend der klimatischen Verhältnisse sechs Phytozönosen bzw. Vegetationszonen.

Phytozönose der Küstenzone (0–10 m)

Typische Pflanzen der Küstenzone sind sog. **Halophyten** oder Salzpflanzen. Sie sind gegen Salz und starke Windeinflüsse resistent. Charakteristisch ist der Flachwuchs vor allem in den Strandregionen. Vertreter dieser Zone sind die Strandwinde (*Ipomea pescaprae*), der Strandhafer (*Sporobolus virginicus*), die Sonnenwende (*Heliotropium spp.*), der Rote Korallenstrauch (*Sesuvium portulacastrum*), der auf *Isla Plaza* im Verlauf eines Jahres einen spektakulären Farbwechsel zeigt, der Salzbusch (*Cryptocarpus pyriformis*), der Kleine Bocksdorn (*Lycium minimum*), der Mancinellenbaum (*Hippomane mancinella*) und die vier Mangrovenarten Knopfmangrove (*Conocarpus erecta*), Rote Mangrove (*Rhizophora mangle*), Schwarze Mangrove (*Avicennia germinans*) und Weiße Mangrove (*Lagumennaria racemosa*). Die Mangroven bilden so genannte Stelzwurzeln aus, die ihnen im feinen Sand der Strände und an den Felsküsten einen sicheren Halt geben.

Phytozönose der Trockenzone (10–100 m)

Die Trockenzonen nehmen die größte Fläche auf den Inseln ein. Das Pflanzenwachstum wird einerseits beschränkt durch extreme Wasserknappheit, andererseits durch fehlenden Humus in den Bodenschichten. Typische Pflanzen der Trockenzone sind sog. **Xerophyten,** Pflanzen, die längere Trockenperioden überstehen können. Auffällige Vertreter dieser Zone sind Kakteen wie die Baumopuntie *(Opuntia spp.)*, der endemische Galápagos-Säulenkaktus *(Jasminocrius thonarsii)* und der Lavakaktus *(Brachycerius nesolicus)*. Der Galápagos-Balsambaum *(Bursera malacphylla)*, besser bekannt als Palo Santo („Heiliges Holz"), wächst ebenfalls in den trockeneren Gebieten der Inseln. Sein Name ist auf den weihrauchartigen Geruch des Holzes zurückzuführen. Während der trockenen Monate tragen seine silbrig glänzenden Äste keine Blätter. In der Regenzeit dagegen erstrahlt der Baum in einem grünen Kleid mit kleinen weißen Blütenpunkten. Weitere Pflanzen sind Akazien *(Acacia spp.)*, der mit langen grünen Stacheln ausgestattete *Scutia pauciflora* und die Gelbe Cordie *(Cordia lutea)*.

Phytozönose der Transitionszone (100–200 m)

In dieser Mischzone werden trockenere Pflanzen langsam von immergrünen Pflanzen abgelöst. Mit dem zunehmenden Niederschlag in diesen Höhen haben sich auch bessere Böden ausgebildet.

Man kann deutlich eine Krautschicht mit Gräsern und Farnen von einer Strauchschicht und einer Baumzone unterscheiden. Die Bäume sind meist behangen mit so genannten **Epiphyten** (Aufsitzerpflanzen). Augenfällig sind in dieser Zone der Korallenbaum *(Erythrina velutina)*, die Galápagos-Guave *(Psidium gabugeium)*, der kaffeeähnliche Cafetillo *(Psychotria ruficeps)*, die Bartflechte *(Ramalina usnea)* und das auffällig dunkelbraun gefärbte Lebermoos *(Frullania spp.)*.

Phytozönose der Scalesia-Zone (200–400 m)

In der Scalesia-Zone haben regelmäßige Niederschläge einen tiefen Boden entstehen lassen, der durch verwesende Pflanzenreste eine schwarze Farbe angenommen hat. Ihren Namen verdankt die Zone den Sonnenblumenbäumen bzw. *Scalesien*. Sie sind auf Galápagos weit verbreitet und bilden auf den hohen Inseln wie auf Santa Cruz die Art *Scalesia pedunculata*, eine eigene Pflanzenforma-

Die Galápagos-Inseln: Landeskunde

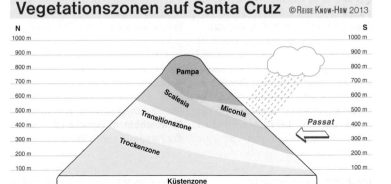

Vegetationszonen auf Santa Cruz ©Reise Know-How 2013

tion. Scalesien gehören zur Familie der Korbblütler und sind verwandt mit den uns bekannten Sonnenblumen. Mehr als ein Dutzend Arten mit beinahe doppelt so vielen Unterarten sind auf Galápagos bekannt. Sie wachsen sowohl als niedrige Büsche als auch zu hohen Bäumen. Die Blätter der feuchten Hochlandarten sind im Vergleich zu den Arten der Trockenzonen oval bzw. lanzettenähnlich.

Weitere Pflanzen dieser Zone sind der Galápagos-Baumfarn *(Cvathea weatherbyana)*, das Bärlappgewächs *(Lycopodium spp.)* und die Katzenkrallen *(Zanthoxylum fagara)*.

Phytozönose der Miconia-Zone (400–550 m)

Ab einer Höhe von 400 m werden die Scalesien von dem *Miconia*-Gebüsch abgelöst. Miconia *(Miconia robinsonadia)* gilt als eine **botanische Rarität.** Der 3–4 m hohe Strauch, dessen Blätter denen des Kakaostrauchs gleichen, ist auf allen hohen Inseln durch eingeführte Chinarindenbäume und Guaven weitgehend verdrängt worden und nur noch auf Santa Cruz und San Cristóbal in größeren Beständen anzutreffen.

Phytozönose der Pampa-Zone (ab 550 m)

Die Pampa-Zone besteht aus einer dichten Krautschicht von **Farnen, Gräsern**

⌃ Kakteen im Lavafeld (Isla Rábida)

und **Sumpfgräsern**, z.B. Seggen. Ins Auge stechen vor allem der Adlerfarn *(Pteridium aquilimum)* und das Elefantengras *(Pemisetum purpureum)*. An manchen Stellen wird der Bodenbewuchs von Chinarindenbäumen unterbrochen.

Tierwelt

Die Tierwelt von Galápagos setzt sich primär aus Vögeln und Reptilien zusammen, während Säugetiere nur mit wenigen Arten vertreten sind. In der Inselforschung spricht man von einer **„Faunen-Disharmonie"**, d.h. es existieren nur wenige Arten mit unterschiedlich starken Populationen.

Im Folgenden werden praktisch alle auf Galápagos lebenden Tierarten vorgestellt.

Säugetiere

Es gibt auf Galápagos nur vier Säugetierarten. Allgegenwärtig ist der **Galápagos-Seelöwe** *(Zalophus californianus),* der praktisch den gesamten Archipel bevölkert. Die Galápagos-Seelöwen gehören zur Familie der Ohrenrobben mit kleinen Ohrmuscheln und kurzem Schwanz. An Land bewegen sie sich auf allen Vieren, zum Schwimmen werden lediglich die Vorderflossen benutzt, die Tiere können Tauchtiefen von über 200 m erreichen. Sie leben in Kolonien. Die größeren, aggressiveren Männchen sind am aufgewölbten Schädel und einem kräftig ausgebildeten Nacken zu erkennen. Auf der Insel Rábida z.B. leben „Singles", die keiner Kolonie angehören. Sie sind besonders aggressiv, und der Besucher soll-

te einen angemessenen Abstand wahren. Zur Fortpflanzungszeit finden zwischen den Seelöwen-Bullen Kämpfe um Kolonie und Territorium statt, die mitunter blutig ausgehen können. Die weiblichen Tiere und die Jungtiere sind weniger aggressiv und sehr neugierig; das geht soweit, dass sie im Wasser mit badenden Menschen spielen. Die Weibchen, die bis zu 80 kg schwer werden, gebären nach einer Tragzeit von neun Monaten ein 4 bis 6 kg schweres Junges, das bis zur nächsten Geburt gesäugt wird.

Die **Galápagos-Pelzrobbe** *(Arctocephalus galapagoensis)* ist im Vergleich zu den artverwandten Seelöwen kleiner, hat einen eher rundlichen Kopf mit großen Augen, Stupsnase, größere Ohrmuscheln, und auch ihre Vorderflossen sind größer. Sie bevorzugt die Höhlen und Spalten der Lavaküsten. Fortpflanzungszeit ist von August bis November, in der die Bullen zwar aggressiv sind, was sich aber im Vergleich zu den Seelöwen-Bullen harmlos ausnimmt. Auf Galápagos gibt es schätzungsweise 50.000 Tiere; die beste Möglichkeit, sie zu beobachten, bietet Puerto Egas auf Isla Santiago.

Zwei Ratten-Arten (**Galápagos-Reisratten**) leben auf dem Archipel, sie sind relativ selten zu sehen. Auf Fernandina ist die endemische Art *Nesoryzomys narboroughii* anzutreffen, auf Santa Fé die Art *Oryzomys bauri.*

Der vierte Säugetiervertreter ist die **Fledermaus** *(Lasiurus spp.),* die ebenfalls in zwei Arten vorkommt. Man sieht die Tiere abends gelegentlich in Puerto Ayora/Santa Cruz um die eingeschaltete Straßenbeleuchtung fliegen.

Reptilien

Die **Galápagos-Riesenschildkröte** *(Geochelone elephantopus)* gehört zu den Attraktionen der Inseln. Von ursprünglich 14 Unterarten leben auf Galápagos noch elf endemische Unterarten, wovon fünf in den Calderen (Vulkankrater) der fünf Isabela-Vulkane leben. In vor den eingeschleppten Tieren rettender Gefangenschaft leben auf der Charles Darwin Station die gefährdeten Arten. 2000 wurde ein großes Wiederauswilderungsprogramm der Schildkrötenart von Española erfolgreich beendet. Es war nicht das erste.

Es lassen sich grundsätzlich **zwei Schildkrötentypen** anhand ihrer Panzerform unterscheiden: **Schildkröten mit runden Panzern** bewohnen das Hochland der hohen Inseln. Sie erreichen ein stattliches Gewicht von über 340 kg. **Schildkröten mit Sattelpanzern** sind etwas kleiner, leichter und haben längere Beine.

In der Regenzeit findet die Fortpflanzung statt. Die Männchen streifen ruhelos umher und versuchen mit lautem Röhren ein Weibchen zur Begattung zu finden. Zu derselben steigt das Männchen von hinten auf das Weibchen, wobei sich seine nach innen gewölbte Panzerunterseite eng an den Rückenpanzer des Weibchens drückt.

Zu Beginn der Trockenzeit begibt sich das Weibchen in die Trockenzone, wo es an geeigneter Stelle mit den Hinterbeinen ein 20–40 cm tiefes Loch gräbt, in das zehn bis zwanzig Eier abgelegt werden. Nach ca. sechs Monaten, in der beginnenden Regenzeit, schlüpfen die Schildkrötenbabys; mit Glück können sie bis zu 200 Jahre alt werden.

An Landleguanen kommen vor: der **Galápagos-Landleguan** *(Conolophus subcristatus)*, der auf den Inseln Santa Cruz, Isabela, Fernandina, Seymour und Plaza Sur lebt und der auf Santa Fé endemische **Santa-Fé-Landleguan** *(Conolophus pallidus)*. Der Landleguan, versehen mit Rückenkamm und stachligem Nacken, ist ein aggressiver „Platzhirsch". Das charakteristische Kopfnicken soll einem männlichen Artgenossen signalisieren, wer Herr des Territoriums ist. Das Männchen leuchtet in einem intensiven Gelb, die Farbe des Weibchens wechselt zwischen braun und grau. Im Dezember ist Fortpflanzungszeit. Zwei Monate nach der Kopulation legen die Weibchen bis zu zwanzig weiße Eier in eine selbst ausgehobene Höhle, die nach der Eiablage wieder zugescharrt wird. Nach drei bis vier Monaten schlüpfen die Jungen, von denen knapp die Hälfte überlebt. Das geschätzte Höchstalter der Tiere liegt bei 70 Jahren.

In den Trockenzonen fast aller Inseln leben sieben endemische Arten von **Lavaechsen** *(Tropidurus spp.)*. Die Weibchen aller Arten haben einen leuchtendroten Bauch, während das größere Männchen durch sein gelb-schwarzbraunes Muster auffällt. Sechs Inseln beheimaten jeweils eine endemische Art, während eine siebte auf mehreren Inseln verbreitet ist.

Außerdem gibt es fünf auf Galápagos endemische **Geckos** *(Phyllodactylus spp.)* und zwei eingeführte Geckoarten.

Die **drei Schlangenarten** *(Dromicus spp.)* auf Galápagos bekommt man nur selten zu Gesicht. Sie sind für den Menschen ungefährlich, leben versteckt, und sobald sich ein Mensch ihnen nähert, suchen sie für gewöhnlich das Weite.

Seevögel

Auf Galápagos brüten 19 Seevogelarten, davon fünf endemische. Der **Galápagos-Albatros** *(Diomedea irrorata),* der nur auf Española vorkommt, ist der größte Vogel des Archipels mit einer Flügelspannweite von über 240 cm. Berühmt sind seine unbeholfenen Landemanöver, bei denen er oft nach vorn überkippt, was einen belustigenden Eindruck macht. **Albatrosse bilden Paare fürs Leben.** Von Januar bis März sind die Tiere auf See. Zuerst kehren die Männchen an Land zurück, um den spektakulären Brauttanz vorzubereiten, der gewöhnlich in den Monaten April und Mai, manchmal erneut in der zweiten Hälfte der Brutzeit im Monat Oktober stattfindet. Von April bis Juni erfolgt die Ablage eines großen Eis, das aus unbekannten Gründen oft hin und hergerollt wird. Bis Dezember kümmern sich die Elterntiere um ihr Junges, und wenn dieses das Nest verlässt, bleibt es seinem Geburtsort für mehrere Jahre fern, ehe es zurückkehrt. Die Albatroskolonie von Española umfasst geschätzte 12.000 Paare.

Es gibt **drei Tölpelarten** auf Galápagos, von denen keine endemisch ist. Sie finden sich zu größeren und kleineren Kolonien zusammen.

Der **Maskentölpel** *(Sula dactylatra)* ist der größte Vertreter seiner Familie und kommt auf fast allen Inseln vor. Die Fortpflanzung erfolgt nach einem festen Jahresrhythmus, der allerdings von Insel zu Insel verschieden ist. Von zwei Jungen überlebt immer nur eines, das zweitgeborene wird aus dem Nest geworfen. Die Maskentölpel sind territoriale Vögel. Nur das Männchen nimmt bei der Balz

⌄ Albatros im Anflug

Die Galápagos-Inseln: Landeskunde

ecu060 peko

die „Skypointing"-Haltung ein (s.u.). Die Weibchen stoßen einen lauten Ruf aus, bei den Männchen ist es ein heller Pfiff.

Der **Rotfußtölpel** *(Sula sula)* kommt in den Farben Braun (dominierend im Archipel) und Weiß vor. Er lebt nur auf den Inseln Genovesa und San Cristóbal. Im Unterschied zu den anderen beiden Tölpelarten, die ausschließlich auf dem Boden nisten, wählt der Rotfußtölpel Salzbüsche, Balsambäume und gelegentlich Mangroven als Nistplatz.

Der **Blaufußtölpel** *(Sula nebouxii)* „beherrscht" den Galápagosarchipel. Wie der Blaufußtölpel zu seinen blauen Füßen kam, ist nicht klar, jedenfalls spielen sie eine wichtige Rolle bei der Balz und dienen beim Landeanflug zur Begrüßung. Das Gebaren der Tiere, ihr Watschelgang und ihre Zutraulichkeit machen sie für viele zu den Insel-Lieblingen. Ihre (scheinbare) Unbeholfenheit an Land kontrastiert mit ihrer Meisterschaft in der Luft. Die Tiere erreichen eine Flügelspannweite bis zu 150 cm. Sie gleiten über weite Strecken, angetrieben durch kräftige Flügelschläge. Einer Concorde beim Landeanflug vergleichbar, ist der Kopf während der Jagd nach unten abgewinkelt, so dass der Schnabel zum Wasser zeigt. Haben sie ihre Beute entdeckt, verharren sie in der Luft einen Moment auf der Stelle, um sich dann aus Höhen von über 20 m wie ein Kamikaze-Flieger in die Fluten zu stürzen (Sturztauchen).

Ernste Nahrungskonkurrenten sind einzig und allein die Fregattvögel, die (oftmals erfolgreich) versuchen, ihnen in der Luft die Beute abzujagen.

Das männliche Tier ist kleiner als das dickere Weibchen. Durch einen Pigmentring, der die Pupille des Weibchens umgibt, wirken die Augen der Blaufußtölpel-Frau größer als die des Blaufußtölpel-Mannes, wodurch die Tiere relativ leicht voneinander zu unterscheiden sind. Weibchen stoßen dunkle, heisere Schreie aus, während die Männchen laute, helle Pfiffe von sich geben.

Mit der Balz des Männchens wird die Paarbindung eingeleitet. Zur Fortpflanzungszeit suchen sich die Männchen geeignete Nistplätze an der Küste. Die Balz findet am Boden statt und beginnt mit der Werbung um das Weibchen. Dabei nimmt das Männchen die charakteristische Haltung des sogenannten **„Skypointing"** ein. Hierbei werden die Flügel so nach vorne gestellt, dass die Flügelspitzen genauso wie Schwanz und Schnabel zum Himmel zeigen. Ist das Männchen erfolgreich und hat sich ihm ein Weibchen genähert, beginnt die Parade beider Tiere. Vor allem das Männchen ist dann ständig bemüht und tänzelt mit Watschel-Schritten und erhobenem Schnabel um das Weibchen, bis dieses auf sein Liebesspiel eingeht und mit ihm zu tanzen beginnt. Die Füße werden dabei abwechselnd und in einer Art und Weise hoch gezogen, als wolle sich das Paar gegenseitig die blauen Füße zeigen. Im fortgeschrittenen Stadium nimmt auch das Weibchen die „Skypointing"-Haltung an und, gefolgt von einem Pfeifen und Schreien, wechselt das „Skypointing" mit dem Tanz, bis das letzte Stadium der Paarbindung, der Nestbau, beginnt.

▷ Fregattvogel in der Balz

Zwei Fregattvogelarten leben auf Galápagos. Als „Piraten der Lüfte" bekannt, stehlen die schwarzen Vögel Blaufußtölpeln und anderen Seevögeln die Beute. Die Männchen beider Arten sind kaum zu unterscheiden. Beide haben einen leuchtend roten Kehlsack, der zur Brutzeit aufgeblasen wird. Auffällig ist der gegabelte Schwanz, der der Balance dient. Beim **Prachtfregattvogel** (*Fregata magnificens*) haben die Weibchen einen weißen Bauch und eine schwarze Brust. Bei den Weibchen des **Bindenfregattvogels** (*Fregata minor*) reicht das Weiß bis zur Kehle, und die Augen tragen einen roten Ring. Beide Arten nisten bevorzugt in den Ästen von Salzbüschen. Sieben Wochen nach der Eiablage schlüpft das einzige Junge, das über ein halbes Jahr von den Elterntieren versorgt wird.

Von den acht Pelikanarten auf der Welt ist nur der **Braune Pelikan** (*Pelecanus occidentalis*) auf Galápagos vorzufinden. Er ist der kleinste Vertreter seiner Familie und hält sich gern im Bereich von Ankerplätzen auf. Man sieht ihn dort umherpaddeln oder in den *pangas* (Beibooten) sitzen, wo er auf Abfälle lauert, die über Bord geworfen werden. Obwohl der Braune Pelikan ein ziemlich großer und schwerer Vogel ist, kommt auch er, wie der Blaufußtölpel, hauptsächlich durch kräftezehrendes Sturztauchen zu seiner Nahrung. Dieses in der Familie der Pelikane einzigartige Verhalten löst im Betrachter immer wieder Erstaunen aus.

Braune Pelikane nisten in Mangroven und Salzbüschen, was am besten auf der Insel Rábida zu sehen ist. Während die Tiere, wie der Name verrät, normalerweise braun gefärbt sind, werden der Kopf und die Nackenpartie in der Brutzeit weiß. Der Nachwuchs, zwei bis drei

Die Galápagos-Inseln: Landeskunde

ecu059 peko

Junge, verlässt nach zwei bis drei Monaten das Nest.

Die **Galápagos-Pinguine** *(Spheniscus mendiculus)* nehmen eine Sonderstellung ein. Pinguine haben ihren Lebensraum gewöhnlich in den kalten Gewässern der Antarktis. Durch den Einfluss des Humboldt-Stroms lebt auf Galápagos die nördlichste Pinguin-Species der Erde. Der Galápagos-Pinguin gehört zu den fünf endemischen Seevögeln, die auf Galápagos beheimatet sind und tritt in relativ kleinen Kolonien von wenigen 1000 Paaren vornehmlich im Inselgebiet von Fernandina auf. Mit etwas Glück kann man die Tiere auch beim Baden in der Sullivan Bay beobachten. Galápagos-Pinguine sind, ähnlich den Albatrossen, Paare fürs Leben. Sie brüten das ganze Jahr über. Die aus ein bis zwei Eiern schlüpfenden Jungen werden gemeinsam aufgezogen. An Land wirken Pinguine unbeholfen, im Wasser hingegen, von ihren Stummelflügeln angetrieben, werden sie bis über 40 km/h schnell. Auf Galápagos kommen sie immer wieder sehr dicht an den Schnorchler heran und erwecken dabei den Eindruck, auf ein Spielchen aus zu sein. Wer jedoch glaubt, sie berühren zu können, der wird enttäuscht. Sie drehen rechtzeitig ab und vollführen ihre Unterwasserkapriolen in sicherer Entfernung weiter.

Der **flugunfähige Kormoran** *(Nannopterum harrisi)* ist auf Galápagos endemisch. Er bewohnt die Lavaküsten von Isabela und Fernandina. Der flugunfähige Kormoran ist von 29 Kormoranarten weltweit die einzige, die das Fliegen „verlernt" hat. Die fliegerische Unfähigkeit ist das Ergebnis einer extremen Anpassung an Umweltbedingungen, die das Fehlen von Feinden und

ausreichende Nahrung zu Lande garantierten. Es entwickelte sich ein großer und schwerer Vogel mit kräftigen Füßen, die ihn zu einem guten Schwimmer und Taucher machen. Ca. 700 Brutpaare leben in kleinen Kolonien an den Küsten der beiden Inseln. Brutzeit ist das ganze Jahr über. Das Männchen sammelt das Material für das Nest, während das Weibchen für den Nestbau verantwortlich ist. Zwischen April und September erfolgt die Ablage von ein bis drei Eiern. Meist wird aber nur ein Junges aufgezogen. Noch während das Männchen sich um das Junge kümmert, kommt es (oft) vor, dass das Weibchen sich im selben Brutjahr mit einem anderen Männchen paart.

Die 50 cm große **Gabelschwanzmöwe** *(Creagrus furcatus)* ist ein nachtaktiver Jäger auf See, der tagsüber an der Küste bei seinen Jungen am Nest sitzt. Die Möwe ist grau. Der weiße Bauch und die weiße Schnabelspitze lassen die Jungvögel bei der nächtlichen Fütterung problemlos den Schnabel der Elterntiere finden. Die Füße und Beine sind rot, ebenso ein Ring um die Augen, der diese noch größer erscheinen lässt, als sie schon sind. Brutzeit der ca. 30.000 Tiere ist das ganze Jahr über.

Daneben leben auf Galápagos die seltene **Lavamöwe** *(Larus fuliginosus),* von der auf der ganzen Welt nur noch ca. 300 Brutpaare existieren, der schöne **Rotschnabel-Tropikvogel** *(Phaethon aethereus),* der an seinen lang ausgezogenen Schwanzfedern zu erkennen ist, der kleine **Wellenläufer** *(Oceanodroma spp.),* der in acht Arten vorkommt, der **Hawaii Sturmvogel** *(Pterodroma phaeopygia)* und der **Audubon Sturmtaucher** *(Puffinus lherminieri).*

Watvögel

Von den im Wasser nach Nahrung suchenden Vögeln fallen die fünf Reiherarten auf, von denen der 40 cm große **Lavareiher** *(Butorides sundevalli)* ausschließlich auf Galápagos beheimatet ist. Der dunkelfarbige Vogel lebt im Bereich der Felsküsten und ist wegen seiner Tarnung nicht leicht auszumachen.

Mit 130 cm ist der **Amerikanische Graureiher** *(Ardea herodias)* die größte Reiherart im Archipel. Er lebt entlang der Felsküsten und zeichnet sich durch seine langen Beine aus. Brutzeit ist das ganze Jahr, seine bevorzugten Nistplätze sind Mangroven.

Der 100 cm große **Silberreiher** *(Casmerodius albus)* ist weiß, sein Schnabel gelb, die Beine und Füße sind schwarz. Er ist nicht so weit verbreitet und bleibt den meisten Inselbesuchern verborgen.

60 cm misst der **Cayenne-Nachtreiher** *(Nyctanassa violacea),* auch bekannt als Krabbenreiher. Der nachtaktive Jäger ist an seiner gelben Haube zu erkennen. Er kommt an der Küste aller Inseln vor.

Den 50 cm großen **Kuhreiher** *(Bubulcus ibis)* trifft man bevorzugt im Hochland von *Santa Cruz* an.

In Lagunen lebt der scheue, 120 cm hohe **Flamingo** *(Phoenicopterus ruber).* Der rosagefärbte Stelzvogel hat einen langen Hals, den er im Flug weit nach vorne streckt. Er brütet generell das ganze Jahr über, auch wenn er die Regenmonate vorzieht. Sein Ei legt er in ein Nest aus Schlamm. Da die Vögel sehr scheu sind, hat man sich besonders ruhig zu verhalten, will man sie aus nächster Nähe betrachten. Gute Beobachtungspunkte sind die Flamingo-Lagunen auf Floreana, Santiago, Rábida und Isabela.

Oft anzutreffen ist der 50 cm große **Braunmantel-Austernfischer** *(Haematupus palliatus).* Er lebt im Küstenbereich der Inseln, leicht erkennbar an seinem 8 cm langen, roten Schnabel.

Von den Zugvögeln der Nordhemisphäre suchen über fünfzig Arten Galápagos als Winterquartier auf. Darunter der weiße, 20 cm kleine **Sanderling** *(Calidris alba),* den man an Stränden beobachten kann, der braun gefärbte **Sandregenpfeifer** *(Charadrius semipalmatus),* der 40 cm große **Regenbrachvogel** *(Numenius phaeopus),* dessen Erkennungszeichen der 10 cm lange, gekrümmte Schnabel ist. Er lebt bevorzugt an Stränden, wo er gleichzeitig seine Nahrung findet. Die **Bahama-Ente** *(Anas bahamensis)* lebt in den Lagunen aller Inseln, wo sie sich zu kleinen Gruppen zusammentut.

Landvögel

26 Landvogel-Arten sind auf Galápagos beheimatet.

Durch die Darwinsche Evolutionstheorie sind die 13 endemischen **Darwinfinken** bekannt geworden. Sie haben unterschiedliche Lebensräume, differieren in der Ernährungsweise und können anhand der Form und Größe ihrer Schnäbel unterschieden werden.

Der **Galápagos-Bussard** *(Buteo galapagoensis)* ist der einzige Greifvogel auf Galápagos und in seiner Zutraulichkeit einzigartig. Er ist von dunkelbrauner Farbe mit gelben Beinen, fast 60 cm groß, seine Flügelspannweite erreicht über 120 cm. Geschätzte 200 Brutpaare leben auf Galápagos (Santiago, Fernandina und Santa Fé). Auf den von Menschen bewohnten Inseln San Cristóbal, Isabela, Santa Cruz und Floreana ist er durch die Siedler fast gänzlich ausgerottet worden. Brutzeit ist das ganze Jahr über. Die Nester werden in der Regel in Bäumen angelegt. Der größere weibliche Vogel hat mehrere Männchen, die alle bei der Aufzucht der Jungen helfen.

Der **Rubintyrann** *(Pyrocephalus rubinus)* ist ein 13 cm kleiner Vogel, der im Hochland der Inseln lebt. Das Männchen hat eine auffallend rote Bauchpartie, während das Weibchen braun- bis gelbfarben ist.

Der endemische **Galápagos-Fliegentyrann** *(Myiarchus magnirostris),* 15 cm groß und von gelber Farbe, ist in den trockeneren Inselzonen verbreitet.

Die **Spottdrossel** *(Nesomimius spp.)* kommt in vier endemischen Arten vor, die durch ihre Schnabelgröße voneinander abweichen. Der Vogel bewohnt den ganzen Archipel. Sein Erkennungszeichen ist ein eigentümliches „Lachen" – daher auch der Name.

Von den beiden Eulen-Arten wird dem Besucher weniger die kleine **Schleiereule** *(Tyto alba)* als die größere **Sumpfohreule** *(Asio flammeus)* besonders auf Santa Cruz und Genovesa begegnen.

Weitere Landvögel auf Galápagos sind der leuchtend gelbe **Goldwaldsänger** *(Dendroica petechia),* der **Regenkuckuck** *(Coccyzus melacoryphus),* den man eher hören als sehen wird, die endemische **Galápagos-Taube** *(Zenaida galapagoensis),* die einen auffallend blauen Augenring trägt und in den Trockenzonen der Inseln lebt, die endemische **Galápagos-Ralle** *(Laterallus spilonotus),* am ehesten in der Hochlandvegetation von Santa Cruz zu beobachten, und das schwarze **Teichhuhn** *(Gallinula chloropus).*

Wirbellose

Unter den **Weichtieren** *(Mollusca)* sind auf Galápagos über fünfzig endemische Landschnecken bekannt.

Insekten sind mit nahezu 1000 bekannten Arten vertreten, am häufigsten Ameisen, Spinnen, Käfer, Heuschrecken, Schmetterlinge und Moskitos.

ecu061 peko

◁ Elefantenschildkröte auf Santa Cruz

Meerestiere: Biozönose der Felsküste

In diesem Bereich leben neben Strandschnecken, Seepocken und Blaustiftseeigeln die Meerechse und die Rote Klippenkrabbe.

Die **Meerechse** (*Amblyrhynchus cristatus*) tummelt sich im Bereich schwarzer Lavaküsten und kommt von Insel zu Insel in verschiedener Färbung und Größe vor. Sie ist die einzige Echse auf der Welt, die eine amphibische Lebensweise angenommen hat. Ihre besondere Umweltanpassung führte zur Ausbildung kleiner, scharfer Zähne, die ihr das Abweiden von Algen ermöglicht; der muskulöse Schwanz erlaubt eine schnelle Fortbewegung im Wasser, eine besondere Drüse dient der Ausscheidung des mit der Nahrung aufgenommenen überflüssigen Salzes (das oft zu beobachtende „Spucken"), kräftige Klauen gewährleisten einen sicheren Halt im Brandungsbereich.

Zur Regulierung ihres Wärmehaushalts legen sich die Tiere nach längerem Aufenthalt im kalten Wasser flachgestreckt auf das heiße Lavagestein und strecken alle Viere von sich, sodass eine größtmögliche Wärmeaufnahme garantiert ist. Das unterstützen die Tiere noch dadurch, dass sie sich mit erhobenem Kopf senkrecht zur Sonne stellen.

Im Wasser verringern die Meerechsen ihren Herzschlag von vierzig auf zwölf Schläge pro Minute, so können sie längere Zeit tauchen. Am Jahresende ist Fortpflanzungszeit, und die Männchen nehmen Farbe an. Sie besetzen kleine Reviere, die durch Aufstellen des Rückenkammes, Zurschaustellung der Breitseite und heftiges Kopfnicken markiert und verteidigt werden. Einige Wochen nach der Befruchtung werden vom Weibchen ein bis drei Eier gelegt.

Durch ihre rote Rückenseite fällt die **Rote Klippenkrabbe** (*Grapsus grapsus*) jedem Besucher auf fast jeder Insel ins Auge. Sie lebt im Felsbereich an der Wasserlinie, doch nur wenn sie in Bedrängnis ist und keinen anderen Ausweg sieht, begibt sie sich ins Wasser. Die Jungtiere sind schwarzfarben, was auf dem dunklen Basaltgestein vor allem zur Tarnung dient, sogar vor den erwachsenen Artgenossen, die gelegentlich Jungtiere verspeisen. Ansonsten ernähren sich die Tiere hauptsächlich von Algen und Meeressalat. Männchen führen mit ihren Scheren „Streitgespräche", bis der Schwächere das Weite sucht.

Meerestiere: Biozönose des Sandstrandes

Die Sandstrände von Galápagos sind entweder schwarz (bestehend aus Lapilli = Lavabröckchen) oder weiß (zusammengesetzt aus Korallen, Kalkalgen, Muscheln und Schnecken).

Neben dem **Einsiedlerkrebs** (*Coenobita compressus*) und dem **Stachelrochen** ist die **Geisterkrabbe** (*Ocypoda sp.*) ein typischer Bewohner dieses Lebensraums. Sie besitzt einklappbare Stilaugen, mit denen sie alles wahrnimmt, was um sie herum geschieht. Droht Gefahr, verschwindet die Krabbe blitzschnell in ihrem Loch. Hat sie sich von diesem zu weit entfernt, kann sie sich genauso schnell an anderer Stelle in den feinen Sand eingraben. Die Geisterkrabbe ernährt sich von Kleinstlebewesen, die sie mit ihrem Mundwerkzeug (Mandibeln) aus dem feinen Sand aussortiert.

Die Galápagos-Inseln: Landeskunde

Zurück bleiben die charakteristischen Kügelchen, die mitunter den Strand übersäen, wenn eine große Krabbenkolonie diesen bevölkert.

Meerestiere: Biozönose der Mangrovenküste

An der Mangrovenküste ist die endemische **Galápagos-Winkerkrabbe** *(Uca helleri)* zu Hause. Sie ernährt sich wie die Geisterkrabbe und baut kleine Höhlen, in die das Männchen durch Wedeln der übergroßen linken Schere das Weibchen zur Kopulation lockt.

Meerestiere: Biozönose des Korallenriffs

Im Galápagos-Archipel sind **32 Riffkorallen-Arten** *(Scleractinia)* bekannt, deren Verbreitung stark durch die relativ kühlen Wassertemperaturen eingeschränkt ist. Riffkorallen stellen besondere Ansprüche an ihre Umgebung. Temperatur und Salzgehalt des Wassers sowie Lichtverhältnisse sind entscheidende Faktoren für die Verbreitung von Korallenriffen. Wassertemperaturen unter 20°C schließen ein Riffwachstum aus. Die Lichtverhältnisse müssen stimmen, da der Korallenpolyp in Symbiose mit einer Alge lebt, die durch das Sonnenlicht organische Verbindungen aufbaut und den Polypen so mit Sauerstoff versorgt. Daher bauen Riffkorallen nur in den warmen, klaren Gewässern der Tropen in Wasseroberflächennähe ihre Riffe auf.

Lediglich im Bereich der **Teufelskrone** bei Floreana und im Norden um die Insel Genovesa stimmen diese Umweltbedingungen. Auf dem halb offenen Krater der Teufelskrone bei Floreana dicht unter der Meeresoberfläche haben sich Korallenpolypen angesiedelt und kleine Riffe aufgebaut, die jeden Taucher begeistern.

Der **Blaustiftseeigel** macht von sich reden, weil er die Geweihkorallen *(Pocillopora)* zerstört.

Meerestiere: Biozönose des offenen Meeres

Über 300 Fischarten tummeln sich in den Gewässern von Galápagos.

Neben **Rochen** gibt es verschiedene Hai-Arten in diesem Meeresbereich. Besondere Attraktionen für Taucher und Schnorchler sind die **Hammerhaie,** die in Schulen zu vielen Dutzend Tieren die Gewässer des Archipels durchstreifen, vor allem rund um die Inseln Wolf, Darwin und Genovesa, aber auch im Norden von Isabela und an den Rocas Gordon bei Santa Cruz.

Die **Grüne Wasserschildkröte** *(Chelonia mydas)* legt und brütet ihre Eier auf Galápagos. Zwischen November und Januar ist Paarungszeit, und die Schildkröte ist an den Steilküsten diverser Inseln wie Floreana oder Española zu beobachten. Zwischen Dezember und Juni kommen die bis zu 150 kg schweren Tiere an die Strände, um jeweils mehrere Dutzend Eier oberhalb der Flutgrenze in ein vorher angelegtes Loch über eine Legeröhre zu deponieren und zu verscharren. Die ganze Prozedur dauert 3–4 Stunden. Danach schleppen sich die Tiere zurück ins Wasser. Die Jungtiere versuchen sofort nachdem sie geschlüpft sind das

Meer so schnell wie möglich zu erreichen. Auf dem Weg dorthin fallen viele Tiere hungrigen Seevögeln zum Opfer, und auch im Meer ist der Überlebenskampf erst noch zu bestehen. Überlebende Tiere kommen später immer wieder an denselben Strand zurück, um selbst Eier abzulegen. Die Elterntiere dagegen ziehen nach der Eiablage häufig weiter und kommen selten zu den Inseln zurück.

Neben den genannten Tierarten können während einer Kreuzfahrt mit etwas Glück **Delfine** und **Wale** beobachtet werden.

Eingeführte Tiere

Die durch den Menschen eingeführten Tiere schädigen die Flora und Fauna von Galápagos nachhaltig.

Einst von Fischern und Seeleuten mitgebracht, wirkt(e) sich der Kahlfraß von **Ziegen** verheerend auf die Inselvegetation aus. Vor einigen Jahren hatte ein Ausrottungsprojekt auf Isabela Erfolg. Dort, auf der größten der Galápagos-Inseln, wurden mit Hubschraubern und neuseeländischen Bekämpfungstechniken 140.000 Ziegen eliminiert. Das 8-Millionen-Dollar-Projekt war einzigartig auf Galápagos. Bisher wurde den Schädlingen allein auf kleineren Inseln wie Española mit herkömmlicher Jagd zu Leibe gerückt.

Esel, die in verwilderten Populationen auf allen bewohnten Inseln präsent sind, ruinieren die Vegetation ebenfalls durch Kahlfraß.

Schweine zerstören beim Wühlen Gelege von Riesenschildkröten, Meeresschildkröten und bodenbrütenden See-

vögeln, genauso wie die eingeschleppte **Hausratte,** die sich auf Gelege von Schildkröten und Leguanen spezialisiert hat.

Verwilderte **Hunde** sind sehr aggressiv und töten unter anderem kleine Reptilien.

Die eingeführte **Feuerameise** vernichtet endemische Ameisenarten.

Die 1980 auf Floreana eingeführte **Wespe** verbreitet sich mittlerweile unkontrolliert im ganzen Archipel.

Als letztes Beispiel sei der **Madenhackerkuckuck** genannt, der 1960 auf den Inseln Einzug hielt – eigentlich um Rinder von Parasiten zu befreien: Er plündert aber mit Vorliebe Vogelnester und stürzt sich auf kleine Eidechsen. Bekämpfungsprogramme laufen, aber vor allem auf den unbewohnten Inseln sind sie erfolglos.

ecu074.peko

Praktische Reisetipps A–Z

◁ Beim Friseur in Quito

Einreise

Mit dem Flugzeug

Meteorologisch bedingt kommt es gelegentlich zu **Sperrungen des Flughafens Quito.** Flüge werden dann nach Guayaquil umgeleitet, manchmal auch auf den Militär- und Frachtflughafen Cotopaxi bei Latacunga. In solchen Fällen sind teils erhebliche Verspätungen oder sogar eine Übernachtung in Guayaquil einzukalkulieren. Nehmen Sie daher das Nötigste für einen solchen Stopp bei der Anreise im Handgepäck mit, denn auch das Gepäck kann sich dann schon mal verspäten. Aktuelle Infos über Abflüge, Landungen, Verspätungen sowie alle Adressen und Telefonnummern der in Quito landenden Airlines finden Sie auf **www.aeropuertoquito.aero.**

Da es **keine Direktflüge** aus dem deutschsprachigen Raum nach Ecuador gibt, werden hier alle wichtigen Airlines mit ihren Umsteigekonzepten Richtung Ecuador vorgestellt.

■**Avianca** verbindet Madrid mit Quito und Guayaquil. Der Zwischenstopp in Bogotá/Kolumbien liegt jedoch sehr ungünstig, sodass die Reisezeit ab Madrid schon mal auf 20 Stunden steigt.

■**Iberia** fliegt täglich ab Düsseldorf, Frankfurt, München, Berlin, Zürich und Wien über den T4-Terminal in Madrid nach Quito und Guayaquil.

■**KLM** fliegt fast täglich über Amsterdam-Schiphol und macht meist auch noch einen nächtlichen Karibikstopp auf Bonaire.

■**LAN Ecuador** verbindet Madrid mit Guayaquil direkt sowie Quito im Anschluss. Außerdem gibt es einen Zubringerflug von Frankfurt sowie andere Iberia-Kooperationen.

■**Lufthansa** fliegt ab Frankfurt die kolumbianische Hauptstadt Bogotá an; dort übernehmen Partner-Airlines die Anschlussflüge nach Quito und Guayaquil.

■Die US-Linien wie z.B. **American, United, Continental Airlines** und **Delta Air Lines** müssen laut Luftfahrtgesetz beim obligatorischen Umsteigen in den USA eine komplette Einreise samt Passkontrolle, Zollkontrolle, Einreisegebühren und Befragung durch die örtliche Polizei durchführen lassen. Sie können für Geduldige jedoch preislich eine gute Alternative sein. Dieser Stopp hat sich zuletzt trotz Kontrollen verbessert.

Die Dauer eines Fluges von Madrid nach Quito liegt bei etwa elf Stunden, je nach Anreiseort aus Deutschland, Schweiz oder Österreich und Umsteigen entsprechend mehr.

Flugpreise

Je nach Fluggesellschaft, Jahreszeit und Aufenthaltsdauer in Ecuador bekommt man ein Economy-Ticket von Deutschland, Österreich und der Schweiz hin und zurück nach Quito oder Guayaquil **ab etwa 1000 Euro** (inkl. aller Steuern, Gebühren und Entgelte). Am teuersten ist es in der Hochsaison in den Sommerferien sowie rund um Weihnachten und Neujahr, wenn die Preise für Flüge nach Ecuador durchaus auf bis zu 1500 Euro steigen können.

Gabelflüge (z.B. Hinflug nach Quito, Rückflug ab Guayaquil) sind in der Regel etwas teurer, können bei Rundreisen aber trotzdem sinnvoll sein.

Preiswertere Flüge sind mit **Jugend- und Studententickets** (je nach Airline alle jungen Leute bis 26 oder 29 Jahre und Studenten bis 34 Jahre) möglich.

Mini „Flug-Know-how"

Check-in

Nicht vergessen: Ohne einen mindestens noch sechs Monate **gültigen Reisepass** kommt man nicht an Bord eines Flugzeuges nach Ecuador. Bei Flügen über die USA ist ein gültiges US-Visum obligatorisch. Das beantragt man am einfachsten auch kurzfristig online unter www.estaonline.de gegen eine Gebühr von 14 US-$.

Bei den meisten internationalen Flügen muss man **zwei bis drei Stunden vor Abflug** am Schalter der Airline eingecheckt haben. Viele Airlines neigen zum Überbuchen, d.h., sie buchen mehr Passagiere ein, als Sitze im Flugzeug vorhanden sind, und wer zuletzt kommt, hat evtl. das Nachsehen.

Das Gepäck

In der Economy Class darf man in der Regel nur Gepäck **bis zu 23 kg pro Person** einchecken, manchmal auch 2x 23 kg (steht auf dem Flugticket) und zusätzlich ein Handgepäck von 7 kg in die Kabine mitnehmen, welches eine bestimmte Größe von 55 x 40 x 23 cm nicht überschreiten darf. In der Business Class sind es meist 30 kg pro Person und zwei Handgepäckstücke, die insgesamt nicht mehr als 12 kg wiegen dürfen. Für Flüge über Nordamerika (USA, Kanada und Mexiko) gibt es bei den meisten Fluggesellschaften eine Sonderregelung, der zufolge man zwei Gepäckstücke bis jeweils 23 kg ohne Aufpreis als Freigepäck aufgeben kann. Man sollte sich beim Kauf des Tickets über die Bestimmungen der Airline informieren.

Aus Sicherheitsgründen dürfen Taschenmesser, Nagelfeilen, Nagelscheren, sonstige Scheren u.Ä. nicht im Handgepäck untergebracht werden. Diese Gegenstände sollte man unbedingt im aufzugebenden Gepäck verstauen, sonst werden sie bei der Sicherheitskontrolle einfach weggeworfen. Darüber hinaus gilt, dass Feuerwerke, leicht entzündliche Gase (in Sprühdosen, Campinggas), entflammbare Stoffe (in Benzinfeuerzeugen, Feuerzeugfüllung) etc. nichts im Passagiergepäck zu suchen haben.

Flüssigkeiten oder vergleichbare Gegenstände in ähnlicher Konsistenz (z.B. Getränke, Gels, Sprays, Shampoos, Cremes, Zahnpasta, Suppen) dürfen innerhalb Europas nur in der Höchstmenge von jeweils 0,1 Liter als Handgepäck mit ins Flugzeug genommen werden. Die Flüssigkeiten müssen in einem durchsichtigen, wiederverschließbaren Plastikbeutel transportiert werden, der maximal einen Liter Fassungsvermögen hat (die Regelung soll abgeschafft werden). In Lateinamerika gibt es diesbezüglich keine Einschränkungen.

Rückbestätigung

Bei den meisten Airlines ist heutzutage die Bestätigung des Rückfluges nicht mehr notwendig. Allerdings empfehlen alle Airlines, sich dennoch telefonisch zu erkundigen, ob sich an der Flugzeit nichts geändert hat, denn kurzfristige Änderungen der genauen Abfluguhrzeit kommen beim zunehmenden Luftverkehr heute immer häufiger vor.

Wenn die Airline allerdings eine Rückbestätigung *(reconfirmation)* bis **72 oder 48 Stunden vor dem Rückflug** verlangt, sollte man auf keinen Fall versäumen, dort anzurufen, sonst kann es passieren, dass die Buchung im Computer der Airline gestrichen wird; der Flugtermin ist dahin. Das Ticket verfällt aber nicht dadurch, es sei denn, die Gültigkeitsdauer wird überschritten, evtl. aber ist in der Hochsaison nicht sofort ein Platz in einem anderen Flieger frei.

Adressen der o.g. Airlines in Ecuador und weitere nationale und regionale Fluglinien im Land finden sich im Serviceteil von Quito und Guayaquil.

Kinder unter zwei Jahren fliegen ohne Sitzplatzanspruch für 10 % des Erwachsenenpreises, ansonsten werden für ältere Kinder die regulären Preise je nach Airline um 25–50 % ermäßigt. Ab dem 12. Lebensjahr gilt der Erwachsenentarif oder ein besonderer Jugendtarif (s.o.).

Von Zeit zu Zeit haben die Airlines **befristete Sonderangebote.** Dann kann man z.B. mit KLM für etwa 800 Euro von vielen Flughäfen in Deutschland, Österreich und der Schweiz nach Quito oder Guayaquil und zurück fliegen. Diese Tickets haben in der Regel eine befristete Gültigkeitsdauer und eignen sich nicht für Langzeitreisende.

Reist man viel per Flugzeug, kann man als Mitglied eines **Vielflieger-Programms** auch indirekt sparen.

Vergünstigte Spezialtarife und befristete Sonderangebote kann man nur bei wenigen Fluggesellschaften in ihren Büros oder auf ihren Websites buchen; übrigens sind die günstigsten Flüge keineswegs immer online buchbar.

Flüge von Europa **nach Venezuela** an die Nordküste Südamerikas sind manchmal um einiges billiger als Flüge direkt nach Quito oder Guayaquil.

Last Minute

Last-Minute-Flüge werden von einigen Airlines mit deutlicher Ermäßigung **ab etwa 14 Tage vor Abflug** angeboten, wenn noch Plätze zu füllen sind. Sie lassen sich nur bei Spezialisten buchen:

▪ **L'Tur,** www.ltur.com, Tel. 0180-21 21 21 in Deutschland, 0,14 €/Min. aus dem Festnetz.
▪ **Lastminute.de,** www.lastminute.de, Tel. 01805-777 257 in Deutschland, 0,14 €/Min. aus dem Festnetz.

Praktische Reisetipps A–Z

■ **5 vor Flug,** www.5vorflug.de, Tel. 01805-105 105 in Deutschland, 0,14 €/Min. aus dem Festnetz.

■ **Restplatzbörse,** www.restplatzboerse.at, Tel. (0) 1-580 850 in Österreich, von Deutschland aus 0991-296 796 53. Flug und Hotel sind hier als Paket zu buchen.

Ankunft am Flughafen

Der neue internationale Flughafen von Quito liegt außerhalb der Stadt bei Yaruquí im Nordosten. Er soll den alten Flughafen im Februar 2013 ablösen. Bis dahin gilt weiter für den alten Airport: Der **Flughafen Mariscal Sucre de Quito** ist recht überschaubar. Direkt hinter der Passkontrolle, wo auch das ausgefüllte **Einreiseformular** vorzulegen ist, laufen die Gepäckbänder. Toiletten befinden sich im Wartebereich vor der Passkontrolle. Nach der Zollkontrolle gelangt man über einen meist vollen Warteraum ins Freie zu den Taxis. Sie können hinter dem Zoll bereits einen Taxiservice am Kiosk buchen oder draußen eines nehmen. Passen Sie beim Herausgehen durch die wartende Menge zum Taxi auf Ihre Wertsachen auf und nehmen Sie keinen Stadtbus, wenn Sie Ihr Reisegepäck bei sich haben. In Guayaquil läuft es ähnlich ab wie in Quito. Eine Taxifahrt in die Innenstadt kostet jeweils mindestens 6 Dollar.

Bei jeder Ausreise wird eine **Flughafen- und Ausreisesteuer** von 28–40 Dollar erhoben, die jedoch im Ticketpreis bereits enthalten ist.

◁ TAME heißt die staatliche ecuadorianische Fluggesellschaft

Auf dem Landweg

Viele Rucksacktouristen, die länger unterwegs sind, kommen über Peru oder Kolumbien nach Ecuador. Über die Sicherheitslage in Kolumbien sind vorher verlässliche Informationen etwa über das Auswärtige Amt einzuholen.

Grenzübergänge auf dem Landweg

Die drei wichtigsten Grenzübergänge Ecuadors sind in der Regel an 365 Tagen im Jahr durchgehend geöffnet. Allein bei der Zollabwicklung kann es zeitliche Einschränkungen geben. Nach **Kolumbien** gelangt man über den Grenzübergang von **Rumichaca,** nördlich der Provinzhauptstadt Tulcán auf der Panamericana. Nach **Peru** gelangt man entlang der Küste über den für den Handel wichtigen Übergang **Huaquillas,** ebenfalls auf der Panamericana, oder über den mittlerweile schnellen und bequemen Übergang von **Macará** im nach Westen abfallenden Andenhochland Südecuadors. Daneben gibt es weitere Grenzübergänge, die für Touristen nur bedingt (besondere Erlaubnis) passierbar und teils auch nicht ungefährlich sind.

Die lange geplante Fracht- und Passagierverbindung im Regenwald von Coca nach Iquitos (Peru) existiert mittlerwei-

---

Buchtipp – Praxis-Ratgeber

■ *Frank Littek,* **Fliegen ohne Angst**
Reise Know-How Verlag, Bielefeld

le, aber der „Fahrplan" schwankt wegen der Regenzeit. Grenzübergang nach Peru ist hier Nueva Rocafuerte.

Auf dem Seeweg

Selten erfolgt die Anreise mit einem Passagierschiff, weil sie weder zeitlich noch preislich mit dem Flugzeug konkurrieren kann. Reisen **mit Frachtschiffen** werden hingegen immer populärer, obwohl Ecuador nur auf zeitaufwendigen Routen angefahren wird.

Wer sich für eine Mitfahrt auf einem Frachter interessiert, kann sich an mehrere **Vermittler von Frachtschiffreisen** wenden, z.B. Frachtschiff-Touristik, Kapitän *Zylmann* (Mühlenstraße 2, 24376 Kappeln, Tel. 04642-96550, www.zylmann.de) und Frachtschiff-Reisen der Hamburg Süd (www.hamburgsued-frachtschiffreisen.de, Tel. 040-3705 157). Die Preise für Touristen auf Frachtern liegen meist bei etwa 100 € pro Tag und Person mit Vollpension.

Für die Verschiffung des eigenen Fahrzeugs nach Ecuador kommen als deutsche Ausgangshäfen Kiel, Bremerhaven und Hamburg in Frage.

Ein empfehlenswertes **Buch zur Thematik** ist „Reisen mit Frachtschiffen" von *Hugo Verlomme* (Umschau-Verlag). Darin werden 123 Routen zu 300 Häfen in aller Welt vorgestellt (mit Informationen zu Reedereien, Agenturen, Konditionen, Preisen usw.).

Zollbestimmungen

Zollfrei nach Ecuador **eingeführt** werden dürfen 400 Zigaretten (bzw. 50 Zigarren oder 200 g Tabak), 5 Liter Spirituosen sowie alle persönlichen Bedarfsartikel für die Reise. Zigaretten sind in Ecuador jedoch sehr preiswert. Wegen der Gefahr einer BSE-Übertragung (span. *aftosa* oder *vaca loca*) ist die Einfuhr pflanzlicher und tierischer Produkte streng reglementiert.

Ausrüstung

Wohl das leidigste Problem eines jeden Reisenden vor der Reise ist die Frage: Was nehme ich mit? Zunächst besteht nur eine Beschränkung: die Gepäckmenge. Während **20 bis 30 Kilo Gepäck** zuzüglich Handgepäck von allen Fluglinien erlaubt werden, wenden einige Linien das **„piece concept"** an, d.h. mit dem Eintrag „pc" im Gepäckfeld des Tickets werden zwei Gepäckstücke meist zu je 23 Kilo erlaubt. Einige Linien haben gute Sonderkonditionen für Sportgeräte, etwa Fahrrad, Tauchausrüstung oder Surfboard.

Grundsätzlich hängen Umfang und Zusammenstellung der Ausrüstung von zwei Überlegungen ab: **Wie lange bin ich unterwegs, und was will ich auf der Reise unternehmen?**

Wer **viel Gepäck für unterschiedliche Aktivitäten** mitnehmen will, sollte sich – aus Bequemlichkeits- und Sicherheitsgründen – an einem gut ausgewählten Ort im Land ein Basislager suchen und einrichten, zu dem er immer wieder im Verlauf seiner Reise zurückkehren kann, um dort die eine gegen die andere Ausrüstung tauschen zu können. **Quito** bietet sich **als Basislager** an. Die Hauptstadt ist über öffentliche Verkehrsmittel schnell und relativ problemlos erreichbar und verfügt über zahlreiche Hotels, Pensionen, Familien oder Clubs – z.B. den South American Explorer's Club –, die einen sicheren Stauraum bereitstellen können.

Die **Auswahl der Reisekleidung** ist ebenfalls nach der Reisedauer und der Reiseplanung vorzunehmen. In erster Linie sollte die Kleidung bequem sein und den klimatischen Umständen entsprechen, an das eine oder andere „elegante" Teil für Abendunternehmungen, Aufenthalte in Luxushotels – wenn beabsichtigt – oder den Besuch von Kirchen, öffentlichen Gebäuden etc. ist zu denken. In Ecuador ist aber auch so ziemlich alles, was der/die Reisende benötigt, in Geschäften oder auf Märkten zu haben, von der Unterwäsche bis zum warmen Wollpullover.

Man sollte allerdings wissen, dass die **Kleidung des Ecuadorianers** in der Stadt formell ist. Es kann noch so heiß sein, nie würde ein Ecuadorianer auch im voll besetzten und stickigen Bus die lange gegen eine kurze Hose tauschen oder Sandalen anstelle der festen Halbschuhe tragen. Auch wenn das vom Touristen nicht unbedingt erwartet wird – Zurückhaltung und eine gewisse Anpassung der Kleiderordnung sind erwünscht.

In allen größeren Städten gibt es **Wäschereien** (lavanderías) teils mit 24-Stunden-Service. Viele Hotels und Pensionen haben ebenfalls einen Wasch-Service.

Wer in Ecuador reist, wird in den wenigsten Fällen aus dem Koffer leben. Die meisten Touristen reisen mit dem **Rucksack** an, weil er das bequemste Gepäck-

Ausrüstungsliste

Aufgelistet sind die wichtigsten Dinge für Reisende, die, ohne in Ecuador groß einzukaufen, sich für ein paar Wochen im Land umsehen wollen und dabei die Küste, das Hochland und auch den Regenwald im Programm haben.

- Badehose/-anzug/Bikini
- Badeschuhe zum Duschen
- Feuerzeug
- Geldgürtel oder Bauchgurt-Tasche
- Hemden und T-Shirts
- Hosen (lange) und Shorts
- Hut als Schutz vor der intensiven Sonnenstrahlung und vor Regen
- Jacke (ungefüttert, aus wasser- und windabweisendem Gewebe)
- Kerze
- Klappspiegel
- Moskitonetz (wird bei mehrtägigen organisierten Touren in den Dschungel üblicherweise gestellt, auch in den Unterkünften in Malariagebieten)
- Nähzeug
- Pullover (leicht und warm)
- Reisewecker
- Rucksack/Seesack
- Schlafsack
- Sportschuhe
- Strümpfe/Wandersocken
- Tagebuch mit Schreibzeug und Kopien von Ausweispapieren in einer wasserdichten Schutzfolie
- Tagesrucksack
- Taschenlampe (Stromausfall!)
- Taschenmesser
- Treckingschuhe
- Unterwäsche
- Vorhängeschloss

stück für längere, v.a. individuell gehaltene Reisen ist. Unterwegs in Ecuador kann man den Rucksack in einen großen Kornsack stecken, der auf allen Märkten zu bekommen ist. Der schützt das Gepäck vor Schmutz und neugierigen Blicken.

Die Mitnahme eines kleinen **Tagesrucksacks** für Stadt- oder Tagesexkursionen ist empfehlenswert.

Tipp: In Ecuador sollte man an die Mitnahme von **Klopapier** denken, da es vielerorts Mangelware ist.

Eine gute **Landkarte** ist im Rahmen des world mapping project™ bei REISE KNOW-HOW erschienen: „**Ecuador/Galápagos**" im Maßstab 1:650.000/1:1 Mio. Die Karte ist GPS-tauglich, hat ein ausführliches Ortsregister und farbige Höhenschichten. Am Ende des Buches werden Ausschnitte aus dieser Karte gezeigt.

☑ Fahrradladen im Hochland

Botschaften und Konsulate

Botschaften von Ecuador

■**Deutschland:**
Joachimstaler Str. 10–12, 10719 Berlin,
Tel. 030-8009695, Fax 800969699,
www.ecuadorembassy.de

ecu075 peko

■**Österreich:**
Goldschmiedgasse 10/II/205, 1010 Wien,
Tel. 01-53532-08/-18, Fax 5350897
■**Schweiz:**
Kramgasse 54, 3011 Bern,
Tel. 031-3516254 und 3511755, Fax 3512771

Vertretungen in Ecuador

In Quito

■**Deutsche Botschaft** *(Embajada de Alemania)*,
Edificio Citiplaza, 14. Stock, Av. Naciones Unidas
Ecke República de El Salvador, Tel. 02-2970820, in
dringenden Notfällen außerhalb der Öffnungszeiten Tel. 099-9497967
■**Österreichisches Honorarkonsulat** *(Consulado Honorario de Austria)*, Av. Gaspar de Villarroel E9-53 zwischen Av. de los Shyris und 6 de Diciembre,
Tel. 02-2469700
■**Schweizerische Botschaft** *(Embajada de Suiza)*, Av. Amazonas 3617 y Juan Pablo Sanz, Edificio
Xerox, 2. Stock, Tel. 02-2434113, 02-2434948, 02-2434949

In Guayaquil

■**Deutsches Honorarkonsulat** *(Consulado Honorario de Alemania)*, Av. Las Monjas Nr. 10, Edificio
Berlin, 2. Stock, Tel. 04-22068-67, -68
■**Österreichisches Honorarkonsulat** *(Consulado Honorario de Austria)*, Av. Jorge Pérez Concha
718/Circunvalación Sur 718, Urdesa, Tel. 04-2384886

In Cuenca

■**Deutsches Honorarkonsulat** *(Consulado Honorario de Alemania)*, Calle Bolívar 9-18 und Calle Benigno Malo, Tel. 07-2822783

Wird der **Reisepass** im Ausland **gestohlen,** muss man dies bei der örtlichen Polizei melden. Darüber hinaus sollte man sich an die nächste diplomatische Auslandsvertretung seines Landes wenden, damit man einen Ersatz-Reiseausweis zur Rückkehr ausgestellt bekommt (ohne kommt man nicht an Bord eines Flugzeuges!).

Auch in **dringenden Notfällen,** z.B. medizinischer oder rechtlicher Art, Vermisstensuche, Hilfe bei Todesfällen o.Ä. sind die oben genannten Auslandsvertretungen bemüht, vermittelnd zu helfen.

Dokumente und Einreise- bestimmungen

■ **Hinweis:** Da sich die Einreisebedingungen kurzfristig ändern können, raten wir, sich kurz vor Abreise beim Auswärtigen Amt (www.auswaertiges-amt.de, www.bmaa.gv.at, www.dfae.admin.ch) oder der jeweiligen Botschaft zu informieren. Die hier genannten Einreisebestimmungen sind Stand Anfang 2013.

Die **Einreise** nach Ecuador ist für Deutsche, Schweizer, Österreicher und Holländer **unproblematisch.** Voraussetzung ist ein bei der Einreise mindestens sechs Monate gültiger Reisepass, auch für Kinder. Wer als Tourist ins Land kommt, benötigt **kein Visum.** Bei der Einreise erhält man den nötigen Stempel und das **Einreisepapier (T-3),** die einen **Aufenthalt von 30, 60 oder 90 Tagen** ermöglichen. Die Beamten fragen in der Regel, wie lange man in Ecuador zu bleiben beabsichtigt. Man gibt am besten 90 Tage an (auch wenn nur vier Wochen vorge-

sehen sind – wer weiß, ob man nicht doch länger als geplant bleiben will). Achten Sie auf die gute Lesbarkeit des maschinellen Pass-Einreisestempels (im Zweifelsfall eine zweite Stempelung verlangen). Eine **Verlängerung** der Aufenthaltsgenehmigung beantragt man bei der *Migración* in Quito oder Guayaquil. Die Behörde verlängert allerdings nur während der zwei letzten Geltungstage des Einreisestempels. Deshalb ist dieser Antrag zeitlich genau zu planen. Zuständig in Quito ist die *Dirección Nacional de Migración,* José Félix Barreiro N50–45 y de los Alamos, Quito, Tel. 02-2412633, 02-2413282, info@migracion.gov.ec. Ein Überschreiten der Aufenthaltsgenehmigung führt zu empfindlichen Bußgeldern. Ein verlorenes Einreisepapier bekommt man auf jeder *Migración* ersetzt.

Die **maximale Aufenthaltsdauer** in Ecuador mit einem T-3-Touristenvisum ist auf 90 Kalendertage binnen eines Zwölfmonatszeitraums begrenzt und wird landesweit elektronisch erfasst. Unterbrechungen durch Ausreisen sind dabei möglich. Die Umwandlung eines Touristenvisums in ein anderes Visum, z.B. eines als Voluntär, ist in aller Regel während des touristischen Aufenthaltes in Ecuador nicht möglich. Ein anderes Visum als das T-3 muss also im Vorfeld im Heimatland beantragt werden.

Wichtig ist, dass man während des Aufenthaltes **in Ecuador den fotokopierten Pass mit Einreisepapier immer bei sich führt!** Von allen wichtigen Papieren, Ausweisen, Tickets etc. sollte eine Kopie angefertigt werden, die getrennt aufbewahrt wird! Man kann sich die Kopie von Reisepass und Stempel auch in der Botschaft beglaubigen lassen; diese Kopie wird von Geldwechsel-

Büros, aber auch bei Polizei- und Militärkontrollen in der Regel akzeptiert. In Städten wie Quito, unterwegs im Überlandbus oder in der Nähe von Militärstandorten, vornehmlich im Oriente, kann jederzeit eine polizeiliche bzw. Militärkontrolle erfolgen. Hat man dann keine Papiere (Kopien) bei sich, ist es möglich, dass man zurückgewiesen oder zu einer Vernehmung mitgenommen wird. Auch wer abends ausgeht, sollte stets ein Dokument mit Lichtbild bei sich haben, denn die Polizei kontrolliert Drogenbesitz und das Alter von Nachtschwärmern.

Europäer, die von Ecuador nach Kolumbien oder Peru ausreisen wollen, benötigen kein Visum.

Arbeiten in Ecuador

Wer in Ecuador arbeiten will, benötigt eines von fünf verschiedenen **Arbeitsvisa mit begrenzter Aufenthaltsgenehmigung** (zu beantragen bei der jeweiligen diplomatischen Vertretung Ecuadors). Wer sich als (ungelernter) Sprachlehrer (Englisch, Französisch, Deutsch) mit Touristenvisum um Arbeit bemüht, der wird in den vielen Sprachschulen wahrscheinlich recht schnell einen schlecht bezahlten Job finden. Besser ist es, wenn man sich als Lehrer ausweisen kann und versucht, an Schulen und Universitäten eine besser dotierte Arbeit zu finden. Dort wird einheimisches Lehrpersonal gern behilflich sein, im Falle eines längeren Aufenthalts ein Arbeitsvisum zu besorgen. Die Casa Humboldt in Quito nimmt ebenfalls Sprachlehrer auf.

In der **Entwicklungshilfe** arbeitet die Gesellschaft für Internationale Zusammenarbeit (GIZ) in zahlreichen Projekten und Beratungskooperationen im Land. Die Arbeitsfelder dieser staatlichen Institution sind vielfältig: ländliche Entwicklung, Infrastrukturförderung in den Gemeinden, Förderung von Kleinbetrieben, Umweltschutzmaßnahmen, nachhaltige Forstwirtschaft bis hin zur Regenwaldforschung. Auch der Österreichische Entwicklungsdienst (OEZA) und die schweizerische Direktion für Entwicklung und Zusammenarbeit (DEZA) betätigen sich in Ecuador. Darüber hinaus betreuen zahlreiche Nichtregierungsorganisationen (NGOs) Projekte und Partnerschaften im Land. Die deutschen Parteistiftungen Friedrich-Ebert-Stiftung (SPD), Hanns-Seidl-Stiftung (CSU) und Konrad-Adenauer-Stiftung (CDU) sind ebenfalls präsent.

Einige der Organisationen und Stiftungen stellen auch **Praktikanten** oder Hospitanten ein, sei es in ihren Zentralen in Quito oder in einem ihrer Projekte vor Ort. Beispielsweise bietet das Auswärtige Amt Praktikumsplätze im Büro in Quito an. Informationen über das Praktikantenprogramm des AA finden sich unter www.auswaertiges-amt.de/ DE/AusbildungKarriere/AA-Taetigkeit/ Praktika/Uebersicht_node.html. Grundsätzlich sei Interessierten empfohlen, sich zunächst an die jeweilige Zentrale in Europa zu wenden. Dort erhält man nähere Informationen über das Land, die Projekte und mögliche Einsatzmöglichkeiten in Ecuador bzw. den richtigen Ansprechpartner im Land.

Unzählige kleine Organisationen und Stiftungen sind auch ohne große Organisationsstruktur in Ecuador aktiv. Der vorliegende Reiseführer gibt entsprechend bei den Ortsbeschreibungen Hin-

ecu076 peko

weise auf Kontaktadressen und Einsatzmöglichkeiten. Für die meisten Einsätze
sind Spanischkenntnisse Voraussetzung.

Andere Dokumente

Studenten kommen mit einem Studentenausweis der Heimat-Universität in
Verbindung mit einem **Internationalen
Studentenausweis** (der allein in Ecuador nicht mehr genügt, weil er zu leicht
für jedermann im Land zu kaufen ist) in
den Genuss von Vergünstigungen. Oft
allerdings werden nur ecuadorianische
Studentenausweise anerkannt. Ausländischen Studenten gewähren Geschäfte mit
dem „ISIC"-Zeichen Rabatte.

☐ Beliebt an der Küste sind Limonaden auf Eis

Praktikumsstellen

Es gibt einige Organisationen, die sich
auf die **Vermittlung von Praktikumsplätzen** im Ausland spezialisiert haben.
Sie leisten Unterstützung bei der Vorbereitung und Durchführung eines Aus-
landsaufenthaltes und überzeugen po-
tenzielle Unternehmen und Institutionen vor Ort von den Qualitäten der Be-
werber. Auf den südamerikanischen
Kontinent haben sich **Philip Schilling
Sprachreisen** spezialisiert, von denen
auch diese Informationen stammen (siehe auch www.pivianexchange.com).
Schilling bietet Abiturienten, Studenten,
Absolventen und jungen Berufstätigen
im Alter zwischen 18 und 35 Jahren verschiedene Auslandsprogramme an. Dazu gehört die stark nachgefragte Vermittlung von qualifizierten Auslands-
praktikumsplätzen genauso wie Work &
Travel, Farmstay, Wildlife Experience
und Voluntariatsprogramme. Wer sich
um eines der begehrten Stipendien be-

wirbt, sollte mindestens sechs bis zwölf Monate Vorlaufzeit einkalkulieren.

Hilfreiche Informationen gibt es beim *Deutschen Akademischen Austausch Dienst* (www.daad.de) und bei www.weltwaerts.de. In den meisten Fällen muss zumindest ein Teil selbst finanziert werden. Es gibt die Möglichkeit, einen **Bildungskredit** (www.bildungskredit.de) aufzunehmen, der in den ersten Jahren zinsfrei ist.

Essen und Trinken

Die ecuadorianische Küche ist verglichen mit denen der Nachbarländer Peru und Kolumbien kein großer Wurf. Im Alltag manifestiert sich der **Sparzwang** der Mehrheit der Bevölkerung auch auf den Tellern.

Das **Mittagessen (Almuerzo)** ist die wichtigste Mahlzeit des Tages: Große Reisteller mit kleinen Fleisch- und Salatportionen bilden dabei meist das Hauptgericht in den zahllosen Restaurants. Die Suppe als Vorspeise ist oft kräftiger und schmackhafter. Dazu gibt es einen frischen Saft und gelegentlich einen süßen Nachtisch. Als **Abendmenü** heißt das Essen **Merienda.**

Die in den Anden traditionelle **Kartoffel** und ihre vielen Sorten werden zusehends vom **Reis** verdrängt.

Auf fast jedem Tisch steht **Ají,** eine sehr scharfe Gewürzsoße auf Basis der Cayenne-Pfefferschoten.

Gewöhnungsbedürftig für Europäer ist der **Koriander** *(cilantro),* ein Gewürzkraut, das vielen Speisen zugefügt wird, auch dem Ají.

Dominieren an der Küste Meeresfrüchte und tropische Beilagen wie Kochbananen, so sind in der Sierra Huhn, Rind und Ziege die wichtigsten Fleischsorten. Etwas teurer sind Lamm und Schwein. Das Meerschweinchen *(cuy)* ist bereits ein Festtagsschmaus. Regional gibt es natürlich die unterschiedlichsten Rezepte.

Hinweis: In einfachen Restaurants wird häufig nicht am Tisch bezahlt, sondern beim Verlassen des Lokals an der *caja,* der Kasse, oft eine Theke nahe dem Ausgang.

Speisen

Vorspeise (entrada), Snacks

■ **Bolas de verde** sind Bällchen aus grünen Kochbananen, die zu einem Püree geschlagen und mit Käse und Speck gefüllt werden.

■ **Ceviche (cebiche)** ist ein in Limonen- und Orangensaft marinierter roher Fisch *(corvina),* der, mit Zwiebeln, Salz, Pfeffer und ají gewürzt, meist mit Brot oder geröstetem Mais serviert wird. Es gibt verschiedene Arten der Zubereitung: *ceviche de camarones* (mit Garnelen), *de conchas* (Muscheln), *de langostas* (Langusten), *de langostinos* (Krabben), *de ostiones* (Austern).

■ **Empanadas** sind unterschiedlich zubereitete Teigtaschen mit diversen Füllungen, wie z.B.: *empanadas de arroz* (Reismehlteig mit Hühnerfleischfüllung), *empanadas de morocho* (Weißmehl- oder Morochomehlteig mit Schweinefleisch gefüllt), *empanadas de queso* (Weizenmehlteig mit Käse gefüllt), *empanadas de verde* (Kochbananenteig mit Hackfleisch oder Käse gefüllt).

■ **Humitas** bestehen aus einem süßen Maisteig, der mit gemahlenen Erdnüssen, Eiern und geriebenem Käse gefüllt ist. Die äußere Schale ist ein in heißem Wasserbad gedämpftes Bananenblatt.

■**Tamales** werden ähnlich wie humitas zubereitet, doch haben sie zusätzlich eine Fleischfüllung. Statt in ein Bananen- wird die Teigmasse in ein Achira-Blatt eingeschlagen.

■**Tortillas de maíz** sind mit Kartoffelbrei und Käse gefüllte Maismehltaschen, die im Ofen gebacken werden.

Suppe (sopa, caldo, locro)

■**Caldo de gallina** – die Hühnersuppe ist die populärste Suppe Ecuadors.

■**Caldo de pata** ist eine Kartoffelsuppe mit Schweinshaxe, Kartoffeln, Yucca, Lauch und gekochtem Mais *(mote)*. Geschmacklich abgerundet wird die Suppe mit *aji.*

■**Chupé de pescado** ist eine Fischsuppe mit Kartoffeln, Tomaten und Paprika.

■**Fanesca** ist eine fleischlose, traditionelle Suppe (in der Karwoche), bestehend aus verschiedenen Getreidekörnern *(granos)*, Mais, Linsen, Bohnen und Fisch.

■**Locro de queso** ist eine gelbe Suppe aus Kartoffeln, Mais, Zwiebeln, Käse und Milch, die häufig unter der Woche serviert wird.

■**Sancocho** ist eine Fleischbrühe mit Mais, Yuca und Kochbananen.

■**Yaguarlocro** ist eine Suppe aus Kartoffeln, Avocado, Blut und Rinderinnereien.

Hauptgericht (plato fuerte)

■**Arroz colorado** ist eines der vielen Reisgerichte mit Bratbananen *(maqueños)*, Hackfleisch, hart gekochten Eiern, Erbsen und Karotten.

■**Carne colorada** ist Beefsteak, meist mit gekochtem und geschältem Mais *(mote)*, Bratbanane *(maqueño)* oder Pommes und Avocado serviert.

■**Carne en palito** ist Ziegen- oder Rindfleisch auf dem Schaschlik-Spieß und wird oft auf der Straße angeboten, bekannt auch als *pincho.*

■**Chancho hornado** ist gebackenes Schweinefleisch, das mit gekochtem und geschältem Mais *(mote)*, Bratbanane *(maqueño)*, Avocado, Tomaten und neuerdings mit einem Sahnedressing serviert wird.

■**Churrasco** ist ein Schweine- oder Rindfleischstück, das mit Reis, Spiegelei und Salat gereicht wird.

■**Cuy** ist gegrilltes Meerschwein, das weniger im Restaurant, sondern mehr an Straßenständen angeboten wird.

■**Fritadas** sind Schweinefleischstückchen, die in der *paila* (Riesenpfanne ähnlich dem Wok) mit Knoblauch angebraten werden.

■**Guatita** sind Innereien vom Kalb mit einer Erdnusssoße, Avocado und Kartoffeln.

■**Llapingachos** sind frittierte Käse-Kartoffelpuffer, die oft mit *fritadas* serviert werden.

■**Lomo fino** ist zartes Rinderfilet, das zumindest in besseren Restaurants den Ansprüchen an zartes Fleisch genügt.

■**Lechón** ist das gebratene *(hornado)* Spanferkel, das auf Märkten und an Straßenständen angeboten wird.

■**Parrilladas** ähneln einem Barbecue, bei dem verschiedene Fleischsorten und Würstchen auf den Holzkohlengrill gelegt werden. Dazu werden in der Regel Salat, Bratbanane und Maiskolben *(choclos)* gereicht.

■**Seco de chivo** ist ein Fleischgericht aus Hammel- oder Ziegenfleisch, das mit Bier und *Naranjilla*-Saft zubereitet wird. Dazu gibt es gelben Reis. Daneben gibt es noch andere Secos wie *Seco de cordero* (Lammfleisch) oder *Seco de gallina* (Hühnchen).

▷ Imbisswagen in Coca (Amazonien)

Nachtisch (postre)

■**Quimbolitos** sind Teigtaschen aus gesüßtem Maismehl, dem Zuckerrohrschnaps *majorca* und Rosinen.

■**Helado** ist Speiseeis, das in diversen Variationen, teils mit Kompott, angeboten wird. Unbedingt probieren muss man das grüne Eis der *Naranjilla!* Der Geschmack erinnert an einen Mix aus Grapefruit und Limonen.

■**Torta de maqueño,** ein Bananenkuchen, ist nicht überall zu bekommen, sicher aber in Otavalo. Garantiert der beste Kuchen, seit es Bananen gibt!

Trinken

Kaffee/Tee

Der **cafecito,** das „Kaffeechen", oder der Tee (**té** oder **agua aromática**) werden gerne nach dem Essen getrunken und sind überall im Land erhältlich. Für europäische Geschmacksnerven ist der Kaffee in Ecuador nur selten gut. Einfache Restaurants brühen traditionell immer noch einen hochkonzentrierten Sud, der mit heißem Wasser oder heißer Milch übergossen und dann serviert wird. So gibt es den **café con leche** (eine Tasse Milch, mit Kaffeepulver/-sud), den **café negro** bzw. **café con agua** (schwarzer Kaffee) oder den **pintado** (Kaffee mit etwas Milch). Aber auch immer mehr Espresso und Filterkaffee sind in den Cafébars zu bekommen.

Der Tee wird mit Zitrone und Zucker getrunken. Bestellt man den Tee mit Milch, bekommt man eine Tasse Milch mit Teebeutel.

Heiße Schokolade bekommt man nur in manchen Restaurants und Cafés.

Mineralwasser

Das Mineralwasser **(agua mineral)** ist entweder mit Kohlensäure versetzt *(con gas)* oder ohne *(sin gas)*. Güitig (gesprochen „witik") ist die beste Marke in Ecuador.

Säfte

Frische Säfte heißen **jugo natural** und sind reiner Saft oder bei dickflüssigen Früchten mit Wasser verlängert, ggf. mit Zucker versetzt. Wer sie ungesüßt möchte, bestellt sie ohne Zucker *(sin azúcar)*. Gängige **Geschmacksrichtungen** sind Papaya *(papaya)*, Orange *(naranja)*, Maracuya *(maracuya)*, Banane *(plátano)*, Ananas *(piña)*, Grapefruit *(toronja)*, Wassermelone *(sandía)*, Baumtomate *(tomate)* und Brombeere *(mora)*. Das Ganze als **Milchshake** heißt **batido.**

Alkoholfreie Getränke

Alle nichtalkoholischen Limonaden-Getränke werden in Ecuador **colas** genannt. Getränke in Pfandflaschen sind deutlich preiswerter als in Wegwerfverpackungen. Der Preis für das Flaschenpfand ist mitunter höher als der Inhalt der Flasche selbst und variiert von Geschäft zu Geschäft.

An der Küste wird die grüne, „frühreife" **Kokosnuss** angeboten. Die Frucht wird vor den Augen des Kunden mit der Machete angeschlagen, mit einem Strohhalm saugt man die Milch aus der Nuss. Das Fruchtfleisch ist recht weich, aber durchaus essbar.

Alkoholische Getränke

Bier (cerveza) ist auch in Ecuador weit verbreitet, die führenden Marken sind Pilsener, Club und Brahma. Zunehmende Verbreitung finden „Light-Biere", von denen die Werbung behauptet, man könne doppelt so viel trinken – zum Wohl!

Wein (vino) ist in Ecuador verhältnismäßig teuer, da fast alle Sorten importiert werden. Empfehlenswert sind spanische, argentinische und vor allem chilenische Rotweine *(vino tinto)*. Ecuadorianischer Wein hingegen ist meist ungenießbar süß.

Cocktails *(cocteles)* und **Drinks** *(tragos)* sind in Ecuador in vielen Variationen und überall zu bekommen. Beliebtester Cocktail ist der *Cuba Libre*, Rum mit Cola. Wer der Wasserqualität nicht traut, sollte den Drink im Zweifelsfall *sin hielo* (ohne Eis) bestellen. Auch dann sind die Cocktails nicht warm, denn die Zutaten kommen aus dem Kühlschrank. Es schadet nicht, wenn man den Drink *helada(o)* (kalt) bestellt.

Weit verbreitet unter den **Schnäpsen** ist der billige Zuckerrohrschnaps *Aguardiente* oder *trago* (wörtlich: Schluck).

Chicha wurde ursprünglich von den Quechua-Indianern gebraut und ist ein Maisbier, bei den Indianern des Regenwaldes ein Maniokbier aus Yucca.

In Restaurants

In den Restaurants Ecuadors gibt es **zu allen Tageszeiten sowohl üppige als auch kleine Mahlzeiten.** An der Costa kommt in der Regel frischer Fisch auf den Tisch, in der Sierra Fleisch.

Frühstück

Zum Frühstück **(desayuno)** isst man in Ecuador häufig Spiegeleier *(huevos fritos)*, Rühreier *(huevos revueltos)* oder gekochte Eier *(huevos duros/a la copa)*, die entweder mit Toast *(tostada)* oder mit Brötchen *(pancito)* serviert werden. Zum Toast gibt es Butter *(mantequilla)* und Käse *(queso)*, manchmal auch Honig *(miel)* und Marmelade *(mermelada)*. Kaffee und Fruchtsaft sind obligatorisch.

Mittagessen

Als Mittagessen **(almuerzo)** werden in allen Restaurants eine *sopa* (Suppe) und ein *segundo* (das „zweite" Hauptgericht) gereicht, das in der Regel mit Fleisch/Fisch und viel Reis serviert wird. Dazu gibt es einen Saft. Wer sparsam unterwegs ist, fragt in den kleineren Restaurants nach dem *almuerzo* und isst für 1,50–3 $ zu Mittag.

Abendessen

Zum weniger verbreiteten Abendmenü **(merienda)** gibt es Ähnliches wie zu Mittag. Meist wird ein Salat gereicht, der vor der Mahlzeit auf dem Tisch steht. Wer nicht nach *almuerzo* oder *merienda* fragt, wählt von der Speisekarte *(carta)*.

Internationale Küche

Die „**chifas**" sind fast überall im Land verbreitete **chinesische Restaurants,** nicht nur in der Küstenstadt von Quevedo. Andere asiatische Küchen sind selten. In den Metropolen finden sich Thais, Japaner und Araber. **Italienische Pizzerias** haben auch vor den Toren Ecuadors keinen Halt gemacht und bringen teils hervorragende Teigwaren auf den Teller. Beliebt sind auch die fleischlastigen **kolumbianischen „Asados".** Darüber hinaus finden sich Spezialitäten aus Argentinien, Afghanistan, Brasilien, Deutschland und anderen Ländern bevorzugt in den großen Städten – auf dem Land kennt kaum jemand ein „Wiener Schnitzel". Und inzwischen breiten sich auch die bekannten **US-Fast-Food-Ketten** erfolgreich aus.

Feiertage, Feste und Märkte

Staatliche Feiertage

An den nachfolgenden festen Feiertagen haben **öffentliche Einrichtungen** (zumindest regional) **geschlossen:**

- **01.01.** – Neujahr *(Año Nuevo)*
- **06.01.** – Heilige Drei Könige
- **12.02.** – Tag der Entdeckung des Amazonas *(Día del Oriente)*
- **27.02.** – Schlacht von Tarqui *(Batalla de Tarqui)*
- **01.05.** – Tag der Arbeit *(Día del Trabajo)*
- **24.05.** – Schlacht am Pichincha *(Batalla de Pichincha)*
- **24.07.** – Geburtstag von Simón Bolívar *(Nacimiento de Bolívar)*
- **10.08.** – Unabhängigkeitstag von Quito *(Primer Grito de Independencia)*
- **09.10.** – Unabhängigkeitstag von Guayaquil *(Independencia de Guayaquil)*

- ■ **12.10.** – Entdeckung Amerikas *(Día de la Raza)*
- ■ **02.11.** – Allerseelen *(Día de los Difuntos)*
- ■ **03.11.** – Unabhängigkeitstag von Cuenca *(Independencia de Cuenca)*
- ■ **06.12.** – Gründung Quitos *(Fundación de Quito)*
- ■ **25.12.** – Weihnachten *(Navidad)*
- ■ Ferner existieren **bewegliche Feiertage** wie der Karfreitag *(Viernes Santo)*.

☑ Beliebtes Ziel am Meer: Montañita

Feste/Events

Der **Calendario de Eventos (Veranstaltungskalender)** in Ecuador ist voller Termine. Zu den meisten Festen spielt die „banda", die Dorfkapelle, auf oder gar eine Militärkapelle. Stierkampf und jede Menge „tragos" (Schnaps) sind vor allem im Hochland wichtige Bestandteile der Feiern.

Die wichtigsten und interessantesten Feste für den Ecuador-Besucher sind nachfolgend aufgeführt:

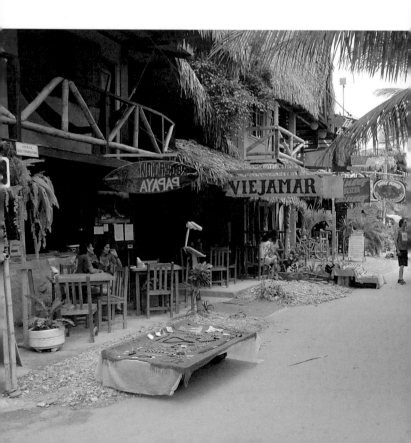

■**01. Januar:** Landesweit Neujahrsfeste mit Tanz und Verkleidung.

■**06. Januar:** Im ganzen Land Fest der Heiligen Drei Könige mit Folkloretänzen.

■**01. Februar:** Mira (nördlich von Ibarra): Rodeos, Ballspiele, Tänze, Feuerwerk zu Ehren der Jungfrau Maria *(Virgen de la Caridad)*.

■Der **Karneval** von Guaranda, Hauptstadt der Provinz Bolívar, ist vielleicht der lebendigste und traditionellste im Land.

■In Ambato findet Ende Februar das große **Blumenfest** *(Fiesta de las Frutas y de las Flores)* statt. Es fällt nicht selten mit dem Karneval zusammen.

ecu089 peko

■**02.–05. März:** Atuntaqui (südlich von Ibarra): Zuckerrohrfest mit Tanz.

■**04.–10. März:** Gualaceo: Pfirsichfest (Ausstellung von Blumen und Früchten) mit Umzügen und Tanz.

■**12. April:** Cuenca: Stadtgründungsfest

■**19.–21. April:** Riobamba: Fest der Landarbeiter mit Umzügen und Folkloretanz.

■**02. Mai:** Quito: Fest von La Cruz in den Straßen Prensa y Sumaco mit Maskerade, Musik und Tanz.

■Im **Mai:** Checa (nordöstlich von Quito): Fest des *Señor de la Buena Esperanza* mit Musik, künstlerischen Darbietungen und viel Feuerwerk.

■**11.–14. Mai:** Puyo: Industrie- und Landwirtschaftsausstellung.

■**24. Juni:** Otavalo und Guamote: Johannisfest mit Tanz und anderen Vorführungen.

■**16. Juli:** Ibarra: Fest der *Virgen del Carmen* mit Musik, Verkleidung und Feuerwerk.

■**22. Juli:** Pelileo (zwischen Ambato und Baños): Fest der Heiligsprechung mit Folkloretanz und Stierkampf.

■**23.–25. Juli:** Guayaquil: Fest der Stadtgründung mit Schönheitswettbewerb, diversen Kulturveranstaltungen, Tanz und Kunstausstellungen.

■Im **August:** Quito: Im *Mes del Arte* veranstaltet die Stadt Quito alljährlich ein Kulturspektakel mit Ausstellungen, Theater, Filmreihen und Open-Air-Veranstaltungen.

■**03.–05. August:** Esmeraldas: Fest der Unabhängigkeit mit Marimbas und afro-ecuadorianischer Folklore.

■**10. August:** Pillaro (nordöstlich von Ambato): San Lorenzo-Fest mit Verkleidung und Stierkampf.

■**02.–05. September:** Otavalo: Yamor-Fest mit Hahnenkampf, Folklore, Musik, Tanz u.v.m.

■**05.–12. September:** Loja: Fest der *Virgen del Cisne* mit vielen Attraktionen, Verkleidung und Folkloretanz.

■**06.–14. September:** Cotacachi: Jora-Fest mit Folkloretanz und Musik.

■**08.–09. September:** Sangolquí: Tanz und Stierkampf.

20.–26. September: Machala: internationales Bananenfest.

23.–24. September: Quito und Latacunga: Fest der *Virgen de las Mercedes* (in Latacunga eher als *Fiesta de la Mama Negra* bekannt) mit vielen Attraktionen, Tanz, Andenmusik und Feuerwerk.

24.–28. September: Ibarra: Fest der Seen mit Industrie- und Landwirtschaftsmesse, Folkloretanz und Musik.

14.–18. Oktober: Portoviejo: Industrie- und Landwirtschaftsausstellung.

03. November: Cuenca: Stadtfest der Unabhängigkeit mit Musik und Tanz.

Ende November bis 06. Dezember: Stadtgründungsfest in Quito, u.a. internationaler Stierkampf.

31. Dezember: Silvester *(año viejo)* wird im ganzen Land nur moderat gefeiert. Eine Besonderheit ist die Verbrennung von Politikerpuppen. Am späten Abend gibt es in den Familien das traditionelle Silvestermahl.

Märkte

In der ecuadorianischen Sierra gibt es überall Märkte, auf denen ein lebendiges und buntes Treiben herrscht.

Auf den Märkten hört man bisweilen noch **altspanische Maße und Gewichte** wie eine *libra* (ca. 450 g), ein *quintal* (ca. 45 kg), ein *barril* (159 l) und ein *galón* (3,785 l), im Allgemeinen aber gilt wie bei uns das metrische Maßsystem.

Große und bekannte **Wochenmärkte** werden abgehalten in (Auswahl):

◪ Maskenverkauf zu Silvester

eco077 peko

■ **Ambato:** Montagsmarkt (Auto-, Tier- und andere Märkte).

■ **Cotocollao:** Großer Straßenmarkt in Nord-Quito (Anfahrt mit dem Metrobus).

■ **Cotacachi**: Auf dem Wochenendmarkt entlang der Hauptstraße werden Lederwaren angeboten.

■ **Gualaceo:** Großer Sonntagsmarkt.

■ **Guamote:** Großer Landmarkt am Donnerstag.

■ **Latacunga:** Samstagsmarkt, auf dem es u.a. die beliebten *shigras* (bunte Netztaschen aus Agave-Fasern) gibt.

■ **Otavalo:** Auf dem größten Samstagsmarkt in Ecuador wird vor allem das Kunsthandwerk der Otavalo-Indianer angeboten. Auf dem „Poncho-Platz" wird die ganze Woche über gehandelt.

■ **Pujilí:** Großer Sonntagsmarkt, u.a. Keramiken.

■ **Riobamba:** Großer bunter Samstagsmarkt.

■ **Salasaca:** Sonntagsmarkt, auf dem handgewebte Wandteppiche der *Salasaca*-Indianer verkauft werden.

■ **Sangolquí:** Sonntags großer landwirtschaftlicher Markt im ganzen Ort.

■ **Santo Domingo:** Großer Sonntagsmarkt.

■ **Saquisilí:** Großer Donnerstagsmarkt nahe Quito, am Dorfrand Viehmarkt.

Fotografieren

Unter der Äquatorsonne sind Fotografen mit einer sehr **hohen Lichtstärke** konfrontiert. UV-Filter können das in Teilen kompensieren. Gleichzeitig erzeugt das Licht sehr stark kontrastierende Schatten. Bei Sonnenlicht sind schon Gesichter extrem schwer zu fotografieren oder aber entsprechend zu positionieren. Bewölkung verhängt zwar den blauen Himmel, schafft aber besseres Licht zum Fotografieren auf dem Äquator. Es dämmert am Äquator übrigens extrem schnell.

Digitale Kameras sind dem starken Licht gegenüber meist weniger empfindlich. Dafür reflektiert der eingebaute Monitor hell bis zur Unkenntlichkeit. Bei Digitalkameras stellt sich auf Grund des Motors für das Zoom und andere elektrisch betriebene Komponenten eine höhere Gerätetemperatur ein. In kälteren Regionen und bei Temperaturabfall kommt es daher häufiger zur Bildung von Kondenswasser auf der Linse. Lösung: vorübergehend abschalten und abwarten, bis eine Temperaturangleichung eintritt.

Da es auch überraschend zu starken Niederschlägen kommen kann, da Sie womöglich mit dem Boot unterwegs sind oder aber Starkwinde feinsten Sand durch die Täler blasen, empfiehlt sich ein **wasserfester Fotosack** zum Transport von Kamera, Filmen und Speicherchips. Die gibt es bei jedem Ausstatterladen in Deutschland zu kaufen. Tipp: Eine Kamera im wasserdichten Sack versinkt auch nicht im Meer oder Fluss, wenn Sie genügend Luft im Sack lassen.

Häufig wollen die **Menschen,** die wir besuchen, nicht fotografiert werden. Das ist zum Schutz ihrer Privatsphäre dringend zu beachten. Kommunizieren Sie mit ihnen und fragen Sie im Zweifelsfall um Erlaubnis; Absagen sind zu respektieren. Manchmal erwarten Menschen gerade auf dem Land eine Motivgebühr von „one Dollar". Hier heißt es: Zahlen oder das Fotografieren unterlassen. Manchmal freundet man sich aber gerade über den Umweg einer kleinen Fotoshow auf dem Bildschirm der digitalen Kamera an.

Militärische und polizeiliche Einrichtungen dürfen nicht fotografiert werden.

Fotokameras sind begehrte Objekte von **Dieben.** Es gibt einen regen Hehlermarkt mit gestohlener Ausrüstung jeglicher Art in Ecuador. Passen Sie in allen Reiselagen besonders gut auf Ihre Kamera auf!

Frauen allein unterwegs

Nicht jeder Annäherungsversuch ist gleich eine Anmache. Deshalb sollte frau sich nicht grundsätzlich belästigt fühlen, wenn sich ihr ein Südamerikaner nähert. Viele Latinos suchen den Kontakt, weil sie neugierig und offen sind und ein Gespräch führen wollen. So wird frau häufig angesprochen. Und natürlich: Für so manchen Latino-Macho sind die „Gringas" aus den fernen Ländern schlicht sexuelle Beuteobjekte.

An das **Hinterherpfeifen** auf der Straße, häufig aus vorbeifahrenden Autos heraus, sollte sich frau schnell gewöhnen, sonst findet sie sich in einem Zustand der Dauerempörung wieder – einfach ignorieren!

Die **Kleidung** sollte angemessen und zurückhaltend sein. Blusen ohne BH zu tragen, fordert anzügliche Blicke heraus. Shorts und Miniröcke sind an der Küste wiederum gang und gäbe. Baden oben ohne ist in ganz Lateinamerika verpönt, so auch in Ecuador.

Fremdenführer

Buchtipps – Praxis-Ratgeber

■ *Helmut Hermann,* **Reisefotografie**
■ *Birgit Adam,*
Als Frau allein unterwegs
(beide Bände REISE KNOW-HOW Verlag)

Nicht jeder Reiseführer/Tourguide in Ecuador hält, was er verspricht. Eine Buchung über eine Agentur ist in der Regel die beste Garantie für eine gute Führung. Meist sprechen die Führer zumindest akzeptabel englisch und verstehen ihr Metier.

Gewarnt sei vor den preiswertesten Anbietern auf den Galápagos-Inseln, gar lebensgefährlich kann die Wahl eines billigen selbst ernannten Bergführers werden. Seriöse Guides bieten sich nicht auf der Straße an. Wer z.B. nach Latacunga kommt, wird evtl. von Einheimischen darauf angesprochen, ob er nicht einen Führer für den Cotopaxi-Aufstieg benötigt. Ein höfliches, aber bestimmtes „no, gracias" (Nein, danke) ist in solchen Fällen die einzig richtige Antwort.

Das **Angebot eines Fremdenführers** muss genau überprüft werden: Was enthält es, wirkt der Führer glaubwürdig, kann evtl. jemand (andere Reisende) seine Angaben bestätigen? Gegebenenfalls ist eine schriftliche Vereinbarung vorzunehmen. Ecuadorianer sind sehr redegewandte Menschen und finden immer auch eine Ausrede für fehlgeschlagene Projekte.

Das Tourismusministerium und weitere Institutionen bemühen sich redlich, durch **Weiterbildung und Zertifizierung** das Niveau lokaler Führer zu heben und landesweite Standards einzuführen. Ist eine Exkursion logistisch aufwendig, ist eine geführte Tour in einer Gruppe oftmals preiswerter und zeiteffizienter als die Organisation auf eigene Faust. In einigen Nationalparks und Reservaten ist ein Führer zum Besuch sogar Pflicht.

Auch in Ecuador gilt: **Gute Dienste sind nicht billig.** Mit der Zeit stellt sich vielleicht der „Riecher" ein, der eine(n) in die Lage versetzt, die richtige Wahl zu treffen.

⌄ Am Strand in Cojimíes

ecu091 peko

Gastfreundschaft

Wer mit dem Flugzeug in Ecuador gelandet ist, hat es zunächst nicht selten mit einem grimmigen Grenzbeamten zu tun, der misstrauisch fragt, wie lange man zu bleiben gedenke; vom Gepäckkontrolleur ist nur ein gegrummeltes „Ticket" zu vernehmen. Dann rufen einem um Umsatz bemühte Frauen „money change" aus einem kleinen Glashäuschen zu, bevor man an den manchmal flehend und weinend wartenden Angehörigen ecuadorianischer Reisender vorbei in das Wortgewitter von Fahrern der gelben Flotte gerät: „Taxi, Taxi, Taxi, Taxi, Mister, Taxi, muy barato …".

Die wahre Welt der ecuadorianischen Gastfreundschaft zeigt sich an weniger neuralgischen Punkten der Begegnung. Ecuadorianer **im Hochland** sind höflich, förmlich, respektvoll, etwas zurückhaltend, nur selten laut, aufbrausend oder gar frech. **An der Küste** kann das schon mal andersherum sein. Und da es keine besondere Kinderstube gibt, wie man Fremden begegnen möge, nehmen einen Ecuadorianer einfach so auf wie sie sind.

Selbst **in der Gastronomie** hält erst seit wenigen Jahren eine nach westlichem Muster geprägte Dienstleistungsmentalität Einzug.

Bekommt man engeren Kontakt zu Ecuadorianern, wird man **herzlich aufgenommen, umsorgt und ausgefragt,** denn Ecuadorianer lieben es, mit Ausländern zu reden, ist erst einmal das Eis gebrochen.

Gelegentlich hört man auf der Straße ein „Mister" oder **„Gringo",** geleitet von der vorherrschenden Meinung, dass Ausländer in Ecuador eigentlich fast alle US-Amerikaner seien und entsprechend gerne in ihrer englischen Muttersprache angesprochen werden. Während das „Gringo" respektlos oder flapsig ist, kann das – durchaus nervige – „Hello Mister" auch sehr höflich gemeint sein. Viele Ecuadorianer versuchen dem Gast sprachlich einfach etwas entgegenzukommen. Andere hingegen wollen schlicht nur Ware an den Mann bringen. Wer Ecuadorianern mit **Respekt** und **Neugier** begegnet, vielleicht die eine oder andere **Zurückhaltung** von ihnen übernimmt, wird sich wohl und aufgenommen fühlen.

Begrüßung

Das **Händeschütteln** zur Begrüßung ist in Ecuador üblicher als in Europa. Gelegentlich stellt man sich bloß vor und nickt sich zu. Befreundete Männer reichen sich die rechte Hand und klopfen sich im selben Moment mit der linken Hand gegenseitig auf die Schulter. Befreundete oder verwandte Frauen untereinander sowie Frauen und Männer begrüßen und verabschieden sich mit einem angedeuteten Kuss auf die Wange. Dabei nimmt man sich auch gern in den Arm.

Pünktlichkeit

Das bekannte **mañana (morgen)** kann auch *pasado mañana* (übermorgen) oder gar *próxima semana* (nächste Woche) bedeuten; Pünktlichkeit und das Einhalten von Terminen sind nicht gerade die Stärke der Ecuadorianer. Beliebt ist der Begriff *ya mismo* (sofort) für Dinge, die noch eine unbestimmte Zeit dauern können. Der/die Reisende sollte wissen, dass eine Verabredung in Ecuador nicht immer als etwas Verbindliches, sondern eher als Vorschlag zu verstehen ist. Erst wenn eine Verabredung *confirmado* (bestätigt) ist, ist sie gültig. Auf Partys geht man übrigens niemals pünktlich. Das ist unhöflich. Mindestens eine Stunde nach dem Einladungszeitpunkt sollte man ankommen, wenn nicht ausdrücklich auf Pünktlichkeit hingewiesen wird. Diese **Kultur des Sich-Verspätens** wird auch „**hora ecuatoriana**" genannt, also „ecuadorianische Zeit/Stunde". Staatspräsident *Gutiérrez* hatte dieser Unsitte 2003 in einer Kampagne den Kampf angesagt und u.a. einen staatlichen Gedenktag der Pünktlichkeit (!) eingeführt. Schließlich gingen der Volkswirtschaft Millionen durch Verspätungen verloren.

Geld und Finanzen

Währung

Die Landeswährung Ecuadors ist seit dem Jahr 2000 der US-amerikanische Dollar (Währungszeichen „$"). Der vorher gültige Sucre wurde 2001 gänzlich aus dem Verkehr gezogen. Vorausgegangen waren im Jahr 1999 eine Schwindel erregende Abwertung des Sucre und eine sehr hohe Inflation.

Prüfen Sie **Banknoten** stets auf deren Echtheit, so gut Sie es vermögen. Es gibt Noten zu 1, 5, 10, 20, 50 und 100 Dollar sowie **Münzen** zu 1, 5, 10 (Dime), 25

(Quarter), 50 Cents und 1 $. Nicht bei den Banknoten, aber bei den Cents hat die Zentralbank gleichwertige und gleich große ecuadorianische Münzen mit spanischer Beschriftung prägen lassen.

Wechselkurse

Die Wechselkurse europäischer Währungen zum Dollar sind durch die Maßnahme der „Dollarisierung" auch in Ecuador uneingeschränkt gültig (d.h. bei schwachem Dollar entsprechend günstig). Wer Dollars bei sich führt, sollte kleine Noten bevorzugen.

Geldwechsel

Wer Geld wechseln möchte, muss seinen **Reisepass vorlegen. Wechselstuben** *(casas de cambio)* und einzelne **Banken** tauschen Mo bis Fr von etwa 9–16 Uhr Devisen. Neben den Banken mit ihren festen Geschäftszeiten gibt es allerdings in den großen Hotels der drei Städte Quito, Guayaquil und Cuenca auch die Möglichkeit, an Sonn- und Feiertagen zu tauschen. Der Kurs ist nur geringfügig schlechter. Auch an den internationalen Flughäfen befinden sich Wechselschalter

---

Wechselkurse
Stand: Januar 2013, gerundete Angaben

- 1 Euro = 1,30 US-$
- 1 US-$ = 0,77 Euro
- 1 SFr = 1,08 US-$
- 1 US-$ = 0,93 SFr

mit ausgeweiteten Öffnungszeiten. Nach einem Geldwechsel sollte man nicht spazieren gehen, sondern erst das Hotel aufsuchen und das Geld sicher deponieren.

EC-/Maestro-Karte

Mit der EC-/Maestro-Karte lässt sich in Ecuador (in den Städten) bequem **Geld am Automaten** abheben. Führt die Karte das blaue Cirrus-Zeichen, gibt jeder Automat mit diesem Zeichen bei Eintippen der Geheimzahl Bargeld aus. Automaten-Abhebungen bis 500 $ ermöglicht beispielsweise die *Banco del Pichincha*. Einige Geldinstitute allerdings sperren ihre Karten für den Einsatz in Lateinamerika oder verlangen eine vorherige Freischaltung durch den Karteninhaber. Fragen Sie Ihre Bank. Zum Geldabheben am Automaten siehe auch unten im Abschnitt „Kreditkarten".

Ob Gebühren anfallen und wie hoch die **Kosten für die Barabhebung** sind, ist abhängig von der kartenaustellenden Bank und von der Bank, bei der die Abhebung erfolgt. Man sollte sich daher vor der Reise bei seiner Hausbank informieren, mit welcher ecuadorianischen Bank sie zusammenarbeiten. Im ungünstigsten Fall wird pro Abhebung eine Mindestgebühr oder eine Gebühr von bis zu 1 % des Abhebungsbetrags per Maestro-Karte berechnet.

Schecks

Empfohlene Reisezahlungsmittel für Ecuador sind kleinere Mengen Dollar in bar sowie **Reiseschecks auf Dollar-Basis,** bei deren Tausch in Bargeld aller-

dings sowohl in Banken als auch Wechselstuben eine Gebühr erhoben wird, die beträchtlich variieren kann (nach Bank/Wechselstube und auch nach Ortschaft). Reiseschecks werden nur noch in wenigen Banken und Wechselstuben gewechselt, am ehesten von MasterCard, VISA, American Express; die meisten Banken haben jedoch nur jeweils einen Scheckpartner im Repertoire, z.B. kooperiert die *Banco de Guayaquil* mit VISA, die *Banco del Pacífico* mit Mastercard. Die Supermarktkette „Supermaxi" nimmt beim Einkauf auch Dollar-Reiseschecks.

Kreditkarten

Für den potenziellen Dieb ohne Wert, werden Kreditkarten dem Besitzer bei Verlust später ersetzt und Abhebungen durch Missbrauch erstattet, sofern der Verlust binnen 24 Stunden angezeigt wird. Mit Kreditkarten gibt es Bargeld an zahlreichen **Geldautomaten** im Land. Für Barabhebungen per Kreditkarte kann das Kreditkartenkonto je nach ausstellender Bank mit einer Gebühr von bis zu 5,5 % belastet werden, für das bargeldlose Zahlen dagegen werden nur 1–2 % für den Auslandseinsatz berechnet. Mehrere Banken stellen mittlerweile Kreditkarten aus, mit denen man am Automaten nahezu weltweit gebührenfrei Bargeld abheben kann, z.B. mit der DKB-VISA-Card.

Am besten ist eine Mischung aus bargeldlosem Zahlen und regelmäßigen, kleineren Abhebungen von Bargeld. Informieren Sie sich vor der Abreise bei Ihrer Bank über das **Auszahlungslimit** Ihrer Kreditkarte. Wenn Sie höhere Ausgaben tätigen wollen, beispielsweise eine

Galápagos-Reise vor Ort mit der Karte bezahlen, ist das Limit ggfs. vor der Reise heraufzusetzen.

Mit Kreditkarten kann **in Reisebüros, bei Fluglinien, in vielen Restaurants und Geschäften** bezahlt werden (i.d.R. überall dort, wo es an der Tür steht). VISA und MasterCard sind am weitesten verbreitet, American Express etwas weniger. In vielen Mittelklasse-Hotels sind Kreditkarten jedoch noch nicht üblich. Beim Einkauf mit Karte werden gelegentlich 10 % des Preises zusätzlich verlangt – erkundigen Sie sich vorher!

Auf den **Galápagos-Inseln** regiert die MasterCard, die Partnerkarte der dort ansässigen *Banco del Pacífico*. Doch andere Kreditkarten werden zunehmend akzeptiert.

Verlust von Geldkarten

Bei Verlust oder Diebstahl der Kredit- oder EC-/Maestro-Karte sollte man diese umgehend sperren lassen. Für Maestro- und Kreditkarten gibt es die einheitliche **Sperrnummer 0049 116 116.** Unter dieser Nummer können alle deutschen Geldkarten gesperrt werden. Um klären zu können, wie man anschließend trotzdem im Ausland an Bargeld kommen kann, ist es unter Umständen sinnvoll, sich außerdem nach der Notfallnummer der eigenen Bank zu erkundigen. Für Österreich und die Schweiz gibt es keine zentrale Sperrnummer! VISA- und MasterCard-Karten können entwe-

der beim eigenen Anbieter (Nummern mitnehmen!) oder über die internationale Zentrale gesperrt werden. Weitere hilfreiche Anlaufstellen:

■ **EC-/Maestro-Karte:**
(A)-Tel. 0043-1-2048800,
(CH)-Tel. 0041-44-2712230,
UBS: Tel. 0041-44-8283135,
Credit Suisse: Tel. 0041-800-800488
■ **MasterCard:**
internationale Tel. 001-636-7227111
■ **VISA:** internationale Tel. 001-303-967-1091
■ **American Express:** (A)-Tel. 0049-69-97971000,
(CH)-Tel. 0041-443-846-333

> Fußballfan mit den deutschen Farben und DFB-Aufnäher (im Tal von Intag)

Geldtransfer

Wer dringend eine größere Summe ins Ausland überweisen lassen muss wegen eines Unfalles o.Ä., kann sich auch nach Ecuador **über Western Union** Geld schicken lassen. Für den Transfer muss man die Person, die das Geld schicken soll, vorab benachrichtigen. Diese muss dann bei einer Western-Union-Vertretung (in Deutschland u.a. bei der Postbank) ein entsprechendes Formular ausfüllen und den Code der Transaktion telefonisch oder anderweitig übermitteln. Mit dem Code und dem Reisepass geht man zu einer beliebigen Vertretung von Western Union in Ecuador (siehe Telefonbuch oder www.westernunion.com), wo das Geld nach Ausfüllen eines Formulares binnen Minuten ausgezahlt wird (aber nicht ganz billig).

Reisekosten

Weite Landesteile Ecuadors sind für europäische Verhältnisse **preiswert bis sehr preiswert** zu bereisen. In der Gastronomie vor allem der Großstädte und exklusiven Touristenorte erreichen die Preise allerdings fast mitteleuropäisches Niveau. **Die Galápagos-Inseln sind deutlich teurer als das Festland.**

Transportkosten

Die Transportkosten sind in Ecuador bisher noch **recht niedrig,** besonders auf den Straßen.

Flüge innerhalb des Festlandes kosten oneway zwischen 50 und 70 $, wobei größere Entfernungen wie Quito – Loja oder Flüge in den Regenwald, etwa Quito – Lago Agrio, etwas teurer sind. Ziemlich teuer sind Flüge nach Galápagos. Deren Preise sind seit Jahren recht stabil: Hin- und Rückflug kosten ab Quito 361 $ in der Nebensaison und 415 $ zur Hauptsaison, von Guayaquil aus 323 bzw. 365 $. Hauptsaison ist vom 15.6. bis 15.9. und vom 1.12. bis 5.1.

Überlandbusse sind sehr preiswert. Als Faustformel gilt: Eine Stunde Fahrtzeit kostet 1–1,50 $. Leser berichten, dass einige Busgesellschaften doppelte Fahrpreise bei Ausländern kassieren (wollen), was verboten ist.

Taxis in den Städten kosten ab 1 $ pro Fahrt. In Quito sollte tagsüber immer das *Taxímetro* eingeschaltet sein, leider sind diese manchmal mit einem „turbo" manipuliert. Abends ist der Preis auszuhandeln; er liegt 25 bis 50 % höher. Andere Städte kennen keine Taxameter. Die Preise haben ortsübliche Standards, die man besser unabhängig erfragt, bevor der Taxifahrer sie einem erklärt. Eine Fahrt vom alten Flughafen Quito in die Altstadt kostet bei eingeschaltetem Taxameter etwa 5 $. Die vom Flughafen registrierten Taxis direkt vor dem Ankunftsportal nehmen etwa 8 $. Wer Gepäck oder Wertsachen bei sich führt, sollte nach der Landung nicht den preiswerten Transport an der Hauptstraße suchen – Diebe warten nur darauf!

Stadtbusse kosten in Quito 25 US-Cent.

Eisenbahn: Das Bahnnetz ist im Prozess der Runderneuerung. Einige Passagen werden schon wieder befahren; siehe dazu weiter unten im entsprechenden Kapitel und online unter www.trenecuador.com.

Lebenshaltungskosten

Hotels gibt es in allen Preisklassen. Billigste und sehr einfache Unterkünfte bekommt man auch in den großen Städten Quito und Guayaquil bereits ab 10 $. In den 5-Sterne-Hotels bezahlt man für ein Einzelzimmer ab 80 $ aufwärts.

In kleinen **Restaurants** bekommt man das – durchaus sättigende – Tagesessen ab 1,50 $. Da bleibt dann die Küche in der Herberge gerne kalt. Gerichte von der Karte kosten in einfachen Restaurants 2 bis 4 $, in den besseren 5 bis 10 $. Die Spitzenrestaurants haben auch in Ecuador Spitzenpreise.

Eine **Flasche chilenischen Weins** im Restaurant kostet zwischen 20 und 40 $. Für ein großes **Bier** (600 ml) zahlt man 1,50 bis 3 $, nicht alkoholische Getränke sind preiswerter. Die Kneipenpreise haben spürbar angezogen und erreichen in den schicken Szenelokalen bereits europäisches Niveau.

In den **Supermärkten** Ecuadors, etwa „Supermaxi", gibt es Jahres-Rabattkarten – lohnt sich für Vielkäufer! Beim Verlassen eines Supermarktes hat man übrigens immer den Kassenbon bei sich zu führen (Kontrollen!).

Für den Individualreisenden, der auf eigene Faust die **Galápagos-Inseln** bereist, ist das Leben auf den Inseln im Vergleich zum Festland teurer. Sämtliche Nahrungsmittel müssen per Schiff oder Flugzeug herangeschafft werden, wodurch die Preise entsprechend höher sind. Auch die Unterkünfte sind etwas teurer.

Touren

Wollen Sie eine **Berg-, Dschungel- oder Galápagos-Tour** unternehmen, gilt immer: Vor Ort buchen ist meist um mindestens 25 % preiswerter als in Quito und oft nur halb so teuer wie eine in Deutschland gebuchte Tour.

Tipp: Einige Agenturen wie etwa *Enchanted Expeditions* (www.enchantedexpeditions.com) in Quito verkaufen ihre kurzfristig freien Galápagos-Plätze auf soliden Schiffen zu Last-Minute-Tarifen.

Nationalparks

Seit Anfang 2012 erheben die Nationalparks und staatlichen Naturschutzgebiete keinen Eintritt mehr. Ausnahme ist der Nationalpark **Galápagos:** Hier werden bei der Einreise **100 $** pro Person einschließlich einer Gemeindegebühr fällig. Zudem ist eine Migrationsgebühr von 10 $ am Flughafen in Quito oder Guayaquil an das nationale Galápagos-Institut Ingala zu zahlen. Man zahlt die Gebühren in bar am Abflughafen oder auf Galápagos.

Gesundheit

Eine Reise nach Ecuador bedarf einiger medizinischer Vorkehrungen, auch wenn keine größeren gesundheitlichen Risiken unterwegs zu befürchten sind. Umfassende und aktuellste Informationen können im Internet auf der Webseite des **Centrums für Reisemedizin** eingesehen werden: **www.crm.de** (s. a. im

Anhang „**Reise-Gesundheitsinforma-tionen Ecuador**"). Die nachfolgenden Ausführungen sollen nur zur groben Orientierung dienen und ersetzen keine reisemedizinische Beratung durch den Facharzt.

Impfungen

Impfvorschriften sind mit einer Reise nach Ecuador nicht verbunden. Gegebenenfalls sollten Tetanus- und Polio-Impfung aufgefrischt werden. Eine Gelbfieber-Impfung empfiehlt sich für bestimmte Regionen des Oriente und der Küste; sie ist in Ecuador übrigens wesentlich billiger als in Deutschland, z.B. in Quito im öffentlichen „Centro de Salud". Der Impfschutz beginnt zehn Tage nach der Injektion.

Hepatitis A

Hepatitis A (**Gelbsucht**) ist in Ecuador – wie in allen tropischen und subtropischen Gegenden – aufgrund mangelhafter Hygiene **weit verbreitet.** Die Hepatitis A wird entweder über Nahrungsmittel, Trinkwasser, Kontakt mit infizierten Personen oder durch infizierte Spritzen übertragen. Die infizierte Person scheidet die Hepatitis-A-Viren bereits zwei Wochen vor Auftreten erster Symptome mit dem Stuhl aus.

Symptome der infektiösen Gelbsucht (Hepatitis A) sind Appetitlosigkeit, Abneigung gegenüber fetten Speisen, Alkohol und Nikotin, Abgeschlagenheit, Übelkeit; außerdem können Fieber (bis 39 Grad), Durchfälle und Schmerzen unter dem rechten Rippenbogen (Leber)

auftreten. Im späteren Stadium kommen eine Gelbfärbung der Augen und die Dunkelfärbung des Urins bei gleichzeitiger Entfärbung des Stuhls (weißlich!) hinzu. Spätestens bei diesen Symptomen müssen Sie einen Arzt konsultieren! Der Kranke sollte jede körperliche Anstrengung vermeiden (Bettruhe!), keinen Alkohol zu sich nehmen und Schonkost aus gekochten, leichten Speisen (Gemüse, Obst, mageres Fleisch und gekochter Fisch, Reis, Haferflocken usw.) essen, auf keinen Fall gebratene, frittierte und fette Speisen – die dem Kranken normalerweise ohnehin nicht schmecken.

Es gibt inzwischen eine empfohlene und wirksame **Impfung** gegen Gelbsucht/Hepatitis A mit dem Impfstoff Havrix. Es handelt sich um eine zweimalige Impfung im Abstand von 14 Tagen, nach einem Jahr ist die Impfung zu wiederholen. Eine Impfung gegen Hepatitis A ist empfehlenswert, wenn Sie häufig in tropische Länder reisen.

Einen eingeschränkten Schutz gegen Hepatitis A stellt eine **Gammaglobulin-Spritze** dar. Dieses Mittel erhöht die Widerstandskraft des Körpers gegen jede Art von Krankheitserregern, also auch gegen die meisten Arten der Hepatitis. Von Tropenärzten bei kurzen und seltenen Tropenaufenthalten empfohlen, ist kurz vor der Abreise eine Spritze zu setzen. Der Schutz hält ca. sechs Wochen bis drei Monate an und senkt das Risiko einer Infektion um die Hälfte.

Gegen die **Hepatitis-B-Serumhepatitis,** die auf dem Blutwege (z.B. durch Bluttransfusionen, durch ungenügend sterilisierte Spritzen, oral oder durch intimen Körperkontakt) übertragen wird, ist ein Impfschutz möglich, er ist jedoch verhältnismäßig teuer (ca. 60 Euro).

Doch auch einige Krankenkassen übernehmen die Kosten.

Zu erwägen ist im Vorfeld der Reise eine **Tollwut**-Impfung für ausgiebige Outdoor-Aktivitäten.

Erkrankungen unterwegs

Häufige Reisekrankheiten und durchaus „normal" sind in Ecuador **Magen- und Darmstörungen** (infolge der Nahrungsumstellung), **Hauterkrankungen** (hervorgerufen durch Flöhe, Läuse und anderes Getier), **Höhenanpassungsschwierigkeiten** (äußern sich als Müdigkeit, Kopfschmerzen und/oder Kreislaufprobleme) und **Erkältungen** (Klimawechsel!). Ernsthafte Krankheiten sind in Ecuador allerdings selten bis unwahrscheinlich, wenn die nötige Vorsorge getroffen wird.

Magen- und Darmstörungen

Probleme mit der Verdauung können durch Bakterien (Salmonellen), Parasiten, Viren (Darmgrippe) und Amöben verursacht werden.

Als **grundsätzliche Prophylaxe** in diesem Bereich gilt: Wasser (auch aus der Leitung) sollte abgekocht werden (ab 3000 m mindestens 15 Minuten lang!). Am besten verwendet man nur in Flaschen abgefülltes Wasser oder desinfiziert das Wasser mit Micropur, Romin oder Certisil (erhältlich in Ausrüsterläden, teils in Apotheken). Eiswürfel im Drink sind immer ein Risiko, ebenso Schnellimbiss-Mahlzeiten, die aus der Tiefkühltruhe stammen. Das Fett, das bei der Zubereitung von Pommes etc. Verwendung findet, kann sehr alt sein, also auch hier *cuidado* (Vorsicht)! Blattsalate und solche aus ungeschältem Gemüse sowie ungeschälte Früchte sollten nicht gegessen werden.

Als **Vorsorge** seien **scharfe Gewürze** (Chilli, Pfeffer oder Knoblauch) erwähnt, die das Risiko einer Darminfektion mindern, da sie die Sekretion des Magensaftes anregen, der keimtötende Wirkung hat.

Knoblauch wirkt nicht nur im vorbeugenden Sinne gegen Magen- und Darmerkrankungen, sondern hat auch einen desinfizierenden Effekt, wodurch unerwünschte Bakterien und Parasiten sowie Fäulnisprozesse im Darm gehemmt bzw. verhindert werden.

Trinken Sie in den Tropen stets reichlich, bei Durchfallerkrankungen noch mehr! Achten Sie dabei auch auf die Aufnahme von Salzen.

Buchtipps

Zum Thema Gesundheit bzw. Krankheiten auf Reisen hat REISE KNOW-HOW nützliche Ratgeber im Programm:

■ *Dr. Dürfeld, Dr. Rickels,*
Selbstdiagnose und -behandlung unterwegs
■ *David Werner,*
Wo es keinen Arzt gibt, Gesundheitshandbuch zur Hilfe und Selbsthilfe
■ *Armin Wirth,*
Erste Hilfe unterwegs

Eine gefährliche Durchfallerkrankung ist die **Amöbenruhr.** Erreger sind einzellige Darmparasiten, die mit dem Stuhl ausgeschieden werden und v.a. durch Fäkaliendüngung und Schmierinfektion wieder auf andere Menschen übertragen werden. Vom harmlosen Reisedurchfall unterscheidet sich die Amöbenruhr durch den schleimigen, von Blut durchsetzten Stuhl. Die sonstigen Symptome ähneln einer Grippe, was die Gefahr einer falschen Behandlung in sich birgt. Denken Sie daher bei einer Grippe nach der Rückkehr immer an die Möglichkeit einer Amöbenruhr! Die Verschleppung von Amöben in die Leber und andere Organe kann zu erheblichen Komplikationen führen. Die Behandlung ist kein Problem, wenn die Krankheit rechtzeitig erkannt wird.

Bei einem „normalen" Reisedurchfall sollten Sie am besten Diät mit schwarzem Tee, Zwieback, Haferflocken und viel Salz halten. Kohletabletten helfen „stopfen". Bei starkem Flüssigkeitsverlust sollte der Tee mit einem Teelöffel Salz und zehn Teelöffeln Zucker pro Liter getrunken werden! Eine andere Möglichkeit, den Flüssigkeitshaushalt wieder auszugleichen, sind Glucose-Elektrolyt-Mischungen wie Elotrans, Oralpädon für Kinder oder GEM.

Greifen Sie nicht gleich zu schweren Geschützen wie Sulfonamiden und Antibiotika; die töten nämlich nicht nur die Bakterien, sondern schädigen auch die Darmflora. Heben Sie sich solche Mittel für wirklich ernste Fälle auf! Auch Medikamente wie Imodium oder Lopedium sind nur **ultima ratio,** denn Gegenanzeigen und Nebenwirkungen sind zu bedenken, so u.a. die (vereinzelte) Gefahr eines Darmverschlusses. Keine Anwendung bei Kindern unter zwölf Jahren und nicht bei Durchfällen, die mit Fieber und/oder blutigem Stuhl einhergehen. Sollten die Durchfälle von Fieber, Benommenheit, Krämpfen begleitet werden, ist schnellstmöglich ein Arzt aufzusuchen. Der empfindliche Magen kann manchmal mit Sodbrennen auf die ungewohnt deftige und teils fettige Kost reagieren. Handelsübliche Mittel helfen meistens.

Cholera

Es kommt unter schwierigen hygienischen Verhältnissen zeitweise auch in Ecuador zu Cholera-Fällen. Die Tagespresse und die medizinischen Dienste wie das Rote Kreuz informieren dann ausführlich darüber.

Die einheimische Bevölkerung wird durch Hinweisschilder an den Straßen und Zeitungsanzeigen mit den abgewandelten Worten eines Romans von *Gabriel Garcia Marquéz* **„Higiene en los tiempos del Cólera"** (Hygiene in den Zeiten der Cholera) informiert und zu gesundheitsbewusstem Verhalten aufgerufen (siehe rechte Seite).

Die **Übertragung** von Cholera erfolgt durch die Aufnahme von kontaminiertem Trinkwasser und/oder Nahrungsmitteln und führt meist zu endemischen Ausbrüchen, selten zu Einzelerkrankungen. **Symptome** können schon nach ein paar Stunden, aber auch erst in ein paar Tagen nach der Infektion auftreten und äußern sich vornehmlich in Form von starkem, schmerzlosem, wässrigem Durchfall evtl. in Verbindung mit Erbrechen, meist ohne Fieber. Gefährlich bei Cholera ist die schnelle Dehydratisie-

Hervir el agua es amor en los tiempos del cólera

El cariño a los suyos manifiéstelo tomando las debidas precauciones para evitar el cólera.

1. Hervir el agua a utilizarse para beber, cocinar, lavar platos y utensilios domésticos.
2. Comer sólo alimentos bien cocinados o fritos. Hervir la leche.
3. Abstenerse de comer cebiches u otros alimentos poco o nada cocinados.
4. En las zonas de mayor riesgo, hasta que pase el peligro de epidemia, abstenerse de comer verduras y frutas excepto las que puedan pelarse sin topar la parte comestible.
5. Proteger los alimentos cubriéndoles apropiadamente, para evitar el contacto con insectos.
6. Abstenerse de comer alimentos que ofrecen los vendedores ambulantes.
7. Lavarse las manos con agua hervida y jabón antes de comer y después de defecar.
8. Rociar en las viviendas insecticida para evitar los insectos.
9. No defecar al aire libre. Si no hay otra alternativa tapar la deposición con tierra para evitar que se posen las moscas.
10. Al presentarse un cuadro de diarrea violento, avisar de inmediato al centro de salud más cercano y darle al enfermo mucho líquido.

Aplique las medidas preventivas y proteja su vida y la de los suyos del cólera.

(Im spanischen Original aus der ecuadorianischen Zeitung „El Comercio")

Das Abkochen von Wasser ist Liebe in Zeiten der Cholera

Die Liebe zu Ihren Nächsten beweisen Sie, indem Sie die nötigen Vorkehrungen zur Vermeidung der Cholera treffen.

1. Wasser abkochen, bevor es getrunken wird; ebenso wenn es zum Kochen und Abwaschen von Geschirr und sonstigen Haushaltsutensilien benutzt wird.
2. Ausschließlich gekochtes oder gebratenes Essen zu sich nehmen. Milch kochen.
3. Keine „cebiches" (roher Fisch in verschiedener Zubereitung) oder andere Nahrung konsumieren, die kaum oder gar nicht gekocht wurde.
4. In den Hochrisiko-Gebieten ist – bis die Epidemiegefahr vorüber ist – darauf zu verzichten, Gemüse und Obst zu verzehren, mit der Ausnahme von Obst, das geschält werden kann, ohne das Fruchtfleisch zu verletzen.
5. Nahrungsmittel sind in geeigneter Weise abzudecken, um die Berührung durch Insekten zu vermeiden.
6. Kein Essen zu sich nehmen, das von Straßenverkäufern angeboten wird.
7. Hände vor dem Essen und nach dem Gang aufs Klo mit abgekochtem Wasser und Seife waschen.
8. In den Wohnungen zur Insektenabwehr Insektenvernichtungsmittel versprühen.
9. Nicht im Freien defäkieren. Lässt es sich nicht vermeiden, dann den Stuhl mit Erde zudecken, damit sich keine Mücken auf ihm niederlassen.
10. Bei schwerem Durchfall sofort die nächstgelegene Gesundheitsstelle benachrichtigen und dem Kranken viel Flüssigkeit zuführen.

Wenden Sie die Präventionsmaßnahmen an, und schützen Sie Ihr Leben und das Ihrer Nächsten vor der Cholera.

rung des Körpers, der durch Flüssigkeitszufuhr entgegengewirkt werden muss.

Impfungen zur Vorsorge sind zwar möglich, doch leider **nur sehr bedingt wirksam.**

Gelbfieber

Regional wird für den **Besuch des ecuadorianischen Regenwaldes** eine Gelbfieber-Impfung verlangt, die man auch günstig in Quito bekommen kann, etwa im öffentlichen „Centro de Salud". Der Impfschutz beginnt zehn Tage nach der Injektion.

Hauterkrankungen

Sie werden durch **Flöhe, Läuse** und die **Sonneneinstrahlung** hervorgerufen. Flöhe und Läuse verursachen Hautreizungen. Besonders bei Insektenbissen oder -stichen muss man sich vor Entzündungen schützen, die zu Hautinfektionen führen können, welche in der tropischen Hitze sehr schlecht abheilen. Da Mücken kein Vitamin B mögen, kann ein Vitamin-B-Präparat nützlich sein; es ist ohne Nebenwirkungen, dünstet durch die Haut aus und hilft so, Mücken fernzuhalten. Wird die Intensität der Sonne am Äquator und ganz besonders in den Höhenlagen unterschätzt, ist ein Sonnenbrand die sichere Folge. Sonnen-Blocker sind im ganzen Land ein Muss, für nicht Vorgebräunte mindestens mit LSF 30.

Höhenanpassungs-schwierigkeiten

Mit Anpassungsschwierigkeiten muss rechnen, wer von tieferen Lagen, gar von Meereshöhe nach Quito auf fast 3000 m hinauffliegt, wo die **Luft wesentlich sauerstoffärmer** ist. Das Verhalten ist darauf einzustellen: Man sollte alles etwas ruhiger angehen, ausgiebig schlafen und strapaziösere Unternehmungen erst nach einer Umstellungsphase von mindestens fünf Tagen in Angriff nehmen.

Malaria

Das Wechselfieber ist die am weitesten verbreitete Infektionskrankheit (bis zu 500 Mio. Menschen erkranken jährlich, bis zu 3 Mio. sterben). Es wird durch die Stiche der Anopheles-Mücke übertragen, in Ecuador vor allem während der Regenzeit an der nördlichen Küste und in Teilen des Oriente. **Es gibt keine absolut sichere Malariaprophylaxe!**

Vorbeugungsmaßnahmen sollten im Rahmen einer individuellen Nutzen-Risiko-Abwägung erfolgen, die sich nach Faktoren wie der Aufenthaltsdauer, dem bereisten Gebiet, der dort vorherrschenden Malaria-Art, dem Reisestil, dem allgemeinen Gesundheitszustand des/der Reisenden usw. richtet. Nicht zuletzt dient eine sorgfältige Abwägung auch den Menschen, die Sie besuchen und die mit der Malaria tagtäglich konfrontiert sind: Jeder Tourist, der ein Medikament als Prophylaxe einnimmt, trägt zur Resistenz-Entwicklung der Mücken bei und erhöht damit das Malaria-Risiko für die Einheimischen.

Die **Malaria-Vorbeugung** basiert auf **zwei Prinzipien:** dem Schutz vor Überträgermücken (Expositionsprophylaxe) und der Chemoprophylaxe.

Der **Schutz vor Mückenstichen** ist wichtig vor allem in den Abend- und Nachtstunden. Falls Sie nicht in voll klimatisierten Unterkünften übernachten, sollten Sie unter einem Moskitonetz schlafen; Räucherspiralen/-stäbchen (sog. Coils, in Ecuador z.B. das Palo-Santo-Holz, das es auf Märkten oder vor der Kirche San Francisco in Quito zu kaufen gibt) können unterstützend aufgestellt werden: Sie entwickeln einen Rauch, der die Mücken vertreibt.

Wenn Sie sich nach der Dämmerung im Freien aufhalten, ist anzuraten, möglichst hautbedeckende, helle Kleidung zu tragen und freie Hautstellen mit einem Mückenschutzmittel einzureiben. **Faustregel: Die Anopheles-Mücke sticht nicht vor 18 Uhr, meidet Wind und ist in Höhen ab 1500 m nicht mehr anzutreffen.**

Es gibt noch keine ideale, überall einsetzbare, völlig nebenwirkungsfreie und 100 %ig wirksame **Chemoprophylaxe.** Das in seinen Nebenwirkungen nicht ganz unkomplizierte Lariam und das etwas sanftere Malarone sind die wirksamsten Prophylaxen. Als Therapeutikum sollte man es bei Malariagefahr allemal bei sich führen. Die Anwendung einer bestimmten Vorbeugung (mit Chloroquin-, Mefloquin- oder anderen Präparaten) muss individuell entschieden werden. Konsultieren Sie hierzu ein Tropeninstitut und/oder Ihren Hausarzt.

Zur **notfallmäßigen Selbstbehandlung,** wenn bei dem Leitsymptom Fieber, begleitet von Kopf- und Gliederschmerzen mit starkem Krankheitsgefühl, kein Arzt erreichbar ist, empfiehlt sich die Mitnahme von Medikamenten zur „stand-by"-Medikation. Auch dazu sollten Sie die Auskünfte eines Tropeninstituts und eines Arztes einholen.

Eine rechtzeitig erkannte Malaria ist heilbar. Bei jeder fieberhaften Erkrankung während oder nach einer Tropenreise ist an die Möglichkeit einer Malaria zu denken und sofort ein Arzt aufzusuchen. Etwa 90 % aller importierten Malaria-Erkrankungen treten innerhalb von vier Wochen nach Rückkehr auf.

Tollwut

Tollwut ist in Ecuador durchaus ein Problem. Streunende Hunde, die reichlich anzutreffen sind, zählen zu den Überträgern. Wer in Ecuador von einem Hund gebissen wird, sollte unbedingt den Arzt aufsuchen. Inzwischen sind auch Tollwutimpfungen möglich. Informationen geben alle Tropen- und Hygieneinstitute.

AIDS

AIDS **(span. SIDA oder VIH)** ist auch in Ecuador ein Thema – Funk und Fernsehen berichten gelegentlich und klären die Bevölkerung auf. Es gibt Beratungsstellen in den Großstädten, in vielen Hotels sind Warnungen auf Hinweisschildern zu lesen.

AIDS wird v.a. durch ungeschützten Geschlechtsverkehr übertragen, im Falle intimer Kontakte sind **Kondome** *(condones)* daher oberstes Liebesgebot. Auch die Transfusion von infiziertem Blut ist eine Ansteckungsquelle; die Verwendung nichtsteriler Spritzen ist abzulehnen, bei Bedarf müssen Einweg-Spritzen gekauft werden (in Apotheken) oder Teil der Reiseapotheke (s.u.) sein.

Medizinische Versorgung in Ecuador

Im Bereich des Gesundheitswesens ist in Ecuador seit Mitte der 1980er Jahre lediglich **in den Großstädten Quito, Guayaquil und Cuenca** eine erhebliche Verbesserung der medizinischen Versorgung durch hochtechnisierte Krankenhäuser erzielt worden, während in ländlichen Gebieten die Fortschritte weiter auf sich warten lassen.

Die **Situation auf dem Land** ist durch eine unzureichende Trinkwasserversorgung und die mangelnde Abwasserbeseitigung gekennzeichnet. Hinzu treten schlechte Wohnverhältnisse in Verbindung mit klimatischen Extrembedingungen vor allem an der Küste und im Oriente, wodurch sich Krankheiten wie Malaria und Darminfektionen leichter ausbreiten können.

In den Krankenhäusern und Privatkliniken wird spanisch und manchmal englisch gesprochen.

Bei Verletzungen durch Gewalteinwirkung, bei schweren Erkrankungen, bei (längerer) stationärer Behandlung und wenn Sie besondere medizinische Hilfe benötigen, sollten Sie Ihre nächstgelegene diplomatische Vertretung informieren.

Apotheken (farmacias) führen einheimische und ausländische Medikamente. Sie sind rezeptfrei, allerdings erstattet die Reisekrankenversicherung nur ärztlich verordnete Medikamente.

Warnung: Lassen Sie sich im Falle einer kleineren Erkrankung nicht gleich Antibiotika verabreichen!

Auch wenn es ratsam ist, den Zustand der **Zähne** noch in der Heimat vor Reiseantritt klären zu lassen, kann man im Falle des Falles durchaus einen qualifizierten Zahnarzt (*dentista*) in Quito aufsuchen, ohne mehr Angst haben zu müssen als zu Hause.

> In Höhenlagen über 1500 m besteht keine Malariagefahr

Auslands-krankenversicherung

Sie ist für die meisten Ecuador-Reisenden **ein Muss,** da gesetzliche Krankenkassen etwa in Deutschland für Erkrankungen in Ecuador nicht aufkommen. Die Versicherung kostet nur 6–10 Euro Jahresbeitrag, etwa bei der HUK oder der Halleschen Nationalen. Erstattet werden alle ärztlich belegten und notwendigen Kosten bei Krankheit im Ausland. Patienten strecken die Auslagen vor. Die Aufenthaltsdauer pro Reise ist dabei begrenzt auf meist 45 Tage.

Tropenmedizinische Institute (Auswahl)

■ Institut für Tropenmedizin, 14050 **Berlin,** Spandauer Damm 130, Tel. 030-301166, Fax 30116888, www.tropeninstitut.charite.de

■ Städtisches Klinikum Dresden-Friedrichstadt, Referenzzentrum für Reisemedizin, 01067 **Dresden,** Friedrichstr. 39, Tel. 0351-4803801, Fax 4803809

■ Bernhard-Nocht-Institut, 20359 **Hamburg** 36, Bernhard-Nocht-Str. 74, Tel. 040-428180, Fax 42818400, www.bni.uni-hamburg.de

■ Institut für Tropenhygiene am Ostasien-Institut der Uni, 69120 **Heidelberg,** Im Neuenheimer Feld 324, Tel. 06221-562905, 562999, Fax 565948

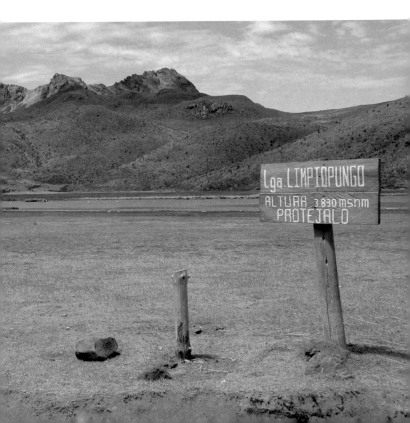

■Institut für Infektions- und Tropenmedizin der Universität und Landesimpfanstalt, 80802 **München,** Leopoldstr. 5, Tel. 089-2180-13500, www.tropinst.med.uni-muenchen. de

■**Basel,** Socinstr. 57, Tel. 0041-61-2848111, Fax 2848101, www.swisstph.ch

■**Wien,** Institut für Reise- und Tropenmedizin, Lenaugasse 19, Tel. 01-40268610, www.tropeninstitut.at

Düsseldorfer Centrum für Reisemedizin

■**www.crm.de,** aktuelle Internetseite, wo man sich über Reiseland und Krankheiten informieren kann. Für 10 Euro wird ein Reise-Gesundheitsbrief zugeschickt, der speziell auf die geplante Reise abgestimmt ist. Das Schreiben enthält Angaben zu den Gesundheitsrisiken im Reiseland, zu Impfvorschriften und -empfehlungen, Malaria-Prophylaxe, den Hygieneverhältnissen vor Ort und gibt Tipps zum richtigen Inhalt einer Reiseapotheke.

Informationen

In Ecuador

Reiseinformationen kann der Tourist in Ecuador **in den Touristenbüros** beziehen, die sich in allen größeren und touristisch attraktiven Städten und Orten finden (siehe dort).

Eine empfehlenswerte Anlaufstelle ist der **South American Explorer's Club (SAEC)** in Quito (Calle Jorge Washington 311 y Plaza, Mo bis Fr 9.30–17 Uhr, Tel. 02-2225228, www.saexplorers.org/clubhouse/quito-clubhouse). Dort treffen sich Rucksackreisende aus aller Welt, um Erfahrungen und Erkenntnisse auszutauschen. Es gibt zahlreiche Bücher über Ecuador, einen aktuellen Galápagos-Führer, Auskünfte über Dschungel-Touren können eingeholt werden. Daneben informiert ein **Schwarzes Brett** über jüngste Erfahrungen von Reisenden im Land (wo ist es billig und gut, wo gefährlich usw.), über Billigtickets für Nachbarländer, und es dient gleichzeitig als

Reiseapotheke

■ persönlich benötigte Medikamente
■ Tabletten gegen Reisekrankheit
■ Tabletten gegen Magen- und Darmerkrankungen
■ Malaria-Prophylaxe-Mittel
■ Schmerztabletten
■ Insektenschutzmittel
■ Sonnenschutzmittel ab Lichtschutzfaktor 30
■ (Wasser-) Desinfektionsmittel
■ Brillenträger: Ersatzbrille
■ Linsenträger: Ersatzlinsen
■ Sonnenbrille
■ Lippenschutzstift
■ Nasentropfen *(gotas para la nariz)*
■ Augentropfen *(gotas para los ojos)*
■ Antibiotika
■ Salben gegen Juckreiz und Hauterkrankungen, Wundsalben
■ Kondome
■ Pflaster
■ Mullbinde; elastische Binde

Flugbörse: Wer sein Ticket verkaufen will, der kann es hier versuchen. Der volle Service ist Mitgliedern vorbehalten. Man kann sich jederzeit einschreiben. Mitglieder (Einzelbeitrag 60 $ im Jahr) erhalten vierteljährlich die Clubzeitung.

Gute **Infobörsen** zu diversen Touren im Land bieten das Café Refugio Montaña in Quito (siehe dort, http://montana-quito.com), das Restaurant Casa Hood in Baños und das Hostal-Café El Cafecito in Cuenca (www.cafecito.net).

Im Internet

- ■ **www.ecuador.travel** (span., engl.)
Tourismusministerium Ecuador
- ■ **www.thebestofecuador.com** (engl.)
Touristische und praktische Informationen mit zahlreichen Adressen
- ■ **www.mmrree.gob.ec** (span.)
Außenministerium Ecuadors
- ■ **www.igm.gob.ec** (span.)
Staatl. karthografisches Institut Ecuadors
- ■ **www.bce.fin.ec** (span.)
Zentralbank Ecuadors, Wirtschaftsdaten
- ■ **www.quito.diplo.de** (dt.)
Deutsche Botschaft Quito
- ■ **www.redculturalalemana.org** (dt., span.)
Deutscher Kulturkalender für Ecuador
- ■ **www.auswaertiges-amt.de** (dt.)
Auswärtiges Amt Berlin, Informationen, Kontakte und Reisewarnungen
- ■ **www.crm.de** (dt.)
Centrum für Reisemedizin, länderspezifische Gesundheitsberatung
- ■ **www.saexplorers.org** (engl.)
South American Explorer's Club (s.o.)
- ■ **www.regenwald.org** (dt.)
Umweltschutzorganisation
- ■ **www.urgewald.de** (dt.)
Umweltschutzorganisation

Medien

Zeitungen, Illustrierte

Ecuador hat keine eigene Presseagentur. Internationale Agenturen wie *dpa, AP, Reuters, AFP* und *EFE* sind im Land vertreten. Die großen **Tageszeitungen,** die man in den meisten Städten kaufen kann, werden in Quito und Guayaquil gedruckt. Die größten sind *El Comercio, Hoy* und *Ultimas Noticias* in Quito und *El Universo* und *Expresso* in Guayaquil. *El Comercio* und *Hoy* veröffentlichen recht ausführlich Berichte und Termine zu Veranstaltungen aus Kultur- und Kinowelt. Daneben gibt es noch eine ganze Reihe kleinerer Zeitungen, die in der jeweiligen Provinz erhältlich sind, wo sie herausgegeben werden, und den staatlichen *El Telégrafo.*

Ecuadorianische **Magazine und Illustrierte** sind rar gesät. Zu nennen sind *Vistazo* und *Hogar,* die teilweise ziemlich kritisch über die Probleme des Landes berichten.

Die wenigen **ausländischen Zeitungen und Magazine** bekommt man am besten an großen Zeitungskiosken wie Libroexpress auf der Av. Amazonas und

Reportage-Tipp

Der deutsche Journalist *Peter Korneffel,* der sieben Jahre in Ecuador verbracht hat, veröffentlichte ca. 30 seiner besten Ecuador-Arbeiten aus ZEIT, FR, GEO und anderen Medien in seinem Buch **„Von Amazonien nach Galápagos".**

bei Libri Mundi in Quito. Deutschsprachige Presse sucht man vergeblich.

Rundfunk, Fernsehen

Ecuador hat ein fein gegliedertes **Radionetz,** das bis in die letzten Winkel des Landes reicht. Die Reichweite der einzelnen Sender ist infolge der Topografie des Landes mit extremen Berg- und Tal-Verhältnissen gering, so dass auf einer drei- bis vierstündigen Fahrt von Quito nach Baños z.B. alle halbe Stunde der Sender verschwindet und ein neuer gesucht werden muss. In abgelegenen Regionen ist häufig mehr auf Mittelwelle zu empfangen, die Städte zählen viele UKW-Sender. **Radiotipp:** Musik und Politik auf *Radio La Luna* in Quito auf Frequenz 99,3 MHz.

Die Programme der privaten **Fernsehsender** werden ständig durch Werbung unterbrochen. Auch CNN und die Deutsche Welle sind in Ecuador per Kabel zu empfangen. Spielfilme laufen im Kino und Fernsehen im Original, oft mit spanischen Untertiteln.

Notrufe und Notfälle

Notrufe

■ **Zentraler Notruf:**
Tel. 911 (Quito), Tel. 199 (Guayaquil)
■ **Polizei:** Tel. 101 (landesweit)
■ **Feuerwehr:** Tel. 02-2231122 (Quito)

■ **Rotes Kreuz:**
Tel. 131 (Quito), Tel. 04-2300674 (Guayaquil), Tel. 07-2822520 (Cuenca)
■ **Blutbank:** Tel. 02-2582480, -481 (Quito)
■ **Unfallwagen: UTIM,** Tel. 02-2562613, -614, **ADAMI,** Tel. 02-2463361 (beide Quito)

Krankenhäuser in Quito

■ **Clínicas Pichincha**
Mit Notfallambulanz, in der Mariscal: Calle Páez N22-160 zwischen Ramírez Dávalos und Veintimilla, Tel. 02-2998700, 02-2569797, in Notfällen 02-2998777
■ **Hospital Vozandes**
Mit Notfallambulanz, Calle Villalengua 267 y 10 de Agosto, Tel. 02-2262142
■ **Hospital Metropolitano**
Mit Notfallambulanz, Mariana de Jesús y Nicolás Arteta, Tel. 02-3998000, für Notfälle mit den Durchwahlen 2110, 2193, 2119, 2603
■ **Clínica de la Mujer** (Frauenklinik)
Av. Amazonas N39-216 y Gaspar de Villaroel, Tel. 02-2458-000, -372

Die Botschaften haben eine aktuelle Ärzteliste mit deutsch- und englischsprachigen Spezialisten.

Rückholflüge im Krankheitsfall

Da die Krankenkassen die Kosten für eventuell anfallende Heimflüge im Krankheitsfalle nicht zahlen, sollten Sie diesbezüglich Vorsorge treffen. Hilfreich ist z.B. eine **Auslandskrankenversicherung** (s.o.).

[>] Paraglider an der Küste (in Crucita)

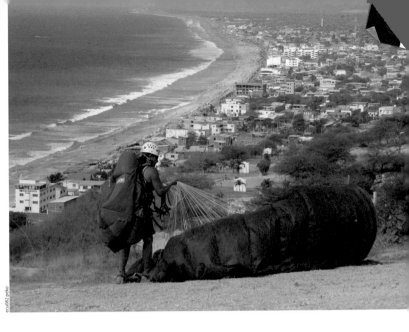

Öffnungszeiten

Ämter und Behörden sind von 8 bis 16.30 Uhr geöffnet. Mitunter wird eine Mittagspause eingelegt, die von Amt zu Amt differiert. Die **Polizeireviere** (bei Überfällen aufzusuchen) haben eigene Öffnungszeiten. In Quito kann man bei den Hauptkommissariaten, z.B. in der Calle Juan León Mera und Washington, tagsüber durchgehend Anzeige erstatten.

Geschäfte sind Mo–Fr 9–13 sowie 15–19 Uhr geöffnet, Sa 9–13 Uhr. **Supermärkte** schließen (teilweise auch an Sonntagen) erst um 20 Uhr. **Apotheken** *(farmacias)* sind durchgehend 9–20 Uhr geöffnet, einige im „turno" (Wechsel) auch 24 Std.

Post

Post (correo) nach Europa ist ein bis zwei Wochen unterwegs. Erfreulicherweise hat sich der Service der *Correos del Ecuador* in den vergangenen Jahren deutlich verbessert. Am schnellsten ist die Post ab Quito oder Guayaquil.

Die dottergelben **Briefkästen** mit dem Emblem des fliegenden Briefes finden sich auch in den Foyers einiger Reiseagenturen und Hotels.

Der beste Weg führt direkt über die **Postämter.** Deren Öffnungszeiten sind Mo bis Fr 8.30–18 Uhr sowie Sa 8.30–13 Uhr.

Eine ausführliche **Liste der Postämter** in Ecuadors wichtigsten Städten samt ihrer Telefonnummern findet sich im Internet: www.correosdelecuador.com.ec (unter „puntos de servicio").

Postkarten sind am besten in Quito, Guayaquil, Riobamba, Cuenca, Baños und auf Galápagos zu kaufen. Ein Luftbrief oder eine Karte nach Europa kostet 2,25 $.

Sie können in Ecuador auch **Post empfangen.** Am günstigsten/sichersten ist dies postlagernd in Quito auf dem Hauptpostamt möglich, wo Briefe mindestens einen Monat aufbewahrt werden, wenn sie den Vermerk *lista de correos* tragen. Noch einfacher sind Privatadressen (die einer Familie, eines Freundes) oder die eines Hotels, in dem man wohnt.

Rauschgift

Kokain und andere Drogen

In drogenwirtschaftlicher Hinsicht spielt Ecuador in erster Linie als **Transitland** eine Rolle: Es ist Durchgangsstation vor allem für Kokain und Heroin, das in Kolumbien und Peru produziert wird.

Vom Konsum jeglicher Drogen (und dem Handel) **in Ecuador ist dringend abzuraten!** Selbst wenn nur wenige Gramm für den Eigenbedarf mitgeführt werden, drohen hohe Strafen. Die Behörden gehen rigoros vor, und man glaube ja nicht, von der Deutschen Botschaft entscheidende Hilfe erhalten zu können! Das Strafmaß für Drogendelikte bewegt sich zwischen vier und 16 Jahren. Da zwischen Deutschland und Ecuador kein Auslieferungsabkommen besteht, müssen die Strafen in Ecuador verbüßt werden! Die Haftbedingungen spotten jeder Beschreibung …

Alkoholkonsum ist in der Bevölkerung weit verbreitet. Besonders auf dem Land findet man Hinweise auf ernst zu nehmenden Alkoholismus.

Viele Hochlandindianer in Bolivien und Peru kauen regelmäßig **Kokablätter,** um Höhenkrankheit, Kälte und Hunger zu bekämpfen. Auch wenn der Anbau von Koka-Sträuchern in Ecuador verboten ist, wird hier und da der **Koka-Tee** einer unbedenklichen Sorte *(Té de Coca)* angeboten – in seiner stimulierenden Wirkung mit schwarzem Tee oder Kaffee vergleichbar.

Halluzinogene

Besonders im Oriente wird dem Touristen durch einen *brujo* oder *curandero* (so was wie ein Medizinmann/Pflanzenheilkundler) mit dem Zaubertrank des **Ayahuasca** ein Trip zu den Geistern angeboten. Schamanen der Shuar und anderer Indianer verwenden die halluzinogene Pflanze, um in Trance Kontakt mit der „echten" Welt der Geister und Dämonen aufzunehmen. Es handelt sich bei Ayahuasca um eine Lianenart, deren Sud, getrunken, einen unvergleichlichen (und wohl gefährlichen) Rauschzustand verursacht.

Eine ähnliche Wirkung erzielt der meskalinhaltige, stachellose **Kaktus Gigantón oder San Pedro** *(Trichocereus pachanoi)* aus dem Andenhochland.

▷ AeroGal, die Fluglinie der Galápagos-Inseln

Reisen in Ecuador

Flüge

Inlandsflüge bieten die **staatliche Fluggesellschaft** *TAME* sowie die kleinen privaten Linien *LAN Ecuador, AeroGal, Saereo, VIP* und *Emtebe* an. Die Flüge auf dem Festland mit Tarifen von 50 bis 90 $ pro Stecke sind recht preiswert. Wer größere Entfernungen schneller zurücklegen oder die Schneeberge Ecuadors aus der Luft sehen will, sollte das Angebot in Anspruch nehmen. Die Flugpläne sind relativ stabil.

■ **TAME** vernetzt über Quito und Guayaquil die Städte Tulcán, Esmeraldas, Machala, Coca, Lago Agrio, Loja, San Cristóbal/Galápagos und Baltra/Galápagos (www.tame.com.ec).

■ **LAN Ecuador** verbindet Quito, Guayaquil, Cuenca und Galápagos (www.lan.com).

■ **AeroGal** verbindet Quito, Guayaquil, Coca, Cuenca sowie Baltra und San Cristóbal auf Galápagos (www.aerogal.com.ec).

■ **SAEREO** verbindet Quito und Guayaquil mit Machala und Macas (www.saereo.com).

■ **VIP** verbindet Quito und Guayaquil mit Lago Agrio und Coca im Regenwald sowie mit dem Strandort Salinas in der Küstenprovinz Santa Elena (www.vipec.com).

■ **Emtebe** verbindet auf Galápagos täglich Baltra, San Cristóbal und Isabela.

Überlandbusse

Der Überlandbus ist das **Fortbewegungsmittel Nr. 1** in Ecuador. Größere Städte haben einen zentralen Busbahnhof *(terminal terrestre)*, in Quito gibt es

ecl 083 peko

Entfernungs- und Fahrzeitentabelle

Fahrzeit - km	Ambato	Cuenca	Esmeraldas	Guayaquil	Ibarra	Lago Agrio	Loja
Ambato		306 km	390 km	288 km	251 km	403 km	511 km
Cuenca	7 h		667 km	250 km	557 km	709 km	205 km
Esmeraldas	6 h	13 h		472 km	433 km	585 km	832 km
Guayaquil	7:30 h	4 h	8 h		535 km	687 km	415 km
Ibarra	5:30 h	12:30 h	7:30 h	11:30 h		382 km	762 km
Lago Agrio	11 h	18 h	13 h	16 h	10:30 h		911 km
Loja	12 h	5 h	18 h	8 h	17:30 h	23 h	
Machala	7:30 h	5 h	11 h	3:30 h	13 h	18 h	6 h
Manta	9 h	7:30 h	7 h	3:30 h	10:30 h	16 h	11:30 h
Quito	2:45 h	10 h	5 h	8 h	3 h	8 h	15 h
Tena	6:30 h	10 h	11 h	12 h	8:30 h	8 h	18 h
Tulcán	8 h	15 h	10 h	14 h	2:30 h	13 h	20 h

Zusätzliche Einzelstrecken

	Entfernungen (in km)/ Fahrzeit (in Std.)		Entfernungen (in km)/ Fahrzeit (in Std.)
Quito – Otavalo	100 / 2:45	Guayaquil – Salinas	136 / 2
Quito – Baños	200 / 3:45	Guayaquil – Huaquillas	(Grenze) 270 / 4:30
Quito – Santo Domingo	142 / 2:30	Guayaquil – Riobamba	220 / 4
Quito – Coca	280 / 7		
Quito – Puerto López	470 / 10	Loja – Vilcabamba	43 / 0:45
		Loja – Macará	(Grenze) 190 / 5
Ambato – Baños	50 / 0:45		
Ambato – Riobamba	62 / 1	Lago Agrio – Coca	95 / 2
Ambato – Guaranda	93 / 1:30		
Ambato – Puyo	115 / 3	Ibarra – San Lorenzo	250 / 4:30
Ambato – Macas	250 / 7		

einen Nord- und einen Südterminal, Terminal Carcelén und Terminal Quitumbe. Einige Kooperativen betreiben in Quito und Guayaquil zudem einen eigenen Abfahrtsterminal jenseits der zentralen Busdepots.

Reservierungen können einen Tag vor der Abreise vorgenommen werden, bei modernen Kooperativen schon früher. Wer zu besonderen Märkten oder Fiestas fahren möchte, sollte rechtzeitig reservieren, da die Busse dann oft ausgebucht sind.

Überlandbusse fahren soweit das Straßennetz reicht und sind mit 1–1,50 $ pro Stunde Fahrtzeit sehr billig. Einziges Handikap ist der manchmal **enge Abstand der Sitzreihen** in den Bussen, der für die kleinwüchsigen Latinos ausreichen mag, manch Europäer dagegen auf längeren Fahrten zu permanenten und letztendlich doch hilflosen Sitzhaltungswechseln zwingt. Sitze in den vorderen Reihen bieten mehr Fußraum und zudem eine bessere Aussicht. Plätze über dem Radkasten sind besonders eng und

Praktische Reisetipps A–Z

und Panamericana sowie Transportes Ecuador mit stündlichen Shuttle-Verbindungen Quito – Guayaquil.

Fahrpreise im Überlandbus: Es hat sich eine Faustformel zum Kalkulieren der Fahrpreise als sehr brauchbar erwiesen: Pro Stunde Fahrzeit zahlt man durchschnittlich 1 $. Beispiele: Die Fahrt Quito – Otavalo dauert gut 2½ Stunden und kostet 2,50 $, von Quito nach Baños mit etwa 3.45 Stunden Fahrzeit sind es 3,50 $. So lässt sich auch erkennen, ob einem als Ausländer ein überteuerter „Sondertarif" berechnet werden soll. Bei Luxusbussen und direkt durchfahrenden Expressbussen können die Preise um etwa 20 % höher liegen. Durch Umsteigen zahlt man meist nicht mehr als im Direktbus. Auf manchen Strecken, vor allem im Regenwald, nehmen Buskooperativen manchmal den vollen Buspreis auch für eine Teilstrecke.

Machala	Manta	Quito	Tena	Tulcán
382 km	404 km	136 km	180 km	376 km
188 km	446 km	442 km	449 km	682 km
608 km	442 km	318 km	497 km	558 km
191 km	196 km	420 km	428 km	660 km
633 km	505 km	115 km	271 km	125 km
785 km	657 km	267 km	243 km	483 km
235 km	611 km	647 km	598 km	887 km
	387 km	518 km	523 km	758 km
7 h		390 km	584 km	630 km
10 h	8 h		186 km	240 km
13:30 h	14 h	6 h		396 km
15 h	13 h	5 h	11 h	

auf einer zehnstündigen Reise von Quito nach Cuenca schlichtweg eine Tortur. Sollte es Ihnen schon zu Hause hin und wieder vom Auto- bzw. Busfahren übel werden, so sorgen Sie in Ecuador sicherheitshalber mit einer Reisetablette vor – die stundenlangen Schaukelfahrten sind wirklich kein Zuckerschlecken. Auch Ohrenstöpsel und Augenbinden helfen, denn das meist miserable Videoprogramm in den Überlandbussen raubt einem mit der Zeit den letzten Nerv.

Auf langen Fahrten legt der Fahrer alle drei, vier Stunden eine zwanzigminütige Pause ein. Auf den Hauptfahrstrecken steigen regelmäßig **Händler** zu, die Getränke, Snacks und Süßigkeiten anbieten. Das Gepäck wird üblicherweise auf dem Busdach oder in unteren Gepäckfächern verstaut; ein Kornsack oder eine andere Schutzhülle schützen es vor Schmutz und Regen.

Es gibt auch „**Luxusbusse**", die etwas mehr kosten, dafür aber bequemeres Reisen (Beinfreiheit!) ermöglichen. Gesellschaften mit moderneren Bussen sind z.B. Flota Imbabura, Sucre Express

Camionetas

Sammeltaxis (Camionetas) sind Kleinlastwagen oder Kombis, die (auch überregional) Dörfer miteinander verbinden. Sie überbrücken die Entfernungen schneller als ein Bus, weil sie das Fahrtziel direkt anfahren. Meist haben sie Platz für eine Handvoll Passagiere und fahren erst los, wenn sie voll sind. Das heißt, dass Wartezeiten einkalkuliert werden müssen.

Rancheros

Rancheros sind zu **kleinen Bussen** umgebaute, an den Seiten offene Kleinlastwagen, die zum Personentransport eingesetzt werden. Rancheros fahren im Oriente und an der nördlichen Küste (hier auch *chivas* genannt). Sie sind sehr unbequem, die Sitze hart und eng, das tiefliegende Dach provoziert geradezu ein Gefühl der Bedrängnis. Für eine mehrstündige Fahrt auf holprigen Pisten ist eine Sitzunterlage, bei Sonnenschein eine Fahrt auf dem Dach zu empfehlen.

Stadtbusse und Taxis

Im Nahverkehr und in den Städten verkehren Stadtbusse und Taxis. Die **Taxis** in Quito haben ein Taxameter, das tagsüber eingeschaltet sein muss. Andernfalls ist mit Wucherpreisen zu rechnen. Abends wird der Fahrpreis mitunter willkürlich angehoben, und das Taxameter bleibt ausgeschaltet. In dem Fall ist der Fahrpreis unbedingt vorher auszuhandeln.

Die Busse in den Städten **halten auf Handzeichen fast an jeder Ecke.** Auch aussteigen kann man eigentlich überall, wenn man es dem Fahrer rechtzeitig mit einem deutlichen „gracias" klarmacht.

In Quito verkehren der **„Trole"-Elektrobus** entlang der Av. 10 de Agosto, der umweltfreundliche **„Ecovia"-Bus** auf der Av. 6 de Diciembre und der **Metrobus** auf der Avenida América. Diese drei städtischen Systeme haben separate Haltestellen und Terminals an ihren Endpunkten.

Eisenbahn

Die staatliche Eisenbahngesellschaft *Ferrocarriles Ecuatorianos* will die 100 Jahre alte **Hauptstrecke Quito – Guayaquil** mittelfristig wieder instand setzen. Im Frühjahr 2008 haben dazu die Bauarbeiten, vor allem der Austausch der maroden Bahnschwellen, begonnen. Die Bahn verkehrt bis dahin mit Schienenbussen nur auf vier Abschnitten: Quito – Tambillo – El Boliche am Nationalpark Cotopaxi-Latacunga, Alausí – Nariz del Diablo (Teufelsnase), Durán (bei Guayaquil) – Yaguachí und Ibarra – Salinas. Die gesamte Bahnstrecke Durán (Guayaquil) – Quito (464 km) soll Anfang 2013 wieder in Betrieb sein. Dadurch werden sich die Fahrpläne und Reisemöglichkeiten deutlich ausweiten. In Urbina und Simbambe werden in Zukunft Unterkünfte für Reisende eingerichtet. Die Passage San Lorenzo – Cachavi im Grenzgebiet zu Kolumbien ist für Touristen aus Sicherheitsgründen nicht zu empfehlen. Infos zu Fahrtzeiten und Preisen finden sich unter den jeweiligen Ortskapiteln sowie online unter www.trenecuador.com. Bis zur Wiederherstellung der Hauptstrecke ist weiterhin mit Störungen und Fahrplanänderungen zu rechnen. Die steile Zickzack-Passage der Teufelsnase gehört zu den Klassikern südamerikanischer Bahnreisen. In Riobamba, Ibarra und in Durán/Guayaquil lassen sich in den Werkstätten noch immer die alten Dampfloks besichtigen.

■**Hauptstadtbüro: Ferrocarriles Ecuatorianos,** Calle Bolívar 443 y García Moreno, Mo bis Fr 8–13 und 13.30–16.30 Uhr, Tel. 2582921. In diesem Büro sind auch Tickets für den Touristenzug zum Cotopaxi-Latacunga-Nationalpark erhältlich (www.trenecuador.com).

Autostopp

Trampen *(autostop)* ist immer dort anzutreffen, wo keine Busse mehr verkehren. Für gewöhnlich zahlt man dem Fahrer nach dem Absetzen einen Obolus. Einige Fahrer haben quasi feste Tarife, funktionieren also wie ein Taxi. Meist sind es offene Camionetas (Pick-up), auf denen man dem zugigen Fahrtwind ausgesetzt ist.

Boot

Es gibt Strecken **im Oriente und an der Küste,** die nur mit dem Boot zurückgelegt werden können. Manchmal wird vor der Abfahrt eine Fahrgemeinschaft zusammengestellt und der Preis gemeinsam ausgehandelt. Die Sitzbänke sind alles andere als komfortabel, und auf einer sechsstündigen Fahrt von Misahuallí nach Coca sollte man sich ein Sitzkissen oder eine andere Unterlage mitnehmen. Andere Passagen, wie die Fähre über den Río Chone zwischen San Vicente und Bahía de Caráquez, haben feste Tarife.

Mietwagen

So wie das Reisen mit öffentlichen Verkehrsmitteln, insbesondere den Überlandbussen, ein „echtes" und „lebensnahes" Bild von Land und Leuten vermittelt, gewährleistet der Mietwagen am ehesten **Unabhängigkeit, Zeitersparnis** und deutlich größeren **Komfort.**

Ein Auto leiht man sich in den Städten Quito, Guayaquil und Cuenca. Voraussetzung ist ein gültiger **Internationaler Führerschein,** der bei polizeilichen Kontrollen (und die sind gar nicht so selten) verlangt wird. **Benzin** ist in Ecuador **billig** (ca. 50 US-Cents pro Liter). Für einen Leihwagen muss man mit Kosten ab 50 $ pro Tag rechnen; Wochenpreise sind günstiger.

Das Ausleihen eines Autos ist mit **Risiken** verbunden. Anbieter wie Hertz, Budget, Ecuacar oder National Car Rental verlangen meist eine sehr hohe Eigenbeteiligung im Versicherungsfall. Und der kann schnell eintreten: Die Busfahrer in Ecuador fahren riskant, und kleinere Unfälle mit Blechschaden passieren häufig. Ein Auto, das als Leihwagen erkannt wird, weckt auch Begehrlichkeiten bei Ganoven. Der Versicherungsschutz greift oft nicht zufriedenstellend für den Mieter.

Hilfreich ist es, in Deutschland eine **Travellerpolice** (Erhöhung der Haftpflichtversicherung bei Mietwagen für einen bestimmten Zeitraum) abzuschließen. Wer eine Kreditkarte besitzt, die eine Erhöhung der Versicherungssumme beim Bezahlen eines Mietwagens enthält, benötigt diese Police nicht (bisher waren das VISA Gold, MasterCard Gold von der Berliner Bank und ADAC – erkundigen Sie sich). Die Travellerpolice kann ansonsten über den ADAC abgeschlossen werden.

Gute Erfahrungen werden mit den Wagen von **Budget** und **Localiza** berichtet. Die Autos von Localiza sind allerdings deutlich teurer als die von Budget. Ein weiterer Tipp: Fragen Sie auch in Ihrem Hotel nach. Viele Hotels haben Verträge mit Autovermietern und erhalten spezielle Rabatte.

Als Alternative bietet sich die **Miete eines Taxis** an, wobei der Preis auszuhandeln ist!

Natürlich kann man sich auch ein **Motorrad** mieten. Nachts allerdings ist das Fahren wirklich gefährlich, und nur wer unbedingt muss, sollte sein Motorrad in dieser Zeit bewegen. Viele Straßen haben keinen Mittelstreifen, oft wird ohne Licht gefahren, und die Nachtbusse rasen über die ihnen bekannten Pisten, dass einem oft angst und bange wird. Also *cuidado!*

Das Netz der **Überlandstraßen** wird merklich verbessert. Besonders die Panamericana ist streckenweise in sehr gutem Zustand. Es werden jedoch Straßengebühren erhoben. Die schweren Regenfälle im Winter richten regelmäßig teilweise schwere Schäden an Küstenstraßen an.

Fahrrad

Die landschaftliche, klimatische und kulturelle Vielfalt auf vergleichsweise kleinem Raum macht Ecuador zu einem Land, das auch mit dem Fahrrad erkundet werden kann. Die **langen Abfahrten vom Hochland an die Küste** führen durch fantastische Landschaften und sind ohne größere Anstrengungen zu bewältigen. In umgekehrter Richtung kann man auf den Bus zurückgreifen, sollten einen die Lust und/oder Kondition verlassen.

In den touristischen Orten gibt es mittlerweile gute Fahrräder zu mieten und in Quito auch zu kaufen.

Grundsätzlich ist ein **Mountainbike** am geeignetsten, denn die Straßenverhältnisse sind nicht immer die besten: Schlaglöcher werden selten ausgebessert, oft sind die Straßenränder mit Glasscherben übersät. Gute Reifenmäntel sind Voraussetzung, will man nicht jeden Tag seinen Fahrradschlauch flicken.

Die **Beförderung** des Drahtesels in bzw. auf Bussen ist kein Problem, in der Regel muss man zum Fahrpreis einen kleinen Aufschlag zahlen. Die vielen Pick-ups, die unterwegs sind, bieten auch Mitfahrgelegenheiten, erwarten jedoch die Entrichtung des entsprechenden Buspreises.

Im **Hotel** sollte man das Fahrrad zum Schutz vor Diebstahl mit auf das Zimmer nehmen oder, wenn möglich, in einer Garage oder einem Unterstellraum absperren.

Regen- und winddichte **Kleidung** ist unbedingt erforderlich, sei es, dass man in einen Wettersturz gerät, kilometerweit nur bergab, in luftigen Höhen oder abends noch unterwegs ist.

In Nebelgebieten und abends ist eine **Beleuchtung** notwendig. Ein **Fahrradhelm** ist aus Sicherheitsgründen ratsam und zugleich idealer Sonnenschutz. Grundsätzlich sollte man auch ausreichend **Wasser** mitführen.

Reisezeit

Das landschaftlich-klimatische Spektrum Ecuadors ist sehr groß (vgl. hierzu auch die Kapitel „Naturraum" und „Klima"). Dadurch kann **keine auf das gesamte Land anwendbare ideale Reisezeit** vorgeschlagen werden. Prinzipiell kann Ecuador das ganze Jahr über bereist werden.

Wie der Name schon verrät, liegt die Republik direkt am Äquator, also im Bereich der inneren Tropen. Das heißt in erster Linie: Es kommt im Jahresverlauf nicht zu großen Temperaturschwankungen, und damit existieren auch **keine Jahreszeiten wie in Europa.**

An der **Küste** und auf **Galápagos** herrscht von Januar bis April Regenzeit. Zum Reisen angenehmer ist an der Küste die Trockenzeit, auf Galápagos die Regenzeit.

Im **ecuadorianischen Hochland** ist es das ganze Jahr über feucht und kühl. In den feuchtesten Monaten zwischen Dezember und Mai kommt es normalerweise zu folgendem Tagesverlauf: Am frühen Morgen ist es sonnig und warm. Bis zum Mittag steigen die Lufttemperaturen nochmals leicht an und die Sonneneinstrahlung erreicht ihre höchste Intensität. Nachmittags fällt Regen, manchmal sintflutartig. Die Nächte können empfindlich kalt werden. Der Monat April gilt als der feuchteste Monat in Quito. Ab 4000 m ist Nachtfrost die Regel. In der trockeneren Zeit von Juni bis Dezember dominiert die Sonne bei gelegentlichem Niederschlag am Nachmittag.

Im **Amazonastiefland** herrscht das ganze Jahr über eine feuchte Hitze vor, vielleicht am unangenehmsten in den Monaten Juni und Juli, welche aber andererseits die schönsten Monate für einen Aufenthalt in der nördlichen Sierra sind … Ein Besuch des Amazonastieflandes erscheint in den regenärmeren Monaten von August bis November am sinnvollsten.

Sicherheit und Kriminalität

Das **Auswärtige Amt** in Berlin gibt dazu folgende allgemeine Reiseinformationen (Stand 02/2013), die sich mit unseren Erfahrungen decken: „Die große Mehrheit der Besucher in Ecuador hat keine Sicherheitsprobleme. Besuchern sollte allerdings bewusst sein, dass die Gefährdung durch Kriminalität **nicht mit europäischen Verhältnissen vergleichbar** ist. Hinsichtlich des Niveaus der Kriminalität liegt das Land in Lateinamerika auf einem mittleren Platz. Ein erhöhtes Risiko besteht vor allem in den Metropolen Guayaquil und Quito sowie der Grenzregion zu Kolumbien. Das schließt für Touristen das Risiko ein, Opfer von Diebstählen oder Überfällen, auch bewaffneten, zu werden. Es ist von einer im Vergleich zu Europa erhöhten **Gewaltbereitschaft** auszugehen. (…) Nicht nur in größeren Städten, an touristischen Schwerpunkten (z.B. Ausgehviertel Mariscal Sucre in Quito) und in öffentlichen Verkehrsmitteln kommt es in erheblichem und weiter steigendem Umfang zu **Diebstählen und Raubüberfällen.** Die Täter wenden dabei u.a. folgende **Tricks** an:

■ **Diverse Ablenkungsmanöver,** z.B. mit vorgetäuschten Pannen und Missgeschicken oder dem Überschütten mit verschiedensten Arten von Flüssigkeiten, einschließlich Fäkalien;

■ **Kreditkartenbetrug, "Bußgeld"-Erpressung** unter Verwendung falscher Uniformen;

■ **Raub nach Verabreichung von bewusstseinsmindernden Drogen** in Form von Speisen, Getränken oder auf Prospekten bzw. Faltblättern, die wie Werbematerial verteilt werden;

■ **Überfälle durch Taxifahrer** in nicht registrierten Taxis, die aktiv potentielle Kunden ansprechen."

Einige Taschendiebe haben sich auf den Schalterraum im nationalen Flughafen-Terminal spezialisiert. Opfer werden bevorzugt Galápagos-Reisende, da die immer Bargeld bei sich führen, allein schon wegen des Parkeintritts. Gerade nachts kann es vor allem in Quito, Guayaquil, Esmeraldas und Machala auch zu bewaffneten Raubüberfällen kommen, die sogar lebensbedrohlich werden können. Ähnliches gilt für Wanderstrecken zu beliebten Tourismuszielen, wie zwischen der Laguna San Pablo und dem Wasserfall El Peguche bei Otavalo oder am Vulkan Pichincha über die Bergstation Cruz Loma. Hier auf lokale Hinweise achten! **Einzelreisende sind** hier **besonders gefährdet.** Örtliche Reiseunternehmen sollten nach ihren Sicherheitsvorkehrungen gefragt werden. Und **im Fall eines Überfalls: Kein Widerstand,** keine Diskussion, Sie sind der/die Schwächere! Seien Sie sich im Klaren: Ecuador ist ein

ecu085 peko

armes Land, und Leute, die plötzlich mit einer Waffe auftauchen, haben nichts zu verlieren! Das sicherste Mittel, derartigen Situationen aus dem Weg zu gehen, ist, die Gefahrenzonen nachts zu meiden bzw. sich im Taxi zwischen Lokalen zu bewegen. Auch ist es ratsam, Wertsachen nicht offen sichtbar zu zeigen und das Geld sicher am Körper (beispielsweise in einem Geldgurt) zu verwahren.

Mit einer **sorgfältigen Reisevorbereitung und umsichtigem Verhalten im Land selber kann man in Ecuador immer noch relativ sicher reisen** – Angst ist weder an der Riviera noch in Ecuador ein guter Reisebegleiter!

Aktuelle Reisehinweise zur allgemeinen Sicherheitslage erteilen:

■ **Deutschland:** „Reise & Sicherheit" auf www. auswaertiges-amt.de sowie die Deutsche Botschaft in Quito unter www.quito.diplo.de.
■ **Österreich:** www.bmeia.gv.at (Bürgerservice)
■ **Schweiz:** www.dfae.admin.ch (Reisehinweise)

Souvenirs

Nicht nur auf Märkten, sondern auch in den **Kunsthandwerksläden** größerer Städte findet sich ein reichhaltiges Angebot. Einige Empfehlungen:

In Quito

Die Kunsthandwerksläden in Quito konzentrieren sich vor allem in der **Av. Amazonas** und der **Calle Juán León Mera,** beide im Stadtteil Mariscal. Zahlreiche Läden bieten neben den Otavalo-Erzeugnissen alles an, was typisch für Ecuador und als Souvenir interessant ist.

■ **Mercado Artesanal „La Mariscal"**
Reina Victoria y Roca, täglich, erweitert am Sa und So im Parque El Ejido. Dieser Kunstmarkt bietet Ähnliches wie der in Otavalo (s.u.), nur im wesentlich überschaubareren Rahmen.
■ **Galería Latina**
Juan L. Mera 833 y Veintimilla, Tel. 02-2540380, glatina@attglobal.net, Mo bis Sa 10–20 Uhr, So 11–18 Uhr. Direkt neben der Buchhandlung Libri Mundi, bietet v.a. Keramik, Textilien und Otavalo-Erzeugnisse an.
■ **La Bodega Artesanías**
J.L. Mera 614 y Carrión, Tel. 02-2225844, jortman@pi.pro.ec, Mo bis Fr 10–13 und 14–19 Uhr, Sa 9.30–13 und 16–18 Uhr. Reiches Angebot an Keramiken, Textilien, Schmuck, Wandteppichen und Otavalo-Erzeugnissen, daneben Panama-Hüte, Mineral- und Gesteinssammlungen und Balsaholzfiguren.
■ **Tianguez (Altstadt)**
Tel. 02-22570233, tianguez@andinanet.net, Mo bis Di 9.30–18.30 Uhr, Mi bis So 9.30–23.30 Uhr. Unterhalb der Kirche San Francisco ist in den Kolonnaden ein gut gegliedertes Angebot von Kunsthandwerk aus allen Teilen des Landes zu finden. Betreiber ist eine gemeinnützige Organisation namens **Tianguez** (Plaza de San Francisco) – sehr empfehlenswert!

In Otavalo

Der größte Kunsthandwerksmarkt des Landes ist der **Samstagsmarkt** von Ota-

◁ Touristenpolizei in Quito

valo. Hier werden auf der Poncho Plaza und in mehreren Straßen des Zentrums vor allem Erzeugnisse der Otavalo-Indianer (Wandteppiche, Folklorebekleidung, Pullover, Ponchos etc. aus handgefertigter Lamawolle) sowie einheimische Musikinstrumente aus Holz und Bambus angeboten, letztlich jedoch Handwerks- und Gebrauchswaren jeglicher Art. Daneben haben die Otavaleños (Einwohner von Otavalo) entlang der Straßen ihre kleinen Geschäfte, in denen man auch unter der Woche einkaufen kann. Die Poncho Plaza selbst ist täglich geöffnet.

In Cuenca

Die **Av. Gran Colombia** ist die Einkaufsstraße für *artesanías* (Kunsthandwerk) in Cuenca mit zahlreichen Geschäften, die auch immer wieder Goldarbeiten anbieten. Bekannt ist *Romero Ortega,* der hochwertige Panamahüte in die ganze Welt exportiert.

In Guayaquil

Hochwertiges Kunsthandwerk gibt es in Lo Nuestro und der Galería Guayasamín zu kaufen. Weitere Souvenirs sind im Stadtteil Bahia und am Palacio de Cristal zu erstehen.

Strom

In Ecuador beträgt die **Spannung 110 Volt;** für die Steckdosen wird ein Adapter benötigt, der in vielen Elektrogeschäften erhältlich ist.

Stromausfälle und Wasserknappheit kommen gelegentlich vor.

Telefonieren

Die **staatlichen Telefongesellschaften** *Andinatel* im Norden des Landes und *Pacifictel* im Süden bieten in ihren Agenturen neben nationalen auch internationale Telefonvermittlungen an, teils für Direktwähler, teils über den *Operador.* Die **Öffnungszeiten** liegen **zwischen 7 und 22 Uhr,** in kleineren Ortschaften reduzierter.

Noch verbreiteter sind **private Telefonkabinen,** sogenannte „**cabinas",** von denen aus, wenn auch häufig beengt, national wie international preiswert telefoniert werden kann. Vor allem auf dem Land sind diese Kabinen recht einfach und manchmal schlicht ein Telefon, das der Tiendabesitzer in den Türrahmen gehängt hat.

Die **privaten Telefongesellschaften Porta und Telefónica** bauen ihre Telefonzellennetze weiter aus. Sie funktionieren mit Telefonkarten, die es in den jeweiligen Büros, aber auch in zahlreichen Supermärkten und Tiendas gibt.

Drei Konkurrenten auf dem privaten Telefonmarkt teilen sich den wachsenden Markt für **Mobiltelefone** in Ecuador: Porta, Movistar (Telefónica) und

Alegro. Das eigene Handy lässt sich in Ecuador nur betreiben, wenn es über ein „Quadband" oder ein **„Freeband"** verfügt, d.h. wenn es die in Ecuador gültige Frequenz GSM 850 empfangen kann. Die 850 MHz in Ecuador sind ansonsten nicht kompatibel mit den in Deutschland gängigen Frequenzen. Das 3G-Netz ist noch im Aufbau befindlich. **Achtung:** Selbst Quadband-Telefonierer können ihr Handy in Ecuador nur benutzen, wenn der heimische Dienstleister auch

Telefonnummern

Vorwahlnummern für die einzelnen Provinzen sowie Quito und Guayaquil:

- Pichincha, Quito: **02**
- Bolívar, Cotopaxi, Chimborazo, Pastaza, Tungurahua: **03**
- Guayas, Guayaquil: **04**
- Galápagos, Los Ríos, Manabí: **05**
- Carchi, Esmeraldas, Imbabura, Napo, Sucumbios: **06**
- Azuay, Cañar, El Oro, Loja, Morona, Zamora: **07**

- Die **nationale Telefonauskunft** hat die Nummer 104.

In diesem Reiseführer stehen die Vorwahlnummern für das Festnetz jeweils am Beginn der praktischen Infos zu den Städten. In Zweifelsfällen oder bei Abweichungen von dieser Regel und bei Mobilfunknummern stehen die Vorwahlnummern direkt bei den einzelnen Durchwahlnummern im Text.

Handy-Nummern in Ecuador haben zehn Ziffern und beginnen immer mit „09". Da die zehnte Ziffer erst Ende 2012 eingeführt wurde, findet man bei Telefonangaben noch viele alte Handy-Nummern mit nur neun Ziffern. Ergänzt man diese mit einer „9" hinter der vorne stehenden „0", so ist die Korrektur durchgeführt. Wer also eine „08-444 5555" findet, kann diese zu „098-444 5555" selbst korrigieren, aus „09-" wird entsprechend „099-". Bei internationaler Anwahl entfällt die „0". Man wählt also etwa 00593-98-444 5555.

Vorwahlen von/nach Europa:

- **nach Ecuador: 00593** + entsprechende Inlandsnummer
- nach Deutschland: 0049
- nach Österreich: 0043
- in die Schweiz: 0041

Tipp: Wer länger im Land bleibt oder viel telefonieren möchte, sollte den **Kauf eines ecuadorianischen Handys** samt SIM-Card und Telefonguthaben in Betracht ziehen. Ein solches Paket ist schon ab etwa 25 $ in den Telefonläden zu erstehen. Eine Handy-Minute z.B. per Direktwahl nach Deutschland, selbst ins dortige Mobilfunknetz, kostet dann nur 50–60 US-Cent. Eine lokale Einheit kostet 15–25 Cent. Außerdem ist man in Notfällen oder bei Routenänderungen während der Reise stets in Kontakt mit der Außenwelt, zumal Ecuador eine sehr gute Mobilfunkabdeckung hat. Bringen Sie zum Erwerb von Handy und Nummer Ihren Pass mit in den Telefonladen.

einen Roaming-Partner in Ecuador hat. Informieren Sie sich vor der Reise über Roaming und Tarife! Alternativ kann man eine preiswerte ecuadorianische SIM-Karte in das eigene europäisches Handy setzen, internationale Tarife: ca. 0,55 US-$/Min.

Wer von einem **Privatanschluss** international telefoniert, wählt direkt durch, z.B. 0049-89-12345678.

Die vielen **Internetcafés** in Ecuador bieten zumeist auch einen preiswerten **Net-to-Phone-Service** nach Europa an.

Gespräche von Deutschland nach Ecuador empfehlen sich über die **Call-by-call-Dienste,** wobei man wegen der wechselnden Tarife regelmäßig die Anbieter überprüfen sollte. Während die Netze der Call-by-call-Anbieter nicht selten überlastet und auch nur vom Festnetz aus zu nutzen sind, gibt es eine weitere Alternative: die „Calling Cards" können sowohl vom Festnetz als auch vom Handy genutzt werden. Sie sind in Telefonläden und im Internet zu beziehen. Ein aktueller Preisvergleich mit hilfreichen Tipps über die Tarifrechner von www.tariftip.de und www.verivox.de lohnt sich immer!

Toiletten

Öffentliche Toiletten sind selten in Ecuador; oft sieht man Männer pinkelnd vor Hauswänden, Busrädern oder im Feld stehen.

In Restaurants frage man nach dem baño oder gehe zu den mit „SSHH" gekennzeichneten Örtlichkeiten.

In billigeren Unterkünften gibt es selten **Toilettenpapier,** so dass man seine eigene Rolle immer zur Hand haben sollte. Neben dem Klobecken stehen in Ecuador Eimer, in die das Toilettenpapier zu werfen ist, da andernfalls infolge des schwachen Wasserdrucks und der engen Abflussrohre eine Verstopfung der Toilette unvermeidlich ist.

ecu088 peko

Trinkgeld

Rechnungen **in Restaurants** enthalten in der Regel bereits 10 % für den Service und 12 % Mehrwertsteuer (IVA). In besseren Restaurants werden nochmals 5 bis 10 % Trinkgeld erwartet.

Hotelboys, Autoaufpasser, Gepäckträger etc. rechnen immer mit einem Trinkgeld. **Bergführern** gibt man pro Gruppenmitglied 2 bis 5 $ pro Tag, ggf. mehr (je nach Qualität der Führung).

Unterkunft

In Ecuador gibt es eine **große Auswahl an Unterkünften.** Egal wo man wann ankommt – ein Dach über dem Kopf findet sich meistens.

◁ Luxushotel Finch Bay auf der Insel Santa Cruz im Galápagos-Archipel

Hotels

Die Hotels in Ecuador sind in vier Kategorien eingeteilt: **5 Sterne** *(lujo)*, **4 Sterne** *(primera)*, **3 Sterne** *(segunda)* und **2 Sterne** *(tercera)*. Der Komfort innerhalb einer Kategorie kann allerdings gewaltig variieren. Mehrsterne-Hotels in größeren Städten können sehr teuer sein und einen ausgesprochen schlechten Service bieten, während in kleineren Städten Hotels derselben Kategorie billig und sauber sind. Hinzu kommt natürlich die **subjektive Beurteilung** als Ausdruck eigener Ansprüche und gemachter Erfahrungen: In Riobamba z.B. hatte im Hotel Imperial ein Leser mit Kakerlaken zu tun, der andere bezeichnete es als „in Ordnung", ein dritter fand es das „beste Mittelklassehotel, das wir kennen lernten" …

Unterkünfte mit mehr als 20 Zimmern heißen meist „Hotel", auf dem Land auch „Hostería". Kleinere Häuser nennen sich „Hostal" oder manchmal „Posada". Die „Cabaña" ist meist eine frei stehende Hütte oder ein Teil davon.

Einfache Unterkünfte

Die einfachen Unterkünfte heißen **Hostal** oder auch **Residencial,** manchmal **Pensión,** gelegentlich auch **Albergue,** auf dem Land und an der Küste nicht selten **Cabaña.** Wir haben versucht, nur saubere bzw. gepflegte Unterkünfte aufzunehmen. Ein Zimmer mit eigenem Bad *(baño privado)* ist dabei unser Mindeststandard. Nur selten haben wir Zimmer mit *baño compartido* (Gemeinschaftsbad) aufgenommen. Wir hoffen, dass die zusammengetragenen Unterkünfte möglichst weitgehend den vorgefundenen Standard beibehalten.

Jugendherbergen

Das Jugendherbergswesen ist in Ecuador aufgrund der Vielzahl an günstigen Unterkünften, Hostels und Backpacker-Unterbringungen **noch nicht entwickelt.** In Ecuador gibt es bis jetzt (Ende 2012) keine im internationalen Jugendherbergsverband registrierten Jugendherbergen. Da der Begriff jedoch nicht geschützt ist, gibt es trotzdem Unterkünfte, die den Namen verwenden.

Hinweise

Die in diesem Buch angegebenen Hotels stellen eine **Auswahl** dar. Das Angebot ändert sich ständig. Die Preise schwanken, Telefonnummern unterliegen einem permanenten Wandel. Die im vorliegenden Reiseführer genannten **Preise beziehen sich,** sofern nicht anders angegeben, **auf das Doppelzimmer mit Bad,** einschließlich Steuern und Service.

Verhalten Bettlern gegenüber

Wer beabsichtigt, eine besondere **fiesta** in einer Stadt zu besuchen, ist gut beraten, mindestens einen Tag vor dem Fest in der Stadt einzutreffen, weil in dieser Zeit oft viele Unterkünfte ausgebucht sind und es schwer ist, ein Zimmer zu finden.

Mitunter ist es auch schwierig, ein **Einzelzimmer** zu bekommen, weil nur Zimmer mit mindestens zwei Betten zur Verfügung stehen. Oft ist dann der Preis für das Doppelzimmer (zumindest annähernd) zu entrichten.

Grundsätzlich vor Ort zu überprüfen ist auch, ob in den genannten Preisen die in Ecuador vorgeschriebene **Mehrwertsteuer (IVA)** von 12 % und der **Service** von 10 % enthalten sind.

Selten wird der/die Reisende in abgelegenste Orte ohne Unterkünfte kommen. In diesem Fall aber macht sich ein **Schlafsack** bezahlt: In kleinen Orten kennt jeder jeden, und man spricht auf der Straße einfach jemanden an und fragt, wo man für eine Nacht unterkommen kann. In aller Regel findet man eine Familie, bei der man zumindest auf dem Fußboden schlafen kann.

Informationen zum **Camping** sind bei den praktischen Informationen zu den jeweiligen Städten, Bergen, Nationalparks usw. aufgeführt.

Vorsicht beim **Duschen:** In Ecuador sind die Wasserhähne für englischsprachiges Empfinden gefährlich gekennzeichnet: In aller Regel steht „C" nicht für „cold", sondern für „caliente" (heiß), „F" steht für „frío" (kalt).

Das Betteln ist in Ecuador sicher **weniger verbreitet als in den übrigen Ländern Lateinamerikas.** Natürlich trifft man vor Kirchen, in Stadtparks und in der Nähe von touristisch attraktiven und frequentierten Sehenswürdigkeiten gelegentlich auf **Greise und Behinderte,** die auch von den Einheimischen ihre Almosen bekommen.

In den großen Städten und besonders in Quito laufen **Kinder** durch die Straßen und verlangen nach einer milden Gabe, die sofort zur „mamita" getragen wird, die irgendwo anders versucht, das nötige Geld für den täglichen Bedarf aufzutreiben. Die Av. Amazonas in Quito und die Altstadtplätze sind besonders beliebt, weil da viele Gringos rumlaufen, die am ehesten Mitleid für die Kinder haben und ein Almosen geben.

Sicher gehen die **Meinungen darüber** empfindlich auseinander, ob man bettelnden Kindern etwas zustecken sollte oder nicht. Die einen sagen, mit einer Spende leiste man dem Betteln nur Vorschub und unterstütze die mangelnde Bereitschaft zu Schul- und Berufsausbildung, die anderen erklären, die Kinder lebten chancenlos in ärmsten Verhältnissen und eine Spende könne die Not lindern helfen. So oder so: Dahinter versteckt sich immer das ungute Gefühl des reichen Europäers im Anblick real existierenden Elends und die Schwierigkeit, damit angemessen umzugehen.

Eine allgemein verbindliche **Verhaltensregel** kann nicht aufgestellt werden: Letztlich liegt es an jedem selbst, ob, was, wie viel und warum er gibt oder nicht.

Viele Familien sind bettelarm, zahlreiche Kinder arbeiten bereits im Alter von vier oder fünf Jahren als **Schuhputzer.** Man kann sich deshalb auch ruhig mal die Schuhe putzen lassen, ohne „Wohlstands-Gewissensbisse" haben zu müssen. Geben Sie den Buben nur das, was sie verlangen. Einen „Gringo-Preis" werden Sie in den meisten Fällen sowieso bezahlen …

Versicherungen

ecu087 peko

Egal, welche Versicherungen man abschließt, hier ein Tipp: Für alle sollte man die **Notfallnummern notieren** und mit der Policenummer gut aufheben! Bei Eintreten eines Notfalles sollte die Versicherungsgesellschaft sofort telefonisch verständigt werden!

Der **Abschluss einer Jahresversicherung** ist in der Regel kostengünstiger als mehrere Einzelversicherungen. Günstiger ist auch die **Versicherung als Familie** statt als Einzelpersonen. Hier sollte man nur die Definition von „Familie" genau prüfen.

Auslandskrankenversicherung

Die Kosten für eine ärztliche Behandlung in Ecuador werden von den gesetzlichen Krankenversicherungen in Deutschland und Österreich nicht übernommen, daher ist der Abschluss einer privaten Auslandskrankenversicherung **unverzichtbar.** Es gibt sie schon ab 6 Euro Jahresbeitrag, z.B. bei der HUK oder der Halleschen Nationale.

Bei Abschluss der Versicherung – die es mit bis zu einem Jahr Gültigkeit gibt – **sollte auf einige Punkte geachtet werden.** Zunächst sollte ein Vollschutz ohne Summenbeschränkung bestehen, im Falle einer schweren Krankheit oder eines Unfalls sollte auch der Rücktransport übernommen werden. Diese Zusatzversicherung bietet sich auch über einen Automobilclub an, vor allem wenn man bereits Mitglied ist. Diese Versicherung bietet den Vorteil billiger Rückholleistungen (Helikopter, Flugzeug) in extremen Notfällen.

Wichtig ist auch, dass im Krankheitsfall der Versicherungsschutz über die vorher festgelegte Zeit hinaus **automatisch verlängert** wird, wenn die Rückreise nicht möglich ist.

Schweizer sollten bei ihrer Krankenversicherungsgesellschaft nachfragen, ob die Auslandsdeckung auch für Ecuador inbegriffen ist. Sofern man keine Auslandsdeckung hat, kann man sich kostenlos bei Soliswiss (www.soliswiss.ch) über mögliche Krankenversicherer informieren.

Zur Erstattung der Kosten benötigt man ausführliche Quittungen (mit Datum, Namen, ärztlichem Bericht über Art und Umfang der Behandlung, Kosten der Behandlung und Medikamente).

△ Wer traut sich da schon weiter ...?

Andere Versicherungen

Ob es sich lohnt, weitere Versicherungen abzuschließen wie eine Reiserücktritts-, Reisegepäck-, Reisehaftpflicht- oder Reiseunfallversicherung, ist individuell abzuklären. Gerade diese Versicherungen enthalten **viele Ausschlussklauseln,** sodass sie nicht immer Sinn machen.

Die **Reiserücktrittsversicherung** für 35–80 Euro lohnt sich nur für teure Reisen und für den Fall, dass man vor der Abreise einen schweren Unfall hat, schwer erkrankt, schwanger wird, gekündigt wird oder nach Arbeitslosigkeit einen neuen Arbeitsplatz bekommt, die Wohnung abgebrannt ist u.Ä. Nicht gelten hingegen: Terroranschlag, Streik, Naturkatastrophe etc.

Die **Reisegepäckversicherung** lohnt sich seltener, da z.B. bei Flugreisen verlorenes Gepäck oft nur nach Kilopreis und auch sonst nur der Zeitwert nach Vorlage der Rechnung ersetzt wird. Wurde eine Wertsache nicht im Safe aufbewahrt, gibt es bei Diebstahl auch keinen Ersatz; Kameraausrüstung und Laptop dürfen beim Flug nicht als Gepäck aufgegeben worden sein; Gepäck im unbeaufsichtigt abgestellten Fahrzeug ist ebenfalls nicht versichert – die Liste der Ausschlussgründe ist endlos … Überdies deckt häufig die Hausratsversicherung schon Einbruch, Raub und Beschädigung von Eigentum auch im Ausland. Für den Fall, dass etwas passiert ist, muss der Versicherung als Schadensnachweis ein Polizeiprotokoll vorgelegt werden.

Eine **Privathaftpflichtversicherung** hat man in der Regel schon. Hat man eine Unfallversicherung, sollte man prüfen, ob diese im Falle plötzlicher Arbeitsunfähigkeit aufgrund eines Unfalls im Urlaub zahlt. Auch durch manche (Gold-)Kreditkarten ist man für bestimmte Fälle schon versichert. Die Versicherung über die Kreditkarte gilt allerdings meist nur für den Karteninhaber!

ec2013-016 peko

◁ Papageien bekommt man (nicht nur) auf Dschungeltouren zu sehen

Zeitverschiebung

Ecuador liegt in der **Zeitzone GMT -5.** Die Differenz zur Mitteleuropäischen Zeit (MEZ = GMT +1) beträgt daher minus 6 Stunden im Winter und minus 7 Stunden zur Sommerzeit (MESZ). **Galápagos** liegt 1 Stunde weiter westlich auf **GMT -6.**

Zoll in Europa

Für die Zollbestimmungen bei der Einreise in Ecuador siehe Kapitel „An-/Einreise: Zollbestimmungen".

Die **Ausfuhr** von präkolumbischen Relikten und Souvenirs aus schwarzer Koralle ist streng verboten. Obst und Gemüse dürfen ebenfalls nicht ausgeführt werden. Für Kunsthandwerk aus Ecuador gibt es bei nicht-kommerziellen Mengen keine Ausfuhrbeschränkungen, bei der Ausfuhr von Antiquitäten und lebenden Tieren sollte ein zollerfahrener Rat eingeholt werden.

Bei der **Rückeinreise** gibt es auch **auf europäischer Seite** Freigrenzen, Verbote und Einschränkungen. Folgende Freimengen darf man zollfrei einführen in die EU und die Schweiz:

■ **Tabakwaren** (für Personen ab 17 Jahren): 200 Zigaretten oder 100 Zigarillos oder 50 Zigarren oder 250 g Tabak oder eine anteilige Zusammenstellung dieser Waren.
■ **Alkohol** (für Personen ab 17 Jahren) in die EU: 1 l Spirituosen (über 22 Vol.-%) oder 2 l Spirituosen (unter 22 Vol.-%) oder eine anteilige Zusammenstellung dieser Waren, und 4 l nicht-schäumende Weine, und 16 l Bier; in die Schweiz: 2 l bis 15 Vol.-% und 1 l über 15 Vol.-%.

■ **Andere Waren** (in die EU): für See- und Flugreisende bis zu einem Warenwert von insgesamt 430 Euro, alle Reisende unter 15 Jahren 175 Euro (bzw. 150 Euro in Österreich); (in die Schweiz): neu angeschaffte Waren für den Privatgebrauch bis zu einem Gesamtwert von 300 SFr. Bei Nahrungsmitteln gibt es innerhalb dieser Wertfreigrenze auch Mengenbeschränkungen.

Wird die Wertfreigrenze überschritten, sind **Einfuhrabgaben** auf den Gesamtwert der Ware zu zahlen und nicht nur auf den die Freigrenze übersteigenden Anteil. Die Berechnung erfolgt entweder pauschal oder nach dem Tarif jeder einzelnen Ware zzgl. sonstiger Steuern.

Einfuhrbeschränkungen gibt es u.a. für Tiere, Pflanzen, Arzneimittel, Betäubungsmittel, Feuerwerkskörper, Lebensmittel, Raubkopien, verfassungswidrige Schriften, Pornografie, Waffen und Munition; in Österreich auch für Rohgold und in der Schweiz auch für CB-Funkgeräte.

Nähere Informationen

■ **Deutschland:** www.zoll.de
■ **Österreich:** www.bmf.gv.at
■ **Schweiz:** www.ezv.admin.ch

Praktische Reisetipps A–Z

Land und Leute

◁ Schamane am Äquatordenkmal Quitsato

Naturraum

Lage und Größe

Ecuador liegt im Nordwesten des süd-amerikanischen Subkontinents und ist nach seiner Lage am Äquator benannt (span. *ecuador* = Äquator). Das Land liegt beidseitig des Äquators etwa zwischen dem 2. Grad nördlicher und dem 5. Grad südlicher Breite und zwischen dem 81. (Westspitze der Halbinsel Santa Elena) und 75. Grad (Amazonastiefland) westlicher Länge. Es grenzt im Norden an Kolumbien, im Süden und Osten an Peru, und im Westen bildet der Pazifische Ozean die natürliche Grenze. In Westostrichtung erstreckt sich das Land über 600 km vom Pazifik bis in das Amazonastiefland hinein, wobei das Gebiet einst bis zur Río-Napo-Mündung reichte.

Das „Protokoll von Rio de Janeiro" von 1942, mit dessen Unterzeichnung Ecuador über 170.000 km² Amazonas-land an Peru abtrat, wurde erst 1999 in einem endgültigen Friedensvertrag auch von Ecuador anerkannt. Die seit 1942 fehlenden Grenzsteine wurden daraufhin feierlich gesetzt.

Zu Ecuador gehören die Galápagos-Inseln, die 1000 km vor dem Festland auf einer untermeerischen Plattform aus dem Pazifischen Ozean ragen. Der Archipel besteht aus 13 größeren und sechs kleineren Inseln sowie mehr als vierzig kleinsten Inseln, die zusammen eine Landfläche von 7882 km² haben.

Mit **251.081 km²** Fläche einschließlich der Galápagos-Inseln ist Ecuador etwa 35.000 km² kleiner als Westdeutsch-land vor der Wiedervereinigung. Im Vergleich zu Bolivien, Peru, Kolumbien und Venezuela ist Ecuador der **kleinste Andenstaat.**

Geologie und Landschaftsformen

Das Landschaftsbild Ecuadors zeigt scharfe regionale Kontraste sowohl im kontinentalen als auch im insularen Bereich. Seine Entstehung verdankt es dem komplexen Zusammenspiel von geologisch-tektonischen Bewegungen, die sich seit Millionen von Jahren vollziehen, und klimatisch-vegetationsgeografischen Faktoren, die das Land in verschiedene Lebensräume gliedern (siehe „Vegetation").

Das **Relief von Ecuador** lässt sich in **drei topografische Großräume** einteilen: **westliches Küstentiefland (Costa), zentrales Andenhochland (Sierra)** und **östliches Tiefland (Oriente),** das Teil des großen Amazonasbeckens ist. Hinzu kommen die **Galápagos-Inseln,** die vulkanischen Ursprungs sind.

Geologie

Die zeitliche Dimension der Entstehung, Entwicklung und Veränderung der Erde (und ihrer Lebewesen) übersteigt das menschliche Vorstellungsvermögen. Der

▷ Fluss im Nebelwald bei Intag im Hochland

Ecuador auf einen Blick

- **Staatsform:** Präsidiale Republik
- **Staatsname:** *República del Ecuador*
- **Staatsoberhaupt:** Staatspräsident *Rafael Correa* (seit 2007)
- **Staatsflagge:** Gelb/dunkelblau/rot
- **Grenzen:** Seit dem Vertrag von Rio de Janeiro 1942: im Norden Kolumbien, im Osten und Süden Peru, im Westen Begrenzung durch den Pazifischen Ozean, in dem auch die Galápagos-Inseln liegen
- **Fläche:** Gesamtfläche mit den Galápagos-Inseln 256.000 km²; weitere 174.565 km² mussten 1942 an Peru abgetreten werden
- **Höchste Berge:** Chimborazo, 6310 m; Cotopaxi, 5897 m; Cayambe, 5790 m; Antisana, 5704 m
- **Hauptstadt:** Quito (ca. 2,3 Mio. Einwohner)
- **Gesamtbevölkerung:** 14,7 Mio. Einwohner
- **Bevölkerung – ethnische Zusammensetzung:** 42 % Mestizen, 36 % Indigene, 10 % Afro-Ecuadorianer sowie 10 % europäischer und 2 % asiatischer Herkunft (Angaben und Zählweisen variieren)
- **Mittlere Bevölkerungsdichte:** 57,4 Einw. pro km² (Deutschland: 217)
- **Bevölkerungswachstum:** ca. 1,4 % jährlich (Schätzung, 2010)
- **Städtische Bevölkerung:** 61 %
- **Lebenserwartung:** Männer: 68 Jahre, Frauen: 73 Jahre
- **Analphabetenrate:** in der Stadt 5 %, auf dem Land 14 %
- **Währung:** US-Dollar ($)
- **BIP:** 67,3 Mrd. $, pro Kopf 4578 $ (2011)
- **Arbeitslosenquote:** 7–8 % (Unterbeschäftigung 45–50 %)
- **Armut** in der Bevölkerung: ca. 40 % (auf dem Land 66 %)
- **Staatlicher Mindestlohn:** 292 $
- **Inflationsrate:** 4,88 % (Aug. 2012)
- **Sprachen:** Spanisch (offiz. Landessprache), Quechua (wichtigste indianische Sprache)
- **Religionen:** ca. 85 % römisch-katholisch, die Übrigen Protestanten, Juden, Anhänger von Naturreligionen
- **Internationale Mitgliedschaften:** UNO, OAS (Organisation Amerikanischer Staaten), ALADI (Lateinamerikanische Integrationsassoziation), BID (Interamerikanische Entwicklungsbank), UNCTAD (UN-Konferenz für Welthandel und Entwicklung), SELA (Lateinamerikanisches Wirtschaftssystem), Andenpakt, ALBA (Bolivarianische Völker-Allianz), OPEC, UNASUR (Union Südamerikanischer Staaten)

ecu094 peko

Geologe, der sich mit den Phänomenen der Erdgeschichte befasst, rechnet in Jahrmillionen und -milliarden. Die **Unterscheidung verschiedener geologischer Formationen und Perioden** dient der Erklärung von Vorgängen, die zur Ausbildung von Meeren, Inseln und Kontinenten führten. Diese Vorgänge setzen sich in der Gegenwart fort und werden begleitet von Erdbeben und Vulkanismus. Angetrieben durch energiereiche Strömungen im Erdinneren verändern sich die Oberflächenformen der Erde großräumig nach dem geologischen Modell der Plattentektonik (s.u. „Entstehung von Galápagos").

Ein Vorgang, der die Geologie des ecuadorianischen Festlandes (und aller Andenländer) stark bestimmt(e), ist die **Auffaltung der Anden,** vergleichbar etwa der Auffaltung der europäischen Alpen. Die Entstehung eines Hochgebirges vollzieht sich infolge gewaltiger, einseitiger Druckbewegungen der Erdkruste, wodurch großdimensional Gesteinsmassen und Gesteinspakete einer vertikalen Positionsänderung unterworfen werden, was bei anhaltender Bewegung zum Bruch (dominierend in den Anden) oder zur Faltung (in den Alpen) der Gesteine führt (zur Veranschaulichung: Nehmen Sie ein Blatt Papier, legen Sie an zwei Seiten die Fingerspitzen auf das Papier und drücken Sie es mit einer Hand gegen die andere).

Die Auffaltung erfolgte in mehreren geologischen Phasen und erreichte ihren **Höhepunkt** beim Übergang der sogenannten Kreidezeit in das Tertiär **vor ca. 65 Mio. Jahren.** Begleitet wurde die Auffaltung in den Anden einerseits durch die Heraushebung von einzelnen Bruchschollen bei gleichzeitiger Absenkung tektonischer Gräben, andererseits von Erdbeben und dem Aufstieg vulkanischer Schmelzen entlang Nord-Süd verlaufender Schwächezonen. An diesen türmten sich Vulkane auf, die teilweise noch heute aktiv sind und zeigen, dass sich geologische Bewegungen im Bereich der Anden bis in die Gegenwart fortsetzen. Der **Vulkan Cotopaxi** in Ecuador gilt mit 5897 m als **höchster aktiver Vulkan der Erde!** Größere Explosionen zeigt immer wieder der Tungurahua (5016 m).

Vor der Auffaltung war der gesamte Bereich des heutigen Ecuador eine große Küstenebene, die mehrfach vom Meer überflutet wurde. Die heutigen **außerandinen Teile Ecuadors,** das westliche Tiefland der Costa und das östliche Tiefland des Oriente, bestehen aus einer großräumigen Verzahnung von flachem Tiefland mit mittelhohen Bergketten und Plateaus.

Den Kern dieser Berg- und Plateaugebiete bildet das sogenannte **präkambrische Grundgebirge,** das vor über 2 Milliarden Jahren entstand. Überlagert wird es von über 225 Mio. Jahren alten, sog. paläozoischen und über 140 Mio. Jahren alten, sog. mesozoischen Deckschichten. Im Tertiär und zu Beginn des Quartärs, vor ca. 1,8 Mio. Jahren, führten Senkungsvorgänge im Bereich des Oriente und in den Andenvorländern zu einer Zergliederung der Erdoberfläche in viele Teilstücke.

Infolge starker **Klimaschwankungen,** also dem Wechsel zwischen Warm- und Kalt-/Eiszeiten im Pleistozän (Periode im Zeitalter des Quartärs vor 1,8 Mio. bis 10.000 Jahren), wurden diese Teilstücke durch die abtragende Wirkung von Wind, Wasser und Eis überformt.

Große Flusssysteme beiderseits der Andenkette ließen an der West- und Ostabdachung tief eingeschnittene Täler entstehen, Bestandteile **zerklüfteter Berglandschaften,** die in Ecuador heute von ausgedehnten Regenwäldern überzogen sind. In der Tiefebene der Costa bedecken als Folge weit zurückliegender Meeresüberflutungen marine Sedimente ausgedehnte Flächen.

Geografische Lage Ecuadors 0 ▬▬ 1000 km © Reise Know-How 2013

Andenhochland (Sierra)

Das Hochgebirge der Anden zieht sich in einer Länge von über 8000 km durch den gesamten südamerikanischen Kontinent und besteht im Zuge lang anhaltender Krustenbewegungen aus einer Vielzahl von Gebirgsketten in Form von Falten und Bruchschollen, aufgestiegener Tiefengesteine und jungvulkanischer Ablagerungen.

In Ecuador durchziehen die Anden zentral das Land von Norden nach Süden und nehmen dabei **ein Viertel der Landesfläche** ein.

Sie teilen sich in zwei parallel laufende Hauptketten, die **West- und Ostkordillere,** die durch ein zentrales Längstal voneinander getrennt werden. Das Längstal wiederum wird durch Querrücken, im Spanischen sog. *nudos* (Knoten), in acht innerandine Hochlandbecken *(hoyas)* gegliedert. Diese Becken sind im Durchschnitt nicht breiter als 45 km und liegen in Höhen zwischen 2000 m und 3000 m.

In die Sedimente und jungvulkanischen Ablagerungen der Becken haben sich größere Flusssysteme eingeschnitten, die sich, da eine Entwässerung nach Norden oder Süden durch die Querrücken verhindert wird, quer zur Verlaufsrichtung der Anden ihren Weg nach Westen und Osten gesucht haben. Dadurch formten sie in den beiden Gebirgsketten sogenannte **Durchbruchstäler** (beispielsweise den *Cañón* des Río Pastaza bei Baños), die heute verkehrstechnisch wichtige Ost-West-Verbindungen innerhalb des Landes darstellen.

Entsprechend dem geologischen Bau und der **Orografie** (Beschreibung der Reliefformen eines Landes) lässt sich das Hochland in einen nördlichen und einen südlichen Teil gliedern.

Das **nördliche Hochland** ist **der junge, geologisch aktive Abschnitt der ecuadorianischen Anden** mit explosivem Vulkanismus, regelmäßigen Erdstößen *(temblores)* und gelegentlichen Erdbeben *(terremotos)*. In diesem Bereich liegen mit 5897 m die höchste Erhebung der Ostkordillere, der aktive Vulkan Cotopaxi, sowie die höchste Erhebung der Westkordillere und des gesamten Landes, der Chimborazo mit 6310 m. Durch den Querrücken Nudo del Azuay wird das nördliche Hochland vom südlichen Hochland getrennt.

Das **südliche Hochland** ist **der alte, geologisch nicht-aktive Abschnitt der ecuadorianischen Anden,** der bei weitem nicht die Höhen des nördlichen Hochlandes erreicht. Stattdessen befinden sich hier große Wassereinzugsgebiete wie z.B. der Río Paute, der wasserreichste Fluss der gesamten ecuadorianischen Sierra.

Küstentiefland (Costa)

Das im Durchschnitt 100 km breite westliche Küstentiefland nimmt ein weiteres **Viertel der Landfläche** ein und wird von einem durchschnittlich 300 bis 600 m hohen Küstengebirge durchzogen, das die Ebene in zwei Bereiche teilt: den maritimen Bereich westlich der Bergkette mit flachen Küsten und ausgedehnten Stränden und das zentrale Tiefland zwischen dem Mittelgebirge und der westlichen Andenkordillere, das durch drei große Flusssysteme, den Río Esmeraldas, den Río Santiago und den **Río Guayas** in Nord-Süd-Richtung entwässert wird und dadurch das Küstentiefland in verschieden große Beckenlandschaften gliedert. Der wichtigste Fluss ist der Río Guayas, größter Fluss im westlichen Südamerika.

Amazonastiefland (Oriente)

Östlich der ecuadorianischen Andenkette breitet sich das Gebiet des Oriente (span. = Osten) aus. Der offizielle Name des Oriente lautet Región Amazónica (Amazonien). Auf die größte Region Ecuadors entfällt beinahe die **Hälfte der Landesfläche,** die sich räumlich in einen nördlichen und einen südlichen Teil gliedern lässt, wobei die natürliche Trennungslinie durch den Río Pastaza gebildet wird. Geografisch teilt sich Amazonien in den **Hohen Oriente** (das Gebiet an den Ostflanken der Anden) und den **Tiefen Oriente** (das eigentliche Tiefland am Fuß der Andenkette). Dabei umfasst der Hohe Oriente die subandinen Bergketten *(cadenas),* namentlich Napo, Galeras, Cutucú und Cóndor einschließlich der Täler und Hügelländer *(piedemontes),* im Einzelnen Napo, Pastaza, Upano und Zamora. Der Tiefe Oriente umfasst die daran anschließende, im Durchschnitt 300 m „hohe" Ebene des westlichen Amazonasbeckens. Die Ebene besteht zu weiten Teilen aus der mannigfaltigen Vegetation des tropischen Regenwaldes, zwischen der sich mäandrierende, große Flusssysteme ihren Weg gesucht haben und in den Amazonas abfließen.

Klima

Temperatur, Niederschlag, Luftfeuchtigkeit und Windverhältnisse sind die bestimmenden klimatischen Faktoren. Die Klimazonen der Erde hängen in einem wesentlichen Teil von ihrer Entfernung vom Äquator ab, werden also von ihrem jeweiligen Breitengrad maßgeblich bestimmt.

Gemäß dieser äquatorparallelen Gliederung liegt **Ecuador** direkt in Äquatornähe **im Bereich der inneren Tropen.** Das heißt vor allem, dass **geringe Temperaturschwankungen** im **Jahresverlauf** und **große Temperaturschwankungen im Tagesverlauf** auftreten. Man spricht daher von einem **Tageszeitenklima.** Verantwortlich für das Klimageschehen ist die sog. Innertropische Konvergenz (ITC), die jahreszeitlich mit dem Stand der Sonne wandert. In ihr fließen die Passatwinde in einer Tiefdruckrinne zusammen (sie konvergieren), steigen auf und verursachen die oft mit Gewittern verbundenen sog. Konvektionsregen, wobei die jahreszeitlichen Maxima der Verschiebung der ITC entsprechen. Während in den Randtropenbereichen der Wechsel zwischen der Zeit der vorherrschenden (trockenen) Passatwinde und der Zeit der sommerlichen ITC zur Ausbildung einer ausgeprägten Trocken- und Regenzeit führt, treten in direkter Äquatornähe normalerweise beim Fehlen einer ausgeprägten Trockenzeit im Jahresverlauf im Normalfall lediglich zwei Niederschlagsmaxima auf, die mit dem Zenitstand der Sonne um die Mittagszeit zusammenfallen. In Ecuador werden diese typischen Charakteristika durch das Relief, die Exposition und im Küstenbereich durch den kalten **Humboldt-Strom** abgewandelt, sodass es in Ecuador nicht ein Klima, sondern viele Klimate bzw. Mikroklimate gibt.

Klima im westlichen Tiefland

Im Küstentiefland bewirken einerseits die Präsenz des kalten Humboldt-Stroms, andererseits die Nähe des Andenhochlands als Klimascheide eine klimatische Teilung der Küste in **zwei Subregionen**: in eine **trockenheiße Randregion des südlichen Küstenabschnitts** und in eine **feuchtheiße Zwischenregion des nördlichen Küstenteils und des gesamten Küstenhinterlandes** bis zum Andenvorland. Dabei nehmen die Niederschlagsmengen an der Küste bei einheitlichen jährlichen Durchschnittstemperaturen von 26 °C von Norden nach Süden ab. Im Norden liegen sie im Durchschnitt bei 1000– 1200 mm, im Süden bei 500–700 mm. Damit bildet die *Costa* Ecuadors klimatisch eine Brücke zwischen der trockensten Region Südamerikas, der Küstenwüste Perus im Süden, und der feuchtesten Region des Subkontinents, der kolumbianischen Pazifikküste im Norden. Folglich ist das **Klima** besonders **an der südlichen Küste** eher **subtropisch** geprägt mit einer Regen- und einer Trockenzeit, wobei die **Regenperiode** in den Südsommer **zwischen Dezember und Mai** fällt.

Eine Sonderstellung nimmt dabei die **Halbinsel Santa Elena** ein. Da die Halbinsel weit in den Pazifik ragt, gelangt sie nachhaltig unter den Einfluss des kalten Humboldt-Stroms. Dieser kühlt die von Westen kommenden Luftmassen so stark ab, dass sie ihre Feuchtigkeit bereits über dem Meer abgeben, sodass die Halbinsel mitunter jahrelang keine Niederschläge empfängt, was zur Ausbildung einer Halbwüste geführt hat. Die jährliche Niederschlagsmenge von Salinas liegt im Durchschnitt bei nur 188 mm.

Klima im zentralen Hochland

In der Sierra ändert sich das Klima mit zunehmender Höhe. Es reicht von gemäßigt-feuchten Regionen der Hochlandbecken über gemäßigt-nasse Regionen der Andenvorländer bis zu den feucht-kalten Regionen der Hochgebirge, die von schneebedeckten Bergspitzen überragt werden.

Die **Schneegrenze** liegt in der Ostkordillere mit 4500 m gegenüber der der Westkordillere mit 4700 m etwas tiefer, was auf die Einwirkung des Südostpassats zurückzuführen ist. Er bringt dem Hochland feuchte Luftmassen aus dem Amazonastiefland, die sich in den höchsten Lagen der Ostkordillere als Schnee niederschlagen.

In den gemäßigt-feuchten Hochlandbecken fallen im Jahresverlauf 700– 1100 mm Niederschlag, wobei die Monate **Juni bis September trockener** sind als die übrigen Monate des Jahres. Die durchschnittlichen Jahrestemperaturen liegen zwischen 13,5 ° und 16 °C mit maximalen Temperaturschwankungen von 1–2 °C zwischen dem wärmsten und dem kältesten Monat. Es existieren

Klima

©Reise Know-How 2013

☐ Höhe üNN in m ▮ Durchschnittstemperaturen in °C ▮ jährl. Niederschlag in mm also keine Jahreszeiten wie in Mitteleuropa. Im Tagesverlauf dagegen schwanken die Temperaturen gewaltig, krasse Temperaturstürze innerhalb weniger Minuten sind häufig.

Im feuchtkalten Hochgebirge ab 3500 m fällt im Jahresverlauf **viel Regen** (zwischen 1200–2000 mm), der häufig in Hagel- und Schneestürme übergeht. Die Jahrestemperaturen liegen im Durchschnitt bei 12 °C und können in der Nacht unter den Gefrierpunkt fallen.

und bilden ein dichtes Wolkenband, aus dem am Nachmittag heftige Regengüsse niedergehen. Danach klart es dann meistens auf, und die Luft kühlt sich etwas ab, doch infolge der hohen Luftfeuchtigkeit bleibt es auch in der Nacht schwül.

Die Jahrestemperaturen liegen im Durchschnitt bei 26 °C, doch können die Temperaturschwankungen an sonnigen Tagen im Tagesverlauf mitunter 8 bis 10 °C betragen.

Klima im östlichen Tiefland

Das östliche Tiefland des Oriente hat durch den Einfluss der Südostpassate immer ein **feuchtheißes Klima mit den höchsten Niederschlagswerten des Landes.** Sie liegen im Jahresdurchschnitt zwischen 2000 und 3000 mm und in einigen Bereichen darüber (in Mera über 4800 mm), wobei der Niederschlag meistens am Nachmittag als kurzer, heftiger Regen auftritt. Im Oriente herrscht noch am ehesten das typische Regenwald-Klima der Tropen.

Die ergiebigsten Niederschläge fallen als Zenitalregen in den Monaten, wenn Sonneneinstrahlung und Verdunstung am höchsten sind. Über dem Äquator erreicht die Sonne im Verlauf eines Jahres zweimal, zur Tag- und Nachtgleiche, ihren Höchststand: im März bzw. im September. In diesen Monaten ist das Schema des Regenwaldklimas am besten zu erleben: Die Temperaturen steigen durch die Sonneneinstrahlung im Tagesverlauf langsam an, wassergesättigte Luftmassen steigen auf, kondensieren

Pflanzenwelt

In Ecuador sind **über 20.000 Pflanzenarten** bekannt, und jedes Jahr kommen neue hinzu. Diesen prachtvollen Pflanzenreichtum erlebt am ehesten, wer zu Fuß unterwegs ist. Aber auch eine Fahrt entlang der Küstenstraßen vom südlich gelegenen Salinas hoch in den Norden, eine Fahrt von Ibarra in der Sierra nach San Lorenzo an die Küste oder eine Fahrt von Baños in der Sierra nach Puyo hinunter in das Amazonastiefland führen einem den Artenreichtum in beeindruckender Weise vor Augen.

Um sich in der **üppigen Vielfalt der Pflanzenwelt** zurechtzufinden, haben Vegetationsgeografen und -ökologen die Flora entsprechend den gegebenen Umweltbedingungen in unterschiedliche Pflanzengesellschaften gegliedert und zu einheitlichen Lebensräumen zusammengefasst. Auf diese Weise lassen sich verschiedene Vegetationszonen unterscheiden, die durch Übergangszonen verbunden sind, diffusen Mischungen zweier Vegetationsgebiete.

Vegetationszonen

Das Vegetationsbild einer Landschaft steht in direktem Zusammenhang mit den lokalen Boden- und Klimaverhältnissen, wobei die jahreszeitliche Verteilung der Trocken- und Regenperioden einen entscheidenden Einfluss nimmt.

Entsprechend der äquatorparallelen Gliederung der Klimazonen lässt sich analog eine **horizontale Vegetationszonierung** vornehmen, nach der das Vegetationsbild Ecuadors ausschließlich tropisch geprägt ist. Schon 1802 beschäftigte sich *Alexander von Humboldt* auf seiner Amerikareise in Ecuador mit den Vegetationszonen und ihren vegetationsgeografischen Inhalten. Seither lässt sich auch eine Höhenstufung der tropischen Vegetation ausmachen, die in erster Linie von den zunehmenden Niederschlagsmengen mit steigender Höhe abhängt und ab 2000 m durch die Temperaturabnahme mitbestimmt wird. In den Anden Südamerikas und damit auch in Ecuador unterscheidet man eine Höhenstufung der Vegetation, die von der **Tierra caliente** („heiße Erde") bis zur **Tierra helada** („gefrorene Erde") reicht.

Ein **Querprofil** durch Ecuador vom Küstentiefland (Costa) über das Andenhochland (Sierra) bis zum westlichen Amazonasbecken (Oriente) zeigt, wie sich die Vegetation über das Land verteilt und sich in verschiedene Zonen gliedern lässt. Neben die immergrünen tropischen Regenwaldformationen der Tief- und Bergländer treten im Küstenbereich die Formationen der laubabwerfenden Wälder und im Andenhochland das einzigartige, eher arktische Grasland der Páramo-Vegetation.

Nachfolgend werden die Vegetationszonen von Festland-Ecuador beschrieben (zur Vegetation der Galápagos-Inseln siehe im Galápagos-Kapitel).

Land und Leute

Vegetationszonen

©Reise Know-How 2013

- ▢ Páramo
- ▢ Zwergwald
- ▢ Nebelwald
- ▢ immergrüner tropischer Bergwald
- ⸸ immergrüner tropischer Regenwald
- ⸸ halbimmergrüner tropischer Regenwald

W Küstentiefland   Andenhochland   Amazonien   O

7000 m   7000 m
6000 m   Cotopaxi (5897 m)   6000 m
5000 m   Pichincha (4794 m)   5000 m
Schneegrenze
4000 m   4000 m
3000 m   3000 m
Quito (2800 m)   **Baños (1845 m)**
2000 m   2000 m
1000 m   1000 m

Immergrüner tropischer Regenwald

Die immergrünen tropischen Regenwälder bilden einen schmalen Vegetations-
gürtel rund um den Äquator. Nirgends
auf der Erde ist das Pflanzenleben so artenreich wie im Regenwald der inneren
Tropen. Bis zu 100 verschiedene Pflanzenarten können sich um den Stamm eines Regenwaldbaumes winden oder sich
in seiner Krone festhalten. **Botaniker
schätzen, dass zwei Drittel aller Pflanzen der Erde im immergrünen tropischen Regenwald gedeihen.** Hier steht
die Sonne ganzjährig hoch am Himmel,
die Temperaturen liegen das ganze Jahr
über zwischen 20 und 28 °C, und mindestens neun Monate lang regnet es

reichlich mit jährlichen Niederschlagsmengen von 2000 mm und mehr.

Neben dem Klima tragen, wie bereits
erwähnt, die Bodenverhältnisse entscheidend zum Vegetationsbild bei. Wi-
dersinnig erscheint, dass sich die ökologische Produktivität der Regenwälder
auf einem Boden vollzieht, der so gut
wie keine Nährstoffe enthält. **Die Böden
der tropischen Regenwaldzone zählen
zu den unfruchtbarsten der Erde überhaupt.** Die Regenwaldbäume wurzeln
flach in tiefgründig verwitterten, leuchtend rot gefärbten Böden. Es sind tonrei-
che, lockere Rotlehme oder ausgelaugte,
verhärtete Roterden, aus denen durch
Jahrmillionen andauernde heftige Regenfälle bei permanenter Hitze beinahe

da Laubfall und andere Abfallstoffe sehr schnell verwesen und damit den Nährstoffkreislauf forcieren.

Zwei Drittel der Landfläche Ecuadors waren ursprünglich von tropischen Regenwäldern bedeckt. Noch immer bestehen einige zusammenhängende Primärwälder. Interessierte Touristen sollten auf jeden Fall eine mehrtägige Exkursion unter Leitung eines ortsansässigen erfahrenen Führers unternehmen. Ein Besuch des tropischen Regenwaldes wird so zu einem lehrreichen und unvergesslichen Erlebnis. Als weiterführende Literatur in Ergänzung zu den folgenden Ausführungen sei das Buch „Vegetation und Klimazonen" von *H. Walter* empfohlen.

Immergrüner tropischer Tiefland-Regenwald

Wie der Querschnitt zeigt, schließt die Zone des immergrünen tropischen Regenwaldes in Ecuador das gesamte Gebiet des westlichen Amazonasbeckens im Oriente und das pazifische Küstentiefland der Costa ein.

Nochmals veranschaulicht sei das auffälligste Merkmal des Regenwaldes, sein **enormer pflanzlicher Artenreichtum:** Im Nationalpark Yasuní zählten die Forscher 1260 Baumarten auf 25 ha Regenwald – das ist Weltrekord! Oft fällt es schwer, im Umkreis von mehreren hundert Metern auch nur eine Pflanze derselben Art zu entdecken.

sämtliche Nährstoffe ausgeschwemmt wurden. Phosphor, Kalzium, Kalium und Magnesium sind in diesen über 40 m mächtigen Böden Mangelware. Zudem erodieren die Böden in Hanglagen sehr schnell. Durch die beschleunigte Zersetzung des Laubfalls im Regenwaldklima ist auch der Humusanteil der Böden gering, und so erfolgt die Nährstoffspeicherung nicht im Boden, sondern v.a. in den Baumkronen. Die Pflanzen müssen aus diesem Grund mit dem mageren Nährstoffangebot sehr gut haushalten. Das heißt, sie müssen einerseits den Verlust von Nährstoffen eindämmen und andererseits die bereitgestellten Nährstoffe rasch umsetzen. Das tropische Klima ist ihnen dabei behilflich,

◁ Páramo-Vegetation am Rumiñahui

Der Grund für den Artenreichtum liegt einerseits in der Vielzahl ökologischer Nischen, die einen großen Konkurrenzdruck der Arten begründet, andererseits in den ausgeglichenen klimatischen Bedingungen in den Tropen, die eine Anpassung an jahreszeitliche Änderungen erübrigen und stattdessen eine schnelle Spezialisierung fördern.

Regenwälder sind in „Stockwerke" gegliedert: Unterschieden werden eine **Baum-**, eine **Strauch-** und eine **Krautschicht.**

Baumschicht

Über 70 % aller Regenwaldpflanzen sind Bäume, die weit über 200 Jahre alt werden können. Da den Bäumen Jahresringe fehlen, ist eine genaue Altersbestimmung jedoch unmöglich.

Das Fehlen der Jahreszeiten in den inneren Tropen hat zur Folge, dass es im Regenwald keine einheitliche Blütezeit gibt. So erscheint der Wald immer grün, obwohl durchaus jeder Baum seine individuelle Blütezeit hat und mitunter große Blüten hervorbringt. Die mittlere Baumschicht, die in Höhenlagen zwischen 20 und 30 m ein geschlossenes Blätterdach bildet, wird von regelrechten Baumriesen durchbrochen, die zum Licht vordringen und Wuchshöhen von 55 m und mehr erreichen können.

Aus den Regenwäldern stammen wertvolle Edel- und Nutzhölzer. Das **leichteste Nutzholz der Erde** liefert der in Ecuador beheimatete **Balsaholzbaum** (*Ochroma lagopus*). Er ist vornehmlich im Tiefland der Provinz Guayas zu finden und spielt bei der Verjüngung des Regenwaldes als schnellwüchsige Art des Sekundärwaldes eine wichtige Rolle. Die Bäume können an Standorten, die durch Kahlschlag oder durch natürliche Verjüngung plötzlich reichlich Licht bereitstellen, innerhalb eines Jahres Wuchshöhen von mehreren Metern erreichen. Balsaholz ist leichter als Kork. Viele Indianer beherrschen das Handwerk, daraus Holzfiguren zu schnitzen.

Zur **Cecropia-Familie** gehört ein sehr auffälliger Baum, der sich ebenfalls zur schnellen Aufforstung eignet. Man begegnet ihm an hellen Standorten im Regenwald und erkennt ihn an seinen großen, handartigen Blättern. Die Blattgröße eines Baumes hängt von den klimatischen Bedingungen ab – je feuchter und wärmer, desto größer auch die Blätter des Baumes. Die der Cecropia-Arten haben neben der typischen Handform eine hellere Blattunterseite, was im Spiel des Windes eine geheimnisvolle Atmosphäre schafft.

Strauch- und Krautschicht

Die Strauch- und Krautschicht lässt sich **schwer auseinanderhalten,** da auch der Krautschicht zugehörige Pflanzen Wuchshöhen von mehreren Metern erreichen können. Je höher der Wuchs einer Pflanze, desto mehr Licht erhalten ihre Blätter. Pflanzen der Strauch- und Krautschicht müssen grundsätzlich mit weniger Licht auskommen als die sie überragenden Riesen. Die geringere Photosynthese-Aktivität erklärt das Phänomen, dass viele Gewächse samtartige, bunte (vorwiegend Rot- und Weißtöne) Blätter tragen.

Manche Pflanzen haben das Lichtproblem auf sehr elegante Weise gelöst. Die **Lianen** beispielsweise bilden keinen Stamm aus, sondern nutzen andere Bäume als Stütze, um sich an ihnen zum Licht „hinaufzuziehen". Dabei halten sie sich an dem Baum fest und wachsen praktisch mit diesem weiter, bis sie die Baumkronen erreichen. Stirbt der Stützbaum ab, verbleibt die Liane in den Baumkronen und hängt häufig wie ein langes Seil vom Kronendach herunter. Da Lianen sehr viel Licht benötigen, sind sie vor allem an hellen (verjüngten) Regenwaldstandorten der Sekundärwälder zu finden.

Zu den typischen Regenwaldvertretern zählen die Aufsitzerpflanzen oder **Epiphyten.** Da sie von gleichmäßigen Niederschlägen abhängig sind, stellen die immerfeuchten Bergwälder die am besten geeigneten Standorte dar.

Als auffälliger Vertreter des immergrünen Regenwaldes ist die **Würgefeige** zu nennen, die in Ecuador in den Ficus-Arten vorkommt. Die Würger keimen in den Astgabeln eines Baumes und bilden kräftige Wurzeln aus, die sehr schnell am Stamm des Wirts herunterwachsen, diesen umklammern und sein weiteres Dickenwachstum verhindern, um ihn schließlich zu „erwürgen" und selbst einen Stamm auszubilden, der später eine große Krone trägt.

Immergrüner tropischer Bergwald

Die Zone der immergrünen tropischen Tiefland-Regenwälder geht an den Gebirgshängen des Andenhochlandes in den immergrünen Bergwald über, der die Höhengliederung im noch stärker durchfeuchteten Gebirgsland einleitet. Die **feuchten Luftmassen des Südostpassats** treffen auf die quer zur Windrichtung stehenden Kordilleren, kühlen ab, steigen auf und kondensieren. Es kommt zur Wolkenbildung und Stei-

gungsregen entsteht. Bei gleichen Niederschlagsmengen führt dieser Vorgang zu einer größeren Regenhäufigkeit im Bergwald gegenüber dem Tiefland-Regenwald. Zum Steigungsregen gesellt sich die Kondensation der Nebeltropfen auf Zweigen und Blättern, sodass die 5 bis 15 m hohen Bestände des montanen Regenwaldes ganzjährig in kühlerem Klima extremer Feuchtigkeit ausgesetzt sind.

Die Regenwälder des Hochlands sind gegenüber den Tiefland-Regenwäldern **noch artenreicher.** Da mit zunehmender Höhe die Temperaturen sinken (alle 150 m etwa um 1 °C), wird die Photosynthese und damit der gesamte Stoffkreislauf der Vegetation herabgesetzt, was vordergründig einer größeren Artenvielfalt widerspricht. Das Ökosystem der Bergwälder allerdings ist weniger stabil als das der Tiefland-Regenwälder. So kommt es infolge der regelmäßigen Niederschläge in den Hanglagen z.B. zu häufigen Erdrutschen, die größere Schneisen in die Vegetationsdecke reißen, was letztlich neue Standorte für Pionierpflanzen schafft.

Vertreter des tropischen Bergwaldes sind lorbeerblättrige Bäume, **Palmen, Koniferen** (Nadelbäume, wie Podocarpus, Zedern und Zypressen) und **Epiphyten:** Farne, Moose, Flechten, Bromelien und **Orchideen** in nahezu 1000 Arten, besonders kennzeichnend für die Bergwälder.

Ein weiterer typischer Vertreter des immergrünen Bergwaldes ist der **Eukalyptusbaum.** Ursprünglich aus Australien kommend, wurde er nach Ecuador eingeführt, und heute sind vor allem weite Teile der andinen Hochlandbecken von Eukalyptuswäldern überzogen. Das

Holz des Eukalyptusbaumes wird als Brenn- und Bauholz genutzt.

Tropischer Nebelwald

Eine **besondere Form des tropischen Bergwaldes** ist der tropische Nebelwald. Im Prinzip ist Nebelwald ein Oberbegriff für verschiedene Stufen des Bergwaldes **zwischen 1000 und 3000 m** mit jährlichen Niederschlagsmengen von mindestens 2000 mm. Wird mit der Wolkenstufe die Zone der maximalen Luftfeuchtigkeit erreicht, breitet sich der Nebelwald aus, der an diese 100 %ige Sättigung gebunden ist. Dabei nimmt die Wolkenstufe keine bestimmte Höhenlage ein. Je feuchter die Luft am Fuß der Anden, desto niedriger liegt die Wolkenzone. Die feuchtkühle Luft in Verbindung mit dem reichen Lichtangebot, das durch die Baumkronen dringt, lässt einen Pflanzenwuchs zu, der dem des Tiefland-Regenwaldes ähnelt, mit dem Unterschied allerdings, dass er artenärmer und sein Kronendach niedriger ist. Dominierende Pflanzen sind **Baumfarne** und **Epiphyten**. **Moos- und Lebermoosteppiche** breiten sich auf dem Boden aus, hängen von den ledrigen Blättern der Baumkronen herunter oder kleiden Baumstämme zusammen mit Flechten in einen grünen Mantel. Dazwischen leuchten farbenfrohe Blütenpflanzen wie **Begonien, Fuchsien, Geranien** und **Orchideen**.

Feuchte Gebüsche (Zwergwald)

Mit zunehmender Gebirgshöhe (über der Wolkenzone) werden Niederschläge und Bäume weniger. Das Grün der Bäume, die sich nur noch aus **Podocarpus-Arten** zusammensetzen, wird spärlicher, und an die Stelle der Moose treten **Bartflechten.** Ist die Baumgrenze erreicht, dehnt sich in einem relativ schmalen Band die Zwergwaldzone aus. Sie besteht im Wesentlichen aus Grasbüscheln, Zwergsträuchern und Polsterpflanzen.

Páramo-Vegetation

Einzigartig auf der Welt ist die tropische Hochlandzone des Páramo in Lateinamerika, die eine feuchtkalte Graslandzone darstellt. Sie liegt zwischen 10 °

ecu 104 peko

◁ Opuntie auf Galápagos

nördlicher und 10 ° südlicher Breite und reicht damit von den Hochländern Costa Ricas bis zu denen im Norden Perus. In diesem rauen, kalten und feuchten Tafelland, in Höhen **zwischen 3500 m und 4700 m,** weht ein kräftiger Wind, der sich oft zu Schnee- und Hagelstürmen steigert. Vorüberziehende Wolken können in diesen Höhen zu Temperaturstürzen von 15 °C innerhalb von nur fünf Minuten führen. Im Verlauf von über 60 Mio. Jahren hat sich eine Vegetation entwickelt, die aus heideartigen Formationen von **Büschel- und Horstgräsern, loorbeerblättrigen Sträuchern, Wollschopfpflanzen und niederen Polster- und Rosenpflanzen** besteht.

Die Blätter der Páramo-Pflanzen sind klein, dick und in symmetrischen Rosetten angeordnet, wobei die Haut oft kleine Härchen besitzt. Die dicke, mit Wachs überzogene Haut der Blätter schützt vor der intensiven Sonneneinstrahlung, ihre Rosettenform für eine bessere Aufnahme des benötigten Sonnenlichts. Ihr Flachwuchs bedingt einen ausgeglicheneren Temperaturhaushalt und bietet weniger Angriffsfläche für Wind und Kälte. Zudem bilden die Härchen auf den Blättern eine Art Schutzfilm, der die nötige Wärme speichert. Ein auffälliger Vertreter des Páramo ist die stachelige *chuquiragua,* an ihren orangefarbenen Blüten zu erkennen.

Zu den größten blütentragenden Pflanzen aus der Familie der Korbblütler gehören die in Ecuador beheimateten **Espeletien,** die hier *frailejones* (Riesenmönche) genannt werden. Sie sind vor allem auf dem Páramo von El Angel im Norden der ecuadorianischen Anden anzutreffen. Ihr Pflanzenstiel ist eingebettet in abgestorbene, samtweiche Blät-

ter, und die Krone bildet eine Rosette aus graugrünen, mit kleinen samtartigen Härchen überzogenen Blättern, die eine lanzettförmige Form aufweisen. Die Blüte ähnelt der des Löwenzahns. Die Pflanzen können bis zu 6 m hoch werden und bilden damit die einzige Ausnahme in der sonst flachen Páramo-Vegetation.

An die Páramo-Zone schließt sich die vegetationslose Zone der **Kältewüsten** unterhalb der Schneegrenze an. Darüber erheben sich die zeitweise bzw. kontinuierlich vereisten Gipfel der östlichen und westlichen Bergkette.

Halbimmergrüner tropischer Regenwald

Im westlichen Tiefland haben sich aufgrund spezieller mikroklimatischer Verhältnisse laubabwerfende Formationen ausgebildet, die unter dem Begriff des halbimmergrünen Regenwaldes zusammengefasst werden.

Der **bestimmende Faktor** zur Ausbildung des halbimmergrünen Regenwaldes ist der **Wechsel zwischen Regen- und Trockenzeit.** Dabei unterscheidet man entsprechend der Länge der Trockenperiode auf der einen Seite feuchtere laubabwerfende Wälder bzw. tropische Saisonregenwälder mit zwei bis drei Monaten Trockenzeit, und andererseits laubabwerfende Trockenwälder mit mehr als vier Monaten Trockenzeit.

In den Formationen des **tropischen Saisonregenwaldes** besteht nur die untere Baum- und Strauchschicht aus immergrünen Arten, während die oberste Baumschicht von laubabwerfenden Arten gebildet wird. Der auffälligste Baum, der die immergrünen Arten überragt, ist der **Weiße Kapokbaum** *(Ceiba pentandra)* aus der Familie der Bombacaceen, den die Ecuadorianer *ceibo* nennen. Er erreicht Höhen von über 40 m und ist an seinen Brettwurzeln zu erkennen, die radial von der Stammmitte 5 m nach außen laufen und mehrere Meter am Stamm hinauf reichen; so erhalten die Bäume ihre Standfestigkeit im Tropenboden. Der Stamm des Kapoks hat eine schlanke Form mit hochansetzenden Baumkronen. Die bananenförmigen Fruchtkapseln enthalten die gelbliche Kapokwolle, die als Polstermaterial genutzt wird.

Im **tropischen laubabwerfenden Trockenwald** werfen mit zunehmender Dauer der Trockenzeit alle Baumarten die Blätter ab, sodass der Wald über bestimmte Zeiten völlig blattlos ist. Das ist in Ecuador in den nördlichen Teilen des südlichen Küstenabschnittes zu beobachten. Hier sind die Wälder arm an Lianen, aber reich an Epiphyten (Farne, Kakteen, Bromelien, Orchideen).

Diese Zone leitet in die Savannenformationen des ecuadorianischen Südwestens über. Mit abnehmendem Niederschlag geht der halbimmergrüne tropische Regenwald in die **Savannenwälder** über, die die trockenste Form der laubabwerfenden Wälder mit einer Grasschicht im Untergrund darstellen. Sie bilden einen dichten Dornbusch mit Schirmkronen (Akazien) aus. In der Savanne wachsen u.a. Bursera, Guaiacum, Capparis, Croton und Agaven. Während der Trockenzeit sind diese Sträucher ohne Blätter.

In den Niederungen des Küstenhinterlandes und im Einzugsbereich von großen Flusssystemen haben sich in abflusserschwerten Gebieten **weitläufige** Überschwemmungs- und Sumpfwälder ausgebildet, die in Ecuador sehr oft von Palmen gesäumt sind und als Galeriewald die **Palmsavanne** charakterisieren. Daneben sind Gräser und halbtrockene Sträucher vorzufinden.

Eine vegetationsgeografische Sonderstellung nimmt der **südwestliche Küstenbereich bei Santa Elena** ein, der durch die Präsenz des kalten Humboldt-Stroms sogar den Charakter einer **Halbwüste** mit trockenliebenden Sukkulenten aufweist. Dabei speichern die Sukkulenten genügend Wasser, um eine Dürreperiode von über einem halben Jahr zu überstehen. Augenfälligster Vertreter ist der **Kandala-Kaktus,** der das Wasser über seine Flachwurzeln aufnimmt, speichert und so auch längere Dürreperioden überlebt.

Mangrovenwald

Im direkten Küstenbereich werden die tropischen Regenwälder Ecuadors häufig von Mangroven gesäumt. Mangroven treten entsprechend ihrer Ortsbestimmung in drei Typen auf: **Küstenmangroven** wachsen im flachen Uferbereich an Küsten, die mit keinem Flusssystem des Hinterlandes in Verbindung stehen. Sie bilden breite Bänder entlang der Küstenlinien und sind an den Küsten Ecuadors weit verbreitet.

Flussmündungsmangroven wachsen, wie der Name verrät, im Bereich von Flussmündungen, **Riffmangroven** im Küstenbereich auf dem abgestorbenen Riffkörper tropischer Korallenriffe (Galápagos-Inseln).

Mangrovenwälder gedeihen im Gezeitenbereich der Meere, denn sie benötigen Salzwasser. Ihre Verbreitung ist damit im Gegensatz zu allen anderen Pflanzenformationen Ecuadors vordergründig nicht von den klimatischen Faktoren abhängig, sondern an das Auftreten von Salzböden gebunden. Bei Flut ragen die Baumkronen gerade mal aus dem Meerwasser hervor, bei Ebbe werden ihre Wurzeln sichtbar. Es gibt Arten, die **Stelzwurzeln** ausbilden *(Rhizophora sp.)* und solche mit **Atemwurzeln** *(Avicennia sp.)*. Etwa zwei Dutzend Mangroven-Arten sind bekannt.

In Ecuador am weitesten verbreitet ist die Stelzwurzeln ausbildende **Rote Mangrove** *(Rhizophora mangle)*. Die Stelzwurzeln stabilisieren die Bäume und geben ihnen einen sicheren Halt, besonders im oft lockeren und feinen Untergrund der Strandregionen. Verbreitungsgebiete in Ecuador sind die Buchten von San Lorenzo, Cojimíes und Bahía de Caráquez sowie der Golf von Guayaquil und die Gegend von Puerto Bolívar entlang der Küste bis nach Peru. Die Garnelen-Industrie hat viele Mangrovenbestände stark dezimiert, was gefährliche Auswirkungen auf die Brutgebiete von Seevögeln (Fregattvögel, Pelikane) hat, auf Weichtiere (Muscheln, Schnecken) und viele Fischarten.

Tropische Früchte

Zahlreiche tropische Früchte sind in Ecuador beheimatet: Neben **Ananas** *(piña)*, **Wassermelone** *(sandía)*, **Honigmelone** *(melón)* und **Papaya** ist die gelbe **Guave** *(guayaba)* zu nennen, deren Fruchtfleisch je nach Reifestadium rosa oder gelb ist und zuckersüß schmeckt.

Weitere Früchte sind die **Passionsfrucht** *(maracujá* oder ihr Verwandter, die *granadilla)*, die **Kaktusfeige** *(tuna)*, die **Annone** oder Zimtapfel *(chirimoya)*, die birnenförmige süße **Mango** *(mango)*, das Tomatengewächs **Naranjilla,** das eher einer Zitrusfrucht gleicht und wie ein Mix aus Grapefruit und Limone schmeckt, die haarige, grüne **Zapote,** deren orangefarbenes Fruchtfleisch der Mangofrucht in Geschmack und Aussehen nahekommt, sowie die **Avocado** *(aguacate)*.

Anbaupflanzen

Wichtige tropische Anbaupflanzen in Ecuador sind **Kakao, Baumwolle, Zuckerrohr, Reis,** die **Afrikanische Ölpalme, Tabak, Tee, Maniok (Yucca), Kaffee** und **Zitrusfrüchte.** Die wichtigste Exportfrucht ist die **Banane.** Etliche Sorten landen auch auf dem Binnenmarkt.

Unter den **Hochlandkulturen** sind die wichtigsten **Weizen** *(trigo)*, **Gerste** *(cebada)*, **Mais** *(maíz)*, **Kartoffeln** *(papa)*, **Hülsenfrüchte** *(leguminosas)* und **Obst** *(fruticultura)* (s.a. „Landwirtschaft") sowie **Schnittblumen.**

Tierwelt

(Zur Fauna auf den Galápagos-Inseln vgl. das Kapitel zum Archipel.)

Die Tierwelt Ecuadors ist aufgrund des vielfältigen Klima- und Landschaftsgefüges ausgesprochen artenreich. **In den Páramo-Regionen** haben sich die Tiere den rauen Umweltbedingungen weniger gut anpassen können, weshalb sie auch selten in größeren Beständen anzutreffen sind.

Unter den Säugetieren ist der **Berg-Tapir** *(Tapirus pinchaque)* das größte und gleichzeitig eines der seltensten Tiere Südamerikas. Er lebt sehr versteckt und ist nur schwer zu beobachten. Die besten Chancen hat man in den Páramo-Regionen des Sangay-Nationalparks und in der Region von Papallacta.

Neben wilden Pferden und Rindern begegnet man während einer Hochlandtour sehr wahrscheinlich Hasen und vielleicht dem **Anden-Pudu** *(Pudu mephistophiles)*, der zum seltensten Hochwild der Welt gehört. Ebenso selten trifft man auf den **Brillenbären.**

Mit etwas Glück hat man Gelegenheit, den größten aller Flugvögel, den **Anden-Kondor** *(Vultur gryphus)*, zu bestaunen. Das **Wappentier Ecuadors** trifft man am ehesten in den Nationalparks Cotopaxi und Cayambe an.

Neben dem Kondor ist der **Kolibri** ein charakteristischer Vertreter der Hochlandzone. Dieser **weltweit kleinste Vogel** kommt in Ecuador in über 130 Arten vor und besticht durch seine Fähigkeit, über einen längeren Zeitraum in der Luft auf ein und derselben Stelle verharren zu können. Dabei schlagen die Flügel entgegen dem „normalen" Flügelschlag der Vögel nicht von oben nach unten, sondern von vorne nach hinten, wobei die Bewegungen der Linienführung einer liegenden 8 folgen.

In den Regenwäldern Ecuadors leben unzählige Insekten wie Ameisen, darunter auch Riesenameisen *(Congas)*, Schmetterlinge, Amphibien (etwa 400 Froscharten), Spinnen (Vogelspinne, Tarantel) und Reptilien, darunter die größ-

te Riesenschlange, die bis zu 10 m lange **Anaconda,** und die **Boa constrictor.** Die beiden genannten Riesenschlangen sind ungiftig, die ebenfalls in Ecuador beheimatete **Korallenschlange** *(coral)* ist dagegen giftig. Man erkennt sie an ihrem schwarzroten Ringelmuster. In den Flussbereichen des Regenwaldes leben der **Kaiman** *(caimán)* und das **Krokodil** *(cocodrilo)*.

Von den über 1500 Vogelarten Ecuadors sind noch der bunte **Tukan** *(tucán)* und der **Papagei** *(loro)* zu nennen, die bei mehrtägigen Dschungeltouren im Oriente zu sehen sind.

Unter den Großkatzen ist in den Regenwäldern Ecuadors der **Jaguar** *(jaguar)* zuhause, doch wird man ihn kaum zu Gesicht bekommen.

Von den Affen *(mono)* leben im Regenwald verschiedene Arten von **Kapuzineraffen,** die **Wollaffen** und die kleinen **Springaffen.**

An der Küste trifft man auf diverse Seevögel. Dazu zählen der **Fregattvogel** *(fragata)*, der **Kormoran** *(cormorán)* und der **Pelikan** *(pelícano)*. Weitere Landbewohner sind der **Puma** *(gato del monte)*, der **Ameisenbär** *(oso hormiguero)* und das **Gürteltier** *(armadillo)*.

Im Meer tummeln sich Kabeljau *(bacalao)*, Thunfisch *(atún)*, Zackenbarsch, Seezunge, Krusten- und Schalentiere: Langusten *(langosta)*, Krabben *(langostino)*, Garnelen *(camarón)* u.v.m.

▷ Ländliches Ecuador (am Imbabura)

Natur- und Umweltschutz

Die Schutzgebiete und Nationalparks des Landes werden vom Umweltministerium verwaltet und kontrolliert. Die ecuadorianischen Pazifik- und Oriente-Regionen, die von Biologen zu den artenreichsten der Erde überhaupt gezählt werden, sind stark bedroht. **Wasserkraft- und Ölförderprojekte zerstören das ökologische Gleichgewicht in vielen Gebieten.** Die Erdölförderung und die unkontrollierte Besiedelung führen zum fortschreitenden Verlust von Primärwäldern. Das vorbildliche ecuadorianische Umweltschutzgesetz überfordert die Beamten und Parkwächter weitgehend. Der Regenwald im Osten des Landes ist zu einem Gutteil inzwischen vernichtet bzw. verseucht, die Bergwälder im Westen Ecuadors sind zu 90 % verschwunden. Umweltschützer befürchten, dass neue Projekte im Straßen- und Pipelinebau weitere unberührte Wälder schädigen.

Die größten Umweltverschmutzer in den Ballungsgebieten sind Industrie und Kraftfahrzeugverkehr. In Quito jedoch ist die Luftverschmutzung in den vergangenen Jahren etwas zurückgegangen, nachdem der Elektrobus und der „Öko"-Bus eingeführt wurden und gleichzeitig alle Busse mit mehr als 20 Jahren Fahrleistung aus dem Verkehr gezogen wurden. Gut ist die Luft jedoch noch nicht, da der Gesamtverkehr stark zugnommen hat.

Auch wenn Flora und Fauna offiziell geschützt sind, scheiden sich die Geister in der Auslegung dessen, was mit den

ecu107 peko

Nationalparks und Naturschutzgebiete

Die Nationalparks und Naturschutzgebiete verteilen sich über ganz Ecuador und sind unterschiedlich gut zugänglich. Die Nationalparks und staatlichen Naturschutzgebiete erheben seit 2012 keinen Eintritt mehr (Ausnahmen sind Galápagos und El Cajas). **Hier die wichtigsten Gebiete im Überblick:**

■ **Naturschutzgebiet El Boliche**

1080 ha großes Seen- und Berggelände, das im Westen an den Cotopaxi-Nationalpark grenzt. Bahnverbindung (S. 126)!

■ **Nationalpark El Cajas**

28.800 ha großes Seengebiet 30 km westlich von Cuenca. Páramo-Hiking zwischen 3500 und 4500 m. Ausnahme: 10 $ Eintritt (S. 190).

■ **Nationalpark Cayambe-Coca**

403.100 ha großes Urwald- und Hochlandgelände mit reicher Flora und Fauna (S. 84).

■ **Nationalpark Cotopaxi**

33.400 ha großes Seen- und Berggelände im Andenhochland mit den Vulkanbergen Cotopaxi (5897 m), Quilindaña (4878 m), Sincholagua (4893 m) und Rumiñahui (4712 m); Hiking über 4000 m. Mehrere Schutzhütten und Herbergen (S. 123).

■ **Naturschutzgebiet Cotacachi-Cayapas**

204.420 ha groß. Hochgebirge und subtropisches Tiefland. Zugang über Otavalo-Cotacachi-Laguna Cuicocha (S. 95, 264).

■ **Naturschutzgebiet Cuyabeno**

Überschwemmungswald mit einer Seenplatte (655.800 ha) im Regenwald hinter Tarapoa, 85 km östlich von Lago Agrio (S. 220).

■ **Nationalpark Galápagos**

727.800 ha großer Inselarchipel 1000 km westlich vom ecuadorianischen Festland. Einzigartige Inselflora und -fauna. 110 $ Eintritt (S. 373).

■ **Nationalpark Machalilla**

55.000 ha groß, Nationalpark an der Küste Ecuadors mit Flora und Fauna verschiedener Klimata sowie archäologischen Fundstellen (S. 307).

■ **Naturschutzgebiet Chimborazo**

59.000 ha große Gebirgslandschaft zwischen 3800 und 6310 m Höhe, dominiert vom Vulkan Chimborazo (S. 161).

■ **Naturschutzgebiet Pasochoa**

500 ha großer Naturwald am Vulkan Pasochoa (4200 m) im Südosten von Quito. Wandern zwischen 2800 und 4200 m (S. 110).

■ **Nationalpark Podocarpus**

146.300 ha großes Gebiet; Hiking im Berggelände über 3500 m in der Páramo-Zone, südlich von Zamora (S. 202, 257).

■ **Naturschutzgebiet Pululahua**

3400 ha große Kraterlandschaft nördlich von Quito (S. 74).

■ **Nationalpark Sangay**

517.725 ha großer Nationalpark im Südosten von Baños, der die Vulkane Sangay, Altar und Tungurahua einschließt (S. 162).

■ **Nationalpark Yasuní**

Gebiet von 1.000.000 ha; größter Nationalpark Ecuadors, östlich von Coca; extrem hohe Artenvielfalt; Huaorani-Reservat; der Park ist touristisch kaum zugänglich (S. 226).

■ **Nationalpark Llanganates**

220.000 ha großes, schwer zugängliches Páramo-Gebiet mit vielen Seen östlich von Ambato (S. 132).

■ **Nationalpark Sumaco-Napo Galeras**

Der 207.000 ha große Park verläuft von den östlichen Vulkanen Ecuadors (Sumaco) bis ins tropische Tiefland (S. 231).

Begriffen „Nationalpark" und „Naturschutz" eigentlich gemeint sei. Die Umweltlobbyisten können sich bis heute nur punktuell gegen stärkere Wirtschaftsinteressen durchsetzen. So wurde z.b. das 655.800 ha große **Naturschutzgebiet Cuyabeno** 1979 mit dem Zweck eingerichtet, sowohl die Flora und die Fauna des Gebietes zu erhalten als auch eine Art Reservat für die hier lebenden Siona- und Secoya-Indianer bereitzustellen. Der Ölboom im Land ließ das Projekt zur Makulatur werden: Noch im Jahr seiner Eröffnung wurde Cuyabeno für die Ölförderung freigegeben. Im Naturschutzgebiet entstanden die **Ölstädte Tarapoa** und **Cuyabeno,** als Konsequenz ein leichterer Zugang in das Gebiet, auch für Touristen. Straßen wurden gebaut, denen der Regenwald zum Opfer fiel und fällt, Ölarbeiter ließen sich nieder. Es ereigneten sich Ölunfälle, die viele 1000 ha des Naturschutzgebietes verunreinigten. Ecuadors Regierung schlägt der Weltgemeinschaft seit 2007 vor, einen Teil des Nationalparks Yasuní vor der Erdölförderung zu bewahren, wenn internationale Geber dem Land das mit Zahlungen von 3,6 Mrd. Dollar in einen Treuhandfonds zum Umweltschutz kompensieren. Diese sog. **Yasuní-ITT-Initiative** steht seither im Mittelpunkt der staatlichen Umweltpolitik, bislang jedoch ohne genügend Geldgeber.

Ein weiteres Dauerthema im ecuadorianischen Umweltschutz ist der Fischfang in den ökologisch so sensiblen Gewässern von Galápagos. Die **illegalen Fischereien** dort sollten zwar gemäß dem „Ley de Galápagos" der Vergangenheit angehören. Das Fehlen konsequenter Kontrollen und einer Veränderung im Bewusstsein der Fischer lassen jedoch die weitere Jagd auf Haie und Thunfische und die Ausbeutung der Seegurkengründe befürchten.

Allerdings bilden sich immer mehr **ökologische Interessengruppen** im Land mit dem Ziel, ausgewählte Schutzprogramme für klar umrissene Gebiete und Vorhaben zu erarbeiten und durchzuführen. Dabei wird zur Finanzierung auch der („Öko-")Tourismus miteinbezogen und auf die Hilfe ausländischer Unterstützergruppen zurückgegriffen.

Geschichte

Ein zumindest rudimentäres geschichtliches **Hintergrundwissen ist für eine Ecuador-Reise unverzichtbar,** da viele Sehenswürdigkeiten wie Ausgrabungsstätten und Baudenkmäler in enger Beziehung zu geschichtlichen Ereignissen stehen. Wissen um die Zusammenhänge und Hintergründe macht aus dem langweiligen Abklappern von Museen und Kirchen eine echte Entdeckungsreise.

Die Geschichte Ecuadors lässt sich in **drei große Epochen** gliedern: Die **indianische,** die **koloniale** und die **republikanische Epoche.** Jede dieser Epochen zerfällt in weitere Zeitabschnitte.

Indianische Epoche

Prähistorische Zeit

Am Anfang der Indianischen Epoche steht die Prähistorische Zeit (10.000 bis 3500 v.Chr.). Älteste Funde zur Existenz von Menschen in Ecuador stammen aus dem Paläolithikum. An der Küste wie auch im Andenhochland zeugen Steinwerkzeuge (Faustkeile, Steinklingen, Wurfgeschosse) vom Leben aus dieser Zeit. Die größte Fundstelle ist **El Inga** (9000 v.Chr.) in der Nähe von Quito, die zu den ältesten prähistorischen Fundstellen ganz Lateinamerikas zählt. Es ist sehr wahrscheinlich, dass die ersten Menschen, die Ecuador erreichten, über Nordamerika kamen, doch ist es schwer zu sagen, welchen Weg sie genau nahmen. Historisch gesichert gilt die Nord-Süd-Route, die die Möglichkeit von Landungen an den Pazifikküsten und den Zugang über verschiedene Andenpässe (vom Amazonastiefland entlang der Flusssysteme) eröffnete. Unbekannt ist die Herkunft polynesischer Volksgruppen, die heute Ecuador bevölkern.

Viele Volksgruppen haben in der sogenannten **Formativen Zeit** (3500 bis 600 v.Chr.) Ecuador erreicht; in dieser Zeit entstanden die ersten nennenswerten Kulturen.

Die älteste, die **Valdivia-Kultur,** ist benannt nach einem Ort an der Küste in der Provinz Guayas. Viele Wissenschaftler vermuten, dass die Kultur von hier ausging und auf die Küste beschränkt blieb. Sie brachte die ersten Keramiken Amerikas hervor. Älteste Keramikfunde stammen aus der Zeit um 3200 v.Chr. Ausgrabungen haben ergeben, dass die Menschen in der Zeit von Valdivia nicht nur von der Jagd und dem Fischfang lebten, sondern auch schon Mais anbauten. Lange Zeit wurde angenommen, dies gelte erst für die viel spätere Chorrera-Kultur. Strittig bleibt die Frage nach der Herkunft der Valdivia-Kultur ebenso wie ihre Verwandtschaft mit der japanischen, also auf der anderen Seite des Pazifiks angesiedelten **Jomón-Kultur,** die damals geografisch nahe beieinander lagen und beträchtliche kulturelle Gemeinsamkeiten, v.a. im Handwerk, aufweisen.

Die **Machalilla-Kultur** (ab 2000 v.Chr.) kennt erste bemalte Keramiken. Sie entstand wahrscheinlich in Zentralamerika.

Die **Chorrera-Kultur** (ab 1500 v.Chr.) brachte einen vielseitigen Keramikformenschatz hervor. Funde an der Küste, im Andenhochland und im Amazonastiefland deuten auf eine große Expansionsbewegung hin. Es ist durchaus möglich, dass sie ein Bindeglied zwischen den Kulturen Zentralamerikas und den Hochkulturen Perus darstellt. Im Verlauf von 1000 Jahren (500 v.Chr. bis 500 n.Chr.) entwickelten sich daraus verschiedene Kulturen. Dabei kam es zur ersten Metallverarbeitung in Ecuador, es wurden Schmuck- und Gebrauchsgegenstände aus Gold, Silber, Kupfer und Blei gefertigt, wobei Silber und Blei nur als Gold- oder Kupferlegierungen verarbeitet wurden.

Die zentralamerikanisch beeinflusste **La-Tolita-Kultur** brachte schließlich die ersten Platin-Gold-Legierungen Amerikas hervor.

In den folgenden 1000 Jahren (500 bis 1500 n.Chr.) nahmen die menschlichen Eingriffe in die Naturlandschaft infolge des Bevölkerungswachstums stetig zu. Waffenfunde weisen darauf hin, dass Grenzstreitigkeiten zwischen einzelnen Völkern kriegerisch ausgetragen wurden. Vor dem 11. Jahrhundert erlangte aber kein Volk eine hegemoniale Machtstellung. Dann wurden zwei Volksgruppen beherrschend: die aggressiven **Cara** in den Küstenbereichen und die friedlichen **Quitu** im ecuadorianischen Hochland. Beide Völker vermischten sich und bildeten den Staat des Herrschergeschlechts der **Shyri,** dem sich andere Völker wie die Cañari anschlossen. Bis zu Beginn des 14. Jahrhunderts regierten die Shyri-Potentaten über 150 Jahre lang das Land.

In der zweiten Hälfte des 15. Jahrhunderts folgte die Herrschaft der **Inkas,** die aus dem Süden kamen und das Gebiet des heutigen Ecuador *Chinchasuyo* (Land des Nordens) nannten.

Das Inka-Imperium (1450–1532)

Die **Eroberungszüge** der Inkas begannen im 12. Jahrhundert. Bis zum Ende des 15. Jahrhunderts hatte sich ein enormes Imperium entwickelt, das von Mendoza (Argentinien) und Concepción (Chile) im Süden über 5000 km nach Norden bis nach Pasto (Kolumbien) reichte.

Aus Peru kommend, begannen die Inkas ihre Eroberungszüge ins heutige Ecuador in der zweiten Hälfte des 15. Jahrhunderts und festigten ihre Position in den folgenden Jahrzehnten. Während der kurzen Zeit ihrer Herrschaft über Ecuador führten die Inkas eine politische, religiöse, sprachliche und (Anden-)kulturelle Einheit der Völker herbei, konstruierten Straßen, entwickelten ackerbauliche Kulturen und urbanisierten ihr Reich. Die Inka-Straße wurde von Cuzco (Peru) erst bis Cuenca und schließlich bis Quito erweitert. Am Río Tomebamba, im heutigen Cuenca, bauten sie die große Siedlung Tumipampa, von der einzelne Überreste zu besichtigen sind.

Zu Beginn des 16. Jahrhunderts war das Inkareich zweigeteilt. Im Norden (Ecuador) wurde es regiert von dem **Inka-König Atahualpa,** im Süden (Cuzco) von dessen Bruder **Huascar.** Zwischen beiden brach Krieg aus, den Atahualpa 1530 in der Nähe von *Ambato* für sich entschied. Die Rivalität zwischen den verfeindeten Inka-Herrschern war letztendlich den spanischen *Conquistadores* (Eroberer) von Nutzen, die damit leichteres Spiel hatten.

Ende des 15. Jahrhunderts schickten sich Europäer an, die Welt zu erkunden. Europa war auf der Suche nach einem Seeweg nach Indien. Nachdem Portugal seine Unterstützung versagte, segelte der Genueser **Christoph Kolumbus** (in Südamerika als *Cristóbal Colón* bekannt) im Auftrag der spanischen Krone und „entdeckte" 1492 Amerika bzw. einige vorgelagerte Karibikinseln, die er für asiatisches Land hielt.

Der Portugiese **Vasco da Gama** entdeckte den Seeweg über Afrika nach Asien, und in der Folge wetteiferten Spanien und Portugal um die Entdeckung neuer, noch unbekannter Ländereien. Angetrieben von Goldrausch, christlichem Sendungsbewusstsein und politökonomischen Interessen erfolgte eine blutige **Ausbeutung und Kolonisierung Lateinamerikas.**

Der Spanier **Francisco Pizarro** landete im Jahr 1530 in Tumbés (Peru), nachdem er die spanische Krone davon überzeugen konnte, dass südlich des großen Aztekenreiches von Mexiko ein anderes Reich existieren musste, das weitere Goldfunde versprach. Pizarro fand das Inkareich im Bürgerkrieg. Er und Atahualpa trafen schließlich in Peru aufeinander, und 1532 wurde der letzte Inkaherrscher Atahualpa in Gefangenschaft getötet. Mit seinem Tod zerfiel der bestorganisierte Staat des präkolumbischen Amerika. Zwei Jahrzehnte nach Pizarros Eroberung lagen mit Ausnahme von Ingapirca (bei Cuenca) alle Steinbauten der Inkas in Ecuador in Trümmern. Atahualpas letzter **General Rumiñahui** war gleichzeitig der letzte Inka, der sich den spanischen Eroberern widersetzte. Ihm unterstand Quito, und als der von Pizarro entsandte Leutnant *Benalcázar* im Begriff war, mit seiner Armee die Stadt zu erobern, brannte *Rumiñahui* am 17. Juni 1534 die Stadt ab, um sie nicht aushändigen zu müssen.

Koloniale Epoche (1532–1810)

Sebastián de Benalcázar gründete am 6. Dezember 1534 die Stadt **San Francisco de Quito** auf den Ruinen der alten Inkastadt Shyris. Er und andere legten in kurzer Zeit den Grundstein für weitere Städte, die das sozioökonomische Fundament für eine erfolgreiche Eroberung bildeten.

Die spanische Conquista rottete große Teile der indianischen Populationen aus. Der Einfall der Spanier, der Beginn der kolonialen Epoche, bedeutete eine soziale, kulturelle und ökonomische Zäsur. Die weitere Entwicklung wurde wesentlich von der katholischen Kirche mitbestimmt, ihr Einfluss schlug sich in Politik, Kunst und Bildung nieder.

Die spanische Krone teilte ihre Kolonien in **Provinzen** ein, die jeweils von einem Gouverneur verwaltet wurden. 1528 wurde die sogenannte **Audiencia**

eingerichtet, die die Verwaltungen der einzelnen Kolonien vereinigen sollte. Zur weiteren administrativen Festigung wurden Vizekönigreiche geschaffen: So entstand 1550 das **Vizekönigreich Peru,** dem zunächst die Provinz Ecuador unterstand.

1563 erlangte die Provinz Ecuador, die Teile des heutigen Kolumbien im Norden und Teile des heutigen Peru im Süden umfasste, den Status einer Real Audiencia de Quito. 1717 wurde im heutigen Kolumbien das **Vizekönigreich Neu-Granada** eingerichtet, dem 1739 die Audiencia unterstellt wurde. Zwischen Peru und Neu-Granada sollte in der Folgezeit eine ständige Rivalität um die politische Vormachtstellung in den Kolonien herrschen.

Im 18. Jahrhundert entwickelte sich in der Sierra Ecuadors die **Textilproduktion** zu einer bedeutsamen Industrie, während in anderen Regionen die **Vieh- und Agrarwirtschaft** durch die Spanier forciert wurde.

Die **soziale Kluft** zwischen den weißen Eroberern und den indianischen Ureinwohnern blieb unüberwindbar. Die weiße Elite hielt alle wichtigen Posten des Kolonialstaates besetzt und lebte in den „Festungen" der Kolonialstädte. Die mestizische Schicht der **Mischlinge,** in Cuenca etwa die *cholas,* verdankt ihre Existenz zum Teil skrupellosen Vergewaltigungen von Indianerinnen der jeweiligen Region durch spanische Eroberer. Von der ursprünglichen Kultur ging vieles verloren bei den Bekehrungen durch katholische Geistliche jener Zeit.

Afrikanische Sklaven wurden an der Nordwestküste eingesetzt, um die exportorientierten Zuckerrohr- und Kakaoplantagen zu bewirtschaften. Noch heute ist die unterentwickelte Provinz Esmeraldas von den Nachfahren afrikanischer Sklaven geprägt.

Kampf um Unabhängigkeit (1810–1830)

Zu Beginn des 19. Jahrhunderts führte die Unzufriedenheit der **Kreolen** (damals die privilegierte Oberschicht der Großgrundbesitzer) zu **Unabhängigkeitsbewegungen** mit dem Ziel der endgültigen Lösung von Spanien. Angetrieben durch die Nordamerikanische Revolution und den Krieg *Napoleons* gegen die spanische Krone wuchs der Patriotismus in allen südamerikanischen Kolonien. Mit der Autonomie von Quito am 10. August 1809 folgte eine Welle weiterer Befreiungsaktionen, die das spanische Imperium zweiteilte. **Simón Bolívar,** der als Führer der kreolischen Junta galt, befreite die nördlichen Südamerikastaaten, während **José de San Martín** von Süden her aus der argentinischen La-Plata-Region nach Norden vorstieß. Mit der Intervention Bolívars in Ecuador begann unter Mithilfe Großbritanniens die letzte Phase der Befreiung. Am 9. Oktober 1820 wurde Guayaquil unabhängig, am 3. November desselben Jahres erlangte Cuenca die Autonomie, und unter **Antonio José de Sucre** wurde in der berühmten Schlacht vom Pichincha am 24. Mai 1822 die koloniale Epoche in ganz Südamerika beendet. Mit Bolívar als Präsident entstand 1822 das **Großkolumbianische Reich,** die Vereinigung der Länder Venezuela, Kolumbien und Ecuador. Bolívars Traum war ein vereinigtes Südamerika, doch schon 1829 verließ Venezuela die Union, und am 10. August 1830 folgte Ecuador. Am 23. September 1830 konstituierte sich die unabhängige Republik Ecuador.

Republikanische Epoche (ab 1830)

Mit der Auflösung Großkolumbiens entwickelte sich nicht nur ein **südamerikanischer Regionalismus,** sondern ebenso eine politische Teilung innerhalb Ecuadors zwischen der konservativen Sierra und der liberalen Küste, was zu einer bis in die heutige Zeit anhaltenden Rivalität beider Regionen führte. So sprechen die Andenbewohner gelegentlich von den „ungebildeten" *monos* (Affen) der Küste und die Küstenbewohner von den kalkulierenden *serranos* der Anden.

Generell lässt sich die **republikanische Epoche** als **Konsolidierung des Staates** beschreiben. In ihr wuchs das Nationalbewusstsein und ein handlungsfähiger Staat und seine Verwaltung etablierten sich. In den ersten fünf Jahren der Republik regierte noch eine Art Militärdiktatur unter **Juan José Flores,** der somit als **Staatsgründer** gilt. Die grundlegende Aufgabe der ersten Republikjahre bestand in der Organisation des Staates und in der Verbesserung der materiellen Existenzbedingungen eines Großteils der Bevölkerung.

Der Guayaquileño **Vicente Rocafuerte** wurde 1835 nach zwei vorausgegangenen Putschversuchen zum zweiten Präsidenten Ecuadors ernannt, Juan José Flores ging ins Exil. Es folgte wiederum eine Militärherrschaft, und die politische Instabilität des Landes zeigte sich im ständigen Wechsel der Gouverneure. 1859 wurde das Land im Kampf zwischen Costa und Sierra um die staatliche Vormachtstellung sogar von vier Regierungen (Quito, Cuenca, Loja, Guayaquil) gleichzeitig regiert. 1860 übernahm **Gabriel García Moreno** die Präsidentschaft von Ecuador. Er regierte mit einjähriger Unterbrechung bis 1875, als er in Quito ermordet wurde.

Zwischen 1875 und 1895 rangen fanatische Liberale (der Küste) mit den Konservativen (der Sierra) um die Macht. Am Ende gewannen die Liberalen die

Oberhand und bestimmten bis 1920 die Politik. Kopf der Liberalen in dieser Zeit war der aus Montecristi stammende **Eloy Alfaro.** Später regierte *Leonidas Plaza.* Alfaro initiierte eine Reformpolitik: Verbesserung der Staatsstruktur, Garantie der Menschenrechte, Teilung von Kirche und Staat. Letztes führte zur gleichberechtigten Anerkennung anderer Religionen und zur Enteignung der katholischen Großgrundbesitzer.

Alfaro gilt als Nationalheld, doch fand er ein eher unrühmliches Ende, als er 1912 vom Mob in Quito ermordet und im Ejido-Park verbrannt wurde. Wieder folgte eine **Zeit politischer Instabilität.** Zwischen 1912 und 1930 regierten das Land nicht weniger als 22 Präsidenten, Diktatoren oder Juntas.

Wirtschaftliche Ursache der Krise waren der Kakao-Boom und sein schnelles Ende in Ecuador. Mit der Industrialisierung Europas und dem dortigen Siegeszug des Kapitalismus Mitte

☑ Denkmal zu Ehren von Simón Bolívar und José de San Martín (in Guayaquil)

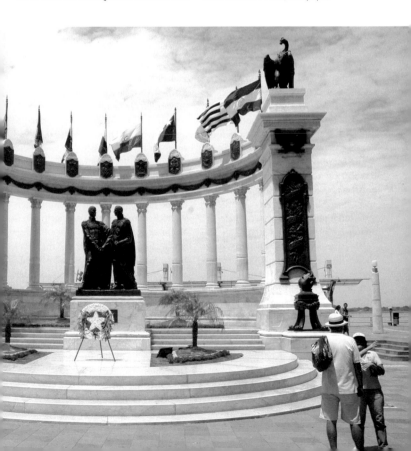

des 19. Jahrhunderts setzte weltweit eine wirtschaftliche Dynamik ein, die die nicht-industrialisierten Länder ausschließlich in ihrer Funktion als Rohstofflieferanten integrierte. Die Kakaobohne Ecuadors galt als hochwertiges Produkt, und infolge der steigenden Nachfrage nach Genussmitteln in Europa wurde das Land zum wichtigen Kakao-Exporteur. An der Südküste entstanden große Kakaoplantagen, der Export wurde über den Hafen von Guayaquil abgewickelt. In den Jahren 1880 bis 1915 verdreifachte sich die Kakaoproduktion. Doch als spätestens 1920 die Nachfrage nach ecuadorianischem Kakao stagnierte (Afrika und Brasilien konkurrierten auf dem Weltmarkt) und schließlich dramatisch zurückging, brach die auf Kakao basierende Wirtschaft des Landes zusammen (noch 1920 entfielen 70 % des Warenexports auf den Kakao!). Eine hohe Inflation und eine erneute Staatskrise waren die Folge.

Die sozialistisch ausgerichtete Juli-Revolution von 1925 erbrachte kaum politische Konsolidierung, immerhin aber eine Modernisierung staatlicher Strukturen und die Verbesserung der Situation sozialer Minderheiten.

Die Jahre 1934 bis 1972 standen dann wieder im Zeichen einer Diktatur: **José María Velasco Ibarra** wurde in dieser Zeit fünfmal zum Präsidenten gewählt, eine selbst für lateinamerikanische Verhältnisse außergewöhnliche „Leistung". Am 1. September 1934 trat er seine erste Amtszeit als Präsident an. Als er sich rasch nach seiner Amtsübernahme zum Diktator erklärte, wurde er im August 1935 von den Militärs gestürzt und verbannt.

Unter der Präsidentschaft von **Carlos Alberto Arroyo del Río** brach zwischen Peru und Ecuador ein Krieg aus, in dessen Verlauf weite Teile des ecuadorianischen Oriente sowie die Provinzen El Oro und Loja von peruanischen Streitkräften besetzt wurden. Auf massiven Druck der USA, die vor dem Hintergrund des 2. Weltkriegs versuchten, alle amerikanischen Länder zu solidarisieren, wurden im Januar 1942 die Grenzstreitigkeiten im **Protokoll von Rio de Janeiro** offiziell beigelegt. Peru räumte die besetzten Gebiete, Ecuador überließ dem südlichen Nachbarn 175.000 km² Landfläche des Oriente. Ecuador hat sich mittlerweile damit abgefunden, dass die abgetretenen Gebiete verloren sind. 1999 schlossen die Regierungen von Ecuador und Peru den entsprechenden Friedensvertrag. Zum Milleniumswechsel wurden die Landkarten angepasst.

1945 kehrte *Velasco Ibarra* zurück und regierte als Diktator bis 1948, bevor er erneut ins Exil musste.

Ende der 1940er Jahre zeichnete sich eine **Wende in der schlechten Wirtschaftslage** Ecuadors ab. Die **Banane** wurde für Ecuador zum bestimmenden Wirtschaftsfaktor. Mit der weltweiten Nachfrage stieg der Anteil der Banane am Gesamtexport von 5 % im Jahre 1949 auf 42 % im Jahre 1955: Ecuador wurde zum größten Bananenexporteur der Welt (vgl. „Die Banane – ein Exportschlager"). Weil man aber – in verhängnisvoller Analogie zum Kakao-Boom – versäumte, die Gewinne aus dem Bananengeschäft in die heimische Industrie zu investieren, kündigte sich mit dem Überangebot an Bananen auf dem Weltmarkt zu Beginn der 1960er Jahre die nächste Krise Ecuadors an. *Velasco Ibar-*

Geschichte in Zahlen

10.000 v.Chr.: Erste Besiedlung im heutigen Ecuador

3500 v.Chr.: Valdivia-Küstenkultur

2000 v.Chr.: Machalilla-Küstenkultur

1500 v.Chr.: Chorrera-Küstenkultur

1000 n.Chr.: Cara-, Quitu- und Cañari-Zivilisation in der Sierra

1450: Inka-Imperium

1532: Der Inka-Herrscher *Atahualpa* wird von *Pizarro* getötet

1534: Juni: Der letzte General der Inkas, *Rumiñahui*, brennt Quito ab; Dezember: Neugründung durch *Sebastián de Benalcázar*

1550: Ecuador wird mit der Gründung des Vizekönigreichs Peru zur spanischen Provinz

1563: Ecuador wird zur Real Audiencia de Quito (als Teil Perus)

1739: Audiencia de Quito Teil des Vizekönigreichs Neu-Granada

1801–1803: Alexander von Humboldt bereist Ecuador

1809: Quito erlangt Autonomie; erste Rufe nach Unabhängigkeit in Südamerika

1810: Simón Bolívar und José de San Martín sammeln ihre Armeen

1822: Mai: *Antonio José de Sucre* befreit Quito in der Schlacht vom Pichincha

1830: August: Ecuador verlässt die Union Großkolumbiens; September: Ecuador wird Republik unter Juan José Flores

1860–1875: *García Moreno* Präsident

1875–1895: Liberale Revolution

1895–1911: *Eloy Alfaro* Präsident (zwei Amtszeiten; er wird 1912 ermordet)

1920: Kakaoboom

1934–1972: 1.–5. Amtszeit von *Velasco Ibarra*

1942: Protokoll von Rio de Janeiro, Gebietsverluste an Peru

1949: Beginn des Bananenbooms

1967: Im Oriente wird Erdöl entdeckt

1979: *Jaime Roldos* erster Staatspräsident unter der neuen Verfassung

1980: *Osvaldo Hurtado* Präsident

1984: *León Febres Cordero* Präsident

1988: *Rodrigo Borja Cevallos* Präsident

1992: *Sixto Durán Ballén* Präsident

1995: „Andenkrieg" zwischen Peru und Ecuador

1996: *Abdalá Bucaram* wird Staatspräsident (Absetzung 1997)

1997: Schwere Staats- und Verfassungskrise

1999: *Jamil Mahuad Witt* Präsident, schwere Wirtschafts- und Finanzkrise, Friedensvertrag mit Peru, Verfassungsreform

2000: Einführung des US-Dollars als Landeswährung, schwere Regierungskrise, Sturz *Mahuads,* neuer Präsident wird *Dr. Gustavo Noboa*

2003: *Lucio Gutierrez* wird Staatspräsident (Sturz 2005), Inbetriebnahme der neuen Schwerölpipeline OCP

2006: Ecuador nimmt an der Fuball-WM in Deutschland teil

2007: Rafael Correa wird Staatspräsident, Absetzung des Nationalkongresses

2008: neue Verfassung, politische Spannungen mit Kolumbien

2009: Wiederwahl *Rafael Correas,* Räumung der US-Militärbasen

2010: Niedergeschlagener Aufstand von Polizeieinheiten gegen Präsident *Correa* am 30. Sept. in Quito

2012: Der interamerikanische Gerichtshof in Costa Rica verurteilt Ecuador zur Zahlung von 1,1 Mio. Euro an die indigene Bevölkerung als Ausgleich für Schäden durch die Vergabe von Erdölkonzessionen

Febr. 2013: Präsidentschaftswahlen

ra tauchte wieder aus dem Exil auf, um für kurze Zeit zu regieren, bevor er erneut von den Militärs gestürzt wurde. Seine letzte Amtszeit dauerte von 1968 bis 1972.

Zuvor, im Jahre 1967, wurde im Oriente Erdöl entdeckt, und ein **Ölboom** bemächtigte sich des Landes. Besonderes Interesse zeigten ausländische Firmen, die die ecuadorianischen Militärs unterstützten, welche wiederum *Ibarra* 1970 zunächst zur diktatorischen Herrschaft verhalfen, ehe sie ihm zwei Jahre später Verrat und Korruption vorwarfen und ihn erneut ins Exil schickten.

Ibarra und im Anschluss **Galo Plaza** und **Camilo Ponce** waren die letzten Diktatoren der Republik. **1979** wurde **Jaime Roldós Aguillera als erster Präsident Ecuadors demokratisch gewählt.** Aus diesem Jahr stammt die bis heute gültige, aber häufig reformierte Verfassung des Landes (s.u.). Mit Roldós verband die Bevölkerung die Hoffnung auf wirtschaftlichen und sozialen Fortschritt. Die Geburtsstunde der neuen ecuadorianischen Demokratie wurde jedoch überschattet vom Verfall der Erdölpreise. Es rächte sich die eindimensionale Entwicklung des Landes am Tropf des Erdölbooms der 1970er. Mangels wirtschaftlicher Alternativen geriet Ecuador in einen neuen Strudel der Abhängigkeiten vom Weltmarktgeschehen. Letztendlich hat das Land die **ökonomische Fixierung auf das Öl** und die Vernachlässigung alternativer Sektoren bis heute nicht überwunden. Nach zwei Jahren Amtszeit zeigte sich, dass Roldós seine Versprechungen nicht halten konnte. 1981 kam er bei einem Flugzeugunglück, dessen Ursache nie geklärt wurde, ums Leben.

Sein Nachfolger **Oswaldo Hurtado Larrea** leitete zwar eine neue Periode in der Geschichte Ecuadors ein, die **Periode der demokratischen Konsolidierung,** aber der internationale Preisverfall für Erdöl ab 1981 erhöhte die Auslandsverschuldung, und die Inflationsrate lag 1983 über 50 %.

Nächster Präsident wurde am 6. Mai 1984 durch Stichwahl der konservative **Léon Febres Cordero** und am 8. Mai 1988 der Sozialdemokrat **Dr. Rodrigo Borja Cevallos.** Auf **Sixto Durán Ballén** folgte das kurze Zwischenspiel der Präsidentschaft von „El Loco" **Abdalá Bucaram** (bis 1997). Zur weiteren Entwicklung s.u. „Aktuelle Politik seit 1998".

Politik

Staat und Parteien

Als **Verwaltungseinheit** setzt sich Ecuador aus **24 Provinzen** zusammen. In den vergangenen Jahren sind durch Teilungen einstmals größerer Provinzen drei neue hinzugekommen: Orellana im Regenwald, Santo Domingo de los Tchásilas im Binnenland der Costa und Santa Elena als einstiger Westteil von Guayas an der Küste. Die jeweils nachfolgenden administrativen Ebenen bilden 103 Kantone bzw. Munizipien und 746 Gemeinden. Der Staatspräsident ernennt für jede Provinz einen Gouverneur und für jeden Kanton einen Vorstand, die jeweils die Verwaltungsaufgaben wahrnehmen.

Staats- und verfassungsrechtlich gilt für Ecuador Folgendes: Seit der Verfassung vom 10. August 1979 ist Ecuador ein souveräne demokratische Republik mit einem präsidialen Regierungssystem. Die 1999 reformierte Verfassung sicherte die staatsbürgerlichen Grundrechte, darunter das Wahlrecht, von dem auch Analphabeten nicht ausgeschlossen sind. Die 2007 gewählte verfassunggebende Versammlung legte den Wahlberechtigten ihre neue Magna Carta am 28. September 2008 zur Abstimmung vor. Die Wähler entschieden sich mit großer Mehrheit dafür. Staatsoberhaupt, Regierungschef und Oberbefehlshaber der Streitkräfte ist der **Staatspräsident,** der direkt und geheim gewählt wird; die Amtsperiode ist auf vier Jahre beschränkt, eine direkt anschließende Wiederwahl des Präsidenten ist möglich. So tritt der aktuelle Staatspräsident *Rafael Correa* nach seiner ersten Amtszeit unter der neuen Verfassung im Jahr 2013 erneut zur Wahl an.

Nach Staatspräsident **Sixto Durán Ballén** (1992–1996) folgte der Populist **Abdalá Bucaram.** Dieser floh nur wenige Monate nach seiner Wahl unter dem Druck der Bevölkerungsmassen und nach der Absetzung durch den Nationalkongress ins Exil nach Panama. Auch Bucarams Nachfolger, der vom Parlament eingesetzte Interimspräsident **Fabián Alarcón,** fand sich bald nach seiner Amtszeit wegen des Vorwurfs der Veruntreuung von Staatsgeldern hinter Gittern wieder.

Mit dem Christdemokraten **Dr. Jamil Mahuad,** dem bis dahin populären Bürgermeister von Quito, erhofften sich die Wähler 1998 eine Wende mit Blick auf die eingebrochene Wirtschaft und das marode Sozialsystem. Doch Mahuad war der Aufgabe nicht gewachsen. Am 21. Januar 2000 kam es zum Putsch, der

bisherige Vizepräsident **Gustavo Novoa** wurde zum Staatspräsidenten bis zu den Wahlen im Jahr 2002 berufen, die **Lucio Gutiérrez** gewann.

Auch *Gutiérrez* wurde gestürzt und 2005 durch **Alfredo Palacios** übergangsweise ersetzt. 2006 schließlich gewann der erst 43-jährige und recht unbekannte **Rafael Correa vom Wahlbündnis Alianza País** die Wahl zum Präsidenten. Als Verfechter eines „Sozialismus des 21. Jahrhunderts" läutete *Correa* Staatsreformen ein und setzte sich mit der Wahl einer verfassunggebenden Versammlung durch. Die neue Verfassung ist seit 2008 in Kraft. *Correas* Bündnis *Alianza País* verfügt seit 2009 über 59 der 124 Sitze in der Nationalversammlung.

Parteien müssen mindestens 27.000 Mitglieder durch Unterschrift nachweisen. Da es in Ecuador für Parteien, die sich zur Wahl stellen, keinerlei Sperrklausel (wie die 5 %-Klausel in Deutschland) gibt, sind im Nationalkongress auch kleinste Parteien vertreten. Die Traditionsparteien des Landes sind der christlich-soziale PSC mit einer Hochburg in Guayaquil, der „roldosistische" PRE als zweite große Küsten-Partei (nach dem Präsidenten *Jaime Roldos* benannt), die sozialdemokratische ID und die christdemokratische DP als starke Kräfte in den Anden sowie das in den 1990ern erwachsene Bündnis von Indianern und Bauern, *Pachakutik*. Seit den großen Erfolgen des nach wie vor populären Sozialisten *Rafael Correa* und seiner *Alianza País* ist die alte Parteienarithmetik überholt. Die anderen Parteien stecken in einer tiefen Krise.

Aktuelle Politik seit 1998

Das Jahr 2000 begann mit einem Paukenschlag. Zunächst erreichte der US-Dollar, den es Anfang 1999 noch für 6850 Sucres zu erstehen gab, am 9. Januar 2000 den dramatischen Kurswert von 25.000 Sucres. Der größte im Umlauf befindliche Geldschein, der 50.000er, hatte also nur noch einen Wert von zwei Dollar. Kurz darauf wurde Präsident *Mahuad* gestürzt.

Das Hauptproblem des **Währungsverfalls** waren nicht die Pakete und Säcke von Geldscheinen, die nun bei größeren Wechseln zu schleppen waren, sondern eine vom Dollaranstieg angetriebene Preisspirale. Die Preiserhöhungen erfassten gleichermaßen Grundnahrungsmittel, Medikamente und nationale Baustoffe. Die Löhne der Arbeiter auf dem Feld, im Bau oder in der Industrie stiegen dagegen kaum. Eine krasse Beschleunigung der **Verarmung** weiter Teile der Bevölkerung war die Folge.

Die Sucre-Abwertung stoppte Präsident *Mahuad* in einer seiner letzten Amtshandlungen per Dekret: Der Dollar wurde auf einen Wechselkurs von 1 zu 25.000 Sucres eingefroren. Eine Politik der **„Dollarisierung"** ähnlich wie in Panama und auf den US Virgin Islands begann. Im April 2001 wurde der Sucre nach über 100 Jahren abgeschafft. Landeswährung ist nun der US-Dollar.

Die Abwertung und letztendlich Abschaffung des Sucre stand am Ende einer dramatischen Wirtschaftsentwicklung. Zeitgleich führte die Klimakatastrophe El Niño zu Milliardenschäden an der Küste, der Export von ecuadorianischem Erdöl litt unter ruinösen Preisen von zum Teil nur noch 7 US-Dollar pro Barrel (Anfang 1999), der Warenimport ging parallel dazu massiv zurück, und eine Welle von Bankenpleiten erschütterte die Anleger und das Finanzsystem. Ecuador begann sogar erstmals, Zinsen auf Schuldverschreibungen („Brady Bonds") nicht mehr zu zahlen.

Außenpolitisch konnte Präsident *Mahuad* die nach dem letzten Regenwaldkrieg von 1995 **mit Peru** begonnenen Friedensverhandlungen schließlich im Jahr **1999** mit einem verbindlichen **Friedensvertrag** abschließen. Damit ist für Völkerverständigung und Handel zwischen den beiden Staaten ein Meilenstein gelegt. Diesen international hoch anerkannten Erfolg der Regierung Mahuad konnte der ansonsten erfolglose Christdemokrat jedoch nicht in innenpolitische Durchschlagskraft umsetzen.

Am 15. Januar 2000 schließlich **begannen Indígenas** des Hochlands und andere soziale Gruppen **Protestmärsche** gegen die Regierung, aber auch gegen den Nationalkongress als Ganzem und gegen die seinerzeitige Justiz. Sie wollten alle Gewalten des Staates neu besetzt sehen, die Idee der „Dollarisierung" verwerfen und eine nachhaltige Sozialpolitik für die arme Bevölkerung aufbauen. Die Proteste begannen zunächst schleppend und hatten bei weitem nicht die zahlenmäßige Dimension der Märsche wie einst gegen Bucaram. Überraschenderweise gesellten sich Militärs aus dem zweiten Glied im entscheidenden Moment zu den Demonstranten. Gemeinsam stürmten sie am 21. Januar den Nationalkongress, den Obersten Gerichtshof und den Präsidentenpalast. Ihre An-

führer waren der Präsident des nationalen Indígena-Verbandes CONAIE, *Antonio Vargas,* der bis dahin unbekannte Oberst *Lucio Gutiérrez* und der ehemalige Präsident des Obersten Gerichtshofes, *Carlos Solórzano.* Nachdem sich die Putschisten bereits auf dem Balkon des Palastes feiern ließen, machte das Ausland klar, eine **Putsch-Regierung** auch nicht im Geringsten anerkennen zu wollen. Die Militärführung Ecuadors hatte auch nicht die Absicht oder die Kraft, zurück zur Diktatur zu gehen und verhandelte in den Hinterzimmern des Präsidentenpalastes mit den Putschisten. Spät in der Nacht schließlich zeigte sich auf dem Balkon ein **„Triumvirat"** aus *Vargas, Solórzano* und dem Oberbefehlshaber der ecuadorianischen Streitkräfte, General *Carlos Mendoza.* Dieses Triumvirat werde von nun an regieren und Gutierrez sei zum Regierungsminister ernannt, so die neuen Führer. Doch das stellte sich schon Stunden später als Coup der Militärs um Mendoza heraus: Das Triumvirat musste unter Mendozas Leitung abdanken und dem bisherigen Vize-Präsidenten Ecuadors, **Dr. Gustavo Noboa,** für die Präsidentschaft Platz machen. Der Nationalkongress und die internationale Öffentlichkeit atmeten durch und erkannten diesen Schritt an. Mit wechselnden Mehrheiten und in den wackeligen Gefilden der jungen Dollarisierung versuchte Noboa die Geschicke des Landes zu lenken.

Der **2002 gewählte Staatspräsident Lucio Gutiérrez** wurde im April 2005 gestürzt. Sein Vize **Alfredo Palacios** trat die Nachfolge als „Interimspräsident" an. *Palacios* hatte also das von Korruption und Drogengeldern gedüngte Chaos bis zu den Neuwahlen Ende 2006 zu ver-

◁ Rafael Correa, Staatspräsident seit 2007

Die neue Verfassung –
ein Kreuzzug zum „guten Leben"

von *Stephan Küffner*

Nichts weniger als eine Revolution versprach Rafael Correa den fast 14 Millionen Ecuadorianern, als der Außenseiter Ende 2006 die Präsidentschaftswahlen gewann. Er verzichtete gar darauf, Kandidaten für den Kongress aufzustellen, und setzte auf eine verfassunggebende Nationalversammlung, deren Werk all das erreichen sollte, was die 19 bisherigen Verfassungen nicht vermochten, nämlich die Massen aus der Armut zu führen. Mit seiner medienwirksamen und volksnahen „bürgerlichen Revolution" und höheren Unterstützungszahlungen an Bedürftige traf er den Nerv der Wähler. Ein überragender Erfolg bei der Wahl zur Nationalversammlung – seine Partei gewann 80 der 130 Abgeordnetenplätze – sicherten dem in den USA promovierten Volkswirt die größte Machtfülle eines Staatsoberhauptes seit den Militärdiktaturen von 1972–1978. Mitte 2008 schließlich stand die neue Magna Carta, ein Mammutwerk mit 444 Artikeln sowie zahlreichen Übergangsregeln, eine der längsten Verfassungen der Welt.

Die Absichten der neuen Gesetzesvorlage sind paradiesisch. Denn das Dokument ist ein **Denkmal der politischen Korrektheit,** verbietet ausländische Militärbasen, verspricht einen „gerechten Lohn" und verankert vielfältige Rechte für die Umwelt, für Jung und Alt, sowie für ethnologische und sexuelle Minderheiten. Mit Aufrufen an Gott und die Mutter Erde – „Pachamama" – soll die neue Verfassung ein „gutes Leben" – auf Kichwa „sumak kawsay" – für alle sichern, auch für die offiziell fast 40 % Armen.

Fragt sich nur, ob sich dieses Versprechen in dem chronisch schlecht regierten Land halten lässt. Rafael Correa ist sich dessen sicher: Die neue, **„soziale und solidarische"** Verfassung überwinde den Neoliberalismus sowie die Oligarchie und ihre verhassten politischen Parteien. Dem Staat werden Privatisierungen nun nur in Ausnahmefällen gestattet, und Staatsunternehmen sollen Rohstoffe wie Öl und Kupfer vom Einfluss der Konzerne fernhalten. Die Verfassung erlaubt der Regierung auch, gegebenenfalls Preise und Zinssätze festzulegen. „Der Markt ist ein ausgezeichneter Diener, aber ein schrecklicher Herr," so Correa. Dieser **linkslastige Tonfall** ist beliebt bei den Millionen, die in der nie richtig aufgearbeiteten Bankenkrise Ende der 1990er Jahre auf einen Schlag ihre hart erarbeiteten Ersparnisse verloren. Andererseits bleibt das Verfassungsmodell dem unbeliebten Regierungssystem der letzten 40 Jahre erstaunlich treu, anstatt es tatsächlich umzukrempeln. Es bleibt beim **Präsidialsystem** und dem **Parlament mit einer Kammer,** obwohl nunmehr in „Nationalversammlung" umgetauft. „Es fehlte in diesem Bereich an Innovationsfähigkeit," gesteht *Alberto Acosta,* ein an der Universität Köln ausgebildeter Volkswirt, der die Versammlung sieben Monate leitete. Es bleibt bei einem Wahlrecht, das Bürger an die Urne zwingt und das keine Prozenthürden kennt, was schon das Parlament der Weimarer zersplitterte. Einige Punkte dürften hingegen **Krisen entschärfen:** Nun können sämtliche Amtsträger, vom kommunalen Ratsmitglied bis zum Präsidenten selbst, auch wieder abgewählt werden, was den Druck der Straße kanalisieren könnte. Nachdem seit 1996 drei gewählte Präsidenten auf juristisch fragwürdige Weise vom Kongress abgesetzt wurden, stellt die neue Verfassung klarere Regeln für Amtsenthebungsverfahren auf. Aber es bleiben Ungereimtheiten. Bei nicht weiter definierten „inneren Unruhen" dürfen sich Nationalversammlung und Präsident gegenseitig nach Hause schicken. Und der Präsident erhält Befugnisse, die seine Macht gegenüber der Nationalversammlung stärken. Etwa eine starke Hand bei der Benennung der Mitglieder eines neuen Verfassungsgerichtes, das wie in Deutschland oder den USA die Verfassung auslegen und zudem über Amtsenthebungsverfahren entscheiden soll.

Kritiker werfen Correa vor, eine nach venezolanischem Vorbild für ihn maßgeschneiderte Verfassung anzustreben. Die einflussreiche katholische Bischofskonferenz sagte, das Recht auf Familienplanung öffne der Abtreibung die Tür. Dies weist der katholische Präsident als böswillige Unterstellung zurück. Andererseits polemisiert der streitbare Endvierziger gerne, nicht immer zum Vergnügen der von jahrzehntelangen Machtkämpfen ermüdeten Bürger. Selbst Correa gesteht Fehler in der Verfassung ein. Im September 2008 fragten sich daher viele, ob Correas Revolution tatsächlich das Glück bringen wird oder ob es sich bei der zwanzigsten Verfassung seit 1830 abermals um Etikettenschwindel handelt. Die lange Liste an neuen Rechten führte bereits zu beträchtlichen Konflikten zwischen der Regierung und Interessengruppen wie Studenten und Indigenas. Letztere bestehen beispielsweise auf ihre althergebrachten Wasserrechte, die Regierung pocht dagegen auf die Zentralisierung der Kompetenzen, die ihnen die neue Verfassung erlaubt.

Stephan Küffner ist freier Korrespondent und berichtet aus Ecuador u.a. für die Zeitschriften „Time" und „The Economist".

walten. Und zwar ohne Mehrheit im Parlament. Sein liebstes Kind wurde der **„Tratado de Libre Comercio"** (TLC), das von den USA forcierte Freihandelsabkommen mit den Andenländern Kolumbien, Peru und Ecuador. Das Abkommen scheiterte. Als *Palacios* den US-amerikanischen Ölkonzern *Occidental Petroleum* nach Nicht-Einhaltung des Konzessionsvertrages, so die ecuadorianische Seite, aus seinen Förderanlagen verwies, war das Tuch endgültig zerschnitten, ein umfassendes Handelsabkommen mit den USA ist seither in weite Ferne gerückt.

Die wesentlichen Probleme und Herausforderungen der ecuadorianischen Politik sind davon unbenommen die **Bekämpfung der Korruption** (Ecuador ist laut *Transparency International* eines der korruptesten Länder Südamerikas), die **Bekämpfung der Armut,** denn trotz leichter wirtschaftlicher Erholung ist die Verteilung des ohnehin geringen Wohlstands skandalös ungerecht, der **Schutz der Nordgrenze** vor weiteren Auswüchsen des kolumbianischen Bürgerkrieges, ein Eindämmen der wachsenden **Kriminalität** im Land, die Sanierung der **Staatsfinanzen** sowie die Rettung der schwer angeschlagenen **Sozialkassen.**

Mit dem Amtsantritt von **Rafael Correa** Anfang 2007 als Staatspräsident beginnt ein **radikaler Wandel:** Der Nationalkongress wird von den obersten Richtern abgesetzt, eine neue Verfassung verabschiedet, Privatisierungen werden erschwert und Staatsbetriebe gestärkt, die Mindestlöhne werden deutlich angehoben, die Verwaltungen effizienter, die Regierung kontrolliert verstärkt die Medien und etabliert zahlreiche staatliche Medien, das Steuersystem wird zu Lasten der Reichen reformiert. Im Zuge des neuen „Sozialismus des 21. Jahrhunderts" nähert sich *Correa* an Venezuelas Präsidenten *Chávez* an, ohne in dessen populistische Radikalität zu verfallen und ohne die Beziehungen zu den USA aufs Spiel zu setzen. Ende 2012 hat *Rafael Correa* laut Umfragen noch immer den starken Rückhalt einer deutlichen Mehrheit der Bevölkerung, die ihm offenbar die spürbaren Verbesserungen der Lebensverhältnisse vor allem der einfachen Menschen hoch anrechnet. International sorgt *Correa* für Furore, indem er dem im Sommer 2012 in die ecuadorianische Botschaft in London geflohenen Wikileaks-Gründer *Julian Assange* politisches Asyl gewährt. Gleichzeitig sehen Menschenrechtsorganisationen wie „Reporter ohne Grenzen" „in der feindlichen Haltung des Staatschefs gegenüber privaten Medien und in seinen provokativen Angriffen gegen Einzelpersonen eine wachsende Gefahr für die Pressefreiheit."

Wenn Correa die **Wahlen am 17. Februar 2013** gewinnt, wofür Ende 2012 vieles sprach, so tritt er am 24. Mai 2013 seine nächste vierjährige Legislaturperiode an. Schon wenige Tage später wäre er der Staatspräsident mit der längsten ununterbrochenen Amtsführung in der Geschichte des Landes. Ein Rekord, der noch vor wenigen Jahren im ecuadorianischen Chaos um das Präsidentenamt undenkbar war.

Wirtschaft

Ecuadors Wirtschaft wächst seit 2002 nahezu ununterbrochen und stark. Zuletzt 2011 stieg das Bruttoinlandsprodukt um 12,2 % auf 4578 $ pro Kopf (Quelle: gtai.de). Einen großen Zuwachs verzeichneten dabei die Exporte auf nunmehr 22,3 Mrd. $. Davon entfielen gut die Hälfte auf Erdöl und Erdölprodukte, nämlich 12,2 Mrd. $. Bei den Ausfuhrgütern folgen mit deutlichem Abstand Bananen, Garnelen, Dosenfisch, Schnittblumen und Kakao.

Bei den **Importen** musste Ecuador ebenfalls in erster Linie Erdöl aus Kolumbien einkaufen, um das schwere Erdöl der ecuadorianischen Regenwälder zu verdünnen und pumpen zu können: Knapp ein Drittel aller Importe ist Erdöl. Hinzu kamen Importe von Treibstoffen und Derivaten. Mangels schwacher Industrie im Land importierte Ecuador ferner Konsum- und Kapitalgüter, in erster Linie Kraftfahrzeuge, Mobiltelefone, Elektrogeräte und Medikamente. Die Importe des Jahres 2011 summierten sich auf 23 Mrd. $, was zu einem moderaten Handelsdefizit von etwa 700 Mio. $ führte.

Die **öffentlichen Schulden** lagen Ende 2011 laut Banco Central bei 14,6 Mrd. $ bzw. 22 % des BIP. Hauptkreditgeber ist die Volksrepublik China.

Die **Inflation** lag im August 2012 bei 4,88 %, die formelle **Arbeitslosigkeit** schwankt seit Jahren zwischen 5 und 8 %, wobei die Quote der Unterbeschäftigung mit 45 bis 50 % ungebrochen hoch ist. Man bedenke: Nur ein kleiner Teil der Bevölkerung ist formell beschäftigt – der **informelle Sektor** ist weiterhin das größte Beschäftigungsfeld des Landes. (Alle Angaben aus der staatlichen Statistik der Zentralbank Ecuadors, www.bce.fin.ec, ergänzt mit Zahlen vom Auswärtigen Amt in Berlin.)

Wichtigste **Handelspartner** Ecuadors sind nach wie vor die USA, die Länder Lateinamerikas und die EU. Die wichtigsten Abnehmer ecuadorianischer Waren sind nach den USA der Reihe nach Peru, Kolumbien, Italien, Spanien, Chile und Deutschland. An Bedeutung gewann zuletzt Venezuela.

Nach langen Jahren der Privatisierungen setzt die Regierung Rafael Correas seit 2007 auf **staatliche Kontrolle über Schlüsselstellen der Wirtschaft,** insbesondere beim Erdöl, wo der Staat mittlerweile fast 70 % der Exporte selbst fördert, und im reformierten Bergbausektor, der künftig große Deviseneinnahmen bescheren soll. Im Betrieb von Fernstraßen, in Teilen des Erdölsektors, im Postwesen und Mobilfunk sowie bei Gesundheit, Bildung und Sicherheitsdiensten halten Privatunternehmen weiterhin stattliche Marktanteile. Auch das ecuadorianische Militär ist Besitzer zahlreicher Firmen unterschiedlichster Sektoren im Land, beispielsweise der größten nationalen Fluglinie *TAME (Transportes Aéreos Militares del Ecuador)* und riesiger landwirtschaftlicher Haciendas.

Dollarisierung

Ein Kuriosum der Wirtschaftsgeschichte ist die Einführung des US-Dollars als offizielle und einzige **Landeswährung Ecuadors.** Diese am 9. Januar 2000 von Staatspräsident *Jamil Mahuad* verordnete Maßnahme verblüffte die internationale Finanzwelt ebenso wie die Ecuadorianer. *Mahuad* trat damit der galoppierenden Inflation der Landeswährung Sucre entgegen. Trotz immer wiederkehrender Widerstände und Zweifel am Greenback hat sich der Dollar bis heute gehalten, und selbst Kritiker dieser Absage an eine eigene Währungspolitik wie Präsident *Correa* sehen aus volkswirtschaftlicher Sicht kurzfristig keine Möglichkeit, eine neue nationale Währung einzuführen.

Landwirtschaft

Der massive Ausbau von Erdölproduktion und -export seit den 1970er Jahren hat eine starke **Vernachlässigung der Landwirtschaft** nach sich gezogen. Seit dem Preisverfall des Erdöls Mitte der 1980er Jahre ist aber ein überdurchschnittliches Wachstum von Land- und Forstwirtschaft und Fischerei zu verzeichnen. Dennoch ist Erdöl noch immer das wichtigste Exportprodukt.

Agrarprodukte für den Export

Klassische Agrarprodukte in Ecuadors Export sind **Bananen, Kaffee und Kakao.** Seit 1987 ist Ecuador zudem um die Pflanzung nicht-traditioneller Exportprodukte wie Tabak, Tomaten, Blumen, Erdbeeren, Melonen, Brokkoli und Spargel bemüht. Doch die Diversifizierung geht nach Meinung von Analysten zu langsam voran, Ecuador schöpft sein Potenzial nicht aus.

Bananenplantagen verteilen sich in Ecuador entlang der Küste und vereinzelt in den angrenzenden Tälern, wobei kleinere Plantagen zur Befriedigung des Eigenbedarfs arbeiten, die mittleren und großen für Exportzwecke. Die Großplantagen liegen vor allem in den südlichen Küstenprovinzen El Oro, Guayas und Los Ríos, nicht fern der Exporthäfen Guayaquil und Puerto Bolívar.

Kaffee- und Kakaoplantagen befinden sich ebenfalls im Küstenbereich und dort vornehmlich in der Provinz Manabí. Die Kakaobohne war fast das ganze 19. Jahrhundert hindurch das wichtigste Exportprodukt. Mit der steigenden Nachfrage der Industriestaaten nach Genussmitteln breiteten sich die Plantagen an der südlichen Küste in den Teilen, die vom Humboldt-Strom beeinflusst werden, aus. Heute wird der Kakao, der jüngst eine Produktions- und Exportbelebung erfuhr, in den Provinzen Los Ríos, Guayas, Manabí und El Oro angebaut. Ecuadors Kakao gehört mittlerweile zu den besten Sorten auf dem Weltmarkt. Allmählich entwickelt sich auch der Export qualitativ hochwertigen Kaffees gut, wenngleich Exportzahlen wie die des Nachbarn Kolumbien in weiter Ferne sind.

Zuckerrohranbau wird in den Küstenbereichen der Provinzen Manabí, Guayas und Los Ríos sowie vereinzelt in den wärmeren Beckenlandschaften des Hochlandes betrieben. Die Ausrichtung auf den Export ist jedoch gering.

ecu097.peko

Produkte für den Eigenbedarf

An der Küste ist **Reis** das Grundnahrungsmittel. Der Großteil des Reisanbaus erfolgt im Schwemmland des Río Guayas. Daneben spielen vor allem **Palmölpflanzungen** und **Baumwolle** eine Rolle. Baumwolle wird zu fast 100 % in der Provinz Manabí (Portoviejo, Santa Ana, Chone) angebaut. Kultiviert wird neben der Kokosnuss und der Kaktusfeige *Higuerilla* auch Soja in Quevedo (Los Ríos). Die Afrikanische Ölpalme breitet sich in großen Monokulturen in rasantem Tempo an der Küste, aber auch im Oriente aus.

Im Hochland ist die **Kartoffel** das Grundnahrungsmittel. Sie wird jedoch vom Reis der Küste verdrängt. Auch **Getreide** (Weizen, Gerste, Mais), **Hülsenfrüchte, Obst** und **Gemüse** sind hier wichtige Nahrungsmittel.

In den Vegas (fruchtbare Ebenen) von Daule und Esmeraldas wird **Tabak** angepflanzt. Durch den Import ausländischer Zigaretten und von *tabaco en rama* (Rohtabak) ist die Nachfrage jedoch niedriger als das Angebot, sodass der Tabakanbau keine große wirtschaftliche Rolle spielt.

Ursprünglich aus China kommend, gedeihen **Teepflanzungen** im Oriente vornehmlich bei Puyo und Palora. Hier sind die klimatischen Verhältnisse so gut, dass das ganze Jahr über Tee angebaut werden kann. Die Firma Zulay sorgt für den Vertrieb. In den Provinzen Pastaza und Morona-Santiago teilen sich drei Firmen den Teehandel: Im Handel mit Kolumbien ist das die *Té Zulay de Colombia S.A.*, die anderen beiden Fir-

men sind *Té Zulay de Ecuador* und *Compañía Ecuatoriana del Té*. Letzte hat den größten Handelsanteil.

Viehwirtschaft

Die Viehzucht beschränkt sich weitgehend auf die Hochlandregionen und Teile des Küstengürtels. Sie besteht im Wesentlichen aus Rinder- und Schweinehaltung sowie Schaf- und Geflügelzucht.

⌃ Rosen für den Export

Die Banane – ein Exportschlager

Die Banane ist ein 2–5 m hohes Staudenge-wächs, wobei die Staude aus gewickelten Blatt-scheiden besteht. Die 2–3 m langen Blätter der Banane sind im Jungstadium glatt und werden erst später durch den Wind zerfranst. Ein einzi-ges Mal im Leben eines Bananengewächses ent-wickelt sich ein großer, die Staude herunterhän-gender Blütenstand, der von wunderschön vio-lettfarbenen Blättern umhüllt ist. Bevor die Mut-terpflanze abstirbt, sorgt sie vegetativ durch Sprossbildung im Wurzelstock für Ableger. Der Blütenstand befindet sich unterhalb der unteren Tragblätter und besteht aus einer größeren An-zahl von zu doppelten Querreihen angeordne-ten Blüten. Aus den Fruchtknoten entwickeln sich vegetativ die Früchte. Die männlichen Blü-ten entfalten sich im Blattansatz der Tragblätter.

Im Verlauf von fünf Monaten entwickeln sich die Bananen. Ursprünglich nach unten zei-gend, wachsen sie bald dem Sonnenlicht entge-gen. Durch die zunehmende Verzuckerung der Stärke im Verlauf der Reifezeit bekommt die Ba-nane schließlich ihre Süße. Nach fünf Monaten werden die noch grünen Fruchtstände von der Staude entfernt, in *manos* (Hände) geteilt, ver-packt und zu den Häfen Guayaquil und Machala transportiert. Erst auf den Schiffen erhält die Ba-nane die süße Reife für den späteren Verzehr.

Der Aufstieg Ecuadors zum größten Bana-nenexporteur der Welt wurde begünstigt durch das Auftauchen von Krankheiten in den Bananenplantagen anderer lateinamerikani-scher Staaten gegen Ende der 1940er Jahre, so-dass mit der steigenden Nachfrage aus Europa und den USA Ecuador plötzlich ein bedeutender Platz am Weltmarkt zukam. Mit der großen ame-rikanischen Firma *United Fruit Company* setzte sich erstmals in der Geschichte ein ausländi-scher Investor in Ecuador fest und nahm die Or-ganisation und Vermarktung der Plantagen in

die Hand. Von 1948 bis 1951 stieg der Bananen-anteil am Gesamtexport von weniger als fünf auf fast 50 %. Gewinne erwirtschaftete jedoch nur die *United Fruit Company*, kleine Plantagen konnten mit den billigen Produktionskosten und dem niedrigen Verkaufspreis nicht konkur-rieren, und so blieben nicht einmal 30 % des Er-löses in Ecuador. Mit der großflächigen Kultivie-rung widerstandsfähigerer Bananen meldete sich die lateinamerikanische Konkurrenz auf dem Weltmarkt zurück. Ecuadors Exportrate ging enorm zurück, und schon 1956 war das En-de des großen Bananen-Booms erreicht und ei-ne wirtschaftliche Krise vorprogrammiert. In den folgenden Jahren konnte Ecuador zwar sei-ne Position als weltgrößtes Bananenexportland behaupten, musste aber mit den Importrestrik-tionen seitens der EU 1993 erneut einen wirt-schaftlichen Tiefschlag hinnehmen.

Die Banane spielt auch eine gewichtige Rolle für den ecuadorianischen Ernährungshaushalt, da sie einen **hohen Nährwert** besitzt, reich an Vitaminen und sehr billig ist.

Nachdem die Nachfrage nach der Sorte „Gross Michel" auf dem internationalen Markt zurückging, wurde der Anbau der **Sorten** „Ca-vendish" und „Chiquita banana" forciert. Heute gibt es nahezu dreißig verschiedene Variationen der in Ecuador *plátano* und *banana* genannten Pflanze/Frucht. Eine *maqueño* genannte Abart ist eine kleine, dicke Banane mit einem ganz ei-genen Aroma. Im grünen, unreifen Stadium werden aus ihr die runden Bananenchips *(chif-les)* oder die größeren Chips *(patacones)* gewon-nen, während die reife, süße maqueño als Brat-banane und in einem Bananenkuchen verarbei-tet wird, der als „torta de maqueño" bekannt ist.

Die **größten Bananen-Anbaugebiete** des Landes sind die Provinzen Manabí, Guayas, Los Ríos und El Oro.

Fischerei

Ecuadors Fischereiflotte operiert im Wesentlichen vom **Hafen Manta** aus. Außer in den Küstengewässern fangen die Fischer – teilweise illegal – auch vor den Galápagos-Inseln. Ecuador produziert vor allem Dosenfisch. Der Fischerei in Ecuador kommt aber nicht so viel Bedeutung zu wie im Nachbarland Peru.

Wichtig für den Außenhandel ist hingegen die **Garnelen-Industrie.** Die Tiere werden an der Küste in großflächig angelegten Betrieben gezüchtet und zu Konserven oder tiefgekühlt verarbeitet. Die Garnelen-Produktion hat tiefgreifende Konsequenzen für das Ökosystem der Mangrovenwälder. Wichtige Fortpflanzungsstätten von Seevögeln, Krebstieren und Fischen sind bedroht.

Forstwirtschaft

Ecuador verfügt über eine **Waldfläche von 17 Mio. ha.** 38 % davon sind durch Naturschutzgebiete offiziell geschützt. Derzeit werden ungefähr 100.000 ha forstwirtschaftlich genutzt. Die Reservate liegen zu 70 % im tropischen Regenwald des Oriente.

Nutzhölzer sind Balsaholz und der eingeführte Eukalyptusbaum, der Lorbeerbaum und der Chinarindenbaum. Genutzt werden ebenso die nussartige Taguafrucht, der Wildkautschuk und einige Edelhölzer, in begrenztem Umfang, etwa zum Köhlern und zum Bauen, auch die Mangrove.

Erdöl

1967 wurden im Oriente reiche Erdölvorkommen entdeckt. Seit 1970 wird das Erdöl kommerziell gefördert und trägt heute zu gut der Hälfte von Ecuadors Exporterlösen bei. Durch den milliardenschweren Bau der neuen **„Schwerölpipeline"** OCP Anfang des 21. Jahrhunderts hat Ecuador seine Transportkapazitäten aus dem Regenwald nach Esmeraldas verdoppelt. Im Jahr 2011 förderte das OPEC-Mitglied Ecuador insgesamt 166,9 Mio. oder im Tagesdurchschnitt 457.000 Barrel Erdöl.

Allerdings ist die mittlerweile über 40 Jahre alte **Pipeline SOTE** marode. Sie erleidet häufig Schäden, was zu teils erheblichen Ölverschmutzungen führt. Wie lange SOTE sich noch betreiben lässt, ist unklar. Zudem ist die SOTE nicht in der Lage, das schwere und etwas minderwertige Öl aus dem ecuadorianischen Regenwald über die Anden zu pumpen. Daher muss weiterhin in erheblichem Maße leichteres Rohöl aus Kolumbien zugekauft werden. Wegen seiner minderen Qualität liegt der Preis von ecuadorianischem Erdöl etwa 15 $ pro Barrel unter dem Londoner Brent-Preis.

Marode und zu klein ist auch die alte **Raffinerie in Esmeraldas,** weswegen Ecuador auf den Import von Derivaten angewiesen ist.

Die **Ölreserven** im Oriente reichen noch zwanzig Jahre oder länger, ausländische Investoren sind auf der Suche nach weiteren Quellen. Nationale Umweltgruppen und internationale Organisationen versuchen durch Schaffung einer Umweltgesetzgebung die ökologischen Schäden zu bekämpfen.

Ein ambitionierter Plan der Regierung *Correa* ist es, ein großes Regenwaldgebiet im Nationalpark Yasuní vor der Erdölförderung zu schützen, wenn internationale Geldgeber das Land für den Einnahmenausfall entschädigen *(Proyecto ITT-Yasuní)*.

Die permanenten und teils heftigen bis gewalttätigen Auseinandersetzungen zwischen Ureinwohnern des Amazonasbeckens und den Erdölfirmen sowie den Behörden spiegeln sich beeindruckend in dem **offenen Brief der Huaorani-Indianer** an die Regierung von 2005 wieder (siehe Exkurs rechts).

Energiesektor

Zur Stromgewinnung trägt in Ecuador in erster Linie die **Wasserkraft** bei. Das größte Wasserkraftwerk Ecuadors ist das Stauwerk von Paute, nicht weit von Cuenca. Der Kraftwerksanteil der Wasserkraft soll mittelfristig 80 % betragen. Dazu soll vor allem ein Großprojekt am Río Quipus nördlich von Baeza beitragen. Gleichzeitig sollen die noch bescheidenen Ökoenergien ausgebaut und die Energieeffizienz gefördert werden. Diese Maßnahmen würden den fossilen Brennstoffverbrauch bei der Stromgenerierung erheblich senken.

Im Energiesektor ist es zu **spürbaren Verbesserungen** gekommen. So sind die einstigen Stromabschaltungen von mehreren Stunden täglich heute fast vergessen, in langen Trockenzeiten allerdings immer noch nicht ganz auszuschließen.

Auf der Galápagos-Insel San Cristóbal ist 2007 bereits der erste **Windpark** Ecuadors ans Netz gegangen, der etwa 50 % des Strombedarfs der Insel liefert.

Seit Ende 2012 versorgt der 16,5-MW-Windpark von Villonaco bei Loja Teile der südlichen Anden mit Strom. Die kleine Galápagos-Insel Floreana ist derweil weitgehend mit **Solarkraft** versorgt, und auch die einwohnerstärkste Insel Santa Cruz erhält in den kommenden Jahren eine Stromversorgung aus Windkraft, die auf der vorgelagerten Flughafeninsel Baltra generiert wird.

Die Regierung in Quito, die lokalen Behörden auf Galápagos und internationale Institutionen und Unternehmen machen diesen Umbau der Energieversorgung auf dem Archipel möglich. Hintergrund ist die bislang veraltete und gefährliche Versorgung von Galápagos mit Dieseltransporten und -generatoren.

Bergbau

Der Bergbau spielte im ecuadorianischen Wirtschaftsgeschehen lange Zeit keine große Rolle. Zwar verfügt das Land über eine große Vielfalt an **Bodenschätzen** (Kupfer, Zink, Silber, Marmor, Magnesium, Phosphat, Kohle, Gold), aufgrund der fehlenden Infrastruktur blieben die Nutzungsmöglichkeiten eingeschränkt. Im Zuge der weltweiten Preisrallye bei Rohstoffen ist in den vergangenen Jahren auch der ecuadorianische Bergbausektor belebt worden. Zahlreiche internationale und nationale Minengesellschaften verhandeln derzeit Schürfkonzessionen für mehrere hundert Projekte oder beuten die Bodenschätze bereits aus. Schwerpunkte der Bergbauaktivitäten sind die südlichen Anden, teils auch ihre subtropischen Osthänge sowie im Norden das große Tal von Intag.

OFFENER BRIEF DER HUAORANI
an die Regierung von Alfredo Palacio, an die Einwohner von Ecuador und an die Welt. Für die Selbstbestimmung der Huaorani und gegen Petrobras in Block 31

Auszug aus dem im Sommer 2005 veröffentlichten Brief, in dem sich die Huaorani-Indianer im Nationalpark Yasuní gegen die Bedrohung durch den brasilianischen Erdölkonzern Petrobras wehren. Die Huaorani werden finanziell und politisch unterstützt u.a. von den Umweltschutzorganisationen „Rettet den Regenwald e.V." in Hamburg (www.regenwald.org), Urgewald e.V. bei Münster (www.urgewald.de) und Pro-REGENWALD in München (www.pro-regenwald.de).

„(...) Wir wollen keine weiteren Erdölunternehmen auf unserem Gebiet oder im Yasuní-Nationalpark. Wir wollen nicht noch mehr Geld von den Unternehmen.

Unser Gebiet dehnte sich einst vom Fluss Curaray bis zum Napo aus. Wir verloren unser Gebiet durch die Ankunft der Missionare, die mit der Erdölindustrie zusammenarbeiteten. Das Wenige, was uns jetzt noch bleibt, wird nun von genau diesen Erdölunternehmen aufgeteilt und kontaminiert.

Heute ist das von Petrobras besetzte Gebiet der einzige Ort, der uns noch bleibt. Wir haben nichts mehr. Deshalb möchten wir sie nicht in unserem Gebiet. Was wird passieren, wenn unsere Kinder erwachsen werden? Wo werden sie leben, wenn sie älter sind? Unsere Flüsse sind ruhig und in den Wäldern finden wir die Nahrung, Arzneien und anderen Dinge des täglichen Bedarfs, die wir brauchen. Was wird passieren, wenn die Erdölunternehmen das zerstört haben, was uns noch geblieben ist?

In den Vereinbarungen, die wir mit anderen Unternehmen wie Repsol YPF unterzeichnet haben, haben sich die Dinge schlecht für uns entwickelt. Unser gesamtes Vermögen wird von Unternehmen wie etwa Entrix verwaltet, die sich daran bereichern. Sie verwenden unser Geld um uns zu entzweien. Sie schaffen und erhalten ein System der Abhängigkeit, das das Leben der Huaorani gefährdet.

Es ist 15 Jahre her, dass wir uns zu einer Nation zusammengeschlossen haben, aber die Unternehmen sind gekommen, um uns wieder zu trennen. Nun verlassen die Huaorani ihr Land um für die Unternehmen zu arbeiten. Und wir werden dabei ständig ärmer. Die Huaorani kaufen Alkohol von dem Geld, das sie von den Erdölunternehmen verdienen, und sie siedeln nach Puyo um. Andere haben sich am Maxus-Highway angesiedelt; sie leben nicht mehr, wie wir zuvor gelebt haben. Sie kaufen Waffen und verkaufen Tiere, und deswegen gibt es keine Affen mehr; es gibt nichts mehr zu essen. Sie gehen nach Coca und trinken Bier. Unsere Dschungel werden leer, und auf diese Weise wird unsere Nation getötet.

(...) Die Erdölindustrie schafft ein Klima der Gewalt zwischen unseren Gemeinschaften und den Nachbargemeinschaften, und das sollte nicht zugelassen werden.

Andere Menschen kommen entlang all dieser Ölstraßen auf unser Gebiet. Sie fällen Bäume, um sie zu verkaufen, und sie jagen auch die Tiere des Waldes. Es gibt niemanden, der das kontrolliert. Wir sind nur sehr wenige. Wir sind darauf angewiesen, dass sie uns respektieren, damit wir nicht verschwinden. Wir müssen uns mit unseren indigenen Brüdern des gesamten Amazonasgebiets vereinigen. Wir dürfen nicht gegeneinander kämpfen. Nur gemeinsam werden wir in der Lage sein, uns zu verteidigen, aber wir müssen dafür sorgen, dass niemand mehr in unser Gebiet kommt.

Wie viel Geld gibt Repsol YPF im Namen der Huaorani aus? Was wird geschehen, wenn diese Vereinbarung endet? Wir möchten sie nicht verlängern. Wir haben davon überhaupt nicht profitiert.

(…) Wir wissen nun, was die Erdölunternehmen tun, wenn sie unser Land betreten. Sie verunreinigen es, wie Texaco und andere Erdölunternehmen es getan haben, und nach den Erdölunternehmen kommen die Holzfäller. Wir können so nicht weitermachen. (…)

Im Yasuní-Nationalpark leben viele Fremde, die mit den Wissenschaftsstationen gekommen sind. Sie sind Biologen, Anthropologen und andere Wissenschaftler, und sie bringen uns überhaupt keine Vorteile. Zuvor gehörte unser Gebiet uns selbst. Nun ist es ein Nationalpark und Huaorani-Gebiet, und alles ist in Blöcke unterteilt. Wir verstehen das alles nicht. Wir möchten unser gesamtes Gebiet verwalten. Wir möchten weiterhin als Huaorani leben.

Im Mai diesen Jahres besuchten zwei Repräsentanten der Huaorani das Treffen des Permanenten Forums für Indigenenangelegenheiten der Vereinten Nationen. Dort unterrichteten wir die Welt von unseren Problemen mit den Erdölunternehmen und vom Leid anderer Völker – Völker, die ins Nichts verschwinden. Wir möchten ihnen nicht folgen.

Angesichts all dessen fordern wir:

1. Dass die Regierung von Ecuador umgehend ein zehnjähriges Moratorium für die Suche und Förderung von Erdöl auf dem Gebiet der Indigenen erlässt.

2. Dass die Regierung von Ecuador, der Internationale Währungsfonds IMF sowie die Weltbank sich mit den Indigenen Ecuadors treffen, um über das Moratorium sowie über den teilweisen Erlass der Auslandsschulden Ecuadors zu sprechen.

3. Dass *Lula da Silva*, der Präsident Brasiliens, das Unternehmen Petrobras aus dem Yasuní Nationalpark und dem Gebiet der Huaorani entfernt.

4. Dass eine Delegation der Regierung Ecuadors hierher kommt und sich ansieht, was die Erdölunternehmen im Yasuní Nationalpark und auf dem Gebiet der Huaorani getan haben, sodass sie selbst die Verschmutzung und die Auswirkungen auf unser Gebiet sehen können.

5. Dass der Staat Ecuador seine Verpflichtung gegenüber den Huaorani erfüllt, was Ausbildung, Gesundheitsvorsorge und andere grundlegend notwendige Dinge betrifft, sodass unsere Abhängigkeit von den Erdölunternehmen beendet wird.

6. Dass die Regierung Ecuadors den UN-Sonderbeauftragten für Menschenrechte und Freiheit indigener Völker einlädt, Ecuador zu besuchen, so dass dieser sich ein Bild von dem Leben indigener Völker in der heutigen Zeit machen kann.

7. Dass die Regierung Ecuadors das Gebiet der Tagaeri- und Taromenani-Gemeinschaften unter ihren besonderen Schutz stellt.

8. Dass die Regierung Ecuadors die Huaorani beim Erhalt einer finanziellen Entschädigung für die von Texaco und anderen Erdölunternehmen verursachten Umweltschäden und sozialen Probleme unterstützt.

9. Dass die Regierung Ecuadors eine Untersuchung von Entrix und anderen Organisationen einleitet, welche Zahlungen im Namen der Huaorani erhalten.

10. Dass *Milton Ortega* und andere Sprecher von Unternehmen und Regierung unser Gebiet verlassen.

11. Dass die Regierung Ecuadors andere Formen der Energiegewinnung findet als Erdöl, die weder das Leben der Menschen noch die Umwelt zerstören.

Wir laden alle indigenen Nationen in Ecuador, in der Amazonasregion und auf der gesamten Welt ein, sich uns anzuschließen. Wir laden auch die Umweltschützer, Nichtregierungsorganisationen und Einzelpersonen dazu ein, sich uns in diesem Kampf um unser Leben anzuschließen, damit unsere Kinder und alle Lebewesen auf dieser Erde auf Dauer eine Zukunft haben." (Übersetzung: Pro REGENWALD, Petra Fischbäck)

Fast zwei jahre anhaltender Widerstand haben erreicht, dass der staatliche brasilianische Ölkonzern Petrobras darauf verzichtet hat, eine Straße durch den Yasuní-Nationalpark zu bauen.

Industrie

Die Industrieproduktion insgesamt ist schwach ausgeprägt. Die Zentren der Industrie sind die beiden Großräume Quito und Guayaquil.

Hier sind neben der **Nahrungs- und Genussmittelindustrie** besonders die Pharma- und Textilindustrie von Bedeutung. Die **Pharmaindustrie** ist fest in ausländischer Hand (Merck, Bayer, Hoechst u.a.).

Ein Teil der **Textilindustrie** produziert folkloristische Kleidung, teilweise in Kleinbetrieben traditionell von Indianern hergestellt (Web- und Lederwarenhandwerk).

⌄ Fair-Trade-Bananenproduktion in El Guabo bei Machala

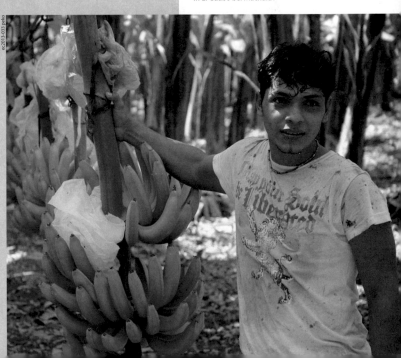

Zwei Drittel der Industrieproduktion entfallen auf die verarbeitende Industrie, ein Drittel auf die Lebensmittel- und Genussindustrie.

Tourismus

Die **Anfänge** des Fremdenverkehrs in Ecuador reichen in die **1970er Jahre** zurück. Seit Beginn der 1990er Jahre gewinnt der Tourismus im Wirtschaftsleben Ecuadors zunehmend an Bedeutung. Von der Pazifikküste über das Andenhochland bis in die Regenwaldgebiete des östlichen Amazonas-Tieflandes bieten sich dem Touristen in Ecuador vielfältige Möglichkeiten der Erholung und Entdeckung.

Hauptanziehungspunkt Ecuadors ist seit Jahren die Inselgruppe der Galápagos mit ihrer einzigartigen Tier- und Pflanzenwelt. 2005 kamen erstmals über 100.000 Touristen auf den Archipel, heute sind es mehr als 150.000.

Viele Ecuador-Besucher entscheiden sich für eine **organisierte Rundreise.** Dabei sind die Reisezeiten relativ gleichmäßig über das Jahr verteilt. Eine geringfügige Spitze ist im Juni, Juli und August zu beobachten und fällt mit der Ferienzeit des Gastlandes zusammen.

Hotels unterstehen einer ständigen Kontrolle durch das Tourismusministerium und sind in verschiedene Klassen eingeteilt. Daneben existieren zahlreiche private **Pensionen und Herbergen** im ganzen Land. Hotels und Herbergen sind allerdings in unterschiedlicher Dichte über das Land verteilt. Billige, einfache Unterkünfte gibt es vornehmlich in den ländlichen Regionen, die luxuriöseren Hotels mit internationalem Standard haben sich zum größten Teil in den beiden Metropolen Quito und Guayaquil und weiterer Touristenzentren angesiedelt.

Jeden Monat reisen 70.000 bis 100.000 Ausländer in das Land. Die größte Zahl ausländischer Gäste stellen die **US-Amerikaner, gefolgt von den Europäern** (Deutsche, Franzosen, Spanier, Holländer, Schweizer). Dabei wählen die Besucher aus den Nachbarländern Ecuador in erster Linie als reines Erholungsland, während viele europäische Touristen Ausflüge in die Hochgebirgsregionen und Touren durch die Regenwaldgebiete in den Vordergrund ihrer Urlaubsaktivitäten stellen.

Experten beteuern wiederholt, dass Ecuador auf Grund seiner außergewöhnlichen Vielfalt auf kleinem Raum ein gewaltiges **touristisches Potenzial** aufweist. Regenwald und Geografie, Meeresfauna und indigene Kulturen in Ecuador seien auch im internationalen Vergleich spektakulär, allerdings sei keine konsequente und vorrangige Tourismuspolitik zu erkennen. Entsprechend seien die Infrastruktur im Land mäßig und die internationale Öffentlichkeitsarbeit blass. Auch der 2012 geprägte staatliche Werbeslogan „Ecuador ama la vida" – Ecuador liebt das Leben – klingt beliebig und langweiliger als das Land tatsächlich ist.

Über eine große Anzahl von **Reiseagenturen,** die sich auf touristische Anziehungspunkte wie Quito, Cuenca oder Otavalo konzentrieren, hat der/die Reisende unendlich viele Gelegenheiten, Abenteuer und Kultur organisiert zu erleben. Bustouren führen zu allen Sehenswürdigkeiten des Landes, und mit Hilfe von Fremdenführern sind Trips in Hochgebirgs- und Regenwaldgebiete möglich.

Inwieweit sich die **Preissteigerungen** – in den Großstädten wie Quito und Guayaquil sind die Preise in Hotelgewerbe und Gastronomie stark gestiegen, auf dem Land nur moderat – negativ auf den Fremdenverkehr in Ecuador auswirken werden, bleibt abzuwarten.

Bevölkerung

Ecuador hat etwa **14,7 Mio. Einwohner** und eine durchschnittliche **Bevölkerungsdichte von 57,4 Einwohnern je km²** (2011). Allerdings ist die Bevölkerungsverteilung recht ungleichmäßig. Der Verstädterungsgrad ist mit 67 % recht hoch. Weit mehr als die Hälfte aller Ecuadorianer lebt in den Städten, ein Drittel allein in den beiden größten Ballungsräumen von Guayaquil (ca. 2,8 Mio.) und Quito (2,7 Mio.). Relativ

◁ Viehmarkt in den Anden

dicht besiedelt ist auch der Küstenstreifen. Der Oriente dagegen ist fast menschenleer. Hier beträgt die Bevölkerungsdichte etwa fünf Menschen je Quadratkilometer, dünner besiedelt sind nur noch die Galápagos-Inseln mit statistisch nur drei Einwohnern je Quadratkilometer.

In Ecuador hat es im 20. Jahrhundert recht **große Wanderungsbewegungen** gegeben. Drei Viertel der Bevölkerung lebten noch Ende des 19. Jahrhunderts im Andenhochland, doch der steigende Export von landwirtschaftlichen Gütern wie zunächst Kakao und in den letzten Jahrzehnten von Bananen lockte immer mehr Menschen in die Küstenregionen.

Das **Bevölkerungswachstum** beträgt zurzeit etwa 1,4 %. 30 % aller Ecuadorianer sind jünger als 15 Jahre, nur 9 % älter als 60.

Die **Lebenserwartung** beträgt durchschnittlich 73 Jahre bei Männern und 79 Jahre bei Frauen.

Seit 1998 steigt die **Auswanderung** Richtung USA und Europa spürbar an. In Spanien z.B. arbeiten über 500.000 Ecuadorianer. In Quito gibt es Büros, die Arbeitskräfte für den Einsatz im Ausland anwerben. Auslandsecuadorianer bilden auch einen bedeutenden Wirtschaftsfaktor im Land. Sie überweisen regelmäßig im Ausland verdientes Geld an ihre Familien in Ecuador, die sogenannten **remesas.** 2011 waren das zusammen 2,67 Mrd. $ bzw. 4,1 % des Bruttoinlandsproduktes.

Sprache

Die **Amtssprache** ist **Spanisch.** In der Sierra sprechen viele Indígenas allerdings noch ihr traditionelles **Quechua,** die offiziell zweite Sprache des Landes. Das in Ecuadors Hochland weit verbreitete Quechua ist eine der zahlreichen Quechua-(Ketschua-)Sprachen, die ur-

ecu099 peko

sprünglich von den Chinchay, einem Volk aus Peru, stammen. Die Inka übernahmen die Sprache und verbreiteten sie während ihrer Eroberungszüge. Später nutzten die Spanier auch die verschiedenen Quechua-Dialekte, um sich mit den Indígenas zu verständigen. Quechua-Sprachen werden heute nicht nur in Ecuador gesprochen, auch in Peru und Bolivien sind sie weit verbreitet. Quechua-Worte werden auch ins Spanische übernommen. So nutzt man beispielsweise in Chile, aber auch in Ecuador, statt des spanischen Wortes „bebé" für Baby das Quechua-Wort „guagua".

Ursprünglich gab es in den Anden etwa 16 verschiedene Sprachen. Die meisten drohen mittelfristig zu verschwinden oder sind bereits verschwunden, ein Ergebnis der spanischen Vorherrschaft, die das Spanische durch Gesetzgebung, Lehrer, Steuereintreiber und Priester durchsetzte. Die neue Verfassung von 2008 legte Quechua als zweite Amtssprache fest und verhalf ihm damit zu neuem Ansehen.

Bildung

Das Bildungssystem wurde in Ecuador seit dem Beginn des Erdölbooms 1973 ausgebaut. Die Bildungsausgaben stiegen, vor allem **Alphabetisierungsprogramme** wurden durchgeführt. Der Anteil der Analphabeten an der Bevölkerung konnte laut internationalen Organisationen auf 7–10 % gesenkt werden.

Das Schulsystem gliedert sich in **Vorschule, Grundschule und weiterbildende Schulen bzw. Hochschulen;** neben den konfessionellen existieren private und öffentliche Schulträger. Es gibt laut der gut verlinkten Liste des Studentenportals www.altillo.com mittlerweile 80 Hochschulen in Ecuador. Während staatliche Einrichtungen wie die traditionelle Universidad Central in der Hauptstadt unter chronischem Geldmangel leiden, gründen sich fast jährlich neue private Akademien.

Obwohl der Besuch der staatlichen Schulen kostenfrei ist, eine **allgemeine Schulpflicht** (seit 1870) für alle Kinder zwischen sechs und elf Jahren besteht und das öffentliche Schulsystem ausgebaut wurde, wachsen gerade auf dem Land noch viele Kinder ohne jede schulische Bildung auf.

2008 erschütterte eine Studie den ecuadorianischen Bildungssektor. Einem landesweiten Test zufolge verfügen weniger als 10 % der rund 18.500 **Lehrer** an öffentlichen Schulen über ausreichende Grundkenntnisse und Allgemeinbildung. Dabei garantiert die Verfassung eine kostenfreie öffentliche Ausbildung von der Grundschule bis zum Hochschulstudium.

Besonders benachteiligt durch die Bildungsmisere sind – wie in so vielen Lebensbereichen – **Mädchen und Frauen.** Ihnen werden oft – vor allem auf dem Land – nicht die gleichen Chancen eingeräumt wie Männern, sei es dadurch, dass sie schon sehr jung Kinder bekommen und ihnen die Sorge für den Nachwuchs weitestgehend aufgebürdet

◁ Indianerin und Mestizen
auf einem Feuerwehrauto

Schamanen und Heiler

Fast jede Gemeide hat in ihrer Mitte einen Heilkundigen. Die Naturärzte heißen Heiler oder einfach „kluge Mütter" und „kluge Väter". Hexer und Zauberer werden sie auf Spanisch oder von einigen Mestizen genannt, Bezeichnungen, die von den Indígenas wegen der ihnen innewohnenden negativen Implikationen abgelehnt werden.

Ihre Behandlungsmethoden sind regional unterschiedlich – eines ist aber allen gleich: Sie nutzen die heilenden Eigenschaften der Pflanzen, in „moderner" Terminologie könnte man sie als Heilpraktiker bezeichnen.

Die Heiler der Indígenas sind auch spirituell tätig. **Körper, Geist und Seele bilden für die Indianer eine Einheit,** es gibt daher für sie auch keine sichtbare Grenze zwischen einer körperlichen Krankheit und ihrer seelischen, kosmischen Herkunft. Deshalb finden parallel zur Medikamentation mit pflanzlichen Heilmitteln auch zeremonielle Rituale statt.

Die Schamanen sind gleichzeitig Träger der Überlieferungen, Mythen und Glaubensvorschriften ihrer Völker. Sie bilden selbst wieder Schamanen aus und geben ihr Wissen an die nachfolgenden Generationen weiter. Sie können nicht nur heilen, sondern auch Feinde verfluchen, Krankheiten auslösen, und sie sind diejenigen, die mit Initiationsriten die Jungen und Mädchen in die Erwachsenenwelt einführen.

wird, oder sei es, weil „mann" in Ecuador weit verbreitet glaubt, dass Bildung für Frauen nicht so wichtig sei, da diese ja ohnehin eine andere Bestimmung hätten (siehe auch Kapitel „Zur Situation der Frau").

Sozialstruktur

Viele Ecuadorianer stehen im täglichen Kampf ums nackte Überleben. Obwohl das Land fruchtbar ist und über Gold- und Erdölvorkommen verfügt, betrifft die Armut im Land etwa 42 % der Bevölkerung. Der massenhafte soziale Abstieg in den Städten war zwischen 1998 und 2001 besonders dramatisch, da die hohe Inflation und drastische Preissteigerungen nicht annähernd durch Lohnzuwächse ausgeglichen wurden.

Ecuador war lange eines der Länder mit den größten **Gegensätzen zwischen Arm und Reich** in Südamerika. Diese Tendenz hatte sich in den 1990er Jahren und nach der Dollarisierung zunächst weiter verschärft. Erst in den vergangenen Jahren entspannt sich die Lage dank Erdöleinnahmen und Umverteilung. Die **weiße und mestizische Oberschicht** machen allenfalls 3 bis 5 % der Ecuadorianer aus. Sie besteht weitgehend aus der traditionellen Elite – Familien, denen es gelungen ist, trotz aller Veränderungen ihre wirtschaftliche Macht zu behalten. Sie investierten in die Modernisierung der Landwirtschaft, als der Kakao- und Bananenboom begann, und in die Industrie, als Ecuador seine Erdölförderung startete. Insgesamt besteht die Oberschicht aus alteingesessenen Familien, einigen neureichen Unternehmern (vor allem aus dem Dienstleistungssektor), den Spitzen des Staates und der Militärführung.

Die **Mittelschicht** ist traditionell klein, wächst aber zusehends, seit die Regierung *Correa* öffentliche Angestellte deutlich besser bezahlt als zuvor. Auch in Dienstleistungssektoren wie Gastronomie, Hotellerie, Programmierung etc. wird heute besser verdient.

Der durchschnittliche **Monatslohn** eines Ecuadorianers im Privatsektor halbierte sich in dem absoluten Krisenjahr 1998/1999 von 131 auf 64 US-Dollar; 2005 lag er bei immerhin 177 Dollar. 2012 betrug der staatlich garantierte Mindestlohn bereits 292 Dollar.

Über die Hälfte der Erwerbstätigen arbeitet im sogenannten **informellen Sektor,** d.h. als fliegender Händler auf der Straße, als Schuhputzer, Hauspersonal, in der Landwirtschaft oder in der Kleinproduktion. Alle Leistungen werden bar bezahlt, dem Staat entgehen Steuergelder, der Arbeiter ist nicht sozialversichert. So verwundert es kaum, wenn 2006 der damalige Präsident *Palacios* nach einer Studie des Gesundheitsministeriums einräumte, dass „80,8 % der ecuadorianischen Bevölkerung keine gesundheitliche Versorgung" haben – eine der schlechtesten Quoten auf dem ganzen Kontinent.

Die **Indígenas** gehören fast ausschließlich den **unteren Klassen** an. Während die durchschnittliche Lebenserwartung zwischen 73 und 79 Jahren liegt, beträgt sie bei den Urwaldindianern nach Schätzungen der deutschen Welthungerhilfe nur etwa 40 Jahre. Mangelerkrankungen sind an der Tagesordnung. Bauern, die sich früher selbst mit Grundnahrungsmitteln und Gemüse versorgten, müssen heute immer häufiger Konserven mit geringem Nährwert kaufen.

Offiziell werden allen ethnischen Gruppen in Ecuador die gleichen Rechte eingeräumt, was in der täglichen Praxis jedoch nicht immer umgesetzt wird. Es gibt auch heute noch **Diskriminierung** von Indígenas und Afroecuadorianern. Sprache und Kultur der Indígenas wurden über Jahrhunderte verachtet, und – Ironie der Geschichte – erst der Intensivierung des Fremdenverkehrs und damit auch der Wiederankunft von Europäern ist es zu verdanken, dass auch die arrogantesten Ecuadorianer den (Devisen-?) Wert der autochthonen Bevölkerung in ihrem Land anerkennen.

Volksgruppen

Hinsichtlich der **ethnischen Zusammensetzung** der Bevölkerung Ecuadors gibt es differierende Zahlen, je nachdem, wie zwischen den einzelnen Bevölkerungsgruppen unterschieden wird. Im Allgemeinen aber lässt sich sagen, dass **etwa 36 % der Bevölkerung Indígenas** sind, **42 % Mestizen,** also Nachfahren von Indígenas und Weißen, ca. 10 % sind Weiße, 10 % Schwarze und Mulatten und 2 % asiatischer Herkunft.

Ecuador ist eines der Länder Lateinamerikas mit dem höchsten Anteil indigener Bevölkerung bei gleichzeitig niedrigstem Anteil Weißer an der Gesamtbevölkerung. Die meisten Indígenas leben nicht mehr traditionell: Die starke Verstädterung, die spanische Amtssprache, ein anderes Wirtschaftsmodell und ausländische Einflüsse führten zur Anpassung an die Welt der Mestizen.

Indígena-Völker im Regenwald des Oriente

Die **Cofan** sind in der Provinz Orellana anzutreffen, ebenso an den Ufern der Flüsse Aguarico und San Miguel. Auch in Kolumbien leben Cofan. Im Cofan-Gebiet wurde Ende der 1960er Jahre mit der Förderung von Rohöl begonnen. Doch die erhofften Arbeitsplätze für die Indígenas blieben aus; was sich einstellte, war die Zerstörung ihrer Lebensgrundlagen und kulturellen Werte.

Zu den Cofan unterhalten die **Sionas** gute Beziehungen.

Die größte Gruppe aller Indígenas sind die **Quechua.** Die meisten leben in den Provinzen Napo und Pastaza.

Die **Secoyas** sind ebenfalls im Oriente, und zwar in der Provinz Napo, beheimatet.

Die Indígenas in Amazonien leben in Großfamilien, die meist in ein starres gesellschaftliches Regelsystem eingebunden sind. Sie haben normalerweise keinen Häuptling, stattdessen wird in Krisenzeiten dem Schamanen der Oberbefehl übergeben.

Die zweitgrößte Gruppe aller Indígenas sind die **Shuar,** die in den südlichen Provinzen des Oriente, in Morona-Santiago und Zamora-Chinchipe leben. Sie waren lange Zeit als Schrumpfkopfjäger gefürchtet. Dem toten Feind wurde der Kopf abgeschlagen, der Schädel wurde herausgenommen, die Muskeln entfernt. Das Ganze wurde verschnürt und über dem Feuer getrocknet. *Tsanta* nannten die Shuar ihre Schrumpfköpfe, und diese Tsanta beschützten den Besitzer: Mit jedem Schrumpfkopf, den ein Shuar besaß, wurden sein Leben und seine Seelenkraft erneuert.

Für weitere Informationen zu den Shuar siehe auch den Exkurs „Der Widerstand der Shuar" im Kapitel „In Amazonien: Route B 3".

Nahe Verwandte der Shuar sind die **Achuar.**

Bei den **Tetetes** und den **Záparos** ist es fraglich, ob sie überhaupt noch als eigenständige indigene Volksgruppen existieren. Schon 1970 wurde die Zahl der Tetetes auf nur noch drei Stammesangehörige geschätzt und gleichzeitig vermutet, dass auch die Zaparos von anderen Indígena-Völkern kolonisiert und akkulturiert wurden. Die letzten Záparos leben mit Quechua zusammen.

Indígena-Völker an der Küste

Im Übergang der esmaldeñischen Küste ins Bergland, im kolumbianischen Grenzgebiet, leben die **Awa.**

Die **Cayapas** siedeln in der Provinz Esmeraldas, an der Küste und an den Flüssen Cayapa und San Miguel.

Die wenigen **Colorados** leben in der Provinz Pichincha an der Küste sowie an den Ufern der Flüsse Chihuipe, Baba, Tahuazo und Poste nahe der Stadt Santo Domingo de los Colorados. Spanisch als „colorados" bezeichnet, nennen sich diese Indígenas in ihrer Sprache **„Tsáchilas".** So heißt auch die 2007 neu gegründete Provinz, die in ihrem traditionellen Territorium liegt, Santo Domingo de los Tsáchilas.

▷ Indígena-Mädchen im Hochland

Hochland-Indígenas

Die weitaus größte indianische Bevölkerung verteilt sich auf das Hochland: die **Quechua** (de la Sierra). Zu dieser bedeutenden Sprachfamilie zählen regionale Gruppen wie die Salasaca, Saraguro, Puruháes und die Otavaleños. Letztere sind berühmt für ihre Webkunst, derer sich schon die Spanier bedienten, die die Einwohner des etwa 100 km nördlich von Quito liegenden Otavalo-Tals zur Arbeit in ihren Webereien zwangen. Heute ist das Volk der **Otavaleños** zweigeteilt: Es gibt Angehörige der Otavaleños, die durch die Webarbeit genügend Geld verdienen und ihre eigene Kultur weitgehend bewahren können, andere leben als Campesinos im trockenen Hochland und fristen eine karge Existenz. Die meisten Otavaleños arbeiten inzwischen allerdings in Textilindustrie und Handel, sei es als Weber, Spinner, Stricker oder im Verkauf der Waren (vgl. Exkurs „Die Otavalo-Indianer").

Die schwarzen Afro-Ecuadorianer

Sie leben **vorwiegend in den Provinzen Esmeraldas und im Chota-Tal,** das in der Provinz Imbabura liegt. Die Schwarzen im Chota-Tal sind überwiegend Nachfahren ehemaliger Sklaven von den Zuckerrohrplantagen und Webereien der einstigen Jesuiten-Haziendas.

Die schwarzen Bauern in Esmeraldas sind – so vermuten zumindest einige Historiker – **Nachfahren von Sklaven,** die im 17. Jahrhundert nach Ecuador gebracht werden sollten. Ihre Schiffe jedoch kenterten vor der Nordküste, und die unvermutet Freien verteilten sich über die Provinz.

Lebensformen

Die Menschen im Hochland wirken eher verschlossen und zurückhaltend, während sie an der Küste ungezwungener, offener und lebenslustiger sind. In beiden Teilen des Landes hält die ältere Generation – besonders auf dem Lande – stark an Althergebrachtem fest, an Traditionen, Moralvorstellungen und religiösem Brauchtum, während sich die Ju-

ecu103 peko

◁ Afro-ecuadorianisches Mädchen

gend und wohlhabende Ecuadorianer mehr und mehr **am westlichen Lebensstil orientieren.** Ausländische Filme und das Verhalten der Ausländer bieten den Ecuadorianern vielfältigen Anschauungsunterricht. Jeans und Sweat-Shirts sind auch in Ecuador alltäglich, vor allem die Jugend kleidet sich nach westlichem Vorbild.

Trotz dieser Entwicklung wird der Besucher auf einer Rundreise durch Ecuador **vielen traditionellen Lebensformen** mit originären Sitten und Gebräuchen begegnen, erst recht, wenn er sich in touristisch unberührteren, ländlichen Gegenden wie der südlichen Sierra bewegt. Aber auch auf Märkten sind farbenfroh gekleidete Indígenas anzutreffen, die sich trotz des zunehmenden Tourismus (oder gerade deswegen!?) weiterhin in ihrer traditionellen Kleidung präsentieren.

Familie

Die Ecuadorianer leben traditionell in einem festen Familienverband. Der Familiensinn ist sehr ausgeprägt, und der enge familiäre Zusammenhalt hilft, manche Prüfung, die das Leben bereithält, zu bestehen.

In der typischen Mittelschichtfamilie leben mitunter mehrere Generationen zusammen unter einem Dach. Ledige **Frauen** stehen dabei unter strenger Beobachtung, bis sie verheiratet sind.

Unantastbare Autorität des Hauses ist oft der **Vater.** Der älteste Sohn wird in seiner Erziehung darauf vorbereitet, diese Rolle zu übernehmen, wodurch ihm schon im frühen Alter eine hohe Verantwortung zuteil werden kann.

Die Erziehung der **Kinder** und die gesamte Hausarbeit übernehmen in den höheren Schichten zum großen Teil Hausangestellte. Keine Mühe scheuen reiche Ecuadorianer, wenn es darum geht, ihre Zöglinge auf eine höhere Schule zu schicken. Viele reiche Familien schicken ihre Kinder auf Schulen und Universitäten in den USA.

Die Bevölkerung der Indígenas lebt in Gemeinden, und jede Familie innerhalb einer Gemeinde muss Arbeiter stellen, die für **Gemeinschaftsprojekte** *(mingas)* zur Verfügung stehen. In einigen Gemeinden hat diese Vorschrift sogar Gesetzesstatus, sodass bei Missachtung ein Bußgeld verlangt wird. Doch prinzipiell helfen sich die Familien bereitwillig, da sie wissen, dass im Bedarfsfall die benötigte Gegenhilfe durch Mitglieder anderer Familien geleistet wird. Ausbesserungsarbeiten am Haus, Vorbereitungen für eine anstehende Festlichkeit oder gemeinnützige Arbeiten wie das Errichten einer Schule werden deshalb in der Regel gemeinsam erledigt.

Vor der Conquista war Geld als **Zahlungsmittel** unbekannt; man zahlte mit Arbeitsleistungen oder tauschte.

Die Ecuadorianer legen großen Wert auf **soziale Anerkennung.** Um einen sozialen Abstieg zu vermeiden, wird vor einer Hochzeit z.B. sehr genau geprüft, was der Bräutigam in die zukünftige Ehe „einbringen" kann.

Zur Situation der Frau

Die Lebensaufgabe der Frau in Ecuador reduziert sich zum Glück nicht mehr darauf, ausreichend Kinder zu gebären, sie großzuziehen und eine gute Ehe- und

Hausfrau abzugeben. Früher las sich das noch so: „Schon als Kind in jungen Jahren hilft das Mädchen der Mutter, passt auf die jüngeren Geschwister auf, kümmert sich um die Wäsche, kocht und putzt das Haus. Sie muss lernen, dass **ihre Bestimmung** lautet, dem Mann solche Arbeiten abzunehmen. Die Gesellschaft erwartet von der Frau, dass sie im heiratsfähigen Alter von 16 Jahren einen Mann findet, mit dem sie in den Stand der Ehe tritt. Für die Eltern bleibt sie eine ökonomische Belastung, solange sie zu Hause ist, und deshalb kann sie gar nicht früh genug heiraten. Hat die junge Frau Glück, findet sie ihren Märchenprinzen. Wenn nicht, dann nimmt sie den Erstbesten, um eine Familie zu gründen. Wenn Frauen überhaupt so etwas wie Achtung entgegengebracht wird, dann nur in ihrer Funktion als vielfache Mutter." Auch wenn diese Zeiten vorbei sind, deutliche Benachteiligungen erfahren Frauen immer noch. Dabei ist ein ausgeprägtes Stadt-Land-Gefälle zu beobachten.

Stadtfrauen, die am ehesten traditionelle Strukturen aufbrechen können, und weibliche Angehörige vermögender Familien sind bevorzugt in der Lage, das – prinzipiell allen Frauen zustehende – **Schulrecht** und **Recht auf eine Universitätsausbildung** in Anspruch zu nehmen und sich dadurch Berufs- und Bildungschancen für die Zukunft zu eröffnen.

Obwohl ein beträchtlicher Teil der arbeitenden Bevölkerung in Ecuador weiblich ist, ist die **Diskriminierung der Frau im Beruf** erheblich. Gut dotierte und verantwortungsvolle (Spitzen-)Posten in Politik, Wirtschaft und Verwaltung sind fast ausschließlich männliche Domäne, im sonstigen Arbeitsleben verdienen Frauen bei gleicher Tätigkeit im Durchschnitt 30 % weniger als Männer.

Dieser harten Realität stellen sich viele Frauen entgegen. So ist nach Einführung des Scheidungsrechts die Zahl der **Scheidungen** in Ecuador stark gestiegen, denn auch die Frau kann die Trennung nunmehr erwirken. Einer erneuten Heirat steht nach der Scheidung nichts im Wege.

Festzuhalten bleibt: Die ecuadorianischen Gesetzestexte sprechen den Frauen die Gleichberechtigung zu und versuchen, Frauen zu schützen. So trat 1995 ein Gesetz in Kraft, das psychische, körperliche und sexuelle Gewalt gegen Frauen unter Strafe stellt. In der Praxis aber tun sich Frauen schwer, die über Jahrhunderte gewachsenen patriarchalischen Strukturen aufzubrechen und den – auch für viele Frauen noch – selbstverständlichen Chauvinismus des ecuadorianischen Mannes zu bekämpfen. Es gibt aber auch Frauen, die von den klaren Rollen profitieren.

Religionen

In Ecuador herrscht **Religionsfreiheit.** Kirche und Staat sind seit 1904 getrennt, allerdings übt die katholische Kirche wie in vielen lateinamerikanischen Ländern einen beträchtlichen politischen und sozialen Einfluss aus. Sie stützt sich dabei auf konservative Kreise, die wiederum die Kirche unterstützen.

Offizielle Statistiken machen es sich einfach: Sie sprechen von einer katholischen Mehrheit in Ecuador. Einige schreiben sogar Zahlen, nach denen sich etwa 85 % aller Ecuadorianer zum **Katholizismus** bekennen, Minderheiten dem protestantischen Glauben und sogenannten Naturreligionen oder Kulten anhängen würden. Die Wirklichkeit stellt sich aber komplizierter dar. Traditionelle Vorstellungen mischen sich seit der spanischen Conquista mit katholischem Gedankengut. *Francisco Sharup,* der frühere Bevollmächtigte für Landrechtsangelegenheiten der *Federación de los Centros Shuar,* machte das in einem Interview deutlich. Er sagte über die Missionstätigkeit der Salesianer: „Sie brachten uns einen unbekannten Gott, obwohl wir hier selbst einen Gott haben, der wahrscheinlich sowieso derselbe ist, den wir nur auf andere Weise verehrt haben." Und weiter: „Ich persönlich habe sehr eigene Glaubensvorstellungen, und viele Shuar denken ähnlich, aber ein großer Teil unseres Volkes praktiziert die katholische Religion. Das geschieht aber in einer sehr freien Form, denn unsere Leute lassen sich nicht gerne manipulieren, sie legen großen Wert auf ihre eigene Entscheidung."

Nicht erst heute vermischen sich bei vielen ecuadorianischen Festen traditionelle Inhalte mit katholischen Bräuchen. Um die katholischen Feiern begehen zu können, ohne die eigene Religion vollständig aufzugeben, wurden Darstellungsformen gesucht und gefunden, die zum größten Teil der traditionellen Kultur entnommen wurden. So wird z.B. im Otavalo-Tal das **Fest des Heiligen Johannes des Täufers** (24. Juni) auf ganz eigene Art gefeiert. Vermutlich wurde einem alten Sonnenwendfest aus vorchristlicher Zeit ein christlicher Inhalt gegeben. Eine Woche lang ziehen die verkleideten Männer tanzend und musizierend durch die Dörfer. Ähnlich wie auch zu anderen Anlässen hat der Schutzheilige des Tages nur wenig oder gar nichts mit dem Fest an sich zu tun.

Fern aller christlichen Anschauung ist auch der **Brauch der Heiligen Berge.** In Ecuador werden einige Andengipfel von den Indígenas als heilig angesehen, als männliche oder weibliche Wesen, die für die Fruchtbarkeit und das Wohlergehen der jeweiligen Region zuständig sind; als „Vater" wird der höchste Berg Ecuadors, der Chimborazo, bezeichnet. Den heiligen Status mancher Berggipfel nutzten die spanischen Eroberer und Missionare zur Dokumentation ihres Machtanspruchs, als sie auf ihnen kleine Kapellen erbauten.

Auch die Erde ist heilig. Heute noch ist es üblich, den letzten Tropfen eines alkoholischen Getränks auf den Boden zu gießen – als Opfergabe für die „Mutter" Erde, die „Pachamama".

Die **evangelischen Kirchen,** vor allem Pfingstkirchen, aber auch zahlreiche Sekten, verzeichnen seit den 1990er Jahren einen starken Zulauf, während der Anteil der katholischen Bevölkerung stetig abnimmt. Mit dem Radiosender HCJB ist in Quito übrigens einer der ältesten Missionssender der Welt angesiedelt, einschließlich seiner deutschsprachigen Abteilung.

Land und Leute

Kunst und Kultur

Der Besuch eines archäologischen Museums in Ecuador gewährt einen Einblick in die **präkolumbische Kunst.** (Bemalte) Keramiken und Skulpturen sowie Gold- und Silberarbeiten zeigen, wie geschickt schon die frühen Kulturen das Kunsthandwerk praktizierten.

Im 16. Jahrhundert gelangte mit der spanischen Conquista Kunst aus Europa nach Ecuador. Die Unterjochung der indianischen Handwerker und Künstler durch die kolonialen Auftraggeber führte im 16./17. Jahrhundert zur Bildung der **Kunstschule Quito,** deren Schaffen in ganz Lateinamerika begehrte religiöse Kunst hervorbrachte.

Auf dem Gebiet der **Architektur** werden heute große Anstrengungen unternommen, schützenswerte Baudenkmäler zu erhalten. Quitos Altstadt besitzt eine große Anzahl kolonialer Bauten; seit 1978 ist sie Bestandteil des UNESCO-Weltkulturerbes. 1999 kam auch Cuencas Altstadt zu dieser Ehre.

GUAYASAMIN

ecu106 peko

Frühe bildende Kunst

Die Kirchen und Klöster Quitos sind in der ganzen Welt bekannt, sowohl aus architektonischen Gründen als auch wegen der beispiellosen Kunstschätze, die sie beherbergen. Ihre Architektur basiert auf dem **spanischen Barock,** der **italienischen Renaissance,** der **byzantinischen Kunst** und einer Komposition aus spanischen und maurischen Stilelementen, die als **Mudéjar-Stil** bekannt ist. Die Kunstschule Quitos beeinflusste mit ihren religiösen Themen im 17./18. Jahrhundert die Architektur Quitos.

Zu den Bildhauern dieser Zeit gehört der Indígena *Manuel Chili,* besser bekannt unter seinem Spitznamen **Caspicara.** Besonderes Kennzeichen seiner Arbeiten ist die Ausdrucksstärke der Hände, welche die der Gesichter seiner Skulpturen übersteigt. Viele seiner Werke können in der Kirche San Francisco in Quito bewundert werden. Zwei weitere bedeutende Bildhauer sind *José Olomos* und *Diego de Robles.*

Bekannte Maler sind **Miguel de Santiago** und seine Schüler *Niclás Javier de Gorívar, Manuel Samaniego, Bernardo de Legarda* und *Bernardo Rodríguez*. Während die Werke der letztgenannten in verschiedenen Kirchen und Klöstern zu bestaunen sind, wird der Großteil der Arbeiten Miguel de Santiagos im Konvent San Augustin in Quito aufbewahrt.

Mit der Unabhängigkeit zu Beginn des 19. Jahrhunderts starb die religiöse Motivkunst aus. An ihre Stelle traten Gemälde mit heldenhaften Bildnissen von wichtigen Schlachten und bedeutenden Heeresführern.

Mitte des 19. Jahrhunderts wuchs eine neue Künstlergeneration heran, die sogenannten **Formalisten.** Europäisch beeinflusst lag der Schwerpunkt ihrer künstlerischen Produktion in der Landschafts- und Porträt-Malerei. Bekannte Vertreter dieser Richtung sind *Joaquín Pinto* und *Antonio Salas*.

⌃ Gemälde „Las Cabezas" von O. Guayasamín

Bildende Kunst der Gegenwart

Zu Beginn des 20. Jahrhunderts wurde der Formalismus abgelöst von der **Schule des „Indígenismo"** (Indianerkunst).

Der wichtigste Vertreter der modernen Kunst Ecuadors war der weit über die Landesgrenzen hinaus bekannte **Oswaldo Guayasamín.** In seinen Arbeiten mit übergroßen, markanten Händen und leidenden Gesichtszügen kommen Trauer, Kummer und Schmerz zum Ausdruck. Seine Anhänger preisen ihn als großen künstlerischen Propheten mit sozialkritischem Hintergrund, Kritiker dagegen betrachten seine Werke als billigen Versuch, Picasso zu imitieren. Zu seinen bekanntesten Werken zählen neben dem überdimensionalen Wandbild im ecuadorianischen Kongress in Quito die „Hände des Bettlers" *(Manos del Mendigo),* „Die Arbeiter" *(Los Trabajadores),* „Die Gequälten" *(Los Torturados)* und „Die Köpfe" *(Las Cabezas).* Guayasamín gründete sein eigenes Museum in Quito, in dem ein Teil seiner Werke ausgestellt ist (siehe im Kapitel zu Quito).

Ein anderer Vertreter des Indígenismo ist **Eduardo Kingmann.** Seine Ölbilder mit eher abstrakten Darstellungen von Menschen und ihren ebenfalls übergroßen Händen spiegeln Qual und Unterdrückung der Indígenas wider. Zu seinen bekanntesten Werken gehören „Der Maispflanzer" *(El Maizal)* und „Die Frauen mit dem Heiligen" *(Las Mujeres con Santo).*

Der lange Zeit in den USA lebende **Camilo Egas** gehört wie auch **Manuel Rendón** ebenfalls zu den Vertretern des Indígenismo. Die Gemälde von Egas sind im Museo Camilo Egas in Quito (siehe dort) versammelt.

Von der jüngsten Künstlergeneration ist **Ramiro Jácome** zu nennen, dessen Werke „Stadtviertel" *(Barrio)* und „Warteschlange" *(A la Cola)* zu den bekanntesten des Landes zählen.

Der Maler und Bildhauer **Marcelo Aguirre** ist vielleicht die große Entdeckung der 1990er Jahre in Ecuador.

Moderne ecuadorianische Kunstarbeiten werden in großer Anzahl in der Casa de la Cultura in Quito (siehe dort) aufbewahrt. Cuenca veranstaltet zweijährig seine Kunst-Biennale mit dem Besten, was die ecuadorianische Gegenwartskunst zu bieten hat.

Kunsthandwerk und Souvenirs

Das Kunsthandwerk Ecuadors wird von staatlicher Seite gefördert. Die Organisation für Kunsthandwerk *OCEPA (Organización Comercial Ecuatoriana de Productos Artesanales)* kümmert sich wirksam um den Absatz im Ausland, vornehmlich in den USA. Die Organisation unterhält mehrere Geschäfte in Quito, wo ein guter Überblick über Vielfalt und Güte kunsthandwerklicher Erzeugnisse geboten wird. Sicherlich sind dort die *artesanías* nicht gerade günstig zu erwerben, dafür aber stimmt die Qualität.

Wer zum Souvenirkauf die Indianer-Märkte oder den privaten Händler vorzieht, sollte die entsprechenden Fachkenntnisse und Preisvorstellungen mitbringen und sich vor allem gut aufs Handeln und Feilschen verstehen.

Das traditionelle Handwerk in Ecuador befasst sich mit **Textilverarbeitung, Keramikherstellung** und der **Metallverarbeitung** (Schmuck).

Teppiche und andere Webstoffe

Die gewebten Teppiche *(tápices)* der Indígenas sind bekannt und beliebt. Dieser Handwerkszweig gehört zu den ältesten des Landes und ernährt bis heute viele Bewohner der Sierra.

Eine weit zurückreichende Tradition hat das **Teppichhandwerk in Otavalo.** Heute hängt der halbe Markt von Otavalo voller gewebter Teppiche und Wandbehänge.

Die Spanier führten den Webstuhl mit Fußpedal, das Spinnrad und die Seide ein. Inzwischen haben auch der elektrische Webstuhl und die synthetische Faser in Ecuador Einzug gehalten. Das Weben ist in erster Linie Aufgabe der Männer. Teppiche werden in Manufakturen, aber auch in Heimarbeit hergestellt. Im Umland von Otavalo kann man Teppichwebern bei der Arbeit zuschauen.

Gewebte Baumwollschals mit feinsten Makramee-Fransen, sog. *panos*, werden vor dem Webvorgang gefärbt. Die indigoblau gefärbten Textilien werden in Gualaceo nach der **icat-Färbetechnik** hergestellt. Der Färbe- und Webvorgang eines solchen Schals nimmt nur wenige Stunden in Anspruch, ganz im Gegensatz zum hochkomplizierten Knoten der Fransen.

Einer ähnlichen Prozedur werden die **Tragetücher** *(macanas)* von Salcedo unterworfen. Auch sie werden icat-gefärbt und sind entsprechend indigoblau, nur sind ihre Fransen wesentlich kürzer.

Die Schals sind aus der Mode gekommen und deshalb fast nur noch auf dem Sonntagsmarkt von Gualaceo zu finden. Die Tragetücher dagegen finden breite Anwendung unter der Sierra-Bevölkerung, sei es als Tragetuch für Babys oder für den Transport von Waren wie Obst, Gemüse oder Feuerholz.

Neben den „einfach" gewebten **Ponchos** gibt es auch icat-Ponchos, von der Bevölkerung nur zu besonderen, festlichen Anlässen getragen, und **icat-Decken** *(cobijas)*, die, in zwei Lagen gewebt, im kalten Hochland besonders gut vor Kälte schützen. Hergestellt werden sie in Natabuela (bei Otavalo), Chórdeleg und in Cañar.

Wollgürtel *(chumbis)* werden in allen Provinzen der Sierra gesponnen. Die Baumwollgürtel von Cañar und die „cochineal" gefärbten Gürtel von Salasaca gehören zu den kostbarsten in Ecuador.

Handgestrickte Kleidungsstücke

Aus handgesponnener **Schafwolle** werden Pullover *(chompas)*, Westen *(chalecos)* und Mützen *(gorras)* gestrickt. Sie sind auf allen Märkten und in sämtlichen Souvenirläden des Landes zu finden und sehr preiswert. Gute, aus einer peruanischen Lama-Art gewonnene **Alpaka-Materialien** (peruan. *alpaco* = Kamelziege) findet man u.a. in Quito und Salinas de Bolívar.

Stickereien

Blusen, Kleider, Röcke, Tücher und Decken werden oft bunt bestickt. Angeboten werden Stickereien vor allem in

Otavalo und in Ibarra, aber auch in La Esperanza und San Isidro de Cajas.

Keramik

Getöpfert wurde in Ecuador bereits in prähistorischer Zeit. **Die ältesten Keramiken ganz Amerikas stammen aus Ecuador.** Töpferwaren aus dem Oriente gehören heute zu den schönsten des Landes. Die erlesensten Stücke haben hauchdünne Wände und sind mit allerlei mythologischen Symbolen bemalt. Weitere Keramikzentren sind die Regionen von Latacunga und Saquisilí und La Pila in der Provinz Manabí.

Schmuck

Neben Ketten und Ringen aus Gold, Silber und Platin, die es im ganzen Land in unzähligen Juweliergeschäften *(joyerías)* und auf den Märkten zu kaufen gibt, sind in Ecuador die **Schalnadeln** *(tupus)* **der Saraguro-Indígenas** bekannt. Sie bestehen aus einer Silber-Nickel-Messinglegierung.

Zur traditionellen Tracht vieler Indígena-Frauen gehören Kugeln in den Farben Rot und Blau. Das Tragen dieser Kugeln an Armen und Beinen ist von alters her überliefert und schmückt die Frauen bereits in Kindesjahren.

Selten und begehrt ist der blaue Halbedelstein **Lapislazuli.**

> ◻ Kolonial- bzw. kolonial geprägte (Kirchen-) Architektur ist in Ecuador überall anzutreffen

Sonstige typische Souvenirs

Neben den bunt bemalten leichten **Balsaholzfiguren, Holzschnitzereien** (religiöse Statuen, Möbel und Wandbilder), **Musikinstrumenten** und **ecuadorianischen Malereien** gehören der **Panama-Hut** *(sombrero de paja toquilla)* und der **Filzhut der Indígenas** *(sombrero de paño)* zu den beliebten Mitbringseln aus Ecuador.

Lederwaren aus Cotacachi – Jacken, Gürtel, Westen, Taschen und Brieftaschen – sind meistens gut genäht, doch sollte man auf die Qualität der (Reiß-) Verschlüsse achten.

Flechtarbeiten wie **Körbe** *(canastas)* und **Korbmöbel** fehlen auf keinem Markt und sind auch in der einheimischen Bevölkerung sehr beliebt.

Shigras sind Umhängetaschen, die aus der Faser von Agaven und Palmen hergestellt werden und in Latacunga zu bekommen sind. **Figuren aus Brotteig** werden in Calderón und der **Tagua-Nuss-Schmuck** vor allem in Baños und Riobamba angeboten.

Traditionelle Musik

Die typisch ecuadorianische Musik hat ihre **Wurzeln in der vorgeschichtlichen Zeit.** In der Chorrera-Kultur wurden wassergefüllte Behälter aus Keramik erhitzt und der durch einen Resonanzkörper geleitete Wasserdampf erzeugte verschiedene Pfeiftöne. Vor der spanischen Eroberung entwickelten sich aus einer Nachahmung der Seemuscheln die ersten **Blasinstrumente.** In der rituellen, melancholischen Musik vieler Anden-Indianer, die bis heute nahezu unbeein-

flusst von westlicher Musik geblieben ist, spielen Blasinstrumente eine wichtige Rolle. Darunter die Bambusrohr-Querflöten, der *pingullo* mit drei oder vier und die größere *quena* mit sechs Grifflöchern. Ein anderes Blasinstrument ist der *rondador*, eine Panflöte aus unterschiedlich langen, dünnen, geschnittenen Bambus- oder Zuckerrohren. Die Röhren werden so angeordnet, dass entsprechend ihrer Länge und Dicke die verschiedenen Töne zu einer Tonfolge kombiniert sind. Sehr tiefe Töne erzeugt die in zwei hintereinanderliegenden Bambusreihen zusammengebundene *zampona* Perus und Boliviens, die auch in Ecuador in keiner Musikgruppe fehlt.

Die Spanier führten **Saiteninstrumente** wie Gitarre *(guitarra)*, Mandoline *(bandolín)*, Geige *(violín)* und *Charango* (gitarrenähnliches Instrument mit fünf Saitenpaaren, acht Griffleisten und einem Resonanzkörper aus Holz oder dem Panzer eines Gürteltiers) ein.

Aus der Vermischung der traditionellen Musik der Hochlandindianer und der Musik der Spanier entwickelte sich die **traditionelle Volksmusik** *(música folclórica)* der Sierra Ecuadors. Sie schallt auf mancher Busfahrt aus den Radios. Besonders die *sanjuanitos* (nationale Tanzmusik) und die *pasillos* (langsame Walzer) haben eine volkstümliche Ausformung erfahren wie in keinem anderen Land Lateinamerikas. Aber auch **afro-karibische und lateinamerikanische Tanz-Rhythmen** wie Cumbia, Rumba, Salsa, Merengue und Ballenato *(música tropical/costeña)* sind überall im Land und besonders an der Küste zu hören.

In der Küstenprovinz Esmeraldas lebt die schwarze Bevölkerung Ecuadors, deren Musik von einem Schlaginstrument, der **marimba,** bestimmt wird. Es besteht aus Tasten, die aus dem Holz der Chonta-Palme gefertigt sind und einem Resonanzkörper aus verschiedenen Bambusrohren aufsitzen, vergleichbar mit einem großen Holzxylophon.

Traditionelle Feste

Vgl. auch die Auflistung der wichtigsten Feste im Kapitel „Feiertage, Feste und Märkte".

Neben unzähligen Stadt- und Straßenfesten im ganzen Land werden vornehmlich in der Sierra zur Erntezeit im Frühling und Sommer Feste gefeiert, die vor allem bei den Indianern über eine lange Tradition verfügen. Einige Festivitäten erfahren eine zunehmende **Kommerzialisierung** und werden gezielt für Touristen inszeniert. Meist wird dabei zu Ehren einer Heiligen oder eines Schutzpatrons mit viel Verkleidung musiziert, gesungen, getanzt und getrunken. Wer daran teilnimmt, sollte wissen, dass es unhöflich ist, ein angebotenes Maisbier *(chicha)* oder einen Schluck Schnaps *(trago)* abzulehnen.

Zur Karnevalszeit beliebt sind fliegende Wasserbeutel.

Literatur

Vor dem 18. Jahrhundert wurde die Literatur Ecuadors vornehmlich von Mönchen und Priestern geschrieben. Sie behandelten in der Hauptsache religiöse Themen.

Unter den Literaten des 18. Jahrhunderts sind **Juan Bautista Aguirre** (1725–

1786) und **Juan de Velasco** (1727–1792) zu nennen. Letzterer war Historiker und verfasste das erste Geschichtsbuch Ecuadors, *Historia del Reino de Quito,* das bis heute als Basiswerk der ecuadorianischen Geschichte gilt.

Ende des 18. Jahrhunderts übte der Mischlingssohn **Eugenio Espejo** (1747–1795) in seinen Werken (u.a. *El Retrato de Golilla)* massive Kritik an den Missständen im Land. Seine revolutionären Gedanken brachten ihn 1795 ins Gefängnis, in dem ihn auch der Tod ereilte.

Ähnlich wie Espejo erging es auch anderen Schreibern. **José Joaquín Olmedo** (1780–1847) musste wegen seines Einsatzes für die Unabhängigkeit in seinen Werken (u.a. *La Victoria de Junín o Canto a Bolívar)* schließlich ins Exil.

Juan Montalvo (1832–1889) gilt als anerkannter Schriftsteller während der Liberalisierung Ecuadors. Seine Werke (u.a. *El Dictador, La Dictadura Perpetua* und *Capítulos que se le olvidaron a Cervantes)* kritisierten die Politik des Diktators *García Moreno,* von dem er mehrfach ins Exil geschickt wurde.

Im 20. Jahrhundert entwickelten sich die **Schriftstellervereinigungen** *Grupo de Guayaquil* und *Grupo de Quito.* Erstere thematisierte die Diskriminierung der *Montubios* (Mischlinge, Mestizen) an der Küste, Letztere die der Indianer in der Sierra. **Enrique Gil Gilbert** von der Grupo de Guayaquil gibt in seinen Werken vor allem dem Lebensgefühl der Küstenbewohner Ausdruck. Sein Buch *Nuestro Pan* sei stellvertretend erwähnt, ein in ganz Lateinamerika viel gelesenes Werk.

Das in viele Sprachen übertragene Werk *Huasipungo* von **Jorge Icaza** (1906–1978) beschreibt die grausame Ausrottung einer indianischen Gemeinde durch die Sierra-Herrschaft.

Weitere Namen des 20. Jahrhunderts sind **Adalberto Ortiz,** der mit *Juyungo* (1940) zwischenmenschliche Probleme der weißen, schwarzen und indianischen Küstenbevölkerung behandelt, und **Gustavo Jácome,** dessen *Porqué se fueron las garzas* (1982) unter dem Titel „Auf der Suche ich nach mir" ins Deutsche übersetzt wurde und den inneren Zwiespalt eines Otavalo-Indígenas zwischen seiner indianischen Herkunft und zivilisatorischen Reizen schildert.

Weltschmerz kommt in sämtlichen Werken des bedeutendsten ecuadorianischen Lyrikers des 20. Jahrhunderts, **Jorge Carrera Andrade** (1902–1978), zum Ausdruck.

Der esmaldeñische Schriftsteller **Nelson Estupiñan Bass** wurde 1998 für den Literaturnobelpreis nominiert.

ecu102 peko

Anhang

◁ Die „Banda" spielt auf
Patronatsfesten und Prozessionen

Sprache

Die Landessprache Ecuadors ist **Spanisch** oder genauer gesagt das *castellano*. Es gibt keine Dialekte, doch bestehen Unterschiede in der Sprachmelodie zwischen der Küste und der Sierra. In der Sierra wird sehr langsam und deutlich, an der Küste schnell und undeutlich gesprochen, Wortendungen werden teilweise verschluckt.

Viele Indianer im Hochland der Sierra sind zweisprachig. Neben dem castellano sprechen sie das von den Inkas aufgezwungene **Quechua**, heute die zweite Landessprache. Dabei treten von Provinz zu Provinz verschiedene Dialekte auf, sodass sich Indianer aus verschiedenen Provinzen untereinander meist nur über das castellano verständigen können. In den Regenwäldern der Küste und v.a. im Oriente leben andere Ethnien, die ureigene Idiome sprechen.

In Reisebüchern über Ecuador ist oft zu lesen, dass der/die Reisende allein mit **Englisch** auskommt. Dem muss ich widersprechen: Wer ohne Spanischkenntnisse Ecuador bereist, der wird zwar auch „rumkommen", aber wer in die Lebenswirklichkeit des Landes und seiner Menschen eindringen will, der sollte schon ein bisschen Spanisch „mitbringen". Andererseits würde sich ein Ecuadorianer niemals über jemanden lustig machen, der die Sprache nicht versteht oder spricht. Zur Not wird die Verständigung mit Händen und Füßen versucht. Der/die Reisende sollte keine Hemmungen haben, sich der gleichen Form zu bedienen – kommunikative Bemühungen werden dankbar angenommen. In den großen Städten findet sich auch hin und wieder ein Englisch sprechender Latino.

Wer Zeit und Lust hat, kann vor allem in Quito und Baños günstige und dabei sehr gute **Spanischkurse** besuchen. Spanisch ist eine verhältnismäßig leicht zu erlernende Sprache, das Grundgerüst steht schnell, und es macht Spaß, sich mit den Menschen in Ecuador zu unterhalten, die ebenfalls große Freude an der Konversation mit *extranjeros* (Ausländern) haben.

Für die Sprachunkundigen bieten sich auch Reisegesellschaften mit mehrsprachigen Reiseleitern bzw. Führern an.

☑ Praxisnah, unkompliziert und auch als AusspracheTrainer auf Audio-CD: Kauderwelsch-Sprechführer (Reise Know-How Verlag, Bielefeld)

Kleine Sprachhilfe

Die richtige **Aussprache** des Spanischen ist einfach zu erlernen.

Alphabetische Ausnahmen hat man sich schnell eingeprägt: Neben den eigenständigen Buchstaben „ch" nach dem „c" und dem „ll" nach dem „l" hat man sich lediglich das mit einer Tilde versehene „ñ" im spanischen ABC zu merken.

Anhang

Regeln zur Aussprache

■ **c** – wie „k" vor a, o, u und Mitlauten: **carro** „karro" (Auto), **costa** „kosta" (Küste); stimmlos wie „ß" vor e, i: **cerca** „ßerka" (nahe), **cine** „ßine" (Kino)
■ **cc** – wie „kß": **occidental** „okßidental" (westlich)
■ **ch** – wie stimmloses „tsch" in „watscheln": **chévere** „tscheevere" (toll), **chistoso** „chißtosso" (witzig)
■ **g** – wie „g" vor a, o, u und vor Mitlauten: **gallo** „gaijo" (Hahn), **gobierno** „gobijerno" (Regierung); vor e, i wie „ch" in „Bauch": **gente** „chente" (Leute)
■ **gu** – wie „g", vor e und i ist das u stumm: **agua** „agua" (Wasser), **guerra** „gerra" (Krieg), **guía** „giia" (Führer)
■ **h** – ist stumm: **habitación** „abitasion" (Zimmer)
■ **j** – wie „ch" in Bach: **jugar** „chugar" (spielen)
■ **ll** – wie „j" in ja: **lleno** „jeno" (voll)
■ **ñ** – wie „nj" in Anja: **cariño** „karinjo" (Zuneigung)
■ **qu** – (nur vor e und i) wie „k" gesprochen, u ist stumm: **que** „ke" (was), **quiero** „kiero" (ich will)
■ **r** – Zungenspitzen-r: **claro** „klaaro" (klar)
■ **rr** – stark gerollt: **perro** „perro" (Hund)
■ **s** – stimmlos wie „ß": **mesa** „meßa" (Tisch); vor stimmhaften Konsonanten wie „s" in Vase: **mismo** „miesmo" (selbst)
■ **v** – wie „w" in Wind: **visa** „wisa" (Visum)
■ **x** – wie „ks" in Keks: **éxito** „eksito" (Erfolg)
■ **y** – wie „j" in jetzt: **yo** „ijo" (ich)
■ **z** – stimmlos wie „ß": **zapato** „sapato" (Schuh)

Der bestimmte Artikel

Einzahl

männlich: **el** hombre (der Mann)
weiblich: **la** mujer (die Frau)
sächlich: **lo** mismo (das Gleiche) (selten als Artikel benutzt)

Mehrzahl

männlich: **los** hombres (die Männer)
weiblich: **las** mujeres (die Frauen)
sächlich: nicht vorhanden

Der unbestimmte Artikel

Einzahl/Mehrzahl

männlich: **un/unos** hombre/s (ein Mann/einige Männer)
weiblich: **una/s** mujer/es (eine Frau/einige Frauen)

Bei Worten, die mit Selbstlaut enden, erfolgt die Mehrzahlbildung durch Anhängen eines **„s"**, bei Wörtern, die mit Mitlaut enden, durch Anhängen eines **„es"**.

Eigenschaftswörter

Eigenschaftswörter richten sich in Geschlecht und Zahl nach dem Hauptwort, auf das sie sich beziehen. Sie stehen anders als im Deutschen fast immer hinter dem Hauptwort und haben die Endungen:

Einzahl

weiblich: **-a** la montaña alta (der hohe Berg)
männlich: **-o** el árbol alto (der große Baum)

Mehrzahl

weiblich: **-as** las camisas nuevas (die neuen Hemden)
männlich: **-os** los libros nuevos (die neuen Bücher)

Enden Eigenschaftswörter auf **-e** oder einen Mitlaut, endet die Mehrzahl bei beiden Geschlechtern immer auf **-es,** beispielsweise amable (freundlich) – amables, joven (jung) – jovenes.

Persönliche Fürwörter

yo/ich – **tú**/du – **él**/er – **ella**/sie – **usted**/Sie (höfliche Anrede, Einzahl) – **nosotros**/wir (m.) – **nosotras**/wir (w.) – **ustedes**/ihr – **ellos**/sie (männliche Mehrzahl) – **ellas**/sie (weibliche Mehrzahl) – **ustedes**/Sie (höfliche Anrede, Mehrzahl)

Wendungen, die weiterhelfen

Estoy buscando … / **Ich suche** …
Estoy buscando un banco. Ich suche eine Bank.
¿Hay …? / Gibt es …?
¿Hay algo para comer? Gibt es etwas zu essen?
¿Dónde hay …? / Wo gibt es …?
¿Donde hay un médico? Wo gibt es einen Arzt?
¿Dónde está …? / Wo ist …?
¿Donde está la librería? Wo ist die Buchhandlung?
¿Tiene (usted) …? / Haben Sie …?
¿Tiene usted sueltos? Haben Sie Kleingeld?
¿Puedo tener …? / Kann ich … haben?
Quiero … / Quisiera …
Ich will … / Ich möchte gern …
¿Cuánto es (cuesta, vale) …?
Wie viel kostet…?
Por favor / Gracias – Bitte / Danke
Buenos días – Guten Tag
Hasta luego – Bis bald
¿Qué es esto? – Was ist das?
¿Cómo? – Wie bitte?
¿Cómo se dice (en español)?
Wie sagt man (auf Spanisch)?

Fragewörter

¿cuándo?	wann?
¿por qué?	warum?
¿qué?	was?
¿cuál?	welche(r)?
¿quién?	wer?
¿cómo?	wie?
¿cuánto?	wie viel?
¿cuántos? (m.)	wie viele?
¿cuántas? (w.)	wie viele?
¿dónde?	wo?

Bindewörter

y	und
o	oder
pero	aber
aunque	obwohl
porque	weil
si	ob, wenn, falls
cuando	als, wann
como	wie, da
que	dass; welche (r, s)

Wichtige Eigenschaftswörter

cerca(no)	nah
lejos	weit
bajo	niedrig
alto	hoch
grande	groß
pequeño	klein
largo	lang
corto	kurz
claro	hell
oscuro	dunkel
frío	kalt
caliente	warm, heiß
bueno	gut
malo	schlecht
mucho	viel
poco	wenig
viejo	alt
joven	jung
barato	billig
caro	teuer
rápido	schnell
lento	langsam

Zahlen

0	cero
1	un, uno, una
2	dos
3	tres
4	cuatro
5	cinco
6	seis
7	siete
8	ocho
9	nueve
10	diez
11	once
12	doce
13	trece
14	catorce
15	quince
16	dieciséis
17	diecisiete
18	dieciocho
19	diecinueve
20	veinte
30	treinta
40	cuarenta
50	cincuenta
60	sesenta
70	setenta
80	ochenta
90	noventa
100	cien, ciento …
200	doscientos
500	quinientos
1000	mil
1.000.000	un millón

Zeitangaben

hoy	heute
mañana	morgen
pasado mañana	übermorgen
ayer	gestern
anteayer	vorgestern
temprano	früh
tarde	spät
todavía	noch
ya	schon
ahora	jetzt
enseguida	sofort
pronto	bald
a veces	manchmal
muchas veces	oft
siempre	immer
nunca	nie

Wochentage

lunes	Montag
martes	Dienstag
miércoles	Mittwoch
jueves	Donnerstag
viernes	Freitag
sábado	Samstag
domingo	Sonntag
fin de semana	Wochenende

Monate

enero	Januar
febrero	Februar
marzo	März
abril	April
mayo	Mai
junio	Juni
julio	Juli
agosto	August
septiembre	September
octubre	Oktober
noviembre	November
diciembre	Dezember

Reise-Gesundheitsinformationen

Stand: Februar 2013 / © Centrum für Reisemedizin 2013

Die nachstehenden Angaben dienen der Orientierung, was für eine geplante Reise in das Land an Gesundheitsvorsorgemaßnahmen zu berücksichtigen ist. Die Informationen wurden uns freundlicherweise vom Centrum für Reisemedizin zur Verfügung gestellt. Auf der Homepage **www.crm.de** werden diese Informationen stetig aktualisiert (Stichwort „Reiseländer"). Es lohnt sich, dort noch einmal nachzuschauen, auch um aktuelle Meldungen einzuholen.

Die vorliegenden Angaben wurden nach bestem Wissen und sorgfältiger Recherche zusammengestellt. Eine Gewähr oder Haftung kann nicht übernommen werden.

Es wird grundsätzlich empfohlen, sich vor einer Reise aktuell, kompetent und individuell zu Gesundheitsfragen beraten zu lassen.

Klima

Tropisch-heiße Küstenregion, im Norden ganzjährig feucht, im Süden extrem trocken; im Hochland gemäßigtes Klima; östliches Tiefland feuchtheiß; mittlere Temperatur in Guayaquil ganzjährig um 26°C, in Quito 15°C.

Einreise-Impfvorschriften

Bei Direktflug aus Europa sind keine Impfungen vorgeschrieben.

Bei einem **vorherigen Zwischenaufenthalt** (innerhalb der letzten 6 Tage vor Einreise) in einem der unten aufgeführten Länder (Gelbfieber-Endemiegebiete) wird bei Einreise eine gültige **Gelbfieber-Impfbescheinigung** verlangt (ausgenommen Kinder unter 1 Jahr). Gelbfieber-Impfnachweis ist auch bei Ausreise in endemische Gebiete erforderlich.

Nach Mitteilung des ecuadorianischen Gesundheitsministeriums besteht für einige der Provinzen im Tiefland östlich der Anden (Amazonasbecken) eine Gelbfieber-Impfpflicht. Diese Vorschrift gilt prinzipiell für in- und ausländische Reisende, wird aber selten kontrolliert.

Gelbfieber-Impfbescheinigung erforderlich bei der Einreise aus einer Reihe von Ländern (siehe dazu die Auflistung unter www.crm.de).

Empfohlener Impfschutz

Generell: Standardimpfungen nach dem deutschen Impfkalender, speziell Tetanus, Diphtherie, Hepatitis A und Gelbfieber.

Je nach Reisestil und Aufenthaltsbedingungen im Lande ist außerdem ein Impfschutz zu erwägen gegen **Typhus** und **Hepatitis B** [Reisebedingungen: Reise durch das Landesinnere unter einfachen Bedingungen (Rucksack-/Trecking-/Individualreise) mit einfachen Quartieren/Hotels; Camping-Reisen, Langzeitaufenthalte, praktische Tätigkeit im Gesundheits- oder Sozialwesen, enger Kontakt zur einheimische Bevölkerung wahrscheinlich; für Typhus gelten auch folgende Reisebedingungen: Aufenthalt in Städten oder touristischen Zentren mit (organisierten) Ausflügen ins Landesinnere = Pauschalreise, Unterkunft und Verpflegung in Hotels bzw. Restaurants mittleren bis gehobenen Standards] sowie **Tollwut** (bei vorhersehbarem Umgang mit Tieren; Reisebedingungen wie bei Hepatitis B).

Wichtiger Hinweis: Welche Impfungen letztendlich vorzunehmen sind, ist abhängig vom aktuellen Infektionsrisiko vor Ort, von der Art und Dauer der geplanten Reise, vom Gesundheitszustand sowie dem eventuell noch vorhandenen Impfschutz des Reisenden. Da im Einzelfall unterschiedlichste Aspekte zu berücksichtigen sind, empfiehlt es sich immer, rechtzeitig (4–6 Wochen) vor der Reise eine persönliche Reise-Gesundheits-Beratung bei einem reisemedizinisch erfahrenen Arzt oder Apotheker in Anspruch zu nehmen.

Malaria

Ein Risiko besteht ganzjährig. Gebiete unterhalb 1500 m: mittleres Risiko vor allem im östlichen Tiefland von Sucumbios und Pastaza im Osten, speziell entlang der Flusstäler; geringes Risiko im restlichen Tiefland von Sucumbios und Pastaza, in den tiefer gelegenen Gebieten der Provinzen Orellana, Napo und Morona Santiago im Osten sowie in den Küstengebieten von Esmeraldas und Manabi und im Tiefland der Provinzen Los Rios, Guayas, Pichincha und El Oro im Westen; kein Risiko in Höhenlagen, Städten und auf den Galápagos-Inseln.

Vorbeugung: Ein konsequenter Mückenschutz in den Abend- und Nachtstunden verringert das Malariarisiko erheblich (Expositionsprophylaxe). Die wichtigsten Maßnahmen sind: in der Dämmerung und nachts Aufenthalt in mückengeschützten Räumen (Räume mit Air Condition, Mücken fliegen nicht vom Warmen ins Kalte); beim Aufenthalt im Freien in Malariagebieten abends und nachts weitgehend den Körper bedeckende Kleidung (lange Ärmel, lange Hosen); Anwendung von Insekten abwehrenden Mitteln an unbedeckten Hautstellen (Wade, Handgelenke, Nacken). Wirkungsdauer 2–4 Std; im Wohnbereich Anwendung von Insekten abtötenden Mitteln in Form von Aerosolen, Verdampfern, Kerzen, Räucherspiralen; Schlafen unter dem Moskitonetz (insbesondere in Hochrisikogebieten).

Ergänzend ist die Mitnahme von Anti-Malaria-Medikamenten zur notfallmäßigen Selbstbehandlung (Stand-by-Behandlung) zu empfehlen. Zu Art und Dauer der Behandlung fragen Sie Ihren Arzt oder Apotheker bzw. informieren Sie sich in einer qualifizierten reisemedizinischen Beratungsstelle. Malariamittel sind verschreibungspflichtig.

Medizinische Versorgung

Außerhalb der Großstädte und Touristikzentren ist mit erheblichen Engpässen bei der ärztlichen und medikamentösen Versorgung zu rechnen. Adäquate Ausstattung der Reiseapotheke (Zollbestimmungen beachten, Begleitattest ratsam), Auslandskrankenversicherung mit Abdeckung des Rettungsrückflug-Risikos für Notfälle dringend empfohlen.

Aktuelle Meldungen

Zu aktuellen Meldungen – Anfang 2013 zu Dengue- und Gelbfieber – sei auf die oben genannte Website des Centrums für Reisemedizin verwiesen.

Literaturtipps

Allgemeines/ Hintergrundinfos

■ *Baumann, Peter*
Valdivia – Die Entdeckung der ältesten Kultur Amerikas. Hamburg 1978
■ *Baumann, Peter* und *Patzelt, Erwin*
Menschen im Regenwald. Expedition Auca. Düsseldorf 1975
■ *Beck, Hanno*
Alexander von Humboldts Amerikanische Reise. Stuttgart 1985
■ *Brandenberger, Erna* (Hrsg.)
Erzählungen aus Spanisch Amerika: Ecuador. 15 Kurzgeschichten auf Spanisch und in deutscher Übersetzung. München 1992
■ *Bruggmann, M.*
Die Anden. 1977
■ *Bruggmann, M., Weisbard, S.*
Die Kultur der Inkas. 1980
■ *Crespo, Greenfield & Matheus*
Birds of Ecuador. Ecuador 1990
■ *Disselhof, H.D., Zerries, O.*
Das Imperium der Inkas und die indianischen Frühkulturen. 1972
■ *Gabbert, Karin u.a.*
Jahrbuch Lateinamerika 29. Neue Optionen lateinamerikanischer Politik. Analysen und Berichte. Münster 2005. Verlag Westfälisches Dampfboot
■ *Gartelmann, K.D.*
Ecuador. Quito, Ecuador 1986
■ *Hemming, John*
The Conquest of the Incas. England 1987
■ *Hualca Ruales, Hulio*
Fetisch und Fantosch. Ein absurd anmutendes Panorama ecuadorianischer Lebenswelten. Kurzroman, Bad Honnef 2000
■ *Humboldt, Alexander von*
Reise in die Äquinoktialgegenden des Neuen Kontinents. Frankfurt/M. und Leipzig 1999

■ *Kempken, Daniel A.*
Schlaglichter Ecuador. Highlights, Kuriositäten, Tipps, Geheimtipps. Norderstedt 2005
■ *Korneffel, Peter*
Von Amazonien nach Galápagos. Streifzüge durch Ecuador. Spannende Reportagen des ZEIT-, FR- und MARE-Reporters, der sieben Jahre in Ecuador lebte und für diese Arbeiten u.a. den Medienpreis Entwicklungspolitik 2001 erhielt. Bad Honnef 2005, 2. Auflage
■ *McIntyre, Loren*
Die amerikanische Reise. Auf den Spuren Alexander von Humboldts. Hamburg 1990
■ *Paffenholz, Julia* und *Jarrín, Raúl*
KulturSchock Ecuador. Handliche Reiselektüre für all jene, die mehr über das ecuadorianische Alltagsleben erfahren möchten. REISE KNOW-HOW Verlag, Bielefeld
■ *Rohrbach, Carmen*
Der weite Himmel über den Anden. Zu Fuß zu den Indios in Ecuador. Einfühlsames, manchmal rührseliges Reisetagebuch einer großen Ecuador-Liebhaberin
■ *Sauer, Walter*
Geologie von Ecuador. Stuttgart 1971
■ *Sevilla, Roque* und *Acosta, Alberto (Hrsg.)*
Ecuador – Welt der Vielfalt. Hintergründige, aktuelle Beiträge aus Politik, Gesellschaft und Wirtschaft von Fachautoren in Ecuador und Deutschland. Bad Honnef 2005
■ *Terán, Francisco*
Geografía del Ecuador. Libresa, Quito, Ecuador 1990

Galápagos-Inseln

■ *Bittmann, W., Fugger, B.*
Reiseführer Natur, Galápagos. BLV, München 2002 (3. Auflage). Sehr zu empfehlen
■ *Darwin, Charles*
Reise um die Welt 1831–36. Wissenschaftliche Buchgesellschaft WBG, Darmstadt 1986

■ *Darwin, Charles*
Über die Entstehung der Arten durch natürliche Zuchtwahl. Wissenschaftliche Buchgesellschaft WBG, Darmstadt 1988
■ *Eibl-Eibesfeldt, Irenäus*
Galápagos – Arche Noah im Pazifik. Piper, München 1991
■ *Jackson, M. J.*
Galápagos, a Natural History Guide. University of Calgary Press, Kanada 1992
■ *Melville, Herman*
Die verzauberten Inseln oder Encantadas. München 1982
■ *Rohrbach, Carmen*
Inseln aus Feuer und Meer. Galápagos – Archipel der zahmen Tiere
■ *Wittmer, Margret*
Postlagernd Floreana. Bastei-Lübbe, Bergisch-Gladbach 1995

■ *Rotter, Peter*
Ecuador. Trekking-Reiseführer. 1998
■ *Schmudlach, Günter*
Bergführer Ecuador. Alpinverlag 2001. 1. Auflage. Neuer Bergführer aus der Schweiz mit guten Beschreibungen und hilfreichen Skizzen. Empfehlenswert
■ *Serrano, Marcos* u.a.
Montañas del Sol. Quito 1994. Bergsteigerführer Ecuador
■ *Whymper, Edward*
Travels amongst the Great Andes of the Equator. England 1987
■ *Wissler, Gerhard*
Ich träumte von Ecuador. Mit dem Fahrrad über die Anden. Eigenverlag 1998

Literatur für Bergwanderer

■ *Berghold, Franz*
Bergmedizin heute. Bruckmann Verlag, München 1987. Standardwerk der Bergmedizin
■ *Cruz, Marco*
Die Schneeberge Ecuadors. Quito 1983. Fotoband und kurzer Bergführer.
    Montañas del Ecuador (span.). Groß-Bildband mit zahlreichen Informationen zu Biologie, Geologie und den Bergen
■ *Decker, Robert* und *Barbara*
Die Urgewalt der Vulkane. Vom Pompeji zum Pinatubo. Seehamer Verlag, Weyarn 1997. Hervorragendes Buch über Vulkane weltweit
■ *Fierro A., Carlos*
Una Guía de Aves para el Bosque Protector Pasochoa (span.). Hrsg. Fundación Natura. Quito 1991. Vogelführer zu Pasochoa
■ *Rachowiecki, Rob* und *Wagenhauser, Betsy*
Climbing and Hiking in Ecuador (engl.). Bucks/England 1998. Bergwanderführer Ecuador

Kartentipps

Das staatliche Kartenmaterial in Ecuador ist relativ zuverlässig. Allerdings sind einige Gebiete so kartiert, dass sie sich auf mehrere Kartenblätter im Maßstab 1:50.000 verteilen. Braucht man z.B. für eine Besteigung des Cotopaxi geeignetes Kartenwerk, so müssen gleich vier Kartenblätter konsultiert werden. Es kommt auch vor, dass die gesuchte Karte vergriffen ist, dass in Karten neuere Straßenzüge nicht eingetragen sind oder Höhenangaben nicht genau sind.

Alle besseren Buchhandlungen besitzen Karten in verschiedenen Maßstäben. Die (relativ) besten topografischen Karten werden in Quito vom **IGM (Instituto Geográfico Militar)** auf dem Berg der Avenida Paz y Miño (zu erkennen an einem weißen Kuppelbau) bereitgestellt. Öffnungszeiten: Mo bis Do 8–15 und Fr 8–12 Uhr. Am Eingang hinterlässt man seinen Ausweis und bekommt einen Passierschein. Im Institut liegen die großen Kartenbücher aus.

Der chilenische Journalist *Oscar Valenzuela-Morales* hat in den vergangenen Jahren zahlreiche informative Karten über Ecuador veröffentlicht, wie eine Übersicht der „Nationalparks Ecuadors", oder hervorragende Stadtrundgänge in Quito: „Paseos de Quito".

Die **Landkarte von REISE KNOW-How/world mapping project™** (Ecuador im Maßstab 1:650.000, Galápagos 1:1 Mio.) zeichnet sich durch ein klassifiziertes Straßennetz, Höhenlinien und Höhenschichten, GPS-Tauglichkeit und einen ausführlichen Ortsindex aus. Der Atlas am Buchende besteht aus Ausschnitten aus dieser Karte.

HILFE!

Dieser Reiseführer ist gespickt mit unzähligen Adressen, Preisen, Tipps und Infos. Nur vor Ort kann überprüft werden, was noch stimmt, was sich verändert hat, ob Preise gestiegen oder gefallen sind, ob ein Hotel, ein Restaurant immer noch empfehlenswert ist oder nicht mehr, ob ein Ziel noch oder jetzt erreichbar ist, ob es eine lohnende Alternative gibt usw.

Unsere Autoren sind zwar stetig unterwegs und versuchen, alle zwei Jahre eine komplette Aktualisierung zu erstellen, aber auf die Mithilfe von Reisenden können sie nicht verzichten.

Darum: Schreiben Sie uns, was sich geändert hat, was besser sein könnte, was gestrichen bzw. ergänzt werden soll. Nur so bleibt dieses Buch immer aktuell und zuverlässig. Wenn sich die Infos direkt auf das Buch beziehen, würde die Seitenangabe uns die Arbeit sehr erleichtern. Gut verwertbare Informationen belohnt der Verlag mit einem Sprechführer Ihrer Wahl aus der über 220 Bände umfassenden Reihe „Kauderwelsch". Bitte schreiben Sie an:

REISE KNOW-HOW Verlag
Peter Rump GmbH | Postfach 14 06 66 | D-33626 Bielefeld
oder per E-Mail an: info@reise-know-how.de

Danke!

KulturSchock Lateinamerika
Andere Länder – Andere Sitten

REISE KNOW-HOW
das komplette Programm
fürs Reisen und Entdecken

Weit über 1000 Reiseführer, Landkarten, Sprachführer und Audio-CDs
liefern unverzichtbare Reiseinformationen und faszinierende Urlaubsideen
für die ganze Welt – *professionell, aktuell und unabhängig*

Reiseführer: komplette praktische Reisehandbücher für
fast alle touristisch interessanten Länder und Gebiete **CityGuides:**
umfassende, informative Führer durch die schönsten Metropolen
CityTrip: kompakte Stadtführer für den individuellen Kurztrip
world mapping project: moderne, aktuelle Landkarten für
die ganze Welt **Edition REISE KNOW-HOW:** außergewöhnliche
Geschichten, Reportagen und Abenteuerberichte **Kauderwelsch:**
die umfangreichste Sprachführerreihe der Welt zum stressfreien Lernen
selbst exotischster Sprachen **Kauderwelsch digital:** die Sprachführer
als eBook mit Sprachausgabe **KulturSchock:** fundierte
Kulturführer geben Orientierungshilfen im fremden Alltag **PANORAMA:**
erstklassige Bildbände über spannende Regionen und fremde Kulturen
PRAXIS: kompakte Ratgeber zu Sachfragen rund ums Thema Reisen
Rad & Bike: praktische Infos für Radurlauber und packende Berichte
außergewöhnlicher Touren **sound)))trip:** Musik-CDs mit aktueller
Musik eines Landes oder einer Region **Wanderführer:** umfassende
Begleiter durch die schönsten europäischen Wanderregionen
Wohnmobil-TourGuides: die speziellen Bordbücher für
Wohnmobilisten mit allen wichtigen Infos für unterwegs

Erhältlich in jeder Buchhandlung und unter www.reise-know-how.de

www.reise-know-how.de

REISE Know-How online

Unser Kundenservice auf einen Blick:

Vielfältige Suchoptionen, einfache Bedienung

Alle Neuerscheinungen auf einen Blick

Schnelle Info über Erscheinungstermine

Zusatzinfos und Latest News nach Redaktionsschluss

Buch-Voransichten, Blättern, Probehören

Shop: immer die aktuellste Auflage direkt ins Haus

Versandkostenfrei ab 10 Euro (in D), schneller Versand

Downloads von Büchern, Landkarten und Sprach-CDs

Newsletter abonnieren, News-Archiv

Die Informations-Plattform für aktive Reisende

erleben.
begegnen.
verstehen.

Ungeahntes erleben und Unbe-
kanntes verstehen – Ihr Länder-
experte zeigt Ihnen das Kalei-
doskop der Kulturen. Genießen
Sie an der Seite Ihres Reiseleiters
inspirierende Begegnungen in
Südamerika. Zum Beispiel auf
unserer Erlebnisreise:
*Ecuador und Galapagos –
Kinderstube der Schöpfung*

Gebeco

LÄNDER ERLEBEN

Weitere Informationen unter
0431/54460, in Ihrem **Reisebüro**
und unter **www.Gebeco.de**

Register

Anhang

Der Autor

Wolfgang Falkenberg (Jahrgang 1962) ist Geograf und bereist seit vielen Jahren fremde Länder. In den letzten Jahren zog es ihn immer wieder ins nördliche Südamerika. Über die Galápagos-Inseln entwickelte sich schließlich seine Liebe zu Ecuador.

Autor und Verlag bedanken sich für die aufwendigen Arbeiten zur 10. Auflage bei unserem **Rechercheteam:** *Emma Granizo, Jessie Helbling, Sonia Espinosa, Jana Bosse, Claus Vogel* und *Enrique Fanega.*

Dankeschön all den Lesern und Leserinnen, die mit ausführlichen, informativen, kritischen und freundlichen Zuschriften ganz wesentlich zur Überarbeitung und Aktualisierung dieses Reisehandbuches beigetragen haben (s.a. S. 5)! Danke auch den vielen „namenlosen" Reisenden, die man unterwegs trifft und die Anregungen geben und Tipps beisteuern.

Blattschnitt

0 ▬▬▬▬ 100 km   © REISE KNOW-HOW 2013

KOLUMBIEN

XVIII Esmeraldas

Pasto

II Tulcán III

Ibarra

XIX

IV V VI VII
Lago Agrio

QUITO

Napo

Bahía de Caráquez

VIII IX

XX
Manta

Tena

Daule

Ambato

ECUADOR

X XI

Riobamba

La Libertad

XXI

XXII

XII XIII

Guayaquil

Cuenca

XXIII XIV XV

Machala

PERU

XVI XVII

Loja

PERU

> 3000 m	
2000-3000 m	
1000-2000 m	
700-1000 m	
500-700 m	
200-500 m	
100-200 m	
0-100 m	

0 ▬▬▬ 10 ▬▬▬ 20 km

Zeichenerklärung

Symbol	Bedeutung
═══	Schnellstraße
▬78▬	Fernstraße mit Nummer
═══	Hauptstraße / befestigt
───	Nebenstraße / unbefestigt
───	Sonstige Straße, Fahrweg / unbefestigt (4WD)
⌐ 36 ⌐	Entfernung in Kilometern
⊖	Grenzübergang
▬▬▬	Staatsgrenze
▬▬▬	Verwaltungsgrenze
⛽	Tankstelle
⊠	Post
✈ +	Flughafen / Flugplatz
⚓ ⚓	Hafen / Ankerplatz

Symbol	Bedeutung
Negro ▲ 3064	Berg (Höhe in m)
Volcán Cotopaxi ⛰ 5897	Vulkan
)(4064	Pass (Höhe in m)
⌇	Fluss / Wasserfall / Damm, Wehr
┄┄	Fluss, periodisch
░░░	Sumpf
░░░	Mangroven
⛴	Leuchtturm
⚒	Bergwerk
⛟	Ölquelle
─•─•	Öl-Pipeline

Symbol	Bedeutung
★	Sehenswürdigkeit
⛪	Kirche
⚲	Archäologischer Fundort
∩	Höhle
⛺	Campingplatz
♨	Thermalbad / Heilbad
~	Strand
⚓	Angeln
⊡	Tauchen / Surfen
🐾	Zoo
⬚	Nationalparkgrenze, Naturreservat
◉	UNESCO Welterbe

Die Karten auf den folgenden Seiten sind Ausschnitte aus der Ecuador-Karte des **world mapping project** von REISE KNOW-HOW (s. S. 578).

Bermejo

C

Bodoquera

D

La Punta

Gral. Farfán

Cofan-Bermejo
Ecological Reserve

Pucruchoa

Sta. Rosa de
Sucumbíos

Blanco

San Vicente

**Lago Agrio1
(Nueva Loja)**

El Dorado de Cascales

25 Sevilla Jambelí

17

26

Lumbaqui

S. José de
Aguarico

Santa
Cecília

Pto. Aguarico

45

34

Gonzalo Pizarro

Tobueno

Unión Oriental

Atenas

Pusino

36

Dashiño

Mushullacta

Sucumbíos

El Eno

▲389

55

Eno

Sardinas

Coca

S. Pedro de
los Cofanes

2

Guayasa

Acorano

San Vicente

Enokanki

Biguno

Tuyuca

La Joya de
los Sachas

18

San Cristóbal

23

57

Orellana

El Paraíso

S. Sebastián
del Coca

Pumino

▲265

16

Estrellayacu

San José

San Carlos

3

704

**Coca
(Puerto Francisco
de Orellana)**

S. José de
Payamino

Payamino

Sunuyacu

Napo

Pto. Colón

Curiyacu

Caspicara

C

D

⇑ V

⇓ XI

⇧ VI

⇩ XI

⇧ VIII

Salinas
Pagchapata
Pogyos
Carihuairazo ▲
5020
Mocha
Bolívar 19
Huambaló
Cotaló
Yanayacu
Chimborazo
✈ **6310**
Mocha
T u n g u r a h u a
Leontiana
Chimborazo Forest Reserve
Igualata
4430
Puela
El Altar
S. Antonio
de Bayushig
Matus
1
B o l í v a r
50
Guanujo
Julio
Moreno
San Andrés
San Isidro
62
Ilapo
⚓ **Guano**
Pénipe
Guaranda
San Juan
41
Cubijíes
66
Candelaria
Químiag
Sta. Fé 17
Magdalena
Asunción
S. José
de Chimbo
San Simón
Calpi
Lícán
35 23
22
Licto
San Miguel
Puyol ▲ **4155**
Cajabamba
Market
★ **Riobamba**
125
20
Cañi
Cañi
Cañi
Pangor
Stgo. de
Quito
L. Colta
✝ **La Balbanera**
San Luis
Chambo
Yaruquíes
Punín
Guayllabamba
2
San Pablo
Chimbo
62
Juan de
Velasco
60
Flores
Licto
Pungalá
Alao
Columbe
27
Guamote
Alac
Chanlor
▲ **4300**
Panamericana
Chillanes
Guamote
⛽
Cebadas
Blanco
Loma Yuracrumi
4089
Pallatanga
Carretera
C h i m b o r a z o
Pancun
S. José de
Guayabal
Galán
20
70
Santiago
Vishut
Palmira
Ecuador
El
Tingo
Yasipán
3 ▲ 2589
Multitud
Cochapamba
23
Panamericana
Colay
43
60
105
Tixán
San Francisco
35
Atillo
✈ *L. Atillo*
Market, Festival
Alausí
Tolatus
25
Guasuntas
Osogochi
Osogochi
▲ **4630**
B

⇩ XII

⇧ VIII

⇧ IX

Baños
Lligua
Ulba
Pondoa
6
Agoyán Waterfall
Río Verde
Río Negro
50 C 45
66
45
Cashurcu
Cumandá
Mera
15
Pastaza
La Florida
Fátima
La Unión
10 de Agosto
Puyo
Veracruz
45
24
1
▲ Tungurahua
5023
Shell
Madre Tierra
Tarquí
Rosario Yacu
Nvo. Mundo
Indillana
Puela
Llushino
Pastaza
Cotacachi
El Povenir
Puyupungu
19
Sangay
▲ Altar
5319
Amazonas
Pto. Sta. Ana
Palora
(Metzera)
Pomona
68
L. Pintada
Collane
Shicayaca
Amundalo
La Esperanza
Huamboya
Sangay
2
M o r o n a
L. de Anteojos
Palora
Arapicos
1000
24 de Mayo
Namaquini
Hda. Etén
Namaquimi
Sangay
National
S a n t i a g o
▲ Sangay
5230
35
Andauasha
Chiguaza
Chiguaza
Pastaza
Volcán
Volcán
63
Yuvienza
Kuchaentza
3
Anguachaco
Upano
Inapula
Zuñac
(Playas)
S. Francisco
Park
9 de
Octubre
Alshí
San Isidro
Masarrello
S. José
28
Mutinsa
1000
D

C

⇩ XIII

⇧ X

58 Barraganetal A Bolívar 60 43
105
Tixán
35 23 San Francisco
41 Búcay
Market, Festival Alausí Tolatus
Cumandá 25 Guasuntas
Guayas Chimborazo Pistishi Pumallacta
34 Gonzol Achupallas
Barranco 700 Chunchi
Chico Huigra Capzol Yanarumi
1 El Achiote Compud Inka Trail 4303
65
Llagos Las Tres
Gral. Morales 40 Naupán Cruces
Shical 4408 Lag. Sansahuín
Chontamarca Suscal Lag. Culebrillas
86 70 Zhud Paredones
Cochancay 72 1000 S. Antonio 2000 Juncal Cañar
700 Tigsay 18 Ingapirca
Gualleturo S. Luís Tambo Ruins
2 8 Cañar Ingapirca
Market
Chorocopte H. Vásquez
4163
Cordillera de los Andes
Patul 26
Patul 4633 Nazón Sageo
Tres Cruces Biblián Bayas
4120 Turupamba 7
Lag. Jigeno Cojitambo Market
Azogues
Loma Cristales Déleg 90 Borrero Paute
34445 Checa Solano 13 Guachapalá
Cajas National Park Shumir
Angas Lacao Chicán
Azuay 137 Sayausí Sinincay Catedral de 35 San Cristóbal Daniel
la Inmaculada 18 Córdova
San Antonio Nulti Bulcay Toral
Baños Ricuarte Gualaceo
Soldados Historic Centre Paccha Market
Cuenca Chordeleg
Turi
Valle Sta. Ana S. Juan
A Sucay 15 San Antonio B

⇩ XIV

Atlas

⇧ X

⇧ XI

C

D

Masarrello

Zuñac
(Playas)

Atillo

Atillo

L. Atillo

S. Francisco

San Isidro

Osogochi

9 de
Octubre

Alshí

Osogochi

▲ 4630

Gral. Proaño

Totoras

▲ 5050

Sangay

▲ 3030

Macas

L. Magtayán

Sevilla
(Don Bosco)

L. Qubillín

Soroche
▲
4730

Morona

Abanico

Río Blanco

Purisima

Chindilig

Nationalpark

Arapicos

23

San Luís

▲ 4493

Sta. Marianita
de Jesús

Huangra

Cord. de Allcuquira

Tutanagosa

Sucúa

Seipa

Yanaurcu
▲
3755

Santiago

Asunción

Kenkuime

Huambi

S. Luís de
El Upano

48

2

Rivera

El Tesoro

Amaluza

Guarumales

Pauta

76

Logroño

Vieja Cordillera de Cutucú

indilig

Taday
uarainag

Chiripúngu
▲
4770

Chinimpini

Tayuza

Méndez

Palmas

Chupianza

5

Sta. Rosa

Copal

S. Luís de El Acho

Patuca

2305

l Pan

Chipana

Sevilla de Oro

Zapote

45

Sta. Teresita

43

Yunganza

Yunganza

3

Sta. Susana
de Chiviaza

Namangoza

Remigio Crespo Toral

Limón
(Gral. Leonidas
Plaza Gutiérrez)

▲
4088

11

C

D

⇩ XV

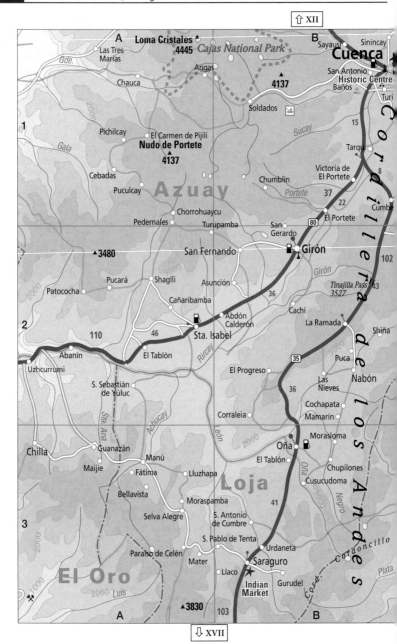

⇧ XII

A
B

Loma Cristales
4445
Cajas National Park
Sayausi
Sinincay
Cuenca

Las Tres Marías
Angas
San Antonio
Historic Centre
Baños
Gde.

Chauca
4137
Turi

Soldados
Sucay
15

1
Pichilcay
El Carmen de Pijilí
Nudo de Portete
4137
Tarqui

Gala
Cebadas
Chumblín
Victoria de El Portete
8

Puculcay
A z u a y
Portete
37
22
Cumbe

Chorrohuaycu
San Gerardo
El Portete
Pedernales
Turupamba
80

▲3480
San Fernando
Girón
102

Pucará
Shaglli
Asunción
Girón
Tinajilla Pass
3527
43

Patococha
Cañaribamba
36
Cachi
La Ramada
Shiña

2
110
46
Abdón Calderón
Sta. Isabel
35
Puca
Nabón

Abanín
El Tablón
El Progreso
Las Nieves

Uzhcurrumi
Rircay
36
Cochapata
Mamarín

S. Sebastián de Yúluc
Corraleia
Morasloma

Sta. Ana
Achupay
León
Oña

Chilla
Guanazán
Manú
El Tablón
Cusucudoma
Chupilones

Maijie
Fátima
Lluzhapa
L o j a

Bellavista
Moraspamba
41
Negro

3
Selva Alegre
S. Antonio de Cumbre
Cord.
Plata

Paraíso de Celén
Mater
S. Pablo de Tenta
Urdaneta
Cordoncillo

El Oro
Llaco
Saraguro
Gurudel

Luis
Indian Market
3830
103

C o r d i l l e r a   d e   l o s   A n d e s

⇩ XVII

⇧ XII

⇧ XIII

35 18 Nulti C Bulcay
Cátedral de la Inmaculada
cuarte
Paccha Daniel Córdova D 43
Toral
Gualaceo Sta. Susana
Market de Chiviaza

Chordeleg Limón
(Gral. Leonidas 1
Sta. Ana Plaza Gutiérrez)
Valle Remigio Crespo Toral
S. Juan 11
San Antonio 4088
San Bartolomé Plan de Milagro
Quingeo Principal Indanza
Bolo
Sígsig Pan de Azúcar S. Miguel
Ludo Market de Conchay
Serrag Cutchil
. José de S. Juan Bosco 124
aranga Cord. Boliche 70
Gima 3419 S. Carlos de Limón
Moya San Luis
Granadillos
Páramos de Kalaglaz
Matanga Morona Tucumbatza
Cuyes Santiago
Chigüinda
S. Miguel Bermejos
de Cuyes El Rosario 45
Amazonas Cuchipamba
Proveduria
Gualaquiza
Zabala Bomboiza
Nva. Tarqui Fátima
utupali 2000 35
Las Peñas
Zamora Chuchumbleza Chuchumbleza 3
El Cuisme
Flor de los Andes La Troncal
Yacuambi Chinchipe El Pangui Numbaime
24 de Mayo
La Paz Chicaña 80
45
C D

⇩ XVII

⇧ **XXIII**

A
Palmales — 100
Piedras
Saracay
84
B
Piñas
Malvas
Zaruma
La Bocana
El Ingenio
16
San Roque
Portovelo
Moromoro
92
Salatí
LaS Lajas
El Oro
Marcabell
Balsas
Los Amarillos
El Rosario
Guayquichuma
1
La Victoria
700
Yaguachi
La Libertad
500
Puyango
22
Sta. Rufina
Chaguarpamba
Cord. Larga
El Naranjo
La Tingüe
Puyango
Orianga
Buenavista
26
Zambi
Puyango Petrified Forest
1000
700
Olmedo
Velacruz
Ciano
Chirimoyo
Yamba
Cangonamá
16
Vicentino
Lauro Guerrero
Yamana
20
Mte. Huaycu
Mercadillo
Casanga
51
Guararas
Alamor
Guachanamá
Catacocha
2
Chaquinal
2000
Ningomine
L o j a
12 de Diciembre
Carrizal
95
Catamayo
Celica
1000
Los Llanos
Sacapalca
Pindal
S. Juan de Pozul
El Empalme
Pusunuma
Algorrobillo
Cruzpamba
1000
Changaimina
500
Catamayo
Algodonal
Tangula
Cosapara
700
Nogal
Larama
Nva. Fátima
Potrerillos
35
44
Colaisaca
Macará
Sauzal
▲ 2315
Sozoranga
2000
Cariamanga
3
La Guatará
1000
Utuana
Macará
Sabiango
La Tina
Huásimo
El Toldo
15
Tacamoros
700
P E R U
La Victoria
Vado Grande
Chaco
Calvas
1N
A
B

⇧ XIV

Indian Market

Cord. Cordoncillo

Plata

La Paz

Yacuambi

▲3830

103

San Lucas

Quimi

Quimi

Muchime

62

Guadel

Santiago

La Victoria de Imbana

El Ari

Chuquiribamba

Jimbilla

Zamora

El Cisne

El Cisne pilgrimage site

Taquil

35

▲2844

El Derrumbo

Sabanilla

65

Zamora

72

31

15

Timbara

35

S. Pedro de la Bendita

Trapichillo

Soñaderos

45

13

12

Limón

Zamora 2

Catamayo

31 **Loja**

39

La Vega

El Tambo

Cajanuma

Podocarpus

Bombuscara

Bombuscara

Portete

Tres Leguas

Nambacola

Romerillos

Surunuma

Purunuma

El Carmen

Malacatos

Lusinuma

Gonzanamá

S. Pedro de Vilcabamba

Chinchipe

Vilcabamba

▲3720

Quilanga

National

Pumbochanga

Samanamaca

3

S. Antonio de las Aradas

San Gabriel

Yangana

El Lucero

El Ingenio

39

27 de Abril

Loyola

Park

Loyola

C

D

A   **B**

OCÉANO

PACÍFICO

Las Palmas
Pto. Balao

Esmeraldas   Tachina

Ensenada de Atacames

Tonsupa

Vuelta Larga

25

15

Same Súa

Atacames

San Mateo

Tonchigüe

Pta. Galera

Galera

Club Playa
Cumilinche Escondida

La Unión

Súa

Tiaone

SOTE + OCP

Tabiazo

34

Quingüe

Chinca

Boca de
Tasones

96

Caimito

Cnl. Torres

Chispa

200

Teaone

Tongorachi

San Francisco

50

E s m e r a l d a s

Bisli

*Río Muisne Mangroves
Wildlife Refuge*

Muisne

Mache

100

Canuto

100

Cube

100

**Ensenada
de Mompiche**

Chindul

Viche

Cube

Las Manchas

San Gregório

Portete
Pta. Suspiro Mompiche
El Cuerval

El Mango

El Guabo

Montañas de Mache

Pta. Portete

Repartidero

Bolívar

Daule

Ecological

I. de Cojimíes

Pedro Carbo

Salima

Cojimíes

Reserve

Arenanga

S. José de
Chamanga

Mache

200

Montañas de Chindul

Hotel Coco Solo

Cañaveral

M a n a b í

Beche

100

Dogola

100

Tabiaza

A   **B**

⇩ **XIX**

⇧ XVIII

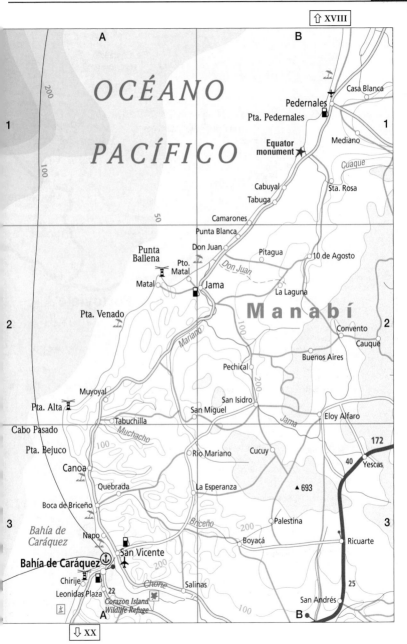

OCÉANO

PACÍFICO

200

100

50

A

B

1

Casa Blanca

Pedernales

Pta. Pedernales

Mediano

Equator monument

Cuaque

Cabuyal

Sta. Rosa

Tabuga

Camarones

Punta Blanca

Don Juan

Pitagua

10 de Agosto

Punta Ballena

Pto. Matal

Don Juan

Matal

Jama

La Laguna

Pta. Venado

M a n a b í

Mariano

Convento

2

Cauque

Buenos Aires

Pechical

Muyoyal

San Isidro

Pta. Alta

San Miguel

Jama

Eloy Alfaro

Cabo Pasado

Tabuchilla

Muchacho

172

Pta. Bejuco

100

Río Mariano

Cucuy

40

Yescas

Canoa

Quebrada

La Esperanza

▲ 693

Boca de Briceño

200

Briceño

Palestina

3

Bahía de Caráquez

Napo

Boyacá

Ricuarte

San Vicente

Bahía de Caráquez

Chirije

Chone

Salinas

25

Leonidas Plaza

22

Corazon Island Wildlife Refuge

100

San Andrés

B

A

⇩ XX

⇧ XIX

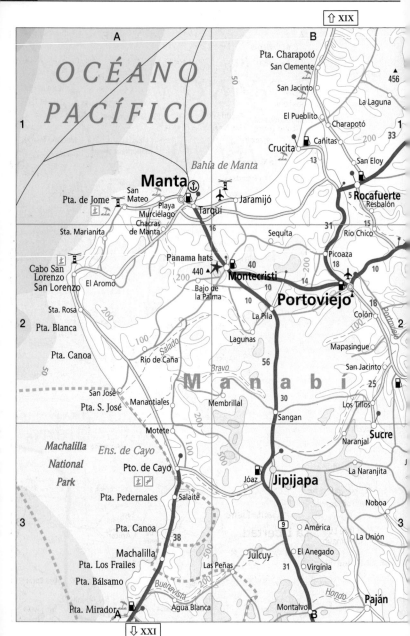

OCÉANO PACÍFICO

Bahía de Manta

Pta. Charapotó
San Clemente
San Jacinto
La Laguna
▲ 456
El Pueblito
Charapotó
200
33
Crucita
Cañitas
13
San Eloy
Rocafuerte
5
Resbalón
San Mateo
Manta
Jaramijó
Tarquí
31
15
Pta. de Jome
Playa
Murciélago
Chacras
de Manta
16
Sequíta
Río Chico
Sta. Marianita
Picoaza
18
10
Cabo San
Lorenzo
San Lorenzo
Panama hats
El Aromo
440 ▲
200
Montecristi
40
14
Bajo de
la Palma
10
Portoviejo
18
Sta. Rosa
10
Colón
Pta. Blanca
La Pila
Pta. Canoa
Lagunas
Río de Caña
Salado
56
Mapasingue
100
Bravo
San Jacinto
25
M a n a b í
San José
Pta. S. José
Manantiales
Membrillal
30
Los Tillos
Sangan
200
Motete
Sucre
Naranjal
Machalilla
National
Park
Ens. de Cayo
Pto. de Cayo
100
500
La Naranjita
J
Jóaz
Jipijapa
Pta. Pedernales
Salaité
Pta. Canoa
38
Noboa
9
América
La Unión
Machalilla
Pta. Los Frailes
Las Peñas
Julcuy
El Anegado
31
Virgínia
Pta. Bálsamo
Buenavista
200
Hondo
Pajan
Pta. Mirador
Agua Blanca
Montalvo

⇩ XXI

⇧ XX

A B

Pta. Bálsamo
Buenavista
31
Hondo

Pta. Mirador
Agua Blanca
Montalvo

Pto. López
Fish Market
El Plátano
102

I. Salango
Salango
Manabí
Pedro Pablo
Gómez

Pta. La Cabezona
Archeological Museum

Puerto Rico
Cascol

1 Alandaluz Ecological
Tourist Centre
Las Tunas
1

Ayampe
200
500

43
Ayampe
Zapote

La Rinconada
50
Delicias

La Entrada
100

San José
Dos Ríos
Cordillera de Colonche
Guayas

Olón
1
500

OCÉANO Montañita
Dos Mangas
Blanco

PACÍFICO **Manglaralto**
200
834
Cade

Cadeate
100

50 Simón Bolívar
Barcelona 17

2 Valdivia
Valdivia
2

San Pedro
Febres Cordero

Pta. Brava
Río Seco
Salanguillo

Ayangue
Guangalá

Pta. Gruesa
Palmar
Colonche
Corozo

Monteverde
Javita
Piedras

Salado

Bahía de
107
Santa Elena

Sta. Elena
38
Aguadita

San Pablo
Grande

Punta
Santa
Elena
Pta. Blanca
1
Sube y
Baja

Salinas
Sta. Rosa
200
100

La
Puntilla
9
Ballenita
265

3 José Luis
Tamayo
Santa Elena
La Libertad
Saya
Presa
El Azúcar
Cachul
3

Res. Velasco
Baños de
S. Vicente
Azúcar
100

Pta. Carnero
16

Juan Montalvo

Ancón
70
28
Zapotal
Dos Bocas

Anconcito
Atahualpa
74
Buenos Aires
Sucre

Pta. Ancón
San Rafael

A B

⇧ XXII

Isla
Puná

Pto. Grande

Canal de Jambeli

Pto. Balao
Balao
Asunción

Guayas

Tenguel
Shurimal

Azuay

Pta.
Arenas

Camilo Ponce
Enriquez

Pta. Carnero

Pagua

Bajo Alto

25

Tendales
34

OCÉANO

Sta. Cruz

Barbones

PACÍFICO

Pta. de Jambelí
Jambelí
Pto. Bolívar

Machala
★ Festival

El Guabo

Progreso

10
La Caña Quemada

10
2

Arch.de Jambelí

El Cambio

12
Tres
Cerritos

Jubones

80

Los Corazones

44
Buenavista

Pasaje
28
Casacay

Arenillas
Ecological
Reserve

13
11
Victoria

Bellavista

El Retiro

E l   O r o

Pto.
Pitahaya
Pto. Jelí

Grande
Pto. Hualtuco
Jumón

Santa Rosa

Vega
Rivera

S. Agustín

Huaquillas
Cabo
Lampa

11

Aguas Verdes

San José
San
Antonio

Bellavista

La Avanzada

Piloto

Chacras
25
37

24

13

Balsalito

Arenillas
20

Papayal
Guabillo

Sta. Rosa

Paccha

PERU
Carcabón

▲58

El Porvenir

Torata
Camarones

Ayapamba

Piñas

El Progreso

Piedras
Saracay

Matapalo
Palmales

100

La Bocana

84

16
92

San Roque

A
B

⇩ XVI

Besucherstandorte auf den Galápagos-Inseln

(Auf der Karte gekennzeichnet mit einem ★)

1: Punta Espinosa
2: Punta Albermarle
3: Punta García
4: Laguna de Villamil
5: Punta Morena
6: Bahía Elisabeth
7: Bahía Urbina
8: Tagus Cove
9: Punta Tortuga
10: Volcán Alcedo
11: Volcán Sierra Negra
12: Bartolomé
13: Bahía Sullivan
14: Sombrero Chino
15: Puerto Egas
16: Playa Espumilla
17: Bucaneer Cove
18: Isla Rábida
19: Daphne Mayor
20: Seymour Norte
21: Isla Mosquera
22: Playa de las Bachas
23: Caleta Tortuga Negra
24: Isla Plaza Sur
25: Charles Darwin Resarch Station
26: Tortuga Bay
27: Lavatunnel
28: El Chato
29: Media Luna
30: Los Gemelos
31: Bahía Ballena
32: Conway Bay
33: Isla Santa Fé
34: Punta Pit
35: Los Galápagos
36: Laguna El Junco
37: Fregattvogelfelsen
38: Isla Lobos
39: Leon Dormido
40: Puerto Grande
41: Bahía Gardner
42: Punta Suárez
43: Corona del Diablo
44: Punta Cormorant
45: Post Office Bay
46: Prince Philip Steps
47: Darwin Bay Beach

◁ Schildkröten gehören zu den Attraktionen der Galápagos-Inseln